Vollstreckung ausländischer Schiedssprüche in den USA

Schriftenreihe der August Maria Berges Stiftung für Arbitrales Recht

Herausgegeben von Dr. Hubertus W. Labes

Band 10

PETER LANG
Frankfurt am Main · Berlin · Bern · Bruxelles · New York · Oxford · Wien

Michael Kronenburg

Vollstreckung ausländischer Schiedssprüche in den USA

Die Rechtsprechung US-amerikanischer Gerichte

Hinweise zur Vollstreckung und Vollstreckungsabwehr nach der New York Convention, der Inter-American Convention, ICSID, dem Federal Arbitration Act und dem Double Exequatur-Verfahren

PETER LANG
Europäischer Verlag der Wissenschaften

Die Deutsche Bibliothek - CIP-Einheitsaufnahme

Kronenburg, Michael:

Vollstreckung ausländischer Schiedssprüche in den USA : die Rechtsprechung US-amerikanischer Gerichte ; Hinweise zur Vollstreckung und Vollstreckungsabwehr nach der New York Convention, der Inter-American Convention, ICSID, dem Federal Arbitration Act und dem Double-Exequatur-Verfahren / Michael Kronenburg. - Frankfurt am Main ; Berlin ; Bern ; Bruxelles ; New York ; Oxford ; Wien : Lang, 2001

(Schriftenreihe der August Maria Berges Stiftung für Arbitrales Recht ; Bd. 10)

Zugl.: Köln, Univ., Diss., 2000

ISBN 3-631-37824-6

ISSN 1435-4748

ISBN 3-631-37824-6

www.peterlang.de

Meinen Großvater Dr. Horst M. Rottlaender

"[I]n the absence of the arbitration provision considerable uncertainty existed at the time of the agreement, and still exists, concerning the law applicable to the resolution of disputes arising out of the contract.

Such uncertainty will almost inevitably exist with respect to any contract touching two or more countries, each with its own substantive laws and conflict-of-laws rules. A contractual provision specifying in advance the forum in which disputes shall be litigated and the law to be applied is, therefore, an almost indispensable precondition to achievement of the orderliness and predictability essential to any international business transaction. Furthermore, such a provision obviates the danger that a dispute under the agreement might be submitted to a forum hostile to the interests of one of the parties or unfamiliar with the problems area involved.

A parochial refusal by the courts of one country to enforce an international arbitration agreement would not only frustrate these purposes, but would invite unseemly and mutually destructive jockeying by the parties to secure tactical litigation advantages."

U.S. Supreme Court in *Fritz Scherk v. Albert-Culver Company* (417 U.S. 506, 516 f.)

Vorwort

In Zeiten immer stärkerer Internationalisierung der Wirtschaft ist die Schiedsgerichtsbarkeit anerkannt als neutrales Forum zur Streitbeilegung; dabei bildet die Vollstreckung die letzte Stufe des Verfahrens. Die Vollstreckungsebene ist die Schnittstelle zwischen dem durch Privatautonomie gekennzeichneten Schiedsverfahren und dem staatlichen Gerichtsverfahren zur Vollstreckung. Auf dieser Stufe besteht die Gefahr, daß das Verfahren umfassend aufgerollt wird und damit zur Berufungsinstanz wird, die Schiedsverfahren typischerweise unbekannt ist. Ohne die Möglichkeit einer zwangsweisen Durchsetzung des Schiedsspruches, sprich Vollstreckung, wäre das Schiedsverfahren jedoch wertlos. Das rechtfertigt eine eingehende Untersuchung der Rechtsprechung US-amerikanischer Gerichte, von deren Entscheidungen allein an die 250 im Yearbook of Commercial Arbitration veröffentlicht sind. Die Arbeit bemüht sich hier dennoch um einen umfassenden Überblick.

Diese Untersuchung soll gleichzeitig den Ablauf des Vollstreckungsverfahrens klären und berührt dabei zahlreiche praktische Fragen des Verfahrens. Der umfangreiche Fußnotenapparat ermöglicht unschwer die Vertiefung eines bestimmten Themas. Die Arbeit versteht sich insoweit auch als „Bedienungsanleitung zur Vollstreckung oder Vollstreckungsabwehr".

Die vorliegende Untersuchung wurde im Mai 1999 an der juristischen Fakultät der Universität zu Köln als Dissertation eingereicht. Literatur und Rechtsprechung wurden bis etwa März 1999 berücksichtigt.

Meinem Doktorvater, Herrn Prof. Dr. Karl-Heinz Böckstiegel, möchte ich an dieser Stelle für seine Anregung zu dem praxisbezogenen Thema und die professionelle und zügige Betreuung der Arbeit danken. Gleichzeitig habe ich die kontinuierliche und stets zuverlässige Unterstützung von Frau Magret Krause vom Lehrstuhl für Internationales Wirtschaftsrecht in zahlreichen Verwaltungsangelegenheiten sehr zu schätzen gewußt. Herrn Professor Dr. Hanns Prütting ist für die Zweitkorrektur zu danken. Dank gebührt auch meinem Tutor an der *University of Georgia*, Gabriel M. Wilner, *Kirbo Professor of Law*, für eine erste Einführung in das US-Schiedsrecht.

Während eines Studienaufenthaltes in New York hatte ich die Gelegenheit zur Diskussion der Rechtsprechung zur Vollstreckung ausländischer Schiedssprüche mit Michael Hoellering, dem *General Counsel* der *American Arbitration Association*, und Andreas F. Lowenfeld, *Charles L. Denison Professor of Law* an der *New York University School of Law*. Für ihre sachkundigen Hinweise bin ich sehr dankbar. Für ihre Unterstützung vor Ort bin ich Mark Barenberg, Alexandra und Christian Nahr außerordentlich verpflichtet.

Enrique Breceda, Esq., gebührt außerdem besonderer Dank für die Durchsicht des English Language Summary.

Die Veröffentlichung dieser Arbeit wurde großzügig durch die August Maria Berges-Stiftung für Arbitrales Recht, Köln, finanziert.

Widmen möchte ich diese Untersuchung meinem Großvater Dr. Horst M. Rottlaender, dessen Voraussicht die Arbeit ermöglicht hat.

Berlin, im Mai 2001 Michael Kronenburg

Gliederung

1. Teil: Einleitung

A. Bedeutung der Schiedsgerichtsbarkeit im internationalen Wirtschaftsverkehr

Spektakuläre Unternehmenszusammenschlüsse internationaler Konzerne in den letzten Jahren lassen die zunehmende Globalisierung der Wirtschaft offensichtlich werden. Dabei bildet eine solche Fusion letztlich aber nur den Schlußpunkt einer auf weltweites Tätigwerden ausgerichteten Unternehmensstrategie von Großunternehmen. Gleichzeitig nimmt der internationale Handel immer weiter zu – begünstigt durch den kontinuierlichen Abbau von Zöllen und anderen Handelsbeschränkungen wie Schutzbestimmungen für die jeweiligen nationalen Wirtschaften. Mit der Zunahme des Handels wächst aber auch das Bedürfnis nach verläßlichen Mechanismen zur Streitbeilegung. Ein Kaufmann wird nur mit Widerwillen vor dem Gericht eines fremden Staates klagen,[1] dessen Verfahren er nicht kennt: welcher ausländische Geschäftsmann ist schon mit den Besonderheiten des US-Rechts wie *discovery* oder den Unwägbarkeiten eines *Jury*-Verfahrens vertraut? Er wird darüber hinaus ein sog. *forum hostile* befürchten, also daß das staatliche Gericht ihm als Ausländer voreingenommen oder zumindest durch Anwendung nationalen Rechts die inländische Partei bewußt oder unbewußt bevorzugen könnte.[2]

Hier hat sich die Schiedsgerichtsbarkeit schon lange als alternativer Streitbeilegungsmechanismus etabliert, und das vor allem aus den folgenden Gründen:[3] (a) Neutralität des Forums,[4] (b) Sachkunde der Schiedsrichter, (c) Voraussehbarkeit der schiedsrichterlichen Entscheidung, (d) höherer Grad freiwilliger Erfüllung des Schiedsspruchs, (e) internationale Abkommen sichern die Vollstreckbarkeit im Ausland,[5] (f) Vertraulichkeit des Verfahrens, (g) Begrenzung von *discovery*[6], (h)

---

[1] Zu den Beweggründen: Böckstiegel, Amerikanische Wirtschafts-Schiedsgerichtsbarkeit aus deutscher Sicht, in: Böckstiegel (Hrsg.), Schiedsgerichtsbarkeit im deutsch-amerikanischen Wirtschaftsverkehr, 45, 46.

[2] Vgl. Quigley, *Accession to United Nations Convention*, 70 YALE L.J. 1049, 1051; Pietrowski, 36 AM. U.L.REV. 57, 58.

[3] Rangliste von Bühring-Uhle, S. 403 ff., aufgrund einer Befragung unter Praktikern des Schiedsrechtes zu den meistgenannten Vorteilen der internationalen Schiedsgerichtsbarkeit gegenüber dem ordentlichen Rechtsweg. Diese Vorteile werden typischerweise auch in der US-amerikanischen Literatur angeführt (Martinez, 24 INT'L LAW. 487-488).

[4] So können die Parteien eben gerade durch Wahl des Schiedsverfahrens den Unwägbarkeiten und Unterschieden nationaler Rechtssysteme entgehen (Garvey & Heffelfinger, 25 INT'L LAW. 209).

[5] Die USA sind bis heute noch keinem internationalem Abkommen zur Vollstreckung ausländischer Gerichtsurteile beigetreten (Ostrowski & Shany, 73 N.Y.U. L. REV. 1650, 1665).

[6] Rechtsfigur des US-amerikanischen Prozeßrechts, die vorprozessual benutzt wird, um Tatsachen und Informationen von der Gegenpartei zu erhalten und so das Gerichtsverfahren vorbereiten zu können (BLACK'S LAW DICTIONARY 466 (Stichworte: „Discovery. *Trial Practice*")); Schack, S. 39-52. In Schiedsverfahren kann *discovery* über die Rechtswahl ausgeschlossen werden. Dann finden die *Federal*

typischerweise keine Rechtsmittel gegen Schiedsspruch, (i) geringere Kosten,[7] (j) weniger zeitaufwendig,[8] (k) gütlicher Charakter der Streitbeilegung.

B. Entwicklung der Schiedsgerichtsbarkeit in den USA

> From the days of the early English 'piepowder' courts, where the merchants with the dust of the markets still on their feet stepped into a tribunal of merchants for swift resolution of their disputes, businessmen have preferred arbitration, a process which they think combines flexibility of decision with speed, low expense, and flexibility in the selection of principles and mercantile customs to be used in solving a problem, over litigation.[9]

Ganz im Gegensatz zu der traditionellen Wertschätzung des Schiedswesens durch die Geschäftswelt stand die traditionelle Schiedsfeindlichkeit des *common law*: so hingen die englischen Gerichte – und später die US-Gerichte – der sogenannten *ousting*[10] *doctrine* an, wonach der staatliche Richter es nicht hinnehmen konnte, durch die Schiedsgerichtsbarkeit aus seiner Gerichtsgewalt verdrängt zu werden.[11] Dementsprechend war es nach der sogenannten *rule of revocability* auch möglich eine Schiedsabrede bis zum Erlaß eines Schiedsspruches aufzuheben.[12] Den entscheidenden ersten Schritt zur Anerkennung der Rechtsgültigkeit von Schiedsabreden tat 1920 der Staat New York mit der Verabschiedung seines Schiedsgesetzes.[13] Das New Yorker *Arbitration Law* war das erste Gesetz in einer US-Jurisdiktion, daß die Abrede, zukünftige Streitigkeiten durch Schiedsgerichtsbarkeit beilegen zu lassen, für vollstreckbar und unwiderruflich erklärte.[14]
Zu diesem Zeitpunkt war die ablehnende Einstellung der Gerichte wohl schon mehr Schein als Wirklichkeit: Da die Schiedsfeindlichkeit aber bereits so lange in

---

Rules of Civil Procedure keine Anwendung (Perloff, 13 U. PA. J. INT'L BUS. L. 323, 346). Zur Bedeutung von *discovery* in internationalen Verfahren: Lowenfeld, *The Mitsubishi case: another view*, 2 ARB. INT'L 178, 184.

[7] Vgl. zu den Kosten: Lachmann, Tabellen auf S. 406 f.

[8] Zwar sind im Schiedsrecht typischerweise keine zeitraubenden Berufungen möglich. Das hindert aber nicht die unterlegene Partei in langwierigen Aufhebungsverfahren im Heimatstaat des Schiedsspruchs und dann durch eine Obstruktion in der Vollstreckung diesen Zeitvorteil weitgehend wieder zunichte zu machen, Tupman, 3 ARB. INT'L 209, 209-210.

[9] Quigley, *Accession to United Nations Convention*, 70 YALE L.J. 1049. Siehe auch: Craig, *Trends in International Arbitration*, 30 TEX. INT'L L.J. 1, 6.

[10] *To oust* = verdrängen.

[11] Dabei war die *ousting doctrine* wohl nur ein vorgeschobener Grund. Dahinter standen handfeste ökonomische Interessen der englischen Richter, die nach Anzahl der gehörten Fälle bezahlt wurden und deshalb nur widerwillig auf ihre Gebühren zugunsten der Schiedsrichter verzichteten (Gorman & Shirodkar, 16 MD. J. INT'L L. & TRADE 183, 191).

[12] Home Ins. Co. v. Morse, 87 U.S. 445, 451 (1874); Gorman & Shirodkar, 16 MD. J. INT'L L. & TRADE 183, 191; Hirshman, 71 VA. L. REV. 1305, 1309; Strickland, 21 HOFSTRA L. REV. 385, 389.

[13] New York folgte 1923 New Jersey mit einem ähnlichen Statut (COMMITTEE ON COMMERCE, TRADE AND COMMERCIAL LAW, 1925 A.B.A. J. 153, 155).

[14] Connell, 20 J. MAR. L. & COM. 327, 329.

der Rechtsprechung verwurzelt war, sahen sich die Gerichte außerstande, diese Präzedenzfälle ohne Unterstützung des Gesetzgebers aufzuheben.[15] Nach den positiven Erfahrungen mit dem New Yorker Gesetz wurde dann 1925 vom Kongreß als Bundesgesetzgeber der *Federal Arbitration Act [FAA]* verabschiedet.[16] Dieser sollte vor allem drei Übeln abhelfen: (1) den z. T. mehrere Jahre dauernden Gerichtsverfahren, (2) den Gerichtskosten, (3) mangelndem Spezialwissen der Richter.[17] Seit seiner Verabschiedung haben die US-Gerichte die Bedeutung des *FAA* nachdrücklich gestärkt und den Anwendungsbereich des Schiedsrechts auch auf Bereiche ausgedehnt, die zuvor nicht als schiedsfähig galten. Gleichzeitig hat der Gesetzgeber mit der Umsetzung des „UN-Übereinkommens über die Anerkennung und Vollstreckung ausländischer Schiedssprüche“ im Jahre 1970[18] und der „Inter-Amerikanischen Konvention zur Internationalen Handelsschiedsgerichtsbarkeit“ (1990)[19] die Bedeutung des Schiedswesens für den internationalen Handel anerkannt und einen rechtlichen Rahmen für internationale Schiedsverfahren geschaffen.[20] Die Bedeutung von Schiedsverfahren für den internationalen Handel haben auch die Bundesstaaten erkannt. Mit der Absicht so ein investitionsfreundliches Umfeld schaffen zu können sind sie dazu übergegangen, eigene internationale Schiedsgesetze zu verabschieden. Vor dem föderalstaatlichen Hintergrund der USA wirft diese Entwicklung zahlreiche Fragen auf.

C. Gang der Untersuchung

Die vorliegende Untersuchung konzentriert sich im wesentlichen auf einen der eben genannten Vorzüge des Schiedsrechts gegenüber der ordentlichen Gerichtsbarkeit, nämlich den der geregelten Vollstreckbarkeit im internationalen Rechtsverkehr. Wäre eine geregelte Vollstreckung nicht möglich, hätte ein Schiedsverfahren kaum Sinn für die Parteien.[21] Die Vollstreckung bildet eine der Schnittstellen zwischen dem sonst durch die Privatautonomie gekennzeichneten Schiedswesen und dem hoheitlichen Gerichtsverfahren.[22]

---

[15] Dean Witter Reynolds v. Byrd 470 U.S. 213, 220 n. 6; COMMITTEE ON COMMERCE, TRADE AND COMMERCIAL LAW, 1925 A.B.A. J. 153, 155; Hirshman, 71 VA. L. REV. 1305, 1310-1311

[16] 9 U.S.C. §§ 1-15. Im folgenden auch: *Federal Arbitration Act* von 1925 oder Kapitel 1 des *FAA*.

[17] COMMITTEE ON COMMERCE, TRADE AND COMMERCIAL LAW, 1925 A.B.A. J. 153, 155.

[18] Auch: *New York Convention.*

[19] Auch: *Panama Convention.*

[20] Einführend zur internationalen Schiedsgerichtsbarkeit in den USA: Hoellering, *Arbitration in the United States*, 1 AM. REV. INT'L ARB. 14.

[21] Strub, 68 TEX. L. REV. 1031, 1042. Nach Schätzungen der *ICC* werden 90% der Schiedssprüche freiwillig erfüllt (Craig, *Trends in International Arbitration*, 30 TEX. INT'L L.J. 1, 7).

[22] Die staatlichen Gerichte assistieren den Schiedsrichtern und kontrollieren sie. Obwohl das Schiedsverfahren eigentlich darauf abzielt, die Rolle der Gerichte so beschränkt wie möglich zu halten, ist deren Rolle immer noch vielfältig (Gorman & Shirodkar, 16 MD. J. INT'L L. & TRADE 183, 187).

I. Zielsetzung

1. Untersuchung der Rechtsprechung

Im Hinblick auf diese Hintertür für die staatliche Autorität besteht die Gefahr, daß die erwähnte Schnittstelle weitergehend zu einem Einfallstor für eine umfassende Kontrolle des Schiedsverfahrens durch die (staatlichen) Gerichte werden kann. Die Rechtsprechung bestimmt damit letztlich den Rahmen und Anwendungsspielraum der Rechtsgrundlagen zur Vollstreckung von Schiedssprüchen. Das rechtfertigt eine eingehendere Untersuchung der Rechtsprechung[23], denn die Attraktivität des Schiedsverfahrens wäre ganz entscheidend gemindert, wenn die Gerichte auf der Vollstreckungsebene erneut eine materiell-rechtliche Prüfung des Anspruch vornehmen könnten und würden. Die für die Schiedsgerichtsbarkeit typischen Vorteile wie schnelles Verfahren, unproblematische Vollstreckbarkeit würden auf diese Weise wegfallen.

2. Schlußfolgerungen für die Praxis

a. Vollstreckungsstrategien

Wie noch zu zeigen sein wird, ist die Vollstreckung von ausländischen Schiedssprüchen weitestgehend unproblematisch in den USA. Dennoch muß sich die obsiegende Partei Gedanken über die Art und Weise des Vollstreckungsverfahrens machen. Denn sie hat häufig die Wahl zwischen verschiedenen Vollstreckungsmechanismen sowie zwei parallelen Gerichtszügen. In der Regel wird sie dabei die Vollstreckung nach Kapitel 2 des *FAA*, dem UNÜ, vor den Bundesgerichten betreiben.

b. Vollstreckungsabwehrstrategien

Eine echte Vollstreckungsabwehr und damit der Erhalt wirtschaftlicher Mittel ist in Anbetracht der eindeutigen und gefestigten Rechtsprechung der US-amerikanischen Gerichte nur wenig erfolgversprechend möglich. Ist die Geschäftsbeziehung jedoch sowieso ruiniert und deren Fortsetzung nicht zu erwarten oder hat die unterlegene Partei schlicht das Geld nicht, verlegen sich viele Parteien auf die Obstruktion des Verfahrens. Ziel einer solchen Verzögerungstaktik ist üblicherweise, sich selbst wirtschaftliche Mittel zu erhalten, manchmal den Prozeßgegner zu schädigen.[24] Für eine Verzögerungstaktik ergeben sich auf allen Ebenen des Verfahrens

---

[23] „Court decisions are extremely important in the interpretation and formulation of arbitration law, especially with regard to international commercial arbitration, and there have been a number of significant Supreme Court decisions in recent years dealing with arbitration in the international commercial context" (SMIT & PECHOTA, WORLD ARBITRATION REPORTER, UNITED STATES, p. 2815).

[24] Vor einer solchen Taktik, dem Gegner Kosten zu verursachen, warnen die US-Gerichte zunehmend (vgl. Branson/Wallace, Jahrbuch der Schiedsgerichtsbarkeit Bd. 2, 268) und siehe unten 4. Teil/C.

Möglichkeiten, womit ein vielfach angeführter Vorteil der Schiedsgerichtsbarkeit, die Schnelligkeit des Verfahrens, weitestgehend zunichte gemacht wird. Wird entgegen der Grundidee der Schiedsgerichtsbarkeit, die ordentlichen Gerichte so weit wie möglich auszuschalten, in jedem möglichen Verfahrensabschnitt der Weg zu den Gerichten gesucht, bedeutet das regelmäßig eine spürbare Verschleppung. Das Ergebnis, nämlich jahrelange Verfahren zur Durchsetzung von Schiedsabrede und Schiedsspruch, z. T. über mehrere Instanzen, wird anschaulich durch das gleich zu erörternde US-Fallmaterial dargestellt.

Fünf Ebenen können unterschieden werden, auf denen Verzögerungen des Verfahrens möglich sind:

(1) während der Vertragsverhandlungen, die auch die Schiedsvereinbarung beinhalten;

(2) nach Entstehen einer Streitigkeit über den Vertragsgegenstand, im Vorfeld des Schiedsverfahrens;[25]

(3) während des eigentlichen Schiedsverfahrens;[26]

(4) während des Schiedsverfahrens bei Meinungsverschiedenheiten unter den Schiedsrichtern;

(5) in der (Zwangs)Vollstreckung des Schiedsspruches.

Für diese Arbeit interessiert besonders die letzte Stufe, das Vollstreckungsverfahren. Hier werden häufig erneut (erfolglos) die gleichen Argumente vorgebracht wie im Schiedsverfahren, darunter die Ernennung der Schiedsrichter, die Reichweite der Schiedsabrede, die Schiedsvereinbarung selbst, Fristen zum Erlaß des Schiedsspruchs... .[27] Im Regelfall wird die unterlegene Partei zweigleisig vorgehen, also im Herkunftsstaat des Schiedsspruches dessen Aufhebung betreiben und sich gleichzeitig vor den Gerichten im Vollstreckungsstaat gegen dessen Anerkennung und Vollstreckung wehren.[28] Daß hiermit ein immenser Zeit- und Kostenaufwand verbunden ist, bedarf keiner weiteren Erläuterung.

---

[25] Die gebräuchlichsten Einreden sind hier: (1) mangelnde Kenntnis von Ladung und Klage; (2) Bestreiten der Gültigkeit der Schiedsabrede; (3) Streitgegenstand nicht mehr von Schiedsvereinbarung erfaßt; (4) Bestreiten einer Streitigkeit überhaupt; (5) Behauptung, die Schiedsklage sei unvollständig oder sie müsse erweitert werden; (6) Weigerung, die fälligen Gebühren zu zahlen; (7) keine Ernennung des Schiedsrichters; (8) Ablehnung des von der anderen Partei benannten Schiedsrichters; (9) Bestreiten der Zahl der Schiedsrichter; (10) Verzögerung bei der Ernennung eigener Anwälte; (11) Benennung weiterer Parteivertreter und Antrag auf Fristverlängerung zur Vorbereitung; (12) Problematik der Verfahrenssprache (Rhodes & Sloan, 17 VAND. J. TRANSNAT'L L. 19, 36).

[26] Im wesentlichen gleichen sich die Verzögerungstaktiken im Vor- und Hauptverfahren. Hinzukommen können Meinungsverschiedenheiten über den Verfahrensablauf, Fristen, Beweise ebenso wie Berufungen gegen Schiedsrichterentscheidungen zu den ordentlichen Gerichten (Rhodes & Sloan, 17 VAND. J. TRANSNAT'L L. 19, 37).

[27] Rhodes & Sloan, 17 VAND. J. TRANSNAT'L L. 19, 37. Die möglichen Gründe für die Vollstreckung werden ausführlich im Rahmen der Vollstreckungsmechanismen erörtert.

[28] Das ist der Regelfall in internationalen Schiedsverfahren.

II. Abgrenzungen und Begriffsbestimmungen

1. Schiedsgerichtsbarkeit

Diese Betrachtung ist beschränkt auf die Durchsetzung der Ergebnisse eines schiedsgerichtlichen Verfahrens.

Schiedsgerichtsbarkeit wird in den USA wie folgt definiert:

> Arbitration is a process by which the parties voluntarily refer their disputes to an impartial third person, an arbitrator, selected by them for a decision based on evidence and arguments to be presented before the arbitration tribunal. The parties agree in advance that the arbitrator's determination, the award, will be accepted as final and binding upon them.[29]

Das umfaßt sowohl ad-hoc-Schiedsverfahren wie auch administrierte Verfahren. Nicht besonders erörtert werden die Arbeitsschiedsgerichtsbarkeit,[30] obligatorische Schiedsverfahren oder die völkerrechtliche Schiedsgerichtsbarkeit. Auch schiedsgerichtsähnliche Methoden der Streitbeilegung wie *conciliation* und *mediation*,[31] das *mini-trial*[32] oder *appraisal/valuation*[33] sollen nicht einbezogen werden.[34]

2. Anerkennung/Vollstreckung

Anerkennung (*recognition*) und Vollstreckung (*enforcement*) sind zwei unterschiedliche Schritte, die aber in der Praxis normalerweise zusammenfallen werden. Die Anerkennung eines Schiedsspruchs bezieht sich auf den *res judicata*-Effekt eines Schiedsspruches, verhindert also die Entscheidung eines Gerichtes über denselben Streitgegenstand:[35]

> 'Recognition' occurs when a domestic court decides that an issue has been resolved by the foreign court and needs no further litigation.[36]

---

[29] DOMKE ON COMMERCIAL ARBITRATION § 1:01.

[30] Zu dem Unterschied zur Handelsschiedsgerichtsbarkeit: United Steelworkers of America v. Warrior and Gulf Navigation Co., 363 U.S. 574, 578 (1960).

[31] „These are processes often used in the settlement of labor management grievances where the parties in the dispute resort to the services of a third person to help them reach a compromise or to offer a recommendation for the settlement. This recommendation is *not binding* upon the parties and is *not enforceable* by court action" (DOMKE ON COMMERCIAL ARBITRATION § 1:02) (Hervorhebung vom Autor).

[32] Hoellering, *The mini-trial*, *in* NEW TRENDS IN THE DEVELOPMENT OF INTERNATIONAL COMMERCIAL ARBITRATION AND THE ROLE OF ARBITRAL AND OTHER INSTITUTIONS 221 (Sanders ed., 1983); Klingsberg, New Methods of Dispute Settlement in the United States, especially Mini-Trials, in: Böckstiegel (Hrsg.): Schiedsgerichtsbarkeit im deutsch-amerikanischen Wirtschaftsverkehr, 73.

[33] In etwa: „Schätzung".

[34] Zu den Abgrenzungen ausführlicher: Borris, Internationale Handelsschiedsgerichtsbarkeit in den USA, S. 3-5; DOMKE ON COMMERCIAL ARBITRATION § 1:02.

[35] Ungar, 25 COLUM. J. TRANSNAT'L L. 717, 723.

[36] Strub, 68 TEX. L. REV. 1031, 1041.

Die Anerkennung ist Voraussetzung für die Vollstreckung, die die Maßnahmen zur zwangsweisen Durchsetzung eines Schiedsspruches bezeichnet, wenn die unterlegene Partei nicht von sich aus dem Schiedsspruch entsprechen will. Mit der Vollstreckung wird der Schiedsspruch implizit auch anerkannt.[37]

Die Anerkennung und Vollstreckung sind streng von der Aufhebung eines Schiedsspruches zu unterscheiden. Es würde den Rahmen dieser Darstellung sprengen, wenn auch noch die Gründe zur Änderung und Aufhebung erörtert würden. Die Änderung (*modification*) und Aufhebung (*setting aside/vacatur/annulment*) eines Schiedsspruches ist nur dem lokalen Gericht im Herkunftsstaat des Schiedsspruches möglich.[38] Nicht weiter eingegangen wird auf die Zwangsvollstreckung auf Grundlage des Vollstreckungstitels. Diese ist im Recht der Einzelstaaten geregelt.[39]

3. national/international – ausländisch/inländisch

Die Unterscheidung zwischen ausländischen (*foreign*) und inländischen (*domestic*) Schiedssprüchen waren ein traditionelles Begriffspaar der Schiedsgesetze vieler Staaten, wobei die ausländischen Schiedssprüche häufig schwieriger vollstreckbar waren.[40] Anders als der Begriff „ausländisch“ bezieht sich ein „internationaler Schiedsspruch“ nicht auf ein nationales Schiedsrecht zurück.[41] Bei einem wirklich internationalen Schiedsverfahren – ohne jede Bezugnahme auf ein nationales Gericht – besteht immer die Gefahr, daß die Gerichte am Schiedsort ihre Hilfsfunktionen im Schiedsverfahren verweigern. Deshalb muß in beinahe allen Fällen davon ausgegangen werden, daß die Parteien das Prozeßrecht des Schiedsortes vereinbart hatten.[42] Ein solcher Schiedsspruch kann unproblematisch als ausländisch qualifiziert werden.

4. Schiedsspruch/Schiedsvereinbarung

Die vorliegende Untersuchung konzentriert sich auf die Vollstreckung von Schiedssprüchen (*arbitral awards*), nicht die Durchsetzung von Schiedsvereinba-

---

[37] Mulyana, 6 Am. Rev. Int'l Arb. 89, 93. Das UNÜ unterscheidet diese unterschiedlichen Schritte nicht (Strub, 68 TEX. L. REV. 1031, 1042).

[38] Sanders, 13 INT'L LAW. 269, 276. Dabei ist es durchaus möglich, daß US-Gerichte sowohl zuständiges Gericht zur Vollstreckung wie zur Aufhebung des Schiedsspruches sind. Das ist der Fall, wenn ein Schiedsverfahren – mit hinreichendem Auslandsbezug – in den USA nach US-Verfahrensrecht stattgefunden hat. Zur Unterscheidung der Verfahren ausführlich: van den Berg, *Nondomestic Arbitral Awards*, 6 PACE L. REV. 25, 41-42.

[39] Schack, S. 68; MCCLENDON & GOODMAN (eds.), INTERNATIONAL COMMERCIAL ARBITRATION IN NEW YORK 161. Z. B. N. Y. Civ. Prac. Law §§ 5201; CA Code Civ. Proc. §§ 681.

[40] McMahon, 26 ARB. J. 65, 69.

[41] van den Berg, *Commentary*, XXI Y. B. COM ARB. 394, 492 ¶ 513.

[42] VAN DEN BERG, NEW YORK CONVENTION 33-34.

rungen (*arbitration clause/arbitration agreement*).[43] Gerade für die Beurteilung der einschlägigen Rechtsprechung ist diese Unterscheidung aber nicht durchzuhalten, denn viele Entscheidungen zur Vollstreckung von Schiedsabreden geben wertvolle Hinweise für den Untersuchungsgegenstand. Das ist Folge des Verfahrensablaufes. Denn hat sich eine der Schiedsparteien zu einer Obstruktionstaktik entschieden, wird sie nicht bis zur Vollstreckung des Schiedsspruches zuwarten; sie wird schon vor Beginn des Schiedsverfahrens versuchen, alle möglichen Hinderungsgründe einzuwenden, um das Schiedsverfahren zu behindern. Viele Unklarheiten und Problembereiche in der internationalen Schiedsgerichtsbarkeit sind deshalb für die Vollstreckung von Schiedsabreden geklärt worden und haben die Vollstreckungsebene nicht erreicht. Das ändert aber nichts an der Bedeutung dieser Probleme auch für die Vollstreckung des Schiedsspruches.

5. Verfahrensaussetzung/Vollstreckung vorläufiger Maßnahmen

In der vorliegenden Untersuchung wird die Aussetzung des Verfahrens nur insoweit diskutiert, als die internationalen Vollstreckungsabkommen diese im Rahmen der Vollstreckung von Schiedssprüchen vorsehen. Die Durchsetzung vorläufiger Maßnahmen zur Sicherung des Streitgegenstandes soll nicht Inhalt dieser Arbeit sein.[44]

---

[43] Zu den Unterschieden von „Schiedsvereinbarung“, „Schiedsabrede“ und „Schiedsklausel“ siehe Lachmann, Rnr. 93. Die Rechtsfolgen sind für die Vollstreckung von Schiedssprüchen identisch, weshalb die Begriffe in dieser Darstellung ohne Rücksicht auf die dort angeführten Differenzen gebraucht werden.

[44] Ausführlich zu vorläufigen Maßnahmen unter dem UN-Übereinkommen: Brower & Tupman, *Court-ordered Provisional Measures under the New York Convention*, 80 AM J. INT'L L. 24.

2. Teil: Das Internationale Schiedsrecht der USA

A. Überblick

„The problem is that too much law covers the subject.“[45] So ist kurz und knapp die Problematik des internationalen Schiedsrechts der USA beschrieben.[46] Den Rahmen bildet eine Vielfalt von Rechtsgrundlagen verschiedener Herkunft, die sich in vier Ebenen untergliedern lassen: die gesetzlichen Grundlagen, also
(1) die internationalen Konventionen,
(2) das Bundesgesetz, der *Federal Arbitration Act*,
(3) die Gesetze verschiedener Einzelstaaten, die auf internationale Schiedsverfahren Anwendung finden,
(4) und schließlich – aufgrund Parteivereinbarung – die privatrechtlichen Verfahrensregeln der internationalen Schiedsorganisationen.[47]
Mit dieser Überregulierung eines Rechtsbereichs ergeben sich nicht unerhebliche Überlappungen in den Anwendungsbereichen der einzelnen Rechtsgrundlagen und die Unsicherheit, welche Rechtsgrundlage denn für den konkreten Fall einschlägig ist. Für die Parteien eines Schiedsverfahrens bedeutet das, nicht nur das Bundesrecht, sondern möglicherweise auch noch das Recht der Einzelstaaten und deren Verhältnis zueinander berücksichtigen zu müssen.[48]

I. Anwendbare internationale Abkommen

Im wesentlichen zwei internationale Abkommen finden Anwendung auf die Vollstreckung internationaler Schiedssprüche in den USA, das „UN-Übereinkommen vom 10.Juni 1958 über die Anerkennung und Vollstreckung ausländischer Schiedssprüche“[49] und die „Inter-Amerikanische Konvention über die Handelsschiedsgerichtsbarkeit“ vom 30.Januar 1975[50].

---

[45] Kolkey, *Reflections on the U.S. Statutory Framework*, 1 AM. REV. INT'L ARB. 491, 504.
[46] Einen kurzen Überblick in deutscher Sprache gibt: Morris, RIW 89, 857.
[47] Kolkey, *Reflections on Statutory Framework*, 1 AM. REV. INT'L ARB. 491, 496.
[48] Kolkey, *Reflections on Statutory Framework*, 1 AM. REV. INT'L ARB. 491, 492; die Unstimmigkeiten beschreibt eindrücklich für das kalifornische Recht: Garvey & Heffelfinger, 25 INT'L LAW. 209, 209-221.
[49] Auch *New York Convention* genannt und im folgenden auch als „UNÜ“ abgekürzt. Bülow/Böckstiegel/Geimer/Schütze, Internationaler Rechtsverkehr, 714.
[50] Auch *Panama Convention* genannt: 9 U.S.C. §§ 301-307.

1. Das UN-Übereinkommen

a. Hintergrund

Schon die Genfer Abkommen von 1923/1927 waren als großer Fortschritt angesehen worden, erwiesen sie sich aber bald als unpraktikabel.[51] Deshalb ergriff 1953 die Internationale Handelskammer in Paris die Initiative und legte dem Wirtschafts- und Sozialausschuß der Vereinten Nationen einen Vorentwurf für eine Konvention über die Vollstreckung internationaler Schiedssprüche vor. Mehrjährige Verhandlungen führten zu der UN-Konferenz vom 20.Mai bis 10.Juni 1953 in New York. Auf Grundlage des Vorentwurfes wurde dort am 10.Juni 1958 das UN-Übereinkommen angenommen.[52]
Waren die damaligen sozialistischen Staaten sehr schnell beigetreten, folgten die europäischen Länder Mitte der sechziger Jahre, und die Anglo-Amerikanischen Länder Anfang der siebziger Jahre. Schließlich ratifizierten auch die meisten lateinamerikanischen Länder die Konvention im Laufe der achtziger Jahre.[53] Damit gehören heute beinahe alle wichtigen Industrienationen dem UNÜ an.[54]

b. Zielsetzung, Struktur und Regelungsinhalt

> The goal of the Convention... was to encourage the recognition and enforcement of commercial arbitration agreements in international contracts and to unify the standards by which agreements to arbitrate are observed and arbitral awards are enforced in signatory countries.[55]

---

[51] Zu den Abkommen und ihren Mängeln: Volz & Haydock, 21 WM. MITCHELL L.REV. 867, 874-877.

[52] Quigley, *Accession to United Nations Convention*, 70 YALE L.J. 1049, 1059-1060; Aksen, *Foreign Arbitral Awards*, 3 S.W. U. L. REV. 1, 3-4.

[53] Sanders, 13 INT'L LAW. 269.

[54] Stand Feb. 2001 (vgl. 9 U.S.C.A. § 201): Ägypten, Algerien, Antigua und Barbuda, Argentinien, Armenien, Aserbaidschan, Australien, Bahrain, Bangladesh, Barbados, Belgien, Bolivien, Bosnien und Herzegowina, Botswana, Brunei, Bulgarien, Burkina Faso, Chile, V.R. China, Costa Rica, Dahomey, Dänemark, Deutschland, Djibouti, Dominikanische Republik, Ekuador, Elfenbeinküste, El Salvador, Estland, Finnland, Frankreich, Georgien, Ghana, Griechenland, Großbritannien, Guatemala, Guinea, Haiti, Honduras, Heiliger Stuhl, Indien, Indonesien, Irland, Israel, Italien, Japan, Jordanien, Jugoslawien, Kambodscha, Kamerun, Kanada, Kasachstan, Kenia, Kirgistan, Kolumbien, (Süd)Korea, Kroatien, Kuba, Kuwait, Laos, Lesotho, Lettland, Libanon, Litauen, Luxemburg, Macau, Madagaskar, Malaysia, Mali, Malta, Marokko, Mauritius, (die ehemalige jugoslawische Republic) Mazedonien, Mexiko, Monaco, Mongolei, Mosambik, Nepal, Neuseeland, Niederlande, Niger, Nigeria, Norwegen, Oman, Österreich, Panama, Paraguay, Peru, Philippinen, Polen, Portugal, Rumänien, Rußland, San Marino, Saudi Arabien, Schweden, Schweiz, Senegal, Simbabwe, Singapur, Slowakei, Slowenien, Spanien, Sri Lanka, Südafrika, Syrien, Tanzania, Thailand, Trinidad und Tobago, Tschechien, Tunesien, Türkei, Uganda, Ukraine, Ungarn, Uruguay, Usbekistan, Venezuela, Vereinigte Staaten, Vietnam, St. Vincent und die Grenadinen, Weißrußland, Zentralafrikanische Republik, Zypern.

[55] Scherk v. Alberto Culver Co, 417 U.S. 520 n. 15 (1974).

Besser als mit den Worten des *Supreme Courts* läßt sich die Zielsetzung des UNÜ kaum beschreiben. Die Konvention selbst besteht aus 16 Artikeln. Von materiellem Interesse sind hier aber vor allem die Artikel 1 bis 7 und 14. Die übrigen Artikel beschreiben das Beitrittsverfahren und ähnliche Formalia. Das UNÜ regelt im wesentlichen zwei Sachverhalte, nämlich die Vollstreckung von Schiedsabreden und Schiedssprüchen. Damit stellt es einen ganz wesentlichen Vorteil der internationalen Schiedsgerichtsbarkeit im Gegensatz zu ordentlichen Gerichtsverfahren sicher, den der leichteren Vollstreckbarkeit: „The beauty of the Convention thus is that it makes arbitral awards more enforceable internationally than court-rendered judgments."[56] Gleichzeitig kann die Vollstreckung nur aus abschließenden und damit beschränkten Gründen durch die lokalen Gerichte versagt werden.

c. Beitrittsgesetzgebung

Die Vereinigten Staaten ließen sich mit dem Beitritt zum UNÜ sehr viel Zeit.[57] Mit Gesetz vom 31.Juli 1970 wurde die *New York Convention* als Kapitel 2 des *Federal Arbitration Acts* in nationales Recht umgesetzt und trat am 29.Dez.1970 in Kraft.[58] Vorsichtig wurden auf diese Weise Kapitel 1 und die dazu ergangene 45-jährige Rechtsprechung intakt gelassen.[59] Kapitel 2 besteht aus acht Paragraphen mit vorwiegend verfahrensrechtlichem Inhalt. Gleichzeitig erklärten die USA mit ihrem Beitrittsschreiben vom 1.Sept.1970 sowohl den Gegenseitigkeits- und wie den Handelssachenvorbehalt nach Art. I (3).[60]

Problematisch an dieser Umsetzungstechnik ist 9 U.S.C. § 208.[61] Danach bleiben Regelungen von Kapitel 1 anwendbar, solange sie nicht den (spezielleren) Vorschriften von Kapitel 2 widersprechen. Ein Kommentator bezeichnete diese Regelung als „open invitation for litigation testing whether a particular segment of a complex section of the 1925 Act is or is not in conflict with the recent enactments."[62] Diese pessimistische Vorhersage hat sich allerdings bisher nicht erfüllt. Soweit ersichtlich wurde § 208 lediglich einmal in einem hier nicht einschlägigen Zusammenhang (vorläufige Maßnahmen) diskutiert.

Mehr oder weniger offensichtlich werden sich nationalen Vollstreckungsgerichte aber immer an den ihnen vertrauten nationalen Regelungen orientieren, diese dann

---

[56] Kolkey, *Reflections on Statutory Framework*, 1 AM. REV. INT'L ARB. 491, 497.

[57] Zu den Gründen der US-Zurückhaltung: Aksen, *Foreign Arbitral Awards*, 3 S.W. U. L. REV. 1, 4-5. Hierzu zählten vor allem Bedenken, die sich aus der föderalen Struktur der USA ergaben. Es wurde eine zu weitgehende Ausdehnung föderaler Zuständigkeiten in Angelegenheiten der Bundesstaaten befürchtet (Springer, 3 INT'L LAW. 320, 327).

[58] Vgl. 9 U.S.C.A § 201. Mitsubishi Motors Corp. v. Soler-Plymouth, Inc., 473 U.S. 614, 631 n. 16.

[59] Aksen, *Foreign Arbitral Awards*, 3 S.W. U. L. REV. 1, 16.

[60] Aksen, *Foreign Arbitral Awards*, 3 S.W. U. L. REV. 1, 23-25.

[61] „Chapter 1 applies to actions and proceedings brought under this chapter to the extent that chapter is not in conflict with this chapter or the Convention as ratified by the United States."

[62] Swisher, 47 WASH. L. REV. 441, 460.

am Maßstab der Konvention messen, ohne sich immer ausdrücklich auf § 208 zu beziehen.

2. *Inter-American Convention*

a. Hintergrund und Zielsetzung

Den Hintergrund der *Inter-American Convention on International Commercial Arbitration* (auch *Panama Convention*) bildete die traditionelle Ablehnung der meisten lateinamerikanischen Staaten gegen die Schiedsgerichtsbarkeit. Grundlage dieser Ablehnung war die sog. *Calvo*-Doktrin. Die *Calvo*-Doktrin war eine Gegenreaktion der lateinamerikanischen Staaten auf die Ausbeutung ihrer natürlichen Ressourcen durch große ausländische Unternehmen zum Ende des 19. und Beginn des 20. Jahrhunderts. Zum Schutz ihrer Investitionen riefen diese Unternehmen ihre Heimatregierungen zu Hilfe.[63] Der von den ausländischen Regierungen gewährte „diplomatische Schutz" wurde von den lateinamerikanischen Regierungen respektiert. Die Auswüchse, die diese Politik nach sich zog, führten schließlich zur *Calvo*-Doktrin, die in völligem Gegensatz zur bisherigen Politik, einen solchen diplomatischen Schutz unter allen Umständen ausschloß:

> First, that sovereign States, being free and independent, enjoy the right, on the basis of equality, to freedom from 'interference of any sort'... by other states, whether it be by force or diplomacy, and second, that aliens are not entitled to rights and privileges not accorded nationals, and that therefore they may seek redress for grievances only before the local authorities.[64]

Die *Calvo*-Doktrin ist also vor allem Ausdruck der Sorge vor ungerechtfertigten Eingriffen in die staatliche Souveränität; gleichzeitig wurde sie aber auch als Versuch der lateinamerikanischen Regierungen angesehen, sich ausländischen Ansprüchen zu entziehen.[65] Die Schiedsgesetzgebung vieler lateinamerikanischer Staaten spiegelte diese Sorge wider: Schiedsverfahren mit ausländischen Parteien wurde als Bedrohung ihrer Souveränität angesehen.[66] Insoweit bedeutet die *Panama Convention* einen Bruch mit der protektionistischen Ausrichtung der *Calvo*-Doktrin, schließlich zielt auch diese Konvention auf die Erleichterung der Streitbeilegung durch Schiedsgerichtsbarkeit ab.[67]

---

[63] Zum historischen Hintergrund des Schutzes von US-Auslandsinvestitionen: Vandevelde, 29 VA. J. INT'L L. 115, 116-124.

[64] Volz & Haydock, 21 WM. MITCHELL L.REV. 867, 883. Siehe auch BLACK'S LAW DICTIONARY 205. *Carlos Calvo* war ein argentinischer Jurist.

[65] Volz & Haydock, 21 WM. MITCHELL L.REV. 867, 883. Dafür spricht auch die Definition der Doktrin, die die Regierungen von ausländischen Schadensersatzforderungen freistellt und damit Interventionen ausländischer Regierungen zur Durchsetzungen solcher Ansprüche die Rechtfertigungsgrundlage entzieht (vgl. BLACK'S LAW DICTIONARY 205).

[66] Levin, 10 SYR. J. INT'L L. & COM. 169, 179.

[67] Levin, 10 SYR. J. INT'L L. & COM. 169.

b. Struktureller Überblick und Regelungsinhalt

Die *Panama Convention* besteht aus 13 Artikeln. Den eigentlichen Kernbereich bilden die Artikel 3 bis 6. Dabei bildet Artikel 3 eine Novität gegenüber dem UNÜ:

> In the absence of an express agreement between the parties, the arbitration shall be conducted in accordance with the rules of procedure of the Inter-American Commercial Arbitration Commission.

Artikel 4 schreibt die Vollstreckbarkeit des Schiedsspruchs gleich einem nationalem Urteil vor; Artikel 5 enthält die Vollstreckungsversagungsgründe, Artikel 6 die Vertagung der Entscheidung, wenn im Herkunftsstaat noch ein Aufhebungsverfahren anhängig ist.

Allgemein wird nur der angesprochene Artikel 3 als nennenswerte Abweichung von den Vorgaben des UNÜ hervorgehoben.[68] Mit der subsidiären Anwendbarkeit der Schiedsregeln der *Inter-American Commercial Arbitration Commission* soll eine größere (Rechts)Sicherheit und Einheitlichkeit der Schiedsverfahren gewährleistet werden.[69] Interessanterweise begrenzt Artikel 4 nicht die Anwendbarkeit auf Schiedssprüche, die auf dem Hoheitsgebiet eines Vertragsstaates ergangen sind; stillschweigend scheint den Vertragsstaaten jedoch – ein Art. I(3) UNÜ vergleichbares – Ermessen eingeräumt zu sein.[70] Dagegen ist Artikel 5 eine beinahe wörtliche Übernahme der Versagungsgründe von Art. V des UNÜ.[71] Insgesamt entspricht die *Inter-American Convention* materiell-rechtlich dem UN-Übereinkommen.[72]

c. Beitrittsgesetzgebung

Über fünfzehn Jahre nach ihrer Verabschiedung setzten die USA mit Gesetz vom 15.Aug. 1990 die *Panama Convention* in nationales Recht um. Die *Panama Convention* wurde als Kapitel 3 des *FAA* am 27.Oktober in den USA wirksam, 9 U.S.C. §§ 301-307. Der US-Gesetzgeber benutzte also die gleiche Technik wie bei der Umsetzung des UNÜ. Kapitel 3 besteht aus sieben Vorschriften. Besonderer Beachtung bedarf 9 U.S.C. § 305, der das Verhältnis zwischen *New York* und *Panama Convention* regelt.

---

[68] Kolkey, *Reflections on Statutory Framework*, 1 AM. REV. INT'L ARB. 491, 499; Norberg, *United States Implements Inter-American Convention*, 45.4 A.J. 23.

[69] Levin, 10 SYR. J. INT'L L. & COM. 169, 184.

[70] Levin, 10 SYR. J. INT'L L. & COM. 169, 185.

[71] Norberg, *U.S. Ratification of the Inter-American Convention*, 1 AM. REV. INT'L ARB. 588, 589; Levin, 10 SYR. J. INT'L L. & COM. 169, 185.

[72] Sie erscheint deshalb als eine „regionale Kopie“ der *New York Convention* (Purcell, 32 TEX. INT'L L.J. 525, 533).

d. Bedeutung

Ursprünglich sollte die Konvention einen verläßlichen alternativen Streitbeilegungsmechanismus für den Handel zwischen Lateinamerika und den USA schaffen.[73] In Anbetracht der Beitrittswelle lateinamerikanischer Staaten zum UNÜ Ende der achtziger Jahre wird die *Panama Convention* dieser Zielsetzung kaum noch gerecht.

Der *Inter-American Convention on International Commercial Arbitration* sind beigetreten: Argentinien, Brasilien, Chile, Costa Rica, Ekuador, El Salvador, Guatemala, Honduras, Kolumbien, Mexiko, Panama, Paraguay, Peru, Uruguay, Venezuela und schließlich die Vereinigten Staaten von Amerika. Bolivien, die Dominikanische Republik und Nicaragua haben die Konvention bislang nicht ratifiziert.[74] Nur zwei dieser Staaten sind bislang nicht dem UNÜ beigetreten, nämlich Brasilien und Nicaragua. Nach wie vor kann die Konvention aber als Ausdruck der OAS-Mitgliedsstaaten verstanden werden, eigene Programme für die Bedürfnisse ihrer Region zu entwickeln.[75]

3. Freundschaftsverträge

a. Allgemeines

Die USA hatten zunächst die bilateralen *Treaties of Friendship, Navigation and Commerce [FCN]* den multilateralen Abkommen wie dem UN-Übereinkommen vorgezogen. Die USA haben zwischen 1950 und 1968 19 solcher Freundschaftsverträge abgeschlossen,[76] und zwar mit Belgien (1963)[77], China (1946)[78], Dänemark (1961)[79], Deutschland (1956)[80], Frankreich (1960)[81], Griechenland (1954)[82], Iran (1957)[83], Irland (1950)[84], Israel (1954)[85], Italien (1961)[86], Japan (1953)[87],

[73] Norberg, *U.S. Ratification of the Inter-American Convention*, 1 AM. REV. INT'L ARB. 588, 591.

[74] Aufstellung nach: XXII Y.B. COM. ARB. 1075 (1997).

[75] Norberg, *U.S. Ratification of the Inter-American Convention*, 1 AM. REV. INT'L ARB. 588, 591.

[76] DOMKE ON COMMERCIAL ARBITRATION § 45:04. Für einen Vergleich der Vertragsklauseln über die Schiedsgerichtsbarkeit siehe Quigley, *Accession to United Nations Convention*, 70 YALE L.J. 1049, 1051-1054.

[77] T.I.A.S. No. 5432.

[78] T.I.A.S. No. 1871.

[79] T.I.A.S. No. 4797.

[80] T.I.A.S. No. 3593.

[81] T.I.A.S. No. 4625.

[82] T.I.A.S. No. 3057.

[83] T.I.A.S. No. 3853.

[84] T.I.A.S. No. 2155.

[85] T.I.A.S. No. 2948.

[86] T.I.A.S. No. 4685.

[87] T.I.A.S. No. 2863.

Korea (1957)[88], Luxemburg (1963)[89], Nicaragua (1958)[90], den Niederlanden (1957)[91], Pakistan (1961)[92], Thailand (1968)[93], Togo (1967)[94], Vietnam (1961)[95]. Die völkerrechtliche Weitergeltung ist z. T. zweifelhaft.[96] Von diesen Staaten sind nur vier Staaten nicht einem der beiden multilateralen Abkommen, der *New York* oder der *Panama Convention*, beigetreten: das sind der Iran, Nicaragua, Pakistan und Togo.

b. Struktur

Die Vertragsklauseln zur Vollstreckbarkeit von Schiedsabreden und –sprüchen haben jedoch im Vergleich zu den vergleichsweise umfassenden Regelungsbereichen der multilateralen Abkommen eine nur begrenzte Zielsetzung: die Diskriminierung bei der Vollstreckung von Schiedssprüchen in den Gerichten des jeweils anderen Vertragsstaates wegen des spezifisch ausländischen Elements zu verhindern.[97] Die typische Klausel in einem *FCN* ist mehr Absichtserklärung als ein umfassendes Vollstreckungsverfahren. Der Sache nach wird auch in diesen bilateralen Verträgen auf das Prinzip der Gegenseitigkeit abgestellt.[98]

4. *ICSID*

Das „Übereinkommen zur Beilegung von Investitionsstreitigkeiten zwischen Staaten und Angehörigen anderer Staaten" (*Convention on the Settlement between States and Nationals of other States*) wurde am 18.März 1965 in Washington von den Direktoren der Internationalen Bank für Wiederaufbau und Entwicklung (*International Bank for Reconstruction and Development*) verabschiedet und wird in der amerikanischen Literatur üblicherweise als *ICSID* oder *ICSID Convention* abgekürzt. Andere Bezeichnungen sind „Washingtoner Abkommen" (*Washington Convention*) oder „Weltbankübereinkommen".[99] Das Übereinkommen trat für die

---

[88] T.I.A.S. No. 3947.
[89] T.I.A.S. No. 5306.
[90] Der Freundschaftsvertrag von 1992 (T.I.A.S. 11844) enthält keine „Schiedsklausel" mehr.
[91] T.I.A.S. No. 3942.
[92] T.I.A.S. No. 4683.
[93] T.I.A.S. No. 6540.
[94] T.I.A.S. No. 6193.
[95] T.I.A.S. No. 4890.
[96] Borris, Internationale Handelsschiedsgerichtsbarkeit in den USA, S. 25 Fn. 69.
[97] Swisher, 47 WASH. L. REV. 441, 445.
[98] Aksen, *Foreign Arbitral Awards*, 3 S.W. U. L. REV. 1, 6.
[99] Die Abkürzung *ICSID* hat sich als Abkürzung für die Konvention eingebürgert, obwohl strenggenommen *ICSID* die Abkürzung für „International Centre for the Settlement of Investment Disputes" (= Internationales Zentrum zur Beilegung von Investitionsstreitigkeiten) ist, also für die Institution und nicht die Kovention ist. In der deutschen Literatur wird das Übereinkommen als „Weltbankübereinkommen" bezeichnet (z. B. Borris, Internationale Handelsschiedsgerichtsbarkeit in den USA, S. 23).

USA am 14.Oktober 1966 in Kraft[100] und war das erste multilaterale Abkommen zur Vollstreckung von Schiedssprüchen, dem die USA beitraten.

a. Hintergrund und Bedeutung

Der Titel „Übereinkommen zur Beilegung von Investitionsstreitigkeiten zwischen Staaten und Angehörigen anderer Staaten" läßt zunächst nicht die eigentliche Zielrichtung des Übereinkommens erkennen; er deutet aber auf die besondere Problematik von Streitigkeiten zwischen Staaten und Privaten hin, nämlich die Überschneidung von Politik und Wirtschaft, die mit Hilfe von Immunitätstheorien in bestimmten Grenzen das Primat der Politik anerkennt. Damit nimmt ein (privater) Unternehmer einen staatlichen Geschäftspartner schnell als schwer kalkulierbares Risiko wahr, denn über der Durchsetzung seiner Ansprüche hängt ständig das Damoklesschwert von Jurisdiktions- und/oder Vollstreckungsimmunität. Im Handel mit Entwicklungsländern führten politische Instabilität, starke Ideologisierung der Politik und die oft damit einhergehenden Verstaatlichungen zusätzlich zu einer starken Zurückhaltung bei privaten Investitionen.[101] Zu Beginn der sechziger Jahre setzte sich dann die Erkenntnis durch, daß öffentliche Mittel allein nicht ausreichten, um die wirtschaftliche Entwicklung der Dritten Welt zu fördern und zu beschleunigen. Als Grundvoraussetzung für eine verstärkte Investitionstätigkeit Privater in diesen Ländern wurde ein neutraler und verläßlicher Streitbeilegungsmechanismus angesehen.[102]

Diese Funktion konnte die „konventionelle" Schiedsgerichtsbarkeit in der Wahrnehmung der Entwicklungsländer kaum erfüllen, denn sie mißtrauten der Neutralität der zumeist westlichen Schiedsrichter. So waren die Ergebnisse in Verfahren um langfristige Konzessionsverträge über die Ausbeutung von Rohstoffen als unbefriedigend empfunden worden.[103] Einen Ausweg aus dieser mißlichen Lage versprach allein ein verläßlicher und unabhängiger Streitbeilegungsmechanismus, der den Sensibilitäten beider Seiten gerecht würde und dabei die nationalen Gerichte der beteiligten Parteien ausschloß.[104] Weitestgehende Autonomie des Verfahrens war also zwingend eine Grundvoraussetzung.

---

[100] 17 U.S.T. 1270, No. 6090, 575 U.N.T.S. 159. Eine kurze Zusammenfassung der *ICSID*-Schiedsgerichtsbarkeit findet sich bei Delaume, *ICSID arbitration, in:* CONTEMPORARY PROBLEMS IN INTERNATIONAL ARBITRATION 23 (Lew ed., 1987); DAVID, ARBITRATION IN INTERNATIONAL TRADE, 158-162.

[101] Reisman, 1989 DUKE L.J. 739, 750.

[102] Reisman, 1989 DUKE L.J. 739, 750.

[103] DOMKE ON COMMERCIAL ARBITRATION § 44:03. Die Problemlage ist also vergleichbar mit der, die zur *Calvo*-Doktrin führte.

[104] Reisman, 1989 DUKE L.J. 739, 750-751.

Durch *ICSID* wird das „Internationale Zentrum zur Beilegung von Investitionsstreitigkeiten“ geschaffen zur Administration der Investitionsschiedsverfahren.[105] Das Zentrum, das personell eng mit der Weltbank verflochten ist, stellt so organisatorisch eine weitgehende Unabhängigkeit des Verfahrens von nationalen Gerichten sicher. Damit wird einerseits auf die politischen Sensibilitäten der Entwicklungsländer und andererseits die wirtschaftlichen wie juristischen Bedenken der Investoren Rücksicht genommen.[106] Verfahrensrechtlich wird die Unabhängigkeit durch Art. 26 Satz 1 abgesichert: „Die Zustimmung der Parteien zum Schiedsverfahren im Rahmen dieses Übereinkommens gilt, sofern nicht etwas anderes erklärt wird, zugleich als Verzicht auf jeden anderen Rechtsbehelf.“

ICSID wird wie der Schiedsgerichtsbarkeit allgemein eine wachsende Bedeutung zugemessen.

b. Struktur, Umsetzung

Das Abkommen ist in zehn Kapitel untergliedert, von denen hier insbesondere Kapitel IV mit seiner Regelung des Schiedsverfahrens interessiert. In dessen Rahmen wird insbesondere mit den Artikeln 41 und 44 erneut die Unabhängigkeit des *ICSID*-Schiedsverfahrens von der staatlichen Gerichtsbarkeit abgesichert.[107] Diese „rule of abstention“, also die (vorgeschriebene) Enthaltsamkeit der nationalen Gerichte, findet erneut ihren Ausdruck in dem verfahrensinternen Kontrollmechanismus nach Art. 50 [Auslegung des Schiedsspruchs], Art. 51 [Wiederaufnahmeverfahren], Art. 52 [Aufhebungsverfahren]. Gerade das Aufhebungsverfahren ist eine der grundlegenden Neuerungen. Es ist im Grunde eine – wenn auch sachlich stark eingeschränkte – Berufungsinstanz mit der Besonderheit, daß damit ein verfahrensinterner Kontrollmechanismus geschaffen wurde.[108] Ohne Beispiel ist schließlich auch die Vollstreckung nach den Artikeln 53-55. Sie stellen den *ICSID*-Schiedsspruch zu Vollstreckungszwecken einem inländischen Gerichtsurteil gleich.

---

[105] Kapitel I des Übereinkommens.

[106] Delaume, *ICSID arbitration, in:* CONTEMPORARY PROBLEMS IN INTERNATIONAL ARBITRATION 23, 24 (Lew ed., 1987); Reisman, 1989 DUKE L.J. 739, 751. Die Entwicklungsländer reagierten sehr sensibel gegenüber jedem möglichen Affront gegen ihre neugewonnene Souveränität und Nationalstolz. Andererseits erschien den Investoren vor den lokalen Gerichten dieser Länder kaum lohnenswert, wie umgekehrt die Entwicklungsländer nicht in Vollstreckungsverfahren vor den ausländischen Gerichten verwickelt werden wollten.

[107] Nach Art. 41 entscheidet das *ICSID*-Schiedsgericht selbst über seine Zuständigkeit, Art. 44 sieht die subsidiäre Anwendung der *ICSID*-Schiedsverfahrensregeln nach Abschnitt 3 vor.

[108] Reisman, 1989 DUKE L.J. 739, 754. Dabei ist zu beachten, daß die Mitglieder des Ad-hoc-Ausschusses nicht die gleiche Staatsangehörigkeit wie einer der Verfahrensbeteiligten haben dürfen.

Das *ICSID*-Übereinkommen wurde durch 22 U.S.C. §§ 1650, 1650a in US-Recht umgesetzt. Dem autonomen Charakter des Übereinkommens entsprechend sieht § 1650a lediglich in seiner entscheidenden Passage vor:

> The pecuniary obligations imposed by such an award shall be enforced and shall be given the same full faith and credit as if the award were a final judgment of a court of general jurisdiction of one of the several States. The Federal Arbitration Act (9 U.S.C. 1 et seq.) shall not apply to enforcement of awards rendered pursuant to the convention.

5. Sonstige Abkommen

Das Warschauer Abkommen über den internationalen Lufttransport und die Erklärungen von Algiers sollen nicht besonders behandelt werden.[109] Für die Schiedssprüche des „Iran-United States Claims Tribunal" geht die US-Rechtsprechung ohnehin von der Anwendbarkeit der allgemeinen Vorschriften aus.

II. Nicht anwendbare internationale Abkommen

1. Genfer Abkommen

Die Genfer Abkommen, also das Genfer Protokoll von 1923 und das Genfer Abkommen von 1927, waren unter der Ägide des Völkerbundes zustandegekommen und Ergebnis von schon seit 1904 andauernden Bemühungen, eine multilaterale Konvention zur Anerkennung von Schiedssprüchen zu schaffen.[110] Die Abkommen erwiesen sich aber nicht als sonderlich praktikabel und konnten sich deshalb nie richtig durchsetzen. [111] Sie sind heute praktisch durch Art. 7 II UNÜ abgelöst.[112] Da die USA den Abkommen nie beigetreten waren,[113] finden sie hier auch keine Anwendung.

2. Europäisches Abkommen über die Handelsschiedsgerichtsbarkeit von 1961

Das Europäische Abkommen über die Handelsschiedsgerichtsbarkeit von 1961 war speziell auf den Ost-West-Handel zugeschnitten. Die USA sind dem Abkommen

---

[109] Vgl. Borris, Internationale Handelsschiedsgerichtsbarkeit in den USA, S. 25-27.

[110] Quigley, *Accession to United Nations Convention*, 70 YALE L.J. 1049, 1054-1055.

[111] Vor allem deshalb, weil das Genfer Abkommen letztlich ein zeit- und kostenaufwendiges Doppelexequatur erforderte; Schlosser, Internationale Schiedsgerichtsbarkeit, Rnr. 55f. Zur Kritik auch Sanders, 13 INT'L LAW. 269, 272-273; Quigley, *Accession to United Nations Convention*, 70 YALE L.J. 1049, 1054-1055.

[112] „(2) Das Genfer Protokoll über die Schiedsklauseln von 1923 und das Genfer Abkommen zur Vollstreckung ausländischer Schiedssprüche von 1927 treten zwischen den Vertragsstaaten in dem Zeitpunkt und in dem Ausmaß außer Kraft, in dem dieses Übereinkommen für sie verbindlich wird." Schlosser, Internationale Schiedsgerichtsbarkeit, Rnr. 55.

[113] Aksen, *Foreign Arbitral Awards*, 3 S.W. U. L. REV. 1, 4; DOMKE on COMMERCIAL ARBITRATION, § 45.02; Sanders, 13 INT'L LAW. 269, 272.

nicht beigetreten.[114] Es findet für die Vollstreckung von Schiedssprüchen in den USA keine Anwendung.

III. Bundesrecht: Der *Federal Arbitration Act*

Bei seiner Verabschiedung 1925 galt der *Federal Arbitration Act*[115] als einer der „weitreichendsten Gesetzgebungsakte, die in jüngerer Zeit im Interesse vernünftiger Geschäftspraktiken eingeführt" worden waren.[116] In den letzten 70 Jahren ist die Schiedsgerichtsbarkeit ein so selbstverständlicher Teil des internationalen Handels geworden, daß die Dimension der Einführung des *FAA* heute kaum noch nachzuvollziehen ist. Das gilt insbesondere deshalb, weil sein Regelungsinhalt ziemlich auf die Grundlagen des Schiedsverfahrens beschränkt ist,[117] der *FAA* insoweit eher einer rechtspolitischen Absichtserklärung gleichkommt.[118]
Gerade im Hinblick auf das UNCITRAL-Modellgesetz [MG] und die *International Arbitration Acts* einzelner Bundesstaaten wird deshalb in der US-Literatur über eine Novellierung des Gesetzes gestritten, um eine zeitgemäße Regelung des Schiedsrechtes zu erhalten.[119]

1. Zielsetzung

Im Gegensatz zum UNCITRAL-MG hat der *FAA* nicht das Ziel einer umfassenden Regelung des Schiedsrechts.[120] Zentrales Anliegen ist lediglich die Durchsetzung jeder schriftlichen Schiedsklausel unter den Voraussetzungen von § 2 *FAA*.[121] Konsequent ergibt sich hieraus auch der zweite Hauptregelungsbereich des *FAA*, nämlich die Vollstreckung, Änderung und Aufhebung von Schiedssprüchen.

2. Struktureller Überblick und Regelungsinhalt

Der *FAA* ist in drei Kapitel untergliedert: Kapitel 1 umfaßt das ursprüngliche Gesetz von 1925, Kapitel 2 setzt die *New York Convention*[122], Kapital 3 die *Panama Convention*[123] in nationales Recht um. Neben den bereits genannten Hauptzielen

---

[114] Volz & Haydock, 21 WM. MITCHELL L.REV. 867, 881.
[115] Abgekürzt *FAA*.
[116] So der Präsident der New Yorker Handelskammer, zitiert nach COMMITTEE ON COMMERCE, TRADE AND COMMERCIAL LAW, 1925 A.B.A. J. 153.
[117] Brunel, 25 TEX. INT'L L.J. 43, 45. Dabei erschien er doch 1925 als eine so umfangreiche Antwort auf die feindliche Gesinnung der Rechtsprechung, Hirshman, 71 VA. L. REV. 1305, 1313.
[118] Mills, 13 FORDHAM INT'L L.J. 604, 614.
[119] Z. B. Kolkey, *Reflections on Statutory Framework*, 1 AM. REV. INT'L ARB. 491; Brunel, 25 TEX. INT'L L.J. 43.
[120] Kolkey, *Reflections on Statutory Framework*, 1 AM. REV. INT'L ARB. 491, 500.
[121] *Maritime transaction* oder *Transaction involving interstate or foreign commerce*. Es ist allerdings nicht bezweckt, den FAA Schiedsabreden leichter vollstreckbar zu machen als andere Verträge (Feldman, *Confusing Federalism*, 702-703).
[122] Dazu bereits oben 1.
[123] Dazu bereits oben 2.

enthält der *FAA* (einige Verfahrens)Vorschriften zur Ernennung von Schiedsrichtern, zur Vorladung von Zeugen, zur Anwendbarkeit der *Act of State Doctrine*, zur Vollstreckbarkeitserklärung von Schiedssprüchen und der Vollstreckung solcher Urteile.

3. Fehlende Regelungen

Aus der oben beschriebenen begrenzten Zielsetzung ergeben sich notwendigerweise Regelungslücken des *FAA* für wichtige Aspekte des internationalen Schiedsverfahrens,[124] die sich mit der u. a. aus der expandierenden Rolle des *FAA* ergeben haben:[125]

(1) Gerichtliches Tätigwerden: Nur für einen Teilbereich regelt der *FAA* das Zusammenspiel von Schiedsgericht und ordentlichem Gericht. Die Regelung vorläufiger Maßnahmen fehlt ganz.

(2) Schiedsrichter: Richtlinien für die Offenbarungspflichten von Schiedsrichtern sieht der *FAA* nicht vor. Ebenso fehlen jedes Verfahren zur Ablehnung von Schiedsrichtern, zum Ersetzen eines Schiedsrichters (bei Niederlegung des Mandats oder Handlungsunfähigkeit) und zur Beendigung des Mandates.

(3) Zuständigkeit des Schiedsgerichtes: Gleichermaßen ungeregelt bleibt die Frage, inwiefern das Schiedsgericht über seine eigene sachliche Zuständigkeit entscheiden darf (Problem der sog. Kompetenz-Kompetenz) und selbst vorläufige Maßnahmen anordnen darf.

(4) Ablauf des Schiedsverfahrens: Neben allgemeinen Verfahrensvorschriften, wie z. B. zur Zustellung der Klage und Form und Inhalt der Schriftsätze, mangelt es dem *FAA* an Verfahrensvorschriften, die gerade für die internationale Schiedsgerichtsbarkeit von besonderer Bedeutung sind: Bestimmung der anwendbaren Verfahrensregeln, Schiedsort[126], Verfahrenssprache, Säumnis von Parteien.

(5) Erlaß des Schiedsspruchs und Beendigung des Verfahrens: Der *FAA* gibt keine Vorgaben zur Bestimmung des anwendbaren materiellen Rechts, wenn die Parteien es verabsäumt haben, dieses vertraglich festzulegen. Das gilt auch für den Schiedsvergleich, Form und Inhalt des Schiedsspruches, Fremdwährungssprüchen und Beendigung des Verfahrens. Diese Bereiche bleiben gleichermaßen ungeregelt wie die für die Praxis bedeutsame Problematik der Kostenentscheidung und Zuerkennung von Zinsen. Nur recht umständlich sieht der *FAA* ein Korrektur- oder Änderungsverfahren durch das staatliche Gericht vor, entzieht so den Schiedsrich-

---

[124] zur Kritik am den Regelungslücken: Brunel, 25 TEX. INT'L L.J. 43, 46-51.

[125] „In sum, the FAA has come a long way. From what was in 1925 arguably no more than a remedy applied to arbitration cases that happened to find their way into federal court, the Act is now definitively established as a substantive federal law, preemptive and binding on the states, and articulating a federal policy extending to issues well beyond its literal terms." (Hirshman, 71 VA. L. REV. 1305, 1353).

[126] Der Ort, an dem das Schiedsverfahren stattfand, ist nach dem Territorialitätsprinzip ausschlaggebend für die Nationalität des Schiedsspruches und damit auch für die Anwendbarkeit der internationalen Konventionen.

tern die Möglichkeit, ihren eigenen Fehler unproblematisch korrigieren zu können.[127]
Gerade diese Lücken suchen die Bundesstaaten mit ihren verfahrensrechtlich ausgelegten Schiedsgesetzen zu füllen.[128]

4. Verfassungsrechtliche Grundlagen

Ähnlich dem Art. 30 GG findet sich im Zehnten Zusatzartikel der US-Verfassung von 1789 eine Vermutung zugunsten der Gesetzgebungszuständigkeit der Gliedstaaten: „Powers not delegated to the United States by the Constitution, nor prohibited by it to the states, are reserved to the States respectively, or to the people."[129] Nur bei entsprechender Zuständigkeit kann der Kongreß folglich gesetzgeberisch tätig werden, die sich für das Schiedsrecht aus den folgenden drei Normen ergeben kann:
- *Interstate and foreign commerce*, U.S. CONST. art. I, § 8, cl. 3, *admiralty*, U.S. CONST. art. III § 2,
- *Rule of substantive federal law directed only to cases before the federal courts*, U.S. CONST. art. III,
- *Procedure for the lower federal courts*, U.S. CONST. art. I, § 8, cl. 9, 18.[130]

Mit der Bestimmung der Gesetzgebungskompetenz ergibt sich der Rechtscharakter des *FAA* als materiell-rechtlich (bei Berufung auf die *interstate and foreign commerce* bzw. *admiralty*-Zuständigkeit und die *rule of substantive federal law*) oder prozessual (*procedure for the lower courts*). Wäre der *FAA* verfahrensrechtlich einzuordnen, fände er nur in den Bundesgerichten Anwendung. Gleiches gilt für die *rule of substantive federal law*. Der *FAA* wurde jedoch zu einer Zeit verabschiedet, als den Bundesgerichten unter der Doktrin *Swift v. Tyson* von 1842 sehr weitgehende Kompetenzen zustanden: Allein aufgrund ihrer *diversity of citizenship*-Zuständigkeit konnten die *federal courts* eigene, bundesrechtliche Entscheidungsmaßstäbe, also *federal common law*, für „questions of general law" schaffen, wenn das betreffende Rechtsgebiet nicht schon durch ein Gesetz des Bundesstaates geregelt war. Angesichts dieser weiten bundesgerichtlichen Kompetenz sah sich der Kongreß offensichtlich nicht zu einer ausdrücklichen Bezugnahme auf irgendeine Gesetzgebungskompetenz gezwungen.[131] Dabei ist die Frage

---

[127] Zu den Regelungslücken: Kolkey, *Reflections on Statutory Framework*, 1 AM. REV. INT'L ARB. 491, 511-523; Hunnicut et al., 3 OHIO ST. J. ON DISP. RESOL. 303, 312-316; Rivkin & Kellner, *In Support of the FAA*, 1 AM. REV. INT'L REV. 535, 545-548.

[128] Zu den internationalen Schiedsgesetzen der Einzelstaaten unten IV.

[129] U.S. CONST. amend. X.

[130] COMMITTEE ON COMMERCE, TRADE AND COMMERCIAL LAW, 1925 A.B.A. J. 153, 154; Hirshman, 71 VA. L. REV. 1305, 1314-1315.

[131] Vgl. Prima Paint Corp. v. Flood & Conklin Mfg. Co., 388 U.S. 395, 405 n. 13; Hirshman, 71 VA. L. REV. 1305, 1314-1315 n. 47. Zu den verfassungsrechtlichen Grundlagen wird erneut im Rahmen des Föderalverhältnisses zurückzukommen sein.

nach der verfassungsrechtlichen Gesetzgebungszuständigkeit nicht nur von akademischem Interesse, sondern hat durchaus praktische Auswirkungen auf den Anwendungsbereich des *Federal Arbitration Act* im Hinblick auf seine Anwendbarkeit in beiden Rechtszügen der USA und sein Verhältnis zu den einzelstaatlichen Regelungen.

5. Verfassungsgerichtliche Stellungnahmen

a. Schiedsgerichtsbarkeit im Föderalstaat

Diese sehr weitgehende richterliche Auslegung nach *Swift v. Tyson* wurde 1938 vom *Supreme Court* in der Entscheidung *Erie Railroad Co. v. Tompkins*[132] aufgegeben:

> *Except in matters governed by the Federal Constitution or by acts of Congress*, the law to be applied in any case is the *law of the state*. And whether the law of the state shall be declared by its Legislature in a statute or by its highest court in a decision is not a matter of federal concern. *There is no federal common law.* Congress has no power to declare substantive rules of common law applicable in a state whether they be local in their nature or 'general,' be they commercial law or a part of the law of torts. And no clause in the Constitution purports to confer such a power upon the federal courts. ...[133]

Damit konnten die Bundesgerichte nicht mehr ihre eigenen Entscheidungsmaßstäbe für Ansprüche aus dem Recht der Einzelstaaten nur auf Grundlage von *diversity* schaffen. Die Entscheidung ist auch Ausdruck der Besorgnis, daß verschiedene Regeln in den Bundes- und Staatengerichten dem föderalstaatlichen Problem des *forum shopping* Vorschub leisten könnte.[134] Jetzt bekam es plötzlich Bedeutung, auf welcher Grundlage der *FAA* verabschiedet worden war.[135] Dabei kamen die drei genannten Möglichkeiten in Betracht.[136]

Diese Rechtsprechung konkretisierte der *Supreme Court* weiter in *Guaranty Trust Co. v. York*.[137] Über den sog. *outcome determinative test*[138] versuchte das Gericht sicherzustellen, daß Entscheidungen in Bundesgerichten im Grundsatz mit denen

---

[132] 304 U.S. 64 (1938).

[133] 304 U.S. 64, 78 (Hervorhebung durch den Autor).

[134] Hirshman, 71 VA. L. REV. 1305, 1317. *Forum shopping* wird definiert als „ ... wenn eine Partei versucht ihre Streitigkeit in einem bestimmten Gericht verhandeln zu lassen, weil sie davon ausgeht, dort das ihr günstigste Urteil zu erhalten." (BLACK'S LAW DICTIONARY 655 (Stichwort: *Forum shopping*)).

[135] Hirshman, 71 VA. L. REV. 1305, 1316.

[136] Hirshman, 71 VA. L. REV. 1305, 1314-1315.

[137] Guaranty Trust Co. of New York v. York, 326 U.S. 99 (1945).

[138] Etwa: „Folgen-Bestimmungs-Test". Guaranty Trust v. York, 326 U.S. 99, 109.

der Gerichte der Einzelstaaten übereinstimmen.[139] Das Gericht betonte, daß der Kongreß zur Vermeidung von Diskriminierungen nicht-ortsansässiger Kläger diesen (nur) ein anderes Gericht, nicht aber ein weiteres Rechtssystem gewährt wurde.[140]

Erstmals nahm das höchste Gericht in dem Urteil *Bernhardt v. Polygraphic Co. of America*[141] zur Schiedsgerichtsbarkeit im Spannungsfeld von Bundes- und Einzelstaatenrecht Stellung: es bestätigte die Entscheidung eines Vermonter *Federal District Courts*, das parallele Gerichtsverfahren nicht nach § 3 *FAA* auszusetzen. Der Anwendungsbereich des *FAA* nach § 2 war nicht eröffnet.[142] Für das Verhältnis des *FAA* zu lokalem Recht ist insbesondere der zweite Teil der Entscheidung von Bedeutung: Im Gegensatz zum Berufungsgericht definierte der *Supreme Court* den *FAA* als materielles Recht und nicht als Verfahrensrecht[143] und betonte auf diese Weise, daß die Durchsetzung vertraglicher Ansprüche dem Recht der Staaten unterliegt.[144] Nur so kann nach Ansicht des *Supreme Courts* der *forum shopping*-Problematik wirksam begegnet werden. Unter Anwendung des *outcome-determinative tests* aus *Guaranty Trust* ergab sich, daß sonst in Bundesgerichten in und Gerichten des Staates Vermont unterschiedliche Verfahrensordnungen gelten würden, die unterschiedliche Ergebnisse zur Folge haben können. Das wird ganz offensichtlich, wenn ein *District Court* Parteien eines Rechtsstreits auf das Schiedsverfahren verweisen würde, während im gleichen Fall ein *State Court* ein ordentliches Gerichtsverfahren weiterbetreiben müßte.[145] Wie der vorliegende Fall verdeutlicht, wären die Parteien in einem Vermonter *State Court* insoweit diskriminiert, als ihnen im Gegensatz zu Parteien eines Verfahrens im Bundesgericht eine Verfahrensaussetzung versagt bliebe; allein die Zufälligkeit einer *diversity of citizenship* könnte das Ergebnis des Rechtsstreits über das zuständige Gericht beeinflussen.[146]

---

[139] „[T]he intent of that decision [Erie R. R.] was to insure that, in all cases where a federal court is exercising jurisdiction solely because of the diversity of citizenship of the parties, the outcome of the litigation in the federal court should be substantially the same, so far as legal rules determine the outcome of a litigation, as it would be if tried in a State court." (326 U.S. 99, 109 (1945)).

[140] 326 U.S. 99, 112. Dieser andere Gerichtszweig sind die bundesstaatlichen *District Courts* im Gegensatz zu einzelstaatlichen *State Courts*.

[141] 350 U.S. 198 (1956).

[142] Es handelte sich um einen Arbeitsvertrag, der nicht vom Anwendungsbereich des § 2 erfaßt wurde: „There is no showing that petitioner while perfoming his duties under the employment contract was working 'in' commerce, was producing goods for commerce, or was engaging in activity that affected commerce, within the meaning of our decisions" (350 U.S. 198, 200-201).

[143] 350 U.S. 198, 202-203. Damit wurde gleichzeitig die bisher ungeklärte Frage geklärt, auf Grundlage welcher Kompetenz der Kongreß den *FAA* erlassen hat, nämlich *interstate and commerce and admiralty*, art. I, § 8 cl. 3 bzw. art. III, § 2.

[144] Hirshman, 71 VA. L. REV. 1305, 1320.

[145] 350 U.S. 198, 204.

[146] 350 U.S. 198, 203.

1967 befaßte sich der *Supreme Court* erneut mit dem Schiedsrecht im Spannungsfeld des Föderalstaates. Die zur Entscheidung vorliegende Frage in *Prima Paint Corporation v. Flood & Conklin Mfg. Co.*[147] war, ob der *FAA* auch dann anwendbar ist, wenn der *FAA* dem anwendbaren Schiedsgesetz des Bundesstaates widerspricht. Da es sich eindeutig um ein Geschäft im *interstate commerce* handelte, konnte die Antwort nur positiv ausfallen: „Es steht außer Frage, daß das bundesrechtliche Schiedsgesetz auf der unbestrittenen Kompetenz der Bundesgesetzgebers beruht und beschränkt ist, die sich aus seiner Zuständigkeit für *interstate commerce* und *admiralty* ergibt."[148] Damit charakterisierte der Supreme Court den *FAA* als materielles Bundesrecht,[149] stellte die Schiedsabreden auf die gleiche Stufe mit anderen Verträgen, ohne jedoch Stellung zu nehmen zu der Frage, nach welchem Recht die Vertragsauslegung erfolgen soll.[150]

War vor dieser Entscheidung von einer breiten Funktion des Einzelstaatenrechts ausgegangen worden, so wurde in *Prima Paint* ein „profederal approach" gewählt, also ein Ansatz zugunsten des Bundes, der unzulässige Eingriffe des Bundesrechtes in das Recht der Einzelstaaten begünstigte[151] und verstärkt die Frage nach dessen *preemption* (Verdrängung) aufwarf.

Die nächste bedeutende Stellungnahme zum Schiedsrecht im föderalen Kontext findet sich in *Moses H. Cone Memorial Hospital v. Mercury Construction Corp.*:[152] ein *District Court* hatte sein Verfahren zur Anordnung des Schiedsverfahrens ausgesetzt, um die Entscheidung zur Hauptsache in dem parallellaufenden Verfahren vor dem *State Court* abzuwarten. Der *Supreme Court* fegte die Entscheidung des Bundesgerichtes als offensichtlich falsch hinweg, denn sie widersprach der klaren Absicht des Gesetzgebers durch den *Federal Arbitration Act* die Parteien so schnell wie möglich von den staatlichen Gerichten weg an die Schieds-

---

[147] 388 U.S. 395 (1967).

[148] „The answer ... can only be in the affirmative. And it is clear beyond dispute that the federal arbitration statute is based upon and confined to the incontestable federal foundations of 'control over interstate commerce and over admiralty.'" (388 U.S. 395, 405). Diese Antwort fiel dem *Supreme Court* insofern einfach, als der Anwendungsbereich des *FAA* eindeutig eröffnet war, Hirshman, 71 VA. L. REV. 1305, 1321.

[149] Hirshman, 71 VA. L. REV. 1305, 1307.

[150] Hirshman, 71 VA. L. REV. 1305, 1323.

[151] Atwood, *Federal-State Relations under FAA*, 37 U. FLA. L. REV. 61, 81; Hirshman, 71 VA. L. REV. 1305, 1330-1331.

[152] 460 U.S. 1 (1983).

richter weiterzuverweisen.[153] Grundsätzlich gilt der *FAA* gleichermaßen für Verfahren in Bundes- wie Einzelstaatengerichten.[154] Das Gericht führte dazu aus:

> Section 2 is a congressional declaration of a liberal federal policy favoring arbitration agreements, *notwithstanding* any state substantive or procedural policies to the contrary. The effect of the section is to create a body of federal substantive law of arbitrability, applicable to *any* arbitration agreement within the coverage of the Act.[155]

Weitergehend stellte das Gericht fest:

> The Arbitration Act establishes that, as a matter of federal law, any doubts concerning the scope of arbitrable issues should be resolved in favor of arbitration, whether the problem at hand is the construction of the contract language itself or an allegation of waiver, delay, or a like defense to arbitrability.[156]

Damit deutete der *Supreme Court* an, daß sich grundsätzlich das weitgefaßte Bundesrecht gegenüber widersprechendem Einzelstaatenrecht durchsetzt.[157] Dahinter stand offensichtlich die Überzeugung, daß Verfahren in den *State Courts* dem vertraglich in der Schiedsabrede fixierten Parteiwillen nicht hinreichend Geltung verschaffen würden.[158]

Die Urteile *Prima Paint* und *Moses H. Cone* legten so den nationalen Anwendungsbereich des *FAA* sehr breit an.[159] Unklar blieb allerdings der Umfang, mit dem Bundesrecht entgegenstehende Gesetze der Einzelstaaten verdrängt, denn die Gerichte legten oft einzelstaatliche, gesetzliche Vorbehalte zugunsten der ordentlichen Gerichtsbarkeit weit aus.[160] *Moses H. Cone* war insoweit mehr eine Stellungnahme zur Schiedsfähigkeit als zur Frage nach dem anwendbaren Recht (*preemption*).[161]

---

[153] „This refusal to proceed was plainly erroneous in view of Congress' intent, in the Arbitration Act, to move the parties to an arbitrable dispute out of court and into arbitration as quickly and easily as possible" (460 U.S. 1, 22).

[154] 460 U.S. 1, 24.

[155] 460 U.S.1, 24 (Hervorhebung durch den Autor).

[156] 460 U.S. 1, 24-25.

[157] „Although in some rare circumstances the presence of state-law issues may weigh in favor of that surrender [...], the presence of federal-law issues must always be a major consideration weighing against surrender [of federal jurisdiction]", 460 U.S. 1, 26. Nur bei ganz außergewöhnlichen Umständen kann also auf *state law* zurückgegriffen werden, Gorman & Shirodkar, 16 MD. J. INT'L L. & TRADE 183, 205. Die Einzelstaatengesetzgebung hatte vielfach in der Entwicklung nach *Prima Paint* Beschränkungen für das Schiedsverfahren eingeführt (Feldman, *Federalism under the FAA*, 69 TEX. L. REV. 691, 700, 701).

[158] Hayford, 31 WAKE FOREST L. REV. 1, 4.

[159] Hirshman, 71 VA. L. REV. 1305, 1338, 1342; Feldman, *Federalism under the FAA*, 69 TEX. L. REV. 691, 699.

[160] Feldman, *Federalism under the FAA*, 69 TEX. L. REV. 691, 702.

[161] Feldman, *Federalism under the FAA*, 69 TEX. L. REV. 691, 721.

Dazu äußerte sich der *Supreme Court* in *Southland Corp. v. Keating*[162] und setzte die bisher eingeschlagene Linie konsequent fort. Es ging es um eine Bestimmung des kalifornischen Franchise Investment Gesetzes, die in der Interpretation des *California Supreme Court* für Streitigkeiten nach diesem Gesetz zwingend den ordentlichen Rechtsweg vorschrieb und damit Schiedsverfahren ausschloß.[163] Erneut verwies das Gericht hier auf die *national policy favoring arbitration* und führte aus, daß damit den Staaten die Gesetzgebungskompetenz entzogen ist, den Parteien den ordentlichen Rechtsweg für Streitigkeiten vorzuschreiben, die sie auf dem Wege eines Schiedsverfahrens lösen wollten.[164] Nur zwei Einschränkungen der Schiedsgerichtsbarkeit vermochte das Gericht festzustellen, nämlich die Beschränkung auf *admiralty* und *commerce*-Streitgegenstände und die Widerrufbarkeit nach *law* oder *equity*.[165] Konsequent war damit auch die Feststellung: „We see nothing in the Act indicating that the broad principle of enforceability is subject to any additional limitations under State law.“[166] Damit war es den Einzelstaaten versagt, den Anwendungsbereich des *FAA* über die Schiedsfähigkeit von Streitgegenständen individuell enger zu fassen.[167] Aus der Entscheidung folgt zweierlei: erstens wird jegliches Recht der Einzelstaaten, das Schiedsverfahren beschränkt, durch Bundesrecht verdrängt (*preempted*); zweitens sind einzelstaatliche Beschränkungen von Schiedsabreden zugunsten von einem unverzichtbaren Zugang zu den staatlichen Gerichten nicht mehr unantastbar, sondern nur in dem durch § 2 gesteckten Rahmen.[168] „In creating a substantive rule applicable in state as well as federal courts, Congress intended to foreclose state legislative attempts to undercut the enforceability of arbitration agreements.“[169] Hiernach mußte es sehr zweifelhaft sein, ob die Staaten per Gesetz in irgendeiner Weise das Schiedsverfahren einschränken konnten.[170]

Auf den ersten Blick scheint die besondere Bedeutung der *Mitsubishi*-Entscheidung[171] auf die internationale Schiedsgerichtsbarkeit beschränkt zu sein. Hinter der

---

[162] 465 U.S. 1 (1983).
[163] 465 U.S. 1, 10.
[164] 465 U.S. 1, 10.
[165] 465 U.S. 1, 10-11. Darunter fallen die typischen Versagungsgründe wie *fraud, unconscionability, waiver...* (Feldman, *Federalism under the FAA*, 69 TEX. L. REV. 691, 702). Diese Beschränkungen haben, wie noch zu zeigen sein wird, in der Praxis keine nennenswerte Bedeutung entwickeln können.
[166] 465 U.S. 1, 11.
[167] 465 U.S. 1, 16. Das wäre ja unschwer mit einem einfachen Gesetz des Einzelstaates möglich und würde so den Anwendungsbereich des *FAA* untergraben (465 U.S. 1, 16 n. 11) und damit ein *forum shopping* provozieren (465 U.S. 1, 15).
[168] Atwood, *Federal-State Relations under FAA*, 37 U. FLA. L. REV. 61, 87; Hayford, 31 WAKE FOREST L. REV. 1, 6; Hirshman, 71 VA. L. REV. 1305, 1350.
[169] 465 U.S. 1, 16.
[170] Feldman, *Federalism under the FAA*, 69 TEX. L. REV. 691, 703.
[171] Mitsubishi Motors Corp. v. Soler Chrysler-Plymouth, Inc., 473 U.S. 614. Die Entscheidung wird ausführlich unter Art. V(2)(a) erörtert.

konkreten Frage, ob Kartellrechtsstreitigkeiten schiedsfähig sind, verbarg sich abstrakt das Problem, ob Schiedsrichter auch über gesetzliche (*statutory claims* – im Unterschied zu durch Richterrecht geschaffenen) Ansprüche entscheiden könnten. Auf seiner ständigen Rechtsprechung zugunsten der Schiedsgerichtsbarkeit aufbauend folgerte das Gericht: „There is no reason to depart from these guidelines where a party bound by an arbitration agreement raises claims founded on statutory rights."[172] Mit Blick auf einen möglichen Schutzzweck der Gesetzgebung stellte das Gericht fest, daß Parteien ja keineswegs auf ihre Rechte verzichten, sondern nur das Forum der Streitentscheidung, den Spruchkörper, ändern.[173] Damit – und das ist in dem hier erörterten Zusammenhang entscheidend – machte der *Supreme Court* deutlich, daß Vorbehalte der Gerichte gegenüber der Schiedsgerichtsbarkeit es nicht rechtfertigen können, einer vertraglichen Vereinbarung wie einer Schiedsabrede die Gültigkeit zu versagen, nur weil gesetzliche Ansprüche Gegenstand des Schiedsverfahrens sind.[174]

Die Entscheidung *Perry v. Thomas*[175] aus dem Jahre 1987 bestimmte den Bereich der *preemption* genauer: der *California Labor Code* erlaubte Klagen trotz einer Schiedsabrede im Arbeitsvertrag und stand damit in direktem Widerspruch mit dem *FAA*. Unter Berufung auf *Southland* entschied der *Supreme Court*, daß im Sinne der *Supremacy Clause* der *FAA* das kalifornische Gesetz verdrängte.[176] Gleichsam nebenbei bemerkte es, daß das allgemeine Vertragsrecht der Staaten solange nicht aufgehoben wird, wie es einen Schiedsvertrag genauso wie jeden anderen Vertrag behandelt.[177]

Damit war es ständige Rechtsprechung des obersten Gerichtes seit 1925, daß der *FAA* als materielles Bundesrecht entgegenstehendes materielles oder Verfahrensrecht der Bundesstaaten verdrängte.[178] Die bisherigen Entscheidungen stärkten beinahe einseitig die Rolle des Bundesgesetzes zu Lasten der einzelstaatlichen Regelungen.

Dieses gerade nach der *Perry*-Entscheidung breite Ausmaß von *preemption* des Einzelstaatenrechts[179] wird zugunsten der Staaten eingeschränkt in der Entschei-

---

[172] 473 U.S. 614, 626.
[173] Mitsubishi, aaO, 628.
[174] Hayford, 31 WAKE FOREST L. REV. 1, 11.
[175] 482 U.S. 483 (1987).
[176] 482 U.S. 483, 491.
[177] „Thus state laws, whether of legislative or judicial origin, is applicable if that law arose to govern issues concerning the validity, revocability, and enforceability of contracts generally." (482 U.S. 483, 492 n. 9).
[178] Gorman & Shirodkar, 16 MD. J. INT'L L. & TRADE 183, 207.
[179] Feldman, *Federalism under the FAA*, 69 TEX. L. REV. 691, 704; Pierce, 61 U. CIN. L. REV. 623, 634.

dung *Volt Information Sciences v. Board of Trustees of Leland Stanford Junior University* von 1989:[180] *Volt* sollte im Rahmen eines Bauprojektes Leitungen auf dem *Stanford* Campus in Kalifornien verlegen. Der Vertrag zwischen den Parteien enthielt sowohl eine (sehr allgemeine Standard-) Rechtswahl-[181] wie auch eine gleichgeartete Schiedsklausel.[182] Es kam zu Unstimmigkeiten und *Volt* ersuchte das *Superior Court*, ein Schiedsverfahren anzuordnen, während seinerseits *Stanford* eine Aussetzung des Verfahrens beantragte.[183] Nach § 1281.2(c) der kalifornischen Zivilprozeßordnung ist eine solche Aussetzung u. a. dann möglich, wenn noch ein Gerichtsverfahren gegen Dritte aus dem gleichen Streitgegenstand anhängig ist.[184] Der *Supreme Court* hielt die Entscheidung des *Court of Appeals*,, das Verfahren auszusetzen, aufrecht.[185] Für das Verhältnis zwischen Bundes- und Einzelstaatenrecht sind vor allem zwei Stellungnahmen des Gerichts von Bedeutung:

(1) Mit der Wahl kalifornischen Rechts beabsichtigten die Parteien auch die Einbeziehung von § 1281.2(c). Es gibt danach keine Bundespolitik zugunsten der Schiedsgerichtsbarkeit nach einer bestimmten Schiedsordnung; die Bundespolitik ist nur, die Vollstreckbarkeit von privaten Schiedsabreden nach ihren Vertragsbedingungen sicherzustellen.

(2) Der *Federal Arbitration Act* enthält weder eine ausdrückliche *preemption*-Klausel noch spiegelt er die Absicht des Kongresses wider, das gesamte Schiedsgerichtswesen zu regeln. Aber auch wenn der Kongreß mit seiner Gesetzgebung noch Raum für einzelstaatliche Regelungen gelassen hat, so wird dieses Recht doch verdrängt, wenn es im Einzelfall dem Bundesrecht widerspricht:

> [S]tate law may nonetheless be preempted to the extent that it actually conflicts with federal law- that is, to the extent it „stands as an obstacle to the accomplishment and execution of the full purposes and objectives of Congress“.[186]

Unter diesen Vorgaben konnte die *stay provision* also nur dann aufrecht erhalten werden, wenn sie nicht grundsätzlich den Zielen und Grundsätzen des *Federal*

---

[180] 489 U.S. 468 (1989). Ausführliche Besprechung z. B. bei Feldman, *Federalism under the FAA*, 69 TEX. L. REV. 691.

[181] "...[t]the Contract shall be governed by the law of the place where the Project is located." (489 U.S. 468, 470). Feldman nennt sie eine „plain vanilla choice-of-law clause“, Feldman, *Federalism under the FAA*, 69 TEX. L. REV. 691, 707.

[182] „All claims, disputes and other matters in question between the parties to this contract, arising out of or relating to this contract or the breach thereof, shall be decided by arbitration in accordance with the Construction Industry Arbitration Rules of the American Arbitration Association then prevailing unless the parties mutually agreed [sic] otherwise. ... This agreement to arbitrate ... shall be specifically enforceable under the prevailing arbitration law.“ (489 U.S. 468, 470 n. 1).

[183] 489 U.S. 468, 471.

[184] 489 U.S. 468, 471-472.

[185] 489 U.S. 468, 479.

[186] 489 U.S. 468, 477.

Arbitration Act widerspricht.[187] Hierzu konzentrierte sich das Gericht auf die eigentliche Legitimation des Schiedsverfahrens, die vertragliche Schiedsabrede zwischen den Parteien. Das Gericht stellte dazu in Fortsetzung seiner Rechtsprechung fest, daß eine Schiedsklausel nicht anderes ist als ein Vertrag. Dementsprechend ist es die Aufgabe der Gerichte, Schiedsabreden wie andere Verträge entsprechend ihrer Bedingungen durchzusetzen.[188] Es mußte nach Ansicht des Gerichts unbeachtlich bleiben, ob die Schiedsabrede auf den *FAA* oder ein anderes Regelwerk verweist. Ein anderes Ergebnis würde auch dem primären Zweck des *FAA* widersprechen, nämlich Schiedsabreden entsprechend der vertraglichen Vereinbarungen durchzusetzen; dabei steht es den Parteien grundsätzlich frei, die Abrede nach ihren Vorstellungen zu strukturieren und dabei auch das anwendbare Verfahren zu bestimmen. Ziel des *FAA* ist allein, die Vollstreckung solcher Abreden sicherzustellen, wobei es keine Rolle mehr spielt, ob das von den Parteien gewählte Verfahren im einzelnen ganz genau mit den Zielen des *FAA* übereinstimmt.[189]

Das war in *Allied-Bruce Terminix*[190] unzweifelhaft nicht der Fall. Denn nach lokalem Recht, auf das der *Supreme Court* Alabamas seine Entscheidung gestützt hatte, waren Schiedsvereinbarungen, die vor Entstehen der Streitigkeit abgeschlossen worden waren, ungültig. Ausgehend von der Anwendbarkeit des Bundesrechts[191] stellte der *Supreme Court* fest, daß damit die Staaten in ihrer Zuständigkeit, das allgemeine Vertragsrecht zu regeln, beschränkt und an die Zielsetzung des *FAA* gebunden sind. Entgegenstendes Recht Alabamas war *preempted*, also verdrängt. Der *Federal Arbitration Act* stellt Schiedsklauseln auf die gleiche Stufe mit anderen Vertragsabreden.[192] Daran ist der einzelstaatliche Gesetzgeber gebunden, dessen Gesetzgebung sich also nicht konkret gegen die Schiedsgerichtsbarkeit wenden, sondern nur allgemeine vertragsrechtliche Prinzipien aufstellen darf.[193] Das Gericht

---

[187] 489 U.S. 468, 478.
[188] 489 U.S. 468, 478.
[189] 489 U.S. 468, 479.
[190] Allied-Bruce Terminix Co. v. Dobson, 513 U.S. 265 (1995). Besprechung bei Seferi, 19 CAMPBELL L. REV. 607.
[191] Die Frage nach der Reichweite des FAA wird unten unter C/V/1/b erörtert.
[192] 513 U.S. 265, 275. Diese Aussage überrascht, denn auf den vermutlichen Parteiwillen scheint das Gericht relativ wenig Rücksicht zu nehmen. Es ist kaum wahrscheinlich, daß die Parteien in Anbetracht des lokalen Charakters von *interstate commerce* und damit von der Anwendbarkeit des *FAA* ausgingen. Die vermutlichen Vorstellungen der Parteien umging der *Supreme Court* über seine extrem weite *commerce*-Definition. Auf diese Weise hob das Gericht die Streitigkeit auf Bundesebene und konnte dann – unter Rückgriff auf die Parteivereinbarung – die *preemption* des Rechts von Alabama begründen.
[193] 513 U.S. 265, 281: „States may regulate contracts, including arbitration clauses, under general contract law principles and they may invalidate and arbitration clause 'upon such grounds as exist at law or in equity for the revocation of any contract.' 9. U.S.C. § 2. What States may not do is decide that a contract is fair enough to enforce all its basic terms (price, service, credit), but not fair enough to enforce its arbitration clause."

sandte damit eine eindeutige Botschaft in Richtung der einzelstaatlichen Gesetzgeber, daß es keine Unterminierung des Ziele des *FAA* dulden werde.[194]

Spannungen zwischen Bundes- und Einzelstaatenrecht lagen auch der kurz darauf folgenden Entscheidung *Mastrobuono v. Shearson Lehman Hutton*[195] zugrunde, in der die Parteien Schiedsgerichtsbarkeit unter Anwendung Yorker Rechts vereinbart hatten.[196] Eine ausdrückliche Regelung von *punitive damages* fehlte.[197] New Yorker Recht untersagt es Schiedsrichtern – im Unterschied zu den ordentlichen Gerichten – Strafschadensersatz zuzusprechen.[198]
Es war strittig, ob der *FAA* das New Yorker Recht insoweit verdrängte. Der *Supreme Court* bejahte das und unterschied zwischen der Wahl materiellen Rechts und grenzte davon die (verfahrensrechtliche) Verteilung von Zuständigkeiten zwischen alternativen Spruchkörpern (ordentliches Gericht/Schiedsgericht) ab. Die Rechtswahl allein schlösse deshalb noch nicht eindeutig Strafschadensersatz aus;[199] die *choice-of-law clause* sei insoweit zweideutig und eine solche Zweideutigkeit müsse zugunsten der Schiedsgerichtsbarkeit aufgelöst werden.[200] Als ein weiterer Grundsatz läßt sich aus dem Urteil herauslesen, daß die Wahl anwendbaren Recht typischerweise nur das materielle Recht dieses Staates meint, nicht aber dessen Schiedsverfahrensrecht.[201]
Damit schränkte der *Supreme Court* eindeutig die Reichweite von *Volt* ein. Die Schiedsklauseln in beiden Entscheidungen waren sachlich identisch[202] und in *Volt* hatte das Gericht nicht erkennen lassen, daß die Autonomie der Parteien, über eine Rechtswahl Bestimmungen des *FAA* zu umgehen, irgendwie beschränkt war.[203]

In die gleiche Richtung ging auch die Entscheidung *Doctor's Associate v. Casarotto*,[204] die feststellte, daß *Volt* nicht grundsätzlich bedeutete, daß sich

---

[194] Hayford, 31 WAKE FOREST L. REV. 1, 16-17.
[195] 514 U.S. 52 (1995). Siehe auch die Besprechung bei Gotanda, *Awarding Punitive Damages*, 38 HARV. INT'L L.J. 59, 71-77. Es ergeben sich starke Bedenken, ob diese Maßstäbe dieser Entscheidung auf die internationale Schiedsgerichtsbarkeit übertragen werden können, siehe unten 3. Teil/B/II/3/d/(2).
[196] „This agreement shall inure the benefit of your [Shearson's] successors and assign[,] shall be binding on the undersigned, ..., and shall be governed by the laws of the State of New York" (514 U.S. 52, 59 n. 2).
[197] 514 U.S. 52, 59.
[198] Eine vergleichbare Rechtslage gibt es in Indiana, New Mexiko und Virginia (International Disp. Resol. Committee Int'l Law & Practice Sec. N. Y. State Bar Ass., 5 N.Y. INT'L L. REV. 103).
[199] 514 U.S. 52, 60.
[200] 514 U.S. 52, 62.
[201] Vgl. Gotanda, *Awarding Punitive Damages*, 38 HARV. INT'L L.J. 59, 77.
[202] 514 U.S. 52, 66 (Thomas, J., dissenting).
[203] Diamond, 39 ARIZ. L. REV. 35, 51.
[204] 517 U.S. 681 (1996).

schiedsrechtliche Regelungen der Einzelstaaten[205] sich immer gegen den *FAA* behaupten können, nur weil das Schiedsgesetz generell schiedsfreundlich ist. Entscheidend ist die absolute Gleichstellung von Schiedsabreden mit anderen Verträgen. Zusätzliche (Sonder)Formvorschriften für Schiedsverträge als Voraussetzung für die Durchsetzbarkeit solcher Abreden widersprechen deshalb dem *FAA* und sind unwirksam.[206]

Diese Urteile beschreiben die verfassungsrechtliche Grundlage für die Schiedsgerichtsbarkeit in den USA. Auf sie wird in dem jeweiligen Sachzusammenhang, vor allem bei der Klärung der Bedeutung der internationalen Schiedsgesetze der Einzelstaaten zurückzukommen sein. Die Rechtsprechung sichert der Schiedsgerichtsbarkeit insgesamt einen beinahe unbegrenzten Anwendungsbereich und stellt Schiedsabreden – im Grundsatz – auf die gleiche Stufe mit anderen Vertragsabreden. Der bundesgesetzliche *FAA* findet, um ein *forum shopping* zu verhindern, in beiden Gerichtszügen Anwendung.

b. Internationale Schiedsgerichtsbarkeit

Den Weg für die internationale Schiedsgerichtsbarkeit bereitete der *Supreme Court* schon sehr früh mit den beiden Grundlagenentscheidungen in *M/S Bremen v. Zapata Off-Shore Co.* (1972) und *Scherk v. Alberto-Culver Co.* (1974). Sie nimmt ihren Ausgangspunkt mit der ziemlich pragmatischen Feststellung des *Supreme Courts* in *M/S Bremen*:[207]

> The expansion of American business and industry will hardly be encouraged if [...] we insist on a parochial concept that all disputes must be resolved under our laws and in our courts.

Mit anderen Worten:

> We cannot have trade and commerce in world markets and international waters exclusively on our terms, governed by our laws, and resolved in our courts.[208]

Damit leitete der *Supreme Court* einen grundlegenden Wandel in seiner Rechtsprechung ein, denn der tatsächliche Hintergrund des Falles mit der Menge mögli-

---

[205] Nach lokalem Montana-Recht ist für die Gültigkeit einer Schiedsklausel formell erforderlich, daß sie auf der ersten Seite des Vertrages in unterstrichenen Großbuchstaben erscheint; Mont. Code Ann. 27-5-114(4).

[206] 517 U.S. 681, 687-688.

[207] 407 U.S. 1, 9. Hintergrund war ein Vertrag zwischen den Parteien, wonach die *M/S Bremen* eine Bohrinsel von Lousiana in die Adria schleppen sollte. Der Vertrag enthielt eine Gerichtsstandsklausel: „Any dispute arising must be treated before the London Court of Justice" (aaO, 2).

[208] Dabei betonte es die anerkannten Vorteile der Schiedsgerichtsbarkeit: „neutral forum with expertise in the subject matter; courts are overloaded; elimination of uncertainties by agreeing in advance on a forum acceptable to both parties" (aaO, 12-13). Siehe auch: Vimar Seguros v. M/V Sky Reefer, 515 U.S. 528, 538 (1995).

cherweise involvierter Jurisdiktionen[209] machte die Notwendigkeit der vorherigen Vereinbarung eines Gerichtsstandes deutlich. Gleichzeitig stellte das Gericht klar, daß bei einer Streitigkeit zwischen zwei amerikanischen Parteien eine *choice-of-forum clause* andere Maßstäbe angelegt werden müssen.[210] In der zwei Jahre späteren Entscheidung *Scherk v. Alberto-Culver Co.*[211] setzte der *Supreme Court* im Bereich der internationalen Schiedsgerichtsbarkeit mit Stichwort „truly international" seine Linie fort:

> [W]e find *crucial differences* between the agreement involved in Wilko and the one signed by the parties here. Alberto-Culver's contract... was a *truly international agreement.*[212]

Maßgeblich waren auch hier wieder Überlegungen, die zur Schiedsfähigkeit einer Rechtsmaterie im internationalen Umfeld führte, die national als arbitrabel angesehen wurde. Das Gericht erkannte in der Vorhersehbarkeit des Forum einen wesentlichen Vorteil der Schiedsgerichtsbarkeit:

> A parochial refusal by the courts of one country to enforce an international arbitration agreement would not only frustrate these purposes, but invite unseemly and mutually destructive jockeying by the parties to secure tactical litigation advantages.... the dicey atmoshere of such a legal no-man's-land would surely damage the fabric of international commerce and trade, and imperil the willingness and ability of businessmen to enter into international commercial agreements.[213]

---

[209] M/S Bremen, 407 U.S. 1, 13-14: „In the course of its voyage, it was to traverse the waters of many jurisdictions. The Chaparral could have been damaged at any point along the route, and there were countless possible ports of refuge. That the accident occured in the Gulf of Mexico and the barge was towed to Tampa in an emergency were fortuities. It cannot be doubted for a moment that the parties sought to provide for a neutral forum for resolution of any disputes arising during the tow. Manifestly much uncertainty and possibly great inconvience to both parties could arise if a suit could be maintained in any jurisdiction in which an accident might occur or if jurisdiction were left to any place where the Bremen or Unterweser might happen to be found. The elimination of all such uncertainties by agreeing in advance on a forum acceptable to both parties is an indispensable element in international trade, commerce, and contracting."

[210] M/S Bremen, 407 U.S. 1, 16-17: „We are not here dealing with an agreement between two Americans to resolve their essentially local disputes in a remote alien forum. In such case, the serious inconvenience... might carry greater weight... Similarly, selection of a remote forum to apply differing foreign law to an essentially American controversy might contravene an important public policy of the forum."

[211] 417 U.S. 506. Streitgegenstand waren Warenzeichen deutscher und Liechtensteiner Unternehmen. Vertragspartner waren die amerikanische *Alberto-Culver* und dem Deutschen *Scherk*; es war in den USA, England und Deutschland verhandelt worden, die Unterschriften waren in Österreich geleistet worden und die Verhandlungen in der Schweiz abgeschlossen worden. Streitigkeiten sollten nach dem Recht von *Illinois* vor der *ICC* in Paris entschieden werden.

[212] Scherk, 417 U.S. 505, 515 (Hervorhebung vom Autor).

[213] Scherk, 417 U.S. 506, 516-517.

Die mit der Vorhersehbarkeit des Forums verbundene Rechtssicherheit überwog im internationalen Wirtschaftsverkehr die Vorteile der Sicherheit bei der Rechtsanwendung der Wertpapiergesetze durch die nationalen Gerichte.[214]

Die gleichen Überlegungen führten den *Supreme Court* auch in der bereits erwähnten Grundlagenentscheidung *Mitsubishi Motors Corp. v. Soler-Chrysler-Plymouth, Inc.*[215] zur Aufgabe der gefestigten Rechtsprechung, daß Kartellstreitigkeiten grundsätzlich nicht schiedsfähig seien – zumindest im internationalen Kontext:

> As in Scherk v. Alberto-Culver Co., ..., we conclude that concerns of international comity, respect for the capacities of foregoing and transnational tribunals, and sensitivity to the need of the international commercial system for predictability in the resolution of disputes require that we enforce the parties' agreement, even assuming that a *contrary result might be forthcoming in a domestic context.*[216]

Diese Unterscheidung zwischen einem nationalen und internationalen Maßstab entspricht der internationalen Praxis der Gerichte. Dieser „internationale Maßstab" ist üblicherweise in seinen Anforderungen weit weniger streng.

IV. Das Recht der Bundesstaaten: Die *International Arbitration Acts*

New York war der erste Staat, der noch vor Verabschiedung des *FAA* ein eigenes Schiedsgesetz aufweisen konnte. Der bundesgesetzliche *Federal Arbitration Act* regelt nur den Handel zwischen den Staaten. Für die Lücke in der Schiedsgesetzgebung für den innerstaatlichen Handel wurde das Modellgesetz, der *Uniform Arbitration Act [UAA]*, entworfen.[217] Der *UAA* entspricht im wesentlichen dem *FAA*,[218] trifft aber keine Regelungen für die internationale Schiedsgerichtsbarkeit.[219] Viele Staaten haben den *UAA* in lokales Recht umgesetzt oder zumindest ist ihre Schiedsgesetzgebung durch den *UAA* beeinflußt. Insgesamt verfügen alle US-Staaten über eine moderne Schiedsgesetzgebung.[220] Jedoch scheinen drei Staaten (Alabama, Mississippi und Nebraska) nach wie vor noch der – oben beschriebenen – *common law*-Regel anzuhängen, wonach Schiedsabreden, die vor Entstehen der Streitigkeit getroffen wurden, nicht vollstreckbar sind. Schiedsabreden sind dort also nur dann durchsetzbar, wenn der bundesgesetzliche *FAA* Anwendung findet.[221]

---

[214] Scherk, 417 U.S. 506, 518.

[215] 473 U.S. 614 (1985).

[216] 473 U.S. 614, 629 (Hervorhebung vom Autor).

[217] Dazu umfassend: Berge, 14 HAMLINE L. REV. 301. Der Text ist z. B. abgedruckt bei: DOMKE ON COMMERCIAL ARBITRATION App. III.

[218] BORN, INTERNATIONAL COMMERCIAL ARBITRATION 33.

[219] Brunel, 25 TEX. INT'L L.J. 43, 51.

[220] BORN, INTERNATIONAL COMMERCIAL ARBITRATION 33; Gorman & Shirodkar, 16 MD. J. INT'L L. & TRADE 183, 189-190 m. w. N.; Hunnicut et al., 3 OHIO ST. J. ON DISP. RESOL. 303, 310-311.

[221] Z. B. ex parte Clements, 587 So.2d 317, 319-320 (Sup. Ct. Ala.); Seferi, 19 CAMPBELL L. REV. 607, 618; Strickland, 21 HOFSTRA L. REV. 385, 401 n. 93.

1. Die Internationalen Schiedsgesetze der Bundesstaaten – Überblick

a. Hintergründe

Es ist wohl kaum das plötzliche Erkennen der Mängel des *FAA*, das die Gesetzgeber der Bundesstaaten zur Verabschiedung eigener internationaler Schiedsgesetze treibt; ihr Hauptmotiv ist vielmehr, den jeweiligen Bundesstaat als idealen Standort für ausländische Investitionen darstellen und dabei auf ein investitionsfreundliches Klima verweisen zu können – kurz: *Public Relations*.[222] Die Schiedsgerichtsbarkeit gilt inzwischen als ein unabdingbarer Teil von internationalen Transaktionen. Vor dem Hintergrund der immensen Bedeutung ausländischer Investitionen für eine Volkswirtschaft bietet sich deshalb die Neufassung und Ergänzung der jeweiligen Schiedsgesetze als eine relativ einfache und kostengünstige Methode an, um den Anforderungen des internationalen Handels entgegenzukommen.[223] So scheinen sich die Staaten in einem „race to the bottom" in ihren Anforderungen an Schiedsverfahren zu unterbieten und auf diese Weise der Parteiautonomie maximale Geltung zu verschaffen.[224]

Insgesamt zwölf der US-Bundesstaaten verfügen über Schiedsgesetze zur Regelung internationaler Verfahren, die mehr oder weniger in Konkurrenz mit dem bundesgesetzlichen *FAA* treten.[225] Dabei nimmt das New Yorker Gesetz insofern eine Sonderstellung ein, als es sich schlicht auf „jede Streitigkeit" bezieht[226] und damit keinerlei Unterscheidung zwischen inländischen und ausländischen Verfahren trifft. Es ist insoweit kein spezifisch internationales Schiedsgesetz. Die übrigen elf Bundesstaaten mit besonders auf internationale Verfahren ausgerichteten Gesetzen sind: Florida[227] (01.Okt.1986), Kalifornien[228] (07.März 1988), Hawaii[229] (07.Juni 1988), Georgia[230] (01.Juli 1988), Texas[231] (01.Sept.1989), Connecticut[232] (01.Okt.1989), Maryland[233] (01.Juli 1990), North Carolina[234] (13.Juni 1991), Ore-

---

[222] McClendon, *State International Arbitration Laws*, 1 AM. REV. INT'L ARB. 244, 254; Garvey & Heffelfinger, 25 INT'L LAW. 209, 212.

[223] Brunel, 25 TEX. INT'L L.J. 43, 51-52. Ausführlich für Florida: Mellman, 19 U. MIAMI INTER-AM. L. REV. 363, 370-377.

[224] Romeu-Matta, 1 AM. REV. INT'L ARB. 140, 141.

[225] Eine kurze Einführung in deutscher Sprache gibt Kuner, Die neuen internationalen Handelsschiedsgesetze der US-amerikanischen Bundesstaaten, RIW 1984, 368.

[226] Sec. 7501.

[227] FLA. STAT. ch. 684 (1990).

[228] CAL. CIV. PROC. CODE §§ 1297.11-.432 (West Supp. 1990).

[229] HAW. REV. STAT. §§ 658D-1 to 658D-9 (1990).

[230] Georgia Arbitration Code, GA. CODE ANN. §§ 9-9-30 to 9-9-43 (1991).

[231] TEX. REV. CIV. PROC. ANN. arts. 249-1 to 249-43 (Vernon Supp. 1990).

[232] Act Concerning UNCITRAL Model Law on International Commercial Arbitration, 1989 CONN. ACTS 89-179 (Reg. Sess.).

[233] MD. CTS. & JUD. PROC. CODE ANN. §§ 3-2B-01 to 3-2B-09 (Supp. 1990).

[234] N.C. GEN. STAT. ANN. §§ 1-567.30-1.567.68 (Michie Supp. 1991).

gon[235] (01.Jan.1992), Ohio[236] (23.Okt.1991) und schließlich Colorado[237] (01.Juli 1993).

b. Zielsetzung

Trotz der stark gestiegenen Bedeutung des Schiedsrechtes gerade für den internationalen Handel gilt der *FAA* seit nunmehr über 70 Jahren beinahe unverändert. Angesichts seines beschränkten Regelungsinhaltes wird er jedoch vielfach als für die Anforderungen des internationalen Wirtschaftsverkehrs unzureichend empfunden und die Sorge besteht, daß Schiedsparteien in Anbetracht dessen auf andere Schiedsforen außerhalb der USA ausweichen könnten.[238] Um diesem Mangel abzuhelfen und so die Attraktivität ihrer Staaten als Schiedsforum zu fördern, verabschiedeten die Gesetzgeber der genannten Staaten zum Teil recht ausführliche internationale Schiedsgesetze, die darauf abzielen den *FAA* zu konkretisieren, ergänzen oder insgesamt eine Alternative anzubieten.[239] Die Gesetze sind damit typischerweise verfahrensrechtlich ausgelegt.[240] Ob dafür allerdings besondere Schiedsgesetze erforderlich waren, darf bezweifelt werden; schließlich bieten die großen Schiedsinstitutionen wie die *American Arbitration Association* (New York), die *International Chamber of Commerce* (Paris) und die *Deutsche Institution für Schiedsgerichtsbarkeit* (Bonn/Berlin) schon lange ausgefeilte und immer wieder überarbeitete Verfahrensordnungen für die von ihnen administrierten Verfahren an.[241]

c. Typologie der verschiedenen Ansätze der US-Staaten

Um diesem Ziel näher zu kommen, haben die Staaten von unterschiedlichen Ansätzen Gebrauch gemacht. Die Ergebnisse sind recht verschieden, schließlich orientierte sich jeder der Staaten an seinen individuellen Bedürfnissen.[242] Die Gesetze lassen sich jedoch grob in drei verschiedene Gruppen unterteilen:[243] die erste Gruppe umfaßt die Staaten, die lediglich eine ergänzende Gesetzgebung zu ihrem allgemeinen Schiedsgesetz erlassen haben;[244] die zweite Gruppe sind diejenigen Staaten, die ein in sich geschlossenes Gesetz weitestgehend auf der

---

[235] OR. REV. STAT. ANN. §§ 36.450-36.558.
[236] OHIO REV. CODE ANN. §§ 2712.01 – 2712.91 (Baldwin 1993).
[237] COLO. REV. STAT. ANN. §§ 13-22-502 – 13-22-507 (West 1993).
[238] Brunel, 25 TEX. INT'L L.J. 43, 44.
[239] Brunel, 25 TEX. INT'L L.J. 43, 51; zum Hintergrund auch: Mills, 13 FORDHAM INT'L L.J. 604, 615-618.
[240] Gorman & Shirodkar, 16 MD. J. INT'L L. & TRADE 183, 220.
[241] Garvey & Heffelfinger, 25 INT'L LAW. 209, 220 n. 257.
[242] Brunel, 25 TEX. INT'L L.J. 43, 51.
[243] Purcell, 32 TEX. INT'L L.J. 525, 529-531; Walker, 17 N.C. J. INT'L L. & COM. REG. 419, 423.
[244] Wie Georgia. Die Schiedsgesetze von Colorado, Maryland, New York und Ohio entziehen sich dieser Systematisierung.

Grundlage des UNCITRAL-MG geschaffen haben;[245] und schließlich die (dritte) Gruppe der Staaten, die ein selbständiges Gesetz verabschiedet haben, das sich allenfalls teilweise am UNCITRAL-MG orientiert.[246]

B. Immunität von Staaten

Jede Art von Gerichtsverfahren wird verhindert, wenn eine Partei Jurisdiktions- oder Vollstreckungsimmunität für sich in Anspruch nehmen kann. Das gilt für Staaten und deren Körperschaften des öffentlichen Rechts.[247] Gerichte werden deshalb die Fragen von *jurisdiction* und *immunity* noch vor einer eigentlichen Verhandlung zur Sache erörtern.[248] Systematisch muß deshalb, noch bevor auf die Anwendbarkeit der Vollstreckungsmechanismen eingegangen wird, untersucht werden, ob es überhaupt zu einer Vollstreckung kommen kann. Dabei sollte schon vor der Einleitung eines Vollstreckungsverfahrens beachtet werden, daß die Vornahme eigentlicher Zwangsvollstreckungsmaßnahmen grundsätzlich auf die völkerrechtliche Schranke der Vollstreckungsimmunität stößt, jedoch weitgehende Ausnahmetatbestände durch den Gesetzgeber geschaffen wurden.[249]

I. Hintergrund

Erstmals 1812 erkannte der *Supreme Court* in der Entscheidung *The Schooner Exchange v. M'Fadden*[250] die Immunität eines anderen Staates vor der US-Gerichtsbarkeit an. Die Absolutheit dieser Doktrin wurde aber zunehmend in der ersten Hälfte des 20.Jahrhunderts kritisiert. Diese Kritik fand ihren Niederschlag 1952 in dem sog. *Tate Letter* des *U.S. State Department*: die zunehmende wirtschaftliche Tätigkeit von Staaten und ihren Einrichtungen fand jetzt Berücksichtigung und ein deutlich restriktiverer Ansatz der Staatenimmunität wurde propagiert. Es sollte nunmehr nach *Acta jure gestionis* und *Acta jure imperii* unterschieden werden. Nur für letztere konnte ein Staat Immunität geltend machen.[251]

---

245 Wie Connecticut, Kalifornien, North Carolina, Oregon, Texas.

246 Wie Florida und Hawaii.

247 Nach Schätzungen der *ICC* sind an etwa 30% der Schiedsverfahren Staaten oder öffentliche Unternehmen beteiligt (Craig, *Trends in International Arbitration*, 30 TEX. INT'L L.J. 1, 8).

248 Für das US-Recht: LOWENFELD, INTERNATIONAL LITIGATION AND ARBITRATION 590, der in Kapitel VII ausführlich in die Problematik einführt; kurz: DOMKE on COMMERCIAL ARBITRATION § 18:02. Mit Blick auf die internationale Rechtslage: Schlosser, Internationale Schiedsgerichtsbarkeit, Rnr. 348-350. Zu den Problemen der Staatensouveränität und Schiedsverfahren siehe auch: Böckstiegel (Hrsg.), Acts of State and Arbitration.

249 VAN DEN BERG, NEW YORK CONVENTION 281-2; Schlosser, Internationale Schiedsgerichtsbarkeit, Rnr. 349. Zur Problematik der Zwangsvollstreckung und der Ausnahmetatbestände siehe unten IV.

250 11 U.S. (7 Cranch) 116 (1812).

251 Hierzu ausführlich: Donoghue, *Commercial Activity Exception*, 17 YALE J. INT'L L. 489, *3-5; RESTATEMENT (THIRD) OF THE FOREIGN RELATIONS LAW Chapter Five, Subchapter A. Für die Aufgabe dieser Rechtsfiguren: Bernini & van den Berg, *The problem of immunity from execution*, *in* CONTEMPORARY PROBLEMS IN INTERNATIONAL ARBITRATION (Lew ed., 1987), 359, 373.

Aus Unzufriedenheit mit der Entwicklung, die die Doktrin genommen hatte und um die restriktive Souveränitätsdoktrin zu kodifizieren, verabschiedete der Kongreß 1976 den *Foreign Sovereign Immunities Act of 1976 [FSIA].*[252] Gleichzeitig sollte die Entscheidungskompetenz weg von der Exekutive hin zur Judikative verlagert werden.[253] Der *FSIA* ist die einzige Grundlage, auf der US-Gerichte ihre Zuständigkeit in Verfahren gegen ausländische Staaten gründen können.[254]

II. Gesetzliche Regelung

§ 1602 beschreibt zunächst Hintergrund und Ziel des *FSIA*:

> [U]nder international law, states are not immune from the jurisdiction of foreign courts insofar as their commercial activities are concerned, and their commercial property may be levied upon the for the satisfaction of judgments rendered against them in connection with their commercial activities. Claims of foreign states to immunity should henceforth be decided by courts of the United States and the of the States in conformity with the principles set forth in this chapter.

§ 1603 liefert die Legaldefinitionen. Die Kernaussage des *FSIA* formuliert § 1604, wonach ein ausländischer Staat Immunität vor Verfahren in US-Gerichten genießt:

> Subject to existing international agreements to which the United States is a party at the time of the enactment of this Act a foreign state shall be immune from the jurisdiction of the courts of the United States and of the States except as provided in sections 1605 to 1607 of this chapter.

Unter *foreign state* wird dabei nicht nur der Staat selbst, sondern auch davon getrennte juristische Personen gefaßt, die als ein Organ dieses Staates und seiner politischen Untergliederungen handeln, §§ 1603(a) und (b). Hierfür reicht es z. B. schon, wenn ein Staat die Mehrheit der Aktien hält.[255] Zeitlich setzt der *FSIA* nicht voraus, daß die Voraussetzungen nach §§ 1603, 1604 schon im Zeitpunkt der Klage vorliegen; ebenso geht die Immunität nicht automatisch verloren, wenn die betroffene Person ihren Status ändert.[256] Auch noch während der anlaufenden Privatisierung gilt ein Staatsbetrieb als immun im Sinne des *FSIA*.[257]

Hierzu einige Beispiele aus der Rechtsprechung: Implizit geht der *Supreme Court* in *Verlinden B.V. v. Central Bank of Nigeria* davon aus, daß eine Zentralbank ein

---

[252] 28 U.S.C. §§ 1602-1611. Verlinden B.V. v. Central Bank of Nigeria, 461 U.S. 480-489 (1983); Link, *Foreign Sovereign Immunity*, in INTERNATIONAL COMMERCIAL AGREEMENTS 1994, at 183, 187.

[253] Donoghue, *Commercial Activity Exception*, 17 YALE J. INT'L L. 489, 499.

[254] Republic of Argentina v. Weltover, 504 U.S. 607, 611 (1992); Link, *Foreign Sovereign Immunity*, in INTERNATIONAL COMMERCIAL AGREEMENTS 1994, at 183, 187.

[255] § 1603 (b)(2).

[256] Gen. Elec. Capital Co. v. Grossman, 991 F.2d 1376, 1381-2 (8th Cir. 1993).

[257] Es gab es zwar schon einen Privatisierungsplan, aber keine Anteile waren noch nicht verkauft. Die Hälfte der Anteile sollte auch noch für weitere drei Jahre beim *Russian State Property Fund* bleiben (Cargill Int'l S.A. v. M/T Pavel Dybenko, 991 F.2d 1012, 1016 (2d Cir. 1993)).

Organ des Staates Nigeria ist.[258] In *O'Connell Machinery v. M/V „Americana"* konnte die beklagte Schifffahrtsgesellschaft Immunität nach 28 U.S.C. § 1604 für sich geltend machen; die Mehrheit ihrer Aktien befand sich im Eigentum von *FINMARE*, die wiederum unter direkter Kontrolle des *Instituto per la Riconstruzione Industriale*, einem öffentlichen Finanzinstitut zur Koordinierung der Verwaltung öffentlicher Unternehmen der italienischen Regierung, stand. Auch bei einer so indirekten Verbindung zum Staat konnte die Beklagte als „agency or instrumentality of the Republic of Italy" Staatenimmunität in Anspruch nehmen.[259] Auch dem *Goethe Haus* in New York oder der *Caja Nacional de Ahorro y Seguro* wurde Staatenimmunität zuerkannt.[260]

III. Die Ausnahmetatbestände

Nur auf den ersten Blick erscheint die *foreign sovereign immunity* ausgesprochen weit gefaßt – die Ausnahmen nach §§ 1605-1607 schränken diesen Grundsatz sehr stark ein, wobei § 1605 das eigentliche Herzstück des *FSIA* bildet:[261] Die wichtigsten Gründe kodifiziert Absatz (a): (1) ausdrücklicher oder konkludenter Verzicht *(waiver of immunity)*; (2) gewerbliche Tätigkeit *(commercial activity)* mit direkten Auswirkungen auf die USA; (3) Enteignungen im Widerspruch zum internationalen Recht *(rights in property taken in violation of international law)*; (4) Rechte in den USA, die durch Schenkung oder Rechtsnachfolge erworben wurden oder Rechte an unbeweglichem Vermögen in den USA *(rights in property in the United States acquired by succession or gift or rights in immovable property situated in the United States)*; (5) bestimmte unerlaubte Handlungen; (6) Anerkennung und Vollstreckung von Schiedsabreden und –sprüchen; § 1605(b) schafft Ausnahmetatbestände für gewerbliche Tätigkeiten im Seerecht, § 1606 legt den Umfang der

---

[258] Sonst hätte der *FSIA* hier ja gar nicht erörtert werden müssen, der Anwendungsbereich wäre ja gar nicht eröffnet gewesen (461 U.S. 480) – ausdrücklich bejahend die Vorinstanz: 647 F.2d 320, 322 n. 4 (2d Cir. 1981). S&S Machinery Co. v. Masinenexportimport, 706 F.2d 411, 414 (2d Cir. 1983) für die *Romanian Bank for Foreign Trade.* Vgl. auch 28 U.S.C. § 1611(b)(1), der ausdrücklich Zentralbanken für bestimmte Bereiche vor der Zwangsvollstreckung schützt. Hierzu Weston Compagnie v. La Republica del Ecuador, 832 F.Supp. 1106 (S.D.N.Y. 1993), wo auch genauer die geschützten Bereiche erörtert werden.

[259] 734 F.2d 115, 116 (1984).

[260] Goethe House N.Y., German Cultural Center v. N.L.R.B., 685 F.Supp 427, 429, 430 (S.D.N.Y. 1988) bzw. Concord Reins. Co. Ltd. v. Caja Nacional de Ahorro y Seguro, XX Y.B. COM. ARB. 932, 933 (S.D.N.Y. 1994) (US no. 180).

[261] Hier muß sich die Darstellung auf die wichtigsten Ausnahmen beschränken. Insgesamt zur *Immunity of States from Jurisdiction* auch: RESTATEMENT (THIRD) OF THE FOREIGN RELATIONS LAW §§ 451-463 (1987). Die Vorschrift des § 1605 gilt mit Sicherheit für Schiedssprüche, die nach Inkrafttreten der Novellierung erlassen wurden. Etwas anderes könnte möglicherweise für die Vollstreckung einer Schiedsabrede gelten, wenn sie vor der Novellierung abgeschlossen wurde (Rückwirkungsproblematik). Diese Frage wurde soweit ersichtlich noch nicht entschieden (Creighton Ltd. v. Govt. of the State of Qatar, XXI Y.B. COM. ARB. 751, 754 (D.D.C. 1995).

Haftung fest und § 1607 regelt die Problematik der Immunität bei einer Widerklage. Die für die Praxis bedeutendsten sollen im folgenden erörtert werden.

1. Die Vollstreckung von Schiedssprüchen

Die zweite Alternative von 28 U.S.C. § 1605(a)(6) ist damit der Einstieg für die Beurteilung der *foreign state immunity* bei der Vollstreckung von Schiedssprüchen:[262]

> § 1605. (a) A foreign state shall not be immune from the jurisdiction of courts of the United States or of the States in any case –
>
> > (6) in which the action is brought, either to enforce an agreement... , or to confirm an award made pursuant to such an agreement to arbitrate, if (A) the arbitration takes place or is intended to take place in the United States, (B) the agreement or award is or may be governed by a treaty or other international agreement in force for the United States calling for the recognition and enforcement of arbitral awards, (C) the underlying claim, save for the agreement to arbitrate, could have been brought in a United States court under this section or section 1607, or (D) paragraph (1) of this subsection is otherwise applicable.

Danach ist für die Vollstreckung von Schiedssprüchen die Staatenimmunität eng gefaßt, so weitgehend sind die Ausnahmetatbestände nach Abs. 6:[263]
(A) Hat das Schiedsverfahren in den USA stattgefunden,
(B) greifen Staatsverträge oder internationale Abkommen ein,
(C) hätte der dem Schiedsverfahren zugrundeliegende Streitgegenstand, bis auf die Schiedsabrede, nach §§ 1605 oder 1607 auch vor US-Gerichten hätte entschieden werden können,
(D) ist Abs. 1 von § 1605(a) anderweitig anwendbar,
dann bleibt einem Staat die Berufung auf die Immunität verwehrt.

Ein Staat kann sich damit schon dann nicht mehr auf seine Immunität im Vollstreckungsverfahren berufen, wenn das Schiedsverfahren in den USA stattgefun-

---

[262] Er wurde erst 1988 in Umsetzung der Inter-Amerikanischen Konvention eingefügt. Feldman, *Waiver of Sovereign Immunity by Agreement to Arbitrate*, 40 ARB. J. 24 (1985); Donoghue, *Commercial Activity Exception*, 17 YALE J. INT'L L. 489, *2 n. 4. Schon vor der Verabschiedung dieser Regelung hatten Gerichte in diesem Sinne entschieden: Ipitrade International v. Federal Republic of Nigeria, 465 F.Supp. 824, 826 (für die Vollstreckung einer Schiedsabrede); Liberian Eastern Timber v. Gov't of the Republic of Liberia, 650 F.Supp. 73, 76 (S.D.N.Y. 1986) (für einen Schiedsspruch nach *ICSID*-Verfahrensregeln: Liberia hatte wirksam durch Abschluß der Schiedsabrede auf seine Immunität verzichtet; der Schiedsspruch konnte in US-Gerichten vollstreckt werden).

[263] Feldman, *Waiver of Foreign Sovereign Immunity*, 40 ARB. J. 24, 26. Für die Schiedssprüche beobachtet Schlosser, Internationale Schiedsgerichtsbarkeit, Rnr. 348 Fn. 3, daß hier in Verfahren unter der Beteiligung von Staaten auf die Staatenimmunität überhaupt nicht mehr eingegangen wird.

den hat.[264] Schon aufgrund dieser „Territorialausnahme" wird in vielen Fällen der Immunitätseinwand eines Staates ausgeschlossen sein.[265] Über den Ausnahmetatbestand nach § 1605(a)(6)(B) finden internationale Abkommen wie das UNÜ, die Freundschaftsverträge, Weltbankübereinkommen usw. Anwendung. Nach Ansicht von US-Gerichten findet das UNÜ auch auf Schiedssprüche im Bereich des *FSIA*, also in der Vollstreckung gegen Staaten, Anwendung.[266] Damit „hebelt" gerade das UNÜ mit seinem sehr breit gefaßten Anwendungsbereich – selbst in der US-amerikanischen Umsetzung[267] – den Immunitätseinwand weiter aus.

Sollten die ersten beiden Varianten nicht einschlägig sein, bleiben über § 1605(a)(6)(C) und (D) immer noch die Ausnahmetatbestände nach §§ 1605 und 1607.

2. Verzicht

Nach § 1605(a)(1) kann sich ein Staat und die ihm nach § 1603(b) gleichgestellten juristischen Personen nicht (mehr) auf seine Stellung berufen, wenn er wirksam ausdrücklich oder konkludent auf seine Immunitätseinrede verzichtet hat. Ein sogenannter *explicit waiver* liegt vor, wenn der Staat ausdrücklich vertraglich auf die Einrede verzichtet hat. Ein Beispiel für eine solche, eindeutige Verzichtsklausel gibt die Entscheidung des *Second Circuit* in der Entscheidung *Proyecfin de Venezuela v. Banco Industrial.*[268]

---

[264] Das gilt nicht für *ICSID*-Verfahren in Washington D.C. (Maritime Int'l Nominees Establishment v. Republic of Guinea, 693 F.2d 1094, 1104 (D.C. Cir. 1982)).

[265] Für ein Schiedsverfahren in London dementsprechend ablehnend: Cargill Int'l v. M/T Pavel Dybenko, 991 F.2d 1012, 1017 (2d Cir. 1993). Für ein Schiedsverfahren in New York zustimmend: Maritime Ventures Int'l v. Carribean Trading & Fidelity, Ltd., 722 F.Supp. 1032, 1037 (S.D.N.Y. 1989).

[266] Cargill Int'l S.A. v. M/T Pavel Dybenko, 991 F.2d 1012, 1018 (2d Cir. 1993) unter Berufung auf den *Supreme Court* in Scherk v. Alberto-Culver Co., 417 U.S. 506, 520 n. 15 (1974); Concord Reins. Co. Ltd. v. Caja Nacional de Ahorro y Seguro, XX Y.B. COM. ARB. 932, 935 (S.D.N.Y. 1994) (US no. 180); Creighton Ltd. v. Govt. of the State of Qatar, XXI Y.B. COM. ARB. 751, 753 (D.D.C. 1995) (US no. 197) (dabei spielte es keine Rolle, daß Katar kein Signatarstaat der Konvention war, denn das Schiedsverfahren hatte in Frankreich stattgefunden); Skandia Am. Reins. Corp. v. Caja Nacional de Ahorro y Seguro, No. 96 CIV. 2301 (KMV), 1997 WL 278054, at *5 (S.D.N.Y. May 23, 1997). Feldman, *Waiver of Foreign Sovereign Immunity*, 40 ARB. J. 24, 29. Zweifelnd: VAN DEN BERG, NEW YORK CONVENTION 280, 282 (dabei könnte die Geschichte des UNÜ für die Unanwendbarkeit der Konvention auf Schiedssprüche gegen Staaten in Handelssachen sprechen).

[267] Dazu später, siehe unten C/I.

[268] „To the extent that any Borrower or the Guarantor may in any jurisdiction claim for itself or its assets immunity from suit, execution, attachment (whether in aid of execution, before judgment or otherwise) or other legal process and to the extent that in any such jurisdiction there may be attributed to itself or its assets the immunity (whether or not claimed) such Borrower and such Guarantor as the case may be hereby waives such immunity to the full extent permitted by the laws of such jurisdiction and, in particular, to the intent [sic] that in any proceedings taken in New York the foregoing waiver of

Nach dem Wortlaut von § 1605(a)(1) ist ein Verzicht auch konkludent möglich. Eine Definition der Anforderungen bleibt der Gesetzeswortlaut jedoch schuldig.[269] Allein eine Rechswahlklausel sollte noch nicht als ausreichend angesehen werden, um einen Verzicht auf die Immunität anzunehmen.[270] Ebensowenig wie ein bilateraler Freundschaftsvertrag[271] oder der Beginn des Verkaufs von Aktien eines Staatsunternehmens.[272] Zumindest muß ein Vertrag die USA als einen möglichen Gerichtsstand vorsehen.[273] Die Gerichte neigen hier zu einer engen Auslegung, insbesondere wenn Rechte Dritter betroffen sind; sie bejahen einen konkludenten Verzicht nur, wenn starke Hinweise dafür sprechen.[274] Nutzt der Staat allerdings seinerseits die US-Gerichte kann das einen impliziten Verzicht auf seine Immunität in Bezug auf die mit dem Rechtsstreit verbundenen Geschäfte bedeuten.[275] Eine impliziter Verzicht kann sich auch dann ergeben, wenn der Staat nicht in der Klageerwiderung seine Immunität geltend gemacht hat: „[F]iling of a responsive pleading is the *last chance* to assert FSIA immunity if the defense has not been previously asserted."[276] Diese Möglichkeit muß allerdings eng gefaßt werden und Gerichte haben die Berufung auf *state immunity* auch noch zugelassen, wenn sich der beklagte Staat nicht sofort in der Klageerwiderung hierauf berief.[277] Jedenfalls kein Verzicht auf die Immunität ist die Vereinbarung eines *ICSID*-Verfahrens in

---

immunity shall have effect under and be construed in accordance with the United States Foreign Sovereign Immunities Act [of] 1976" (760 F.2d 390, 393).

269 Zu den Erfordernissen, wann jedenfalls ein impliziter Verzicht vorliegt noch vor Verabschiedung von Unterabsatz (6) die Entscheidung in Birch Shipping Corp. v. Embassy of the United Republic of Tansania, 507 F.Supp. 311, 312 (D.D.C. 1980): „We further agree that we will faithfully observe this Agreement and the Rules and that we will abide by and perform any Award rendered pursuant to this Agreement and that a judgment of the Court having jurisdiction may be entered upon the Award." Zu dieser Klausel führt das *District court* aus: „This is, at minimum, an implicit waiver of the immunity defendant seeks to assert here. While an agreement to entry of judgment reinforces any waiver, an agreement to arbitrate, standing alone, is sufficient to implicitly waive immunity.... That waiver cannot now be unilaterally withdrawn."

270 Cargill Int'l S.A. v. M/T Pavel Dybenko, 991 F.2d 1012, 1017 (2d Cir. 1993); Chicago Bridge & Iron Co. v. Islamic Republic of Iran, 506 F.Supp. 981, 987 (1980); Link, *Foreign Sovereign Immunity*, in INTERNATIONAL COMMERCIAL AGREEMENTS 1994, at 183, 190.

271 Für den amerikanisch-italienischen Vertrag: O'Connell Machinery Co. v. M.V. „Americana", 734 F.2d 115, 117 (2d Cir. 1984).

272 Gen. Elec. Capital v. Grossman, 991 F.2d 1376, 1386.

273 Gen. Elec. Capital v. Grossman, 991 F.2d 1376, 1386.

274 Cargill Int'l S.A. v. M/T Pavel Dybenko, 991 F.2d 1012, 1017.

275 Siderman de Blake v. Republic of Argentina, 965 F.2d 699, 720 & 721-722(9th Cir. 1992): „If Argentina has engaged our courts in the very course of acitivity for which the Sidermans seek redress, it has waived its immunity as to that redress."

276 Drexel Burnham Lambert v. Committee of Receivers, 12 F.3d 317, 326 (2d. Cir. 1993 – Hervorhebung im Original); Siderman de Blake v. Republic of Argentina, 965 F.2d 699, 720-721 unter Berufung auf die Gesetzgebungsgeschichte.

277 Drexel Burnham Lambert, at 326. Vor der Klageerwiderung hatte *Committee* bereits fünfmal Staatenimmunität geltend gemacht, nur bei der Erwiderung auf die Klageeweiterung war zunächst die Immunitätseinrede nicht erhoben worden. Hierauf folgte aber beinahe unmittelbar der Antrag auf Klageabweisung, in dem die Einrede dann erhoben wurde.

Washington D.C., denn damit war jedenfalls keine Einbeziehung der US-Gerichte beabsichtigt,[278] sondern deren weitestgehenden Ausschluß vom Verfahren.

Im Bereich der Schiedsgerichtsbarkeit stellt sich weitergehend die Frage nach der Reichweite eines konkludenten Immunitätsverzichts. Wurde nicht nur ein Schiedsverfahren durchgeführt, sondern kam es im folgenden noch zu einem Aufhebungs- oder Vollstreckungsverfahren im Heimatstaat des Schiedsspruches, so könnte argumentiert werden, daß sich der *implicit waiver* nicht mehr auf die Vollstreckung eines Gerichtsurteils nach anwendbaren *state law* bezog.[279] Der *Second Circuit* dehnte dagegen den Souveränitätsverzicht auch auf solche Vollstreckungsverfahren aus: Beide Klagegründe seien so eng miteinander verbunden, daß auch die Vollstreckung eines Exequaturuteils noch von dem Souveränitätsverzicht im Rahmen der Vollstreckung eines Schiedsspruches gedeckt sei.[280]

Insgesamt ist bei einem *implicit waiver* zu beachten, daß sich der Immunitätsverzicht nur auf die Beurteilung von Verfahrenshandlungen bezieht, die unmittelbar mit dem Schiedsverfahren zusammenhängen; dagegen ermöglicht der Immunitätsverzicht aber nicht die erneute Sachentscheidung durch das staatliche Gericht.[281]

3. Gewerbliche Tätigkeit

Unabhängig von einer Geltendmachung durch den beklagten Staat knüpft Abs. 2 von § 1605(a) an der Natur des streitgegenständlichen Handelsgeschäfts an.[282] Die *commercial exception* ist die bedeutendste Ausnahme im Rahmen des *FSIA*.[283] Alternativ zu dem *waiver of immunity* bietet der *FSIA* hier weitere drei Grundlagen an, nach denen ein Staat in US-Gerichten verklagt werden kann, ohne Immunität

---

[278] Maritime Int'l Nominees Establishment v. Republic of Guinea, 693 F.2d 1094, 1104 (D.C. Cir. 1982).

[279] Zur Problematik der *merger doctrine*, also dem Aufgehen eines Schiedsspruches in einer Gerichtsentscheidung, siehe unten C/VII und 3. Teil/B/II/3/f/(2).

[280] Seetransport Wiking Trader Schiffahrtsgesellschaft mbH & Co., Kommanditgesellschaft v. Navimpex Centrala Navala, 989 F.2d 572, 583 (2d Cir. 1993).

[281] Practical Concepts v. Republic of Bolivia, 613 F.Supp. 863, 871-872 (D.D.C. 1985), vacated 811F.2d 1543 (D.C. Cir. 1987) – zu der Verzichts-Variante kommt das Berufungsgericht deshalb nicht, weil es über die *commercial activity* den Ausnahmetatbestand begründet.

[282] § 1605: „(a) A foreign state shall not be immune ... in any case – (2) in which the action is based upon a commercial activity carried on in the United States by the foreign state; or upon an act performed in the United States in connection with a commercial activity of the foreign state elsewhere; or upon an act outside the territory of the United States in connection with a commercial activity of the foreign state elsewhere and that act causes a direct effect in the United States; ... ."

[283] Republic of Argentina v. Weltover, 504 U.S. 607, 611.

vor der Gerichtsbarkeit für sich anführen zu können. Voraussetzung hierzu ist eine *commercial activity* (gewerbliches Tätigwerden/Handelsgeschäft) dieses Staates[284]
(aa) in den USA,[285] oder
(bb) eine Handlung des Staates in den USA, die im Zusammenhang mit einer *commercial activity* dieses Staates außerhalb der USA steht, oder schließlich
(cc) eine Handlung des Staates außerhalb der USA, die im Zusammenhang mit einer *commercial activity* ebenfalls außerhalb der USA steht, aber direkte Auswirkungen auf die USA hat.[286]
Problem – wie auch beim *Federal Arbitration Act* – ist, daß der *FSIA* keine brauchbare Definition des Handelsgeschäfts vornimmt, sondern es nur tautologisch als „regular course of commercial conduct or a particular commercial transaction or act, rather than by reference to its purpose" beschreibt, § 1603(d).[287] Den Ansatzpunkt für die Auslegung gibt damit der *FSIA* vor: Entscheidend ist die „Natur" des Geschäftes, nicht so sehr dessen „Ziel und Zweck"; es kommt nicht darauf an, ob der Staat mit Gewinnabsicht oder dem Ziel handelte, hoheitliche Aufgaben zu erfüllen.[288]

Um die Natur einer Handlung bestimmen zu können, verwenden die meisten Gerichte den sogenannten *private person test*,[289]
der als zur Abgrenzung darauf abstellt, ob das streitgegenständliche Geschäft auch von einer Privatperson hätte vorgenommen werden können.[290] Dabei bereitet aber in der Praxis weniger die Abgrenzung zwischen einer *commercial* bzw. *sovereign activity* Schwierigkeiten als vielmehr die genaue Bestimmung der relevanten

---

[284] Zu den drei Fallgruppen genauer: Delaume, *Foreign Sovereign Immunity*, 88 AM. J. INT'L L. 257, 260-263. Wichtig ist, daß der *FSIA* keine Anforderungen an die Nationalität stellt (Verlinden B.V. v. Central Bank of Nigeria, 461 U.S. 480, 490).

[285] Mehr als nur ein Austausch von Telexen zwischen Ausland und den USA nicht ausreichend; dagegen sollen zahlreiche Inspektionen durch ausländische Vertreter ausreichen (Chicago Bridge & Iron Co. v. Islamic Republic of Iran, 506 F.Supp. 981, 989). Dazu auch Gen. Elec. Capital Co. v. Grossman, 991 F.2d 1376, 1383: nicht ausreichend ein Treffen in den USA und Telefonate, wenn Kaufvertrag im Ausland abgeschlossen wurde und fast alle (persönlichen) Verhandlungen ebenfalls dort stattfanden. Ausreichend soll dagegen Werbung für ein Hotel in den USA sein, das von US-Touristen besucht wird und US-Kreditkarten akzeptiert (Siderman de Blake v. Republic of Argentina, 965 F.2d 699, 709 (9th Cir. 1992)).

[286] Zu den drei verschiedenen Situationen: Delaume, *Foreign Sovereign Immunity*, 88 AM. J. INT'L L. 257, 258-263.

[287] Donoghue, 17 YALE J. INT'L L. 489, 499. Das stellt auch der *Supreme Court* fest (504 U.S. 607, 612).

[288] Republic of Argentina v. Weltover, 504 U.S. 607, 614.

[289] Als Faustregel durch Richter Kaufman eingeführt: „[I]f the activity is one in which a private person could engage, it is not entitled to immunity" (Texas Trading v. Federal Republic of Nigeria, 647 F.2d 300, 309 (2d Cir. 1981)). Siehe auch die *Basic Rule* nach RESTATEMENT (THIRD) OF THE FOREIGN RELATIONS LAW § 451.

[290] „Rather the issue is whether the particular actions that the foreign state performs (*whatever* the motive behind them) are the type of actions by a private party engages in 'trade and traffic or commerce'" (Republic of Argentina v. Weltover, 504 U.S. 607, 614 – Hervorhebung vom Autor).

Handlung, insbesondere wenn Maßnahmen eines Staates und deren Umsetzung durch Private in einander übergehen.[291] So nimmt meistens schon die Bestimmung der relevanten Handlung die Entscheidung über deren Natur vorweg. Die Ergebnisse dieses „Tests" sind damit kaum vorhersehbar.[292]

In der Entscheidung *MOL v. People's Republic of Bangladesh* z. B. ging es um eine Lizenz zum Fang und Export von Rhesusaffen. Hier wird anschaulich, wie mit der Bestimmung der relevanten Handlung auch gleichzeitig über deren Natur entschieden wird. Geht man wie die Klägerin davon aus, daß es sich um einen einfachen Kaufvertrag über Affen handelt, liegt der Charakter der Handlung als *commercial activity* auf der Hand. Faßt man aber – wie der *Ninth Circuit* – die relevante Handlung weiter, nämlich als Regulierung der Tierwelt sowie von Im- und Export, ist das Ergebnis ebenso offensichtlich: das Landwirtschaftsministerium von Bangladesh handelte hoheitlich, Bangladesh konnte folglich seine Immunität erfolgreich geltend machen.[293] Ein Beispiel für einen Fall einer *non-commercial activity* bietet die Entscheidung *Practical Concepts v. Republic of Bolivia*: das *District Court* verneinte eine *commercial activity* deshalb, weil das bolivianische Planungsministerium dem Kläger in dem Entwicklungsabkommen rechtliche und tatsächliche Vorteile (z. B. Ausnahmen von der Körperschafts- wie Einkommenssteuer, zügige Bearbeitung der Einreise und Visaanträge) gewährt hatte, die ein privater Unternehmer nicht hätte bieten können.[294]
Insgesamt tun sich die Gerichte schwer, die relevante Handlung genau zu definieren und beziehen sich statt dessen auf allgemeine Merkmale der Handlung oder be-

---

[291] Wie in Callejo v. Bancomer, S.A. 764 F.2d 1101, 1108 (5th Cir. 1985): Entscheidend ist dabei immer die Handlung des jeweiligen Beklagten, auch dann, wenn seine Handlungen durch staatliche Maßnahmen (wie die Regulierung des Devisenbestimmungen) vorgeschrieben wurden: „The issue under the FSIA is to determine whether the act of the named defendant was performed in a sovereign or a commercial capacity; analysis must focus on the named defendant's acts which are the basis and not on the separate acts of other sovereign instrumentalities or agencies." *Bancomer* handelte nicht als staatliche Einrichtung in Umsetzung der Devisenbestimmungen, sondern nur – wie jeder Private – in Übereinstimmung mit dem Gesetz (S. 1110).

[292] Donoghue, 17 YALE J. INT'L L. 489, 501, 505. Wie schwankend das Ergebnis sein kann zeigen die unterschiedlichen Entscheidungen in *Practical Concepts v. Republic of Bolivia*. Hier lehnte das erstinstanzliche Gericht eine *commercial activity* ab, weil es Teile des Vertrages (Nebenpflichten?) Boliviens wie Steuererleichterungen, zügige Visaerteilung als hoheitliche Maßnahmen und deshalb den gesamten Vertrag dem *FSIA* unterstellt ansah (613 F.Supp. 863, 869). Dagegen kam das Berufungsgericht zum konträren Ergebnis, denn es gewichtete die Bedeutung der Vertragselemente anders und billigte den genannten Erleichterungen nur eine Hilfsfunktion im Rahmen des Beratervertrages zu (811 F.2d 1543, 1550). Die Alternative zum diesem Test bietet der *Sovereignty approach* (Donoghue, 17 YALE J. INT'L L. 489, 512-514), der aber nicht vom *Supreme Court* verwendet wird.

[293] MOL, Inc. v. Peoples Republic of Bangladesh, 572 F.Supp. 79, 84 (D. OR. 1983), aff'd 736 F.2d 1326, 1328-29 (9th Cir. 1984).

[294] 613 F.Supp. 863, 869-870 (D.D.C. 1985). Die Erhebung von Steuern ist gleichermaßen eine hoheitliche Tätigkeit (Liberian Eastern Timber v. Gov't of the Republic of Nigeria, 650 F.Supp. 73, 78 (S.D.N.Y. 1986).

rücksichtigen entgegen der gesetzlichen Vorgabe den Zweck zumindest unterschwellig mit.[295] Letzteren Ansatz nahm der *Fifth Circuit*: Das Gericht meinte sich unter Berufung auf die Gesetzgebungsgeschichte über den Wortlaut des *FSIA* hinwegsetzen und den Vertragszweck mit in die Beurteilung einbeziehen zu können.[296] Dem tritt der *Supreme Court* aber in *Republic of Argentina v. Weltover* entgegen und verwies hierzu auf den eindeutigen Wortlaut des Gesetzes: „However difficult it may be in some cases to separate 'purpose' from 'nature' the statute unmistakably commands that to be done."[297] Gerade in politisch brisanten Bereichen werden Gerichte aber doch immer wieder versucht sein, nach dem Zweck zu fragen, wie z. B. bei der Ausbeutung natürlicher Ressourcen. Insbesondere wenn deren Export Haupteinnahmequelle eines Staates ist, erscheint zweifelhaft, ob eine undifferenzierte Qualifizierung dieser Exporte immer ohne weiteres als bloßer Kaufvertrag angesehen werden kann.[298] Mit der Entscheidung werden die Spekulationen beendet, ob staatliche Kreditaufnahme eine *commercial activity* im Sinne des *FSIA* ist. Der *Supreme Court* entschied aber nicht über die *per se rule* des *Second Circuit*. Folge ist, daß über den handelsgeschäftlichen Charakter bei Kreditaufnahme durch Staaten im Rahmen von Einzelfallentscheidungen entschieden werden muß.

Auch der zweite Schritt des *private person test* wirft Fragen auf: so ist es unklar, ob sich die Abgrenzung zwischen privatrechtlichem und hoheitlichem Handeln nach formalen oder inhaltlichen Kriterien richten soll.[299] Die neueren Entscheidungen der US-Gerichte konzentrieren sich hier im wesentlichen auf den Vertragsinhalt.[300] So äußerte das Berufungsgericht für den *D.C. Circuit*: „It is more

---

[295] Donoghue, 17 YALE J. INT'L L. 489, 501-505, u. a. unter Berufung auf State Bank of India v. NLRB, 808 F.2d 526, 534-35 (7th Cir. 1986) (bestimmt keine relevante Handlung der Bank, sondern erörtert – und bejaht – nur allgemein deren kommerzielles Tätigwerden; hier ging es konkret um die Weigerung der Bank in Tarifverhandlungen in dem NLRB zu treten), ebenso Goethe House New York German Cultural Center v. N.L.R.B., 685 F.Supp. 427, 430 (S.D.N.Y. 1988).
Das gilt insbesondere dann, wenn die Gerichte die *commercial activity* sehr weit fassen, um auf diese Weise auch den Vertragszweck mitberücksichtigen zu können (Donoghue, 17 YALE J. INT'L L. 489, 514).

[296] De Sanchez v. Banco Central de Nicaragua, 770 F.2d 1385, 1393 (5th Cir. 1985): „We do not interprete this provision, however, to bar us totally from considering the purposes of different types of activities."

[297] 504 U.S. 607, 616-617.

[298] Int'l Ass'n of Machinists v. Organisation of Petroleum Exporting Countries, 477 F.Supp. 553, 568 (C.D. CA. 1979).

[299] Privatrechtlicher Vertrag oder Verwaltungsakt, bzw. Vertragsinhalt (Donoghue, 17 YALE J. INT'L L. 489, 505).

[300] Keinerlei Bedeutung erkennt der *D.C. Circuit* formalen Aspekten der fraglichen Handlung zu und orientiert bei einem „gemischten Charakter" der fraglichen Handlung am Klagegrund: es reicht die Behauptung des Klägers, eines (privatrechtlichen) Vertragsbruchs zur Begründung der Zuständigkeit (Millen Industries v. Coordination Council for North American Affairs, 855 F.2d 879, 885 (D.C. Cir. 1988). Donoghue, *Commercial Activity Exception*, 17 YALE J. INT'L L. 489, 507-508.

sensible ... to center on the basic exchange (e.g., the sale of goods and services), not on the facilitating features (e.g., expediting entrance of personnel and supplies), in determining whether an obligation qualifies as a 'commercial activity' for FSIA purposes"[301], von der Form ist also keine Rede, nur von „'character' of a contract" oder „essence".[302] Anders aber scheint der *Supreme Court* in *Republic of Argentina v. Weltover* die Gewichtungen zu verteilen und dabei durchaus auch auf die Form, nicht nur ausschließlich auf den Regelungsinhalt eines Vertrages abzustellen.[303]

Folgend seien einige von der US-Rechtsprechung entschiedene Beispiele für Handlungen genannt, die als *commercial activity* angesehen wurden:
- Schuldverschreibungen der argentinischen Regierung,[304]
- Führung der Geschäfte und Liquidation einer Gesellschaft, nicht aber die Entscheidung über Ansprüche von Kreditgebern gegen ein bankrottes Unternehmen, wenn dafür eine durch Hoheitsakt geschaffene Einrichtung existiert,[305]
- Verträge über den Kauf von Zement und Ausgabe von Akkreditiven,[306]
- Betreiben eines Hotels,[307]
- Ausgabe von Zeitdepositen durch eine Bank, ungeachtet der Tatsache, daß die Bank später verstaatlicht wurde,[308]
- allgemeines Bankgeschäft (*full range of commercial banking services*),[309]
- Föderung von Investitionen (*promotion of investment*),[310]
- Beratervertrag zu Programmen zur Entwicklung ländlicher Gebiete in Bolivien bei Gewährung von Steuervorteilen für den Kläger,[311]
- Anstellungsvertrag beim spanischen Handelsbüro,[312]

---

301 Practical Concepts, Inc. v. Republic of Bolivia, 811 F.2d 1543, 1548 (D.C. Cir. 1987).
302 811 F.2d 1543, 1550.
303 Schließlich definierte das Gericht *Nature* als „the outward form of the conduct that the foreign state performs or agrees to perform" (504 U.S. 607, 617(1992)) betonte mit dieser Definition entscheidend die äußere Form (Donoghue, 17 YALE J. INT'L L. 489, 509). Hätte das Gericht aber allein auf die Form abgestellt, wären nicht die Vergleiche mit dem Handeln privater Unternehmer (Republic of Argentina v. Weltover, 504 U.S. 607, 613-616) und damit die Beurteilung des Vertragsinhaltes erforderlich gewesen. Das Gericht hätte sich auf die Feststellung beschränken können, daß Argentinien in Form eines privatrechtlichen Vertrages handelte.
304 Republic of Argentina v. Weltover, Inc., 504 U.S. 607, 617.
305 Die Abwicklung solcher Ansprüche kann dann nicht mehr von Privatpersonen vorgenommen werden (Drexel Burnham Lambert v. Committee of Receivers, 12 F.3d 317, 329-330).
306 Texas Trading & Milling Corp. v. Federal Republic of Nigeria, 647 F.2d 300, 310 (2d Cir. 1981).
307 Siderman de Blake, 965 F.2d 699, 709.
308 Callejo v. Bancomer, S.A. 764 F.2d 1101, 1109, 1126 (5th Cir. 1985).
309 State Bank of India v. N.L.R.B., 808 F.2d 526, 535 (7th Cir. 1986).
310 Millen Industries v. Coordination Council for North American Affairs, 855 F.2d 879, 885 (D.C. Cir. 1988)(dictum).
311 Practical Concepts, Inc. v. Republic of Bolivia, 811 F.2d 1543, 1548 (D.D.C. 1987); anders noch das *District court*, das in Anbetracht der Vertragspflichten wie Visaerteilung, Steuervorteilen o. ä. eine *commercial activity* verneinte (613 F.Supp. 863, 869-870 (D.D.C. 1985)).
312 Segni v. Commercial Office of Spain, 835 F.2d 160, 165 (7th Cir. 1987): Der Kläger sollte hier einen Markt für spanischen Wein im Mittleren Westen der USA aufbauen. Zu den Problemen, die sich bei

- Anwerbung ausländischer Arbeitnehmer zur Anstellung in saudischem Krankenhaus.[313]

Dagegen ist keine *commercial activity*

- Betreiben eines Kulturzentrums wie dem Goethe Haus,[314]
- eine staatliche Lizenz zum Fang und Ausfuhr von Wildtieren sowie Regulierung von Im- und Export allgemein,[315]
- die Preisabsprachen durch die OPEC,[316]
- die Ausübung von Polizeigewalt und deren Mißbrauch.[317]

a. *Commercial Activity* in den USA

Ein wirtschaftliches Handeln in den USA wird definiert als „regular commercial conduct or ... single act 'performend in whole or in part' in the United States."[318]

b. Handlung innerhalb der USA im Zusammenhang mit einer *Commercial Activity* außerhalb der USA

Die zweite Variante wird von der Rechtsprechung auch sehr weit ausgelegt. Ein Zusammenhang soll schon dann gegeben sein, wenn Geldzahlungen von Amerikanern geleistet werden, die eigentlich anderen Personen als den Zahlungsempfängern zustanden.[319]

c. Handlung außerhalb der USA mit Auswirkungen in den USA

Weitergehend kann eine Handlung des ausländischen Staates außerhalb der USA nur dann von der Immunität ausgenommen sein, wenn im Sinne der dritten Variante von § 1605(a)(2) ein direkter Effekt auf die USA vorliegt. Mit Blick auf die Gesetzgebungsgeschichte ging der *Supreme Court* von einem direkten Effekt aus, wenn er sich „als unmittelbare/sofortige Folge aus dem Handeln des Beklagten er-

---

Arbeitsverträgen mit ausländischen Regierungen und deren Organisationen ergeben können: Donoghue, *Commercial Activity Exception*, 17 YALE J. INT'L L. 489, 510. *Donoghue* stellt hier fest, daß in diesem Bereich die Funktion des Angestellten von entscheidender Bedeutung ist, diese aber in *private person test* keinerlei Berücksichtigung findet.

313 Saudi Arabia v. Nelson, 507 U.S. 349, 358 (1993) (dictum).

314 Goethe House N.Y., German Cultural Ctr. v. N.L.R.B., 685 F.Supp. 427, 430 (S.D.N.Y. 1988).

315 MOL, Inc. v. Peoples Republic of Bangladesh, 736 F.2d 1326, 1329 (9th Cir. 1984).

316 Int'l Ass'n of Machinists v. Organisation of Petroleum Exporting Countries, 477 F.Supp. 553, 568-569 (C.D. CA 1979) unter Hinweis auf die immense wirtschaftliche Bedeutung des Erdöls für diese Staaten.

317 Saudi Arabia v. Nelson, 507 U.S. 349, 361 (1993).

318 Delaume, *Foreign Sovereign Immunity*, 88 AM. J. INT'L L. 257, 260.

319 Siderman de Blake v. Republic of Argentina, 965 F.2d 699, 710 (9th Cir. 1992). Bejaht auch bei Verhandlungen in den USA, wenn auch die Vertragserfüllung ganz im Ausland stattfand (Schmidt v. Polish People's Republic, 579 F.Supp. 23, 27 (S.D.N.Y. 1984).

gibt," nicht aber bei nur geringfügigen Auswirkungen.[320] Das ist z. B. der Fall, wenn der Erfüllungsort in den USA lag und die Schulden in den USA und in US-Dollar zahlbar waren.[321] Ein Musterbeispiel bietet auch *Texas Trading & Milling Corp. v. Federal Republic of Nigeria*, wo ein Vertragsbruch ebenfalls unmittelbare Auswirkungen auf die Begünstigten in den USA hatte, denn die Kläger sollten erstens ihr Geld in den USA erhalten und es handelte sich zweitens um US-Unternehmen.[322]

4. Enteignung

§ 1605(a)(3) regelt die Problematik von Enteignungen teilweise neu und stellt einen Bruch mit der bis dann gültigen *Act of State Doctrine*[323] dar: verletzt eine Enteignung internationales Recht, wird Staaten in zwei Fällen die Immunität aberkannt. Beide Ausnahmebestimmungen setzen einen Zusammenhang von Enteignung mit einem gewerblichen Tätigwerden (*commercial activity*) des Staates in den USA voraus: (1) der enteignete Vermögenswert befindet sich in den USA; (2) der enteignete Vermögenswert (oder sein Äquivalent) gehört bzw. wird betrieben von einer Einrichtung des ausländischen Staates, die gewerblich in den USA tätig ist, 28 U.S.C. § 1605(a)(3). Den Gerichten bleibt es aber weiterhin vorbehalten entgegen den genannten Ausnahmen, nach der *Act of State Doctrine* eine Klage abzuweisen.[324]

Gerichte werden eine Verletzung internationalen Rechts vor allem dann annehmen, wenn die Enteignung nicht einem öffentlichen Zweck dient, Ausländer diskriminiert werden oder keine angemessene Entschädigung gezahlt wurde: „taking violates international law if it is done 'without payment of the prompt adequate and effective compensation required by international law' or is 'arbitrary or

[320] „De minimis non curat lex" (Republic of Argentina v. Weltover, 504 U.S. 607, 618). Bedeutungslos sind also Staatsangehörigkeit oder Wohnsitz des Klägers (Delaume, *Foreign Sovereign Immunity*, 88 AM. J. INT'L L. 257, 263).

[321] 504 U.S. 607, 619.

[322] 647 F.2d 300, 312 (2d Cir. 1981). Siehe auch allgemein: Chicago Bridge & Iron v. Islamic Republic of Iran, 506 F.Supp. 981, 989: „[N]o intervening element, but rather flows in a straight line without deviation or interruption." Ausreichend ist also regelmäßig, wenn die Parteien die USA als Erfüllungsort vereinbart haben (Weltover, 619; Siderman, 710; Antares Aircraft v. Federal Republic of Nigeria, 999 F.2d 33, 36 (2d Cir. 1993)(dictum)). Nicht ausreichend ist ein bloßer finanzieller Verlust (Antares Aircraft, aaO (dictum); Siderman, 710) oder, daß die Handlungen lediglich nur am Rande Auswirkungen auf die USA haben (Drexel Burnham Lambert v. Committee of Receivers, 12 F.3d 317, 330 (2d Cir. 1993)). Der *Second Circuit* führte im *obiter dictum* von *Antares Aircraft* weiter aus, daß die Tatsache allein, daß eine unerlaubte Handlung im Ausland geschieht, noch nicht die US-Gerichte ihrer Zuständigkeit beraubt – Voraussetzung sind aber auch wieder hier *sufficient contacts* und der *direct effect*. Allein Zahlungen von einem New Yorker Konto in ausländischer Währung, die Betroffenheit eines US-Unternehmens oder US-Staatsangehörigkeit eines Verletzten reichen nicht (999 F.2d 33, 36-37).

[323] siehe unten 5.

[324] RESTATEMENT (THIRD) OF THE FOREIGN RELATIONS LAW § 455 cmt. c (1987).

discriminatory in nature.'“[325] Eine Entschädigung muß also „prompt, adequate and effective“ sein.[326]

Dagegen werden sich die Gerichte zurückhalten, wenn es um eine Enteignung handelt, die durch den Heimatstaat des Klägers auf dessen Staatsgebiet erfolgte. Es bleibt den Klägern aber auch hier die Möglichkeit im Rahmen von Abs. 2 (*commercial activity*) vorzugehen.[327]

5. Die *Act of State Doctrine*

Von der Staatenimmunität muß die *Act of State Doctrine* unterschieden werden.[328] Sie erwächst aus dem Respekt eines Staat für die Unabhängigkeit eines anderen souveränen Staates[329] und läßt mit den Worten des *Supreme Courts* so zusammenfassen:

> The act of state doctrine does not establish an exception for cases and controversies that may embarrass foreign governments, but merely requires that, in the process of deciding, the acts of foreign sovereigns taken within their own jurisdiction shall be deemed valid.[330]

Typisch für die *Act of State*-Problematik ist eine Klage in den Gerichten des Staates A gegen eine Handlung des Staates B auf seinem eigenen Territorium.[331] Klassisches Beispiel sind Enteignungen und Verstaatlichungen, die nach der *Act of State Doctrine* nicht Gegenstand von Gerichtsverfahren in den USA sein können.[332] Aber die *Act of State Doctrine* kann auch in anderem Zusammenhang von Bedeutung sein.[333] Ein Gericht der Vereinigten Staaten wird sich unter Anwendung

---

[325] Siderman de Blake, 965 F.2d 699, 712 (unter Berufung auf die Gesetzgebungsgeschichte); RESTATEMENT (THIRD) OF THE FOREIGN RELATIONS LAW § 712 (1987). Dabei berücksichtigen die Gerichte aber die starken nationalen Interessen eines Staates wie die Währungspolitik und deren Auswirkungen auf die staatliche Festsetzung der Wechselkurse. Finanzielle Verluste, die hierauf beruhen widersprechen nicht internationalem Recht: West v. Multibanco Comermex, S.A., 807 F.2d 820, 831-832 (9th Cir. 1987).

[326] Siderman de Blake, 965 F.2d 699, 712. RESTATEMENT (THIRD) OF THE FOREIGN RELATIONS LAW § 712 cmt c.

[327] Siderman de Blake, 965 F.2d 699, 712.

[328] Vgl. RESTATEMENT (THIRD) OF THE FOREIGN RELATIONS LAW Ch. 4 Subchapter B. Umfassend: Ramsey, 39 HARV. INT'L L.J. 1; Branson/Wallace, Jahrbuch der Schiedsgerichtsbarkeit Bd. 2, 268, 270.

[329] Underhill v. Hernandez, 168 U.S. 250, 252 (1897). „International comity, respect for the sovereignty of foreign nations on their own territory, and the avoidance of embarassment to the Executive Branch in its conduct of foreign relations“ (Kirkpatrick Co. v. Environmental Tectonics Corp., 493 U.S. 400, 408).

[330] Kirkpatrick, 493 U.S. 400, 409: Handlungen, die nach nationalem Recht schon nicht gültig sind, unterfallen ihr nicht, wie z. B. Bestechung.

[331] LOWENFELD, INTERNATIONAL LITIGATION AND ARBITRATION 458. *Lowenfeld* gibt eine ausführliche Einführung in die *Act-of-State Doctrine*.

[332] Banco Nacional de Cuba v. Sabbatino, 376 U.S. 398, 428 (1964).

[333] LOWENFELD, INTERNATIONAL LITIGATION AND ARBITRATION 548-567, wie z. B. Probebohrungsrechte Konzessionen, u. U. sogar Kartellrecht (erfolglos in Hunt v. Mobil Oil Corp. 550 F.2d 68 (2d Cir. 1977)) oder Bestechung (ohne Erfolg in: Kirkpatrick Co. v. Environmental Tectonics Corp., 493 U.S. 400).

dieser Doktrin der Beurteilung von Akten ausländischer Staaten enthalten, wenn zwei Voraussetzungen erfüllt sind: (1) Maßnahme einer Regierung auf deren Staatsgebiet; (2) in Ausübung von Regierungsgewalt.[334] Daraus folgt, daß die Doktrin keine Anwendung findet, wenn sich das betroffene Vermögen außerhalb dieses Staates befindet und die Maßnahme der Regierung nicht im Einklang mit US-Recht steht – *extraterritoriality exception.*[335] Das ist insbesondere problematisch bei der Bestimmung der Belegenheit von Geldschulden.[336]
Im Zusammenhang mit der zweiten Voraussetzung muß beachtet werden, daß nicht schon jedes Regierungshandeln gleich einen „Staatsakt" darstellt: für die Verstaatlichung von Industriebetrieben ist das eindeutig, bei einer einfachen Zahlungsverzögerung ist das schon zweifelhaft.[337] Umgekehrt kann auch das Handeln Privater durch die *Act of State Doctrine* geschützt sein, wenn es durch einen Hoheitsakt veranlaßt war.[338]

Die einzige Stellungnahme von US-Gerichten im Zusammenhang von Schiedsgerichtsbarkeit und *Act of State*-Problematik findet sich in – der später aufgehobenen Entscheidung – *LIAMCO v. Libyan Arab Jamahirya.*[339] Hier ging es um die Anerkennung und Vollstreckung eines Schiedsspruches gegen Libyen, das 1973/74 *LIAMCOs* Ölkonzessionen und Teile der Bohranlagen verstaatlicht hatte. Zunächst stellte das Gericht fest, daß Libyen durch Vereinbarung von Schiedsgerichtsbarkeit wirksam verzichtet hatte,[340] dann erörterte es die Anwendbarkeit der *Act of State Doctrine*. Nach Überzeugung des *District Courts* handelte es sich bei den Verstaatlichungen um hoheitliche Akte, die deshalb der Zuständigkeit der US-Gerichts-

---

[334] Underhill v. Hernandez, 168 U.S. 250, 252. Ausführlich zu den Voraussetzungen in neuerer Zeit: Kirkpatrick Co. v. Environmental Tectonics Corp., 493 U.S. 400, 404-406 (1990).
[335] F. & H.R. Farman-Farmaian Consulting Engineers Firm v. Harza Engineering Co. 882 F.2d 281, 286 (7th Cir. 1989) (dictum): nicht ausreichend sind Forderungen der enteigneten Gesellschaft in den USA..
[336] Dabei wird nach einer Art Schwerpunkttheorie verfahren und verschiedene Gesichtspunkte abgewogen wie der Ort des Depots, Erfüllungsort, anwendbares Recht nach dem Willen der Parteien, Einbeziehung des US-Bankensystems (Callejo v. Bancomer, S.A., 764 F.2d 1101, 1123 (1985).
[337] Link, *Foreign Sovereign Immunity*, in INTERNATIONAL COMMERCIAL AGREEMENTS 1994, at 183, 203.
[338] Callejo v. Bancomer, S.A., 764 F.2d 1101, 1113, 1115-16: In dem Fall war der ausländische Staat nicht einmal Beklagter und die behauptete Verletzungshandlung nicht unmittelbar durch einen Hoheitsakt, sondern erst durch das Handeln einer Bank geschehen: Eine Bank *Bancomer* mußte eine Wertberichtigung von Zeitdepositen vornehmen, um Übereinstimmung mit (hoheitlich) geänderten Devisenbestimmungen zu erreichen (S. 1106). Nach Ansicht des Gerichts konnte jedoch nur durch die Ausdehnung der *Act of State Doctrine* dem Respekt vor der Unabhängigkeit Mexikos und dessen berechtigtem Interesse am Schutz seiner Devisenreserven genüge getan werden (S.1126).
[339] Siehe DOMKE ON COMMERCIAL ARBITRATION § 45:02: Die Entscheidung wurde durch das Berufungsgericht aufgehoben – die Parteien hatten sich vor Erlaß der Berufungsurteils außergerichtlich geeinigt; 684 F.2d 1032 (D.C. Cir. 1981).
[340] Libyan American Oil Co. (LIAMCO) v. Socialist People's Libyan Arab Jamarhirya, 482 F.Supp. 1175, 1178 (D.D.C. 1980). Die Diskussion war erforderlich, weil der *FSIA* noch nicht um die Schiedsgerichtsklausel ergänzt war.

barkeit entzogen waren.[341] Das Ergebnis ist zweifelhaft, denn es ermöglicht einem Staat sich einseitig von einer vertraglichen Bindung zu lösen.[342] Das Gericht verwechselte hier das souveräne Recht eines Staates Verstaatlichungen vorzunehmen mit einer vertraglich vereinbarten Methode der Streitbeilegung.[343] Der Präzedenzwert der Entscheidung ist jedoch hinfällig. Denn mit der Novellierung von 1988 ist die *Act of State Doctrine* für die Schiedsgerichtsbarkeit unbedeutend geworden. 9 U.S.C. § 15 schließt deren Anwendbarkeit ausdrücklich für die Anerkennung von Schiedssprüchen und deren Vollstreckung aus.[344]

IV. Zwangsvollstreckung

Es wurde schon erwähnt, daß gegen das Vermögen von Staaten grundsätzlich eine Zwangsvollstreckung unzulässig ist. 28 U.S.C. § 1610 regelt die Ausnahmen von der Zwangsvollstreckung sehr ausführlich. Die Ausnahmetatbestände spiegeln im wesentlichen diejenigen wider, die schon § 1605 erwähnt. So wäre eine Zwangsvollstreckung in das gewerblich genutzte Vermögen (*commercial activity*) nach US-Recht dann möglich, wenn

- der Staat, bzw. die staatliche Einrichtung auf ihre Immunität verzichtet hat, § 1610(a)(1),
- der streitige Vermögensgegenstand für eine *commercial activity* genutzt wurde, § 1610(a)(2),
- der Vermögensgegenstand wider internationalem Recht enteignet wurde, § 1610(a)(3) u.s.w.

Interessanterweise kann im Wege der Zwangsvollstreckung auch auf Vermögenswerte zurückgegriffen werden, die in keiner Beziehung mit dem Streitgegenstand stehen.[345] Für Schiedssprüche ist hier § 1610(a)(6) von besonderer Bedeutung:

> § 1610.(a) The property ... used for a commercial activity in the United States, shall not be immune ... from execution, upon a judgment entered by a court of the United States or of a State after the effective date of this Act, if –

---

[341] 482 F.Supp. 1175, 1179.

[342] Schon vor 1988 hielten die Gerichte nach der *waiver provision* einen einseitigen Rückzug des Staates für nicht möglich (Ipitrade International, S.A., v. Federal Republic of Nigeria, 465 F.Supp. 824, 826 (D.D.C. 1978); Birch Shipping Corp. v. Embassy of the Republic of Tanzania, 507 F.Supp. 311, 312 (D.D.C. 1980)).

[343] VAN DEN BERG, NEW YORK CONVENTION 372.

[344] „Enforcement of arbitral agreements, confirmation of arbitral awards, and execution upon judgments based on orders confirming such awards shall not be refused on the basis of the Act of State doctrine." Aksen & Dorman, *The New York Convention in U.S. Courts*, 2 AM. REV. INT'L ARB. 65, 84; Ramsey, 39 HARV. INT'L L.J. 1, 42; Branson/Wallace, Jahrbuch der Schiedsgerichtsbarkeit Bd. 2, 268, 270.

[345] Hoellering, *Arbitration in the United States*, 1 AM. REV. INT'L ARB. 14, 21. Delaume, *Foreign Sovereign Immunity*, 88 AM. J. INT'L L. 257, 266: Die Haftung in der Zwangsvollstreckung knüpft entgegen der Systematik des *FSIA* an die Rechtsperson und nicht die Natur der Handlung an. Basiert die Zwangsvollstreckung aber auf § 1610(a)(2) sind die Möglichkeiten der Privaten beschränkt.

> (6) the judgment is based on an order confirming an arbitral award rendered against the foreign state, provided that attachment in aid of execution, or execution, would not be inconsistent with any provision in the arbitral agreement.

Damit ist das gesamte wirtschaftlich genutzte Vermögen des Staates der Vollstreckung eines Schiedsspruches ausgesetzt – anders als der allgemeinere Absatz (2), der die Zwangsvollstreckung bei Gerichtsurteilen auf die streitgegenständlichen wirtschaftlich genutzten Vermögenswerte beschränkt.[346] Die Grenze der absoluten Vollstreckungsimmunität zieht § 1611 für das Vermögen von ausländischen Zentralbanken und Vermögen, das militärischen Zwecken dient. Die weitgehende Vollstreckbarkeit von Schiedssprüchen ist sicherlich ein weiterer Anreiz für eine nicht-staatliche Partei Schiedsgerichtsbarkeit zu vereinbaren.[347]

C. Sachlicher Anwendungsbereich der Vollstreckungsgrundlagen

Im Hinblick auf die Unterschiede zwischen den Schiedsgesetzen auf Bundes- und Einzelstaatenebene kommt der Bestimmung des anwendbaren Rechts für die Vollstreckung eines Schiedsspruches einige Bedeutung zu – sie kann unter Umständen entscheidend für den Ausgang des Verfahrens sein.[348]

I. Das UNÜ

Der sachliche Anwendungsbereich des UNÜ wird in dessen Artikel 1 festgelegt:

> (1) Dieses Übereinkommen ist auf die Anerkennung und Vollstreckung von Schiedssprüchen anzuwenden, die in Rechtsstreitigkeiten zwischen natürlichen oder juristischen Personen in dem Hoheitsgebiet eines anderen Staates als desjenigen ergangen sind, in dem die Anerkennung und Vollstreckung nachgesucht wird. Es ist auch auf solche Schiedssprüche anzuwenden, die in dem Staat, in dem ihre Anerkennung und Vollstreckung nachgesucht wird, nicht als inländische anzusehen sind.[349]

---

[346] Delaume, *Foreign Sovereign Immunity*, 88 AM. J. INT'L L. 257, 266. Zu beachten sind allerdings die Probleme bei einer Mischnutzung von Botschaftskonten für kommerzielle und hoheitliche Zwecke (aaO, 267). Eine Vollstreckung zulassend: Birch Shipping Corp. v. Embassy of the United Republic of Tanzania, 507 F.Supp. 311, 313 (1980).

[347] Delaume, *Foreign Sovereign Immunity*, 88 AM. J. INT'L L. 257, 266.

[348] Strickland, 21 HOFSTRA L. REV. 385, 410.

[349] Artikel I (2) dehnt den Anwendungsbereich auch auf Schiedssprüche ständiger Schiedsgerichte aus, Absatz 3 betrifft die noch zu erörternden Vorbehalte.

1. Ausländischer Schiedsspruch

a. Die Anforderungen nach Art. I UNÜ

„What is a *foreign* award?“[350] Die Antwort auf diese Frage bestimmt den Anwendungsbereich der Konvention. Der erste Absatz von Art. I definiert die Anwendungsvoraussetzungen[351] und war einer der meisten umstrittenen Paragraphen während der Beratungen.[352] Art. I(1) ist eine Kompromißformel zwischen den *common law*-, lateinamerikanischen und osteuropäischen Staaten auf der einen Seite, die anhand des Schiedsortes[353] die Qualifizierung eines Schiedsspruches als ausländisch vornehmen wollten, und einigen westeuropäischen Staaten (vor allem Frankreich und Deutschland), die andere Kriterien (vor allem das angewandte Verfahrensrecht, aber auch Staatsangehörigkeit der Parteien oder Streitgegenstand) als entscheidend ansahen.[354] Um diese widerstreitenden Ansichten zu versöhnen, war zunächst vorgesehen, den Staaten bestimmte Ausnahmen zu erlauben. Entgegen der Zielsetzung einer eingesetzten Arbeitsgruppe, das Territorialitätsprinzip irgendwie einzuschränken, verabschiedete die Konferenz schließlich eine Formulierung, die einfach beide Theorien kombinierte. Danach ist die Konvention anwendbar auf alle Schiedssprüche, die (1) in einem anderen Staat ergangen sind, als dem, wo um Anerkennung und Vollstreckung nachgesucht wird, oder (2) im Vollstreckungsstaat nicht als inländisch angesehen werden.[355]

Das UNÜ ist also zunächst immer anwendbar auf die Vollstreckung eines im Ausland erlassenen Schiedsspruches, selbst wenn der Spruch vom anerkennenden Gericht als inländisch angesehen wird.[356]

Problematischer ist das zweite Kriterium, der sogenannte „nicht als inländisch angesehene“ Spruch. Es findet immer dann Anwendung, wenn – wie sich aus der Entstehungsgeschichte ergibt – der Spruch auf Grundlage ausländischen Ver-

---

[350] Contini, 8 AM. J. COMP. L. 283, 292 (Hervorhebung vom Autor).

[351] Nicht aber einen nationalen Schiedsspruch, der nicht dem UNÜ unterworfen ist: „The Convention defines ‘domestic’ award by omission“ (Ungar, 25 COLUM. J. TRANSNAT'L L. 717, 724).

[352] Contini, 8 AM. J. COMP. L. 283, 292.

[353] Zur Definition des Schiedsortes genauer: van den Berg, *Nondomestic Arbitral Awards*, 6 PACE L. REV. 25, 44-46. *Van den Berg* unterscheidet zwischen dem Schiedsort im rechtlichen und tatsächlichen Sinne, die nicht identisch sein müssen. Ersterer bestimmt typischerweise das anwendbare Schiedsverfahrensrecht, wird durch die Parteien festgelegt und im Schiedsspruch als der Ort bezeichnet, an dem der Spruch erlassen wurde. Hiervon kann der tatsächliche Schiedsort abweichen. Das ist der Ort, an dem die Schiedsrichter die mündliche Verhandlung durchführen, sich beraten usw.

[354] Bergesen v. Joseph Muller Corp., 710 F.2d 928, 931; Contini, 8 AM. J. COMP. L. 283, 292-293; McMahon, 26 ARB. J. 65, 69.

[355] Contini, 8 AM. J. COMP. L. 283, 293; Quigley, *Accession to United Nations Convention*, 70 YALE L.J. 1049, 1061.

[356] van den Berg, *Nondomestic Arbitral Awards*, 6 PACE L. REV. 25, 40; Schlosser, Internationale Schiedsgerichtsbarkeit, Rnr. 65.

fahrensrechts erlassen wurde,[357] was durch den Wortlaut von Art. V(1)(e) bestätigt wird.[358]

b. Die Umsetzung nach § 202

Die Formulierung von Art. I(1) des UNÜ sichert dem Abkommen einen breiten Anwendungsbereich. Entscheidend für US-amerikanische Gerichte ist aber dessen Umsetzung in nationales Recht durch das Gesetz vom 31.Juli 1970. Als Transformationsgesetz gibt es den Maßstab vor, mit dem die *New York Convention* in den USA gilt: es kann den Anwendungsbereich weiter oder enger definieren. Hier sind vor allem § 202 und § 208 von Bedeutung. § 202 bestimmt genau diesen Anwendungsbereich:

> An agreement or award arising out of such relationship which is entirely between citizens of the United States shall be deemed not to fall under the Convention unless that relationship involves property located abroad, or has some other reasonable relation with one or more foreign states.

Problematisch an § 202 ist vor allem sein Satz 2:[359] § 202 ist enger gefaßt als Art. I, II UNÜ[360] und wird deshalb z. T. als Verstoß gegen das UNÜ angesehen.[361] Dagegen hält die US-Literatur die Fassung von § 202 noch mit den Zielen der Konvention für vereinbar.[362] Praktische Auswirkung des durch § 202 formulierten *reasonable relationship*-Erfordernisses ist, daß ein Schiedsspruch zwischen US-Amerikanern ohne wirkliche Auslandsbeziehung zwar dem UNÜ unterfallen, aber wegen § 202 in den USA nicht auf dessen Grundlage vollstreckt werden kann.[363]
Die US-Literatur verweist zur Begründung auf die Entstehungsgeschichte des UNÜ. Mit der Einbeziehung beider Ansätze sollte jedem Rechtssystem ermöglicht werden, seiner Rechtsauffassung zufolge die Nationalität eines Schiedsspruches bestimmen zu können, um eine möglichst breite Geltung der Konvention zu ermöglichen.[364] Aus den Verhandlungen ergeben sich keine Anzeichen, daß ein Mitgliedsstaat beide Kriterien zur Bestimmung, wann ein Schiedsspruch nicht in-

---

[357] van den Berg, *Nondomestic Arbitral Awards*, 6 PACE L. REV. 25, 43.

[358] Art. V(1)(e) bezieht sich ebenso wie Art. I auf Sprüche, die in einem anderen Staat oder nach dem Recht eines anderen Staates ergingen. Vgl. van den Berg, *Nondomestic Arbitral Awards*, 6 PACE L. REV. 25, 43.

[359] „An agreement or award arising out of such a relationship which is entirely between citizens of the United States shall be deemed not to fall under the Convention unless that relationship involves property located abroad, or has some other reasonable relation with one or more foreign states."

[360] Schließlich erfordert Art. II keinerlei Auslandsbezug (McMahon, 26 ARB. J. 65, 68); Art. I umschreibt die Anwendungsvoraussetzungen ebenso abschließend, ohne ein gesondertes (weiteres) ausländisches Element zu fordern.

[361] Schlosser, Internationale Schiedsgerichtsbarkeit, Rnr. 66; VAN DEN BERG, NEW YORK CONVENTION 17.

[362] Domke, *Implementation of theU.N. Arbitral Convention*, 19 AM. J. COMP. L. 575, 577-578; McMahon, 26 ARB. J. 65, 67-69.

[363] McMahon, 26 ARB. J. 65, 68; Schlosser, Internationale Schiedsgerichtsbarkeit, Rnr. 82.

[364] Bergesen v. Joseph Muller Corp., 710 F.2d 928, 932.

ländisch (*non domestic*) ist, gegen sich gelten lassen sollte. Die Verfasser gingen also (wohl) von einer alternativen Geltung dieser Kriterien aus: das hieße, nur das Territorialitätsprinzip fände in den USA Anwendung.[365]
Diese Annahme wird unterstützt durch die Gesetzgebungsgeschichte von Kapitel 2: offensichtlich rein inländische Verfahren, die lediglich *interstate* oder *intrastate commerce* betreffen, sollten ausgenommen werden, um nicht in die traditionellen Zuständigkeiten von *State Courts* und Staatengesetzgebung einzudringen.[366] Der Begriff des „ausländisch“ würde auch völlig überdehnt.[367]Insoweit hätte § 202 die heilende Wirkung, die Ausdehnung bundesstaatlicher Gesetzgebung in Bereiche, die traditionell in der Zuständigkeit der Bundesstaaten standen, gering zu halten.[368] Denn sicherlich war nicht beabsichtigt, über das UNÜ bundesrechtliche Kompetenzen auszuweiten.
Entscheidend gegen diese Auslegung spricht aber der klare Wortlaut der schließlich verabschiedeten Fassung von Art. I (1).[369] Danach stehen beide Anknüpfungspunkte gleichwertig nebeneinander – ohne weitere Einschränkungen.[370]

c. Rechtsprechung

Die US-Rechtsprechung hat zu dem *nondomestic*-Tatbestandsmerkmal des § 202 Stellung genommen.[371] Bereits vor der Entscheidung des *Second Circuit* in *Bergesen v. Muller* waren *District Courts* von der Anwendbarkeit des UNÜ in Ver-

---

[365] McMahon, 26 ARB. J. 65, 69; davon geht wohl auch Aksen, *Foreign Arbitral Awards*, 3 S.W. U. L. REV. 1, 6, aus.
[366] Daraus resultiert nach McMahon, 26 ARB. J. 65, 70, angesichts der breiten Zuständigkeit für den Außenhandel (Art. I (8) der Verfassung) zwar keine verfassungsrechtlichen Problem, eine solche Auslegung widerspricht aber der Absicht des Transformationsgesetzes. Die Befürchtung, daß mit einem Beitritt zum UNÜ zu sehr in die Zuständigkeit der Bundesstaaten eingegriffen werden, hatte die USA zunächst zum Fernbleiben bewogen (Springer, 3 INT'L LAW. 320, 327).
[367] McMahon, 26 ARB. J. 65, 70.
[368] McMahon, 26 ARB. J. 65, 68.
[369] Das scheint auch *McMahon* (26 ARB. J. 65, 70) zu erkennen. Ebenso Swisher, 47 WASH. L. REV. 441, 458. Die Argumentation von Schlosser, Internationale Schiedsgerichtsbarkeit, Rnr. 82, vermag dagegen nicht zu überzeugen. Er will diese Unstimmigkeit im Rahmen einer völkerrechtlich konformen Auslegung beseitigen: der Kongreß habe keine völkerrechtlich unzulässige Einschränkung des Anwendungsbereiches des UNÜ vornehmen wollen; deshalb habe das in § 201 erwähnte UNÜ Vorrang vor der nationalen Gesetzgebung. Dagegen ist nach dem Wortlaut von § 201 das UNÜ aber nur „in Übereinstimmung mit diesem Kapitel“ für anwendbar.
[370] Schlosser, Internationale Schiedsgerichtsbarkeit, Rnr. 65.
[371] Als unproblematische Beispiel für die Anwendbarkeit der Konvention: Dworkin-Cosell Interair Courier Serv. v. Avraham, 728 F.Supp. 156, 159 (S.D.N.Y. 1979) (Verkauf von Aktien durch US- und israelischen Staatsbürger an eine israelische Gesellschaft; Vertragserfüllung in USA und Israel; Arbeitsvertrag zwischen New Yorker Unternehmen und israelischem Staatsbürger); Yusuf Ahmed Alghanim & Sons, W.L.L. v. Toys „R“ Us, Inc., 126 F.2d 15, 18-19 (2d Cir. 1997) (*AAA*-Verfahren unter Beteiligung von zwei ausländischen und einer US-Partei über eine Vertragserfüllung im Mittleren Osten).

fahren zwischen ausschließlich ausländischen Parteien ausgegangen[372]. Diese Linie bestätigte das Obergericht. Der Entscheidung *Bergesen v. Muller*[373] lag ein Streit über einen Frachtvertrag[374] zwischen *Bergesen*, dem norwegischen Schiffseigner, und dem Schweizer Unternehmen *Muller* zugrunde. Die Parteien hatten Schiedsgerichtsbarkeit in New York City unter Anwendung New Yorker Rechts vereinbart.[375] Auf Grundlage dieser Vereinbarung erging ein Schiedsspruch, für den *Bergesen* eine Vollstreckbarkeitserklärung vor dem New Yorker *District Court* beantragte.

Da der Schiedsspruch in New York ergangen war, schied die Anwendbarkeit des UNÜ auf Grundlage des Territorialitätsgrundsatzes nach Art. I (1) aus.[376] Dagegen bejahten das *District Court* wie auch der *Court of Appeals* die zweite Alternative des Art. I (1), das *nondomestic*-Tatbestandsmerkmal, und damit die Anwendbarkeit des UNÜ. Dazu berief sich das Gericht auf die Entstehungsgeschichte des UNÜ und führte aus, daß anscheinend bewußt auf eine genauere Definition des *nondomestic*-Erfordernisses verzichtet worden war. Mit Blick auf den *Supreme Court* in *Scherk v. Alberto Culver* legte das Gericht das „nondomestic"-Merkmal weit aus und hielt die Tatsache für ausreichend, daß die Parteien ihren Sitz außerhalb des Vollstreckungsstaates hatten.[377] Dabei wird die Nationalität der Parteien als Anknüpfungskriterium im Rahmen des UNÜ nach den Erfahrungen mit

---

[372] Ipitrade International, S.A. v. Federal Republic of Nigeria, 465 F.Supp. 824, 826 (D.D.C. 1978); Ferrara S.p.A. v. United Grain Growers, Ltd., 441 F.Supp. 778, 780 (S.D.N.Y. 1978) (gehen implizit von der Anwendbarkeit aus); Antco Shipping Co. Ltd. v. Sidermar S.p.A., 417 F.Supp. 207 (1976); Transmarine Seaways Corp. of Monrovia v. Marc Rich & Co. A.G., 480 F.Supp. 352 (1979); Metropolitan World Tanker v. . N. Pertambangan Minjakdangas Bumi Nasional, 427 F.Supp. 2, 4 (S.D.N.Y. 1975). Dagegen hatte sich der *Second Circuit* vorher einer Stellungnahme enthalten: Andros Compania Maritima S.A. v. Marc Rich & Co. A.G., 579 F.2d 691, 699 n. 11 (Entscheidung war nach Kapitel 1 des *FAA* erfolgt); I/S Stavborg v. National Metal Converters, Inc., 500 F.2d 424, 426 n. 2 (ohne Begründung wird das UNÜ außer acht gelassen). Schon 1971 hatten *McMahon* (26 ARB. J. 65, 72) und *Swisher* (47 WASH. L. REV. 441, 455 n. 59) darauf hingewiesen, daß die USA zur Vollstreckung eines Schiedsspruches zwischen zwei Ausländern nach UNÜ verpflichtet sind.

[373] Bergesen v. Joseph Muller Corp., 548 F.Supp.650, aff'd 710 F.2d 928 (1983). Dazu insgesamt sehr kritisch: van den Berg, *Nondomestic Arbitral Awards*, 6 PACE L. REV. 25, 46-59.

[374] Die Frachtverträge bezogen sich auf Chemikalientransporte zwischen den USA und Europa.

[375] Vgl. Bergesen v. Joseph Muller Corp., 548 F.Supp. 650, 651 n. 1: „[T]he arbitration shall take place in New York, New York, and shall be governed by the Laws of the State of New York, and the award when made by a majority of the arbitrators may be enforced in any court which shall have jurisdiction, and shall be final and binding on the parties anywhere in the world."

[376] Bergesen, 710 F.2d 928, 932.

[377] Bergesen, 710 F.2d 928, 932: Das Gericht argumentierte hier recht unschlüssig und nebulös. Zunächst erkannte es (richtig), daß ein Schiedsspruch deshalb als nicht-inländisch angesehen werden kann, weil er im Rahmen einer ausländischen Rechtsordnung erging. Das sei der Fall, wenn der Spruch z. B. nach ausländischen Recht oder zwischen Parteien mit ausländischem Sitz erging. Damit versuchte das Gericht anscheinend zu verschleiern, was es eigentlich motivierte, nämlich die Staatsangehörigkeit der Parteien oder zumindest irgendein Auslandskontakt des Rechtsgeschäftes (vgl. van den Berg, *Nondomestic Arbitral Awards*, 6 PACE L. REV. 25, 47).

den Genfer Abkommen ganz überwiegend abgelehnt.[378] Das Gericht sah seine Entscheidung jedoch auch durch die US-Gesetzgebung bestätigt: entsprechend den Vorgaben des UNÜ habe der Kongreß nur Streitigkeiten ausschließlich zwischen US-Bürgern aus dessen Anwendungsbereich herausgenommen.[379] Systematisch läßt sich die Entscheidung allenfalls begründen, wenn das zweite Anknüpfungskriterium („... nicht als inländische anzusehen sind") isoliert von den (engeren) UNÜ-Vorgaben gelesen wird als Grundlage für eine weitgehende Ermessensfreiheit der Gerichte.[380]

In *Lander Co. v. MMP Investments* bestätigte der *Seventh Circuit* die Rechtsprechung für Schiedsverfahren zwischen zwei (inländischen) US-Unternehmen, die für eine Vertriebsvereinbarung von *Lander*-Produkten in Polen *ICC*-Schiedsgerichtsbarkeit in New York vorsah.[381] Im Vollstreckungsverfahren wandte *MMP* ein, das UNÜ sei nicht anwendbar und beantragte zudem die Aufhebung des Spruches nach 9 U.S.C. § 10. Das Gericht widersprach. Es legte den Vorbehalt nach Art. I(3) („auf dem Hoheitsgebiet eines anderen Vertragsstaates") nicht wörtlich aus, sondern in seinem Kontext: die Worte „eines *anderen* Vertragsstaates" (Hervorhebung vom Autor) verstand es im Gegensatz zu Nicht-Vertragsstaat. Außerdem bezog § 202 ausdrücklich Verträge in den Anwendungsbereich des UNÜ ein, die sich auf eine Ausführung im Ausland beziehen.[382] Mit dieser zwei-

---

[378] van den Berg, *Nondomestic Arbitral Awards*, 6 PACE L. REV. 25, 47-48; Schlosser, Internationale Schiedsgerichtsbarkeit, Rnr. 64; vgl. auch La Societe Nationale pour la Recherche, la Production, le Transport, la Transformation et la Commercialisation des Hydrocarbures v. Shaheen Natural Resources Co., 585 F.Supp. 57, 64 (1983). Dagegen ganz unkritisch insgesamt zustimmend: Leigh, 78 AM. J. INT'L L. 219, 221.

[379] Bergesen, 710 F.2d 928, 933. In diesem Sinne auch: Love, 15 J. MAR. L. & COM. 134, 138. Dagegen: van den Berg, *Nondomestic Arbitral Awards*, 6 PACE L. REV. 25, 48-50. Er weist auch darauf hin, daß sich bei Streitigkeiten zwischen Ausländern Zuständigkeitsprobleme ergeben. Erst 9 U.S.C. § 203 erklärt die US-Gerichte für zuständig.

[380] Love, 15 J. MAR. L. & COM. 134, 138; van den Berg, *Nondomestic Arbitral Awards*, 6 PACE L. REV. 25, 50, letzlich aber mit Blick auf den Wortlaut, Gesetzgebungsgeschichte ablehnend (aaO, 52-54). Vgl. auch Domke, *Implementation of the U.N. Arbitral Convention*, 19 AM. J. COMP. L. 575, 577-578. Ablehnend zu einer so weitgehenden Ermessensfreiheit: Schlosser, Internationale Schiedsgerichtsbarkeit, Rnr. 65. Folgen andere Gerichte dieser Gerichte kann das weitreichende Folgen für die Vollstreckung von Schiedssprüche nach sich ziehen: *Kolkey* (*Reflections on Statutory Framework*, 1 AM. REV. INT'L ARB. 491, 506) und *van den Berg* (*Nondomestic Arbitral Awards*, 54-56) weisen auf die Folgen der weiten Auslegung des *Second Circuit* hin, nämlich daß gleichzeitig nationales (wegen des Schiedsortes) wie internationales Schiedsrecht (wegen des ausländischen Geschäftssitzes der Parteien) auf einen solchen Schiedsspruch anwendbar wird. Die Überschneidung der Anwendungsbereiche hat dann eine Verfahrensdoppelung zur Folge: eine unterliegende Partei kann ihre Einwendungen gegen den Erlaß des Schiedsspruches sowohl in einer Aufhebungsklage nach 9 U.S.C. §§ 9-11, als auch im Rahmen der Versagungsgründe nach Art. V UNÜ in einem Vollstreckungsverfahren geltend machen.

[381] Lander Co. v. MMP Investment, 107 F.3d 476 (7th Cir. 1997).

[382] 107 F.3d 476, 482. Kritisch dazu: Rau, *New York Convention in American Courts*, 7 AM. REV. INT'L ARB. 215, 219-220.

felhaften Argumentation konnte auch ein New Yorker Schiedsverfahren zwischen zwei US-Parteien mit vergleichsweise geringem Auslandsbezug in den Anwendungsbereich der Konvention einbezogen werden.

Gestützt vor allem auf das *nondomestic*-Merkmal von Art. 1 gingen der *Second* wie der *Seventh Circuit* unterschwellig von einer Vermutung zugunsten der Anwendbarkeit des UNÜ aus. Dagegen gebrauchten die Gerichte das *reasonable relationship*-Erfordernis nach § 202, um den Anwendungsbereich des UNÜ einzugrenzen: Hierzu hatte sich zunächst nur implizit das höchste Gericht des Staates New York in dem Fall *Corcoran v. Ardra Insurance*[383] geäußert. Vor dem Hintergrund des Schutzcharakters der New Yorker Konkursgesetzgebung verneinte es einen hinreichenden Auslandsbezug, obwohl die Beklagte (formell) eine ausländische Versicherungsgesellschaft war. Nach Überzeugung des Gerichts waren hier die der *New York Convention* zugrundeliegenden Erwägungen nicht betroffen, die Parteien mußten schon bei Vertragsabschluß von der Anwendung New Yorker Rechts ausgehen: die durch den *Superintendent*[384] zu liquidierende Gesellschaft *Nassau Insurance* war eine New Yorker Gesellschaft, die ebenso wie die in Bermuda registrierte Beklagte zu 100% im Eigentum von zwei in New York ansässigen Personen stand. Ein besonderer Schutz für einen ausländischen Geschäftsmann war deshalb nicht angebracht.[385]

In *Jones v. Sea Tow Services*[386] nahm der *Second Circuit* Stellung zur *reasonable relationship* Stellung: im Rahmen eines Bergungsvertrages hatten zwei US-Parteien ohne jeden Auslandsbezug[387] ein Schiedsverfahren bei *Lloyd's* in London nach englischem Recht vereinbart. Diese Schiedsklausel in dem *Lloyd's Open Form* war der einzige Auslandsbezug des Vertrages. Anders als das *District Court* erkannte das Berufungsgericht darin keinen hinreichenden Auslandsbezug im Sinne von § 202 und deutete im *obiter dictum* auch an, daß ein englischer Schiedsspruch deshalb nicht unter der Konvention vollstreckt werden könnte.[388]

---

[383] 77 N.Y.2d 225 (N.Y. Ct. App. 1990). Besprechung bei Diaconis, 25 J. MARSHALL L. REV. 527.

[384] Superintendent of insurance – vergleichbar mit dem Bundesaufsichtsamt für das Versicherungswesen.

[385] 77 N.Y.2d 225, 233-234, dabei läßt das Gericht das *Reasonable relationship*-Erfordernis nach § 202 unerwähnt. Sehr strikt auch: Coastal States Trading v. Zenith Navigation S.A. 446 F.Supp. 330 (S.D.N.Y. 1977), 341: Es ging um Schadensersatz aufgrund des Verschwinden eines Öltankers auf hoher See. *Zenith* hatte sein Hauptgeschäftsfeld in New York und mußte deshalb nach § 202 als US-Gesellschaft angesehen werden. Hintergrund der Entscheidung war, daß das Gericht eine vorläufige Beschlagnahme erlassen wollte, sich aber durch das UNÜ in der Anwendung vorläufiger Maßnahmen, die nur nach dem Recht der Einzelstaaten verfügbar sind, gehindert gesehen hätte.

[386] 30 F.3d 360 (2nd Cir. 1994).

[387] Das Bergungsunternehmen kam aus New York, ebenso wie die Eigentümer des havarierten Schiffes, dessen Heimathafen ebenfalls in New York lag. Ihr Sportboot havarierte in Long Island (30 F.3d 360, 361-362).

[388] 30 F.3d 360, 366.

Anders ist dagegen für den diametral gelagerten Fall zu entscheiden: nach Ansicht des *District Courts* in *Sumitomo Corp. v. Parakopi Compania Maritima*[389] findet das UNÜ auch dann Anwendung wenn, das Schiedsverfahren ausschließlich ausländische Parteien betrifft und – anders als in *Bergesen* – keinerlei (unmittelbaren) Bezug zum US-Handel hat,[390] sondern nur das Schiedsverfahren in New York stattfinden sollte. Nur so könne den Anforderungen des UNÜ genüge getan werden.[391] Allein die Vereinbarung des Schiedsverfahrens reicht also aus, um die Zuständigkeit der US-Gerichte zu begründen.

Einen ausreichenden Auslandsbezug verneinte das Gericht in dem arbeitsrechtlichen Fall *Wilson v. Lignotock U.S.A.*:[392] der Kläger sollte im Gebiet von Detroit einen Vertrieb aufbauen. Nach Ansicht des *District Courts* war die Vertragsausführung auf die USA beschränkt, die Reisen des Klägers nach Europa damit „incidental to the performance of the plaintiff's contractual duty", also nur gelegentlich der Ausführung seines Arbeitsvertrages.[393] Dieses Ergebnis ist sicherlich vertretbar, wenngleich zweifelhaft im Zusammenhang mit der allgemeinen *pro-arbitration policy* in den USA. Möglicherweise suchte das Gericht auch der Bestimmung des anwendbaren Verfahrensrechtes zu entgehen: die Schiedsklausel enthielt nur einen Verweis auf die Regeln des „International Arbitration Court in Paris, France". Gemeint war damit offensichtlich die Verfahrensordnung der *ICC*, nach denen der Schiedsgerichtshof verfährt.[394] das Gericht sah sich jedoch außerstande diese Interpretation zu wählen.[395]

---

[389] 477 F.Supp. 737 (S.D.N.Y. 1979), aff'd 620 F.2d 286 (2d Cir. 1980). Eine japanische und eine griechische Gesellschaft waren überein gekommen, bestimmte Streitigkeiten in New York durch Schiedsgerichtsbarkeit beizulegen.

[390] 477 F.Supp 737, 741; McClendon, *State International Arbitration Laws*, 1 AM. REV. INT'L ARB. 244, 247. Der Bezug zum US-Handel ist deshalb von Bedeutung weil 9 U.S.C. § 1 Handel als „commerce among the several States or with foreign nations..." definiert und damit anscheinend immer einen US-Bezug erfordert. Vgl. auch Shifman, 1 AM. REV. INT'L ARB. 281, 301: Gerade in dem (sehr schmalen) Bereich, in dem der *FAA* mangels *interstate* oder *U.S. foreign commerce* keine Anwendung findet, verbleibt Raum für die internationalen Schiedsgesetze der Einzelstaaten. Siehe auch: Kolkey, *Reflections on Statutory Framework*, 1 AM. REV. INT'L ARB. 491, 498. Zum verbleibenden Anwendungsbereich dieser Schiedsgesetze VIII/3/d und e.

[391] 477 F.Supp 737, 741 (S.D.N.Y. 1979).

[392] 709 F.Supp. 797 (E.D.Mich. 1989).

[393] Aufbau einer Verkaufs- und Marketingstruktur im Gebiet von Detroit; Verkauf ausländischer Produkte; Kaufverträge für Produkte zum Gebrauch in den USA wurden in Michigan abgeschlossen, 709 F.Supp. 797, 799.

[394] Schwab/Walter, Kap. 41 Rnr. 11.

[395] Schwab/Walter, aaO.

d. Zusammenfassung

Die Entscheidungen machen die Schwierigkeiten offensichtlich, die 9 U.S.C. § 202 den Gerichten bereitet, UNÜ-konform zu entscheiden. Es wird aber auch deutlich, daß die Rechtsprechung – mit zum Teil zweifelhaften Begründungen – zu einer sehr weitgehenden Auslegungen des Paragraphen zugunsten der Anwendbarkeit des UNÜ tendiert. Unter den Entscheidungen *Bremen v. Zapata* und *Scherk v. Alberto-Culver*,[396] die ganz nachdrücklich die Bedeutung nationaler Erwägungen im internationalen Handel beschnitten, werden Gerichte nur sehr geringe Anforderungen an den Auslandsbezug stellen.

Insgesamt sind danach nur die Fälle problematisch, die überhaupt keine vernünftige Auslandsbeziehung aufweisen, insbesondere wenn die Gerichte zur Überzeugung gelangen, es sollten US-amerikanische Schutzgesetze umgangen werden.[397]

2. Natürliche oder juristische Person (Art. I (1))

Dieses Tatbestandsmerkmal ist ohne besonderen Nachhall in der Rechtsprechung geblieben. Es ist allgemein anerkannt, daß das UNÜ auch Staaten und juristische Personen öffentlichen Rechts umfaßt, wenn sie für eine privatrechtliche Schiedsgerichtsbarkeit vereinbart haben.[398] Hier kann allenfalls die *sovereign immunity* und die damit verbundene Unterscheidung zwischen *Acta jure imperii* und *Acta jure gestionis* bedeutsam werden.[399]

3. Schiedsspruch im Sinne von Art. I (1) und (2)

Art. I (2) gibt zwar keine Legaldefinition eines Schiedsspruches, stellt aber den Anwendungsbereich des UNÜ klar:

> (2) Unter „Schiedssprüchen" sind nicht nur Schiedssprüche von Schiedsrichtern, die für eine bestimmte Sache bestellt worden sind, sondern auch solche eines ständigen Schiedsgerichtes, dem sich die Parteien unterworfen haben, zu verstehen.

Damit sollte sichergestellt werden, daß das UNÜ auch auf Sprüche der Handelsschiedsgerichte der kommunistischen Staaten anwendbar ist.[400] Entscheidend für die Anwendbarkeit des UNÜ ist danach, ob die Parteien freiwillig oder gezwungenermaßen ihren Streit durch Schiedsrichter entscheiden lassen müssen.[401]

---

[396] 407 U.S. 1, 9 (1972) bzw. 417 U.S. 506, 519 (1974).

[397] van den Berg, *Nondomestic Arbitral Awards*, 6 PACE L. REV. 25, 54.

[398] Contini, 8 AM. J. COMP. L. 283, 294; McClendon, *Foreign Arbitral Awards*, 4 NW. J. INT'L L. & BUS. 58, 60; Schlosser, Internationale Schiedsgerichtsbarkeit, Rnr. 64.

[399] van den Berg, *Commentary*, XII Y. B. COM. ARB. 409, 418. Siehe schon oben B/III zu den Ausnahmetatbeständen der *foreign sovereign immunity*.

[400] Aksen, *Foreign Arbitral Awards*, 3 S.W. U. L. REV. 1, 7: Besonderheit war hier, daß die Schiedsrichter von der zuständigen staatlichen Behörde und nicht den Parteien benannt wurden.

[401] Aksen, *Foreign Arbitral Awards*, 3 S.W. U. L. REV. 1, 7.

Dieser Test wurde plötzlich in den 80er Jahren in einem ganz anderen Zusammenhang bedeutend. So konnte es durchaus angezweifelt werden, ob die Schiedssprüche des *Iran-U.S. Claims Tribunal* von dem UNÜ umfaßt werden. Eigenheit dieses Schiedsgerichts in Den Haag ist gerade, daß U.S. wie iranische Staatsangehörige für ihre Ansprüche gegen Iran bzw. die USA zwingend an das *Claims Tribunal* verwiesen werden.[402] Der *Ninth Circuit* hat diese Frage inzwischen zugunsten des UNÜ bejaht.[403] Das Gericht verwarf die Argumentation des Berufungsklägers *Gould*, er habe nicht schriftlich und freiwillig dem Schiedsverfahren zugestimmt. Nach Ansicht des Gerichts ersetzten die *Algiers Accords* die erforderliche Schiedsvereinbarung zwischen den Parteien. Es argumentierte, der US-Präsident habe aufgrund seiner verfassungsrechtlichen Kompetenz, internationale Abkommen zur Streitbeilegung abzuschließen, im Namen von US-Bürgern wie *Gould* gehandelt.[404] Außerdem habe *Gould* ja auch durch seine Klage vor dem Tribunal das Handeln der US-Regierung gebilligt; *Gould* war also keineswegs zu einem Schiedsverfahren gezwungen worden.[405]

4. Die Vorbehalte nach Art. I (3)

Nach Art. I Abs. 3 bleibt es einem Staat, wenn er das UNÜ ratifiziert, in zweifacher Weise vorbehalten, dessen Anwendungsbereich zu beschränken. Nach dem Gegenseitigkeitsvorbehalt („on the basis on reciprocity") kann ein Staat erklären, daß er das UNÜ auf solche Schiedssprüche anwendet, die auf dem Hoheitsgebiet eines anderen Vertragsstaates ergangen sind.[406] Nach dem Handelssachenvorbehalt („...relationships, whether contractual or not, which are considered commercial...") kann ein Staat die Anwendung des UNÜ auf Streitigkeiten beschränken, die nach seinem innerstaatlichen Recht als Handelssachen angesehen werden.[407] Mit ihrem Beitrittsschreiben vom 1.Sept.1970 erklärten die USA beide Vorbehalte.[408]

a. Gegenseitigkeit

Der Gegenseitigkeitsvorbehalt hat nicht Anlaß zu nennenswerten Diskussionen in Rechtsprechung und Lehre gegeben. Das gilt um so mehr vor dem Hintergrund, da

---

402 van den Berg, *Commentary*, XII Y. B. COM. ARB. 409, 423.

403 Gould v. Ministry of Defense of the Islamic Republic of Iran, XV Y.B. COM. ARB. 605 (1989), cert. denied 110 S.Ct. 1319. A. A. Schlosser, Internationale Schiedsgerichtsbarkeit, Rnr. 14.

404 XV Y.B. COM. ARB. 605, 607-608.

405 XV Y.B. COM.ARB. 605, 609. Vgl. auch die zustimmende Besprechung von: Trooboff & Bederman, 84 AM J. INT'L L. 556, 559: *Gould* hatte anscheinend nicht damit gerechnet, daß die iranische Regierung ihre Widerklage gewinnen könnte und versuchte sich jetzt der Vollstreckung zu entziehen.

406 Keine Bedeutung hat hier die Nationalität der Parteien (Kennedy, *Enforcing Arbitration Awards*, 23 VA. J. INT'L L. 75, 80).

407 Zum Hintergrund dieser Regelung: Quigley, *Accession to United Nations Convention*, 70 YALE L.J. 1049, 1061.

408 Vgl. Aksen, *Foreign Arbitral Awards*, 3 S.W. U. L. REV. 1, 23 n. 87.

heute beinahe alle wichtigen Industriestaaten dem UNÜ beigetreten sind.[409] Dennoch versuchten vereinzelt – und immer erfolglos – unterliegende Parteien sich unter Hinweis auf fehlende Gegenseitigkeit der Vollstreckung (der Schiedsabrede) zu entziehen.
Die Rechtsprechung faßte die Anforderungen an die Gegenseitigkeit eng und stellte rein formell auf die Tatsache ab, ob der Herkunftsstaat des Schiedsspruches dem UNÜ beigetreten ist, z. B.: „It is undisputed that India is a signatory to the Convention; therefore, the reciprocity of the first sentence in question is satisfied."[410] Aber auch der Hinweis auf mangelnde materiell-rechtliche Gegenseitigkeit verfing nicht: So argumentierte in *La Société Nationale pour la Recherche [Sonatrach] v. Shaheen Natural Resources*[411] die Beklagte, Gegenseitigkeit sei deshalb nicht gegeben, weil es ihr – im Falle eines Obsiegens – unmöglich gewesen wäre, ihrerseits einen Schiedsspruch vor algerischen Gerichten gegen *Sonatrach* zu vollstrecken. Das New Yorker *District Court* wies diese Argumentation rundweg ab, schließlich sei mangelnde Gegenseitigkeit kein Grund, aus dem auf Grundlage des UNÜ die Vollstreckung versagt werden könne.[412]

b. Handelsgeschäft

Wie aus dem deutschen Recht bekannt, ist die Abgrenzung von Handelsrecht zu allgemeinem Zivilrecht häufig ebenso künstlich wie schwierig und bedeutet viel Unsicherheit. Sie ist *common law*-Juristen unbekannt. Die Abgrenzung wird insofern als Abgrenzung zum Familienrecht und politisch sensiblen Verwaltungsrecht verstanden.[413] Im allgemeinen hat der Handelsgeschäft-Vorbehalt im Hinblick auf die weite Auslegung des Handelsgeschäfts durch die Gerichte keine Probleme bereitet.[414]

---

409 Das macht häufig die genaue Bestimmung der Herkunft des Schiedsspruches entbehrlich, wenn alle in Frage kommenden Staaten Vertragsstaaten sind (Schlosser, *Internationale Schiedsgerichtsbarkeit*, Rnr. 68). Aufzählung der Mitgliedsstaaten siehe oben A/I/1/a.

410 Fertilizer Corp. of India v. IDI Management, 517 F.Supp. 948, 953 (S.D. Ohio 1981). Auch nach Art. XIV konnte *IDI* nicht mangelnde Gegenseitigkeit geltend machen (aaO). Vgl. unten 5.

411 585 F.Supp. 57 (1983), *aff'd* 733 F2d 260 (1984). Das Verfahren selbst hatte in Genf stattgefunden, es handelte sich also um einen Schweizer Schiedsspruch.

412 Sonatrach, 585 F.Supp 57, 64. So ganz wohl scheint dem Gericht bei dieser Argumentation nicht gewesen zu sein, denn es konstruiert im folgenden *obiter dictum* einen Rügeverlust *Shaheens* dadurch, daß es seine Bedenken nicht schon im Rahmen des Schiedsverfahrens geltend gemacht hat. Ohne Bezugnahme auf das Gegenseitigkeitserfordernis auch Rhone Mediterranee Compagnia Francese v. Lauro, 555 F.Supp. 481, 485 (D. St. Thomas and St. John 1982): Eine Schiedsabrede kann auch dann vollstreckt werden, wenn der Schiedsspruch nach anwendbarem Recht am Schiedsort später nicht zu vollstrecken wäre.

413 Schlosser, Internationale Schiedsgerichtsbarkeit, Rnr. 72. Zu demselben Ergebnis kommt auch das New Yorker *District court* in Island Territory of Curaçao v. Solitron Devices, 356 F.Supp. 1, 13.

414 Berg, *Commentary*, XII Y. B. COM. ARB. 409, 419.

Art. I (3) definiert das Handelsgeschäft nicht selbst, sondern verweist auf das Recht der Mitgliedsstaaten.[415] Auch das Transformationsgesetz verzichtet auf eine eigene Definition, sondern verweist weiter auf das erste Kapitel des *FAA* zum nationalen Schiedsrecht.[416] Angesichts der weiten Formulierung des § 202[417] wird allgemein davon ausgegangen, daß der Handelssachenbegriff des Kapitel 2 diejenigen nach § 2 umfaßt,[418] aber nicht hierauf beschränkt ist.[419] Insoweit kann auf die Darstellung des *commercial requirements* des *FAA* verwiesen werden.[420]

Es liegt sicherlich in der Natur der internationalen Schiedsgerichtsbarkeit, daß sich bei den meisten Verfahren typischerweise keine Probleme mit der Beschränkung auf Handelssachen ergeben. Unklar ist jedoch in den USA die Behandlung arbeitsrechtlicher Streitigkeiten, die nach dem Wortlaut von § 2 vom Anwendungsbereich des nationalen Schiedsrechts ausgenommen sind, nach Ansicht von Kommentatoren aber dem UNÜ unterfallen.[421] Für das nationale Recht hat der *Supreme Court* den arbeitsrechtlichen Ausnahmetatbestand inzwischen zu Makulatur werden lassen.[422]

Verschiedentlich wurde im Zusammenhang mit dem UNÜ in US-Gerichten diskutiert, ob der Streitgegenstand noch von dem Handelssachenvorbehalt umfaßt war. Dabei muß in der Darstellung beachtet werden, daß das US-Recht nur über eine tautologische Definition der Handelssache verfügt: nach 9 U.S.C. § 1 ist für eine Handelssache entscheidend, daß das Handelsgeschäft staatenübergreifend (*interstate*) ist; die Natur des Rechtsgeschäftes, sein Charakter sind dabei weniger von Bedeutung, denn dem US-Recht ist ja die Unterteilung in Handels- und Zivilrecht fremd. In dem *commerce*-Begriff überschneiden sich aus Sicht des Kon-

---

[415] „... die nach seinem innerstaatlichen Recht als Handelssachen angesehen werden." Damit ist natürlich die Unsicherheit verschiedener nationaler Konzepte zur Definition des Handelsgeschäfts importiert (McMahon, 26 ARB. J. 65, 71).

[416] Eine Legaldefinition nimmt jedoch an anderer Stelle der *Foreign Sovereign Immunities Act* vor. 28 U.S.C. § 1603 (d): „'Commercial activity' means either a regular course of commercial contact or a particular commercial transaction or act. The commercial character of an activity shall be determined by reference to the nature of the course of contact or particular transaction or act, rather than by reference to its purpose."

[417] „... which is considered as commercial, including a transaction, contract, or agreement described in section 2 of this title, falls under the Convention."

[418] Dabei ist zu beachten, daß § 1 den Handelssachenbegriff nicht definiert, sondern nur positiv bestimmte Rechtsgebiete von dem Anwendungsbereich des *FAA* ausnimmt.

[419] Sumitomo Corp. v. Parakopi Compania Maritima 477 F.Supp. 737, 740-741 argumentiert am Wortlaut (§ 202 spricht von „commercial", nicht von „commerce" wie in § 1), systematisch (§ 1 ist Teil des nationalen Rechts – in § 202 werden aber ausdrücklich rein nationale Sachverhalte aus dem Anwendungsbereich der Konvention ausgeschlossen, nicht aber rein ausländische). Kapitel 1 existierte schon vor Inkraftreten von Kapitel 2 und findet nur insoweit Anwendung, als es nicht dem UNÜ oder Kapitel 2 widerspricht (§ 208). Swisher, 47 WASH. L. REV. 441, 456; Walker, 17 N.C. J. INT'L L. & COM. REG. 419, 452.

[420] Siehe unten V/1.

[421] Swisher, 47 WASH. L. REV. 441, 456 n. 63; Schlosser, Internationale Schiedsgerichtsbarkeit, Rnr. 60.

[422] Siehe unten V/1/b.

tinentaljuristen also zwei Aspekte, nämlich dem des grenzüberschreitenden Charakters (*interstate* oder *foreign commerce*) und dem des Charakters der geschäftlichen Transaktion. Die grenzüberschreitenden Aspekte wurden bereits erörtert. Vereinzelt haben sich Gerichte aber auch mit dem Typus des Handelsgeschäftes auseinandersetzen müssen.

Soweit ersichtlich haben nur zwei US-Gerichte den handelsgeschäftlichen Charakter im Zusammenhang mit dem UNÜ verneint. So das New Yorker *District Court* für die Bergung eines Kriegsschiffes. Zur Begründung führte es aus, vertragliche Bindungen im Zusammenhang mit Kriegsschiffen seien im Zusammenhang mit *sovereign immunity* nie als Handelsgeschäft angesehen worden.[423] Dagegen geht ein *District Court* in *Metropolitan World Tanker v. P. N. Pertambangan* ohne weiteres davon aus, daß Handel i. S. von 9 U.S.C. § 202 jede seerechtliche Transaktion ist.[424] Auch der mögliche Ausschluß eines Rechtsanwaltes (*attorney disqualification*) ist kein Handelsgeschäft und damit nicht schiedsfähig.[425]

Ohne größere Diskussion ging ein New Yorker *District Court* für Rückversicherungsverträge von *international commerce* aus. Die streitbeteiligten Parteien waren aus Guernsey einerseits und den USA andererseits.[426] Das höchste New Yorker Gericht bestätigte diese Rechtsprechung in *Corcoran v. Ardra Insurance.*[427] Gleichermaßen war ein Seefrachtvertrag ganz klar ein Handelsgeschäft im Sinne von § 202.[428]

Nicht ganz so offensichtlich war die Rechtslage in *Island Territory of Curaçao v. Solitron Devices*. Hier handelte es sich um einen gemischten Vertrag, eine Art Investitionsabkommen, in dessen Rahmen *Curaçao* Fabrikanlagen bauen sollte, die dann *Solitron* zur Produktion elektronischer Geräte mieten wollte. So sollte auf *Curaçao* eine erhebliche Zahl von Arbeitsplätzen geschaffen werden.[429] Da das Gericht den Zweck des Handelssachenvorbehalts vor allem in der Abgrenzung zum

---

[423] B.V. Bureau Wijsmuller v. United States of America, III Y.B. COM. ARB. 290, 291 (S.D.N.Y. 1976).
[424] 427 F.Supp. 2, 4 (1976).
[425] R3 Aerospace, Inc. v. Marshall of Cambridge Aerospace Ltd., 927 F.Supp. 121, 123 (S.D.N.Y. 1996).
[426] Meadows Indem. Co. Ltd. v. Baccala & Shoop Ins. Services, 760 F.Supp. 1036, 1041 n. 4 (E.D.N.Y. 1991).
[427] 77 N.Y.2d 225, 231 (N.Y. Ct. App. 1991). Die *commercial nature* änderte sich aber nach Ansicht des Gerichts durch das Konkursverfahren (aaO, 232). In diesem Sinne auch der *Second Circuit* in Stephens v. American Int'l Ins. Co. (66 F.3d 41, 46).
[428] Antco Shipping v. Sidermar S.p.A., 417 F.Supp. 207, 215 n. 8 (S.D.N.Y. 1976).
[429] 356 F.Supp 1, 4-6 (S.D.N.Y. 1973), aff'd 489 F.2d 1313, 1323 (2d Cir. 1973).

Familien- und Verwaltungsrecht sah,[430] legte es einen weiten Maßstab an und erkannte in dem Investitionsabkommen ein Handelsgeschäft.[431]

In Anbetracht dieses weiten Maßstabs erscheint auch die Schiedsfähigkeit von Arbeitsverträgen in einem (wirklich) internationalen Umfeld unproblematisch.[432] Gerade unter dem vielfach zitierten weitergehenden Standard der US-Gerichte im internationalen Handel, wird sich ein Gericht schwertun, die Vollstreckung eines arbeitsrechtlichen Schiedsspruches unter Hinweis auf den nationalen Standard nach 9 U.S.C § 1 zu versagen. Denn – wie gerade erwähnt – sind ja sowohl Art. I (1) wie auch das amerikanische Umsetzungsgesetz weiter gefaßt als § 1 des *FAA*.

5. Art. XIV

Vereinzelt wird auch Art. XIV[433] wie der Gegenseitigkeitsvorbehalt nach Art. I (3) diskutiert. In dem Verfahren *Fertilizer Corporation of India v. IDI Management*[434] machte *IDI* geltend, die Gegenseitigkeit sei deshalb nicht gewahrt, weil indische Gerichte den Handelssachenvorbehalt durch eine besonders enge Definition der Handelssache künstlich ausdehnen würden.[435] Das *District Court* in Ohio bezweifelte die Anwendbarkeit von Art. XIV, ließ die Frage aber letztlich offen, denn nach seiner Überzeugung entschieden die indischen Gerichte in UNÜ-konformer Weise.[436] Es wählte damit eine liberale Auslegung des Gegenseitigkeitsbegriffs und vermied die Auseinandersetzung mit fremdem Recht.[437] Die Anwendung von Art. XIV im Rahmen von Art. I (3) wäre im übrigen systematisch inkorrekt gewesen, schließlich wird in Art. I (3) allein auf das innerstaatliche Recht des Anerkennungsstaates abgestellt.[438]

---

[430] 365 F.Supp. 1, 13: „Research has developed nothing to show what the purpose of the 'commercial' limitation was. We may logically speculate that it was to exclude matrimonial and other domestic relations awards, political awards, and the like."

[431] 356 F.Supp.1, 13. Vorsichtshalber wies das Gericht aber darauf hin, daß der Spruch unproblematisch nach New Yorker Recht (CPLR § 5302) zu vollstrecken wäre: hier gibt es keine *commercial limitation*. Das Berufungsgericht umging diese Frage, indem es sich allein auf die Vollstreckung des ausländischen Urteils stützte.

[432] Swisher, 47 WASH. L. REV. 441, 455 n. 59; a. A. Schlosser, Internationale Schiedsgerichtsbarkeit, Rnr. 74, der aber selbst auf die ausgesprochen großzügige Auslegung des *commercial*-Begriffs hinweist. Es bleibt unklar, wieso die gesetzliche Regelung zum Ausschluß arbeitsrechtlicher Streitigkeiten „ausdrücklich" sein soll. Ausdrücklich ausgenommen von der Anwendbarkeit des *FAA* sind arbeitsrechtliche Streitigkeiten nur in nationalem (!) Rahmen. Damit ist aber noch keine Aussage über den weiter gefaßten Anwendungsbereich nach § 202 im internationalen Umfeld getroffen.

[433] „Ein Vertragsstaat darf sich gegenüber einem anderen Vertragsstaat nur insoweit auf dieses Übereinkommen berufen, als er selbst verpflichtet ist, es anzuwenden."

[434] 517 F.Supp. 948 (S.D. Ohio 1981).

[435] 517 F.Supp. 948, 952.

[436] 517 F.Supp. 948, 953.

[437] Kennedy, *Enforcing Arbitration Awards*, 23 VA. J. INT'L L. 75, 82.

[438] Schlosser, Internationale Schiedsgerichtsbarkeit, Rnr. 72: Art. XIV verbleibt damit allein eine völkerrechtliche Bedeutung. So wohl auch Springer, 3 INT'L LAW. 320, 322. A. A.: Quigley, *Accession*

6. Zeitlicher Anwendungsrahmen

Die Konvention wurde mit Gesetz vom 31.Juli 1970 umgesetzt. Nach Art. XII (2) tritt das UNÜ 90 Tage nach Hinterlegung der Ratifikationsurkunde in Kraft. Diese wurde am 30.Sept. 1970 hinterlegt. Damit gilt die *New York Convention* in den USA seit dem 29.Dez.1970.[439] Unproblematisch ist also das UNÜ für die Zeit nach dem 29.Dez.1970 anwendbar. Problematisch könnte aber die Anwendung auf Verträge und Schiedssprüche vor 1970, also einer retroaktiven Anwendung des UNÜ, sein.[440] Die US-Gerichte haben sich aber dem überwiegenden internationalen Trend angeschlossen und eine rückwirkende Anwendbarkeit des UNÜ auf Schiedssprüche bejaht, die schon vor dessen Inkrafttreten gefällt worden waren.[441] Eine zeitliche Abgrenzung in Schiedssprüche vor und nach 1970 ist deshalb nicht erforderlich.

7. Zusammenfassung

Damit wird in den weitaus meisten internationalen Schiedsverfahren das UNÜ entsprechend den vorstehenden Ausführungen Anwendung finden.[442]
Kurz: Das UNÜ gilt, wenn
- der Schiedsspruch außerhalb der USA ergangen ist;
- der Schiedsspruch nicht als inländisch angesehen wird. Dieses Erfordernis legen die Gerichte weit aus. Nur bei zwei US-Parteien und der Besorgnis der Umgehung von US-Gesetzen zeigen die Gerichte Zurückhaltung.

Das UNÜ ist nicht anwendbar, wenn
- der Schiedsspruch nicht in einem Vertragsstaat gefällt wurde, selbst wenn beide Parteien Staatsangehörige eines Signatarstaates sind;
- der Streitgegenstand nicht als eine Handelssache angesehen wird.

Findet die UN-Konvention keine Anwendung muß zur Vollstreckung auf die alternativen Mechanismen zurückgegriffen werden. Hier bieten sich vor allem die auf

---

to United Nations Convention, 70 YALE L.J. 1049, 1074. *Quigleys* Ansicht begegnet aber neben den genannten auch praktischen Bedenken. Ein Gericht wäre aufgrund der Prozeßbehauptung einer Partei schnell gezwungen, vertieft in die Analyse einer ausländischen Rechtsprechung einzusteigen. Das würde dem Ziel der Konvention, eine unproblematische Vollstreckung zu gewährleisten, offensichtlich zuwiderlaufen (Kennedy, *Enforcing Arbitration Awards*, 23 VA. J. INT'L L. 75, 82).

[439] Dabei sollte beachtet werden, daß die Benachrichtigung nach Art. X (2), wonach die Geltung der Konvention ausgedehnt wird auf „alle Territorien, für die die USA international verantwortlich sind", erst am 3.Nov.1970 beim Generalsekretär der Vereinten Nationen einging. Nach Art. X (2) gilt die Konvention für diese Gebiete erst ab dem 1.Feb.1971 (Aksen, *Foreign Arbitral Awards*, 3 S.W. U. L. REV. 1, 24-25).

[440] Aksen, *Foreign Arbitral Awards*, 3 S.W. U. L. REV. 1, 25.

[441] Copal Co. Ltd. v. Fotochrome Inc. 517 F.2d 512, 517-520 (das Gericht geht – ohne Diskussion der Rückwirkungsproblematik – von der Anwendbarkeit des UNÜ aus); Sedco Inc. v. Petroleos Mexicanos Nat. Oil Co. 767 F.2d 1140, 1145 (5th Cir. 1985); Fertilizer Corp. of India v. IDI Management, 517 F.Supp. 948, 951-52 (1962 abgeschlossener Vertrag, Schiedsspruch war erst 1976 erlassen worden); Harnik, 31 AM. J. COMP. L. 703, 706-707; Schlosser, Internationale Schiedsgerichtsbarkeit, Rnr. 139.

[442] So auch Purcell, 32 TEX. INT'L L.J. 525, 532.

internationale Verfahren zugeschnittenen *International Arbitration Statutes* der US-Staaten an. Eine Vollstreckung nach Kapitel 1des *Federal Arbitration Act* von 1925 kann problematisch werden, wenn dem Schiedsverfahren jeglicher US-Bezug fehlt.[443]

II. *Inter-American Convention*

1. Das US-Transformationsgesetz

Das US-Transformationsgesetz besteht aus sieben Paragraphen, 9 U.S.C. §§ 301-307, und setzt als Kapitel 3 die *Inter-American Convention on International Commercial Arbitration* in US-amerikanisches Recht um. Besondere Beachtung verdienen hier § 302 mit einer weitgehenden Verweisung auf Vorschriften des 2. Kapitels, das Gegenseitigkeitserfordernis des § 304 und schließlich § 305, eine Kollisionsregel zur Bestimmung des anwendbaren Recht bei Überschneidungen zwischen dem UNÜ und der *Inter-American Convention.*

2. Anwendungsvoraussetzungen

Wie das UN-Übereinkommen gilt die *Inter-American Convention* nach Artikel 1 für „commercial transactions", ohne daß sich aus der anderen Formulierung Unterschiede zum Anwendungsbereich des UNÜ ergäben.[444] Denn über § 302 findet § 202 Anwendung, der den Anwendungsbereich des UN-Übereinkommens beschreibt.[445] Verfahren zwischen U.S.-Bürgern ohne Auslandsbezug fallen also auch nicht in den Anwendungsbereich der *Panama Convention.*[446]
Artikel 2 dient nur der Klarstellung, daß als Schiedsrichter sowohl In- wie Ausländer am Schiedsort in Frage kommen. Anders als das UNÜ ist die *Panama Convention* nach dem Wortlaut von Artikel 4 nicht auf Verfahren beschränkt, die auf dem Hoheitsgebiet eines Vertragsstaates stattgefunden haben,[447] es wird aber

---

[443] Kolkey, *Reflections on Statutory Framework*, 1 AM. REV. INT'L ARB. 491, 498.

[444] Nach dem Willen der US-Regierung sollten der Handel, Investititionen und andere Handels- und Finanztätigkeiten mit einem Auslandsbezug von Anwendungsbereich der Konvention erfaßt sein (Norberg, *United States Implements Inter-American Convention*, 45.4 A.J. 23, 24). Im Zusammenhang mit den sich überschneidenden Anwendungsbereichen wird noch auf die Kollisionsregel von 9 U.S.C. § 305 zurückzukommen sein.

[445] Levin, 10 SYR. J. INT'L L. & COM. 169, 184. Im Gegensatz zur *Panama Convention* bezieht sich § 202 auf eine „commercial relationsship". Das sollte für die Auslegung aber keinen Unterschied machen (BORN, INTERNATIONAL COMMERCIAL ARBITRATION 320).

[446] § 302, § 202. Kolkey, *Reflections on Statutory Framework*, 1 AM. REV. INT'L ARB. 491, 499; Norberg, *United States Implements Inter-American Convention*, 45.4 A.J. 23, 25.

[447] Artikel 4 lautet: „An arbitral decision or award that is not appealable under the applicable law or procedural rules shall have the force of a final judicial judgment. Its execution or recognition may be ordered in the same manner as that of decisions handed down by national or foreign ordinary courts, in accordance with the procedural laws of the coutry where it is to be executed and the provisions of international treaties." Artikel 4 umschreibt so die Zielsetzung des Abkommens, ohne seinem Wortlaut nach irgendeine Andeutung einer Begrenzung (Gegenseitigkeit) zu machen.

von der Möglichkeit der Beschränkung auf Gegenseitigkeit entsprechend dem UNÜ ausgegangen.[448] Von dieser Möglichkeit haben die USA in 9 U.S.C. § 304 Gebrauch gemacht:[449]

> Arbitral decisions or awards made in the territory of a foreign State shall, on the basis of reciprocity, be recognized and enforced under this chapter only if that State has ratified or acceded to the Inter-American Convention.

Damit findet die *Panama Convention* in den USA nur im Verhältnis zu den Vertragsstaaten Anwendung.[450]

Von diesen Anwendungsvoraussetzungen ging auch der *Second Circuit* in *Productos Mercantiles e Industriales v. Faberge USA* aus. Grundlage des Vollstreckungsverfahrens war ein Schiedsverfahren eines gualtemaltekischen Unternehmens, *Prome*, gegen *Faberge* (einem Unternehmen aus Minnesota) über die Nutzung von Warenzeichenrechten in Zentralamerika.[451] Es prüfte zunächst Gegenseitigkeit im Sinne von § 304, und nannte als einzige ausdrückliche Anwendungsvoraussetzung den handelsgeschäftlichen Charakter des Geschäfts.[452]

Wie bei der *New York Convention* sollte von der rückwirkenden Anwendbarkeit der *Inter-American Convention* ausgegangen werden.[453]

III. *ICSID*

1. Das US-Transformationsgesetz

Wie bereits oben ausgeführt besteht das US-Transformationsgesetz nur aus zwei Paragraphen (22 U.S.C. §§ 1650, 1650a(a), (b)) und entspricht damit dem autonomen Charakter des *ICSID*-Übereinkommens. Es stellt keine zusätzlichen Anwendungsvoraussetzungen auf und schließt ausdrücklich die Anwendbarkeit des *FAA* aus.[454]

---

[448] Levin, 10 SYR. J. INT'L L. & COM. 169, 185.

[449] Sehr kritisch dazu: Levin, 10 SYR. J. INT'L L. & COM. 169, 189-190.

[450] Zur Aufzählung der Vertragsstaaten siehe oben A/I/2/d.

[451] Productos Mercantiles e Industriales, S.A., v. Faberge USA, Inc., 23 F.3d 41, 44-45 (2d Cir. 1994). Dabei wählte das Gericht den folgenden Prüfungsablauf: (1) Gegenseitigkeit im Sinne von § 304, (2) es muß sich um eine „commercial transaction" handeln, (3) die Streitigkeit muß einen hinreichenden Auslandsbezug aufweisen (unter Bezugnahme auf Bergesen v. Joseph Muller, 710 F.2d 928 (2d Cir. 1983)).

[452] 23 F.3d 41, 44.

[453] Progressive Cas. Ins. Co. v. C.A. Reaseguradora Nacional de Venezuela, 802 F.Supp. 1069, 1073 (S.D.N.Y. 1992), rev'd on other grounds, 991 F.2d 42. BORN, INTERNATIONAL COMMERCIAL ARBITRATION 321.

[454] Zu den Bedenken, denen das US-Gesetz ausgesetzt ist, siehe: Coll, 17 HARV. INT'L L.J. 401, 413.

2. Anwendungsvoraussetzungen

Die Zuständigkeit des „Internationalen Zentrums zur Beilegung von Investitionsstreitigkeiten“ und damit die Anwendbarkeit des *ICSID*-Schiedsverfahrens wird durch Art. 25 *ICSID* geregelt. Es lassen sich drei Voraussetzungen unterscheiden:
(1) Wie die konventionelle Schiedsgerichtsbarkeit erfordert auch das *ICSID*-Verfahren eine Schiedsvereinbarung.[455] Das ergibt sich zum einen aus dem Vertragscharakter der Schiedsgerichtsbarkeit, zum anderen aus dem Wortlaut von Art. 25(1): „...wenn die Parteien schriftlich eingewilligt haben, die Streitigkeiten dem Zentrum zu unterbreiten.“ Das Schriftlichkeitserfordernis läßt den Parteien aber einen breiten Gestaltungsspielraum.[456]
(2) Es muß sich nach Art. 25(1) um eine Streitigkeit „zwischen einem Vertragsstaat (oder einer von diesem dem Zentrum benannten Gebietskörperschaft oder staatlichen Stelle) einerseits und einem Angehörigen eines anderen Vertragsstaats andererseits“ handeln.[457] Dabei wird die Staatsangehörigkeit einer juristischen Person nach ihrem Sitz oder dem Ort ihrer amtlichen Eintragung (*place of incorporation*) bestimmt.[458]
(3) Die Streitigkeit muß „unmittelbar mit einer Investition zusammenhängen“, Art. 25(1). Eine Legaldefinition des Tatbestandsmerkmals „Investition“ sieht Art. 25 nicht vor, es besteht aber weitestgehend Einigkeit, diesen Halbsatz weit auszule-

---

[455] Die Musterschiedsklausel für die ICSID-Schiedsgerichtsbarkeit lautet (zitiert nach DOMKE ON COMMERCIAL ARBITRATION § 44:03):

> The [Government][name of the constituent subdivision or agency] of *name of Contracting State* (hereinafter called the „Host State“) and *name of investor* (hereinafter called the „Investor“) hereby consent to submit to the jurisdiction of the International Center for the Settlement of Investment Disputes (hereinafter called „the Center“) all disputes arising out of this agreement [or relating to any investment made under it], for settlement by [conciliation] [arbitration] ... pursuant to the Convention on the Settlement of Investment Disputes between states and Nationals of Other States (hereinafter called „the Convention“).

[456] Schlosser, Internationale Schiedsgerichtsbarkeit, Rnr. 95: „Austausch von Briefen, wohl auch von Telegrammen und Fernschreiben, einseitige schriftliche Zusagen, die mündlich unter Umständen nur stillschweigend angenommen werden, ja ganz generell schriftlich-schlüssige Vereinbarungen reichen aus.“

[457] Dieses Erfordernis ist soweit unproblematisch. Streitigkeiten zwischen zwei Völkerrechtssubjekten (einschließlich der Vertragsparteien) oder zwei Privaten, sowie die zwischen einem Staat und einem seiner Angehörigen scheiden damit aus dem Anwendungsbereich aus (Delaume, *ICSID Arbitration and the Courts*, 77 AM. J. INT'L L. 784, 793).
Anlaß zur Diskussion hat nur die Frage gegeben, wie die Nationalität einer Partei bestimmt, ob diese auch von den Parteien festgelegt werden kann. Ein Sonderproblem ergibt sich, wenn im Rahmen der Investition eigenständige Tochtergesellschaften nach dem Recht dieses Staates gegründet werden, die unter Kontrolle des Investors stehen (Schlosser, Internationale Schiedsgerichtsbarkeit, Rnr. 96-97). Diese Frage ist bisher noch geklärt, dürfte sich mit Blick auf die *rule of abstention* außerhalb der Zuständigkeit der Gerichte bewegen (Delaume, *ICSID Arbitration and the Courts*, 77 AM. J. INT'L L. 784, 793-794).

[458] Delaume, *ICSID Arbitration and the Courts*, 77 AM. J. INT'L L. 784, 793.

gen.[459] Damit fallen Kredit-, Lizenz-, Know-how-, Transfer-, Anlagenbauverträge, wie auch *Joint Ventures*, Service- und Managementverträge in den Anwendungsbereich.[460] Typischerweise wird es sich um *Joint Ventures*, die Ausbeutung von Rohstoffen oder Bauvorhaben handeln.[461] Eine entsprechende Vertragsklausel kann Auslegungsschwierigkeiten von vorneherein begegnen.[462] Es liegt im Ermessen des Generalsekretärs zu entscheiden, ob die einzelne Streitigkeit in die Zuständigkeit des Zentrums fällt, Art. 36(3). Seine Entscheidung ist endgültig.[463]

IV. Freundschaftsverträge

Der Deutsch-Amerikanische Freundschaftsvertrag[464] bietet ein typisches Beispiel für eine Vertragsklausel zur Anerkennung von Schiedsabreden und -sprüchen.[465] Art. VI des Vertrages vom 29.Oktober 1954 regelt die Inländergleichstellung für den Zugang zu den Gerichten, Absatz 2 die Anerkennung und Vollstreckung von Schiedsabreden und -sprüchen:

> 2. Contracts entered into between nationals or companies of either Party and nationals or companies of the other Party, that provide for the settlement by arbitration of controversies, shall not be deemed unenforceable within the territories of such other Party merely on the grounds that the place designated for the arbitration proceedings is outside such territories or that the nationality of one or more of the arbitrators is not that of such other Party. Awards duly rendered pursuant to any such contracts, which are final and enforceable under the laws of the place where rendered, shall be deemed conclusive in enforcement proceedings brought before the courts of competent jurisdiction of either Party, and shall be entitled to be declared enforceable by such courts, except where found contrary to public policy. When so declared, such awards shall be entitled to privileges and measures of enforcement appertaining to awards rendered locally. It is understood, however, that awards rendered outside the United States of America shall be entitled in any court in any State thereof only to the same measure of recognition as awards rendered in other States thereof.

---

459 Delaume, *ICSID arbitration, in:* CONTEMPORARY PROBLEMS IN INTERNATIONAL ARBITRATION 23, 26 (Lew ed., 1987); ders, *ICSID Arbitration and the Courts*, 77 AM. J. INT'L L. 784, 795; Schlosser, Internationale Schiedsgerichtsbarkeit, Rnr. 98.

460 Delaume, *ICSID Arbitration and the Courts*, 77 AM. J. INT'L L. 784, 795; Schlosser, Internationale Schiedsgerichtsbarkeit, Rnr. 98.

461 DOMKE ON COMMERCIAL ARBITRATION § 44:03.

462 Schlosser, Internationale Schiedsgerichtsbarkeit, Rnr. 98. Delaume, *ICSID Arbitration and the Courts*, 77 AM. J. INT'L L. 784, 795.

463 DOMKE ON COMMERCIAL ARBITRATION § 44:03.

464 T.I.A.S. No. 3593. In Kraft getreten am 14.Juli 1956.

465 Einen Vergleich der Klauseln bieten DOMKE ON COMMERCIAL ARBITRATION § 45:04 und Quigley, *Accession to United Nations Convention*, 70 YALE L.J. 1049, 1051-1054.

1. Subjektive Anwendungsvoraussetzung

Anders als die *New York* und die *Panama Convention* stellen die *FCN* subjektive Anwendungsvoraussetzungen auf. Sie gelten nur für Schiedsvereinbarungen zwischen (natürlichen oder juristischen) Personen, die die Staatsgehörigkeit der bzw. ihren Sitz in einem der Vertragsstaaten haben.

2. Objektive Anwendungsvoraussetzungen

Neben dem genannten subjektiven Tatbestandsmerkmal ist weitere Voraussetzung lediglich, daß der Schiedsspruch „final and enforceable under the laws of the place where rendered....", also „endgültig und vollstreckbar" sein muß. Es wird nicht davon ausgegangen, daß dieses Erfordernis irgendeine gerichtliche Erklärung (Vollstreckbarkeitserklärung) miteinschließt, denn das würde auf ein umständliches *double exequatur*-Verfahren hinauslaufen. Ein Schiedsspruch ist also dann endgültig, wenn ordentliche Rechtsmittel nicht mehr möglich sind.[466]
In *von Engelbrechten v. Galvanoni & Nevy Bros.* vollstreckte ein New Yorker *State Court* einen deutschen Schiedsspruch, obwohl dieser noch nicht nach § 1042 ZPO (a.F.) für vollstreckbar erklärt worden war. Damit war er nach deutschem Recht zwar endgültig, aber eben noch nicht vollstreckbar. Das Gericht sah sich nicht gehindert, über den Wortlaut des *FCN* hinaus dem Schiedsspruch weitergehende Geltung zu verschaffen.[467] Das „final and enforceable"-Erfordernis war ebenso Gegenstand des bundesgerichtlichen *Landegger v. Bayerische Hypotheken- und Wechsel Bank*-Urteils. Parallel zu dem Vollstreckungsverfahren war die Beklagte in München gegen die deutsche Vollstreckbarkeitserklärung in Berufung gegangen. Das *District Court* vollstreckte den Schiedsspruch mit der gleichen Begründung.[468] Es sah die Rechte der Beklagten hinreichend gewahrt durch die Möglichkeit, die Wiedereröffnung des Vollstreckungsverfahren zu versuchen, sollte das deutsche Gericht den Schiedsspruch aufheben.[469] Die Gerichte interpretieren das Endgültigkeitserfordernis also sehr eng.[470]

Anders als das UNÜ knüpfen die *FCN* allein an das Territorialitätsprinzip an, das im Schiedsverfahren angewandte Recht spielt also keine Rolle.[471] Dabei ist das Territorialitätsprinzip jedoch nicht so zu verstehen, daß das Schiedsverfahren in den USA oder dem anderen Staat stattfinden muß. Denn die Kombination der beiden genannten Anwendungsvoraussetzungen hat zur Folge, daß in den An-

---

[466] Sandrock & Hentzen, 2 TRANSNAT'L L. 49, 69.
[467] 59 Misc.2d 721, 723-724 (Civ. Ct. N.Y.1969).
[468] 357 F.Supp. 692, 695 (S.D.N.Y. 1972).
[469] 357 F.Supp. 692, 696.
[470] Es erfordert auch keineswegs die Ausschöpfung aller Rechtsmittel (Audi NSU Auto Union AG v. Overseas Motors, 418 F.Supp. 982, 985 (D. E.D. Mich. 1976)).
[471] Sandrock & Hentzen, 2 TRANSNAT'L L. 49, 69.

wendungsbereich der *FCN* auch ein Schiedsverfahren in einem Drittstaat fällt, solange es sich um ein Verfahren zwischen Staatsangehörigen der USA und des anderen Vertragsstaates handelt.[472] Ein Schiedsverfahren zwischen einer französischen und US-amerikanischen Partei, das in Brasilien stattfand, fällt deshalb in den Anwendungsbereich des französisch-amerikanischen Freundschaftsvertrages.[473] Es würde dagegen nicht vom Anwendungsbereich des UNÜ erfaßt, weil Brasilien bis heute dem UNÜ nicht beigetreten ist.

3. Verbleibener Anwendungsbereich

Die Bedeutung der bilateralen Abkommen ist vergleichsweise gering (geblieben).[474] Nennenswerte Bedeutung können Abkommen immer dann entfalten, wenn die mulilateralen Übereinkommen nicht eingreifen.[475] Da die Anwendungsbereiche dieser Abkommen aber ausgesprochen weit gefaßt sind, bleibt kaum noch Raum für die *FCN*, allenfalls in der Beziehung zu den Staaten, die nicht dem UNÜ beigetreten sind. Aufgrund des Gegenseitigkeitsvorbehaltes findet das UNÜ in diesem Verhältnis keine Anwendung.

V. *Federal Arbitration Act*

Unter *Federal Arbitration Act* soll hier der *Federal Arbitration Act* von 1925 verstanden werden, der das Kapitel 1 des aktuellen *Federal Arbitration Acts* bildet. Kapitel 1 ist das nationale Schiedsrecht der USA.

1. Anwendungsvoraussetzungen

Der Anwendungsbereich von Kapitel 1 – und damit die Schiedsfähigkeit (*arbitrability*) von Streitgegenständen – wird in § 2 i. V. m. § 1 festgelegt und umfaßt „maritime transactions" und „commerce". Gleichzeitig verzichtet der internationale Teil des *Federal Arbitration Act* auf eine eigene Definition seines Anwendungsbereichs – mit Ausnahme des ausländischen Elements. Stattdessen verweist § 202 auf § 2. Damit ist auch für internationale Schiedsverfahren auf § 2 zurückzugreifen. Hier ist nur die Begrenzung durch § 208 zu beachten.

Der seerechtliche Anwendungsbereich soll hier vernachlässigt werden. Der *commerce*-Begriff wird in der Legaldefinition des § 1 nicht inhaltlich, sondern mit Hilfe von *diversity*-Kriterien bestimmt:

> '[C]ommerce', as herein defined, means commerce among the several States or with foreign nations, or in any Territory of the United States or

---

[472] Domke, *Enforcement of Foreign Awards in USA*, 13 ARB. J. 91, 97.

[473] Swisher, 47 WASH. L. REV. 441, 447 Fn. 25; Sandrock & Hentzen, 2 TRANSNAT'L L. 49, 69.

[474] Wie noch zu erörtern sein wird, sehen die *FCN* kein eigenes Vollstreckungsverfahren vor. Damit ist ihre Gebrauchsfähigkeit für die Praxis limitiert.

[475] DOMKE ON COMMERCIAL ARBITRATION § 45:04.

in the District of Columbia, or between any such Territory and another, or between any such Territory and any State or foreign nation, or between the District of Columbia and any State or Territory or foreign nation, but nothing herein contained shall apply to contracts of employments of seamen, railroad employees, or any other class of workers engaged in foreign or interstate commerce.

Ein Handelsgeschäft zwischen zwei ausländischen Parteien, das nicht in den USA abgewickelt wird, fällt aufgrund dieser Definition nicht in den Anwendungsbereich des Kapitels 1 des *FAA*, selbst wenn die Parteien ein Schiedsverfahren in den USA vereinbart hatten. Ein vielzitiertes Beispiel ist das zwischen einer argentinischen und einer brasilianischen Partei über eine Lieferung von England nach Peru.[476] Die Vollstreckung eines Schiedsspruchs, der auch ebenfalls nicht von Kapitel 2 oder 3 abgedeckt ist, muß dementsprechend nach *state law* erfolgen.[477]

a. Rechtsprechung des *Supreme Court*

Zur Bestimmung der Reichweite der gesetzlichen Regelung des *commerce*-Erfordernis ist zunächst ein Rückblick angebracht, denn der Wille des Gesetzgebers ist ein entscheidendes Kriterium zur Bestimmung eben dieser Reichweite. Die Verfassung ermöglicht Bundesgesetzgebung in Bereichen „[that] affect[s] interstate commerce... ."[478] Diese sprachliche Formulierung eröffnet einen ausgesprochen breiten Regelungsbereich, wenn selbst ein minimaler Einfluß auf den Binnenhandel zwischen den einzelnen Bundesstaaten schon die Zuständigkeit des Bundesgesetzgebers nach sich zieht.[479] Verfassungsrechtlich hatte der Kongreß also eine sehr breit angelegte Zuständigkeit, was aber noch keine Aussage darüber zuläßt, ob der Kongreß sie auch voll ausgenutzt hat bei der Verabschiedung des *FAA*. Das ist vor allem deshalb fraglich, weil der Kongreß hier – Gegensatz zu anderen Gesetzen – nicht ausdrücklich eine umfassende Regelung der Schiedsgerichtsbarkeit geltend macht.[480] § 2 des *FAA* legt im Vergleich zu der weiten „affect"-Formulierung mit den Worten „involving commerce" eine engere Auslegung des Anwendungsbereiches nahe, mit der der Kongreß nicht alle Schiedsabreden erfassen wollte.

---

[476] Dorsey & Schreiber, 50 MD. L. REV. 1230, 1238-1239. Deshalb lehnte auch das *District Court* in Transatlantic Bulk Shipping die Vollstreckung eines englischen Schiedsspruches zwischen einer liberianischen und panamaischen Partei ab (622 F.Supp. 25). Dagegen ließen in *Sumitomo Corp. v. Parakopi Compania Maritima, S.A.* (477 F.Supp. 737,741) und *Bergesen v. Joseph Muller Corp.* (710 F.2d 928, 933) Vollstreckungsverfahren zwischen zwei Ausländern zu.

[477] Loumiet & O'Naghten & Swan, *Proposed Florida International Arbitration Act*, 16 U. MIAMI INTER-AM. L. REV. 593, 619.

[478] Hodel v. Virginia Surface Mining & Reclamation Ass'n, 452 U.S. 264, 276-277 (1981).

[479] Seferi, 19 CAMPBELL L. REV. 607, 616-617; Strickland, 21 HOFSTRA L. REV. 385, 411.

[480] So z. B. im National Labor Relations Act, 29 U.S.C. § 160(a) (1988).

Der *Supreme Court* hat sich nie abschließend zur Bestimmung des Begriffes *commerce* geäußert, das Gericht geht in den meisten Fällen schlicht von der Anwendbarkeit des *FAA* aus und verliert kaum mehr als einen Satz zu dem Tatbestandsmerkmal.[481] Drei etwas ausführlichere Stellungnahmen zu „involving commerce" lassen sich jedoch ausmachen, nämlich in *Bernhardt v. Polygraphic Co. of America*, *Prima Paint v. Flood & Conklin Manufacturing Co.* und schließlich *Allied-Bruce Terminix Co. v. Dobson*. Dabei konzentrierte sich der *Supreme Court* auf das *interstate*-Merkmal, weniger auf den Typus des streitigen Geschäfts.

- Streitgegenstand der *Bernhardt v. Polygraphic*-Entscheidung[482] war ein Arbeitsvertrag zwischen *Polygraphic*, einer New Yorker Gesellschaft, und ihrem Angestellten. *Bernhardt* hatte den Arbeitsvertrag in New York unterschrieben, wurde dann aber einige Zeit später von seinem Arbeitgeber *Polygraphic* nach Vermont versetzt und dort später entlassen. Nach Ansicht des *Supreme Court* war hier der *FAA* nicht anwendbar, denn *Bernhardt* hatte nicht im Handel gearbeitet, noch Handelsgüter oder ähnliches produziert.[483] Dabei ließ das Gericht die Tatsache unbeachtet, daß der Vertrag sich ganz klar auf *Bernhardts* Umzug von New York nach Vermont zur Erfüllung seiner Vertragspflichten bezog.[484] Es grenzte den Handelsgeschäftsbegriff minimal ein und Arbeitsverträge aus dem Anwendungsbereich des *FAA* aus.

- Einen zweiten Anhaltspunkt für die Einstellung des *Supreme Courts* bietet das Urteil in der Sache *Prima Paint*. Hier ging es um eine *consulting*-Vereinbarung im Hinblick auf das Kundengeschäft von *Prima Paint* mit mindestens 175 Großhandelskunden in verschiedenen Staaten. Aber auch bei dieser Entscheidung beließ es das Gericht letztlich bei einer auf den Fall zugeschnittenen Analyse, ohne eine Richtlinie für zukünftige Fälle vorzugeben. Es stellte hier lediglich fest, daß der Anwendungsbereich des *FAA* nicht auf Verträge beschränkt ist, die eine tatsächliche Versendung von Waren zwischen den Staaten zum Inhalt haben.[485] Das deutet zwar eher auf eine weite Auslegung hin, gleichzeitig scheint das Gericht aber nicht willens gewesen zu sein, dem *commercial*-Begriff die gleiche, weite Auslegung zu geben wie in anderen Zusammenhängen.[486]

- In *Allied-Bruce Terminix*[487] ging es um einen sogenannten „Termite Protection Plan", eine Versicherung gegen Termitenbefall. Diese Versicherungspolice hatte

---

[481] Strickland, 21 HOFSTRA L. REV. 385, 415.
[482] 350 U.S. 198 (1955).
[483] 350 U.S. 198, 201.
[484] Strickland, 21 HOFSTRA L. REV. 385, 413.
[485] 388 U.S. 395, 401 n. 7.
[486] Strickland, 21 HOFSTRA L. REV. 385, 414-415.
[487] 513 U.S. 265 (1995).

ein Hauseigentümer in Alabama bei dem örtlichen Versicherungsbüro von *Allied-Bruce Terminix* abgeschlossen. Nachdem der Beklagte das Haus gekauft hatte, mußte er jedoch – trotz einer Unbedenklichkeitsbescheinigung der Klägerin – feststellen, daß sein Haus von Termiten befallen war. Ungezieferbehandlung und Reparaturversuche blieben unbefriedigend.[488]
Die Streitigkeit schien auf den ersten Blick einen rein lokalen Charakter zu haben. Der *Supreme Court* kam jedoch zu einen anderen Ergebnis.[489] Dazu bezog sich das Gericht auf die oben erwähnte Beziehung zwischen dem „involving commerce"-Wortlaut des *Federal Arbitration Act* und dem „affecting commerce"-Zuständigkeitserfordernis der US-Verfassung. Es gelangte zu dem Schluß, daß weder der Wortlaut, noch Hintergrund oder Systematik eine unterschiedliche Auslegung der Begriffe rechtfertigen würden. Der Anwendungsbereich von § 2 *FAA* ist danach weit auszulegen.[490] Der Gesetzgeber schöpfte umfassend seine Zuständigkeit[491] aus und beließ in dem geregelten Bereich den Staaten keinerlei Regelungsbefugnis.
Der Wortlaut von § 2 setzt aber – etwas umständlich formuliert – als Tatbestandsmerkmal einen „contract *evidencing a transaction* involving commerce" (Hervorhebung vom Autor) voraus. Zu dessen Interpretation unterschied das Gericht zwei mögliche Ansätze: den „commerce in fact"-Ansatz, der objektiv nur das Vorliegen eines zwischenstaatlichen Handelsgeschäfts fordert, und den „contemplation of the parties"-Ansatz, der subjektiv auf den Parteiwillen z. Z. des Vertragsabschlusses abstellt.[492] Aus verschiedenen Gründen ging der *Supreme Court* von dem neutraleren, objektiven Ansatz aus, denn die Suche nach den Vorstellungen der Parteien bei Vertragsabschluß würde juristische Auseinandersetzungen geradezu herausfordern.[493]

Zusammenfassend kann festgestellt werden, daß das oberste Gericht einen ausgesprochen breiten Anwendungsbereich für die Schiedsgerichtsbarkeit vorgegeben hat. Gleichzeitig gilt als Grundregel nach *Moses H. Cone Memorial Hospital v. Mercury Construction Corp.* die Vermutung: „The Arbitration Act establishes that, as a matter of federal law, any doubts concerning the scope of arbitrable issues

---

[488] 513 U.S. 265, 268-269.

[489] Das Merkmal des *interstate commerce* war unbestritten, denn das Material für die Ungezieferbehandlung und die Reparaturarbeiten kam nicht aus Alabama (513 U.S. 265, 282).

[490] 513 U.S. 265, 273-274.

[491] 513 U.S. 265, 277.

[492] Chief Judge Lumbard führte aus: „The significant question ... is not whether, in carrying out the terms of the contract, the parties did cross state lines, but whether, at the time they entered into it and accepted the arbitration clause, they contemplated substantial interstate activity. Cogent evidence regarding their state of mind at the time would be the terms of the contract, and if it, on its face, evidences interstate traffic..., the contract should come within § 2. In addition, evidence as to how the parties expected the contract to be performed and how it was performed is relevant to whether substantial interstate activity was contemplated" (Metro Indus. Painting Corp. v. Terminal Constr. Co., 287 F.2d 382, 387 (2d Cir. 1961) (Lumbard concurring).

[493] 513 U.S. 265, 278-280.

should be resolved in favor of arbitration, whether the problem at hand is the construction of the contract language itself or an allegation of waiver, delay, or a like defense to arbitrability.“[494]

b. Allgemeine Rechtsprechung

Die übrigen US-Gerichte folgen der gleichen Linie wie der *Supreme Court* und gehen von einer sehr weiten Auslegung des *commerce requirements* aus. Die Beispiele aus der Rechtsprechung lassen sich wie folgt systematisieren:[495]

- **Warenkauf, -miete:** Am offensichtlichsten ist das *interstate-commerce*-Erfordernis sicherlich bei grenzüberschreitenden Warenkäufen und Sachmietverträgen erfüllt. Das Paradebeispiel für *interstate commerce* ist ein Kaufvertrag zwischen Personen mit Wohnsitz in unterschiedlichen Staaten, wobei der physische Transport der Ware über die Staatsgrenzen erforderlich ist.[496] Entscheidend ist dabei nicht der Sitz der Parteien, sondern vielmehr der grenzüberschreitende Warentransport. Die Vertragsparteien können also auch im gleichen Staat wohnen.[497] Umgekehrt reicht allein die sog. *diversity of citizenship* noch nicht dafür aus, *interstate commerce* annehmen zu können.[498] Dennoch haben die Gerichte in solchen Fällen typischerweise *interstate commerce* bejaht, wenn der Verkäufer davon ausging, daß der Käufer die Waren im zwischenstaatlichen Handel weiterverkaufen würde.[499]

- **Bauausführungsverträge** (*construction contracts*): Auf den ersten Blick erscheinen *Construction contracts* als typischerweise lokal ausgerichtet. Das gilt sicherlich auch für viele kleine Bauprojekte. Je größer die Bauvorhaben aber werden, um so größer ist auch die Wahrscheinlichkeit, daß *interstate commerce* vorliegt. Das ist offensichtlich, wenn Auftraggeber oder Auftragnehmer aus einem anderen Staaten kommen als derjenige, in dem das Bauvorhaben verwirklicht wird. Aber selbst wenn Auftraggeber und –nehmer aus demselben Staat stammen, in dem auch das Bauvorhaben verwirklicht werden soll, schließt das noch nicht zwingend die Anwendbarkeit des *FAA* aus. Trotzdem haben Gerichte verschiedentlich die Anwendbarkeit des *FAA* bejaht unter Hinweis auf die Tatsache, daß Baustoffe, Arbeiter und Subunternehmer aus anderen Staaten kamen.[500]

---

[494] 460 U.S. 1, 24-25 (1983).

[495] Umfassend zu *public policy* Erwägungen im Rahmen der Schiedsfähigkeit: Stempel, 22 ST. MARY'S L.J. 259, 284-354.

[496] Vgl. Prima Paint, 388 U.S. 395, 401 n. 7. Dabei ist die Stellung der Vertragsparteien (Kaufmann oder Endverbraucher) gleichgültig (dazu Strickland, 21 HOFSTRA L. REV. 385, 430 m. w. N.).

[497] Strickland, 21 HOFSTRA L. REV. 385, 430.

[498] Strickland, 21 HOFSTRA L. REV. 385, 431 n. 237.

[499] Strickland, 21 HOFSTRA L. REV. 385, 431.

[500] Strickland, 21 HOFSTRA L. REV. 385, 433-435.

- **Arbeitsverträge** (*employment contracts*) stellen deshalb einen der schwierigsten Bereiche im Hinblick auf die Anwendbarkeit des *FAA* dar, weil nach §§ 1, 2 ausdrücklich bestimmte Kategorien von Arbeitnehmern aus dem Anwendungsbereich des *FAA* ausgeschlossen worden sind: „[B]ut nothing herein contained shall apply to contracts of employment of seamen, railroad employees, or any other class of workers engaged in foreign or interstate commerce." Eine weite Auslegung dieser Ausschlußklausel von § 1 würde beinahe alle Arbeitsverträge aus dem Anwendungsbereich des *FAA* ausschließen.[501] Grundsätzlich ist die Arbeitsschiedsgerichtsbarkeit spezialgesetzlich geregelt durch den *Labor Management Relations Act [the Taft-Hartley Act]*, 29 U.S.C. § 141 et seq. In 29 U.S.C. § 173(d) legte der Gesetzgeber sogar ausdrücklich fest, daß „[f]inal adjustment by a method agreed upon by the parties is declared to be the desirable method for settlement of grievance disputes arising over the application or interpretation of an existing collective-bargaining agreement." Damit ist im Grundsatz die Beilegung aller Streitigkeiten eröffnet, die sich aus der Anwendung der Tarifverträge ergeben.[502] Die Rechtsprechung war hier uneinheitlich, ist aber zunehmend schiedsfreundlich und wählt eine ausgesprochen enge Auslegung der Ausschlußklausel. Im Lichte der Entscheidung des *Supreme Courts* in *Gilmer v. Interstate/Johnson Lane Co.*[503] erscheinen nur noch wenige arbeitsrechtliche Streitigkeiten als nicht arbitrabel.[504] Hier war der Kläger durch eine Schiedsklausel mit dem *New York Stock Exchange* gebunden. Diesen Vertrag hatte *Gilmer* aufgrund seines Arbeitsvertrags mit *Interstate* abgeschlossen. Er wurde im Alter von 62 Jahren entlassen und klagte gegen seine Entlassung nach dem *Age Discrimination in Employment Act [ADEA]*. Das Gericht stellte seinen Anspruch auf die gleiche Stufe mit anderen durch öffentliche Interessen geprägte Gesetzen, die als schiedsfähig gelten. Genaugenommen hatte das Gericht aber letztlich nicht allgemein die Schiedsfähigkeit von Arbeitsverträgen beurteilt, denn die Schiedsklausel entsprang nur der Registrierung bei der Börse, nicht aber seinem Arbeitsvertrag.[505] Das Gericht stellte den klägerischen Anspruch auf die gleiche Stufe mit anderen durch öffentliche Interessen geprägte Gesetze, die es in ständiger Rechtsprechung für schiedsfähig hielt.[506] Der Hinweis auf ein mögliches Verhandlungsungleichgewicht (*unequal bargaining power*) zwischen Arbeitgeber und Arbeitnehmer verfing ebenfalls nicht.[507] Das Gericht

---

[501] Strickland, 21 HOFSTRA L. REV. 385, 437.

[502] Tarifverträge selbst sind aber unter der *contracts of employment*-Ausnahme vom Anwendungsbereich des *FAA* ausgeschlossen (United Food and Comm. Workers v. Safeway Stores, 889 F.2d 940, 943-944 (2d Cir. 1989)).

[503] 500 U.S. 20 (1991).

[504] McLaughlin, 12 ARB. INT'L 113, 120.

[505] McLaughlin, 12 ARB. INT'L 113, 121.

[506] 500 U.S. 20, 28.

[507] 500 U.S. 20, 33.

wiederholte die bekannte Formel der Gleichstellung der Schiedsvereinbarungen mit anderen Verträgen, womit die Versagung der Vollstreckung einer Schiedsklausel nur bei Zwang oder Betrug in Betracht kam. Dafür gab es aber keine Anzeichen. In diesem Zusammenhang wies der *Supreme Court* darauf hin, daß *Gilmer* ein erfahrener Geschäftsmann war.[508] Damit deutete das Gericht an, daß auch insoweit ein besonderer Schutz für den Arbeitnehmer nicht erforderlich war.[509]

Es unterschied Fälle wie *Barrentine v. Arkansas Best Freight System*,[510] in denen durch das Schiedsverfahren nicht Verfahren vor ordentlichen Gerichten präkludiert waren. Denn in diesen Fällen ging es jeweils um gesetzliche, unverzichtbare Schutzrechte der einzelnen Arbeitnehmer im Gegensatz zu den tarifvertraglich festgeschriebenen Rechten – darunter eine Schiedsklausel – und den manchmal divergierenden Interessenrichtungen von einer Gewerkschaft und ihren Mitgliedern.[511] Obwohl der *Supreme Court* offenließ, ob der *FAA* auf Arbeitsverträge anwendbar ist,[512] gibt er mit dieser weitgehenden Auslegung doch eine eindeutige Richtung vor und deutet die Gleichstellung von Arbeitsverträgen mit anderen Verträgen für die Schiedsgerichtsbarkeit an. Danach können allenfalls noch von dem Anwendungsbereich des *FAA* Verträge der Arbeitnehmer als ausgeschlossen gelten, deren Tätigkeit tatsächlich mit dem Transport von Gütern über Staatsgrenzen zumindest eng zusammenhängt.[513]

Frühe Entscheidungen gingen davon aus, daß der *FAA* nicht auf Dienstleistungsverträge anwendbar ist, weil Dienstleistungverträge eben keinen *interstate commerce* einschlossen, wie z. B. die Dienste eines Opernsängers, auch wenn dieser Auftritten in verschiedenen Staaten verpflichtet war.[514] Diese Zurückhaltung haben die Gerichte in jüngerer Zeit aufgegeben und wenden den *FAA* in ganz ähnlicher

---

[508] 500 U.S. 20, 33.

[509] Auch dem Arbeitsrecht verwandte Ansprüche wie die aus dem *Employee Retirement Income Security Act [E.R.I.S.A.]* werden als schiedsfähig angesehen (vgl. BORN, INTERNATIONAL COMMERCIAL ARBITRATION 366 m. w. N.).

[510] 450 U.S. 728 (1981).

[511] Es bleibt also dem einzelnen Arbeitnehmer unbelassen trotz entgegenstehender Schiedsklausel im Tarifvertrag seine gesetzlichen Schutzrechte, wie z. B. die nach dem *Labor Management Relations Act*, gerichtlich durchzusetzen (450 U.S 728, 737; Gilmer v. Interstate/Johnson Lane Corp., 500 U.S. 20, 35).

[512] 500 U.S. 20, 25 n. 2.

[513] Davon gehen die Untergerichte aus: Asplundh Tree Export Co. v. Bates, 71 F.3d 592, 598 (6th Cir. 1995) m. w. N.; McWilliams v. Logicon, Inc. 143 F.3d 573, 576 (10th Cir. 1998); Aspar v. Pharmacia & Upjohn, Inc., 990 F.Supp. 523, 527 (W.D. Mich. 1997); Topf v. Warnaco, Inc., 942 F.Supp. 762, 765 n. 1 (D. Conn. 1996); TransWorldAirlines v. Sinicropi, 887 F.Supp. 595, 610 n. 13 (S.D.N.Y. 1995) (Angestellte von Luftfahrtgesellschaften als Beispiel für Arbeitnehmer im Transportwesen).

[514] Siehe dazu schon die zitierte *Bernhardt*-Entscheidung im Arbeitsrecht. Conley v. San Carlo Opera, 163 F.2d 310 (2d Cir. 1947).

Weise auf Arbeitsverträge an wie auf andere Verträge.[515] So soll die Ausschlußklausel nicht für einen Basketballprofi gelten.[516]
Die Frage, inwieweit die Arbeitskraft überhaupt *commerce* i. S. v. § 1 ist, wird gar nicht mehr berücksichtigt. Positiv gingen die Gerichte von der Anwendbarkeit des *FAA* auf einen Arbeitsvertrag zwischen Unternehmen und ihren Spitzenfunktionären aus.[517]

Der Ausnahmetatbestand in § 1 wird eng ausgelegt; und deshalb sollte grundsätzlich auch bei Arbeitsverträgen von der Anwendbarkeit des *FAA* ausgegangen werden, wenn der Arbeitnehmer nicht unmittelbar im Transportwesen beschäftigt ist.[518] Eine weitere Ausnahme bilden die gesetzlich festgeschriebenen Arbeitnehmer-Schutzrechte im Sinne von *Barrentine*.[519] Bei der Beurteilung der Frage nach der Schiedsfähigkeit arbeitsrechtlicher Streitigkeiten scheinen sich die Gerichte auch an der Schutzbedüftigkeit der Arbeitnehmer zu orientieren, die aber geringer einzustufen ist bei hochbezahlten (und wohl auch hochqualifizierten) Angestellten.

- **Dienstleistungen (*Service Contracts*):** Im Gegensatz zu der anfänglichen Zurückhaltung im Arbeitsrecht wendet die Rechtsprechung den *FAA* schon lange großzügig auf Dienstleistungsverträge an. Dabei lassen sich die Fälle grob in drei Gruppen unterteilen: (1) Vertrag verpflichtet einen Vertragspartner, Dienstleistungen in einem anderen Staat zu erbringen; (2) die Dienstleistung selbst bezieht sich unmittelbar auf den Handel zwischen den Bundesstaaten, (3) die Ausführung der Dienstleistung erfordert weitere Tätigkeiten im *interstate commerce*. Die typischen Fälle umfassen so vor allem Börsenmaklergeschäfte mit Privatpersonen oder sogar den Transport eines Autos von einem in einen anderen Staat.[520]

- **Geschäftsverbindungen wie Partnerschaften, *Joint Ventures*, Franchise Verträge:** Typische Fälle einer *Partnership involving interstate commerce* sind die, in denen (a) die Partner in verschiedenen Staaten leben und (b) deren Geschäftsfeld sich auf mehrere Bundesstaaten erstreckt.[521] Leben die Partner der Gesellschaft aber in einem Staat, so muß zumindest deren Geschäftsbereich auf Geschäfte in Drittstaaten abzielen. Gleiches gilt für *Joint Ventures*,[522] wie für Fran-

---

[515] Strickland, 21 HOFSTRA L. REV. 385, 436.
[516] Erving v. Virginia Squires Basketball Club, 468 F.2d 1064, 1069 (2d Cir. 1972).
[517] Asplundh Tree Expert Co. v. Bates, 71 F.3d 592, 602 (6th Cir. 1995). Im allgemeinen vollstrecken die Gerichte arbeitsvertragliche Schiedsklauseln, Stempel, 22 ST. MARY'S L.J. 259, 320.
[518] McLaughlin, 12 ARB. INT'L 113, 121. Asplundh Tree Expert Co. v. Bates, 71 F.3d 592, 601; Topf v. Warnaco, Inc., 942 F.Supp. 762, 770.
[519] Sternlight, 74 WASH. U. L.Q. 637, 672.
[520] Strickland, 21 HOFSTRA L. REV. 385, 441-443
[521] Strickland, 21 HOFSTRA L. REV. 385, 443.
[522] Strickland, 21 HOFSTRA L. REV. 385, 444.

chise Verträge, Vertriebsabkommen (*distributorship agreements*) und Handelsvertreterverträge (*agency agreements*).[523]
Ein typisches Beispiel bietet der Fall eines Franchise-Abkommens zwischen einem New Yorker Franchisegeber und einem Washingtoner Franchisenehmer: die Franchisezahlungen erfolgten in New York, die Belieferung erfolgte aus New York für den Gebrauch in Washington und schließlich waren Geschäftsreisen in nicht unerheblichen Maße erforderlich gewesen.[524]
Die weitaus meisten Fälle wenden daher den *FAA* auf Verträge an, die eine dauerhafte Geschäftsverbindung herstellen entweder zwischen Parteien aus verschiedenen Bundesstaaten oder aus dem gleichen Staat, die aber in einem anderen Staat geschäftlich tätig werden wollen.
Dagegen ist bisher kein Fall bekannt geworden, der sich insgesamt auf einen Staat bezieht. Ein solcher Vertrag würde sich nur bei Anwendung der „affecting interstate commerce"-Theorie in den Anwendungsbereich des *FAA* fassen lassen, nicht aber bei Anwendung eines engeren Standards.[525]

- **Unternehmenskauf – Kauf von Gesellschaftsvermögen:** Die veröffentlichen Entscheidungen gehen davon aus, daß der *FAA* auf Unternehmenskäufe wie den Kauf von Gesellschaftsvermögen anwendbar ist. Das gilt vor allem, wenn das Unternehmen sich im *interstate commerce* engagiert. Ebenso wenn Käufer und Verkäufer Angehörige verschiedener Bundesstaaten sind.[526]

- **Versicherungsverträge:** Auf den ersten Blick scheint auch das Versicherungsgeschäft geradezu beispielhaft für *interstate commerce* zu sein: eine Versicherung bietet im ganzen Land ihre Versicherungen an, schließt mit einem Versicherungsnehmer in einem anderen Staat einen solchen Vertrag ab, der möglicherweise wiederum Schadensfälle in Drittstaaten mitumfaßt. Hier ist aber eine Besonderheit des US-amerikanischen Rechts zu berücksichtigen: der sog. *McCarran-Ferguson Act.*[527] Dessen Kernaussage ist, daß die Regelung des Versicherungsgeschäfts und der damit verbundenen Rechtsbeziehungen von Personen dem Recht der Einzelstaaten unterliegt.[528] Infolgedessen findet der *FAA* nur dann Anwendung, wenn er nicht die Anwendung der spezielleren Versicherungsgesetze der Staaten behindert,[529] dagegen wird er von den *state laws* verdrängt, die eine spezielle Re-

---

[523] Strickland, 21 HOFSTRA L. REV. 385, 444-445.
[524] Allison v. Medicab International, 597 F. 2d 380 (Wash. 1979).
[525] Strickland, 21 HOFSTRA L. REV. 385, 446.
[526] Strickland, 21 HOFSTRA L. REV. 385, 453; Middleby Corp. v. Hussmann Corp., No. 90 C 2744, 1990 WL 103236, at *1 (N.D. Ill. Jul. 16, 1990).
[527] 15 U.S.C. §§ 1011-1015 (1988).
[528] 15 U.S.C. § 1012(a). Ausdrücklich untersagt § 1012(b), daß ein Bundesgesetz, sofern es sich nicht ausdrücklich auf das Versicherungswesen bezieht, so ausgelegt wird, daß es das Versicherungsgesetz eines Einzelstaates ungültig macht, behindert oder ersetzt.
[529] Strickland, 21 HOFSTRA L. REV. 385, 447.

gelung zu Schiedsabreden in Versicherungsverträgen treffen oder etwa bestimmte Verfahren der staatlichen Gerichtsbarkeit vorenthalten. Entscheidend für die Frage, inwieweit der *FAA* verdrängt wird, sind Sprache und Genauigkeit der einzelstaatlichen Regelung: allgemeine Schiedsgesetze, die sich nicht speziell auf das Versicherungsvertragsrecht beziehen, reichen nicht, um Regelungen des *FAA* zu überspielen.[530] Einige Staaten haben die Anwendbarkeit ihrer Schiedsgesetze auf Versicherungsverträge schlicht ausgeschlossen. Dies schon als Ausdruck einer Regelung des Versicherungswesens erscheint zwar zweifelhaft, ist aber andererseits auch Ausdruck des *ordre public* des jeweiligen Staates.[531] Schließt der *McCarran-Ferguson Act* die Anwendbarkeit des *FAA* nicht aus, so findet der *FAA* Anwendung, wenn das Merkmal des *interstate commerce* gegeben ist.
Typisch für die entschiedenen Fälle sind Rückversicherungsverträge, wobei die Gerichte sich z. T. darauf stützen, daß die Unternehmen aus verschiedenen Staaten kamen, der Rückversicherungsvertrag in mehreren Staaten verhandelt worden war oder – sehr weitgehend – allein aus der Tatsache, daß es sich um einen Versicherungsvertrag handelte. Die Gerichtsentscheidungen, die von einer Anwendbarkeit des *FAA* ausgehen, stützten sich jeweils auf Sachverhalte, in denen Versicherungsgeber und –nehmer in unterschiedlichen Staaten saßen. Dagegen wurde die Anwendbarkeit des *FAA* für den Fall abgelehnt, in dem alle bedeutenden Aspekte des Vertrages in einem Staat abgewickelt wurden[532] oder für die Aufrechnungsansprüche des Liquidator einer Versicherungsgesellschaft.[533]

- **Landkauf, Landpacht, Grundstücksbestandteile:** Die Rechtslage bei der Schiedsfähigkeit von Ansprüchen auf Grundbesitz ist uneinheitlich. Die Schiedsfähigkeit solcher Streitgegenstände erscheint sehr fraglich bei einem rein lokalen Charakter der Transaktion. Hier wäre der *FAA* wohl nur bei wohlwollender Anwendung der *affecting interstate commerce*-Theorie anwendbar.[534] Die Rechtsprechung ist uneinheitlich. Sie bejaht Anwendbarkeit des *FAA* für *Shopping Mall*-Pachtverträge, Durchleitungsrechte für Pipelines, Kaufverträge von Fast Food-Geschäften, Bergwerkskonzessionen, und die Nutzung gemeinsamer technischer Einrichtungen.[535]

---

[530] Strickland, 21 HOFSTRA L. REV. 385, 448.
[531] Strickland, 21 HOFSTRA L. REV. 385, 449.
[532] Strickland, 21 HOFSTRA L. REV. 385, 449-450 m. w. N. Nicht entschieden wurden bisher die Schiedsfähigkeit von Ansprüchen zwischen einer Versicherung und ihrem Versicherungsnehmer, wenn beide aus dem gleichen Staat kommen (aaO, 450).
[533] Der *Second Circuit* sah in *Stephens v. American Int'l Ins.* den Liquidator einer Versicherungsgesellschaft deshalb nicht an eine Schiedsklausel gebunden, da auch noch die Liquidation einer Gesellschaft eng mit dem Kernversicherungsgeschäft verbunden sei und deshalb das Konkursgesetz noch vom Schutzbereich des McCarran-Ferguson Act erfaßt war (66 F.3d 41, 44) (1995).
[534] Strickland, 21 HOFSTRA L. REV. 385, 451.
[535] Strickland, 21 HOFSTRA L. REV. 385, 452 m. w. N.

- Für **Darlehensverträge** gilt gleiches. Der *FAA* ist dann anwendbar, wenn die Vertragspartner aus verschiedenen Bundesstaaten kommen oder das Geld dazu dient, Projekte zu finanzieren, die über das Gebiet eines einzelnen Staates hinausgehen.[536]

- Im Hinblick auf die involvierten öffentlichen Interessen ist auch das Verhältnis zwischen **Konkurs**- und Schiedsverfahren nicht unproblematisch. Hier steht die allgemeine Vermutung zugunsten der Schiedsgerichtsbarkeit der zugunsten der Klärung von Streitigkeiten mit dem Gemeinschuldner in einem Verfahren entgegen. Da dieses Spannungsverhältnis im wesentlichen vor dem Hintergrund internationaler Schiedsverfahren geklärt wurde, wird hier auf die Darstellung im Rahmen von Art. V(2)(a), der *nonarbitrability defense*, verwiesen.[537] Insgesamt konnten sich aber auch die Konkursverfahren weitestgehend nicht dem allgemeinen Trend zugunsten der Schiedsgerichtsbarkeit entziehen.

- Der Bereich des **geistigen Eigentums (*intellectual property*)** galt lange als der ordentlichen Gerichtsbarkeit vorbehalten. Für patentrechtliche Streitigkeiten hat der Gesetzgeber aber inzwischen deren Schiedsfähigkeit festgelegt.[538] Für Warenzeichenrechte (*trademarks*) und Urheberrechte (*copyrights*) fehlen solche Regelungen. Dennoch ging die Rechtsprechung von der Anwendbarkeit des *Federal Arbitration Acts* in diesen Rechtsgebieten aus.[539]

- **Kartellrecht:** Im Lichte der zu Art. V(2)(a) UNÜ ergangenen Leitentscheidung in *Mitsubishi Motors Corp.*[540] zur Schiedsfähigkeit von kartellrechtlichen Streitigkeiten setzt sich auch bei den Obergerichten die Ansicht durch, daß sich das *Mitsubishi holding*, das die Schiedsfähigkeit kartellrechtlicher Ansprüche im internationalen Handel annahm, auf nationale Schiedsverfahren ausdehnen läßt.[541] Dafür spräche sicher die starke Vermutung zugunsten der Schiedsgerichtsbarkeit.
Auch der *Eleventh Circuit* hat seine ursprüngliche Meinung, kartellrechtliche Ansprüche seien nicht schiedsfähig, inzwischen revidiert.[542] Sowohl der *Ninth* wie

---

[536] Strickland, 21 HOFSTRA L. REV. 385, 454; siehe auch Staples v. Money Tree, Inc., 936 F.Supp. 856, 858 (D. M.D. Ala. 1996) für ein Darlehen, das in Alabama ausgezahlt wurde, alle Dokumente lauteten auf Anschriften in Alabama. *Money Tree* war allerdings ein Unternehmen aus Georgia und von dort aus wurde die Kreditvergabe gesteuert.
[537] Siehe unten 3. Teil/B/4/a.
[538] 35 U.S.C. § 294.
[539] BORN, INTERNATIONAL COMMERCIAL ARBITRATION 367, und McLaughlin, 12 ARB. INT'L 113, 135 jeweils mit Nachweisen aus der Rechtsprechung.
[540] Auf diese Entscheidung wird ausführlich im Rahmen von Art. V(2)(a) UNÜ eingegangen.
[541] Baker & Stabile, 48 BUS. LAW. 395, 407.
[542] Kotam Elec., Inc. v. JBL Consumer Prod., 59 F.3d 1155, 1158 (1995), *vacated*, 69 F.3d 1097, 1098 (1995).

auch der *Tenth Circuit* gingen schon vorher von der Übertragbarkeit von *Mitsubishi* auf die nationale Ebene aus und damit von der Schiedsfähigkeit von kartellrechtlichen Streitigkeiten.[543]

- **Wertpapierrecht:** Vor dem Hintergrund des Verbraucherschutzes fiel auch das Wertpapierrecht lange in die ausschließliche Zuständigkeit der ordentlichen Gerichte. Im Rahmen von wertpapierrechtlichen Ansprüchen spielt die Schiedsgerichtsbarkeit vor allem bei (möglichen) Schadensersatzansprüchen von Kunden gegen ihre Börsenmakler eine vergleichsweise große Rolle. Dabei sind die wichtigsten Gesetze der *Securities Act of 1933*[544] und der *Securities Exchange Act of 1934*.[545] Die durch die Wertpapiergesetze gewährten Schutzrechte sind nicht verzichtbar, 15 U.S.C. § 77n.[546]
In der Grundlagenentscheidung *Wilko v. Swan*[547] hatte *Supreme Court* 1953 solche Schadensersatzansprüche nach dem *Securities Act*, 15 U.S.C. § 771 (1), für nicht schiedsfähig gehalten. Streitentscheidend war die Frage, ob eine Schiedsvereinbarung ein solcher, verbotener Verzicht auf die Schutzrechte des *Securities Acts* war. Der *Supreme Court* bejahte das und argumentierte, daß die Rechte der Wertpapierkäufer aus zwei Gründen durch eine Schiedsvereinbarung beschränkt seien: erstens hätten Wertpapierkäufer grundsätzlich die schlechteren Recherchemöglichkeiten (und damit Beweismöglichkeiten) als die Börsenmakler und zweitens werde dem Kunden durch die Schiedsgerichtsbarkeit seine breite Auswahlmöglichkeit von Gerichtsständen abgeschnitten. Damit verzichte der Kunde auf Rechte nach dem *Securities Act*.[548] Hinter dieser Argumentation verbarg sich die Sorge, die Rechte des Kunden (vor allem die erwähnte Beweislastumkehr), die ja auch im Schiedsverfahren beachtet werden müssen, könnten in der Praxis durch rechtlich unerfahrene Schiedsrichter beschränkt werden; gleichzeitig entzieht sich deren Entscheidung weitestgehend der gerichtlichen Kontrolle.[549]

---

[543] Coors Brewing Co. v. Molson Breweries, 51 F.3d 1511, 1515 (10th Cir. 1995); Nghiem v. NEC Elec., 25 F.3d 1437, 1441-1442 (9th Cir. 1994).

[544] 15 U.S.C. § 77a et seq. BLACK'S LAW DICTIONARY 1354 definiert das Gesetz als „Federal law which provides for registration of securities which are to be sold to the public and for complete information as to the issuer and the stock offering."

[545] 15 U.S.C. § 78 et seq. BLACK'S LAW DICTIONARY 1355 definiert das Gesetz als „A federal law which govern the operation of stock exchanges and over the counter trading. It requires, among other things, publication of information concerning stocks which are listed on these exchanges."

[546] „Any condition, stipulation, or provision binding any person acquiring any security to waive compliance with any provision of this subchapter or of the rules and regulations of the Commission shall be void."

[547] 346 U.S. 427 (1953).

[548] Wilko, 346 U.S. 427, 435.

[549] Wilko, 346 U.S. 427, 436: „As their award may be made without explanation of their reasons and without complete record of their proceedings, the arbitrators'conception of the legal meaning of such statutory requirements as 'burden of proof,' 'reasonable care' or 'material fact' ... cannot be examined. Power to vacate an award is limited." Gerade der Umgang mit schwierigen Rechtsbegriffen kann also

Jedoch blieb auch das Wertpapierrecht von dem allgemeinen Trend zugunsten der Schiedsgerichtsbarkeit verschont und mit der Entscheidung *De Quijas v. Shearson/American Express*[550] wurde die *Wilko*-Doktrin schließlich 1989 aufgehoben: bereits 1974 waren in *Scherk v. Alberto-Culver Co.* internationale Verfahren „unterschieden" worden und *Wilko* für den internationalen Wirtschaftsverkehr damit praktisch aufgehoben.[551] Für nationale Verfahren hatte der *Supreme Court* die Grundlagen schon in der Entscheidung *Shearson/American Express v. McMahon*[552] gelegt, ebenfalls einer Streitigkeit zwischen einem Börsenmakler und seinen Kunden. Waren der gedankliche Ausgangspunkt in *Wilko* die Anforderungen des *Securities Acts* gewesen, machte das Gericht jetzt die des *Federal Arbitration Acts* zum Ausgangspunkt seiner Überlegungen. Danach müssen Schiedsvereinbarungen grundsätzlich vollstreckt werden; eine Beschränkungen zu Lasten der Schiedsfähigkeit von gesetzlichen Ansprüchen läßt der *FAA* nicht erkennen. Infolgedessen war es Sache der sich dem Schiedsverfahren widersetzenden Partei anhand des Wortlautes der Vorschrift oder Gesetzgebungsgeschichte nachzuweisen, daß der Gesetzgeber Ansprüche nach *Securities Exchange Act* aus dem Anwendungsbereich des *FAA* herausnehmen wollte.[553] Die Beklagten argumentierten wie in *Wilko*: die Schiedsklausel sei deshalb unwirksam, weil ihnen durch ein Schiedsverfahren der durch § 27[554] gewährte Zugang zu den Bundesgerichten verwehrt sei. Jeder Verzicht auf ein Recht aus dem *Exchange Act* sei nach § 29(a)[555] aber unwirksam. Das Gericht bezog diesen Verzicht aber nur auf materielle Rechte, die die rechtlichen Verpflichtungen der Börsenmakler definieren. Dagegen sei aber der Gerichtsstand nach § 27 keine solche materiell-rechtliche Verpflichtung.[556] Gleichzeitig konnte das Gericht einen Willen des Gesetzgebers, wertpapierrechtliche Streitigkeiten von Schiedsverfahren auszuschließen, nicht ausmachen.[557] In *De Quijas* tat das oberste Gericht dann den letzten Schritt und hob die *Wilko*-Doktrin auch für Schiedsverfahren über Ansprüche nach dem *Securities Act*

---

nicht gerichtlich überprüft werden. In diesem Sinne auch: Shearson/American Express v. McMahon, 482 U.S. 220, 230.

[550] 490 U.S. 477 (1989).

[551] 417 U.S. 506, 515-520. Dabei stützte sich das Gericht allerdings nicht auf die UN-Konvention (Goodman, 23 COLUM. J. TRANSNAT'L. L. 655, 665).

[552] 482 U.S. 220 (1987).

[553] Shearson/American Express v. McMahon, 482 U.S. 220, 226-227 (unter Bezugnahme auf Mitsubishi, 473 U.S. 614, 628: „We must assume that if Congress intended the substantive protection afforded by a given statute to include protection against waiver of the right to a judicial forum, that intention will be deducible from *text* or *legislative history*" (Hervorhebung vom Autor).

[554] 15 U.S.C. § 78aa.

[555] 15 U.S.C. § 78cc(a).

[556] Shearson, 482 U.S. 220, 228. Gleichzeitig wies das Gericht unter Hinweis auf seine *Mitsubishi*-Entscheidung Bedenken zurück, die Schiedsgerichtsbarkeit sei nicht das geeignete Forum zur Durchsetzung wertpapierrechtlicher Ansprüche (aaO, 231-233).

[557] Shearson, 482 U.S. 220, 236-237.

auf. Es machte kaum Sinn dessen § 14[558] anders auszulegen als die Parallelvorschrift § 29(a). Im Gegenteil schien dem Gericht bei dem gleichen Hintergrund der Vorschriften eine unterschiedliche Behandlung der Klagen im Hinblick auf ihre Schiedsfähigkeit nicht wünschenswert.[559]

- Auch im Bereich des **Strafschadensersatzes (*punitive damages*)**[560] war lange Zeit unklar, ob Schiedsrichter solche gesetzlichen Ansprüche zuerkennen dürften. Das hat der *Supreme Court* bejaht, wenn die Parteien das vereinbart hatten.[561]

- ***RICO*** *[Racketeer Influence and Corrupt Organizations Statute]*[562] ist ein Bundes- oder Einzelstaatengesetz zur Erforschung, Kontrolle und Verfolgung der organisierten Kriminalität. *RICO* ermöglicht Zivilklagen wie auch die strafrechtliche Verfolgung.[563] Auch mit Hilfe von *RICO* kann eine Kläger – ähnlich dem Kartellrecht – einen dreifachen Schadensersatz geltend machen, § 18 U.S.C. § 1964(c). Der *Supreme Court* hielt auch *RICO*-Ansprüche für arbitrabel und stützte seine Ansicht dabei entscheidend auf seine Begründung in *Mitsubishi*: auch der strafrechtliche Charakter von *RICO*-Klagen schließt wie im Kartellrecht nicht die Schiedsfähigkeit von Zivilklagen nach § 1964(c) aus.[564] Im Gegenteil ging das Ge-

---

[558] 15 U.S.C. § 77n.

[559] De Quijas v. Shearson/American Express, 490 U.S. 477, 484-485.

[560] *Punitive damages* können wie folgt erklärt werden: „Punitive damages were originally levied to punish and deter certain conduct and not to vindicate a party's contractual bargain. As a result, they were awarded only when one party's misconduct was willful or malicious. Over the years, the purposes for awarding punitive damages have expanded to include four additional functions: deterring others from committing the same act, discouraging the injured party from engaging in self-help remedies, compensating victims for otherwise uncompensable losses, and reimbursing the plaintiff for litigation expenses which are not otherwise recoverable" (Gotanda, *Awarding Punitive Damages*, 38 HARV. INT'L L.J. 59, 61-63).

[561] Z. B. Mastrobuono v. Shearson Lehman Hutton, 514 U.S. 52, 58 (1995). McLaughlin, 12 ARB. INT'L 113, 119. Zu der Bedeutung der Entscheidung im Föderalverhältnis bei entgegenstehendem *state law* siehe unten VIII/3/b.

[562] 18 U.S.C. § 1961 et seq. – bedeutet in etwa: „Gesetz gegen erpresserischen Einfluß und bestechliche Organisationen."

[563] BLACK'S LAW DICTIONARY 1323: „Federal RICO laws prohibit a person from engaging in activities which affect interstate or foreign commerce, including: (1) using income received from a pattern of racketeering to acquire an interest in an enterprise; (2) acquiring or maintaining an interest in an enterprise through a pattern of racketeering; (3) conducting or participating in the affairs of an enterprise through a pattern of racketeering; and (4) conspiring to commit any of the above offenses. To establish facie RICO claim, a civil plaintiff or prosecutor must allege the existence of seven elements: '(1) that the defendant (2) through the commission of two or more acts (3) constituting a 'pattern' (4) of 'racketeering activity' (5) directly or indirectly invests in, or maintains an interest in, or participates in (6) an 'enterprise' (7) the activities of which affect interstate or foreign commerce.'"

[564] Shearson/American Express v. McMahon, 482 U.S. 220, 240 (1987). Auch schon in *Mitsubishi* erörterten Einwände zu großer Komplexität sowie des besonderen öffentlichen Interesses wies das Gericht zurück.

richt davon aus, daß dem Gesetzeszweck auch dann genügt wird, wenn eine Durchsetzung der *treble damages* gleichermaßen vor Schiedsgerichten möglich ist.[565]

- Besondere Schutzerwägungen finden sich auch in der **Verbraucherschutzgesetzgebung (*consumer claims*)** der Staaten. Diese ist nicht per se von dem Anwendungsbereich des *FAA* ausgeschlossen, sondern nur wenn sie nicht für Schiedsvereinbarungen besondere Anforderungen aufstellen: „States may regulate contracts, including arbitration clauses, under general contract law principles and they may invalidate an arbitration clause 'upon such grounds as exist at law or in equity for the revocation of any contract.'"[566]

- **Zusammenfassung:** Die meisten Gerichte wenden den *FAA* sehr weit auf jegliche Geschäfte im *interstate commerce* an. Grundsätzlich erscheint inzwischen beinahe jeder Streitgegenstand arbitrabel.[567] Nur im Bereich des Versicherungsrechtes wie des Konkursrechts ist Vorsicht geboten. Dabei ist durchaus problematisch, inwieweit die Gerichte durch eine so weite Auslegung das Schiedsrecht der Einzelstaaten Makulatur werden lassen.[568] Dabei scheinen die Einzelstaaten durchaus davon auszugehen, daß neben dem *FAA* noch Raum für individuelle *state arbitration statutes* bleibt.[569]
Grundsätzlich ist Kapitel 1 des *FAA* auch in der Vollstreckung internationaler Schiedssprüche anwendbar.[570]

2. Nicht-Anwendbarkeit des *FAA*

Der *FAA* ist nicht anwendbar, wenn sich die Transaktion nur innerhalb eines US-Staates bewegt, also keinen *interstate*, sondern nur *intrastate commerce* darstellt. **Familienrecht** ist typischerweise den staatlichen Gerichten vorbehalten.[571] Gleichermaßen sind **Schadensersatzansprüche** aus unerlaubter Handlung (*torts*) normalerweise nicht schiedsfähig.[572] Das ergibt sich logischerweise aus dem vertraglichen Charakter der Schiedsgerichtsbarkeit: zwischen Schädiger und Geschädigtem bestehen normalerweise keine vertraglichen Bindungen. Sonst muß zumindest eine vernünftige Beziehung zwischen Schadensgrund und Vertragsgegenstand bestehen: „Tort issues may arise in connection with the performance of obligations

---

565 Shearson, 482 U.S. 220, 242.

566 Allied-Bruce Terminix Co. v. Dobson, 513 U.S. 265, 281; siehe auch McLaughlin, 12 ARB. INT'L 113, 123-124.

567 Carter, 17 Can.-U.S. L.J. 481, 484. Fox, 15 BALTIMORE L. REV. 129, 151.

568 Strickland, 21 HOFSTRA L. REV. 385, 454-455.

569 Schließlich wäre bei einer ausufernden Anwendung des *FAA* die gesamte interne Schiedsgesetzgebung der Bundesstaaten sinnlos (Strickland, 21 HOFSTRA L. REV. 385, 455 n. 347).

570 BORN, INTERNATIONAL COMMERCIAL ARBITRATION 461.

571 McLaughlin, 12 ARB. INT'L 113, 127-130.

572 DOMKE ON COMMERCIAL ARBITRATION § 13:08.

under a contract providing for arbitration, and not from conduct independent of the contract."[573]

Ist der Anwendungsbereich des *Federal Arbitration Act* nicht eröffnet, muß auf das lokale Recht der US-Staaten zurückgegriffen werden.

VI. Die *State Arbitration Acts*

Zum Ende der achtziger und Beginn der neunziger Jahre scheint es einen Trend in der Gesetzgebung der Einzelstaaten gegeben zu haben, eigene internationale Schiedsgesetze zu verabschieden. Entgegen der offensichtlichen Absicht der Gesetzgeber ihren Standort zu fördern,[574] ergab durch die Verabschiedung dieser Gesetze nur Unsicherheit im Hinblick auf das anwendbare Recht, die in erheblichem Maße auf dem ungeklärten Verhältnis des *state* zum *federal arbitration law* herrührt.[575]

In der Literatur wird kritisiert, daß diese Entwicklung bedeutend Einheitlichkeit und Vorhersehbarkeit von Schiedsverfahren unterminiert.[576]

Folgend wird auf die internationalen Schiedsgesetze eingegangen unter besonderer Berücksichtigung ihrer Besonderheiten, vor allem im Vergleich zum UNCITRAL-MG. Im Anschluß daran wird versucht vor dem Hintergrund der föderalen Situation den (verbleibenden) Anwendungsbereich der Gesetze zu bestimmen.

1. New York

a. Allgemeines

New York hatte als erster Staat ein eigenes Schiedsgesetz.[577] Anders als die sogleich vorgestellten internationalen Schiedsgesetze von US-Staaten ist das *New York Arbitration Law* nicht spezifisch auf den internationalen Handel zugeschnitten. Um dessen Anforderungen gerecht werden zu können, ist das Gesetz immer wieder novelliert und so angepaßt worden.[578] Das New Yorker Gesetz ist allerdings bei weitem nicht so umfangreich wie die Schiedsgesetzes anderer Staaten.

---

[573] DOMKE ON COMMERCIAL ARBITRATION § 13:08; McLaughlin, 12 ARB. INT'L 113, 131.

[574] Garvey & Heffelfinger, 25 INT'L LAW. 209, 212.

[575] Kolkey, *Reflections on Statutory Framework*, 1 AM. REV. INT'L ARB. 491, 524.

[576] Consolidated Laws of New York Annotated (Mc Kinney Supp. 1991); Garvey & Heffelfinger, 25 INT'L LAW. 209, 211.

[577] Umfassend zur Schiedsgerichtsbarkeit in New York: MCCLENDON & GOODMAN (eds.) INTERNATIONAL COMMERCIAL ARBITRATION IN NEW YORK.

[578] Brunel, 25 TEX. INT'L L.J. 43, 52.

b. Anwendungsbereich

§ 7501 setzt lediglich eine Schiedsabrede voraus, eine Streitigkeit der Schiedsgerichtsbarkeit zu unterstellen. Begrenzungen in der Schiedsfähigkeit von Streitgegenständen sind unbekannt.

c. Besonderheiten zum Bundesrecht

Das New Yorker Recht sieht die Schriftform für Schiedssprüche vor, § 7507 – mit Ausnahme für Anerkenntnis-Schiedssprüche, § 7508. Die Frist zur Vollstreckbarkeitserklärung beträgt ein Jahr, § 7510. Aufhebungs-und Änderungsgründe müssen innerhalb von drei Monaten geltend gemacht werden, § 7511. Die Schiedsrichter können eine Kostenentscheidung treffen; dem Vollstreckungsgericht bleibt – auf Antrag – die Möglichkeit diese Entscheidung zu korrigieren, § 7513.

2. Florida

a. Allgemeines

Florida war 1986 der erste Bundesstaat, der ein spezifisch internationales Schiedsgesetz, den *Florida International Arbitration Act*,[579] verabschiedete. Hintergrund für das Engagement des Gesetzgebers waren primär wirtschaftliche Interessen: durch die Neufassung des Gesetzes sollte vor allem den Anforderungen der karibischen und lateinamerikanischen Länder entgegengekommen und so der Standort Miami als internationales Wirtschaftszentrum gefördert werden.[580] Gerade im Hinblick auf den Beitritt der meisten südamerikanischen Nationen zum UNÜ bzw. der *Inter-American Convention* erscheint diese Argumentation doch hinfällig geworden zu sein.

Florida setzte nicht das UNCITRAL-MG um; das Modellgesetz war jedoch eine von mehreren Grundlagen der Gesetzgebung.[581] Teil I des *FIAA* enthält die allgemeinen Vorschriften,[582] Teil II Verfahrensvorschriften zum Ablauf des Schiedsverfahrens,[583] Teil III die Aufgaben der staatlichen Gerichte.[584] Kurz beschreibt §

---

[579] FLA. STAT. ch. 684 (1990); im folgenden: *FIAA*.

[580] Loumiet & O'Naghten & Swan, *Proposed Florida International Arbitration Act*, 16 U. MIAMI INTER-AM. L. REV. 593, 595; Brunel, 25 TEX. INT'L L.J. 43, 77; Mellman, 19 U. MIAMI INTER-AM. L. REV. 363, 376.

[581] Brunel, 25 TEX. INT'L L.J. 43, 52.

[582] Wie Titel, Zielsetzung, Anwendungsbereich und Legaldefinitionen.

[583] Wie z. B. Zustellung, Ernennung der Schiedsrichter, Ort des Schiedsverfahrens, vorläufiger Rechtsschutz, anwendbares Recht, Form und Inhalt des Schiedsspruches. Die Verfahrensvorschriften entsprechenen mit einigen Abweichungen den Vorgaben des UNCITRAL-MG, das gekennzeichnet ist durch die Betonung der Parteiautonomie und der beschränkten Rolle der Gerichte (Mellman, 19 U. MIAMI INTER-AM. L. REV. 363, 378-379).

[584] Vor allem die Vorschriften zur Aufhebung von Schiedssprüchen.

684.02 die allgemeine Zielsetzung des *FIAA*, nämlich die Schiedsverfahren als alternativen Streitbeilegungsmechanismus für internationale Verfahren zu fördern, und sichert die Zusammenarbeit zwischen Schiedsgericht und staatlichen Gerichten.[585] Der Schiedsspruch muß schriftlich ergehen; seine Begründung ist grundsätzlich nicht erforderlich, § 684.19.[586] In radikaler Abkehr des dahin geltenden US-Rechts können Schiedsrichter nach § 684.19(4) auch die Anwaltskosten in ihre Kostenentscheidung einbeziehen.[587]

Materiell-rechtlich verfolgte der Gesetzgeber vor allem drei Ziele: (1) Korrektur der Unzulänglichkeiten des geltenden lokalen Rechts[588] und Ausfüllen der Lücken des Bundesrechtes,[589] (2) Schaffung eines umfassenden Regelwerkes für internationale Schiedsverfahren,[590] das (3) so modern und schiedsfreundlich wie möglich sein sollte.[591]

b. Anwendungsbereich

Voraussetzung für die Anwendung des *FIAA* ist ein *written undertaking to arbitrate*, § 684.02(2), das in § 684.04(4) legaldefiniert ist. Grund für diese ungewöhnliche Formulierung des Gesetzgebers ist, den Anwendungsbereich noch weiter zu fassen und zu verhindern, daß staatliche Gerichte eine Verweisung an das Schiedsgericht an der Definition des Vertragsbegriffes scheitern lassen.[592] Noch weitergehend umfaßt das *written undertaking* für den Teil II des *FIAA* „jedes von den Parteien gewählte Regelwerk".[593] Ein Schiedsgericht wird also ein solches Regelwerk als Teil der Schiedsabrede ansehen müssen, wenn es Teil II des *FIAA* anwendet.[594]

---

[585] 684.02. Policy: (1) It is the policy of the Legislature to encourage the use of arbitration to resolve disputes arising out of international relationships and to assure access to the courts of this state for legal proceedings ancillary to, or otherwise in aid of, such arbitrations.

[586] Eine Begründung kann jedoch von den Parteien vorgesehen werden. Sie ist auch erforderlich, wenn sonst die Vollstreckung gefährdet wäre.

[587] Mellman, 19 U. MIAMI INTER-AM. L. REV. 363, 385.

[588] Lücken im Anwendungsbereich des alten Rechts, Schaffung einer Rechtsgrundlage für Verfahren mit südamerikanischen Staaten, sowie Rechtsgrundlage zur Vollstreckung von ausländischen Schiedssprüchen, die nicht dem UNÜ unterfallen (Loumiet, *FIAA*, 26 I.L.M. 949).

[589] Mellman, 19 U. MIAMI INTER-AM. L. REV. 363, 376.

[590] Anpassung des Schiedsrechtes an die Erfordernisse eines internationalen Schiedsverfahrens: Regelungen zur Rechtswahl (*choice of law*), Rechtshilfe zur Erlangung von Beweismitteln, Verfahrenssprache, Fremdwährungstitel (Loumiet, *FIAA*, 26 I.L.M. 949, 950).

[591] Maximum an Anpassungsfähigkeit im Hinblick auf den Ablauf des Schiedsverfahrens nur begrenzt durch minimale Anforderungen eines fairen Verfahrens (Loumiet, *FIAA*, 26 I.L.M. 949, 950).

[592] Vgl. § 684.04.(4): „... without regard to whether that undertaking is sufficient to sustain a valid and enforceable contract or is subject to defenses." Loumiet, *FIAA*, 26 I.L.M. 949, 951.

[593] § 684.07.(1): „... the term 'written undertaking to arbitrate' includes any system of rules selected by the parties."

[594] Loumiet, *FIAA*, 26 I.L.M. 949, 961 n. 14.

§ 684.03. definiert den Anwendungsbereich des *FIAA* und nimmt dabei den (Wohn)Sitz der Parteien zum Ausgangspunkt.[595] Die erforderliche internationale Komponente wird in § 684.03(1) weit gefaßt und fordert letztlich nur ein Minimum an Auslandsbezug.[596] Damit sind auch Schiedssprüche erfaßt, die nicht in Mitgliedsstaaten der *New York* oder *Inter-American Convention* ergangen sind.[597]
Auch für die Bestimmung schiedsfähiger Streitigkeiten wurde hier ein Sonderweg gewählt. Entgegen den Gesetzen der meisten anderen Bundesstaaten wird der Anwendungsbereich nicht positiv definiert, sondern lediglich enge Ausnahmetatbestände formuliert.[598] Damit ist der Anwendungsbereich nicht auf Handelssachen beschränkt.[599] Auf diese Weise sollen Rechtsstreitigkeiten über die Auslegung eines „Handelssachen"-Vorbehaltes verhindert werden.[600] Gleichzeitig verwirft der *FIAA* das Territorialitätsprinzip[601] und führt in § 684.05 die drei Möglichkeiten an, unter denen der *FIAA* innerhalb und außerhalb Floridas Anwendung finden kann: (1) ausdrückliche Parteivereinbarung, (2) das *written undertaking to arbitrate* ist Teil eines Vertrages, auf den das Recht Floridas Anwendung findet, oder (3) Schiedsgericht hält nach den Regeln des internationalen Privatrechts das Recht Floridas für einschlägig. Damit kann ein Schiedsverfahren nach dem Recht Floridas auch dort möglich, wo das lokale Recht keine Regelungen für das Schiedsverfahren vorsieht oder die eigenen Regeln zwingend vorschreibt.[602] Die Problematik dieser Vorschrift liegt auf der Hand: bei einem Verfahren z. B. in Texas könnte ein Vertrag, der dem Recht Floridas unterliegt, alternativ oder sogar kumulativ nach dem Recht von Texas und/oder Florida zu beurteilen sein.[603] Insgesamt deckt der *FIAA* damit beinahe alle Typen von Schiedsvereinbarungen ab.[604]

c. Besonderheiten zum Bundesrecht

Insgesamt verfügt das internationale Schiedsgesetz von Florida über einige Besonderheiten im Vergleich zum Bundesrecht. Dazu zählt die genannte Bestimmung des Anwendungsbereiches über eine Negativ-Definition, ebenso wie die Durchbrechung des Territorialitätsprinzips, das historisch im internationalen Recht gegen-

---

[595] Mills, 13 FORDHAM INT'L L.J. 604, 619.
[596] § 684.03.(1)(b): „4. Bears some other relation to one or more foreign countries."
[597] Zeft, 22 N.C. J. INT'L L. & COM. REG. 705, 732.
[598] Das sind nach § 684.03. (2): (a) Streitigkeiten über Eigentumsrechte, Nutzung, Entwicklung oder Besitz von Grundstücke in Florida, es sei denn ein Schiedsverfahren war ausdrücklich schriftlich vereinbart; (b) Familienrecht oder Streitigkeiten politischer Natur zwischen zwei oder mehr Regierungen.
[599] Walker, 17 N.C. J. INT'L L. & COM. REG. 419, 426.
[600] Loumiet, *FIAA*, 26 I.L.M. 949, 959 n. 13.
[601] Loumiet, *FIAA*, 26 I.L.M. 949, 952.
[602] Loumiet, *FIAA*, 26 I.L.M. 949, 961 n. 16.
[603] So das Beispiel von: Kolkey, *Reflections on Statutory Framework*, 1 AM. REV. INT'L ARB. 491, 507-08.
[604] Brunel, 25 TEX. INT'L L.J. 43, 53.

über der prozessualen Theorie überwog.[605] Damit sollte dem Charakter des Schiedsrechts entsprechend eine größtmögliche Befreiung des Schiedsverfahrens von allen Formalismen und Verfahren staatlicher Rechtssysteme erreicht werden.[606] Neben einigen ausführlichen Vorschriften zum Ablauf des Schiedsverfahrens gesteht das Recht Floridas den Schiedsrichtern zu, die Verfahrenssprache festzulegen, § 684.06(1), und im Sinne einer (vorläufigen) Kompetenz-Kompetenz über sämtliche Zuständigkeitsfragen zu entscheiden, § 684.06(2), einschließlich der Einreden, ein gültiger Vertrag läge nicht vor, die konkrete Streitfrage unterliege nicht dem Schiedsverfahren oder sei nicht schiedsfähig. Damit folgt der *FIAA* der sogenannten *separability doctrine.*[607] Ein Gerichtsverfahren zur Prüfung dieser Entscheidung ist nicht vorgesehen. Als Regelfall geht der *FIAA* wie der *Federal Arbitration Act* von einer Besetzung des Schiedsgerichts mit nur einem Schiedsrichter aus, § 684.09.[608] Er sieht in § 684.17 ein Verfahren zur Bestimmung des anwendbaren materiellen Rechts vor. Letztlich ist aber keine der Regeln des Teil II zwingend, § 684.07(1), die Parteien sind völlig frei in der Wahl des anwendbaren Verfahrens.[609]

Sehr praxisrelevant sind die Regelungen in § 684.18 und 19: Wenn nichts anderes vereinbart ist, kann das Schiedsgericht auch über angemessene Zinsen entscheiden, § 684.18. Dabei wird der Zinssatz wahrscheinlich von der Währung des Schiedsspruches abhängen und die Inflationsrate miteinbeziehen.[610] Ebenso kann das Schiedsgericht auch über Gebühren und Kosten (einschließlich der Kosten für die Rechtsberater) entscheiden und sie angemessen zwischen den Parteien verteilen, § 684.19(4).

Im Gegensatz zu dem UNCITRAL-MG schreibt der *FIAA* grundsätzlich keine schriftliche Begründung des Spruches vor, § 684.19(3), wenn keiner der genannten Ausnahmetatbestände vorliegt.[611] Hintergrund dieser Vorschrift ist die Befürchtung, daß unerfahrene Nicht-Juristen als Schiedsrichter mit der Formulierung der Gründe gleichzeitig versehentlich Gründe zur Aufhebung des Schiedsspruches geben könnten. Es kommt hinzu, daß ja gerade ausgedehnte Gerichtsverfahren verhindert werden sollen und die Parteien das Schiedsverfahren auch wegen der damit verbundenen Vertraulichkeit wählen.[612] Andererseits wird aber die Mehrzahl

---

[605] Loumiet, *FIAA*, 26 I.L.M. 949, 952.
[606] Loumiet, *FIAA*, 26 I.L.M. 949, 952.
[607] Diese Trennungslehre besagt, daß die Ungültigkeit des Vertrages nicht zwangsläufig die Ungültigkeit der darin enthaltenen Schiedsabrede bedeutet, Vertrag und Schiedsabrede also trennbar sind.
[608] Zu den Gründen: Loumiet, *FIAA*, 26 I.L.M. 949, 962 n. 18.
[609] Loumiet, *FIAA*, 26 I.L.M. 949, 951-952.
[610] Loumiet, *FIAA*, 26 I.L.M. 949, 953.
[611] (a) schriftliche Parteivereinbarung; (b) gesetzliche Verpflichtung; (c) Begründung erforderlich für gerichtliche oder andere offizielle Verfahren in Bezug auf den Schiedsspruch. Allein durch die Wahl eines Verfahrens, das eine Begründung des Schiedsspruchs vorschreibt, kann § 684.19(3) über die Anwendung von § 684.07. überspielt werden (Loumiet, *FIAA*, 26 I.L.M. 949, 964 n. 21).
[612] Loumiet, *FIAA*, 26 I.L.M. 949, 954.

der Schiedssprüche dennoch mit einer Begründung versehen. Denn eine Begründung erfordert zusätzliche Disziplin der Schiedsrichter und begrenzt damit das Risiko von Willkürentscheidungen. Schließlich sind die Chancen, daß ein Schiedsspruch aufgehoben wird, relativ gering.[613]

Für die vorliegende Untersuchung von besonderer Bedeutung sind die §§ 684.24, 25, die Vollstreckung und Aufhebung von Schiedssprüchen regeln. Grundsatz ist die Vollstreckbarkeitserklärung, Ausnahme die Versagung der Vollstreckbarkeit[614], wenn einer der Gründe nach § 684.25 vorliegt, § 684.24(1)(a). Die Liste der Gründe, aus denen ein Gericht Floridas die Vollstreckung versagen kann, ist wesentlich eingeschränkter als die nach dem UNÜ, womit die Vollstreckungsabwehr in Florida noch schwieriger ist.[615] Dabei können die Gerichte für die Mehrzahl der Versagungsgründe keine eigene Tatsachenentscheidung treffen, § 684.25(2). Der *FIAA* trifft – im Unterschied zu den meisten anderen Gesetzen – eine Regelung zu den Rechtsmitteln, § 684.32, auch gegen eine Vollstreckbarkeits- oder Aufhebungserklärung durch ein Gericht.[616]

§§ 684.24(2), (6) treffen eine ausdrückliche Regelung für gerichtlich bestätigte Schiedssprüche. Nach *FIAA* ist ein Schiedsspruch auch schon dann endgültig, wenn ihm noch die nach anwendbaren Recht möglicherweise erforderliche gerichtliche Bestätigung fehlt, § 684.24(7).

§ 684.26 ermöglicht die Vollstreckung von Schiedssprüchen in ausländischer Währung. Auf Antrag kann das Gericht eine Umrechnung vornehmen auf Grundlage des Wechselkurses bei Erlaß der Spruches.[617]

3. Kalifornien

a. Allgemeines

Verabschiedete der Gesetzgeber Floridas den *FIAA* vor allem um den Handel mit den karibischen Staaten und Südamerika zu stärken, so richtete sich der Blick Kaliforniens nach Westen. Kalifornien fürchtete, daß die Angst ausländischer Unternehmen vor kalifornischen Gerichtsverfahren sie von verstärkten Handelsbeziehungen mit Kalifornien abhält.[618] So wurde 1988 den *California International*

---

[613] Walker, 17 N.C. J. INT'L L. & COM. REG. 419, 444.

[614] Es erschien dem Gesetzgeber unangemessen, die Aufhebung eines Schiedsspruches zuzulassen, wenn dieser außerhalb von Florida unter der Anwendung eines anderen Rechts erging (Loumiet, *FIAA*, 26 I.L.M. 949, 955).

[615] Loumiet, *FIAA*, 26 I.L.M. 949, 955.

[616] Wie auch Maryland und North Carolina. Die übrigen Staaten verlassen sich nur auf die allgemeinen Regeln (Walker, 17 N.C. J. INT'L L. & COM. REG. 419, 448).

[617] Sehr kritisch zur Bestimmung dieses Tatbestandsmerkmals: Mellman, 19 U. MIAMI INTER-AM. L. REV. 363, 391-392.

[618] Brunel, 25 TEX. INT'L L.J. 43, 54.

Arbitration and Conciliation Act[619] verabschiedet, um der Abneigung asiatischer Völker gegen Streitbeilegung durch Konfrontation entgegenzukommen.[620] Auf diese Weise soll der Handel vor allem mit dem Pazifischen Raum gestärkt werden und damit aus der geographischen Nähe Kaliforniens zum asiatischen Markt Kapital geschlagen werden. Gleichzeitig hofft Kalifornien jetzt aufgrund seiner neuen schiedsrechtsfreundlichen Gesetzgebung mit europäischen Standorten konkurrieren zu können, die bisher – trotz mancher Unannehmlichkeit – von ausländischen Parteien wegen ihrer gut eingeführten Schiedsrechtsstrukturen bevorzugt worden waren.[621] Eines der Leitprinzipien für den *CIACA* war es, den Parteivereinbarungen weitestmögliche Geltung zu verschaffen und gleichzeitig Eingriffe der Gerichte in das Schiedsverfahren auf die gesetzlich vorgegebenen Fälle zu beschränken.[622] Anders als Florida hielt sich Kalifornien im wesentlichen an die Vorgaben des UNCITRAL-MG.[623] Der *CIACA* enthält insgesamt sieben Kapitel.[624] Dabei ist allerdings für die vorliegende Untersuchung besonders zu beachten, daß Kalifornien die letzten beiden Abschnitte des Modellgesetzes nicht umgesetzt hat, darunter der Abschnitt „Recognition and Enforcement of Awards", um Überschneidungen mit Bundesrecht und die damit verbundenen Unsicherheiten zu vermeiden.[625]

b. Anwendungsbereich

§ 1297.11 definiert die Anwendungsvoraussetzungen des *CIACA*: *International Commercial Arbitration*. Anders als der *FIAA* beschränkt § 1297.12 den Anwendungsbereich des *CIACA* auf Schiedsverfahren, die in Kalifornien stattfinden. Ganz ähnlich wird die Internationalität weit gefaßt, § 1297.13. Anknüpfungspunkt bildet hier – anders als in Florida – der Ort der Geschäftstätigkeit der Parteien (*place of business*).[626] Dabei können die Parteien die Internationalität eines Geschäftes - und damit mittelbar auch die Anwendbarkeit - des *CIACA* vereinbaren, § 1297.13(c). Das Handelsgeschäft wird beispielhaft, aber nicht abschließend ebenso sehr weit definiert in § 1297.16.[627]

---

[619] CAL. CIV. PROC. CODE §§ 1297.11-432 (West Supp. 1990); im folgenden: *CIACA*.

[620] Brunel, 25 TEX. INT'L L.J. 43, 54.

[621] Brunel, 25 TEX. INT'L L.J. 43, 54.

[622] Kolkey, *International Arbitration in California*, 10 WHITTIER L. REV. 181, 184; Wright, 17 INT'L BUS. LAW. 45, 46.

[623] Kolkey, *International Arbitration in California*, 10 WHITTIER L. REV. 181; Wright, 17 INT'L BUS. LAW. 45.

[624] Kapitel 1: Anwendungsbereich und Definitionen; Kapitel 2: Schiedsabreden und gerichtliche Maßnahmen zur Unterstützung des Schiedsverfahrens; Kapitel 3: Zusammensetzung des Schiedsgerichts; Kapitel 4: Zuständigkeit des Schiedsgerichts; Kapitel 5: Ablauf des Schiedsverfahrens; Kapitel 6: Korrektur und Auslegung von Schiedssprüchen, ergänzende Schiedssprüche; Kapitel 7: Schlichtung.

[625] Kolkey, *Reflections on Statutory Framework*, 1 AM. REV. INT'L ARB. 491, 510; Brunel, 25 TEX. INT'L L.J. 43, 54 hält diese Vorschriften für durch Bundesrecht verdrängt.

[626] So auch Wright, 17 INT'L BUS. LAW. 45, 46.

[627] (a) Lieferung oder Austausch von Waren oder Dienstleistungen; (b) Vertriebsabrede; (c) Handelsvertretung oder Agentur (*commercial representation or agency*); (d) Ausbeutungsvertrag oder

c. Besonderheiten

In Abweichung zum Modellgesetz geht auch das kalifornische Recht von einem Schiedsrichter als Grundsatz aus, § 1297.101.[628] Im Unterschied zum *Federal Arbitration Act* und dem Modellgesetz sieht der *CIACA* einen sorgfältig ausgearbeiteten Katalog über die Befangenheit von Schiedsrichtern sowie ein darauf abgestimmtes Schiedsrichterablehnungsverfahren vor, § 1297.121-136. Dabei werden sogar dritte Personen wie Ehepartner mit in die Beurteilung einbezogen.[629] Der Maßstab für die Befangenheit eines Schiedsrichters ist mit „justifiable doubts“, also gerechtfertigten Zweifeln,[630] recht weit gefaßt.[631] Ungeachtet der Anfechtung einer Schiedsrichterbenennung geht das Verfahren weiter.[632] In Anbetracht dessen und der kurzen Frist von 15 Tagen[633] können kaum größere Verzögerungen eintreten, als wenn eine Partei sich im Rahmen einer Verzögerungstaktik weigert, einen Schiedsrichter zu benennen und damit das Gericht die Benennung vornehmen muß.[634]

Nach § 1297.161 kann das Schiedsgericht im Sinne der Kompetenz-Kompetenz über Einwendung gegen seine Zuständigkeit entscheiden. Die Rüge muß sofort erfolgen, § 1297.163, hindert aber den Fortgang des Verfahrens zunächst nicht, § 1267.167. Berufung zum *Superior Court* ist innerhalb von 30 Tagen möglich, § 1297.166. Damit soll eine Partei gezwungen werden, ihre Vorbehalte sofort geltend zu machen und nicht erst die Entscheidung des Schiedsgerichts abzuwarten.[635]

Kapitel 5 enthält umfangreiche Verfahrensvorschriften, wie zur Bestimmung anwendbaren Verfahrensrechts,[636] des Schiedsortes,[637] der Verfahrenssprache,[638]

Konzession; (e) *Joint Venture* oder verwandte Formen von industriellen oder Handelskooperationen; (f) Waren- oder Personenbeförderung in der Luft, zur See, auf Schiene oder Straße; (g) Bauausführung; (h) Versicherung; (i) Lizenzen; (j) Factoring; (k) Leasing; (l) Consulting; (m) Maschinenbau; (n) Kapitalbeschaffung; (o) Bankgeschäfte; (p) Transfer von Daten und Technologie; (q) geistiges oder industrielles Eigentum, einschließlich Warenzeichen, Patente, Urheberrechte und Software Programme; (r) freiberufliche Dienstleistungen. Ausgeschlossen wären damit: Streitigkeiten im Familienrecht oder um ärztliche Kunstfehler (Kolkey, *International Arbitration in California*, 10 WHITTIER L. REV. 181, 183). Letztere sind aber z. T. nach dem Recht anderer Einzelstaaten arbitrabel (Carbonneau, *Mitsubishi: the folly of quixotic internationalism*, 2 ARB. INT'L 116, 118).

[628] Auch um einen möglichen Widerspruch mit dem *FAA*, 9 U.S.C. § 5, zu vermeiden (Kolkey, *Reflections on Statutory Framework*, 1 AM. REV. INT'L ARB. 491, 509).

[629] § 1297.121.(e).

[630] § 1297.124.

[631] Gorman & Shirodkar, 16 MD. J. INT'L L. & TRADE 183, 220 n. 260. Es erscheint zweifelhaft, ob diese weit gefaßten Offenbarungsgründe mit Bundesrecht vereinbar sind (vgl. Garvey & Heffelfinger, 25 INT'L LAW. 209, 217); kritisch zu den Befangenheitsgründen wegen ihrer Mißbrauchsanfälligkeit (Rivkin & Kellner, *In Support of the FAA*, 1 AM. REV. INT'L REV. 535, 547).

[632] § 1297.136.

[633] § 1297.132.

[634] Walker, 17 N.C. J. INT'L L. & COM. REG. 419, 432.

[635] Kolkey, *International Arbitration in California*, 10 WHITTIER L. REV. 181, 185.

[636] § 1297.191.

[637] § 1297.201.

[638] § 1297.221.

Säumnis einer Partei.[639] Kapitel 6 regelt die formellen und materiellen Voraussetzungen des Schiedsspruches, wie das anwendbare materielle Recht.[640]
§ 1297.313 sieht als Regelfall eine Begründung des Schiedsspruches vor.[641] Schließlich wird den Schiedsrichtern ermöglicht mangels entgegenstehender Regelung eine Entscheidung über die Zinsen,[642] wie über die Kosten des Verfahrens[643] zu entscheiden. Das Schiedsgericht kann auf einen Schiedsvergleich hinwirken, der dann in Form eines Schiedsspruches protokolliert werden[644] mit der gleichen Wirkung wie ein solcher.[645]
Mit § 1297.318 paßt sich das kalifornische Recht an internationale Gegebenheiten an und ermöglicht den Schiedsrichtern ebenfalls eine umfassende Entscheidung über die Kosten des Schiedsverfahrens. Eine Entscheidung über die *legal* oder *attorney's fees* war bis dahin in Kalifornien nicht üblich.[646]

4. Texas

a. Allgemeines

Historisch war Texas alles andere als ein attraktives Forum für die Schiedsgerichtsbarkeit, denn die ursprüngliche Gesetzgebung von 1846 ermöglichte den Widerruf einer Schiedsabrede jederzeit bis zum Erlaß des Schiedsspruches.[647] 1965 setzte Texas den *UAA* um, allerdings unter Einschluß der ungewöhnlichen Klausel, daß eine Schiedsabrede nur unter Einbeziehung von Rechtsanwälten getroffen werden konnte.[648]
Mit der gleichen wirtschaftlichen Zielsetzung wie die anderen Bundesstaaten verabschiedete Texas 1989 den *Texas General Arbitration Act*,[649] der ganz auf dem kalifornischen internationalen Schiedsgesetz beruht,[650] allerdings keine wortgleiche Kopie darstellt. Insoweit kann also im wesentlichen auf die Darstellung zum kalifornischen Recht verwiesen werden,[651] soweit Texas die Regelungen Kaliforniens der Sache nach übernommen hat.

---

[639] § 1297.251.
[640] § 1297.281.
[641] Das ist in Abkehr des traditionellen US-Rechts (sehr kritisch zu den möglichen Auswirkungen: Garvey & Heffelfinger, 25 INT'L LAW. 209, 220).
[642] § 1297.317.
[643] § 1297.318.
[644] § 1297.302.
[645] Walker, 17 N.C. J. INT'L L. & COM. REG. 419, 443.
[646] Kolkey, *International Arbitration in California*, 10 WHITTIER L. REV. 181, 186.
[647] Dabei war die Gesetzgebung von der *ousting doctrine* beeinflußt und Ausdruck der Sorge, daß Parteien eine überlegene Verhandlungsposition im Hinblick auf günstige Schiedsvertragsbedingungen mißbrauchen könnten (Brunel, 25 TEX. INT'L L.J. 43, 56).
[648] Diese unsinnige Vorschrift wurde schließlich 1979 aufgegeben, Brunel, 25 TEX. INT'L L.J. 43, 56.
[649] TEX. REV. CIV. STAT. ANN. arts. 224-249 (Vernon Supp. 1989).
[650] Brunel, 25 TEX. INT'L L.J. 43, 56.
[651] Siehe gerade unter 3.

b. Anwendungsbereich

Der Anwendungsbereich des texanischen Gesetzes unterscheidet sich kaum von dem *CIACA*. Gleichermaßen findet der *Texas Act* Anwendung auf die internationale Handelsschiedsgerichtsbarkeit, Art. 249-1. Formell wird in Texas allerdings zwingend[652] die Schriftform einer Schiedsabrede vorausgesetzt, Art. 249-7 sec. 2. Dennoch werden sich hier kaum nennenswerte Unterschiede in der Praxis zwischen dem etwas weiter gefaßten *CIACA*[653] ergeben; schließlich sind die Schiedsklauseln in internationalen Verträgen typischerweise schriftlich.

c. Besonderheiten

Ebenso wie für die Anwendungsvoraussetzungen ist das texanische Gesetz auch in seinen Anforderungen an den Schiedsspruch formal enger. Auch hier ist zwingend die Schriftform vorgesehen.[654] Ort und Zeitpunkt des Schiedsverfahrens sind ebenso anzugeben[655]. Gleichermaßen müssen die Schiedsrichter, wenn nichts anderes vereinbart ist, eine Begründung ihrer Entscheidung abgeben, Art. 249-31 sec. 3. Von praktischer Bedeutung ist auch die unterschiedliche Frist des Art. 249-12 sec. 1. Sie schreibt dem Schiedsrichter vor, mögliche Befangenheitsgründe innerhalb von 21 Tagen vorzulegen. Dagegen ist in Kalifornien eine Frist von nur 15 Tagen vorgesehen, § 1297.121.

5. Connecticut

a. Allgemeines

Connecticut hat das UNCITRAL-MG 1990 beinahe wörtlich übernommen; das Gesetz heißt entsprechend: *UNCITRAL Model Law on International Commercial Arbitration.*

b. Anwendungsbereich

Das Gesetz findet Anwendung auf die internationale Handelsschiedsgerichtsbarkeit.[656] Dabei orientiert sich die Definition der Internationalität am (Wohn)Sitz der Parteien. Die Vollstreckung eines Schiedsspruches ist möglich unabhängig von dem Herkunftsstaat des Schiedsspruches, § 35. Ob ein Staat der *New York* oder der *Panama Convention* beigetreten ist, bleibt also unbeachtlich.[657]

---

652 „...must be in writing..."
653 „...shall be in writing...", § 1297.72.
654 Art. 249-31. Sec. 3.
655 Art. 249-31. Sec. 4.
656 § 1.
657 Zeft, 22 N.C. J. INT'L L. & COM. REG. 705, 732.

c. Besonderheiten

Als Besonderheit ist zu vermerken, daß Connecticut darauf verzichtet hat die Vorschriften zur Anerkennung und Vollstreckung umzusetzen.[658] Problematisch ist Übernahme der Drei-Schiedsrichter-Regel in § 10; sie läuft § 5 des *FAA* zuwider, der mangels entgegenstehender Parteivereinbarung von einem Schiedsrichter als Regelfall ausgeht. § 16 sieht die Entscheidung des Schiedsgerichts über die Existenz einer gültigen Schiedsabrede vor. Auf Antrag der Parteien soll eine mündliche Verhandlung stattfinden, § 25. Ein Schiedsvergleich ist möglich , § 29. Der Schiedsspruch soll schriftlich ergehen und eine Entscheidungsbegründung enthalten, § 31. § 33 regelt Änderung und Auslegung von Schiedssprüchen. Aus den Gründen nach § 34 kann ein Gericht einen Spruch aufheben; diese Gründe entsprechen denen nach Art. 5 UNÜ. Art. 5(1)(e) findet allerdings kein Äquivalent.

6. Georgia

a. Allgemeines

Georgia hat – anders als die vorgenannten Staaten – kein spezielles Gesetz zur internationalen Schiedsgerichts erlassen, sondern (nur) einen Teil 2, der sich mit internationalen Geschäften befaßt, an den *Arbitration Code* angefügt. Es lehnte sich damit an das New Yorker Vorbild an.[659] § 9-9-30 gibt die Zielsetzung des Gesetzes vor, nämlich den Gebrauch der Schiedsgerichtsbarkeit zur Beilegung von Streitigkeiten bei internationalen Transaktionen zu fördern. Auf diese Weise will auch Georgia sein Bekenntnis zum internationalen Handel verdeutlichen. Der vergleichsweise kurze Teil 2 mit seinen 14 Paragraphen enthält vor allem prozessuale Regelungen.[660]

Systematisch geht Georgia einen anderen, nicht ganz unproblematischen Weg, indem es den Teil 1, also das lokale Schiedsrecht, für gleichzeitig anwendbar erklärt. Mangels der sonst üblichen Konstruktion, wonach allein die internationalen Schiedsgesetze internationale Streitigkeiten ausschließlich regeln, hat das nämlich zur Folge, daß ein (ausländischer) Jurist sich nicht nur in der Rechtsprechung zum internationalen, sondern konkurrierend und ergänzend immer auch noch in der zum nationalen Teil auskennen muß.[661] Gleichzeitig bietet das Verhältnis dieser beiden Teile eine neue Quelle für die gerichtliche Auseinandersetzung.[662]

---

[658] Kolkey, *Reflections on Statutory Framework*, 1 AM. REV. INT'L ARB. 491, 507.
[659] Kennedy, *The Model Law on International Commercial Arbitration*, 72 MICH. B.J. 192, 194.
[660] Gorman & Shirodkar, 16 MD. J. INT'L L. & TRADE 183, 216.
[661] Gorman & Shirodkar, 16 MD. J. INT'L L. & TRADE 183, 220 n. 260.
[662] McClendon, *State International Arbitration Laws*, 1 AM. REV. INT'L ARB. 244, 257.

b. Anwendungsbereich

Kurz und knapp definiert § 9-9-31 die Internationalität eines Geschäftes: (1) eine Partei hat ihren Sitz im Ausland; (2) sofern beide Parteien in den USA ansässig sind, das Geschäft irgendeine Auslandsbeziehung hat.[663] Die Ausnahmen nicht-arbitrabler Streitgegenstände des Teil 1 gelten auch hier.[664] Der *Georgia Code* macht dagegen keine Aussage, ob seine Anwendbarkeit an einen Schiedsort in Georgia anknüpft.[665]

c. Besonderheiten

Wie auch die anderen internationalen Schiedsgesetze erlaubt der *Georgia Arbitration Code* den Schiedsrichtern eine Entscheidung über ihre Zuständigkeit. Ungewöhnlich ist aber, daß das Gesetz keinerlei Anfechtungsverfahren gegen die Entscheidung vorsieht.[666] Damit wird eine Verschleppungstaktik durch ein paralleles Gerichtsverfahren unmöglich. Gleichzeitig durchbricht auch der *Georgia Code* auch das Territorialitätsprinzip und stellt klar, daß mit der Wahl eines Schiedsortes in Georgia nicht zwingend die Anwendung des *Georgia Code* verbunden ist. Damit wird die größtmögliche Gestaltungsfreiheit der Parteien sichergestellt. Die Schiedsrichter können ebenso wie in den anderen Schiedsgesetzen über die Verfahrenssprache entscheiden.[667]

Bei entsprechender Parteivereinbarung oder möglichen Schwierigkeiten in der Vollstreckung soll das Schiedsgericht den Spruch begründen, § 9-9-39(a). Unbeachtlich ist, ob ein Spruch auf US-Dollar oder eine andere Währung lautet, § 9-9-40. Das Schiedsgericht kann auch eine Entscheidung über die Kosten treffen, § 9-9-39(b).

Für die Vollstreckung von Schiedssprüchen schreibt § 9-9-42 Gegenseitigkeit vor und verweist auf die Versagungsgründe von Teil 1.[668] Problematisch ist in diesem

---

[663] unklar: Walker, 17 N.C. J. INT'L L. & COM. REG. 419, 426, der den *Georgia Code* als enger im Anwendungsbereich bezeichnet. Das würde aber genau der Absicht des Gesetzgebers widersprechen, wonach der Gebrauch von Schiedsverfahren gefördert werden soll.

[664] Das sind: medizinische Kunstfehler; Tarifverträge; bestimmte Versicherungsverträge; Streitgegenstände, die bereits durch andere Schiedsgesetze geregelt werden; Kreditverträge und Verbraucherkreditverträge unter 25.000,- US-Dollar; Verbrauchsgüterkaufverträge; weitere Endverbraucherverträge; Kauf- oder Kreditverträge zum Erwerb oder zur Finanzierung von Wohngrundstücken, es sei denn Schiedsklausel wurde bei Vertragsabschluß von allen Unterzeichnern (gesondert) abgezeichnet – gilt nicht für Grundstücksmakler; Vertragsbedingungen in Arbeitsverträgen, wenn nicht Schiedsklausel bereits bei Durchführung der Vertrages abgezeichnet wurde; zukünftige Schadensersatzansprüche wegen Körperverletzung oder Todes (§9-9-2(c)).

[665] Mills, 13 FORDHAM INT'L L.J. 604, 621.

[666] Gorman & Shirodkar, 16 MD. J. INT'L L. & TRADE 183, 217 n. 230.

[667] Sofern die Parteien diese nicht vereinbart haben, § 9-9-37.

[668] § 9-9-13: (a) Drei-Monats-Frist; (b) wenn einer teilnehmenden Partei ihre Rechte vorbehalten wurden, wegen (1) Korruption, Betrug oder ordnungswidriges Verhalten beim Erlaß des Schiedsspruchs; (2) Parteilichkeit des neutralen Schiedsrichters; (3) Überschreiten der sachlichen Zuständigkeit

Zusammenhang, daß die Vollstreckung auch dann schon versagt werden kann, wenn sie gegen den *ordre public* von Georgia verstoßen würde, § 9-9-42.[669] Diese Vorschrift kollidiert mit dem UNÜ, das als Versagungsgrund nur den *ordre public* des Föderalstaates vorsieht.[670]

7. Hawaii

a. Allgemeines

Der *Hawaii International Arbitration, Mediation and Conciliation Act*[671] *[HIAMCA]* von 1988 unterscheidet sich schon dadurch fundamental von den Schiedsgesetzen der anderen Bundesstaaten, daß er in keinerlei Beziehung zum UNCITRAL-MG steht.[672] Ausführlich beschreibt § 685D-2 Hintergrund und Zielsetzung des *HIAMCA*, die sich aber letztlich nicht von denen der anderen Gesetze unterscheiden. Durch die Verabschiedung des *HIAMCA* will der Gesetzgeber von Hawaii vor allem die Rahmenbedingungen für den Handel mit den Staaten in der Pazifikregion verbessern.

b. Anwendungsbereich

Der *HIAMCA* findet Anwendung auf jedes internationale Schiedsverfahren und ist nicht auf den Handel beschränkt. Ähnlich dem *FIAA* verfügt das Gesetz über eine (kurze) Negativliste von Ausnahmen.[673] Die Internationalität wird knapp in § 685D-4 beschrieben. Angeknüpft wird auch hier – wie in Florida – an den (Wohn)Sitz; jedenfalls ausreichend ist „some ... relation to one or more foreign states". Ebenso wie der *FIAA* durchbricht der *HIAMCA* das Territorialitätsprinzip und kann auch außerhalb Hawaiis auf Schiedsverfahren angewandt werden.[674] Ebenso wie in Florida ist nur ein „written undertaking to arbitrate" Voraussetzung für die Anwendbarkeit.[675]

---

oder völlig unzureichende Amtsführung ohne Erlaß eines endgültigen Spruches; (4) Nichtbefolgung des anwendbaren Verfahrensrechtes bei Unkenntnis der Partei; (c) für eine säumige, nicht-aktiv teilnehmende Partei, wenn (1) aus Gründen zu (b); (2) keine gültige Schiedsabrede; (3) Nichtbefolgung der Schiedsabrede; (4) Fristablauf.

[669] Vgl. Laminoirs-Trefileries-Cableries de Lens S.A. v. Southwire Co., 484 F.Supp. 1063, 1068 als Beispiel für eine Entscheidung unter starkem Einfluß der *Georgia public policy*.

[670] Kolkey, *Reflections on Statutory Framework*, 1 AM. REV. INT'L ARB. 491, 508.

[671] § 658D-1.

[672] Kolkey, *Reflections on Statutory Framework*, 1 AM. REV. INT'L ARB. 491, 509.

[673] § 685D-4(b) (1) Streitigkeiten über Eigentum, Nutzung, Entwicklung oder Besitz von Immobilien auf Hawaii, wenn die Parteien nicht schriftlich Anwendbarkeit des *HIAMCA* vereinbart haben; (2) Familienrecht.

[674] § 685D-4(d): Voraussetzung ist, eine entsprechende Vereinbarung der Parteien oder Schiedsklausel ist Teil eines nach Hawaii-Recht zu beurteilenden Vertrages.

[675] § 685D-5

c. Besonderheiten

Eine interessante Besonderheit des Recht Hawaiis ist die Schaffung sogenannter *Center*,[676] wie das *Center for International Commercial Dispute Resolution* in Honolulu, Hawaii. Diese *Center* sind unabhängig und unterliegen nicht dem Recht Hawaiis für sonstige öffentliche Einrichtungen,[677] haben gerichtsähnliche Funktionen[678], sollen aber vor allem Regeln und Verfahren für den Ablauf eines Schiedsverfahrens entwickeln.[679] Insofern ist das Gesetz mehr Ermächtigungsgrundlage und allgemeine Grundsatzerklärung als eine ausgefeilte Verfahrensvorschrift. Das Schiedsgericht kann auch Zeugen vorladen und diese Vorladung mit Hilfe des *Circuit Court* durchsetzen, § 685D-8. Damit ist der *HIAMCA* nur unwesentlich weiter gefaßt als die meisten anderen Schiedsgesetze. Es stellt sich dann schon die Frage nach dem Sinn einer solchen Einrichtung, denn zur Durchsetzung von Maßnahmen sind schließlich doch immer wieder die staatlichen Gerichte zuständig.

Die Vollstreckung von Schiedssprüchen und Schiedsvergleichen regelt § 685D-9: zuständig sind die *Circuit Courts*. Dafür wird auf Bundesrecht verwiesen. Für Parteien aus Nicht-Vertragsstaaten des UNÜ kann das *Center* die Stellung ausreichender Sicherheiten verlangen.[680]

8. Maryland

a. Allgemeines

Natürlich will auch Maryland die internationale Schiedsgerichtsbarkeit fördern, § 3-2B-02.[681] Dabei geht der *Maryland International Commercial Arbitration Act (MICAA)* aber einen anderen Weg als die übrigen Bundesstaaten mit dem Ziel, die Einheitlichkeit des US-Schiedsrechts zu erhalten.[682] Maryland verzichtet darauf tatsächliche und vermeintliche Lücken des Bundesrechtes zu füllen, sondern erklärt

---

[676] § 658D-5: „'Center' means any center organized as an independent nonprofit educational corporation duly established under the laws of this State, whose principal purpose is to facilitate the resolution of international business, trade, commercial, and other disputes between persons by means of arbitration, mediation, conciliation, and other means as an alternative to the resort to litigation."

[677] § 685D-7(a)

[678] Brunel, 25 TEX. INT'L L.J. 43, 55

[679] § 685D-7(d): (1) Bestimmung der Bedeutung und Wesentlichkeit von Beweisen; (2) weitere Methoden zur Beweiserlangung durch Schiedsgericht; (3) strafbewehrte Vorladungen; (4) Abnahme von Eiden, eidliche Zeugenaussagen, Ernennung von Sachverständigen; (5) angemessene Zeugenentschädigung; (6) Kostenentscheidung einschließlich Zinsen, Anwaltskosten, Verfahrenskosten.

[680] § 685D-9.

[681] Dorsey & Schreiber, 50 MD. L. REV. 1230; Gorman & Shirodkar, 16 MD. J. INT'L L. & TRADE 183, 226.

[682] § 3-2B-02.(4).

schlicht in § 3-2B-03.(a), dem Herzstück des *MICAA*,[683] die Schiedsgesetze der USA gleichzeitig zu den Gesetzen des Bundesstaates Maryland.[684] So soll durch ein einfaches Verfahren die Einheitlichkeit und Bestimmbarkeit im Ablauf und in der Vollstreckung sichergestellt und die Verwirrung um das Verhältnis zwischen Bundes- und Einzelstaatenrecht vermieden werden.[685]

b. Anwendungsbereich

Der Anwendungsbereich des *MICAA* wird - wie sonst auch – weit gefaßt. Es reicht schon eine „reasonable relation with 1 or more foreign countries".[686] Im übrigen müssen die Definitionen dem Bundesrecht entnommen werden.[687]

c. Besonderheiten

Letztlich gilt aber auch für den *MICAA*: keine Regel ohne Ausnahme. Die kleine, aber gerade für ausländische Juristen nicht ganz unbedeutende Modifizierung besteht darin, daß der *MICAA* im Widerspruch zum Bundesrecht kein Juryverfahren kennt, § 3-2B-07(b).[688] Gleichzeitig beschränkt der *MICAA* auch ausdrücklich die Interventionsmöglichkeiten der Gerichte, wenn (1) durch den *MICAA* vorgesehen oder (2) Verfahren verstößt gegen den *ordre public* des Staates Maryland.[689] Gerade die letztere der beiden Interventionsmöglichkeien unterliegt den gleichen Bedenken wie in Georgia: eine solche Ausnahme ist nicht in dem UNÜ vorgesehen. Dieses beschränkt sich auf die *public policy* des Gesamtstaates, nicht aber auf die seiner Unterglieder. Die Anfechtungsmöglichkeiten gerichtlicher Entscheidungen werden genau definiert, § 3-2B-08. Maryland regelt – wie Florida und North Carolina – auch den *Appeal* z. B. gegen eine Vollstreckbarkeitserklärung.[690]

---

683 Gorman & Shirodkar, 16 MD. J. INT'L L. & TRADE 183, 226.

684 „In all matters relating to the process and enforcement of international commercial arbitration and awards, the laws of Maryland shall be the arbitration statutes and laws of the United States."

685 Dorsey & Schreiber, 50 MD. L. REV. 1230, 1240; Gorman & Shirodkar, 16 MD. J. INT'L L. & TRADE 183, 225.

686 § 3-2B-01.(b)(ii).

687 9 U.S.C. § 201; Gorman & Shirodkar, 16 MD. J. INT'L L. & TRADE 183, 226.

688 Für die Vollstreckung ist allerdings schon im *FAA* nicht die Beteiligung einer Jury vorgesehen (BORN, INTERNATIONAL COMMERCIAL ARBITRATION 681). Weitere Abweichungen sind die Vorschriften zur Sicherheitsleistung und der Umfang der gerichtlichen Kontrolle der Anordnung dieser Sicherheitsleistung (Dorsey & Schreiber, 50 MD. L. REV. 1230, 1232).

689 § 3-2B-07.(a).

690 § 3-2B-08.

9. North Carolina

a. Allgemeines

Mit Wirkung vom 13.Juni 1991 gilt für die Internationale Handelsschiedsgerichtsbarkeit in North Carolina der *North Carolina International Commercial Arbitration Act [NCICAA]*. Der Gesetzgeber führt in der Präambel die schon bekannten Gründe an, die zur Verabschiedung des Gesetzes veranlaßten: Förderung und Vereinfachung des internationalen Handels.[691]

b. Anwendungsbereich

Der *NCICAA* findet auf internationale Handelschiedsverfahren Anwendung. Dabei wird der Anwendungsbereich aber im Sinne des Territorialitätsprinzips auf Verfahren in North Carolina beschränkt.[692] Ebenso gilt der *NCICAA* nicht für Schiedsabreden vor dem 13.Juni 1991.[693] Auch der *NCICAA* setzt (grundsätzlich) eine schriftliche Schiedsabrede voraus, wobei das Schrifterfordernis ausdrücklich nach § 1-567.37(b) auch durch Telefaxe gewahrt ist.

c. Besonderheiten

Der *NCICAA* läßt nicht nur die Wahl der Verfahrenssprache durch das Schiedsgericht zu, sondern regelt auch den Einsatz von Übersetzern.[694] Das anwendbare materielle Recht wird von den Parteien, hilfsweise durch die Schiedsrichter bestimmt. Eine Entscheidung *ex aequo et bono* ist nur bei ausdrücklicher Bevollmächtigung durch die Parteien möglich.[695] Ein Vergleich kann auf Antrag in Form eines Schiedsspruches festgehalten werden. Grundsätzlich soll ein Schiedsspruch in nach *NCICAA* keine Gründe enthalten, wenn die Parteien nichts anderes vereinbart haben.[696] Der Spruch darf – wie z. B. in Georgia – in einer Fremdwährung ergehen[697] und kann Zinsen[698] wie auch die Kosten[699] umfassen. Wie die meisten der anderen Schiedsgesetze verfügt der *NCICAA* über ein Verfahren zur Berichtigung und Auslegung von Schiedssprüchen innerhalb, das innerhalb von 30

---

691 § 1-567.30.
692 § 1-567.31.(a), (b).
693 § 1-567.31.(g).
694 § 1-567.52(c).
695 § 1-567.58.
696 § 1-567.61.(b).
697 § 1-567.61.(e).
698 Sofern nichts anderes vereinbart wurde, § 1-567.61(f).
699 § 1.567.61.(h): Gebühren und Ausgaben der Schiedsrichter, Sachverständigen und Übersetzer; des Rechtsbeistandes und der Schiedsinstitution; weitere Kosten.

Tagen zu beantragen ist.[700] Änderung oder Aufhebung sieht der *NCICAA* für die Fälle vor, in denen der Spruch durch Gesetzwidrigkeit oder erhebliche Unfairness im Verfahren zustandegekommen ist, § 1-567.64. Die Vollstreckbarkeitserklärung und Vollstreckung kann nur aus den gerade genannten Gründen versagt werden; die Vollstreckbarkeitserklärung soll aber nicht erfolgen, solange noch nicht die 30-Tage-Frist zur Änderung und Auslegung abgelaufen ist.[701]

10. Ohio

a. Allgemeines

Das Gesetz Ohios zur Regelung der internationalen Handelsschiedsgerichtsbarkeit vom 23.Oktober 1991 ist sicherlich eines der umfangreichsten Schiedsgesetze auf der Ebene der US-Bundesstaaten.

b. Anwendungsbereich

Der *Ohio International Commercial Arbitration Act [OICAA]* unterliegt dem Territorialitätsprinzip, findet also nur Anwendung, wenn der Schiedsort in Ohio lag.[702] Die Begriffe *international* und *commerce* werden in §§ 2712.03 und 2712.04 definiert.

c. Besonderheiten

Wie in Kalifornien sieht auch der umfangreiche *OICAA* Offenbarungspflichten des Schiedsrichters vor.[703] Das Schiedsgericht kann über seine Zuständigkeit entscheiden ebenso wie über jede Einwendung zur Gültigkeit des Vertrages.[704] Die Rechtswahl obliegt nur dann den Schiedsrichtern, wenn die Parteien nicht schon das anwendbare Recht bestimmt haben.[705] Ein Schiedsvergleich kann in Form eines Schiedsspruches erlassen werden.[706] Grundsätzlich soll der Schiedsspruch schriftlich sein und die Entscheidungsgründe darlegen.[707] In dem Schiedsspruch können die Schiedsrichter auch über Zinsen und Kosten entscheiden.[708] Innerhalb von 30 Tagen kann das Schiedsgericht auf eigene Initiative oder auf Antrag einer Partei den Spruch korrigieren oder interpretieren;[709] gleiches gilt für einen ergänzenden Spruch.

---

[700] § 1.567.63.
[701] Oder die Parteien darauf verzichtet haben, § 1.567.65.
[702] § 2712.02(B).
[703] § 2712.22.
[704] § 2712.31.
[705] § 2712.53.
[706] § 2712.58.
[707] § 2712.59.(A), (B)
[708] § 2712.61.
[709] § 2712.62.

Das Recht Ohios sieht in §§ 2712.69, 70 ein eigenes Verfahren zur Überprüfung des Schiedsspruches vor, das nicht an Fristen gebunden ist.[710] Eine Aufhebung eines Schiedsspruches kommt nur dann in Frage, wenn das Schiedsverfahren nach Ohio-Recht stattgefunden hat. Sonst kann nur die Vollstreckung versagt werden, wenn einer der Versagungsgründe nach § 2712.70 vorliegt.[711] Wie auch andere Schiedsgesetze sind Schiedssprüche in Fremdwährungen möglich, ein Umrechnungsverfahren vorgesehen.[712] Das Schiedsgesetz Ohios erteilt eine Absage an die *merger doctrine* und behandelt Schiedssprüche, die gerichtlich in ihrem Ursprungsland bestätigt wurden, unangeachtet dessen weiterhin als Schiedsspruch.[713]

11. Oregon

a. Allgemeines

Seit 1991 verfügt auch Oregon über ein internationales Schiedsgesetz, den *Oregon International Commercial Arbitration and Conciliation Act (OICACA)* mit der gleichen gesetzgeberischen Absicht wie auch die übrigen Bundesstaaten.[714]

b. Anwendungsbereich

Der Anwendungsbereich ist sachlich auf die internationale Handelsschiedsgerichtsbarkeit und örtlich auf Schiedsverfahren in Oregon beschränkt.[715] Wie auch Connecticut knüpft Oregon für die Vollstreckung nicht an die Herkunft eines Schiedsspruches an, § 36.522(1). Der Beitritt des Herkunftsstaates zur *New York* oder *Panama Convention* bleibt damit unbeachtlich.[716]

c. Besonderheiten

Wie auch andere Bundesstaaten sieht das Schiedsrecht von Oregon ausführliche Offenbarungspflichten der Schiedsrichter[717] und ein Ablehnungsverfahren[718] vor, das jedoch nicht den Ablauf des Verfahrens hindert.[719] Das Schiedsgericht kann ebenso im Sinne einer Kompetenz-Kompetenz über seine sachliche Zuständigkeit wie auch über die Gültigkeit des zugrundeliegenden Vertrages entscheiden.[720] Grundsätzlich soll eine mündliche Verhandlung stattfinden, wenn nichts anderes

---

[710] § 2712.69.(B)(1).
[711] § 2712.69.(B)(3), § 2712.70.
[712] Der am Schiedsort gültige Wechselkurs bei Erlaß des Schiedsspruches, § 2712.71.
[713] § 2712.69.(H).
[714] § 36.452.(1), (2). Smith, 4-SUM INT'L LEGAL PERSP. 127, 129.
[715] § 36.452. Die Definition der Internationalität findet sich in § 36.454(3).
[716] Zeft, 22 N.C. J. INT'L L. & COM. REG. 705, 732.
[717] § 36.476.
[718] § 36.476.
[719] § 36.478.(6).
[720] § 36.484.

vereinbart ist.[721] Das Schiedsgericht kann auf einen Vergleich hinwirken und diesen – auf Antrag – in Form eines Schiedsspruches protokollieren.[722] Der Schiedsspruch soll schriftlich ergehen, grundsätzlich mit Gründen versehen sein,[723] und, wenn nicht anders vereinbart, auch über Zinsen und Kosten entscheiden.[724] Der *OICACA* sieht ein Änderungs- und Auslegungsverfahren vor innerhalb einer 30-Tage-Frist.[725] Der *OICACA* sieht eigene Versagungsgründe[726] vor, die innerhalb von drei Monaten in einem Aufhebungsverfahren geltend gemacht werden können.[727] Die Vollstreckung von Schiedssprüchen wird durch § 36.522 geregelt, deren Versagung in § 36.524, wobei die Versagungsgründe denen des UNÜ entsprechen – mit einer Ausnahme: die Vollstreckung darf auch nicht der *public policy* von Oregon widersprechen, § 36.524(1)(b)(3).

12. Colorado

a. Allgemeines

Mit Wirkung vom 1.Juli 1993 gilt in Colorado der *Colorado International Dispute Resolution Act (CIDRA)*. Ziel dieses Gesetzes ist auch in Colorado den Gebrauch von Schiedsverfahren zur Streitbeilegung zu fördern.

b. Anwendungsbereich

Der *CIDRA* gilt für die Handelsschiedsgerichtsbarkeit, aber auch für Nicht-Handelssachen,[728] in allen internationalen Streitigkeiten.[729]

c. Besonderheiten

Er unterscheidet sich in seiner Kürze mit nur sieben Paragraphen von den Schiedsgesetzen der anderen US-Staaten[730] und ist damit wohl mehr Kundgabe der *pro-arbitration policy* Colorados als ausgefeiltes Schiedsverfahrensrecht.

13. Zusammenfassung – Kritik

Die vorangehende Darstellung verdeutlicht anschaulich die Problematik der Entwicklung der letzten Jahre im US-amerikanischen Schiedsrecht: es erscheint zu-

---

[721] § 36.500.(2).
[722] § 36.512.
[723] § 36.514.(1), (2).
[724] § 36.514.(6), (7).
[725] § 36.518.
[726] § 36.520.
[727] § 36.520.(3).
[728] § 13-22-502.
[729] § 13-22-505.
[730] Er enthält lediglich die Regelung des Titel des Gesetzes, von Definitionen, zur Schiedsabrede, zum Anwendungsbereich, Wahl der Verfahrenssprache und Immunität der Schiedsrichter.

nehmend diversifiziert. Nicht nur, daß Bundes- und Einzelstaatenrecht sich unterscheidet, sondern auch die Staaten untereinander produzierten unterschiedliche Ergebnisse in der Gesetzgebung. Zwar waren sie z. T. in der Umsetzung des UNCITRAL-MG um Einheitlichkeit bemüht; ohne Änderungen kam aber keiner der Gesetzgeber aus, so daß die mangelnde Vertrautheit möglicher Nutzer mit den Details diesen Vorteile wieder zunichte macht.[731] Offensichtlich ist es für die Parteien von fundamentaler Bedeutung, welche der Vollstreckungsgrundlagen für ihr Verfahren anwendbar ist.
Es steht zu befürchten, daß sich der Trend in Anbetracht der günstigen Kosten-Nutzen-Relation fortsetzen wird.[732] Die Vielfalt der Regelungen und ihre Unterschiedlichkeit führt zwangsläufig zu einer Unsicherheit des Rechtsanwenders und steigert damit auch das Risiko weiterer gerichtlicher Auseinandersetzungen,[733] deren Ausgang immer schwieriger vorhersehbar ist. Letztlich wird befürchtet, daß durch die fortschreitende Zersplitterung des US-Schiedsrecht die USA als Schiedsforum erheblich an Attraktivität verlieren.[734] Diese Überlegungen sind natürlich auf der Vollstreckungsebene schon längst getroffen worden und sollen deshalb hier nicht weiter verfolgt werden. Denn schließlich stellt ja die Vollstreckung gerade einen Aspekt des Schiedsrechtes dar, der weitgehend staatlicher Regelung unterworfen und der Parteivereinbarung entzogen ist.

VII. *Double Exequatur*

Als eine weitere Alternative bietet sich der um Vollstreckung nachsuchenden Partei das sogenannte *Double Exequatur*-Verfahren an.[735] Hat z. B. im Herkunftsstaat schon ein Verfahren zur Vollstreckbarkeit des Schiedsspruches stattgefunden, so kann sie auch die Vollstreckung dieses Urteils in den USA betreiben. Das kann auch eine Rolle spielen, wenn das US-Gericht in diesem Fall von der *merger doctrine*[736] ausginge.[737] Die Vollstreckung ausländischer Urteile erfolgt auf Grund-

---

[731] McClendon, *State International Arbitration Laws*, 1 AM. REV. INT'L ARB. 244, 254.
[732] Brunel, 25 TEX. INT'L L.J. 43, 57. In den letzten Jahren hat sich jedoch kein weiterer Staat zur Verabschiedung eines internationalen Schiedsgesetzes entschlossen.
[733] Gorman & Shirodkar, 16 MD. J. INT'L L. & TRADE 183, 225 n. 294; McClendon, *State International Arbitration Laws*, 1 AM. REV. INT'L ARB. 244, 246.
[734] Brunel, 25 TEX. INT'L L.J. 43, 59; Garvey & Heffelfinger, 25 INT'L LAW. 209, 221.
[735] Kennedy, *Enforcing Arbitration Awards*, 23 VA. J. INT'L L. 75, 89; Swisher, 47 WASH. L. REV. 441, 480.
Ausführlich zur Vollstreckung von Urteilen in den USA: Brand, *Enforcement of Foreign Money-Judgments in the United States*, 67 NOTRE DAME L. REV. 253; LOWENFELD, INTERNATIONAL LITIGATION AND ARBITRATION 368-420. Rassmann, RIW 96, 817; Schack, S. 69-71.
[736] Die *merger doctrine* enstammt dem englischen Recht und besagt, daß der durch ein Vollstreckbarkeitserklärung bestätigter Schiedsspruch von diesem Urteil absorbiert wird. Es kann also auch nur noch das Urteil vollstreckt werden (DOMKE ON COMMERCIAL ARBITRATION § 39:02).
[737] So lehnte der *Second Circuit* in *Victrix Steamship Co. v. Salen Dry Cargo* auf Grundlage der *merger doctrine* und *comity* die Vollstreckung eines durch ein englisches Gericht bestätigten Schiedsspruchs ab, um andererseits *comity* auf ein schwedisches Konkursverfahren auszudehnen.

lage von *state law*, auch bei den Verfahren vor Bundesgerichten wegen deren *diversity jurisdiction.*[738] Die Vollstreckung ausländischer Urteile war richterrechtlich seit *Hilton v. Guyot*[739] anerkannt, wobei die Gerichte ihre Gründe meist auf *comity* und *reciprocity* stützen.[740] Der *comity*-Begriff hat sich bisher einer klaren Definition entzogen und wird manchmal mehr als Teil des internationalen Rechts und der friedlichen Beziehungen zwischen Staaten, manchmal auch als weitgehende Ermessensfreiheit der Gerichte verbunden mit dem Gedanken der Gegenseitigkeit verstanden.[741] Logisch setzt *comity* Gegenseitigkeit in der Anerkennung von Urteilen voraus.[742]

Mindestens zweimal hat sich der *Second Circuit* zur Vollstreckung von Urteilen im Zusammenhang mit Schiedssprüchen geäußert. In *Island Territory of Curaçao v. Solitron Devices* vollstreckte das Gericht einen Schiedsspruch als Urteil, weil der Schiedsspruch schon auf Curaçao für vollstreckbar erklärt worden war.[743] In *Seetransport Wiking Trader* bestätigte der *Second Circuit* seine Rechtsprechung, wenn das das Urteil seinerseits im Herkunftsland schon endgültig und vollstreckbar ist.[744]

Inzwischen haben 22 Staaten auf Grundlage des *Uniform Foreign Money-Judgments Recognition Act*[745] entsprechende Gesetze zur Anerkennung erlassen, und zwar Alaska, Colorado, Connecticut, Georgia, Idaho, Illinois, Iowa, Kalifornien, Maryland, Massachusetts, Michigan, Minnesota, Missouri, New Mexico, New York, Ohio, Oklahoma, Oregon, Pennsylvania, Texas, Virginia, Washington.[746] Die grundlegenden drei Charakteristika des Modellgesetzes sind: (1) Begrenzung auf ausländische Urteile, die auf eine Geldzahlung lauten; (2) unter Ausschluß von Steuern, Geldstrafen und Unterhaltszahlungen; (3) Vollstreckbarkeit im Herkunftsstaat.[747]

Mit Blick auf das Thema dieser Arbeit muß sich die Darstellung zur Vollstreckung von Urteilen hier auf einen kurzen Überblick beschränken.

Der Anwendungsbereich des Modellgesetzes wird in § 2 definiert, wobei die Möglichkeit von Rechtsmitteln nicht die Vollstreckbarkeit in den USA ausschließt:

---

[738] Brand, *Enforcement of Foreign Money-Judgments in the United States*, 67 NOTRE DAME L. REV. 253, 262; Strub, 68 TEX. L. REV. 1031, 1042 m. w. N.; West, 5 N.Y.L. SCH. J. INT'L & COMP. L. 103, 105.

[739] 159 U.S. 113 (1895). Victrix Steamship Co. v. Salen Dry Cargo A.B., 825 F.2d 709, 713.

[740] Brand, *Enforcement of Foreign Money-Judgments in the United States*, 67 NOTRE DAME L. REV. 253, 259.

[741] LOWENFELD, INTERNATIONAL LITIGATION AND ARBITRATION 370.

[742] 159 U.S. 113, 228; Honey & Hall, 16 SUFFOLK TRANSNAT'L L. Rev. 405, 406.

[743] 489 F.2d 1313, 1323.

[744] Seetransport Wiking Trader Schiffahrtsgesellschaft v. Navimpex Centrala Navala, 989 F.2d 572, 583 (1993).

[745] 13 U.L.A. 261 (1991).

[746] Honey & Hall, 16 SUFFOLK TRANSNAT'L L. Rev. 405, 408 n. 15.

[747] Honey & Hall, 16 SUFFOLK TRANSNAT'L L. Rev. 405, 409.

> This Act applies to any foreign judgment that is final and conclusive and enforceable where rendered even though an appeal therefrom is pending or it is subject to appeal.

Die Vollstreckbarkeit richtet sich nach dem Recht des Herkunftslandes des Urteils.[748]

Nach § 1(2) ist ein „foreign judgment“

> [a]ny judgment of a foreign state granting or denying recovery of a sum of money, other than a judgment for taxes, a fine or other penalty, or a judgment for support in matrimonial or family matters.

Damit kann durchaus auch ein für vollstreckbar erklärter Schiedsspruch erfaßt sein.[749] Die Kernaussage des *Uniform Acts* macht § 3:

> Except as provided in section 4, a foreign judgment meeting the requirements of section 2 is conclusive between the parties to the extent that it grants or denies recovery of a sum of money. The foreign judgment is enforceable in the same manner as the judgment of a sister state which is entitled to full faith and credit.

VIII. Kollisionen in den Anwendungsbereiche

Da sich die Vollstreckungsmechanismen in ihren Anwendungsbereichen nicht unerheblich überschneiden, stellt sich natürlich die Frage nach der Auflösung solcher Kollisionen. Nicht für alle Überschneidungen finden sich ausdrückliche Regelungen wie für das Verhältnis zwischen dem UNÜ und der *Inter-American Convention* in 9 U.S.C. § 305.

1. UNÜ und *Inter-American Convention*

Nach 9 U.S.C. § 202 gilt das UNÜ für eine „relationship, whether contractual or not, which is considered as commercial...“, die *Inter-American Convention* für eine „commercial transaction“. Unterschiede im Anwendungsbereich ergeben daraus nicht.[750] Infolgedessen liegen Überschneidungen immer dann vor, wenn der Schiedsspruch auf dem Hoheitsgebiet eines Vertragsstaates beider Abkommen gefällt wurde.

§ 305 trifft für diesen Fall eine ausdrückliche Kollisionsregel, die allerdings nur subsidiär zur Parteivereinbarung gilt:

> (1) If a majority of the parties to the agreement are citizens of a State or States that have ratified or acceded to the Inter-American Convention and

---

[748] Seetransport Wiking Trader Schiffahrtsgesellschaft v. Navimpex Centrala Navala, 989 F.2d 572, 583; Rassmann, RIW 96, 817, 821.

[749] Seetransport Wiking Trader Schiffahrtsgesellschaft v. Navimpex Centrala Navala, 989 F.2d 572, 583. A.A. Rassmann, RIW 96, 817, 820.

[750] Siehe oben II/2.

> are member States of the Organization of American States, the Inter-American Convention shall apply.
>
> (2) In all other cases the Convention on the Recognition and Enforcement of Foreign Arbitral Awards of June 10, 1958, shall apply.

Hier wird die Anwendbarkeit der *Inter-American Convention* also nicht mit dem Schiedsort verknüpft, worauf sich der Anwendungsbereich des UNÜ gründet, sondern mit der Nationalität der Parteien.

In *Progressive Casualty Ins. Co. v. C.A. Reaseguradora Nacional de Venezuela*, einem Schiedsverfahren zwischen einer US-amerikanischen Versicherung und einem venezolanischen Rückversicherer, nahm das *District Court* auf Grundlage von § 305 die Anwendbarkeit der *Inter-American Convention* an.[751]

2. Das Meistbegünstigungsprinzip des UNÜ

Nur recht allgemein hat das UNÜ sein Verhältnis zu anderen Vollstreckungsgrundlagen in Art. VII(1) geregelt:

> Die Bestimmungen dieses Übereinkommens lassen die Gültigkeit mehrseitiger oder zweiseitiger Verträge, welche die Vertragsstaaten über die Anerkennung und Vollstreckung von Schiedssprüchen geschlossen haben, unberührt und nehmen keiner beteiligten Partei das Recht, sich auf einen Schiedsspruch nach Maßgabe des innerstaatlichen Rechts oder der Verträge des Landes, in dem er geltend gemacht wird, zu berufen.

Seinem Wortlaut nach scheint sich Art. VII zunächst nur auf zeitlich vorangehende Abkommen zu beschränken, andererseits bezieht er sich auf Verträge allgemein. Die Klausel ist Ausdruck der allgemeinen Zielsetzung der Konvention, die Vollstreckung von Schiedssprüchen zu erleichtern und damit auch die Schiedsgerichtsbarkeit als alternativen Streitbeilegungsmechanismus zu fördern.[752]

Gleichzeitig ist der Wortlaut auch insoweit mißverständlich („nehmen keiner der beteiligten Partei das Recht...“), als er andeutet, auch der Vollstreckungsgegner könne sich auf die ihm günstigere, also im Regelfall die Vollstreckung erschwerende Vollstreckungsgrundlage berufen. Das würde jedoch den Zielen des UNÜ diametral zuwiderlaufen. Insoweit ist der Wortlaut teleologisch zu reduzieren dahin, daß nur der vollstreckenden Partei eine Wahlmöglichkeit eröffnet ist.[753] Art. VII eröffnet aber nicht im Sinne einer „Rosinentheorie“ die Möglichkeit, die günstigsten Aspekte der einzelnen Vollstreckungsgrundlagen „herauszupicken“.

---

[751] Progressive Cas. Ins. Co. v. C.A. Reaseguradora Nacional de Venezuela, 802 F.Supp. 1069, 1074 (S.D.N.Y. 1992), rev'd on other grounds, 991 F.2d 42 (2d Cir. 1994). In *Productos Mercantiles* (23 F.3d 41) war dieser Rückgriff nicht erforderlich, denn die Berufungsklägerin war eine Gesellschaft nach dem Recht Guatemalas. Guatemala ist nur Mitgliedsstaat der *Inter-American Convention on International Commercial Arbitration*.

[752] VAN DEN BERG, NEW YORK CONVENTION 82-83.

[753] VAN DEN BERG, NEW YORK CONVENTION 85.

a. UNÜ und andere Vollstreckungsabkommen, Freundschaftsverträge

Art. VII(1) gilt damit für Überschneidungen der Anwendungsbereiche des UNÜ mit anderen Vollstreckungsabkommen wie den Freundschaftsverträgen. Im Sinne eines Effizienzprinzips[754] steht die Konvention auch möglicherweise günstigeren Vollstreckungsmechanismen wie z. B. den *FCN* nicht entgegen;[755] bei Kollisionen sollte aber der Entwicklung eines homogeneren Systems im Rahmen der multilateralen (jüngeren) Abkommen der Vorzug gegeben werden.[756] Davon ging auch der *Second Circuit* aus.[757]

Keine Überschneidungen ergeben sich in der Praxis zwischen dem Vollstreckungsverfahren nach *ICSID* und dem UNÜ. Zwar erscheint eine Vollstreckung eines *ICSID*-Schiedsspruches nach den Vorgaben des UNÜ durchaus möglich, aber kaum wahrscheinlich. Denn anders als das Vollstreckungsverfahren nach Art. III ff. des UNÜ sieht die Vollstreckung nach *ICSID* keine Versagungsgründe vor. Das lokale Gericht dient im Grunde nur noch als Vollstreckungsorgan für den *ICSID*-Schiedsspruch, ohne daß dem Gericht irgendeine Prüfungskompetenz eingeräumt wäre. Deshalb ist hier eine Kollision der Anwendungsbereiche kaum zu befürchten.[758]

b. UNÜ und nationales Schiedsrecht (*FAA*)

Aus Art. VII(1) folgt logischerweise auch, daß das UNÜ nationale Vollstreckungsvorschriften, also Kapitel 1 des *Federal Arbitration Acts*, nicht automatisch verdrängt.[759] Dabei sind die Überschneidungen in den Anwendungsbereichen gering, denn im Grundsatz ist die *New York Convention* anwendbar auf Schiedssprüche, die außerhalb der US-Jurisdiktion, der *FAA* mit seinem Kapitel 1 dagegen für die, die innerhalb der USA ergangen sind. Überschneidungen ergeben sich also nur für die Schiedssprüche, die nicht „als inländische angesehen" werden.[760]

3. Bundesrecht (*Federal Arbitration Act*) und Recht der US-Staaten (*International Arbitration Acts*)

Schwierig ist aber das Verhältnis zwischen Bundes- und Einzelstaatenrecht und damit deren Anwendungsbereich bei Überschneidungen und Kollisionen zu bestimmen. Die internationalen Abkommen, wie das UNÜ und die *Inter-American Convention*, wurden in Kapitel 2 und 3 in *federal law* umgesetzt. Gleichzeitig wird

---

[754] So bezeichent von VAN DEN BERG, NEW YORK CONVENTION 91.
[755] Ohne Bezugnahme auf Art. VII: Landegger v. Bayerische Hypotheken und Wechsel Bank, 357 F.Supp. 692, 695 (S.D.N.Y. 1972). Dazu DOMKE ON COMMERCIAL ARBITRATION § 45:04.
[756] DOMKE ON COMMERCIAL ARBITRATION § 45:04.
[757] Fotochrome, Inc. v. Copal Co., Ltd., 517 F.2d 512, 518 n. 4 (2d Cir. 1975).
[758] VAN DEN BERG, NEW YORK CONVENTION 99.
[759] VAN DEN BERG, NEW YORK CONVENTION 88.
[760] Kolkey, *Reflections on Statutory Framework*, 1 AM. REV. INT'L ARB. 491, 505-506. Siehe oben I/1.

für die Umsetzung in 9 U.S.C. §§ 202, 208 und 307 auf das nationale Schiedsrecht weiterverwiesen. Die Konfusion ergibt sich vor allem deshalb, weil der *Federal Arbitration Act* lückenhaft ist und der Kongreß mit der Verabschiedung dieses Gesetzes nicht die Absicht verbunden hatte, das Schiedsrecht abschließend zu regeln.[761] Damit wird die für einen Föderalstaat so typische Problematik von ineinandergreifenden und einander verdrängenden Rechtsordnungen des Gesamtstaates und seiner Untergliederungen auch für die internationale Schiedsgerichtsbarkeit von Bedeutung.

Die dabei aufgeworfenen Fragen können auch für das Vollstreckungsverfahren wichtig sein.[762] Um bestimmen zu können, wann das Recht der Staaten überhaupt von Bedeutung ist, muß also das Verhältnis von *federal* und *state (arbitration) laws* geklärt werden, das von den verfassungsrechtlichen Begriffen der *supremacy clause* und *preemption* gekennzeichnet ist.[763] Zu dem gerade beschriebenen Spannungsfeld von *federal* und *state law* hat der *Supreme Court* mehrfach Stellung genommen.

a. Verfassungsrechtlicher Hintergrund – Problemstellung

Um die Bedeutung des einzelstaatlichen Schiedsrechts ermessen zu können, ist zunächst ein Blick auf den durch die Verfassung vorgegebenen Rahmen der US-Schiedsgesetzgebung zu richten. Grundsätzlich ist Vertragsrecht und dessen Auslegung Sache der Bundesstaaten. Zur Verabschiedung eines Bundesgesetzes wie dem *FAA* bedarf es also einer verfassungsrechtlichen „Rechtfertigung“. Hier gibt die Gesetzgebungsgeschichte des *Federal Arbitration Acts* jedoch vor dem Hintergrund der *Swift v. Tyson*-Doktrin keine klaren Hinweise.[764] Dabei könnte gerade die Bestimmung der Kompetenzgrundlage entscheidend zur Klärung des Anwendungsbereichs des *FAA* und seinem Verhältnis zum Recht der Bundesstaaten geben. Hier entbehrt der *FAA* eindeutiger Regelungen.

b. Höchstrichterliche Rechtsprechung – Kommentar

Die höchstrichterliche Rechtsprechung hat sich bereits mehrfach mit dieser Problematik beschäftigt. Die Entwicklung in dieser Rechtsprechung wurde bereits oben

---

[761] Volt Information Sciences v. Stanford University, 489 U.S. 468, 477 (dazu sogleich). Purcell, 32 TEX. INT'L L.J. 525, 532.

[762] Wie z. B.: (1) Hat der Kongreß mit der Verabschiedung des 2. Kapitels des *FAA* das internationale US-Schiedsrecht abschließend geregelt?; (2) Wenn nein: können die einzelstaatlichen Schiedsgesetze ergänzend oder sogar ausschließlich Anwendung finden in internationalen Verfahren?; (3) Können diese Gesetze dabei auch entgegenstehendes Bundesrecht verdrängen? Zur Kritik an der dualen Entwicklung im US-Schiedsrecht: Garvey & Heffelfinger, 25 INT'L LAW. 209, 211.

[763] Die *Supremacy Clause* („Vorrangklausel“) in Art. VI der US-Verfassung ist die verfassungsrechtliche Grundlage für die *preemption* („Verdrängung“) von entgegenstehendem Einzelstaatenrecht durch Bundesrecht.

[764] Hirshman, 71 VA. L. REV. 1305, 1315. Siehe schon oben unter 2. Teil/A/III/4.

ausführlich dargestellt.[765] Sie durchzieht wie ein roter Faden, der Absicht des Kongresses Geltung zu verschaffen, Schiedsabreden auf dieselbe Ebene mit allen anderen Verträgen zu stellen, sie aber auch nicht zu bevorzugen.[766]
Die Rechtsprechung läßt sich bis zu *Southland v. Keating* treffend wie folgt zusammenfassen:

> In sum, the FAA has come a long way. From what was in 1925 arguably no more than a remedy applied to cases that happened to find their way into federal court, the Act is now definitively established as a substantive federal law, preemptive and binding on the states, and articulating a federal policy extending to issues well beyond its literal terms.[767]

Waren die frühen Entscheidungen des *Supreme Courts* dadurch geprägt, die Rolle des Schiedsrechts allgemein und seinen Anwendungsbereich zu sichern und auszudehnen,[768] standen die späteren Entscheidungen zunehmend im Zeichen kollidierender Regelungen von Einzelstaatengesetzen mit dem *Federal Arbitration Act.*

Mit den Entscheidungen der 80er Jahre hatte der *Supreme Court* seine Billigung zur Föderalisierung des Schiedsrechtes gegeben.[769] Die drei folgenden Grundlagenentscheidungen beschreiben eher allgemein die Richtung der Rechtsprechung: Mit der seit *Moses H. Cone* geltenden Vermutung zugunsten der Schiedsfähigkeit von Streitgegenständen schlug der *Supreme Court* eine breite Schneise zugunsten des Anwendungsbereiches des *FAA*.[770] Diesen weitete das Gericht in *Southland* noch weiter aus: *state law* wird ungeachtet seiner gesetzgeberischen Zielsetzung von dem *FAA* verdrängt, wenn es die Schiedsgerichtsbarkeit irgendwie begrenzt. Danach können alle Einwendungen gegen den Abschluß des Schiedsvertrages nur wie die allgemeinen vertragsrechtlichen Einwendungen nach § 2 *FAA* behandelt werden.[771] Zusammen mit *Mitsubishi* läßt diese Trilogie an Deutlichkeit nichts zu wünschen übrig.[772] Nach diesen drei Entscheidungen konnte dem (Schieds)Recht

---

765 Siehe oben 2. Teil/A/III/5.

766 Prima Paint Corp. v. Flood & Conklin Mfg. Co., 388 U.S. 395, 404 n. 12; Volt Information Sciences v. Stanford University, 489 U.S. 468, 478. Zu den wenig erstrebenswerten Auswirkungen einer so starken Bezugnahme auf den Parteiwillen: LaPine Technology Corp. v. Kyocera Corp., 130 F.3d 884 (9th Cir. 1997). Dazu kritisch: Lowenfeld, *Can Arbitration Coexist with Judicial Review?*, 1998 (9) ADR CURRENTS 1. Siehe unten 3. Teil/B/II/3/d/(1).

767 Hirshman, 71 VA. L. REV. 1305, 1353.

768 Feldman, *Federalism under the FAA*, 69 TEX. L. REV. 691, 701: „..., the Court aggressively protected the Act's jurisdiction."

769 Hirshman, 71 VA. L. REV. 1305, 1306 (1985); Becker, *The Shock of Volt*, 45.2 ARB. J. 32, 35.

770 Hirshman, 71 VA. L. REV. 1305, 1346.

771 Hirshman, 71 VA. L. REV. 1305, 1350. Die Rechtsprechung der *Circuit Courts* geht auch davon aus: Saturn Distribution Corp. v. Williams, 905 F.2d 719, 723 (4th Cir. 1990).

772 Die Entscheidungen werden von zwei Grundgedanken getragen: (1) die Schiedsgerichtsbarkeit ist eine eigene Rechtsordnung; (2) der *Federal Arbitration Act* ist Ausdruck einer politischen Zielsetzung Schiedsvereinbarungen mit sonstigen Verträgen gleichzustellen (Hayford, 31 WAKE FOREST L. REV. 1, 11).

der Einzelstaaten nur noch eine rudimentäre Bedeutung für die Vertragsauslegung beigemessen werden.[773] Aber selbst die allgemeinen vertraglichen Einwendungen standen unter dem Damoklesschwert der starken *pro-arbitration policy*.[774]

Ausgehend von *Southland* prüfte der *Supreme Court* in *Perry v. Thomas*, *Allied-Bruce Terminix v. Dobson*, *Volt Information Sciences v. Stanford University* und *Mastrobuono v. Shearson Lehmann Hutton* genauer das Verhältnis zwischen dem *Federal Arbitration Act* und entgegenstehendem Recht der Staaten. *Perry* und *Allied-Bruce* erörterten unmittelbar die *preemption*-Problematik, während *Volt* und *Mastrobuono* sich auf die Bedeutung der Parteivereinbarung konzentrierten und damit genaugenommen nur mittelbar auf Verhältnis zwischen Bundes- und Einzelstaatenrecht eingingen.[775] Dabei lag noch die Perry-Entscheidung ganz auf der Linie der Präzendenzfälle *Moses H. Cone* und *Southland*: im Sinne der *Supremacy Clause* setzte sich der *Federal Arbitration Act* gegen eine entgegenstehende einzelstaatliche Regelung durch.
Diese Entwicklung zugunsten der Ausdehnung bundesstaatlicher Maßstäbe schien jäh durch die *Volt*-Entscheidung unterbrochen: das Schiedsverfahrensrecht Kaliforniens war nicht durch den *Federal Arbitration Act* verdrängt, selbst wenn es diesem widersprach. Voraussetzung war nur der ausdrückliche Parteiwille, das Schiedsverfahren nach dem Recht des Einzelstaates durchzuführen. Das überraschte insoweit, als die *choice-of-law clause* in *Volt* sehr allgemein gehalten war: „[T]he contract shall be governed by the law of the place where the Project is located."[776] Mit dieser Entscheidung schien eine Renaissance des Schiedsrechtes der US-Staaten gekommen, deren Regelungen sich unter *Volt* auch gegen entgegenstehendes Bundesrecht durchsetzen würden – zumindest im nationalen Kontext.[777] Die Schiedsgesetze der Einzelstaaten würden nur dann zwingend verdrängt, wenn sie die Absicht der Parteien zuwiderliefen, ihre Streitigkeit der Schiedsgerichtsbarkeit zu unterstellen.[778]

---

[773] Pierce, 61 U. CIN. L. REV. 623, 634.
[774] Hirshman, 71 VA. L. REV. 1305, 1354, 1355.
[775] Hayford, 31 WAKE FOREST L. REV. 1, 12.
[776] 489 U.S. 468, 470. Kritisch: *Connell* (*Federal Arbitration and State Law*, 20 J. MAR. L. & COM. 327, 356) weist darauf hin, daß bis dahin – wie in der internationalen Schiedsgerichtsbarkeit – eine solche Klausel nur das materielle Recht eines Staates einbezog, der *FAA* trotzdem in *state* wie *federal courts* anwenbar blieb.
[777] Gorman & Shirodkar, 16 MD. J. INT'L L. & TRADE 183, 209-210 n. 165; es ist durchaus vertretbar, daß die Entscheidung in internationalem Kontext anders gewesen wäre (McClendon, *State International Arbitration Laws*, 1 AM. REV. INT'L ARB. 244, 248). Bei der Beurteilung von *Volt* sollte berücksichtigt werden, daß Verbraucherschutzerwägungen von großer Bedeutung waren.
[778] Feldman, *Federalism under the FAA*, 69 TEX. L. REV. 691, 711; Garvey & Heffelfinger, 25 INT'L LAW. 209, 212.

In den folgenden Urteilen schwenkte der *Supreme Court* aber wieder auf die vor *Volt* geltende Linie ein – anscheinend. Für *Allied-Bruce Terminix* war das mit Blick auf das generell schiedsfeindliche Recht Alabamas wenig überraschend. Schwer vereinbar mit dem *Volt holding* erscheint aber *Mastrobuono*, denn auf den ersten Blick läßt sich keine sachliche Differenz zwischen beiden Sachverhalten ausmachen: wie in *Volt* hatten die Parteien in beiden Fällen nur sehr allgemein das Recht eines Bundesstaates vereinbart. Gemeinsam ist beiden Entscheidungen, daß sich das Gericht auf den Wortlaut der Parteivereinbarung konzentrierte und auf diese Weise nur mittelbar die Kollision von *federal* und *state law* (*preemption*) zugunsten des *FAA* auflöste. Eine Erklärung, warum die Vermutung zugunsten der Schiedsfähigkeit, die in *Volt* nach unbeachtlich war, in *Mastrobuono* aber Anwendung fand, blieb das Gericht schuldig.[779] Systematisch läßt sich die unterschiedliche Behandlung der *choice-of-law clauses* nur wie folgt erklären: in *Volt* handelte es sich um eine schiedsverfahrensrechtliche Regelung des Einzelstaatenrechtes, in *Mastrobuono* ging es dagegen um materielles Schiedsrecht.[780] Eine solche haarspalterische Abgrenzung deutete auch der *Supreme Court* an, wenn er zwischen der Wahl materieller Rechte und Pflichten und der (verfahrensrechtlichen) Zuständigkeitsverteilung alternativer Spruchkörper unterscheidet.[781]

Der Sache nach höhlte der *Supreme Court* mit *Volt* und *Mastrobuono* seine vorhergehenden Entscheidungen in *Moses H. Cone* und *Southland* und deren Automatismus zugunsten des Bundesrechtes aus. Die Abgrenzung zwischen *Arbitration* und *Litigation* genauso wie die Frage nach der Anwendbarkeit des Rechtes der Einzelstaaten verschob sich weg von der *preemption*-Problematik hin zur Auslegung des Wortlautes der Parteivereinbarung.[782] Damit kann kaum noch ganz allgemein von einer „ 'federal policy' 'favoring' arbitration over litigation" gesprochen werden.[783] Den Parteien bleibt es überlassen, das Schiedsverfahren weitestgehend frei zu gestalten und ihren Bedürfnissen anzupassen.[784] Jedoch verdeutlichte die *Mastrobuono*-Entscheidung auch, daß *choice-of-law clauses* nur im Lichte der starken (bundesrechtlichen) Vermutung zugunsten der Schiedsgerichtsbarkeit interpretiert werden dürfen. Nur wenn die Parteien klar und unmißverständlich

---

[779] Diamond, 39 ARIZ. L. REV. 35, 52.

[780] Diamond, 39 ARIZ. L. REV. 35, 61. In diesem Sinne auch: Garvey & Heffelfinger, 25 INT'L LAW. 209, 213; Hunnicut et al., 3 OHIO ST. J. ON DISP. RESOL. 303, 324; Kaminsky, 1991 ANN. SURV. AM. L. 527, 559; Pierce, 61 U. CIN. L. REV. 623, 635.

[781] Mastrobuono v. Shearson Lehmann Hutton, 514 U.S. 52, 60. *Carbonneau* kritisiert diese Unterscheidung als „hair-splitting and hair raising", *Le Tournoi of Academic Commentary on Kaplan*, 12.4 MEALY'S INT'L ARB. REP. 35, 37.

[782] Ähnlich: Branson, *Arbitrability and Pre-emption*, 12.2 ARB.INT'L 161, 167.

[783] Branson, *Arbitrability and Pre-emption*, 12.2 ARB.INT'L 161, 167.

[784] Kaminsky, 1991 ANN. SURV. AM. L. 527, 528. Eine Check-Liste zur Planung einer Schiedsvereinbarung – vor dem Hintergrund kartellrechtlicher Streitigkeiten bieten an: Baker & Stabile, 48 BUS. LAW. 395, 420-429.

vertraglich festgelegt haben, bestimmte Streitgegenstände oder Rechtsfolgen den Schiedsrichtern vorzuenthalten, wird diese Vermutung widerlegt.[785] Eine allgemein gehaltene (Standard)Rechtswahlklausel reicht dafür jedenfalls nicht aus,[786] sie kann nur zur Anwendung von verfahrensrechtlichen Regelungen des Einzelstaatenrechtes führen. Implizit stellen *Allied-Bruce Terminix* und *Doctor's Associate* damit klar, daß weiterhin im Sinne von *Moses H. Cone* der Rahmen der einzelstaatlichen Schiedsgesetzgebung sehr eng durch die Vorgaben des *FAA* beschränkt ist.[787]

Schiedsabreden sind mit anderen Vertragsabreden gleichzubehandeln. Dem vertraglichen Charakter entspricht es aber auch, daß Streitparteien nicht zu Schiedsverfahren gezwungen werden können, wenn sie etwas anderes vereinbart hatten. Hier findet die Vermutung zugunsten der Schiedsgerichtsbarkeit ihre Grenze.[788]

c. Auswirkungen

Im Sinne von *Volt* und *Mastrobuono* können sich – bei einer entsprechenden Rechtswahl – verfahrensrechtliche Regelungen des Einzelstaatenrechtes wie die Anordnung des Schiedsverfahrens, Auswahl der Schiedsrichter, Umfang von *discovery*, Ablauf der mündlichen Verhandlung und des Vollstreckungsverfahrens gegen den *Federal Arbitration Act* behaupten; sie wären nicht *preempted.*[789] Dagegen sind materiell-rechtliche Vorschriften einzelstaatlichen Rechts grundsätzlich verdrängt, wenn die Parteien nicht ganz ausdrücklich etwas anderes vereinbart haben. Als materiell-rechtlich werden Vorschriften angesehen, die die sachliche Zuständigkeit der Schiedsrichter beschränken: das sind *state laws*, die Schiedsvereinbarungen aufheben oder über Verzichtsfiktionen Schiedsverfahren verhindern, die Fristen einführen oder die Schiedsfähigkeit (Rechtsanwaltskosten, *punitive damages*) regeln.[790]

---

[785] Hayford, 31 WAKE FOREST L. REV. 1, 21. So hätte die klare Formulierung „no punitive damages" dem Gericht jeglichen Interpretationsspielraum im Hinblick auf die Zuständigkeit der Schiedsrichter genommen (Mastrobuono, 514 U.S. 52, 57-58).

[786] Zeft, 22 N.C. J. INT'L L. & COM. REG. 705, 708.

[787] Diamond, 39 ARIZ. L. REV. 35, 49; Sternlight, 74 WASH. U. L.Q. 637, 663: damit werden im Grunde alle Versuche der Staaten zum Schutz von Endverbrauchern, Franchisenehmern und anderen schwächeren Parteien zunichte gemacht. Die *Allied-Bruce*-Entscheidung verdeutlicht, daß der *Supreme Court* nicht immer die Vorstellungen der Parteien berücksichtigt, ob *state* oder *federal law* Anwendung finden soll (Seferi, 19 CAMPBELL L. REV. 607, 616).

[788] Goldberg v. Bear, Stearns & Co., 912 F.2d 1418, 1419-1420 für die folgende Klausel: [T]his Agreement to arbitrate ... specifically does not prohibit you from pursuing any claim or claims arising under the federal securities laws in any court of competent jurisdiction."

[789] Diamond, 39 ARIZ. L. REV. 35, 61-62.

[790] Diamond, 39 ARIZ. L. REV. 35, 62-63.

Choice-of-law clauses sind aber bislang meist recht allgemein gehalten und werden deshalb in der Regel den hohen Anforderungen des *Supreme Courts* an eine Begrenzung der schiedsrichterlichen Zuständigkeit nicht genügen können. Damit verbleibt das materielle Schiedsrecht normalerweise im Anwendungsbereich des *Federal Arbitration Acts*.[791] Das gilt umso mehr für internationale Verfahren; die im Hinblick auf ein dominierendes Bundesinteresse muß hier von einer noch weiter eingeschränkten Rolle der *state laws* ausgegangen werden muß.[792] Es ist schwierig vorherzusagen, welche Regeln durch Bundesrecht verdrängt werden und welche nicht.[793] Jedenfalls muß der Parteivereinbarung große Bedeutung eingeräumt werden: den Parteien ist es überlassen, den Schutz des *FAA* zu suchen,[794] aber auch ihn zu meiden.[795] Die Privatautonomie wird aber durch Bundesrecht insoweit begrenzt, als daß das gewählte Recht nicht grundsätzlich den Zielen des *Federal Arbitration Acts* zuwiderlaufen, nicht grundsätzlich schiedsfeindlich sein darf.

d. Verbleibende Bedeutung der Einzelstaatengesetze

Im Lichte der erörterten Entscheidung muß die Parteiwille, wie er in der Parteivereinbarung zum Ausdruck kommt, Ausgangspunkt jeder Untersuchung sein. Mit dieser Anknüpfung wird der *Supreme Court* dem Wesen der Schiedsgerichtsbarkeit als Kreation der Parteivereinbarung gerecht: Schiedsgerichte bestehen nur in dem Umfang, der durch das anwendbare Recht zugelassen wird und sind nur soweit zuständig, wie die Vertragsparteien Streitigkeiten ihrer Entscheidungsbefugnis unterstellt haben.[796] Dabei muß jedoch berücksichtigt werden, daß *Volt* in rein nationalem Kontext gefällt wurde.[797] Das beschränkt möglicherweise die Präjudizwirkung dieser Entscheidung für die internationale Schiedsgerichtsbarkeit; denn das oberste US-Gericht hat bereits mehrfach klargestellt, daß im internationalen Rechtsverkehr andere Wertungen Berücksichtigung finden können

---

[791] Hayford, 31 WAKE FOREST L. REV. 1, 21.

[792] Gorman & Shirodkar, 16 MD. J. INT'L L. & TRADE 183, 209; 219.

[793] Gorman & Shirodkar, 16 MD. J. INT'L L. & TRADE 183, 210 n. 165; 219.

[794] Den Parteien bleibt es also unbenommen vertraglich ausschließlich die Anwendbarkeit des *FAA* festzulegen. Das würde z. B. durch eine Klausel wie die folgende sichergestellt: „... provided that any dispute, controversy, question, or issue arising out of or relating directly or indirectly to paragraph [ ] (Arbitration) of this Agreement shall be governed *exclusively* by the United States Arbitration Act as then in force" (Becker, *The Shock of Volt*, 45.2 ARB. J. 32, 37) (Hervorhebung vom Autor).

[795] Kaminsky, 1991 ANN. SURV. AM. L. 527, 528; Feldman, *Federalism under the FAA*, 69 TEX. L. REV. 691, 709, 719: „... the focus is on intent,... ."

[796] Carrier, 4 AM. REV. INT'L ARB. 66. Der *Supreme Court* führte aus: „Arbitration under the Act is a matter of consent, not coercion, and the parties are generally free to structure their arbitration agreements as they see fit. ... so too may they specify by contract the rules under which that arbitration will be conducted" (489 U.S. 468, 479).

[797] Garvey & Heffelfinger, 25 INT'L LAW. 209, 213.

als im nationalen Recht.[798] Gleichzeitig mag sich aus der Zuständigkeit des *District Courts* nach § 203 des *FAA* eine Vermutung zugunsten des Bundesrechts herauslesen lassen.[799]

Für die Anwendung der Einzelstaatengesetze ergibt sich danach:

(1) Ausdrückliche Parteivereinbarung: Die internationalen Schiedsgesetze der Bundesstaaten sind eindeutig immer dann anwendbar, wenn die Parteien dies ausdrücklich vereinbart haben. Wird ein internationales Schiedsgesetz als anwendbares (Schieds)Verfahrensrecht vereinbart, kann nichts anderes gelten als bei der Vereinbarung einer Schiedsgerichtsordnung.[800] Damit würde sich die Bedeutung des *FAA* allein darauf beschränken, die *choice of law clause* durchzusetzen.[801] Das ist entspricht der Zielsetzung des *FAA* vor allem, wenn berücksichtigt wird, daß die meisten internationalen Schiedsgesetze moderner und umfangreicher sind und so dem Ablauf des Schiedsverfahrens günstiger sind als der veraltete und lückenhafte *FAA*.[802] Zweifel an der Gültigkeit einer solchen Rechtswahl können sich allenfalls dann ergeben, wenn das gewählte Recht an sich schiedsfeindlich im klassischen *common law*-Verständnis ist und damit in der Substanz der *pro arbitration policy* des *FAA* zuwiderläuft.[803] Insoweit ergeben sich keine Bedenken mit Hinblick auf die internationalen Schiedsgesetze der Bundesstaaten.

(2) Fehlende Anwendbarkeit internationaler Abkommen: Bedeutung können die Einzelstaatengesetze vor allem da erlangen, wo die internationalen Abkommen nicht eingreifen, weil z. B. der Herkunftsstaat einer Partei nicht den internationalen Abkommen beigetreten ist.[804] Gleiches gilt für die wenigen Fälle, in denen mangels hinreichendem US-Nexus der *Federal Arbitration Act* keine Anwendung findet.

---

[798] Scherk v. Alberto-Culver Co., 417 U.S. 506, 518-519 (1974); Mitsubishi Motors Corp. v. Soler Chrysler-Plymouth, 473 U.S. 614, 613, 636 (1985); McClendon, *State International Arbitration Laws*, 1 AM. REV. INT'L ARB. 244, 248; Garvey & Heffelfinger, 25 INT'L LAW. 209, 219;Walker, 17 N.C. J. INT'L L. & COM. REG. 419, 456.

[799] Gorman & Shirodkar, 16 MD. J. INT'L L. & TRADE 183, 219.

[800] Walker, 17 N.C. J. INT'L L. & COM. REG. 419, 457; Feldman, *Federalism under the FAA*, 69 TEX. L. REV. 691, 712; Purcell, 32 TEX. INT'L L.J. 525, 544.

[801] Feldman, *Federalism under the FAA*, 69 TEX. L. REV. 691, 713.

[802] Das erkannte auch der *Supreme Court* in seiner Entscheidung zugunsten der (lokalen) Schiedsgesetze der US-Bundesstaaten, *Volt* 489 U.S. 468, 476 n. 5.

[803] Vgl. oben 1. Teil/B.; Feldman, *Federalism under the FAA*, 69 TEX. L. REV. 691, 725.

[804] Hunnicut et al., 3 OHIO ST. J. ON DISP. RESOL. 303, 326; Zeft, 22 N.C. J. INT'L L. & COM. REG. 705, 733-734 (der Autor nennt das Beispiel eines brasilianischen Schiedsspruches); Walker, 17 N.C. J. INT'L L. & COM. REG. 419, 456. Mit Blick auf den ausgesprochen breiten Anwendungsbereich des *FAA* verbleibt hier kaum noch ein Anwendungsbereich für die *state laws*. Ein fehlender Auslandsbezug mag noch am ehesten eine Lücke im Anwendungsbereich des Bundesrechtes bilden.

Das könnte allenfalls bei Streitigkeiten zwischen zwei ausländischen Parteien angenommen werden.[805]

(3) Rechtswahlklauseln: Als schwierig erweisen sich sehr allgemein gehaltene Rechtswahlklauseln[806]. Wie durch *Volt* vorgegeben ist hier auch zunächst der Parteiwille zu erforschen,[807] die *preemption*-Problematik spielt in diesem Zusammenhang keine Rolle. Theoretisch sind drei Auslegungsergebnisse vorstellbar: (1) mit der Rechtswahl wollten die Parteien nur das auf den Streitgegenstand anwendbare (materielle) Recht festlegen;[808] (2) die Rechtwahl umfaßt materielles und Verfahrensrecht;[809] (3) ebenso kann aber auch eine Kombination von *state* und *federal law* möglich sein.[810] Von der letzten Möglichkeit kann m. E. nur in seltenen Ausnahmefällen ausgegangen werden, denn sie erzwingt eine komplizierte Abstimmung beider Rechtssysteme durch die Gerichte.[811] Die sehr allgemein und weit gefaßte Rechtswahlklausel in *Volt* legte der *Supreme Court* dagegen im Sinne der zweiten Variante aus[812] und schaffte so dem Schiedsrecht der Bundesstaaten grundsätzlich einen breiten Anwendungsbereich.

Eine so weitgehende Auslegung kann aber nicht problemlos auf den internationalen Wirtschaftsverkehr übertragen werden. Im internationalen Handel müssen notwendigerweise andere Gesichtspunkte in die Abwägung miteinbezogen werden.[813] Zudem verfügen nicht alle Bundesstaaten über ein spezifisch internationales Schiedsgesetz. In der internationalen Schiedsgerichtsbarkeit wird traditionell mit Rechtswahlklauseln nur das anwendbare materielle Recht bestimmt.[814] Das anwendbare Verfahrensrecht ist entweder – bei entsprechender Abrede – die Schiedsordnung einer der Schiedsorganisationen oder – auch implizit – das Recht des Schiedsortes.

Je internationaler der Charakter der Streitigkeit ist, um so mehr ist davon auszugehen, daß die Parteien allein von der Anwendbarkeit des lang etablierten Bundesschiedsrechts ausgingen. Typischerweise wird eine ausländische Partei nicht mit den föderalen Besonderheiten des US-Schiedsrechts vertraut sein und von dem weithin bekannten gesetzlichem Regelfall ausgehen, sich aber nicht den (vermu-

---

[805] Shifman, 1 AM. REV. INT'L ARB. 281, 301.

[806] Als ein gutes Beispiel kann hier die sehr allgemeine, indirekte *law of the place*-Rechtswahlklausel des *Volt*-Falles dienen.

[807] Im übrigen verzichtet die Entscheidung aber genauere Auslegungsmaßstäbe festzulegen. Damit können die Gerichte bei geschickter Auslegung zu beinahe jedem Ergebnis kommen (Feldman, *Federalism under the FAA*, 69 TEX. L. REV. 691, 711, 719).

[808] Feldman, *Federalism under the FAA*, 69 TEX. L. REV. 691, 716.

[809] Feldman, *Federalism under the FAA*, 69 TEX. L. REV. 691, 713-716.

[810] Feldman, *Federalism under the FAA*, 69 TEX. L. REV. 691, 717.

[811] Feldman, *Federalism under the FAA*, 69 TEX. L. REV. 691, 717.

[812] 489 U.S. 468, 476.

[813] Siehe oben A/III/5/b.

[814] Connell, 20 J. MAR. L. & COM. 327, 356.

teten oder tatsächlichen) Unwägbarkeiten einzelstaatlicher Regelungen aussetzen wollen.[815] Auch die Beteiligung der US-Bundesregierung, von Bundesbehörden oder ausländischen Staaten oder Behörden spricht für die Anwendung von Bundesrecht.[816]

Hat die Streitigkeiten dagegen rein lokalen Charakter muß die Anwendbarkeit von *state law* erwogen werden.[817]

(4) Fehlende Rechtswahl: Wurde nur Schiedsgerichtsbarkeit vereinbart, nicht aber eine Rechtswahl getroffen, so sind in erster Linie die Schiedsrichter dazu berufen, das anwendbare Recht zu bestimmen. An diese Auslegung sind dann auch die staatlichen Gerichte gebunden. Grundsätzlich werden für diese Entscheidung der Schiedsrichter fünf Ansätze diskutiert: (1) Anwendung des am Ort des Schiedsverfahrens geltenden Rechts; (2) Anwendung des am Ort des Schiedsverfahrens gültigen Kollisionsrechts zur Bestimmung des anwendbaren Rechts; (3) freie Entscheidung der Schiedsrichter unter Berücksichtigung des mutmaßlichen Parteiwillens; (4) die freie Anwendung von *lex mercatoria* Regeln; (5) Klärung von Tatsachen und möglicher Unterschiede in der Entscheidung nach den in Betracht kommenden Rechtsgrundlagen verschiedener nationaler Herkunft, bevor eine Entscheidung über das anwendbare Recht erforderlich wird.[818] Regelmäßig wird der Schiedsort den entscheidenden Anhaltspunkt für eine entsprechende Rechtswahl geben.

(5) Verweis auf *state law*: Die Staatengesetze finden ebenso dann Anwendung, wenn es das Bundesrecht positiv-rechtlich oder Richter-rechtlich (*outcome determinative test*) vorschreibt.[819] Ein solcher Fall könnte sich genau dann ergeben, wenn das einzelstaatliche Recht eine schiedsfreundlichere Regelung ergibt. Nach Art. VII(1) UNÜ, dem Meistbegünstigungsprinzip, kann die vollstreckende Partei sich immer auf ihr günstigeres innerstaatliches Recht berufen.[820] Bietet also das internationales Schiedsrecht eines US-Staates günstigere Bedingungen zur

---

[815] So wird vermehrt in der Literatur darauf hingewiesen, daß die zunehmende Zersplitterung des US-Schiedsrechts nicht gerade die Attraktivität der USA als Schiedsforum steigert (Brunel, 25 TEX. INT'L L.J. 43, 59).

[816] Verlinden B.V. v. Central Bank of Nigeria, 488 F.Supp. 1284, 1292 (1980); Walker, 17 N.C. J. INT'L L. & COM. REG. 419, 455.

[817] „... peculiarly a matter of state and local concern," Kossick v. United Fruit Co., 365 U.S. 731, 741 (1961); Walker, 17 N.C. J. INT'L L. & COM. REG. 419, 456; Seferi, 19 CAMPBELL L. REV. 607, 617. Siehe aber: Mastrobuono, 514 U.S. 52.

[818] LOWENFELD, INTERNATIONAL ARBITRATION AND LITIGATION 338-339.

[819] Becker, *The Shock of Volt*, 45.2 ARB. J. 32, 37 (er bezieht sich auf das Beispiel von widersprechenden AGB, einer Frage der Vertragsauslegung, die nach *state law* zu beantworten ist – siehe Fn. 24). Hier führt *Walker* als Beispiel vorläufige Maßnahmen an, die sich nach *state arbitration acts* richten, solange kein Bundesgesetz betroffen ist, Walker, *State Legislation*, 17 N.C. J. INT'L L. & COM. REG. 419, 457-458.

[820] VAN DEN BERG, NEW YORK CONVENTION 85.

Vollstreckung eines Schiedsspruches, kann über Art. VII(1) UNÜ der internationale Teil des *FAA* „ausgehebelt" werden kann. Ein Beispielsfall wäre der noch zu erörternde *Chromalloy*-Fall,[821] in dem das US-Vollstreckungsgericht auf das nationale Schiedsrecht zurückgriff, um einen Schiedsspruch zu vollstrecken, der in seinem Herkunftsstaat Ägypten aufgehoben worden war. Hier hätte z. B. das Recht Floridas, § 684.24(6), ein detaillierte Regelung vorgegeben, ob und wie ein solches Urteil in der Vollstreckung zu beachten ist.[822]

(6) Ergänzungsfunktion in Verfahrens vor den Bundesgerichten: Darüber hinaus kann das Einzelstaatenrecht komplementär in Gerichtsverfahren vor den *District Courts* zur Geltung kommen: um dessen Lücken zu füllen oder Definitionen zu stellen.[823] Das gilt vor allem in Bereichen, die traditionell im Zuständigkeitsbereich der Staaten lagen und deren Interessen berühren; gleichermaßen, wenn „die Parteien ihre vertraglichen Bindungen mit der Erwartung eingegangen sind, daß ihre Rechte und Pflichten durch *state law* geregelt werden."[824]

Für das Schiedsverfahren hieße das: ergibt die Vertragsauslegung, daß die Parteien zwar nicht das Verfahren, wohl aber die zugrundeliegende Streitigkeit lokalem Recht unterstellt haben, spricht das für die Anwendung lokalen Rechts. Im Sinne einer Gesamtbetrachtung gilt aber auch wieder: handelt es sich um eine „wirklich internationale" Streitigkeit, dominieren Bundesinteressen.[825]

Die Lücken des Bundesrechtes liegen vor allem im verfahrensrechtlichen Bereich. Es fehlen Regelungen

- zum vorläufigen Rechtsschutz,
- zu den Offenbarungspflichten eines Schiedsrichters,
- zur Auswahl der Schiedsrichter und Ernennung von Sachverständigen,
- zur Kompetenz-Kompetenz,

---

[821] Chromalloy Aeroservices v. Arab Rep. of Egypt, 939 F.Supp. 907 (D.D.C. 1996); dazu ausführlich siehe unten 3. Teil/B/II/3/f/(2).

[822] Geht ein Schiedsspruch in seinem Herkunftsstaat in einem Urteil auf, so findet dieses Urteil in Florida keine Beachtung, wenn nicht einer der Versagungsgründe nach § 684.25 vorliegt.

[823] Connell, 20 J. MAR. L. & COM. 327, 359; Shifman, 1 AM. REV. INT'L ARB. 281, 301; Hoellering, *Arbitration in the United States*, 1 AM. REV. INT'L ARB. 14, 22; Kennedy, *The Model Law on International Commercial Arbitration*, 72 MICH. B.J. 192, 195; Kolkey, *International Arbitration in California*, 10 WHITTIER L. REV. 181, 183; Purcell, 32 TEX. INT'L L.J. 525, 535; Zeft, 22 N.C. J. INT'L L. & COM. REG. 705, 783. Siehe auch Atwood, *Federal-State Relations under FAA*, 37 U. FLA. L. REV. 61, 89 unter Berufung auf die *Southland*-Entscheidung des *Supreme Courts*, die auf die Anwendung von *state law* gerade in Fragen im Zusammenhang mit der Auslegung von Verträgen und deren Anfechtung (*fraud, unconscionability, mistake*...) hinweist. Ein Beispiel für die Anwendbarkeit von *state law* (Massachussetts) im Bereich der Verfahrensverbindung, für die *federal law* keine Regelung vorsieht: New England Energy Inc. v. Keystone Shipping Co., 855 F.2d 1, 4-7 (1st Cir. 1988). Diese Entscheidung fiel noch vor dem *Supreme Court*-Urteil in *Volt Information Sciences*.

[824] Kamen v. Kemper Financial Services, 500 U.S. 90, 98 (1991). Siehe auch Purcell, 32 TEX. INT'L L.J. 525, 537.

[825] Vgl. Kossick v. United Fruit Company, 365 U.S. 731, 741-742 (1961); Walker, 17 N.C. J. INT'L L. & COM. REG. 419, 455; Garvey & Heffelfinger, 25 INT'L LAW. 209, 213.

- zum anwendbaren Recht,
- zur Verfahrenssprache,
- zur Säumnis,
- zu Form und Inhalt des Schiedsspruches,
- zur Berichtigung und Änderung des Schiedsspruches durch das Schiedsgericht.[826]
- zu den Kosten des Verfahrens,
- zu den Kosten der Parteivertreter,[827]
- zur Verzinsung des Schiedsspruches,
- zu Fremdwährungsschiedssprüchen und deren Umrechnung.

Die Unzulänglichkeiten des Bundesrechtes liegen also eher im Bereich des Schiedsverfahrens selbst als in der Vollstreckung. Diese Lücken könnten aber gut unter Anwendung der Einzelstaatengesetze gefüllt werden.[828]

(7) Ergänzungsfunktion in Verfahren vor den Gerichten der Bundesstaaten: Wird das Verfahren in *State Courts* betrieben können diese Gerichte ihre lokalen Gesetze insoweit anwenden, als nicht Bundesrecht (*FAA*) anwendbar ist. Im Ergebnis wird damit in den *State Courts* derselbe Anwendungsbereich eröffnet wie in den *federal courts*. Angesichts der hohen Auslastung der Bundesgerichte scheint diese Variante nicht einmal unwahrscheinlich.[829]

(8) Zusammenfassung: Die Schiedsgesetze der Einzelstaaten spielen eine untergeordnete, aber durchaus bedeutsame Rolle für internationale Schiedsverfahren.[830] Sie sind immer dann anwendbar, wenn die in Bundesrecht umgesetzten Abkommen nicht einschlägig sind. *State law* ist auch dann von Bedeutung, wenn die Parteien ausdrücklich das Recht dieses US-Staates vereinbart haben: je klarer dies geschehen ist, um so eindeutiger kann ein Gericht auf das Einzelstaatenrecht zurückgreifen. Gegebenenfalls sind hier auch die besonderen Umstände des Einzelfalles zu berücksichtigen.

---

[826] Kolkey, *Reflections on Statutory Framework*, 1 AM. REV. INT'L ARB. 491, 511-523; Hunnicut et al., 3 OHIO ST. J. ON DISP. RESOL. 303, 312-317; Rivkin & Kellner, *In Support of the FAA*, 1 AM. REV. INT'L REV. 535, 545-546.

[827] Die in den USA vorherrschende Regel ist, daß die Anwaltskosten nicht der erfolgreichen Partei nicht erstattet werden (MCCLENDON & GOODMAN, INTERNATIONAL ARBITRATION IN NEW YORK 154).

[828] Purcell, 32 TEX. INT'L L.J. 525, 542.

[829] Walker, 17 N.C. J. INT'L L. & COM. REG. 419, 458-459. Außerdem können die *State Courts* wegen ihre Vertrautheit mit den nach Einzelstaatenrecht zulässigen vertraglichen Einwendungen (*contractual defenses*) das bessere Forum bieten. Sie wenden den *FAA* schon lange an und verfügen auch von daher über die nötige Vertrautheit mit dem Gesetz (Hirshman, 71 VA. L. REV. 1305, 1353, 1378).

[830] Walker, 17 N.C. J. INT'L L. & COM. REG. 419, 459; Zeft, 22 N.C. J. INT'L L. & COM. REG. 705, 793; Hunnicut et al., 3 OHIO ST. J. ON DISP. RESOL. 303, 326; Aksen & Dorman, *The New York Convention in U.S. Courts*, 2 AM. REV. INT'L ARB. 65, 67.

Darüber hinaus kann *state law* als Lückenfüller in Verfahren vor *State* und *Federal Courts* Bedeutung erlangen. Die verbleibenden Anwendungsmöglichkeiten sind von allenfalls untergeordneter Bedeutung.

e. Bedeutung für die Vollstreckung

Diese Leitlinien für die Anwendbarkeit der *International Arbitration Acts* der Bundesstaaten bedürfen aber noch ergänzender Erörterung im Bereich der Vollstreckung. Denn die Vollstreckung ist – wie bereits angesprochen – einer der Verfahrensabschnitte, in die Staatsgewalt in das eigentlich durch Privatautonomie geprägte Schiedsverfahren einbricht. Zu diesem Bereich nimmt *Volt* nicht ausdrücklich Stellung.[831] Als Verfahrensrecht könnten Regelungen zum Vollstreckungsverfahren im Sinne von *Mastrobuono* sich auch gegen entgegenstehende Regelungen des *Federal Arbitration Acts* durchsetzen.[832] Deshalb kann auch für die Vollstreckung von Schiedssprüchen nicht generell von der *preemption* des einzelstaatlichen Recht ausgegangen werden.

(1) Ausdrückliche Parteivereinbarung: Relativ eindeutig erscheint die Rechtslage bei einer ausdrücklichen Parteivereinbarung. Wurde ausdrücklich und eindeutig das Schiedsrecht eines bestimmten Einzelstaates vereinbart, so wäre es systematisch inkonsequent, dieser Rechtsordnung im Bereich der Vollstreckung nicht Folge zu leisten. Zwei Aspekte unterstützen diese Sichtweise: den des Respekts vor der Parteivereinbarung und der Souveränität der Einzelstaaten über ihre Angehörigen, in die gerade bei Vollstreckungsfragen nachhaltig eingegriffen wird. Das würde auch die Stellungnahmen des *Supreme Courts* in *Volt v. Stanford University* und *Kamen v. Kemper* zugunsten des Rechts der Einzelstaaten berücksichtigen.

Nur „relativ eindeutig" ist die Rechtslage deshalb, weil erstens nicht alle Staaten Schiedsgesetze für die internationale Schiedsgerichtsbarkeit verabschiedet haben, und zweitens nicht alle internationalen Schiedsgesetze über eigene Vollstreckungsvorschriften verfügen. Hier muß also weiter unterschieden werden:

(a) Staaten mit eigenen Vollstreckungsvorschriften: Über eigene Vollstreckungsvorschriften verfügen Florida, New York, Connecticut, Georgia, North Carolina, Ohio und Oregon. Diese sollten unschwer zur Grundlage der Vollstreckung eines Schiedsspruches gemacht werden können, der auf Grundlage des lokalen Schiedsrechts ergangen ist. Dabei sollte beachtet werden, daß gerade im souveränitätssensiblen Bereich der Vollstreckung eine extraterritoriale Anwendung

---

[831] Kaminsky, 1991 ANN. SURV. AM. L. 527, 554.

[832] Diamond, 39 ARIZ. L. REV. 35, 61-62. Siehe auch Kaminsky, 1991 ANN. SURV. AM. L. 527, 554 m. w. N.: in drei von vier berichteten Fällen folgten die Gerichte Bundesrecht.

der *State Arbitration Acts* nicht möglich erscheint. Es wäre z. B. der Souveränität Kaliforniens kaum zuzumuten, eine Vollstreckung nach dem internationalen Schiedsrecht Floridas durchzuführen. Eine solche Annahme könnte zu einer ungerechtfertigten Ausdehnung der großen Rechtsordnungen mit sehr weitgehenden Schiedsgesetzen auf Kosten der anderen Staaten gehen. Der Anwendungsbereich der internationalen Schiedsgesetze muß im Bereich der Vollstreckung – auch entgegen ausdrücklicher Parteivereinbarung – auf den jeweiligen Bundesstaat beschränkt bleiben. Einer solchen Problematik kann aber unschwer aus dem Weg gegangen werden. Wurde in diesen Staaten schon das Schiedsverfahren nach deren Recht durchgeführt, kann dort auch um eine Vollstreckbarkeitserklärung nachgesucht werden. Mit diesem Urteil kann die obsiegende Partei dann in den Schwesterstaaten nach *full faith and credit* die Vollstreckung betreiben.[833]

(b) Staaten ohne eigene Vollstreckungsvorschriften: Hier stellt sich die Frage, ob dieser Mangel der internationalen Schiedsgesetze der Staaten durch deren nationales Schiedsrecht „auffüllen" läßt oder ob hier ergänzend Kapitel 2 und 3 des *FAA* herangezogen werden müssen. Vertretbar erscheint, hier den *FAA* ergänzend heranzuziehen, denn gerade diese Staaten gingen in der Regel bei der Verabschiedung ihrer Schiedsgesetze von der *preemption* von Vollstreckungsvorschriften durch den *FAA* aus. Diesem gesetzgeberischen Willen sollte dann auch im Rahmen der Vollstreckung durch Anwendung von *federal law* Rechnung tragen.
Nach *Volt, Kemper* und *Mastrobuono* bietet sich gerade in dieser Konstellation die Ergänzung und Komplettierung des bundesrechtlichen Verfahrens durch einzelstaatliche Rechtsvorschriften an. Sie erscheinen insoweit nicht durch andere Verfahrensordnungen verdrängt.

(c) Staaten ohne eigenes internationales Schiedsgesetz: Für Fälle, in denen die Parteien sich auf das Recht eines US-Staates geeinigt hatten, dieser Staat aber nicht über ein eigenes internationales Schiedsgesetz verfügt, wird wahrscheinlich nur der *Federal Arbitration Act* als einzige Vollstreckungsgrundlage in Betracht kommen. Das ist letztlich eine Frage des Einzelfalles. Regelmäßig werden aber die jeweiligen lokalen Regelungen nicht auf die Anwendung im internationalen Schiedsrecht zugeschnitten und anwendbar sein. Würde nur aufgrunddessen die Vollstreckung versagt, liefe das sicherlich der starken *pro-arbitration policy* der USA zuwider.
(2) Nicht-Anwendbarkeit von Bundesrecht: Ist Bundesrecht nicht einschlägig, findet das Recht der Einzelstaaten Anwendung. Das wäre immer dann der Fall, wenn der Anwendungsbereich des *Federal Arbitration Acts* und/oder der multilate-

---

[833] Walker, 17 N.C. J. INT'L L. & COM. REG. 419, 448.

ralen Abkommen nicht eröffnet ist oder diese ihrerseits den Rückgriff auf *state law* zulassen, wie z. B. nach Art. VII UNÜ.[834]
Ungeklärt ist, inwieweit nicht ein *International State Arbitration Act* Anwendung finden könnte, wenn die Drei-Jahres-Frist nach 9 U.S.C. § 207 abgelaufen ist. Die Gesetze der US-Staaten sehen z. T. viel längere Fristen vor. Zwar drängt sich die Frage nach der Umgehung zwingender gesetzlicher Vorschriften auf, grundsätzlich liegt die Wahl des Vollstreckungsmechanismus aber im Ermessen der die Vollstreckung betreibenden Partei.[835] Der obsiegenden Partei bliebe es also unbenommen, vor einem *State Court* nach einem der lokalen *International Arbitration Acts* um eine Vollstreckbarkeitserklärung nachzusuchen.
Beantragt der Vollstreckungsgegner zunächst ein *removal* nach 9 U.S.C. § 205, könnte er dann weitergehend vor dem Bundesgericht die Klageabweisung beantragen, weil der Kläger es unterlassen hat, einen fristgerechten Antrag auf Anerkennung nach § 207 zu stellen.[836] Es ist aber zweifelhaft, ob der Vollstreckungsgegner in dieser Prozeßsituation überhaupt ein *removal* erreichen kann. § 205 erlaubt eine Verweisung nur für Schiedssprüche, die unter die Konvention fallen. Es ließe sich argumentieren, daß ein Schiedsspruch schon nicht unter die Konvention fällt, wenn deren Transformation in innerstaatliches Recht die Vollstreckung eines Schiedsspruches – im Gegensatz zu anderen innerstaatlichen Gesetzen – ausschließt.[837] Damit würde aber mit der Wahl des Gerichtes entscheidend das Ergebnis des Rechtsstreites beeinflußt, sie wäre *outcome determinative* und damit verfassungswidrig. Insoweit müßte *state law* als verdrängt angesehen werden, denn im Hinblick auf die Vollstreckungsfrist trifft der *Federal Arbitration Act* eine abschließende Regelung.[838]
Ohnehin ist diese Frage von geringer praktischer Bedeutung, denn es bleibt immer noch die Alternative der Vollstreckung des ausländischen Vollstreckungsurteils (*double exequatur*).

(3) Ergänzungsfunktion: Problematisch ist auch die Darstellung einer möglichen Komplementärfunktion von einzelstaatlichem Recht im Rahmen der Vollstreckung.[839] Die Ergänzung anderen Rechts durch Regelungen der *State Arbitration Acts* setzt notwendigerweise zweierlei voraus: (1) *State law* ist nicht schon

---

[834] Dazu schon siehe oben C/VIII/2.
[835] Siehe oben C/VIII/2.
[836] McMahon, 26 ARB. J. 65, 74.
[837] Hat der Vollstreckungskläger die Vollstreckbarkeitserklärung in einem der US-Staaten erreicht, kann dieses Urteil dann im Wege von *full faith and credit* in den Schwesterstaaten durchgesetzt werden. Alternativ bietet sich das *double exequatur*-Verfahren an, wenn die obsiegende Partei schon im Herkunftsstaat des Schiedsspruches eine gerichtliche Vollstreckbarkeitserklärung erlangt hat.
[838] so im Ergebnis auch: BORN, INTERNATIONAL COMMERCIAL ARBITRATION 676 für das Verhältnis des *Uniform Arbitration Acts* und *FAA*.
[839] Gänzlich ablehnend: McClendon, *State International Arbitration Laws*, 1 AM. REV. INT'L ARB. 244, 252.

z. B. aufgrund einer *choice of law clause* anwendbar; (2) das grundsätzlich anwendbare Recht weist Lücken auf.

Zu ergänzendes Recht kann nur der *Federal Arbitration Act* sein, denn der *FAA* bietet die einzige Vollstreckungsgrundlage für Schiedssprüche in den USA neben den Regelungen der Einzelstaaten.[840] Hier sind aber auf der Vollstreckungsebene weitere Differenzierungen erforderlich. Es kann nicht sein, daß gleichsam über die Hintertür in der Vollstreckung verfahrensrechtliche Maßstäbe der Einzelstaaten eingeführt werden, die über die Wahl eines (anderen) Verfahrensrechtes eigentlich von den Parteien ausgeschlossen worden waren. Wurde z. B. das Verfahren nach den der *ICC Rules* durchgeführt, so kann die Befangenheit eines Schiedsrichters auch in einem Vollstreckungsverfahren in Kalifornien nicht anders gefaßt werden als durch die *ICC*-Schiedsgerichtsordnung vorgegeben. Dem Vollstreckungsrichter bliebe es aber grundsätzlich unbenommen, Anleihen im kalifornischen Recht für Definitionen und als Interpretationshilfe zu machen. Kollisionen zwischen den Maßstäben beider Regelwerke können aber nur zugunsten des vereinbarten Verfahrensrechtes aufgelöst werden; sonst würde durch die Gerichte im Rahmen der Vollstreckung der Parteiwille übergangen.

Bei ergänzenden Rückgriffen auf *state law* ist also aus zwei Gründen Fingerspitzengefühl erforderlich: Bei Vorschriften mit eher (schieds)verfahrensrechtlichem Charakter aus dem genannten Grund. Insoweit mag eine Vermutung gegen ihre Anwendbarkeit sprechen, um keine Umgehung des von den Parteien bestimmten Verfahrensrechtes zu ermöglichen. Bei Vorschriften mit vollstreckungsrechtlichem Charakter trifft dieses Argument nicht zu, denn die Parteien treffen durch die Wahl eines Verfahrensrechtes in der internationalen Schiedsgerichtsbarkeit typischerweise keine Aussage über das anwendbare Vollstreckungsrecht.[841] Hier muß der Vollstreckungsrichter aber beachten, daß er über seinen Rückgriff auf *state law* keine zusätzlichen Vollstreckungserfordernisse aufstellt. Denn die Versagungsgründe nach der *New York* wie der *Inter-American Convention* sind abschließend. Letztlich muß es einer Einzelfallentscheidung überlassen bleiben, ob ein Rückgriff auf das Recht eines US-Staates den Zielen des *Federal Arbitration Acts* und der darin umgesetzten multilateralen Abkommen zuwiderläuft und damit *preempted* wäre.[842]

Für die Anwendung in den Gerichten der beiden US-Rechtssysteme ergibt sich folgendes: Die *State Courts* müssen Bundesrecht jeder Qualität in vor ihnen anhängigen Verfahren anwenden, können aber ihre eigenen Standards in den Bereichen

---

[840] Die Schiedsordnungen der *AAA* und der *ICC* sehen keine (logischerweise) keine Vorschriften zur Vollstreckung von Schiedssprüchen vor. Ein *ICSID*-Schiedsspruch wird vernünftigerweise nur nach den einschlägigen Vorschriften von *ICSID* vollstreckt.

[841] Kolkey, *Reflections on Statutory Framework*, 1 AM. REV. INT'L ARB. 491, 510.

[842] Zeft, 22 N.C. J. INT'L L. & COM. REG. 705, 781.

entwickeln, die nicht durch Bundesrecht geregelt sind. Systematisch konsequent wird hier ein *State Court* auf sein lokales Recht im Bereich der Schiedsgerichtsbarkeit zurückgreifen.
Problematischer ist das schon bei einem Verfahren vor einem Bundesgericht: hier kann sich aber auch kein anderes Bild ergeben. Die *federal courts* können unter den gleichen Bedingungen wie die *State Courts* lokales Recht[843] anwenden. Ein anderes Ergebnis würde dem *outcome determinative test* widersprechen[844] und verschiedene Ergebnissen in den beiden Rechtszügen Vorschub leisten.

f. Schlußfolgerung:

Im Regelfall werden die vollstreckungsrechtlichen Bestimmungen der *International Arbitration Acts* kaum Bedeutung in internationalen Schiedsverfahren erlangen können. Zu weit gefaßt ist der Anwendungsbereich des *Federal Arbitration Acts.* Diese Schlußfolgerung wird untermauert durch die Tatsache, daß sich bislang – soweit ersichtlich – keinerlei Rechtsprechung zu den *State International Arbitration Acts* entwickelt hat.[845]

Das einzelstaatliche Vollstreckungsrecht wird damit vor allem dann von Bedeutung sein, wenn die Parteien ausdrücklich ein Schiedsverfahren nach dem Recht eines US-Staates vereinbart hatten. Gleiches gilt für den (eher seltenen) Fall, daß Bundesrecht nicht anwendbar ist. Im Einzelfall ist es auch nicht auszuschließen, daß der Vollstreckungsrichter Anleihen in den einzelstaatlichen Gesetzen machen wird, um vergleichsweise programmatische Vollstreckungsregeln des Bundesrechtes auszugestalten. Hier könnte sich gerade für die sich der Vollstreckung widersetzende Partei noch am ehesten ein Abwehrpotential ergeben: durch die Ausgestaltung der Vollstreckungsabwehr mit den spezielleren Regelungen der einzelstaatlichen Gesetze.

---

843 Ein anderes als das lokale Recht kommt nur dann in Betracht, wenn die Parteien dies vereinbart hatten.
844 Purcell, 32 TEX. INT'L L.J. 525, 540.
845 Purcell, 32 TEX. INT'L L.J. 525, 531. Dabei wird die Rechtsprechung kaum um Entscheidungen auf einer *state-by-state*-Basis herumkommen (Brunel, 25 TEX. INT'L L.J. 43, 57).

3. Teil: Die Vollstreckungsverfahren und ihre Abwehrmechanismen

A. Allgemeines

I. Zuständiges Gericht

Anders als in Deutschland ist auch das US-Gerichtssystem konsequent föderal mit zwei konkurrierenden Gerichtszügen, den *State Courts* der Bundestaaten und den 91 *District Courts* in 50 Bundesstaaten und einem für den *District of Columbia*, strukturiert.[846] Die Gerichte beider Gerichtszüge sind *trial courts of general jurisdiction*, sie sind also allgemeinzuständig. Damit setzt sich auch bei den Gerichten die Problematik der Gewalten(auf)teilung zwischen dem Föderalstaat und seinen Untergliederungen fort und wird hier nach dem gleichen Prinzip gelöst, wie bereits oben erörtert:[847] grundsätzlich sind die Gerichte des Bundesstaaten zuständig, wenn nicht ausschließlich die Zuständigkeit der Bundesgerichte vorgeschrieben ist. In den meisten Fällen beruht die Zuständigkeit der Bundesgerichte auf den folgenden drei Kriterien: (1) die USA sind Partei des Rechtsstreites (2) *federal question jurisdiction,*[848] das sind Verfahren zwischen Parteien unter Anwendung von Bundesgesetzen oder internationalen Abkommen, (3) *diversity jurisdiction*, also einem Verfahren zwischen Bürgern verschiedener Bundesstaaten einschließlich ausländischer Staaten mit einem Streitwert über 75.000 US-Dollar.[849]

Im Bereich der internationalen Schiedsgerichtsbarkeit sind vor allem die *federal question jurisdiction*, weniger die *diversity jurisdiction* von Bedeutung, denn dem *diversity*-Merkmal wird nicht genügt, wenn beide Parteien aus dem Ausland kommt. Der *FAA* ist ein Bundesgesetz (*Act of Congress*), das UNÜ, sowie die *Panama Convention, ICSID* und die bilateralen Freundschaftsverträge sind internationale Abkommen (*treaties*). Nur wenn diese Vollstreckungsgrundlagen Gegenstand der Verhandlung sind, folgt automatisch die Zuständigkeit der Bundesgerichte.

---

[846] Schack, S. 3; von Hoffmann/Hau, RIW 98, 344, 348-349.

[847] Vgl. dazu die Gesetzgebungszuständigkeit: 2.Teil A.III.4.

[848] 28 U.S.C. § 1331: „The district courts shall have original jurisdiction of al civil actions arising under the Constitution, laws, or treaties of the United States.“ Vgl. auch BLACK'S LAW DICTIONARY 612: „Cases arising under Constitution of United States, Acts of Congress, or treaties, and involving their interpretation and application, and of which jurisdiction is given to federal courts, are commonly described as involving a 'federal question'“.

[849] 28 U.S.C. § 1332; dazu insgesamt: FARNSWORTH, INTRODUCTION TO THE LEGAL SYSTEM OF THE UNITED STATES 33-38; Hay, S. 44-65; Schack, S. 17-32.

II. Auswahlkriterien zwischen *State* und *Federal Court*

Ein Kläger steht zunächst vor der Problematik, in welchem der Gerichtszüge er auf Anerkennung und Vollstreckung seines Schiedsspruches klagen will.
Ursprünglich beruhte die Schaffung der Bundesgerichte noch auf der Befürchtung, daß Bürger eines anderen Bundesstaates in lokalen Gerichten möglicherweise nur ein feindliches, oder zumindest voreingenommes Forum finden könnten. Heute erklärt sich die Bevorzugung der Bundesgerichte eher aus pragmatischen Gründen wie einem (vermeintlich) vorteilhafteren Verfahren oder einem günstigeren Sitzungskalender (Arbeitsbelastung) dieser Gerichte.[850] Gerade der letzte Anspekt kann aber genauso gut für ein Verfahren vor einem *State Court* sprechen. Allgemein gelten die Bundesrichter als sachkundiger und unabhängiger.[851] Die weitaus größte Zahl der Gerichtsverfahren zum Schiedsrecht wird vor Bundesgerichten entschieden.[852]
Aus der Systematik der Zuständigkeitsregeln ergibt sich, daß zunächst der Kläger die Wahl der Forums hat. Er wird dabei sicherlich Bequemlichkeitsaspekte (wie den Gerichtort), die Auslastung des Gerichts sowie die Einstellung von Richtern und Jury berücksichtigen.[853]

Im Rahmen eines Verweisungsantrags nach 28 U.S.C. § 1446 [*procedure for removal*] kann grundsätzlich dann der Beklagte das Verfahren dann vor ein Bundesgericht bringen, solange die Klage auf Bundesrecht gestützt ist.[854] Es muß aber keineswegs immer das *District Court* das bessere Forum für den Vollstreckungsgegner bieten. Schließlich verfügen die *State Courts* in der Auslegung der einzelstaatlichen Vertragsrechtes – und damit auch der nach einzelstaatlichem Recht möglichen *defenses* – über die größere Erfahrung.[855] Nach dem *outcome determinative test* sind beide Gerichte an die gleichen Gesetze gebunden.[856]

III. Doppelzuständigkeit der US-Gerichte

Aufgrund der Definition des Anwendungsbereiches nach 9 U.S.C. § 202 kann es durchaus zu einer Doppelzuständigkeit der Gerichte für das Aufhebungs- wie auch das Vollstreckungsverfahren kommen. Das ist immer dann der Fall, wenn einen Schiedsverfahren mit Auslandsbezug in den USA durchgeführt worden ist. Ein in der Praxis nicht ungewöhnlicher Fall. Dann sind die US-Gerichte einerseits zur Überprüfung des Schiedsspruches Aufhebungsverfahren nach lokalem Recht

---

[850] FARNSWORTH, INTRODUCTION TO THE LEGAL SYSTEM OF THE UNITED STATES 36.
[851] Schack, S. 20. Das trifft sicher weniger bei den *State Courts* in den großen Ballungszentren zu.
[852] MCCLENDON & GOODMAN (eds.), INTERNATIONAL COMMERCIAL ARBITRATION IN NEW YORK 151; Purcell, 32 TEX. INT'L L.J. 525, 539.
[853] CRAIG & PARK & PAULSSON, ICC ARBITRATION 594.
[854] Aksen, *Foreign Arbitral Awards*, 3 S.W. U. L. REV. 1, 20.
[855] Hirshman, 71 VA. L. REV. 1305, 1378.
[856] Siehe oben 2. Teil/A/III/5/a.

(*FAA*), sowie zur Vollstreckung nach internationalem Recht (UNÜ oder eine der anderen Vollstreckungsgrundlagen) zuständig. Es handelt sich trotz der simultanen Zuständigkeit um zwei völlig verschiedene Verfahren.[857] Das gilt auch dann, wenn der Vollstreckungsgegner im Vollstreckungsverfahren seinerseits die Aufhebung des Schiedsspruches beantragt.[858]

Das Aufhebungsverfahren nach nationalem Recht wird durch das UNÜ nicht modifiziert; auch aus der doppelten Zuständigkeit der US-Gerichte ergeben sich keine Besonderheiten für das Aufhebungsverfahren. Insbesondere bleiben dem Vollstreckungsgegner in vollem Umfang die Aufhebungsgründe des nationalen Rechts erhalten.[859] Das mag mit dem Wortlaut von Art. V(1)(e) des UNÜ begründet werden.[860] Die Doppelzuständigkeit erfordert besonderes Fingerspitzengefühl der Gerichte, nicht die verschiedenen Verfahren miteinander zu vermischen.

Ein gutes Beispiel für diese Schwierigkeiten bietet ein Urteil des New Yorker *District Courts*. In *Jamaica Commodity Trading [JCTC] v. Rice* war das Schiedsverfahren zwischen einer jamaikanischen und einer US-amerikanischen Partei vermutlich in USA durchgeführt worden. *JCTC* beantragte die Vollstreckbarkeitserklärung nach Kapitel 1 des *FAA* (§ 9), widerklagend beantragte *Rice* die Aufhebung des Schiedsspruchs nach Kapitel 2, also nach UNÜ. Unstreitig wäre ein Aufhebungsantrag nach Kapitel 1 verfristet gewesen (§ 10 i. V. m. § 12).[861]

In seiner Diskussion vermischte das Gericht unzulässigerweise die Fristen von Kapitel 1 und 2. Es hielt die Widerklage grundsätzlich für zulässig mit der Begründung, die Transformationsgesetzgebung von Kapitel 2 sehe keine ausdrückliche Frist für Aufhebungsklagen vor.[862] Dabei verwechselte das Gericht aber die Aufhebung eines Schiedsspruches mit der Versagung der Vollstreckung, die den Schiedsspruch an sich ja nicht aufhebt, sondern nur keinerlei Wirkungen im Vollstreckungsstaat entfalten läßt. Die Konvention sieht keine Aufhebungsklage vor, sondern kennt nur den Grund der Versagung wegen Aufhebung des Schiedsspruches durch das zuständige Gericht.[863] Insoweit geht auch der Hinweis des Gerichts auf die Frist nach § 207 fehl, denn § 207 bezieht sich ausdrücklich nur auf die in der Konvention genannten Versagungsgründe. Schließlich liefe es auch der

---

[857] Spector v. Torenberg, 852 F.Supp. 201, 205 (S.D.N.Y. 1994); Yusuf Ahmed Alghanim & Sons v. Toys „R“ US, 126 F.3d 15, 23 (2d Cir. 1997). van den Berg, *Nondomestic Arbitral Awards*, 6 PACE L. REV. 25, 55.

[858] Yusuf Ahmed, aaO.

[859] Kolkey, *Attacking Arbitral Awards*, 22 INT'L LAW. 693, 694.

[860] Yusuf Ahmed Alghanim & Sons v. Toys „R“ Us, Inc., 126 F.3d 15, 21.

[861] Jamaica Commodity Trading Co. Ltd. v. Connell Rice & Sugar Co., No. 87 Civ. 6369, 1991 U.S. Dist. LEXIS 8976, *1-5 (S.D.N.Y. July 2, 1991). Es handelte sich hier um ein *AAA*-Verfahren. Das Urteil enthält keinen Hinweis zum Schiedsort oder dem angewandten Verfahrensrecht. Aus dem Zusammenhang muß aber auf die Anwendung von US-Verfahrensrecht geschlossen werden (so auch Montaré, 4 AM. REV. INT'L ARB. 311, 319).

[862] JCTC, No. 87 Civ. 6369, 1991 U.S. Dist. LEXIS, at *5.

[863] Montaré, 4 AM. REV. INT'L ARB. 311, 320. In diesem Sinne auch Tesoro Petroleum Corp. v. Asamera Ltd., 798 F.Supp. 400, 405 (D. W.D. Tex. 1992).

(vollstreckungsfreundlichen) Zielsetzung zuwider, auch dem Vollstreckungsgegner – wie von dem Gericht angenommen – ein Wahlrecht der ihm günstigsten Rechtsmittel zuzubilligen.[864]

IV. Schiedsspruch in fremder Währung

Schiedssprüche in einer Fremdwährung sind ein typisches Problem für die Vollstreckung. Traditionell wurden in den USA Urteile nur in US-Dollar gefällt, auch wenn die zugrundeliegende Schuld in einer anderen Währung lautete.[865] Alternativ wird zunehmend die Möglichkeit einer Anerkennung von Urteilen (und Schiedssprüchen) in der ausländischen Währung diskutiert.[866]

US-Gerichte werden regelmäßig zur Grundlage ihrer Vollstreckbarkeitserklärung (*entry-of-judgment*) den Umrechnungskurs am Tage dieses Urteils machen.[867] Als alternative Zeitpunkte kämen das Datum der Vertragsverletzung (*time of breach rule*) oder der Zahlung (*time of judgment rule*)[868] in Betracht. Jeder dieser Zeitpunkte kann aber einen Währungsgewinn oder –verlust für den Vollstreckungsgläubiger bedeuten.[869] Dieses Risiko von Währungsschwankungen sollte sich aber nicht zum Nachteil des Vollstreckungsgläubigers auswirken. Schließlich resultiert dieses Problem nicht aus seinem Fehlverhalten, sondern aus dem des Vollstreckungsschuldners. Deshalb ist es vertretbar, diesem auch die wirtschaftlichen Nachteile seines Fehlverhaltens aufzuerlegen.[870] Dieser Interessenabwägung wird

---

[864] JCTC, No. 87 Civ. 6369, 1991 U.S. Dist. LEXIS, at *7. Dagegen im Zusammenhang von Art. VII: van den Berg, *Commentary*, XXI Y. B. COM ARB. 394, 514 ¶701.

[865] RESTATEMENT (THIRD) OF FOREIGN RELATIONS LAW § 823 cmt. b (1987). Smit, *Judgments and Awards in a Foreign Currency*, 7 AM. REV. INT'L ARB. 21, 22. Für Schiedssprüche widerspricht diese Praxis nach des Kommentator den Anforderungen des UNÜ, daß die Anerkennung ohne Änderung des Schiedsausspruches fordert (aaO, 31).

[866] RESTATEMENT (THIRD) OF THE FOREIGN RELATIONS LAW § 823 (1987). Mitsui & Co., Ltd. v. Oceantrawl Corp., 906 F.Supp. 202, 204 (für die Vollstreckung eines ausländischen Schiedsspruchs, der auf japanische Yen lautete).

[867] Aksen & Dorman, *The New York Convention in U.S. Courts*, 2 AM. REV. INT'L ARB. 65, 81; Smit, *Judgments and Awards in a Foreign Currency*, 7 AM. REV. INT'L ARB. 21, 24. Das Problem von Währungsschwankungen zwischen Erlaß der Schiedsspruchs und Vollstreckbarkeitserklärung ist damit nicht gelöst.

[868] Für die Time of Payment Rule: RESTATEMENT (THIRD) OF THE FOREIGN RELATIONS LAW § 823 cmt. b (1987).

[869] Smit, *Judgments and Awards in a Foreign Currency*, 7 AM. REV. INT'L ARB. 21, 27-28: Mit der *Time of Breach Rule* wird dem Gläubiger zwar der aktuelle Wert bei Schadenseintritt gesichert, ein möglicher Mehrwert bei steigendem Wechselkurs aber entzogen. Die *Time of Payment Rule* provoziert bei fallendem Wechselkurs eine Erfüllungsverzögerung und fügt damit dem Gläubiger weitere Verluste zu. Schließlich hat die *Time of Judgment Rule* bei fallenden Wechselkursen genau den gleichen Effekt, denn der Gläubiger erhält weniger, als ihm im Zeitpunkt des schädigenden Ereignis geschuldet war.

[870] Smit, *Judgments and Awards in a Foreign Currency*, 7 AM. REV. INT'L ARB. 21, 28 (ausführlich zu den Folgen bei Währungsschwankungen und der Risikoverteilung).

das Vollstreckungsgericht am ehesten gerecht, wenn es dem Vollstreckungsgläubiger ein Wahlrecht zwischen den drei genannten Zeitpunkten einräumt.[871]

Die internationalen Schiedsgesetze regeln diese Problematik häufig ausdrücklich und z. T. anders als das Bundesrecht.[872] Sie könnten insoweit als Richtlinie im Vollstreckungsverfahren dienen. Enthalten sie aber eine ausdrückliche Regelung für die Umrechnung (wie § 684.26 der *Florida International Arbitration Acts* oder § 2712.71 des entsprechenden Gesetzes in Ohio) entziehen diese Umrechnungsmethoden den gerade erzielten Fortschritt.[873]

V. Neue Beweismittel im Vollstreckungsverfahren

Im Regelfall sind die US-Gerichte sind für neue Beweismittel (*newly discovered evidence*) im Vollstreckungsverfahren nicht empfänglich.[874] Für internationale Schiedsverfahren ist zu diesem Problem kein Fall bekanntgeworden.[875] In der Vollstreckung nationaler Schiedssprüche haben die US-Gerichte den Einwand neuer Beweismittel als Grundlage für die Aufhebung eines Schiedsspruches mit der Begründung abgelehnt, daß ein solcher Aufhebungsgrund nicht in 9 U.S.C. § 10 vorgesehen sei.[876] Die US-Gerichte tendieren dazu, der Partei, die sich in der Vollstreckung auf neue Beweismittel beruft, mangelnde Sorgfalt im Schiedsverfahren vorzuwerfen, und verweisen gleichermaßen auf ein weniger formalisiertes Beweisverfahren im Schiedsrecht.[877] Die Entscheidungen verdeutlichen insgesamt

---

[871] Smit, *Judgments and Awards in a Foreign Currency*, 7 AM. REV. INT'L ARB. 21, 29. Dagegen will das RESTATEMENT diese Entscheidung in das Ermessen des Gerichts legen: es soll sich bei einer Abwertung der ausländischen Währung an deren Kurs bei dem schädigenden Ereignis, dagegen bei einer Aufwertung an deren Kurs bei Urteilserlaß oder Zahlung orientieren. Das Gericht kann aber auch einen anderen Weg wählen (RESTATEMENT (THIRD) OF THE FOREIGN RELATIONS LAW § 823 cmt. c).

[872] Z. B. der § 684.26 des *Florida International Arbitration Acts*: er ermöglicht die Anerkennung auch von Schiedssprüchen in fremder Währung. Auf Antrag einer Partei wird für die Umrechnung auf den Zeitpunkt des Erlasses des Schiedsspruches abgestellt, solange der Schiedsspruch nicht selbst ein anderes Datum nennt.

[873] Smit, *Judgments and Awards in a Foreign Currency*, 7 AM. REV. INT'L ARB. 21, 29. Sehr kritisch zur Bestimmung des Zeitpunktes: Mellman, 19 U. MIAMI INTER-AM. L. REV. 363, 391.

[874] Washington-Baltimore Newspaper Guild v. Washington Post Co., 442 F.2d 1234, 1238-1239 (D.C. Cir. 1971); Shearson Hayden Stone v. Liang, 653 F.2d 310, 312 (7th Cir. 1981); Wilks v. Am. Bakeries Co., 563 F.Supp. 560, 563 (D. W.D. N.C. 1983); Flight Systems v. Paul A. Laurence Co., 715 F.Supp. 1125, 1129 (D. D.C. 1989) m. w. N.

[875] Selbst in Fällen, in denen eine Partei sich auf das vermeintlich betrügerische Verhalten der Gegenseite bezog, die das Vorbringen der Beweismittel unmöglich gemacht habe, versagte ein *District Court* nicht die Vollstreckung (Biotronik v. Medford, 415. F.Supp. 133, 137-139 n.15).

[876] Shearson Hayden Stone v. Liang, 653 F.2d 310, 312 (7th Cir. 1981).

[877] Shearson Hayden Stone v. Liang, 653 F.2d 310, 312; Conlux USA Corp. v. Dixie-Narco, Inc., 929 F.Supp. 269, 274 (N.D. Ohio 1996); Hobet Mining v. Int'l Union, United Mine Workers of America, 877 F.Supp. 1011, 1019 (D. S.D. W.Va. 1994).

„[the] courts' extreme hesitance to vacate an arbitration agreement on the bases of after discovered evidence."[878]

VI. *Jury Trial*

Vor den US-Gerichten ergibt sich natürlich immer die Frage nach dem *jury trial*, das im *Seventh Amendment* sogar verfassungsrechtlich verankert ist. 9 U.S.C. § 4 verdeutlicht, daß auch für die Verfahren, die die Schiedsgerichtsbarkeit betreffen, in den Gerichten grundsätzlich mit Geschworenen gerechnet werden muß.[879] Die jeweiligen Vollstreckungsgrundlagen – mit Ausnahme des *Maryland International Arbitration Acts* – treffen hier keine ausdrückliche Regelung. In der Vollstreckung bleibt den Gerichten eine erneute Tatsachenbeurteilung vorenthalten, damit scheidet ein *jury trial* grundsätzlich aus. Denn Aufgabe der Geschworenen ist nur die Entscheidung von Tatsachenfragen.[880] Für das UNÜ hat ein Bundesgericht das in diesem Sinne entschieden.[881]

B. UNÜ

I. Vollstreckungsverfahren

1. Grundsatz der Vollstreckung

Auch in dem eigentlichen Vollstreckungsverfahren bildet das Umsetzungsgesetz, Kapitel 2 von 9 U.S.C., den Rahmen für die Anwendung des UNÜ. Die Vollstreckung wird ermöglicht durch § 207 cl. 2:

> The court shall confirm the award unless it finds one of the grounds for refusal or deferral of recognition or enforcement of the award specified in the said Convention.

Damit setzt das Gesetz die Grundsätze des UNÜ um und schreibt als Regelfall die Anerkennung eines Schiedsspruches vor.[882] Nur ausnahmsweise soll die Anerkennung – ausschließlich aufgrund der durch die Konvention abschließend geregelten Versagungsgründe – abgelehnt werden können. Das Verfahren selbst wird durch

[878] Flight Systems v. Paul A. Laurence Co., 715 F.Supp. 1125, 1129.

[879] Mit Rücksichtnahme auf die Vorbehalte ausländischer Juristen wird deshalb ausdrücklich durch den *Maryland International Arbitration Act* ein *Jury*-Verfahren ausgeschlossen, § 3-204 (Gorman & Shirodkar, 16 MD. J. INT'L L. & TRADE 183, 227).

[880] FARNSWORTH, INTRODUCTION TO THE LEGAL SYSTEM OF THE UNITED STATES 94; BLACK'S LAW DICTIONARY 855.

[881] Audi NSU Auto Union A.G. v. Overseas Motors, Inc., III Y.B. COM. ARB. 291, 292 (E.D. Mich. 1972).

[882] Wird dem Antrag auf Vollstreckbarkeitserklärung nicht durch den Vollstreckungsgegner widersprochen, sind die Vollstreckungsversagungsgründe nicht anwenbar. Der Schiedsspruch wird für vollstreckbar erklärt (NAR S.P.A.-Industria Nastri- Adesivi v. I.R. Industries, 5 F.Supp.2d 203, 204 (S.D.N.Y. 1998)).

das UNÜ vorgeschrieben. Die §§ 201-208 regeln außerdem weitere verfahrensrechtliche Details, wie die sachliche und örtliche Zuständigkeit der Gerichte und die Frist zur Anerkennung.

2. Zuständiges Gericht

Für die vom UNÜ erfaßten Schiedssprüche regeln 9 U.S.C. §§ 203, 204 die sachliche Zuständigkeit (*jurisdiction*) bzw. die örtliche Zuständigkeit (*venue*):

> **§ 203. Jurisdiction; amout in controversy**
> An action or proceeding falling under the Convention shall be deemed to arise under the laws and treaties of the United States. The district courts of the United States (including the courts enumerated in section 460 of title 28)[883] shall have original jurisdiction over such an action or proceeding, regardless of the amount in controversy.
>
> **§ 204. Venue**
> An action or proceeding over which the district courts have jurisdiction pursuant to section 203 of this title may be brought in any such court in which save for the arbitration agreement an action or proceeding with respect to the controversy between the parties could be brought, or in such court for the district and division which embraces the place designated in the agreement as the place of arbitration if such place is within the United States.

Die beiden vorstehenden Paragraphen regeln – ergänzt durch die §§ 206, 207 – die (konkurrierende) Zuständigkeit der Bundesgerichte.[884] In der Praxis haben sie

---

[883] § 460. Application to other courts
(a) [S]hall also apply to the United States Courts of Federal Claims, to each court created by act of Congress in a territory which is invested with any jurisdiction of a district court of the United States, and to the judges thereof.

[884] Moses H. Cone Mem. Hosp. v. Mercury Constr. Corp., 460 U.S. 1, 25 (1982); CRAIG & PARK & PAULSSON, ICC ARBITRATION, 594.
So Employers Ins. of Wausau v. Certain Underwriters at Lloyd's, London, 787 F.Supp. 165, 168 (W.D. Wiss. 1992); McDermott Int'l Inc. v. Lloyds Underwriters of London, 944 F.2d 1199, 1208 n. 12 (5th Cir. 1991) (verneint ausdrücklich die ausschließliche Gerichtsbarkeit der Bundesgerichte und geht von einer konkurrierenden Zuständigkeit aus). McMahon, 26 ARB. J. 65, 74, bejaht die ausschließliche Zuständigkeit der Bundesgerichte. Der Wortlaut ist hier nicht eindeutig; da außerdem ein Verweisungsantrag ausdrücklich geregelt ist, schien der Gesetzgeber davon auszugehen, daß durchaus vor den *State Courts* für Klagen unter dem UNÜ möglich sind. Das spricht für eine konkurrierende Zuständigkeit, sicherlich mit einem klaren Übergewicht der Bundesgerichte (Aksen, *Foreign Arbitral Awards*, 3 S.W. U. L. REV. 1, 20). Angesichts der sogleich zu erörternden Verfahren zur Verweisung nach § 205 muß davon ausgegangen werden, daß ein Verfahren vor den *State Courts* grundsätzlich möglich ist (Domke, *Implementation of the U.N. Arbitral Convention*, 19 AM. J. COMP. L. 575, 582). Hiervon geht offensichtlich auch der *Second Circuit* aus in der Entscheidung LaFarge Coppee v. Venezolana de Cementos S.A.S.A., C.A., 31 F.3d 70, 73 (1994): so äußerte das Gericht im *dictum*

kaum Anlaß zu gerichtlichen Auseinandersetzungen gegeben. So heilt § 203 ein spezifisch US-amerikanisches Problem. Nach Kapitel 1 des *FAA* war die *diversity* der Parteien und ein Mindeststreitwert von inzwischen 75.000 $ Voraussetzung für dessen Anwendbarkeit;[885] eine Voraussetzung, die bei einem Verfahren zur Vollstreckung eines Schiedsspruches zwischen zwei Ausländern, nicht erfüllt sein kann.[886] Hier sieht § 203 die erstinstanzliche Zuständigkeit (*original jurisdiction*) der Bundesgerichte ohne weitere Voraussetzungen vor[887] – allerdings nur im Rahmen der Anwendbarkeit des UNÜ. Damit sind die gleichen Kriterien nicht nur materiell-rechtlich für die Anwendung des UNÜ, sondern auch verfahrensrechtlich zur Bestimmung des zuständigen Gerichts entscheidend: ist das UNÜ in seiner Umsetzung in US-Recht anwendbar, sind die *District Courts* auch zuständig.[888] Die Konsequenz dieser Rückverweisung liegt auf der Hand: Weder Wortlaut noch Gesetzgebungsgeschichte der Konvention oder des Umsetzungsgesetzes deuten darauf hin, daß rein ausländische Streitigkeiten in den Anwendungsbereich der Gesetze fallen sollte. § 203 ist also nur eine schwache Grundlage für Vollstreckungsverfahren zwischen Ausländern, insbesondere wenn der Streitgegenstand nicht einmal einen US-Nexus aufweist.[889]

Die US-Gerichte teilen diese Bedenken meist nicht, sondern gehen – z. T. mit zweifelhafter Begründung – von ihrer Zuständigkeit aus.[890] Dennoch war § 203 in einem Fall Grund für die Versagung der Vollstreckung eines Schiedsspruches. In *Transatlantic Bulk Shipping Ltd. v. Saudi Chartering*[891] hatte eine liberianische

---

keinerlei Zweifel an der Zuständigkeit des *State Courts* zum Erlaß einer Anordnung des Schiedsverfahrens.

885 Es wurde allgemein davon ausgegangen, daß Kapitel 1 des *FAA* allein nicht schon eine ausreichende Grundlage für die bundesgerichtliche Zuständigkeit schaffte: keine „indepedent federal jurisdiction" (Swisher, 47 WASH. L. REV. 441, 460; McMahon, 26 ARB. J. 65, 74).

886 van den Berg, *Nondomestic Arbitral Awards*, 6 PACE L. REV. 25, 49.

28 U.S.C. § 1332. Diversity of citizenship; amount in controversy; costs

(a) The district courts shall have original jurisdiction of all civil actions where the matter in controversy exceeds the sum or value of $ 75,000, exclusive of interest and costs, and is between –

(1) citizens of different states;

(2) citizens of a State and citizens of a foreign state;

(3) citizens of different States and in which citizens or subjects of a foreign state are additional parties; and

(4) a foreign state, defined in section 1603(a) of this title, as plaintiff and citizens of a State or of different States.

(b)...

887 Aksen, *Foreign Arbitral Awards*, 3 S.W. U. L. REV. 1, 18.

888 Ist also der Anwendungsbereich nach Art. I(1) UNÜ und 9 U.S.C. § 202 nicht eröffnet, fehlt ebenso die Zuständigkeit der Bundesgerichte. Es müssen die allgemeinen Voraussetzungen für ihre Zuständigkeit gegeben sein.

889 van den Berg, *Nondomestic Arbitral Awards*, 6 PACE L. REV. 25, 50; siehe auch schon oben A/I.

890 Sumitomo Corp. v. Parakopi Compania Maritima, S. A., 477 F.Supp. 737, 741; Bergesen v. Joseph Muller Corp., 710 F.2d 928, 932.

891 622 F.Supp. 25 (S.D.N.Y. 1985).

Gesellschaft die Vollstreckbarkeit eines englischen Schiedsspruch gegen eine panamaische Gesellschaft beantragt. Das Gericht wies den Antrag zurück, weil es nicht sachlich zuständig sei. Das Gericht erkannte zwar auf Grundlage des UNÜ eine ziemlich weitgehende Zuständigkeit an, fügte aber an:

> [The Convention] does not... give the court power over all persons throughout the world who have entered into an arbitration agreement covered by the Convention. Some basis must be shown, whether arising form the respondent's residence, his conduct, his consent, the location of his property or otherwise, to justify his being subject to the court's power.[892]

Es grenzte *Bergesen* und *Sumitomo* insoweit ab, als dort immerhin mit Schiedsverfahren in New York irgendein US-Nexus gegeben war.[893] *Transatlantic* ist damit einer der ganz seltenen Fälle der Versagung der Vollstreckung eines Schiedsspruches unter dem UNÜ.[894]

§ 204 modifiziert die allgemeine bundesrechtliche Regel zur örtlichen Zuständigkeit nach 28 U.S.C. § 1391 (a), (b), wonach sich diese Zuständigkeit nach dem Wohnort aller Beklagten oder dem Ort, an dem die Forderung entstand:[895] zusätzlich kann auch am Ort des Schiedsverfahrens geklagt werden. Die Regel sollte auch Anwendung finden, wenn die Parteien es einer Schiedsinstitution wie der *American Arbitration Association* überlassen haben, den Schiedsort zu bestimmen – das wird am ehesten der durch Parteivereinbarung getragenen Schiedsgerichts-

---

[892] 622 F.Supp. 25, 27.

[893] 622 F.Supp. 25, 27.

[894] Das bedeutet aber nicht, daß damit die Vollstreckung in den USA überhaupt nicht möglich ist, denn nach lokalem New Yorker Recht ist subsidiär jedes *State Court* zuständig, § 7502(a). Typischerweise sehen die meisten internationalen Schiedsgesetze der Einzelstaaten eine wesentlich weitere Zuständigkeit ihrer Gerichte vor.

[895] Dabei ist zu beachten, daß das US-Recht eine Vielzahl von Sondervorschriften in der örtlichen Zuständigkeit kennt, z. B. im See-, Patent-, Kartellrecht (McMahon, 26 ARB. J. 65, 78). Die allgemeine Regel kodifiziert:

§ 1391. Venue generally

(a) A civil action wherein jurisdiction is founded only on diversity of citizenship may, except as otherwise provided by law, be brought only in (1) a judicial district where any defendant resides, if all defendants reside in the same State, (2) a judicial district in which substantial part of the events or omissions giving rise to the claim occured, or a substantial part of property that is the subject of the action is situated, or (3) a judicial district in which the defendants are subject to personal jurisdiction at the time the action is commenced, if there is no district in which the action may otherwise be brought.

(b) A civil action wherein jurisdiction is not founded solely on diversity of citizenship may, except as otherwise provided by law, be brought only in (1) a judicial district where any defendant resides, if all defendants reside in the same State, (2) a judicial district in which a substantial part of the events or omissions giving rise to the claim occurred, or a substantial part of property that is the subject of the action is situated, or (3) a judicial district in which any defendant may be found, if there is no district in which the action may otherwise be brought.

(c) ... (f).

barkeit gerecht.[896] Dagegen unterscheidet sich § 204 in einem Punkt entscheidend von der nationalen Regelung in § 9: die Vereinbarung des für die Vollstreckbarkeitserklärung zuständigen Gerichts (*Entry-of-Judgment Clause*)[897] – unabhängig vom Ort des Schiedsverfahrens – sieht § 204 nicht vor. Damit begegnet diese Regelung Bedenken im Hinblick auf Art. III UNÜ, denn sie benachteiligt zwei ausländische Parteien wie inländische Parteien aus dem gleichen US-Bundesstaat, die über ein ausschließlich im Ausland abgewickeltes Geschäft streiten.[898] Nur eine „konventionskonforme" Auslegung würde in diesen Fällen Probleme bei der Bestimmung der örtlichen Zuständigkeit vermeiden, nämlich wenn über die Verweisungsnorm nach § 208 ergänzend § 9 herangezogen wird und den Parteien die Bestimmung des örtlich zuständigen Gericht in der Schiedsvereinbarung zugestanden wird.[899]

Für das – wie erörtert – problematische Verhältnis zwischen Einzelstaaten- und Bundesrecht von besonderer Bedeutung ist die Vorschrift des

> **§ 205. Removal of cases from state courts**
> Where the subject matter of an action or proceeding pending in a State court relates to an arbitration agreement or award falling under the Convention, the defendant or the defendants may, at any time before the trial thereof, remove such action or proceeding to the district court of the United States for the district and division embracing the place where the action or proceeding is pending. The procedure for removal of causes otherwise provided by law shall apply, except that the ground for removal provided in this section need not appear on the face of the complaint but may be shown in the petition for removal. For the purposes of Chapter 1

---

[896] Aksen, *Foreign Arbitral Awards*, 3 S.W. U. L. REV. 1, 19-20; zweifelnd: McMahon, 26 ARB. J. 65, 76, der auch eine Auslegung des § 204 für möglich hält, wonach das zuständige Gericht ausdrücklich schon in der Schiedsvereinbarung festgeschrieben werden muß.

[897] BORN, INTERNATIONAL COMMERCIAL ARBITRATION 666-667.

[898] Das nationale Vollstreckungsverfahren gibt den Parteien die Möglichkeit ein für die Vollstreckbarkeitserklärung zuständiges Gericht zu bestimmen, was bei internationalen Verfahren den Parteien nicht ausdrücklich möglich ist. Das ist deshalb sinnvoll, weil die ausländischen Parteien nicht die Anforderungen von *diversity* erfüllen, es dem Streit der inländischen Parteien an einem US-Bezug im Sinne von 28 U.S.C. § 1391 mangelt. Da § 203 die *federal question jurisdiction* („[d]eemed to arise under the law and treaties of the United States.") festschreibt, wäre im letzteren Fall nach 28 U.S.C. § 1391(b) Wohnsitz des/der Beklagten ausschlaggebend; (ungerechte) Folge für die Ausländer wäre dagegen, daß sie in jedem *District Court* verklagt werden könnten (McMahon, 26 ARB. J. 65, 76-78). Der *Leading case* Bergesen v. Joseph Muller, 710 F.2d 928, nimmt zu der Problematik keine Stellung, denn hier hatte schon der Ort des Schiedsverfahrens in Gerichtsbezirk des New Yorker *District Courts* gelegen (vgl. § 204). Lander Co. v. MMP Invest. (107 F.3d 476, 480 (7th Cir. 1997)) ist dagegen ein Beispiel für ein Verfahren am Sitz des Beklagten.

[899] McMahon, 26 ARB. J. 65, 76.

of this title any action or proceeding removed under this section shall be deemed to have been brought in the district court to which it is removed.

Grundsätzlich sind auch die *State Courts* für die Vollstreckung von Schiedssprüchen zuständig – argumentum e contrario. Beide Gerichtszüge müssen im Sinne des *outcome determinative tests* auf dieselben Rechtsordnungen zurückgreifen.[900]
§ 205 modifiziert aber die allgemeinen Voraussetzungen, unter denen eine Verweisung an das zuständige *District Court* erfolgen kann:

- Streitgegenstand unterfällt dem Anwendungsbereich des UNÜ;
- auf Antrag des/der Beklagten;
- jederzeit vor Beginn der Gerichsverhandlung;
- die allgemeinen Vorschriften über die Verweisung finden grundsätzlich Anwendung, lediglich mit der Ausnahme, daß es ausreicht, wenn der Verweisungsgrund nach § 205 (Anwendbarkeit des UNÜ) erst im Antrag des Beklagten aufgeführt wird.[901]

§ 205 ist dispositiv.[902] Die allgemeinen Voraussetzungen eines *removal* werden in Kapitel 89 von 28. Titel *U.S. Code* (§§ 1441-1452) geregelt: So kann der Antrag nur innerhalb von 30 Tagen ab Erhalt der Klageschrift bzw. der Ladung gestellt werden, 28 U.S.C. § 1446(b). *Diversity* ist nicht erforderlich, denn § 203 bestimmt ja positiv-rechtlich die Zuständigkeit der *District Courts*.[903]
Diese Tatbestandsmerkmale haben die US-Gerichte in verschiedenen Entscheidungen konkretisiert:[904]
Es stellt sich die Frage, ob die allgemeine 30-Tage-Frist auch für die Anträge auf Verweisung nach § 205 gilt. Dem steht der deutliche Wortlaut eigentlich entgegen: „[A]t any time before the trial... ." In diesem Sinne verneinten denn auch ein Texaner und ein New Yorker Bundesgericht die Anwendbarkeit der Frist.[905]
Auch ein noch so kurzes Verfahren vor einem *State Court*, wie das einer gerichtlichen Anordnung, hindert schon die Weiterverweisung an ein Bundesgericht. Denn in diesem Fall führte die Entscheidung des Einzelstaatengerichts schließlich zu einer Entscheidung über den gesamten zur Entscheidung stehenden Sachverhalt und

---

[900] Purcell, 32 TEX. INT'L L.J. 525, 539-540. Siehe oben 2. Teil/A/III/5/a.
[901] Das ist bedeutsam, wenn die Klageschrift selbst noch nicht genug Anhaltspunkte für die Anwendbarkeit des UNÜ gibt. Hier reicht es, wenn der Beklagte im Verweisungsantrag die Gründe aufführt (Aksen, *Foreign Arbitral Awards*, 3 S.W. U. L. REV. 1, 21).
[902] Purcell, 32 TEX. INT'L L.J. 525, 533.
[903] van den Berg, *Nondomestic Arbitral Awards*, 6 PACE L. REV. 25, 49-50.
[904] Dabei kann den Gerichten die Rechtsprechung zu den allgemeinen Vorschriften als Richtlinie dienen (York Hannover Holding A.G. v. American Arbitration Association, 794 F.Supp. 118, 121 (S.D.N.Y. 1992)).
[905] Acme Brick Co. v. Agrupacion Exportadora de Maquinaria Ceramica, 855 F.Supp. 163, 166 (N.D. Tex. 1994); Dale Metals Corp. v. Kiwa Chem. Industry Co., Ltd., 442 F.Supp. 78, 81 n. 1 (S.D.N.Y. 1977). Aksen, *Foreign Arbitral Awards*, 3 S.W. U. L. REV. 1, 21.

für eine Vorläufigkeit der Entscheidung ergaben sich keine Anhaltspunkte: das *hearing* zum Erlaß der Anordnung war also schon das gesamte Verfahren.[906]
Im Sinne der allgemeinen Vorschriften müssen sich grundsätzlich alle Beklagten dem Verweisungsantrag anschließen, es sei denn das des Antragsteller ist abtrennbar („separate and independent") von den übrigen Verfahren.[907] Entfällt die erstinstanzliche Zuständigkeit der *District Courts* wieder, etwa durch Abweisung der Klageansprüche, die auf Bundesrecht beruhen, können sie für den Fall zur Klärung der Ansprüche nach *state law* wieder an das zuständige Gericht des Einzelstaates zurückverweisen (*remand*), 28 U.S.C. § 1367 (c)(3).[908] Eine solche Situation erscheint aber im Rahmen der Vollstreckung nach dem UNÜ wenig wahrscheinlich, denn der Kläger müßte neben der Antrag auf Vollstreckung noch weitere Ansprüche nach *state law* in den Verfahren geltend gemacht haben. Versäumen die Beklagten es, in ihrem Verweisungsantrag (*notice of removal*) sämtliche Beklagten anzuführen, so kann der Antrag – auch bei einer Zurückverweisung an das *State Court* wegen eben dieser Mängel– weder berichtigt, noch nachgeholt werden.[909]
Gleichzeitig stellt sich aber die Frage, ob ein *removal* wirklich immer auch im Interesse des Vollstreckungsgegners sein muß. Denn die Auslegung des Vertrages und möglicher Verteidigungsvorbringen (*state-law defenses*) erfolgt nach dem (lokalen) *state law*. Hier können die *State Courts* durchaus das bessere Forum bieten.[910] Materiell-rechtlich würde der Verweisungsantrag sowieso nur dann Sinn machen, wenn im Bundesgericht ein anderes materielles Recht anwendbar wäre. Das ist aber grundsätzlich nach dem *outcome determinative test* nicht der Fall. Nur für das Vollstreckbarkeits- bzw. Aufhebungsverfahren nach 9 U.S.C. 9 et seq. könnte ein *removal* materiell-rechtliche Unterschiede nach sich ziehen. Der *Supreme Court* hat nämlich bislang nicht ausdrücklich über die Anwendbarkeit dieser Paragraphen in Verfahren vor den *State Courts* entschieden. Ihre Anwendbarkeit erschiene jedoch nur konsequent bei der sonst vom *Supreme Court* vertretenen Auslegung.[911]

---

[906] LaFarge Coppee v. Venezolana de Cementos, S.A.C.A., C.A, 31 F.3d 70, 72-73 (2d Cir. 1994)(dictum).
[907] Acme Brick Co., 855 F.Supp. 163, 165; Employers Ins. of Wausau v. Certain Underwriter at Lloyd's, London, 787 F.Supp. 165, 169 (W.D. Wis. 1992). Dieses Erfordernis läuft auf ein Vetorecht jedes Beklagten hinaus. Dabei reicht jedoch schon aus, wenn der Beklagte erklärt, keine Einwände („has no objection") zu haben (York Hannover Holding A.G. v. American Arbitration Association, 794 F.Supp. 118, 121-122 (S.D.N.Y. 1992)).
[908] Acme Brick Co., 855 F.Supp. 163, 167.
[909] Employers Ins., 787 F.Supp.165, 169: das gilt schon nach den allgemeinen Vorschriften über die Verweisung. Um Verzögerungen zu vermeiden, kann der Antrag, gestützt auf eine andere Norm, nicht erneut gestellt werden; eine Ausnahme liegt dann vor, wenn nachfolgende Tatsachen Grundlage für einen erneuten Verweisungsantrag bilden.
[910] Hirshman, 71 VA. L. REV. 1305, 1378.
[911] Zeft, 22 N.C. J. INT'L L. & COM. REG. 705, 755. BORN, INTERNATIONAL COMMERCIAL ARBITRATION 670: es müssen dann allerdings die allgemeinen Zuständigkeitsvoraussetzungen vorliegen.

3. *Jury Trial*

Für das Vollstreckungsverfahren ist nach § 207 keine *jury* vorgesehen. Eher apodiktisch hatte schon sehr früh ein US-Bundesgericht entschieden, daß es sich – zumindest bei Fragen zur Vollstreckungsversagung – nicht um Tatsachenfragen, sondern vor allem um Rechtsfragen handele. Damit konnte der Antrag auf ein Verfahren unter Beteiligung von Geschworenen abgelehnt werden.[912]

4. Formelle Voraussetzungen

Das UNÜ hält im Sinne größmöglicher Praktikabilität die formellen Voraussetzungen für eine Anerkennung und Vollstreckung gering. Nach Art. IV sind neben einem Antrag nur erforderlich:

> die gehörig legalisierte (beglaubigte) Urschrift des Schiedsspruches oder eine Abschrift, deren Übereinstimmungn mit einer solchen Urschrift ordnungsgemäß beglaubigt ist;
> die Urschrift der Vereinbarung im Sinne des Artikels II oder eine Abschrift, deren Übereinstimmung mit einer solchen Urschrift beglaubigt ist.

Nicht ausreichend ist also ein Auszug des Schiedsspruches, unterzeichnet vom Präsidenten der Schiedsorganisation, nach deren Schiedsordnung das Verfahren ablaufen sollte.[913]

Im Rahmen von Art. IV sollte sich – der Systematik des UNÜ entsprechend – die Prüfung auf das tatsächliche Vorhandensein einer Schiedsabrede beschränken.[914] Gegebenenfalls wird nach Abs. 2 noch Übersetzung der genannten Dokumente erforderlich, wenn sie nicht schon in englischer Sprache verfaßt wurden.[915] Die Erfordernisse nach Art. IV sind die einzigen, die der Vollstreckungskläger erfüllen

---

912 Audi NSU Auto Union A.G. v. Overseas Motors, Inc., III Y.B. COM. ARB. 291, 292 (E.D. Mich. 1977); McClendon, *Foreign Arbitral Awards*, 4 NW. J. INT'L L. & BUS. 58, 60.

913 VAN DEN BERG, NEW YORK CONVENTION 250.

914 Eine materiell-rechtliche Prüfung der Schiedsabrede, also die Prüfung, ob der Schiedsspruch durch die Schiedsvereinbarung gedeckt ist, sollte an späterer Stelle erfolgen: Sowohl Art. IV wie auch Art. V(1)(a) beziehen sich auf die Schiedsklausel, -abrede im Sinne von Art. II. Die Voraussetzungen des Art. IV prüft der Richter von Amts wegen, den Anerkennungsversagungsgrund nach Art. V(1)(a) nur auf Antrag des Beklagten. Dabei scheint Art. IV die formalen, Art. V eher die materiellen Gesichtspunkte zu regeln. Gleichzeitig kann der Richter dem Wortlaut des UNÜ zufolge nur aus den Gründen von Art. V versagen – und dann für die Ungültigkeit der Schiedsabrede nur auf Antrag des Beklagten. Dann ergibt sich kein Spielraum für den Richter, im Rahmen von Art. IV mehr als nur Formalia zu prüfen; er bleibt hier beschränkt auf eine Offensichtlichkeitskontrolle des Vorliegens einer „schriftlichen Vereinbarung", die den Eindruck einer Schiedsabrede macht. Auf Antrag des Beklagten ergibt sich dann aber nach Art. V(1)(a) die Möglichkeit einer eingehenderen Prüfung (van den Berg, *Commentary*, XII Y. B. COM ARB. 409, 452).

915 Nach S. 2 muß die Übersetzung von einem amtlichen oder beeidigten Übersetzer oder von einem diplomatischen oder konsularischen Vertreter beglaubigt sein. Wenn der Richter die Fremdsprache spricht, kann eine Übersetzung entbehrlich sein (van den Berg, *Commentary*, XII Y. B. COMM. ARB. 409, 453).

muß.[916] Aus ihnen folgt prima facie der Nachweis des Anspruches aus dem Schiedsspruch.[917]

Die Anwendung der genannten Formerfordernisse hat keine besonderen Probleme aufgeworfen: In der Entscheidung *Bergesen v. Joseph Muller Corporation* stellte der *Second Circuit* fest, daß als Grundlage für die Vollstreckung Schiedsspruch bzw. –abrede schon dann als „gehörig legalisiert" angesehen werden kann, wenn nur ein Mitglied des Schiedsgerichts deren Kopien beglaubigt hat. Nicht erforderlich ist das „gehörig legalisierte" Original oder die „gehörig legalisierte" Kopie des „gehörig legalisierten" Originals.[918] Noch weiter waren bereits vorher verschiedene *District Courts* gegangen: ein Gericht in Delaware entschied, daß der Nachweis der Schiedsabrede in der Vollstreckung sogar entfallen kann, wenn das gleiche Gericht bereits in früheren Entscheidungen positiv von einer Schiedsabrede ausgegangen war. Diese können dann Grundlage der Vollstreckbarkeitsentscheidung sein.[919] Ein anderes Gericht ging nahm sogar an, daß u. U. auch einfache Kopien ausreichen können, um zu verhindern, daß die Beklagte bloße formelle Mängel zur Verzögerung des Anerkennungsverfahrens ausnutzte.[920]

Ganz im Gegensatz zu den originären Voraussetzungen des Art. IV ist die „Vereinbarung im Sinne des Artikels II"[921] eines der am häufigsten in den Gerichten diskutierten Merkmale. Damit sollten wahrscheinlich mündliche oder konkludent eingegangene Verträge ausgeschlossen werden.[922] Die US-Rechtsprechung hat regelmäßig einen großzügigen Maßstab bei dem Schriftlichkeitserfordernis angelegt. In diesem Zusammenhang waren immer wieder allgemein-vertragsrechtliche Kriterien wie Angebot und Annahme, modifizierende Annahme oder fehlende Unterschriften Gegenstand der Entscheidungen. Der auch für die Vollstreckung bedeutsame Artikel II(2) lautet:

> Unter einer „schriftlichen Vereinbarung" ist eine Schiedsklausel in einem Vertrag oder eine Schiedsabrede zu verstehen, sofern der Vertrag oder die

---

[916] van den Berg, *Commentary*, XII Y. B. COM. ARB. 409, 450. Sie sind nicht abdingbar (ausführlich zu den Formalia: VAN DEN BERG, NEW YORK CONVENTION 246-263).
[917] VAN DEN BERG, NEW YORK CONVENTION 247.
[918] 710 F.2d 928, 934; auch Geotech Lizenz AG v. Evergreen Systems, 697 F.Supp. 1248, 1253 (E.D.N.Y. 1988).
[919] Al Haddad Bros. Enterprises v. M/S Agapi, 635 F.Supp. 205, 209-210 (D.Del. 1986).
[920] Audi NSU Auto Union A.G. v. Overseas Motors, Inc., III Y. B. COM. ARB. 291, 293 (E.D. Mich. 1977).
[921] Bei der Vollstreckung von Schiedssprüchen wird vor allem Abs. 2 bedeutsam. Absatz 1 regelt die grundsätzliche Anerkennung einer Schiedsabrede, Absatz 3 den Antrag auf Anordnung des Schiedsverfahrens durch ein ordentliches Gericht. Absatz 2 definiert die formalen Voraussetzungen einer schriftlichen Vereinbarung.
[922] VAN DEN BERG, NEW YORK CONVENTION 196.

Schiedsabrede von den Parteien unterzeichnet oder in Briefen oder Telegrammen enthalten ist, die sie gewechselt haben.

Die (inoffizielle) deutsche Übersetzung scheint auf zwei Alternativen hinzudeuten, nämlich

(1) ein Vertrag oder eine Schiedsabrede, die unterschrieben sein müssen,

oder

(2) eine Schiedsabrede, die in einen Briefwechsel (Austausch von Telegrammen) enthalten ist.

In diesem Sinne verstand auch das New Yorker *District Court* Art. II(2). In dem entschiedenen Fall hatte der Antragsteller *Sen Mar* Telexe an die *Tiger Petroleum* geschickt, die jedoch ihrerseits jede vertragliche Vereinbarung ablehnte. Damit fehlte es sowohl an irgendeinem unterzeichneten Schriftstück wie einem Briefwechsel.[923]

Der *Fifth Circuit* liest dagegen das „writing requirement“ so:

(1) an arbitral clause in a contract or

(2) an arbitration agreement,

(a) signed by the parties or

(b) contained in an exchange of letters or telegrams.[924]

Die englische Version scheint diese Lesart zu bevorteilen. Der entscheidende Unterschied zwischen den zwei Interpretationen liegt auf der Hand: in der vom *Fifth Circuit* gewählten Auslegung ist eine Unterschrift nicht zwingend erforderlich, wenn ein Vertrag angenommen werden kann.[925] Die Anforderungen an einen Briefwechsel können dann offengelassen werden.

- Ein Beispiel für eine gänzlich fehlende schriftliche Vereinbarung bietet die Entscheidung *Reynolds v. IAAF. Harry L. Reynolds*, ein Weltklassesprinter, war nach einem Schiedsverfahren durch den Internationalen Leichtathletikverband gesperrt worden. Eine schriftliche Schiedsvereinbarung war zwischen beiden Parteien nie abgeschlossen worden. Die besonderen politischen Erwägungen der *Gould*-Entscheidung des *Ninth Circuit* bleiben hier unbeachtlich, ebenso wie die Teilnahme am Schiedsverfahren nicht den Schriftformmangel heilt. Das UNÜ war deshalb nicht anwendbar.[926]

---

[923] Sen Mar, Inc. v. Tiger Petroleum Corp., 774 F.Supp. 879, 882-883 (S.D.N.Y. 1991).

[924] Sphere Drake Ins. Plc. v. Marine Towing, Inc., 16 F.3d 666, 669 (1994). Zustimmend: Kahn Lucas Lancaster, Inc. v. Lark Int'l Ltd., No. 95 CIV 10506 (DLC), 1997 WL 458785, at * 4 (S.D.N.Y. Aug. 11, 1997).

[925] Ein zwingendes Unterschriftserfordernis auch ablehnend: Genesco, Inc. v. Kakiuchi & Co., Ltd., 815 F.2d 840, 846 (2d Cir. 1987); Kahn Lukas Lancaster, Inc. v. Lark Int'l Ltd., No. 95 CIV 10506 (DLC), 1997 WL 458785, at *7 (S.D.N.Y. Aug. 11, 1997). VAN DEN BERG, NEW YORK CONVENTION 388.

[926] Harry L. Reynolds, Jr. v. International Amateur Athletic Federation (IAAF), XXI Y.B. COM. ARB. 715, 717-719 (S.D. Ohio 1993) (US No. 190).

- In *Sphere Drake v. Marine Towing* war eine Versicherungspolice unstreitig von den Parteien nicht unterzeichnet worden. Die Beklagte hatte der Klägerin unter Benutzung eines Formular der Klägerin ein Angebot (Antrag auf eine Seeversicherungspolice – *slip*) gemacht, das eine Schiedsklausel enthielt. Diesen Antrag hatte die Versicherung *Sphere Drake* angenommen, indem ein Vertreter den Antrag mit dem Stempel von *Sphere Drake* und dem Wort „bound" versehen hatte, und die unterschriebene Police schließlich zum Makler der Beklagten brachte.[927] Das Gericht bejahte die entscheidende Frage, daß damit schon Briefwechsel vorlag; demnach war auch unproblematisch dem Schriftlichkeitserfordernis genügt.[928]

- Unter Umständen kann auch schon ein Austausch von Briefen zur Annahme einer Schiedsvereinbarung genügen. So entschied das *District Court* in *Filanto v. Chilewich.*[929] In seinem Prüfungsumfang sah sich das Gericht sehr beschränkt, denn durch die *Prima Paint*-Entscheidung (*separability doctrine*)[930] sind die US-Gerichte gehalten, nur die Frage nach einer gültigen Schiedsabrede, nicht aber die nach der Gültigkeit eines Vertrages insgesamt zu beantworten. Ganz wesentlich war in diesem Zusammenhang für das Gericht das nachvertragliche Verhalten der Parteien als Hinweis für deren Willen bei Vertragsabschluß. *Chilewich* hatte schon mit der Vertragserfüllung begonnen und *Filanto* keine Anstrengungen unternommen, seine Ablehnung gegen die Schiedsklausel deutlich zu machen. Deshalb ging das Gericht von einer Annahmefiktion aus.[931]

- Typischerweise finden sich Schiedsklauseln in vorgedruckten Bestätigungsschreiben. Diese Schreiben müssen gleichermaßen der Schriftform genügen wie die übrigen Schiedsabreden. Zusammengefaßt gilt auch hier: das Bestätigungsschreiben muß entweder von beiden Parteien unterschrieben oder zumindest eine Kopie des Schreibens zurückgesandt worden sein. Auf eine Unterschrift käme es im zweiten Fall nicht an, denn es hätte ja schon ein Wechsel von Briefen im Sinne von Art. II(2) 2. Alt. stattgefunden. Schließlich kann der Empfänger eines Bestätigungsschreibens – mit der Schiedsklausel – auch andere Telekommunikationsformen wählen, solange sie der Schriftform genügen. Die Annahmefiktion bei

---

927 Sphere Drake Ins. plc v. Marine Towing, Inc., XIX Y.B. COM. ARB. 792, 793-794 [4-5] (E.D. La. 1992) (US No 150).

928 Sphere Drake Ins. plc, XIX Y. B. COM ARB. 792, 795 [13], aff'd 16 F.3d 666, 669 (1994) (auf die Beteiligung von Vertretern mußte das Gericht dann nicht mehr eingehen, Fn. 7).

929 Filanto, S.p.A. v. Chilewich Int'l Corp., 789 F.Supp. 1229 (S.D.N.Y. 1992)).

930 Siehe unten II/3/b/(2).

931 789 F.Supp. 1229, 1240. Hinzu kamen als weitere Aspekte, daß *Filanto* aus einem Vertrag klagte, gleichzeitig aber dessen Ungültigkeit unterstellen mußte, um die Unwirksamkeit der Schiedsabrede behaupten zu können. Filanto hatte außerdem ein Memorandum unterschrieben, das konkret Bezug nahm auf die Schiedsklausel.

bloßem Schweigen auf ein kaufmännisches Bestätigungsschreiben genügt dagegen nicht.[932]

Diese Überlegungen bestätigte der *Second Circuit* und verdeutlichte gleichzeitig den Prüfungsumfang der Gerichte:

> [G]enesco was bound to arbitrate disputes under the the signed sales confirmation forms. Genesco does not contest these findings, but claims instead that it never specifically agreed to the arbitration clauses. We focus not on whether there was subjective agreement as to each clause in the contract, but on whether there was an objective agreement to the entire contract... As to the unsigned forms it is well-established that a party may be bound by an agreement to arbitrate even absent signature.[933]

Nicht ausreichend gewahrt war dagegen die Schriftform in *Midland Bright Drawn*:[934] die Parteien hatten telefonisch und per Telex die Vertragsbedingungen ausgehandelt. Kurz vor der Lieferung übersandte die Beklagte der Klägerin ein vorgedrucktes Bestätigungsschreiben über den Kaufvertrag, das auf der Rückseite in zwei Klauseln Schiedsgerichtsbarkeit in New York nach den Regeln der *American Arbitration Association* vorsah. Die Klägerin unterschrieb das Formular nicht, sie sandte auch keinen Durchschlag zurück. Anstatt nach Art. II(2) auf die offensichtlich fehlende Schriftform der Schiedsabrede abzustellen,[935] verlagerte das Bundesgericht die Diskussion auf die Problematik der modifizierenden Annahme und gelangte zu der Überzeugung, daß die Vereinbarung von Schiedsgerichtsbarkeit in New York ein bedeutende Änderung des Vertrages war.[936]

- Grundsätzlich kann die Schiedsvereinbarung auch durch Bezugnahme erfolgen;[937] der Verweis auf allgemeine Geschäftsbedingungen (*contract of adhesion, standard conditions*) ist nur dann nicht wirksam, wenn eine Partei „besondere Umstände vorbringen kann, die sie von einem Schiedsverfahren freistellen", wozu „unfairness, undue oppression, or unconscionability" zählen.[938] Dieses Verteidigungsvorbringen wird in den seltensten Fällen im internationalen Wirtschaftsverkehr einschlägig sein, denn – wie in dem entschiedenen Fall – wird es sich regelmäßig um erfahrene Geschäftsleute handeln, die mit den handelsüblichen Regeln

---

932 van den Berg, *Commentary*, XXI Y. B. COM ARB. 394, 425 ¶ 208.

933 Genesco, Inc. v. Kakiuchi & Co., Ltd., 815 F.2d 840, 846 (1987).

934 Midland Bright Drawn Steel Ltd. v. Erlanger & Co., XVIII Y. B. Com. Arb. 755 (S.D.N.Y. 1989) (US No. 144).

935 van den Berg, *Commentary*, XXI Y. B. COM ARB. 394, 425 ¶ 208. So aber: Sen Mar, Inc. v. Tiger Petroleum, Inc. 794 F.Supp. 879, 882 (S.D.N.Y. 1991).

936 Midland Bright Drawn Steel Ltd. v. Erlanger & Co., XVIII Y.B. COM. ARB. 755, 760 [12]: die Beklagte hätte dann in England oder New Jersey nach englischem Recht klagen müssen.

937 Silkworm Screen Printers, Inc. v. Abrams et al., XX Y.B. COM. ARB. 830, 832 [3] (4th Cir. 1992) (US No. 165); In the Matter of Ferrara S.p.A., 441 F.Supp. 778, 781-782 (S.D.N.Y. 1977).

938 Threlkeld & Co. v. Metallgesellschaft Ltd., 923 F.2d 245, 249 (2d Cir. 1991).

vertraut sind und typische Schiedsklauseln kennen.[939] Dabei spielte es keine Rolle, daß die Schiedsklausel sich nicht aus dem Vertrag selbst ergab, sondern in dem entschiedenen Fall nur aus Vereinbarung, nach den Regeln des *London Metal Exchange* zu verfahren.[940]

- Geradezu ein klassischer Einwand der Verteidigung ist, von der Schiedsklausel keine Kenntnis gehabt zu haben. In *Cheshire Place Associates v. West of England Ship Owners* hielt das Bundesgericht diesen Einwand für schlicht unbeachtlich. Schließlich hatte ein Vertreter der Beklagten seines Unterschrift unmittelbar unter eine Klausel mit folgendem Inhalt gesetzt: „[I]f this application for insurance is accepted by the Association the applicant Owner will be bound by the Constitution and the Rules of the Association."[941] Das Versäumnis, den Vertrag richtig zu lesen und sich über die Vertragsbedingungen zu erkundigen, hindert nicht die Durchsetzung eines Vertrages, auch nicht einer Schiedsvereinbarung.[942]
Problematisch kann die Einbeziehung einer Schiedsklausel aber dann sein, wenn sie sich nur in den Allgemeinen Geschäftsbedingungen findet, die der anderen Partei nicht bekannt wurden. In dem durch das *District Court* für den *Northern District of Oklahoma* entschiedenen Fall *Verolme Botlek B.V. v. Lee C. Moore* hatte die Klägerin auf der Vorderseite eines Kostenvoranschlages darauf hingewiesen, daß die Auftragsannahme nur auf Grundlage der auf der Rückseite des Briefpapiers abgedruckten AGB erfolgen würde. Nur die Vorderseite des Schreibens wurde an die Beklagte gefaxt, die einige Zeit später ihrerseits unter Bezugnahme auf den Kostenvoranschlag einen Auftrag an die Klägerin faxte. Die Beklagte war also auf die Allgemeinen Geschäftsbedingungen hingewiesen worden, hatte aber keine Kenntnis von deren Einzelheiten, insbesondere der Schiedsklausel. Nach Ansicht des Gerichts kam es hierauf aber gar nicht an. Die AGB waren durch den Hinweis in dem Kostenvoranschlag und dessen Annahme durch die Beklagte Vertragsbestandteil geworden. Damit war der Schriftlichkeit hinreichend genügt worden.[943]

---

[939] Threlkeld & Co., 923 F.2d 245, 249. Ebenso: Progressive Cas. Inc. Co. v. C.A. Reaseguradora Nacional de Venezuela, 991 F.2d 42, 47 (2d Cir. 1993).
[940] Threlkeld & Co., 251.
[941] Cheshire Place Assoc. v. West of England Ship Owners Mutual Ins. Ass'n, 815 F.Supp. 593 (E.D.N.Y. 1993).
[942] Cheshire Place Assoc. v. West of England Ship Owners Mutual Ins. Ass'n, 815 F.Supp. 593 (E.D.N.Y. 1993); Progressive Casualty Ins. Co. v. C.A. Reaseguradora Nacional de Venezuela, 991 F.2d 42, 46: „[A] party who signs a written contract is conclusively presumed to know its contents and to assent to them, and he is therefore bound by its terms and conditions."
[943] Verolme Botlek B. V. v. Lee C. Moore Corp., XXI Y. B. COM. ARB. 824, 826 [3] (D. N.D. Okl. 1995) (US No. 206).

- Die Vereinbarung eines ausländischen Schiedsgerichts in Standardformularen von Ladescheinen (*Bill of Lading*) ist möglich und mit dem *Carriage of Goods by Sea Act [COGSA]* vereinbar.[944]

- In *Hart v. Anhui* stellte sich das Problem der Modifizierung des ursprünglichen Vertrages. Vertragliche Streitigkeiten waren zunächst durch einen Vergleich beigelegt worden. Der ursprüngliche Vertrag enthielt eine Schiedsklausel, nicht aber der Vergleich. Der Kläger kam seinen Verpflichtungen aus dem Vergleich nicht nach, weshalb *Anhui* – wie zunächst vertraglich vereinbart – ein Schiedsverfahren in Peking beantragte. Das Gericht trat klar der Ansicht des Klägers entgegen, die Ansprüche von *Anhui* seien nicht (mehr) arbitrabel. Es handelte sich hier zwar um zwei verschiedene Verträge, diese waren aber untrennbar miteinander verbunden; denn der Vergleich bezog sich ja gerade auf den ursprünglichen Kaufvertrag, der die – auch von Hart unterschriebene – Schiedsabrede enthielt.[945]

- Insgesamt tendiert die Rechtsprechung zu geringen Anforderungen an die Schriftlichkeit. Entgegen der ursprünglichen Absicht der Verfasser kann eine Schiedsvereinbarung durchaus auch konkludent zustandekommen. Die Gerichte greifen dazu schnell auf eine Annahme(fiktion) zurück.

5. Frist

Das UNÜ selbst sieht keine Frist zur Anerkennung eines Schiedsspruches vor. Es gibt nur in Art. III vor, daß ausländische Schiedssprüche keinen wesentlich strengeren Verfahrensvorschriften unterliegen darf als inländische Schiedssprüche.[946] Diesen Vorgaben wird 9 U.S.C. § 207 mit seiner Drei-Jahres-Frist gerecht – § 9 sieht für inländische Sprüche eine Frist von einem Jahr vor. Die Gerichte wenden die Drei-Jahres-Frist konsequent an.[947] Wird die Frist versäumt, bleibt dem Vollstreckungsgläubiger auch eine erfolgreiche Klage in einem *State Court* auf Erfüllung der ursprünglichen Vertragspflichen versagt. An solches Vorgehen wäre zu denken, wenn nach *state law* die Fristen zur Durchsetzung vertraglicher Ansprüche noch nicht abgelaufen wären; in einem solchen Verfahren könnte der Schiedsspruch als Beweismittel dienen. Der Beklagte könnte dann mit einem Verweisungsantrag nach § 205 den Fall vor ein Bundesgericht bringen, wo Klageabwei-

---

[944] Vimar Seguros y Reaseguros S.A. v. M/V Sky Reefer, 515 U.S. 528, 541 (1995). Kritisch: Gaffreau, 21 N.C. J. INT'L L. & COM. 395.

[945] Hart Enter. Int'l v. Anhui Provincial Import & Export Corp., 888 F.Supp. 587, 589 (S.D.N.Y. 1995). Dabei erkennt das Gericht aber an, daß grundsätzlich die Parteien zweier Verträge nicht in die Schiedsgerichtsbarkeit gedrängt werden dürfen, wenn nur ein Vertrag eine Schiedsklausel aufweist.

[946] Vgl. McMahon, 26 ARB. J. 65, 84-85.

[947] Seetransport Wiking Trader Schiffahrtgesellschaft mbH & Co. KG v. Navimpex Centrala Navala, 989 F.2d 572, 581 (2d Cir. 1993); siehe auch: Fertilizer Corp. of India v. IDI Management, 530 F.Supp. 542, 563 (S.D. Ohio, W.D. 1981).

sung beantragt werden müßte: wegen Unterlassung des fristgerechten Antrages auf Anerkennung des Schiedsspruches nach § 207.[948]
Eine Alternative zeigte aber der *Second Circuit* auf, wenn der Vollstreckungsgläubiger zunächst wegen eines anhängigen Aufhebungsverfahren die Vollstreckung nicht betrieben hatte. Obsiegt er auch im Aufhebungsverfahren, wird also der Schiedsspruch bestätigt, kann in den USA die Vollstreckung dieses Gerichtsurteils erfolgen.[949]

II. Vollstreckungsabwehr

Hat die die Vollstreckung betreibende Partei die Voraussetzungen nach Art. IV erfüllt, kann sich die unterliegende Partei nur dann erfolgreich gegen die Vollstreckung wehren, wenn entweder ihr der Beweis gelingt, daß einer der Versagungsgründe nach Art. V(1) vorliegt, oder das Gericht von Amts wegen einen der beiden Versagungsgründe nach Art. V(2) bejaht. Nach allgemeiner Ansicht in Rechtsprechung und Literatur regelt Art. V die Gründe abschließend, aus denen ein Gericht die Vollstreckung verweigern kann.[950] Art. V bietet keine Grundlage für ein *vacatur*, die Aufhebung eines Schiedsspruches.[951]

1. Konkurrenz von Vollstreckungsversagung und Aufhebung

Besonderes Fingerspitzengefühl müssen die Gerichte an den Tag legen, wenn ein internationales Schiedsverfahren nach nationalem US-(Verfahrens)Recht entschieden wurde. In dieser Konstellation kann das US-Gericht sowohl über die Aufhebung des Schiedsspruches nach nationalem Recht, wie auch über die Vollstreckung nach nationalem oder internationalem Recht entscheiden. Hier besteht in besonderem Maße die Gefahr, daß ein Gericht im Vollstreckungsverfahren zugunsten des Vollstreckungsgegners nationale, nicht aber in der *New York Convention* vorgesehene Versagungsgründe in seine Entscheidung miteinbezieht.[952]

2. Allgemeine Grundsätze

Die Versagungsgründe lassen sich in zwei Gruppen untergliedern wie durch Absatz (1) und (2) vorgegeben. Die Gründe nach Absatz (1) a) bis e) können nur auf Antrag des Vollstreckungsgegners, diejenigen nach Absatz (2) auch von Amts

---

[948] McMahon, 26 ARB. J. 65, 74. Ob der Beklagte schon Unzuständigkeit des *State Courts* rügen kann, ist zweifelhaft, siehe oben 2. Teil/C/VIII/2/e.
[949] Seetransport Wiking Trader, 989 F.2d 572, 581-583. Dazu siehe auch unten 3/g/(2).
[950] Yusuf Ahmed Alghanim & Sons, W.L.L. v. Toys „R" Us, 126 F.3d 15, 20 (2d Cir. 1997); M & C Corp. v. Erwin Behr Gmbh & Co., KG, 87 F.3d 844, 851 (6th Cir. 1996); Industrial Risk Ins. v. M.A.N. Gutehoffnungshütte GmbH, 141 F.3d 1434, 1445 (11th Cir. 1998). van den Berg, *Commentary*, XXI Y. B. COM. ARB. 394, 480.
[951] CRAIG & PARK & PAULSSON, ICC ARBITRATION, 590. Wann ein Aufhebungsverfahren in Betracht kommt, wird unten F/III und oben 1. Teil/C/I/2/b erörtert.
[952] Vgl. oben A/III.

wegen durch das Gericht berücksichtigt werden. Das darf aber nicht dahingehend mißverstanden werden, das das Gericht immer von sich aus die Versagungsgründe im Vollstreckungsverfahren prüft. Zumindest muß sich der Vollstreckungsgegner der Vollstreckung widersetzen.[953] Bei eklatanten *public policy*-Verstößen ist jedoch vorstellbar, daß auch ein Gericht nicht gleich – ohne jedes Handeln der unterlegenen Partei – die Vollstreckung versagen wird.

3. Versagungsgründe nach Absatz 1

a. Beweislastverteilung

Die Versagungsgründe nach Absatz 1 müssen – wie angesprochen – durch den Vollstreckungsgegner geltend gemacht werden. Der Vollstreckungsgegner trägt nach dem ausdrücklichen Wortlaut von Art. 5 auch die Beweislast für das Vorliegen dieser Gründe: „...wenn diese Partei... den Beweis erbringt."[954]

b. Art. V (1)(a) – Ungültigkeit der Schiedsvereinbarung

(1) Einführung

Nach Art. V (1)(a) kann das Gericht die Anerkennung und Vollstreckung versagen, wenn der Vollstreckungsgegner den Beweis erbringt,

> daß die Parteien, die eine Vereinbarung im Sinne des Artikels II geschlossen haben, nach dem Recht, das für sie persönlich maßgebend ist, in irgendeiner Hinsicht hierzu nicht fähig waren oder daß die Vereinbarung nach dem Recht, dem die Parteien sie unterstellt haben, oder falls die Parteien hierüber nicht bestimmt haben, nach dem Recht des Landes, in dem der Schiedsspruch ergangen ist, ungültig ist...

Kurz gesagt behandelt dieser erste Versagungsgrund die Probleme mit der Gültigkeit der Schiedsvereinbarung, wie die Frage,
- ob überhaupt eine Schiedsvereinbarung (*lack of consent*) vorlag,[955]
- ob die Schiedsvereinbarung mit den Anforderungen des auf sie anwendbaren Recht übereinstimmt,
- ob Schiedsgerichtsbarkeit oder vielleicht nur ein Schiedsrichter (*umpire*) vorgesehen war,
- ob der Streitgegenstand schiedsfähig war,

---

[953] NAR S.P.A.-Industria Nastri Adesivi v. I.R. Industries, 5 F.Supp.2d 203, 204 (S.D.N.Y. 1998).
[954] Parsons & Whittemore Overseas Co. v. Societe Generale de l'Industrie du Papier, 508 F.2d 969, 973; Imperial Ethiopian Gov't v. Baruch-Foster Corp., 535 F.2d 334, 336. Contini, 8 AM. J. COMP. L. 283, 299.
[955] Dazu siehe auch Art. V(1)(c), in wessen Entscheidungskompetenz die Entscheidung über diese Frage fällt.

- ob die Schiedsvereinbarung gültig war, oder vielleicht durch Betrug oder Zwang beeinflußt war und das unabhängig vom Rest des Vertrages beurteilt werden kann.[956]

Beachtung im Rahmen dieser Vorschrift muß insbesondere die Bestimmung des maßgeblichen Rechts finden. Es wird unterschieden zwischen einerseits dem Recht, nach dem die Geschäftsfähigkeit der Parteien beurteilt wird, und andererseits dem Recht, das für die Gültigkeit der Schiedsvereinbarung maßgeblich ist.[957] Nach lokalem Recht kann das Gericht die Vollstreckung unter Berufung auf Art. V(2)(b) dann verweigern, wenn die Ungültigkeit der Vereinbarung auf einem so schweren verfahrensrechtlichen Mangel beruht, der gleichzeitig einen Verstoß gegen die öffentliche Ordnung des Vollstreckungsstaates darstellt.[958]

Die drei Elemente des Art. V(1)(a), die näherer Betrachtung bedürfen, sind (1) die „Vereinbarung im Sinne des Artikels II", (2) die „Fähigkeit der Parteien" und (3) die Gültigkeit der Schiedsvereinbarung.
(1) Problematisch ist die Verweisung auf die Schiedsvereinbarung „im Sinne des Artikels II", weil Art. II(2) sicherlich eine der am meisten vor Gericht erörterten Vorschrift des UNÜ ist.[959] Dabei muß als sicher gelten, daß mangelnde Schriftform i. S. v. Art. II(2) einen Versagungsgrund nach Art. V(1)(a) darstellt.[960] Auf der Vollstreckungsebene beziehen sich sowohl Art. IV(1)(b) wie auch Art. V(1)(a) auf eine „Vereinbarung im Sinne von Art. II", weshalb auf die Darstellung im Rahmen von Art. IV verwiesen werden kann.[961]
(2) Die Bestimmung der „subjektiven Schiedsfähigkeit" (*incapacity of a party*) erfolgt unabhängig von der Parteivereinbarung „nach dem Recht, das für sie persönlich maßgebend ist". Das kann, muß aber nicht dasselbe Recht sein, das auch auf die Schiedsvereinbarung Anwendung findet. Das UNÜ macht allerdings keine genauen Vorgaben, wie dieses Recht bestimmt werden soll; insoweit kann das Vollstreckungsgericht auf sein eigenes Kollisionsrecht zurückgreifen.[962]
Die unterschiedliche Behandlung von Parteien und Schiedsvereinbarung erklärt sich aus der Nähe von Geschäftsfähigkeit und grundlegenden Gerechtigkeitsfragen, die ersichtlich nicht der Parteiautonomie überlassen werden sollten.[963] Damit wur-

---

956 Diese Fragestellungen wirft auf: McClendon, *Foreign Arbitral Awards*, 4 NW. J. INT'L LAW & BUS. 58, 64. VAN DEN BERG, NEW YORK CONVENTION 296.
957 Möglicherweise sollte die Geschäftsfähigkeit der Parteien als fundamentale Prozeßvoraussetzung gerade der Parteivereinbarung entzogen werden (West, 5 N.Y.L. SCH. J. INT'L & COMP. L. 103, 112).
958 McClendon, *Foreign Arbitral Awards*, 4 NW. J. INT'L L & BUS. 58, 64.
959 van den Berg, *Commentary*, XXI Y.B. COM. ARB. 394, 419 ¶202.
960 van den Berg, *Commentary*, XXI Y. B. COM. ARB. 394, 484 ¶504.
961 Siehe oben B. I. 4
962 West, 5 N.Y.L. SCH. J. INT'L & COMP. L. 103, 112; Martinez, 24 INT'L LAW. 487, 498; VAN DEN BERG, NEW YORK CONVENTION 276. Zur Rechts- und Geschäftsfähigkeit in den USA, Hay, S. 69-70.
963 West, 5 N.Y.L. SCH. J. INT'L & COMP. L. 103, 112.

de den Vertragsstaaten der Schutz ihrer Staatsangehörigen ermöglicht, wenn sie diesen Schutz ausüben wollen. Die USA kennen jedoch kein besonderes Personalstatut. Die Geschäftsfähigkeit wird nach dem Recht am Ort des Vertragsabschlusses oder dem auf den Vertrag anwendbaren Recht bestimmt.[964]

Es verbleibt die Frage, wann die subjektive Schiedsfähigkeit vorliegen muß, ob bei Vertragsabschluß und/oder bei Beginn des Schiedsverfahrens. In der Praxis stellt sich diese Frage typischerweise bei Eröffnung des Konkursverfahrens über das Vermögen einer Schiedspartei. So hat eine Schriftumsmeinung vertreten, daß einer Partei durch Eröffnung des Konkursverfahrens die subjektive Schiedsfähigkeit im Sinne von Art. V(1)(a) entzogen sei:[965] nur vordergründig beziehe sich die Vorschrift auf den Zeitpunkt des Vertragsabschlusses. Gewichtigstes Argument für diese Ansicht ist der Verweis auf das Heimatrecht zur Bestimmung der Schiedsfähigkeit der Parteien.[966] Damit ist aber keine Aussage über den Zeitpunkt zur Bestimmung der Schiedsfähigkeit getroffen. Entscheidend soll der Beginn des Schiedsverfahrens sein. Dazu wird auf die Verhandlungsberichte zum UNÜ Bezug genommen.[967] Es vermag jedoch wenig zu überzeugen, eine allenfalls ambivalente Gesetzgebungsgeschichte – entgegen dem klaren Wortlaut der Vorschrift – zur Grundlage der Argumentation zu machen. Nicht die Verhandlungsprotokolle, sondern der Schlußentwurf wurde von der Konferenz verabschiedet. Der Gebrauch des Imperfekt („nicht fähig waren") verdeutlicht, daß die Geschäftsfähigkeit des Vereinbarung der Schiedsabrede vorliegen muß. In diesem Sinne entschied auch die erste Instanz des New Yorker *Supreme Courts*[968] unter Berücksichtigung der besonderen Wertungen für den internationalen Wirtschaftsverkehr.[969] Anders dagegen die Berufungsinstanz des New Yorker *Supreme Courts* im *dictum* der Entscheidung *Corcoran v. Ardra*: sie geht von der zweiten Alternative aus, weil nach ihrer Überzeugung die Schiedsfähigkeit bei Beginn des Schiedsverfahrens (noch)

---

964 RESTATEMENT (SECOND) OF CONFLICT OF LAWS § 198; Schlosser, Internationale Schiedsgerichtsbarkeit, Rnr. 326: Das UNÜ läßt den Vertragsstaaten das Recht, ihre Staatsbürger über ein Personalstatut zu schützen, schafft aber nicht die Pflicht, von dieser Ermächtigung auch Gebrauch zu machen.

965 Westbrook, 67 MINN. L. REV. 595, 615 (1983).

966 Und das Ziel des US-Konkursrechtes ist gerade dem Konkursgericht die umfassende Kontrolle über die Angelegenheiten des Schuldners zu verschaffen (Westbrook, 67 MINN. L. REV. 595, 598).

967 Siehe Westbrook, 67 MINN. L. REV. 595, 614 n. 73: aus den Verhandlungsprotokollen soll sich ergeben, daß die Delegierten bei der Fassung eigentlich mit Problemen der ordnungsgemäßen Prozeßvertretung beschäftigt waren, die sich mit dem Verfahrensbeginn, nicht aber mit dem Abschluß bei Schiedsvereinbarung, ergeben. Dabei muß *Westbrook* selbst eingestehen, daß mit der systematischen Eigenständigkeit der Vorschrift von Art. V(1)(b) genauso das Gegenteil begründen läßt.

968 Die *State Courts* von New York heißen – verwirrenderweise – auch *Supreme Court* (Hay, S. 48).

969 Corcoran v. AIG Multi-Line Syndicate, 539 N.Y.S.2d 630, 636 (Sup. Ct. 1989).

vorliegen muß. Entscheidender Zeitpunkt sei nicht der Vertragsabschluß.[970] Diese Entscheidung wurde zwar vom obersten Gericht des Staates New York bestätigt, allerdings auf einer anderen rechtlichen Grundlage. Ihre Präjudizwirkung muß deshalb als eingeschränkt angesehen werden.[971]
Anders hatte dagegen 1975 der *Second Circuit* in *Fotochrome v. Copal Company* geurteilt, daß ein ausländischer Schiedsspruch dann bindend für die US-Gerichte ist, wenn das Schiedsverfahren vor dem Antrag auf Konkurseröffnung begann – allerdings ohne zu Art. V(1)(a) Stellung zu nehmen.[972]

Bei der Frage nach der „subjektiven Schiedsfähigkeit" drängt sich erneut die Erörterung nach der Staatenimmunität auf. Hier ergeben sich im Rahmen von Art. V(1)(a) keinerlei Besonderheiten.[973] Insoweit kann auf die Darstellung oben verwiesen werden.[974]

(3) Dagegen muß das Gericht für die Beurteilung von Fragen zur Gültigkeit der Schiedsvereinbarung – mit Ausnahme der Formerfordernisse, die einheitlich durch Art. II(2) geregelt sind[975] – nach dem klaren Wortlaut von Art. V(1)(a) auf das vereinbarte Recht oder subsidiär, wenn nichts vereinbart worden war, auf das Recht des Schiedsortes zurückgreifen.[976]
Theoretisch ist dabei zu beachten, daß eine ausdrückliche Rechtswahl für den Vertrag nicht zwingend gleichzeitig für das Schiedsverfahren gelten muß, eine differenzierte Anknüpfung von Vertrag und Schiedsverfahren ist möglich. Der Wortlaut

---

[970] Corcoran v. Ardra Insurance Co., 553 N.Y.S.2d 695, 698-699 (1990)(App. Div.). Das Gericht stützte seine Entscheidung im wesentlichen auf Art. II(3) und hielt die Schiedsvereinbarung für „nicht erfüllbar"; ebenso handele es sich nicht mehr um eine „Handelssache".
[971] Corcoran v. Ardra Insurance Co., 566 N.Y.S.2d 575, 578-579 (1991) (Besprechung bei Diaconis, 25 J. MARSHALL L. REV. 527) auf Grundlage von Art. II und Art. V(2)(a). Das Gericht betonte hier auch die besonderen öffentlichen Interessen im New Yorker Konkursrecht.
[972] 517 F.2d 512, 517 (1975). Das Gericht diskutierte hier nur den Versagungsgrund nach Abs. 1(b). Dazu Westbrook, 67 MINN. L. REV. 595, 602-604.
[973] VAN DEN BERG, NEW YORK CONVENTION 278.
[974] Siehe oben 2. Teil/C/V.
[975] van den Berg, *Commentary*, XXI Y. B. COM ARB. 394, 485.
[976] Martinez, 24 INT'L LAW. 487, 498; van den Berg, *Commentary*, XXI Y. B. COM ARB. 394, 485.

von Art. V(1)(a) und (d) bringt das zum Ausdruck.[977] In der Praxis hat diese differenzierte Anknüpfung aber keine Bedeutung erlangt.[978]
Genauso verhält es sich letztlich mit der Frage, inwieweit eine Rechtswahl auch konkludent getroffen werden kann, denn es lassen sich kaum vernünftige andere Anhaltspunkte für den Parteiwillen finden als der Ort des Schiedsverfahrens.[979] Da der Schiedsort aber schon ausdrücklich als Kriterium zur Bestimmung des anwendbaren Rechts kodifiziert ist, erscheint es systematisch angemessener eine Entscheidung hierauf zu stützen als über die Konstruktion eines hypothetischen Parteiwillens.[980]

(2) Rechtsprechung

Insgesamt hat Art. V(1)(a) kaum Anlaß zu großen Diskussionen in US-Gerichten gegeben.[981] Das wird allgemein auf die Entscheidung des *Supreme Courts* in *Prima Paint Corp. v. Flood & Conklin Manufacturing Company*[982] zurückgeführt. In dieser frühen Entscheidung hatte das oberste Gericht schon 1967 den Prüfungsumfang der ordentlichen Gerichte drastisch eingeschränkt. Die Bundesgerichte sollen ihre Prüfung allein auf die Gültigkeit der Schiedsvereinbarung beschränken:

> [I]f the claim is fraud in the inducement of the arbitration clause itself--an issue which goes to the 'making' of the agreement to arbitrate--the federal court may proceed to adjudicate it. But the statutory language does not permit the federal court to consider claims of fraud in the inducement of the contract generally.

Etwas weiter heißt es dann: „[A] federal court may only consider issues relating to the making and performance of the agreement to arbitrate.“ [983] Inwiefern der (übrige Haupt)Vertrag rechtswirksam geschlossen wurde, verbleibt damit in der

---

[977] So spricht Art. V(1)(a) ausdrücklich von „der Vereinbarung nach dem Recht, dem die Parteien sie unterstellt haben“, bzw. „das schiedsrichterliche Verfahren der Vereinbarung der Parteien ... nicht entsprochen hat“, Art. V(1)(d). Dazu Schlosser, Internationale Schiedsgerichtsbarkeit, Rnr. 216. Siehe auch Art. V(1)(e) (VAN DEN BERG, NEW YORK CONVENTION 292). Das wird den unterschiedlichen Zielsetzungen von Vertrag und Schiedsverfahren gerecht: der Vertrag regelt die materiellen Rechtsbeziehungen, wohingegen das Schiedsverfahren ist eine Methode zur Beilegung von Streitigkeiten, die sich aus diesem Vertrag ergeben können (VAN DEN BERG, NEW YORK CONVENTION 293).

[978] VAN DEN BERG, NEW YORK CONVENTION 291-292. Wahrscheinlich wird eine mangelnde Homogenität verschiedener Rechtsordnungen befürchtet (vgl. Schlosser, Internationale Schiedsgerichtsbarkeit, Rnr. 217).

[979] Schlosser, Internationale Schiedsgerichtsbarkeit, Rnr. 241-243, diskutiert Indizien wie gemeinsamen Wohnsitz, Staatsangehörigkeit der Parteien oder Schiedsrichter, qualifiziert sie aber selbst als nur als schwach gegenüber dem Sitz des Schiedsgerichtes.

[980] Deshalb bezeichnet VAN DEN BERG, NEW YORK CONVENTION 294, diese Erwägungen auch als „theoretical nicety“.

[981] Die Ungültigkeit der Schiedsvereinbarung wird typischerweise zu Beginn des Schiedsverfahrens eingewandt (Mulyana, 6 Am. Rev. Int'l Arb. 89, 95).

[982] 388 U.S. 395 (1967).

[983] Prima Paint, 388 U.S. 395, 403-404.

Kompetenz der Schiedsrichter.[984] Wie aber diese Trennung in der Praxis durchgeführt werden soll, bleibt unklar. Schließlich werden sich normalerweise die gleichen Mängel auf den Vertrag wie die (meist darin enthaltene) Schiedsklausel auswirken.[985] Etwas anderes würde nur dann gelten, wenn die Parteien sich erst nachträglich auf die Schiedsgerichtsbarkeit verständigt haben. Diese sogenannte *separability* (oder *severability*) *doctrine*[986] ist strikt von der sogenannten *competence de la competence* der Schiedsrichter zu unterscheiden.[987] Die Trennungsfiktion zieht die unter Art. V(1)(c) erörterte Frage nach sich, wer (Schiedsrichter oder Gericht) über die Frage nach der Gültigkeit der Schiedsabrede und deren Umfang entscheiden kann. 1967 kam diese Entscheidung einer bedeutenden Ausdehnung der schiedsrichterlichen Kompetenzen gleich, deren Ausmaße heute vielleicht nur schwerlich abzuschätzen sind. An der damals gemachten Vorgabe, einschließlich der damit verbundenen Beschränkung der Kompetenz der Schiedsrichter, hält das oberste Gericht aber bis heute – zumindest im nationalen Kontext[988] – fest.

In der internationalen Schiedsgerichtsbarkeit bestätigte der *Seventh Circuit* in *Sauer-Getriebe KG v. White Hydraulics, Inc.* die *separability doctrine* und beschränkte sich auf eine allenfalls summarische Prüfung:

> Sauer's promise to arbitrate was given in exchange for White's promise to arbitrate and each promise was sufficient consideration for each other.[989]

Der *Ninth Circuit* ließ in *Republic of Nicaragua v. Standard Fruit Co.* bei der Frage nach dem Vorliegen einer Schiedsklausel einen ebenso liberalen Prüfungsumfang des Vertrages vor dem Hintergrund des internationalen Wirtschaftsverkehrs erkennen: „[T]he clear weight of authority holds that the most minimal indication of the parties' intent to arbitrate must be given full effect, especially in international disputes."[990]

---

[984] 388 U.S. 395, 403-404 (1967).

[985] West, 5 N.Y.L. SCH. J. INT'L & COMP. L. 103, 110.

[986] Allgemein gilt das *Prima Paint*-Urteil als Grundlage der *separability doctrine* in den USA. Sie wird definiert als: „The doctrine of separability, or autonomy, of the arbitration clause provides that an arbitration clause embedded in a contract is considered separate from the main contract. The arbitration clause and the main contract comprise two separate sets of contractual relations" (Rosen, 17 FORDHAM INT'L L.J. 599, 606-607).

[987] Dazu siehe unten d zu Art. V(1)(c). Die *Competence de la competence* behandelt die Frage, wer (Schiedsrichter oder Gericht?) darüber entscheidet, ob die Parteien überhaupt an eine Schiedsklausel gebunden sind (Park, *The Arbitrability Dicta in First Options v. Kaplan*, 12.2 ARB. INT'L 137, 149).

[988] Eine Entscheidung im internationalen Kontext ist bis heute nicht erfolgt (Rosen, 17 FORDHAM INT'L L.J. 599, 625).

[989] 715 F.2d 348, 350 (1983).

[990] 937 F.2d 469, 478: „However because of our presumption of arbitrability established by the Supreme Court, courts must be careful not to overreach and decide the merits of an arbitrable claim. Our role is strictly limited to determining arbitrability and enforcing agreements to arbitrate, leaving the merits of the claim and any defense to the arbitrator."

Nach Ansicht von US-Kommentatoren sehen Parteien deshalb davon ab, sich auf Art. V(1)(a) zu berufen, weil damit sofort auch die Frage nach der Gültigkeit des gesamten Vertrages verbunden wäre; die Beurteilung dieser Frage fällt aber nach Ansicht des *Supreme Courts* gerade nicht in die Zuständigkeit der Gerichte.[991] Nur die Behauptung, auch die Schiedsklausel sei betrügerisch zustandegekommen, kann von den Gerichten überprüft werden.[992]

Nur einige Male ist Art. V(1)(a) in den Gerichten sehr knapp Gegenstand der Verhandlung gewesen und immer – aus Sicht des Vollstreckungsgegners – erfolglos:

- In der Entscheidung *Audi NSU v. Overseas Motors* behauptete die Beklagte, die Schiedsrichter hätten den Streit – entgegen der Vereinbarung – nach Schweizer Recht entschieden, der Klagegrund sei nicht in Übereinstimmung mit deutschen Recht gewesen. Das Gericht folgte dem nicht: Art. V(1)(a) beziehe sich nur auf materielles, nicht aber Verfahrensrecht.[993] So stützte das Gericht sein wahrscheinliches Motiv: es gab keinen Anhaltspunkt dafür, daß die Entscheidung nach deutschem Recht anders ausgefallen wäre. Es ist sicherlich richtig, daß die Gültigkeit einer Vertragsabrede Sache des materiellen Rechts ist, die Argumentation des Gerichts überrascht dennoch: konsequent zuende gedacht würde sie das Gericht bei entsprechenden Anhaltspunkten zwingen, eine materiell-rechtliche Prüfung dahin vorzunehmen, ob die Entscheidung bei Anwendung des vereinbarten Rechts anders ausgefallen wäre. Gerade die eingehende materiell-rechtliche Prüfung scheint aber doch das genannte *Supreme Court*-Urteil zu untersagen.
Davon ging auch der *Southern District New York* aus. In dem Urteil *American Construction Machinery v. Mechanised Construction* betonte das Gericht seinen extrem beschränkten Prüfungsumfang im Hinblick auf die materielle Entscheidung des Schiedgerichtes.[994] Das heißt für Art. V(1)(a): gelangte das Schiedsgericht zur Überzeugung, daß die Schiedsvereinbarung nach anwendbarem Recht gültig war, kann das Vollstreckungsgericht dessen Entscheidung nur in Ausnahmefällen wie *manifest disregard of law*[995] aufheben. Das ordentliche Gericht beschränkt sich also auf eine Plausibilitätskontrolle, ob das Schiedsgericht eine glaubhafte Erklärung für seine Entscheidung lieferte.[996] Dem Gericht ist eine Entscheidung

---

[991] West, 5 N.Y.L. SCH. J. INT'L & COMP. L. 103, 111; Martinez, 24 INT'L LAW. 487, 499.
[992] Kaminsky, 1991 ANN. SURV. AM. L. 527, 533.
[993] Audi NSU Autounion A.G. v. Overseas Motors, Inc., III Y.B. COM. ARB. 291, 293 (E.D.Mich. 1977).
[994] American Constr. Mach. & Equip. Corp. Ltd. v. Mechanised Constr. of Pakistan Ltd., 659 F.Supp. 426, 429 (S.D.N.Y. 1987), aff'd 828 F.2d 117 (2d Cir. 1987).
[995] Etwa „offenkundige Mißachtung des Rechts". Vgl. dazu die Darstellung unter Art. V(2)(b).
[996] „The scope of the Court's review in this regard is extremely limited... An examination of the Arbitrator's findings shows he carefully considered the applicable Pakistani law in ruling that the Supplementary Agreement was invalid.... Because his result is certainly a 'colorable justification for the outcome reached,...'" (American Constr. Mach., aaO, unter Berufung auf Andros Compania Maritima,

über die Gültigkeit der Schiedsabrede aber nicht schon deshalb verwehrt, weil der Beklagte es versäumt hatte, rechtzeitig die Aussetzung des Schiedsverfahrens bei einem ordentlichen Gericht zu beantragen. Das war nicht gleichbedeutend mit dem Verzicht auf die Einrede, denn die Beklagte hatte schon im Verfahren selbst, die Einrede erhoben, nicht durch einen Vertreter ohne Vertretungsmacht an die Schiedsabrede gebunden worden zu sein.[997] Nach Ansicht des Gerichts ergaben sich keine rechtlichen Anhaltspunkte dafür, daß eine Anfechtung des Schiedsverfahrens schon vor dessen Beginn geltend gemacht werden muß, um die Fiktion eines Verzichtes auszuweichen. Dem Gericht muß die Kontrollmöglichkeit verbleiben, ob überhaupt eine gültige Schiedsabrede bestand.[998]

- Vor das eher ungewöhnliche Problem einer *split arbitration clause* war das Bundesgericht in der Entscheidung *Whirlpool v. Philipps*[999] gestellt. Die Parteien hatten zwar sämtliche Streitigkeiten der Schiedsgerichtsbarkeit unterstellt, sie hatten aber für unterschiedliche Bereiche ihrer Vertragsbeziehung unterschiedliche Schiedsgerichten unterstellt: für die Streitigkeiten mit Hinblick auf die Bilanzen des *Joint Ventures* der Parteien sollte eine Wirtschaftsprüfungsgesellschaft zuständig sein; dagegen sollte das Schiedsverfahren für alle anderen Streitigkeiten nach den Regeln der *ICC* und unter deren Verwaltung stattfinden.[1000] Die Problematik einer solchen Klausel liegt auf der Hand, nämlich ihre Anfälligkeit für spätere gerichtliche Auseinandersetzungen. *Philipps* wandte im Anerkennungsverfahren (natürlich) ein, daß das Schiedsgericht zur Bestimmung der Buchführungsmethode nicht zuständig gewesen sei.[1001] Damit hätte es an einer Schiedsvereinbarung im Sinne von Art. II gefehlt. In seiner Entscheidung geht das Gericht zunächst von der allgemeinen Linie der Gerichte aus, auch solche *accouting arbitration clauses* weit auszulegen; ein erneutes Verfahren widerspräche der ständigen Rechtsprechung.[1002] Das Gericht untermauerte sein Urteil mit der Feststellung: „[A]s the parties fully participated in arbitration under this provision, which is recognized in

---

S.A. v. Marc Rich & Co. A.G., 579 F.2d 691, 704 (2d Cir. 1978), das sogar noch weitergehend nur eine „*barely* colorable justification for the outcome reached" (Hervorhebung vom Autor) fordert).

[997] Asia North America Eastbound Rate Agreement (Anera) v. BJI Industries, XXI Y.B. COM. ARB. 815, 816 (D.D.C. 1995) (US no. 205).

[998] Asia North America Eastbound, aaO 812 [11].

[999] Whirlpool Corp. v. Philipps Electronics N.V., 848 F.Supp. 474 (S.D.N.Y. 1994).

[1000] „4.4 Procedure for Disputes Concerning 1988 Financial Statements. In the event of any dispute arising between WHIRLPOOL and PHILIPPS with regard to the financial statements referred to in Section 4.3(a), the Parties shall endeavor to resolve dispute .... Should they be unable to do so the Parties shall refer the disputed matters for resolution to Arthur Anderson & Co. or such major accounting firm as the Parties may agree, ..." „[O]ther than the disputes referred to in Section 4.4 [shall be] submitted for decision and final resolution to arbitration to the exclusion exclusion of any courts of law, under the Rules ... of the International Chamber of Commerce" (Whirlpool, 848 F.Supp. 474, 475-476).

[1001] Whirlpool, 848 F.Supp. 474, 479.

[1002] Whirlpool, 848 F.Supp. 474, 479.

the contract to be final and binding, it would be both uneconomical and judicially imprudent to submit this dispute still further arbitration... ."[1003] Den Hintergrund offenbart es allerdings erst im *dictum*: es wollte eine Verzögerungstaktik der Beklagten verhindern, der offenbar daran gelegen war, eine weitere gerichtliche Instanz zu eröffnen.[1004]

- Weitere Gerichtsentscheidungen erwähnen Art. V(1)(a) allenfalls, ohne substantiell zu seiner Auslegung beizutragen.[1005]

- Art. V(1)(a) hat sich also bislang als wenig erfolgversprechend herausgestellt. Im Zweifel wird gerade in internationalen Verfahren von der Gültigkeit der Schiedsvereinbarung auszugehen sein. Auf jeden Fall sollte die unterlegene Partei Mängel schon im Schiedsverfahren geltend gemacht haben, um sich nicht dem Vorwurf eines konkludenten Verzichts auszusetzen.

c. Art. V (1)(b) – Mißachtung der Verfahrensgrundrechte

Nach Art. V (1)(b) kann das Vollstreckungsgericht die Vollstreckung verweigern, wenn der Vollstreckungsgegner beweist,

> daß die Partei, gegen die der Schiedsspruch geltend gemacht wird, von der Bestellung des Schiedsrichters oder von dem schiedsrichterlichen Verfahren nicht gehörig in Kenntnis gesetzt worden ist oder daß sie aus einem anderen Grund ihre Angriffs- oder Verteidigungsmittel nicht hat geltend machen können...

Im sachliche Anwendungsbereich ähnelt er damit dem Versagungsgrund nach 9 U.S.C. § 10(c) im nationalen US-Recht.[1006]

[1003] Whirlpool, aaO. Im folgenden *dictum* führt das Gericht weiter aus, daß nach dem Wortlaut („[a]ny dispute ... with regard to the financial statement...") und Sinn auch die Methode der Bestimmung einer Bilanz bei jeder Streitigkeit mit Hinblick darauf von der Zuständigkeit des Schiedsgerichts umfaßt sein muß.

[1004] „[I]t appears that Philipps may not in good faith first fully participate under § 4.4 [the arbitration clause] which purports to be a 'final and binding' process, only to turn around, in wake of an outcome with which it disagrees, and assert its alleged rights of 'appeal' und § 13.6." (Whirlpool, aaO, 480).

[1005] Wie Geotech Lizenz AG v. Evergreen Systems, 697 F.Supp. 1248, 1253 (E.D.N.Y. 1988): hier ging es um die Frage, ob eine Vergleichsvereinbarung die Schiedsabrede ersetzt und damit ungültig gemacht hatte. Da Beklagte aber nicht beweisen konnte, daß eine wirksamer Vergleich zustandegekommen war, kam es schon gar nicht zur Erörterung von Art. V(1)(a). Auch in der Entscheidung Ministry of Defense of the Islamic Republic of Iran v. Gould Inc., 887 F.2d 1357, 1363 lehnte der *Ninth Circuit* implizit die Anwendung von Art. V(1)(a) ab, indem er feststellte, daß die *Algiers Accords* selbst die nach Art. II erforderliche schriftliche Vereinbarung darstellen.

[1006] McClendon, *Foreign Arbitral Awards*, 4 NW. J. INT'L L. & BUS. 58, 64.

(1) Einführung

Der zweite Versagungsgrund erfreut sich einiger Popularität in den US-Gerichtssälen. Dem wird Art. V(1)(b) aus Sicht des Vollstreckungsgegners aber kaum gerecht: Nur in zwei berichteten Fällen konnten die Vollstreckungsgegner erfolgreich darlegen, daß das Schiedsgericht ihre Verfahrensgrundrechte mißachtet hatte.

- **Anwendungsbereich:** Die US-Gerichte gehen beinahe selbstverständlich davon aus, daß der zweite Versagungsgrund im wesentlichen die Anwendung der Verfahrensgrundsätze des Vollstreckungsstaates beinhaltet.[1007] Das ist jedoch keineswegs so selbstverständlich, wie die zitierten Gerichtsentscheidungen es suggerieren, denn in Art. V(1)(b) wird auf keine Rechtsordnung als Maßstab verwiesen, wonach der *due process*-Standard bestimmt werden könnte.[1008] Das könnte Ausdruck der Sorge sein, mit der Vorgabe des anwendbaren Rechts unter Umständen gleichzeitig einen restriktiven nationalen Standard einzuführen.[1009] Systematisch ist der so selbstverständliche wie pauschale Rückgriff auf das Heimatrecht des Vollstreckungsgerichtes schwer mit dem UNÜ vereinbar: wie sich aus dem ebenfalls verfahrensrechtlichen Regelungsinhalt des Art. V(1)(d) ergibt sind Bildung des Schiedsgerichts wie der Ablauf des Schiedsverfahrens primär an dem vereinbarten Recht zu messen, nur subsidiär am Recht des Schiedsortes;[1010] keinerlei Bezug wird dagegen auf das Recht des Vollstreckungsstaates genommen[1011] – ganz im Gegensatz zur Interpretation der Gerichte. Als Gegenpol zur Auslegung der US-Gerichte böte sich nur eine gänzlich autonome, internationale Auslegung an.[1012]

Es ist außerordentlich schwierig, den Anwendungsbereich von Art. V(1)(b) positiv zu bestimmen. Anhaltspunkte ergeben sich aus der Abgrenzung zu anderen Versagungsgründen des Art. V:

[1007] Ständige Rspr. seit Parsons & Whittemore Overseas Co. v. Societe Generale de l'Industrie du Papier (RAKTA), 508 F.2d 969, 975 unter Berufung auf Quigley, *Convention on Foreign Arbitral Awards*, 58 A.B.A. J. 821, 825; Biotronik Mess- und Therapiegeräte GmbH & Co. v. Medford Medical Instrument Co., 415 F.Supp. 133, 140; Geotech Lizenz AG v. Evergreen Systems, 697 F.Supp. 1248, 1253. Für die Literatur: McClendon, *Foreign Arbitral Awards*, 4 NW. J. INT'L L. & BUS. 58, 64; Schlosser, Internationale Schiedsgerichtsbarkeit, Rnr. 827.

[1008] Quigley, *Accession to United Nations Convention*, 70 YALE L.J. 1049, 1067. 13 Elemente des rechtlichen Gehörs listet Schlosser, Internationale Schiedsgerichtsbarkeit, Rnr. 830ff. auf.

[1009] VAN DEN BERG, NEW YORK CONVENTION 298.

[1010] Die gleiche Abstufung nimmt auch Art. V(1)(a) vor. Gleichermaßen wie auf Art. V(1)(d) könnte insoweit auch auch den vorstehenden Unterabsatz (a) Bezug genommen werden (Quigley, *Accession to United Nations Convention*, 70 YALE L.J. 1049, 1067 n. 81).

[1011] MünchKomm-Gottwald, IZPR Art. V Rnr. 13. Das gilt im übrigen für alle nach Absatz 1 nur auf Antrag zu berücksichtigenden Versagungsgründe. Systematisch hält auch *Schlosser* es für unglücklich, dem gewählten Verfahrensrecht nachträglich die Vorschriften des Vollstreckungsstaates zur Wahrung der Verfahrensgrundsätze „aufzupropfen“ (Stein/Jonas/Schlosser, Anhang zu § 1044 III Rnr. 62).

[1012] GAJA, INTERNATIONAL COMMERCIAL ARBITRATION, I.C.3.

Im Hinblick auf den parallelen verfahrensrechtlichen Regelungsbereich drängt sich eine analoge Auslegung zu Art. V(1)(d) geradezu auf. Wird aber das anwendbare Recht nach den in Art. V(1)(d) kodifizierten Regeln bestimmt, wäre Art. V(1)(b) überflüssig. Denn logischerweise bedingt jede Verletzung eines Verfahrensgrundsatzes immer auch die Fehlerhaftigkeit des Schiedsverfahrens im Sinne von Art. V(1)(d).[1013] Gleichzeitig wäre aber der Partei mit überlegener Verhandlungsposition die Möglichkeit an die Hand gegeben, über Rechtswahl bzw. die individuelle Verfahrensausgestaltung ihre Verhandlungsmacht weiter auszunutzen und in das Schiedsverfahren auszudehnen. Hier bildet Art. V(1)(b) mit dem Schutz der Verfahrensgrundsätze eine natürliche Begrenzung der Parteiautonomie.[1014]

Ebenso wie mit Art. V(1)(d) ergeben sich auch weite Überschneidungen mit der *public policy defense* des Art. V(2)(b). Theoretisch ist diese Abgrenzung deshalb von Bedeutung, weil das Vollstreckungsgericht *due process* nur im Rahmen von Absatz 2 von Amts wegen prüfen darf.[1015] Allgemein wird davon ausgegangen, daß die Verfahrensgrundsätze natürlicher Bestandteil der öffentlichen Ordnung im Sinne von Art. V(2)(b) sind.[1016] Systematisch ließe sich vertreten, daß Art. V(1)(b) als die speziellere Regelung im UNÜ die Verfahrensgrundsätze abschließend regelt; deren Verletzung könnte dann nur auf Antrag von einem Gericht berücksichtigt werden. Zwingend ist diese Auslegung aber nicht, denn sie würde bedeuten, die *due process*-Rechte nicht (mehr) als Teil der öffentlichen Ordnung anzusehen.[1017] Deshalb ist die Ansicht vorzugswürdig, die Buchstabe (b) nur als Ausdruck der besonderen Bedeutung der Verfahrensrechte, als tatbestandliche Ausgliederung ansieht.[1018] Dann käme Art. V(2)(b) lediglich subsidiär[1019] gleichsam als *lex generalis* zur Anwendung. Das hat zur Folge, daß der Beklagte, wenn er sich auf Art. V(1)(b) beruft dessen Vorliegen auch beweisen muß, hindert aber das Vollstreckungsgericht nicht selbst andere Verstöße gegen Verfahrensgrundsätze als

---

[1013] MünchKomm-Gottwald, IZPR Art. V Rnr. 14.

[1014] VAN DEN BERG, NEW YORK CONVENTION 301; Stein/Jonas/Schlosser, Anhang zu § 1044 III Rnr. 64.

[1015] Für die Praxis hat diese Unterscheidung aber kaum eine Bedeutung, denn ein Beklagter wird typischerweise alle irgendwie in Frage kommenden Versagungsgründe (selbst) geltend machen (VAN DEN BERG, NEW YORK CONVENTION 299).

[1016] So auch das US-Außenministerium bei dem Beitritt der USA zum UNÜ (Wheeless, 7 EMORY INT'L L. REV. 805, 812).

[1017] VAN DEN BERG, NEW YORK CONVENTION 299.

[1018] Schlosser, Internationale Schiedsgerichtsbarkeit, Rnr. 830; MünchKomm-Gottwald, IZPR Art. V Rnr. 15 Fn. 19; vgl. VAN DEN BERG, NEW YORK CONVENTION 300.

[1019] Schlosser, Internationale Schiedsgerichtsbarkeit, Rnr. 827. Die Formulierung von *Schlosser* ist hier allerdings etwas zweideutig: „Das Gesagte gilt speziell auch für Art. 5 II Buchst. b UNÜ, der subsidiär heranzuziehen ist, soweit Art. 5 I Buchst. b und d nicht einschlägig sind.“ Das sollte nicht so verstanden werden, daß Abs. 2(b) nur dann Anwendung findet, wenn der Anwendungsbereich von Art. V(1)(b) schon nicht eröffnet ist, sondern vielmehr daß – bei entsprechendem Antrag – Verfahrensmängel zunächst und zuerst am Maßstab des Art. V(1)(b) und nicht am sehr viel weiter gefaßten Art. V(2)(b) gemessen werden. Ist Art. V(1)(b) einschlägig, ist das Art. V(2)(b) ebenso.

Grundlage für die Vollstreckungsversagung nach Absatz 2(b) heranzuziehen. Eine Verletzung von Verfahrensgrundsätzen ist insoweit gleichzeitig von Art. V(1)(b) wie Buchstabe (b) von Absatz 2 erfaßt.[1020]

Art. V(1)(b) läßt sich dennoch nur negativ abgegrenzen: Er begrenzt die Autonomie der Parteien in der Ausgestaltung des Schiedsverfahrens und betont – als tatbestandliche Ausgliederung von Art. V(2)(b) – die Bedeutung der Verfahrensgrundrechte schon im Schiedsverfahren.

- **Anwendbares Recht:** Mit den Abgrenzungsansätzen ist aber noch keine Aussage über das anwendbare Recht gewonnen. Die oben angesprochene „internationale Auslegung“ begegnet deshalb praktischen Bedenken, weil es keine international anerkannten allgemeinen Verfahrensgrundsätze gibt. Damit fehlt dem Vollstreckungsrichter jeder Anhaltspunkt; ist er aber auf „Inspiration“ durch das nationale Recht angewiesen,[1021] wird durch die Hintertür wieder eingeführt, was gerade ausgeschlossen worden war. Damit wird die Theorie zur Farce. Durch die Bezugnahme auf supranationale Verfahrensgrundsätze könnten möglicherweise auch besondere Parteivereinbarungen verdrängt werden, z. B. Ladungs- und Zustellungsvereinbarungen, die gerade den zügigen Verfahrensablauf sicherstellen sollten.[1022]

Eine pauschale Bezugnahme auf das Recht des Vollstreckungsstaates begegnet den angesprochenen systematischen Bedenken, denn in keiner Vorschrift von Absatz 1 wird Bezug auf das Recht des Vollstreckungsstaates genommen. Andererseits sind die Verfahrensgrundsätze nun einmal anerkanntermaßen Ausfluß der öffentlichen Ordnung im Sinne von Art. V(2)(b), die sich nach dem Recht des Vollstreckungsstaates bestimmt.[1023] Die Anwendung einer anderen Rechtsordnung als die des Vollstreckungsstaates würde zu einer überflüssigen Doppelung der Prüfung der grundlegenden Verfahrensrechte führen – nämlich nach dem auf das Schiedsverfahren anwendbaren und dem in der Vollstreckung entscheidenden Recht.[1024] Insoweit „verzahnt“ dann Art. V(1)(b) den im übrigen allein an der Parteiabrede orientierten Absatz 1 mit den externen, vom anwendbaren Verfahrensrecht losgelösten Maßstäben nach Absatz 2, die einen als unverzichtbar anerkannten Grundbestand

---

[1020] VAN DEN BERG, NEW YORK CONVENTION 300.

[1021] GAJA, INTERNATIONAL COMMERCIAL ARBITRATION, I.C.3.

[1022] MünchKomm-Gottwald, IZPR Art. V Rnr. 14.

[1023] Quigley, *Accession to United Nations Convention*, 70 YALE L.J. 1049, 1067 n. 81.

[1024] Aus prozeßökonomischen Gründen macht das keinen Sinn. So kann der Richter im Vollstreckungsverfahren seine Prüfung zunächst auf die Übereinstimmung mit lokalem (US-)Recht beschränken. Wurde dem US-Maßstab nicht genügt, kann er die Vollstreckung versagen. Wird diese Frage aber bejaht, kann sich noch eine weitere (erst dann sinnvolle) Prüfung anfügen, ob das Verfahren auch den Verfahrensgrundsätzen des anderen, auf das Schiedverfahren anwendbaren Rechtes genügte (Schlosser, Internationale Schiedsgerichtsbarkeit, Rnr. 826). Diese Prüfungskompetenz wird im UNÜ durch Art. V(1)(d) gewährleistet.

an Verfahrensgerechtigkeit sichern.[1025] Über Art. V(1)(b) strahlt die *public policy* des Vollstreckungsstaates schon auf das Verfahren aus. Trotz systematischer Bedenken ist deshalb der Ansatz der Gerichte zu billigen: die Verfahrensgrundsätze bestimmen sich nach dem Recht des Vollstreckungsstaates.

- **Kausalität:** Schließlich stellt sich die Frage, ob jeder gravierende Verstoß gegen die Verfahrensgrundrechte automatisch die Versagung der Vollstreckung nach sich ziehen muß. Mit ihrer besonderen Bedeutung ließe sich das zwar rechtfertigen; bleibt der Verstoß aber ohne jeden Einfluß das Ergebnis des Verfahrens, erscheint es in Anbetracht der allgemeinen Vollstreckungsfreundlichkeit der Konvention kaum angemessen aufgrunddessen die Vollstreckung zu versagen. Deshalb wird allgemein davon ausgegangen, daß sich der Verfahrensmangel auch irgendwie auf das Ergebnis ausgewirkt haben muß. Wegen der Bedeutung der Verfahrens(grund)rechte darf hier der Maßstab allerdings nicht sonderlich hoch angesetzt werden: es reicht schon die Möglichkeit, daß bei Fehlen des Verstoßes ein Schiedsspruch anderen Inhalts ergangen wäre.[1026]

(2) Rechtsprechung

In einer Vielzahl von US-Gerichtsentscheidungen wird Art. V(1)(b) erörtert. Zur Problematik von verfahrensrechtlicher Fristen hat sich der *Eleventh Circuit* nur im Rahmen von Art. V(1)(d) geäußert.[1027] Zum Erfordernis einer mündlichen Verhandlung haben die Gerichte (noch) nicht Stellung genommen.[1028]
Es ist schwierig, die Urteile angemessen zu systematisieren. Zu sehr sind die Elemente von *due process* miteinander verwoben: Klar läßt sich jedoch feststellen, daß die US-Rechtsprechung konsequent eine Nicht-Teilnahme einer Partei am Schiedsverfahren „bestraft“.

- **Rechtliches Gehör:** Die Zeugen- und Sachverständigenvernehmung ist eines der wichtigsten Beweismittel. Ihre Regelung und Beschränkung bewegt sich daher immer im Spannungsfeld mit der ausreichenden Gewährung rechtlichen Gehörs. Das verdeutlichen verschiedene Urteile, in denen dieser Frage entscheidende Bedeutung zukam.

[1025] Schlosser, Internationale Schiedsgerichtsbarkeit, Rnr. 824.

[1026] MünchKomm-Gottwald, IZPR Art. V Rnr. 16; Schlosser, Internationale Schiedsgerichtsbarkeit, Rnr. 817. Diese Auslegung wird auch durch den Wortlaut getragen: das Gericht „darf“ (muß aber nicht!) die Vollstreckung versagen bei Vorliegen von Art. V(1)(b) versagen. Gleichzeitig wird beschränkt sich ein Gericht so auf eine Art Offensichtlichkeitskontrolle, die eine materielle Überprüfung des Schiedsspruches vermeidet (VAN DEN BERG, NEW YORK CONVENTION 302).

[1027] Industrial Risk Ins. v. M.A.N. Gutehoffnungshütte GmbH, 141 F.3d 1434, 1442-1444 (11th Cir. 1998) wird hier jedoch im Rahmen von Art. V(1)(b) erörtert.

[1028] Diese Fragen orientieren sich im wesentlichen am anwendbaren Schiedsrecht bzw. Schiedsordnung (VAN DEN BERG, NEW YORK CONVENTION 307).

In der vielzitierten Grundlagenentscheidung *Parsons & Whittemore Overseas v. Société Générale de l'Industrie du Papier*[1029] des *Second Circuit* war Art. V(1)(b) zum ersten Mal Gegenstand der Erörterung vor US-Gerichten. Das Schiedsgericht hatte sich geweigert, eine mündliche Verhandlung zu vertagen, um das Erscheinen eines Zeugen der Berufungsklägerin zu ermöglichen. Dieser angebliche Hauptzeuge war wegen einer Vorlesungsverpflichtung verhindert, er hatte dem Schiedsgericht aber ein *affidavit*[1030] zur Verfügung gestellt, das den Großteil der Informationen enthielt, zu denen er ausgesagt hätte. Damit war *Overseas* nach Überzeugung des Gerichts die Berufung auf Art. V(1)(b) verwehrt. Schließlich sei es ein typisches Risiko der Schiedsgerichtsbarkeit, daß die Schiedsrichter nicht – wie ordentliche Gerichte – über das Mittel der strafbewehrten Ladung (*subpoena power*) verfügten.[1031] Das Gericht konnte keinen Verstoß gegen Grundsätze fundamentaler Fairness erkennen. Schließlich konnte allein die Vorlesungsverpflichtung eines Zeugen kaum die Verlegung der mündlichen Verhandlung rechtfertigen:

> [T]he logistical problems of scheduling hearing dates convenient to parties, counsel and arbitrators scattered around the globe argues against deviating from an initially mutually agreeable time plan unless a scheduling change is *truly unavoidable*.[1032]

In Anbetracht der schriftlichen Aussage des Zeugen konnte *Overseas* nicht behaupten, das Schiedsgericht habe wichtige Beweismittel zu ihrer Verteidigung nicht berücksichtigt.[1033] Schließlich war der Zeuge ja nicht an seiner Aussage gehindert worden. *Overseas* hatte jede Gelegenheit seinen Fall zu präsentieren und diese auch genutzt. Zwei Erwägungen könnten für den Richterspruch von Bedeutung gewesen sein: der *Second Circuit* erkannte einen relativ weiten Ermessensspielraum der Schiedsrichter bei der Gestaltung des Verfahrens an, um dessen Praktikabilität zu gewährleisten. Gleichzeitig war nicht zu erkennen, daß der Partei durch dieses Vorgehen der Schiedsrichter materiell-rechtliche Nachteile entstanden wären, die in einen offensichtlich ungerechten Schiedsspruch eingegangen wären.[1034]

Die Möglichkeit, umfassend Angriffs- und Verteidigungsmittel vorzubringen, ist im Nerv betroffen, wenn einer Partei für die Zeugenvernehmung thematische Vor-

---

[1029] Parsons & Whittemore Overseas Co. v. Société Générale de l'Industrie du Papier (RAKTA), 508 F.2d 969 (2d Cir. 1974).

[1030] „A written or printed declaration or statement of facts, made voluntarily, and confirmed by the oath or affirmation of the party making it, taken before a person having authority to administer such oath or affirmation" (BLACK'S LAW DICTIONARY 58); es handelte sich also um eine Art eidesstattliche Versicherung.

[1031] Parsons, 508 F.2d 969, 975.

[1032] Parsons, 508 F.2d 969, 975 (Hervorhebung vom Autor).

[1033] Parsons, 508 F.2d 969, 976: außerdem ergaben sich keine Anhaltspunkte, daß das Schiedsgericht nicht auch noch eventuell erforderliche Ergänzungen der Zeugenaussage berücksichtigt hätte.

[1034] vgl. Wheeless, 7 EMORY INT'L L. REV. 805, 820.

gaben gemacht werden. Aus Sorge darüber, daß die Beklagte die Zeugenvernehmung zu verfahrensfremden Zwecken nutzen würde, beschränkte der Vorsitzende die Vernehmung auf die „Tatsachen..., die einem denkbaren Bezug zur Absicht der Parteien vor einigen Jahren haben“,[1035] um so zu verhindern, daß die Beklagte die Möglichkeit der Zeugenvernehmung nutzte, um Aussagen über die zukünftige Geschäftspolitik zu erlangen. Die Beklagte sah darin eine Verletzung von Sec. 10(c) FAA. Dem widersprach das Bundesgericht in *Laminoirs-Trefilieries-Cableries de Lens v. Southwire Co.*[1036] und erkannte damit eine recht weitgehende Ermessensfreiheit des Schiedsrichters an: schließlich sei es Sache der Schiedsrichter zu entscheiden, was von Bedeutung ist und was nicht. Dabei setzt das Gericht die Grenze des Ermessens sehr hoch an bei einem „offensichtlichen Mißbrauch“.[1037]
Die Bedeutung einer Zeugenaussage für ein ordnungsgemäßes Verfahren war auch Gegenstand von *National Oil v. Libyan Sun Oil*. Die Beklagte sah sich in ihren *due process*-Rechten durch eine unzutreffende Aussage des Hauptzeugen beeinträchtigt. Obwohl das Gericht diesen Eindruck teilte, betonte es den (formalen) Aspekt von Art. V(1)(b):[1038] „The most important consideration of all, however, is that Sun Oil was able to present all of these arguments to the Arbitral Tribunal.“ Die Beweisaufnahme ergab, daß die Beklagte schon vor dem Schiedsgericht die Glaubwürdigkeit des Zeugen und die Glaubhaftigkeit seiner Aussage zum Gegenstand der Verhandlung des Schiedsgerichts gemacht hatte. Damit war offensichtlich, daß sie keineswegs gehindert gewesen war, ihre Verteidigungsmittel vorzubringen.[1039] Konkludent verweigerte sich das Gericht damit einer zweiten materiellen Prüfung der Zeugenaussage.

Grundsätzlich fällt auch die Problematik der Bekanntgabe des Namens eines Sachverständigen in den Schutzbereich von Art. V(1)(b). In *International Standard Electric (ISEC) v. Bridas*[1040] hatte das Schiedsgericht einen unabhängigen Sachverständigen zur Beantwortung von Fragen zum New Yorker Vertrags- und Gesellschaftsrecht herangezogen. Es weigerte sich, den Parteien den Namen dieses Experten mitzuteilen. Interessanterweise diskutierte das Gericht diese Problematik nicht vor dem Hintergrund der Verfahrensgrundsätze, sondern vor allem im

[1035] „[M]atters of fact albeit recent matters of fact which might conceivably have some bearing on what was the intent of the parties several years ago“ (LTCL, 484 F.Supp. 1063, 1067).
[1036] 484 F.Supp. 1063 (D. N.D. Ga. 1980). Dieser Fall wird, obwohl er nicht unter dem UNÜ entschieden wurde, häufig im Rahmen des Art. V(1)(b) angeführt.
[1037] „[A]rbitrators are charged with the duty of determining what evidence is relevant and what is irrelevant, and that barring a clear showing of abuse of discretion, the court will not vacate an award...“ (aaO, 1067).
[1038] National Oil Corp. v. Libyan Sun Oil Co., 733 F.Supp. 800, 815 (D. Del. 1990).
[1039] National Oil Corp., 733 F.Supp. 800, 816.
[1040] International Standard Electric Corporation v. Bridas Sociedad Anonima Petrolera, Industrial y Comercial, 745 F.Supp. 172 (S.D.N.Y. 1990).

Hinblick auf die rügelose Einlassung von *ISEC*. Die Beklagte hatte sich gegen die Einbeziehung eines anonymen Sachverständigen „in klarster, nachdrücklichster und unmißverständlichster“ Weise gewehrt. Im Gegensatz dazu äußerte die Klägerin zunächst nur allgemeine Bedenken[1041], dann solche im Hinblick auf eine mögliche Befangenheit eines Rechtsanwaltes.[1042] Das Schiedsgericht verstand diese Äußerungen als „Anregung“ und unterrichtete die Parteien, daß es einen New Yorker Juraprofessor ohne Beziehungen zu einer Anwaltskanzlei benennen wolle. Hierauf äußerte sich *ISEC* nicht weiter, sondern zahlte – anders als vorher – zügig seinen Anteil an der Sachverständigenentschädigung.[1043]

Das Gericht schien selbst etwas überrascht zu sein von seiner Feststellung, daß in keinem der Schreiben von *ISEC* von Anonymität auch nur die Rede war, oder auf die, wie das Gericht es nennt, „imminent traducing of American due process standards“, also die drohende Verleumndung amerikanischer Verfahrensgrundsätze, hingewiesen wurde.[1044] Damit machte das Gericht deutlich, daß es die Bekanntgabe der Identität eines Sachverständigen grundsätzlich als unabdingbar ansieht. Hier standen aber andere Wertungen im Vordergrund, die kurz mit der Formel *venire contra factum proprium* umschrieben werden könnten: Das Gericht ließ jetzt auf der Vollstreckungsebene *ISEC*'s Bedenken nicht mehr zu, obwohl es durchblicken ließ, daß das Verfahren der Schiedsrichter durchaus amerikanischen Verfahrensgrundsätzen widerspricht. Es ging von einer rügelosen Einlassung der Klägerin aus, die während des Schiedsverfahrens aus taktischen Gründen keinerlei Einwände erhob und so versuchte, sich bei dem Schiedsgericht einzuschmeicheln. Diese Taktik wollte das Gericht nicht absegnen, denn die Klägerin hatte während des gesamten Schiedsverfahrens die Gelegenheit die Entscheidung der Schiedsrichter anzufechten und seine Argumente vorzubringen:

> A party 'cannot remain silent, raising no objection during the arbitration proceeding, and when an award adverse to him has been handed down complain of the situation of which he had knowledge from the first.'[1045]

[1041] „Finally, I believe that the parties should be informed concerning the selection of the legal expert, his role and the issues to be put to him“ (International Standard, S. 179).

[1042] „ITT [die Muttergesellschaft von ISEC] is the owner of hundreds of corporations. It is possible that a New York lawyer could be in a firm that has represented one of these subsidiaries but he/she might not be aware of its connection to ITT. Should one later be found to exist, it might jeopardize the award. If the parties are given the name of the expert, they could assure that no conflict exists...“ (International Standard, S. 179).

[1043] ISEC, 745 F.Supp. 172, 179.

[1044] „Nowhere is the word secrecy mentioned, and certainly the grim shadow of star chamber is nowhere invoked, as indeed nowhere is an imminent traducing of American due process standards mentioned“. Es bemerkt weiterhin, daß kein Antrag auf Offenlegung des Gutachtens oder der beruflichen Qualifikation des Sachverständigen gestellt wurde oder Zweifel an seiner Rolle im Verfahren bestanden (International Standard, S. 179).

[1045] International Standard, S. 180, unter Hinweis auf Cook Indus. v. C. Itoh & Co., 449 F.2d 106, 107-108 (2d Cir. 1971).

Um die Einbeziehung von Beweismitteln ging es auch in *Biotronik v. Medford*[1046]. *Medford* behauptete, nicht in der Lage gewesen zu sein, ihre Verteidigungsmittel geltend zu machen, denn Ansprüche und Verbindlichkeiten seien noch nicht fällig und damit nicht berechenbar gewesen.[1047] Das *District Court* ließ diese Argumentation nicht gelten. Es betonte, *due process* im US-Recht bedeute vor allem die Inkenntnissetzung von dem Verfahren (*notice*) und die Möglichkeit rechtlichen Gehörs. Beide Rechte waren unstreitig nicht verletzt. Ihre Ansicht und Beweismittel hätte sie ebensogut schon im Schiedsverfahren vortragen und vorlegen können. Damit war *Medford* der Einwand abgeschnitten, nicht gehört worden zu sein.[1048]

In die gleiche Kategorie paßt letztlich auch das Urteil in *Geotech Lizenz AG v. Evergreen.*[1049] Die Beklagte hatte sich geweigert im Schiedsverfahren aufzutreten, obwohl es von jedem Verfahrensabschnitt Kenntnis hatte, ihr Fristverlängerungen gewährt und jede Teilnahmemöglichkeit am Schiedsverfahren gegeben worden waren.[1050] Stattdessen hatte sie ein Verfahren vor dem New Yorker *Supreme Court* betrieben. Folglich entbehrte die Behauptung mangelnder Kenntnis vom Schiedsverfahren jeder Grundlage. Im Gegenteil hatte sich die Beklagte bei voller Kenntnis des Risikos einer Säumnis im Schiedsverfahren zu einer Nichtteilnahme entschieden.[1051]

Ganz anders gelagert war dagegen einer der beiden Fälle, in denen sich die unterlegene Partei erfolgreich auf Art. V(1)(b) berief, nämlich *Iran Aircraft v. AVCO* von 1992[1052]. Während eines Termins im Vorverfahren hatte der Vorsitzende auf Anfrage der Beklagten vorgeschlagen, durch einen anerkannten Wirtschaftsprüfer eine Abschlußrechnung der Vielzahl von Einzelrechnungen von *AVCO* erstellen zu lassen. Nach einem Wechsel in der Besetzung des Schiedsgerichtes wurde *AVCO's* Klage abgewiesen. Dabei war von besonderer Bedeutung, daß sich das Gericht außerstande sah seine Entscheidung nur auf die Abschlußrechnung eines Wirtschaftsprüfers zu stützen, vielmehr wollte das Schiedsgericht nun offensichtlich nur die Originale als Beweismittel anerkennen. Hierauf war *AVCO* aber nicht hingewiesen worden. Das Berufungsgericht definierte zunächst die Voraussetzungen des *due process*:

[1046] Biotronik Mess- und Therapiegeräte GmbH & Co. v. Medford Medical Instrument Co., 415 F.Supp. 133 (D.N.J. 1976).

[1047] Biotronik, 415 F.Supp. 133, 140.

[1048] Biotronik, 415 F.Supp. 133, 141.

[1049] Geotech Lizenz AG v. Evergreen Systems, 697 F.Supp. 1248 (E.D.N.Y. 1988).

[1050] Geotech, 697 F.Supp. 1248, 1251, 1253.

[1051] Geotech, 697 F.Supp. 1248, 1253.

[1052] Iran Aircraft Indus. v. AVCO Corp., 980 F.2d 141 (2d Cir. 1992). Besprechung bei Cleary, 17 *Suffolk Transnat'l L. Rev.* 566 (kritisch).

> [T]he fundamental requirement of due process is the opportunity to be heard 'at a meaningful time and in a meaningful manner'.[1053]

Diesem Standard konnte der Schiedsspruch nicht gerecht werden. Denn *AVCO* war gerade durch die überraschende Entscheidung des Schiedsgerichts die Möglichkeit entzogen worden, seinen Anspruch durch anerkannte Beweismittel untermauern zu können. Verteidigungsmittel konnten nicht vorgebracht werden.

- **Zustellungsmängel:** Mit Mängeln bei der rechtzeitigen Benachrichtigung befassen sich die folgenden Entscheidungen:

In the Matter of Ferrara S.p.A. versuchte – allerdings ohne direkten Bezug zum UNÜ, aber in einem internationalen Zusammenhang – die Antragstellerin wegen mangelhafter Zustellung, die Aussetzung des Verfahrens zu erreichen.[1054] Die Schiedsklage (*demand for arbitration*) war *Ferrara* nicht an die im Vertrag mit *United Grain Growers* genannte Adresse zugestellt worden, sondern an eine andere, sonst häufig genutzte Anschrift. Die Ladung zur mündlichen Verhandlung durch die *American Arbitration Association* war dagegen rechtzeitig an die im Vertrag genannte Adresse erfolgt. Beide Schreiben hatte die Antragstellerin erhalten; dennoch war sie der Meinung, das Schiedsverfahren sei mangels korrekter Zustellung im Sinne New Yorker Rechts fehlerhaft. Nach der einschlägigen Schiedsordnung kam es aber entscheidend nur auf die Zustellung der Ladung zur mündlichen Verhandlung an. Warum das nicht ausreichen sollte, konnte die Antragstellerin nicht begründen. In ihrer Beteiligung am Verfahren war die Antragstellerin nicht behindert gewesen. So mußte der (einfache) Formfehler bei der Zustellung der Schiedsklage unbeachtlich bleiben.[1055]

Eklatant waren dagegen die Mängel bei der Benachrichtigung in *Sesostris S.A.E. v. Transportes Navales*,[1056] dem zweiten erfolgreichen Fall unter Art. V(1)(b), der zur Versagung der Vollstreckbarkeitserklärung eines spanischen Schiedsspruches führte. Die *Banco de Credito Industrial* (*BCI*) war Hypothekengläubigerin der *M/V Unamuno*, einem Frachschiff ursprünglich im Eigentum von *Transportes*. Anfang Dezember 1988 hatte *BCI* bei der Klägerin angefragt, wann und wo das Schiedsverfahren zwischen *Sesostris* und *Transportes* stattfinden werde. Am 15.März 1989 wurde *BCI* informiert, daß das Schiedsverfahren „im Augenblick in Madrid,

---

[1053] Iran Aircraft, 980 F.2d 141, 146.

[1054] In the Matter of Ferrara S.p.A., 441 F.Supp. 778, 782 (D.S.D.N.Y. 1977). Das Schiedsverfahren sollte nach den *Grain Arbitration Rules* der *American Arbitration Association* ablaufen.

[1055] 441 F.Supp. 778, 783. Im *dictum* führt das Gericht aus, daß im New Yorker Recht grundsätzlich die Zustellung an ein unbeteiligtes Büro einer Gesellschaft keine Kenntnisgabe und damit auch nicht Grundlage einer Säumnis sein kann. Damit deutete das Gericht an, das es (wohl) auf die tatsächliche Kenntnisnahme ankommt. Vgl. MünchKomm-Gottwald, IZPR Art. V Rnr. 16 (der für einen solchen Fall von mangelnder Kausalität ausgeht).

[1056] Sesostris S.A.E. v. Transportes Navales S.A. et. al., 727 F.Supp. 737 (D.Mass. 1989).

Spanien, durchgeführt wird." Auf eine weitere Anfrage wurde *BCI* dann gut einen Monat später lediglich die Beendigung des Verfahrens mitgeteilt.[1057] Im Rahmen des Vollstreckungsverfahrens in den USA stellte sich zunächst die Frage, ob *BCI* als Dritter überhaupt in den Schutzbereich von Art. V(1)(b) fällt. Unter Hinweis auf den Wortlaut von Art. V(1)(b) („... daß die Partei, gegen die der Schiedsspruch geltend gemacht wird...") konnte das Gericht *BCI* die Rechte einer Partei im Schiedsverfahren zubilligen, denn der Spruch sollte in die *M/V Unamuno* vollstreckt werden, deren Eigentum *BCI* beanspruchte.[1058] Der Schriftverkehr zwischen *Sesostris* und *BCI* konnte kaum die Anforderungen „gehöriger Inkenntnissetzung" erfüllen: *BCI* war weder darüber unterrichtet, daß das Schiedsverfahren bereits stattfand, daß die Interessen von *Transportes* (und der *Unamuno*) anwaltlich vertreten wurden, noch ergaben sich Hinweise auf den Terminplan des Schiedsgerichts.[1059]

Die Möglichkeit, Angriffs- und Verteidigungsmittel in angemessener Art und Weise geltend machen zu können, ist ebenfalls im Nerv betroffen, wenn die Fristen so kurz gesetzt sind, daß eine vernünftige Vorbereitung kaum möglich ist. In *Industrial Risk v. M.A.N.* war dem Berufungskläger ein Gutachten erst freitags (08.Jan.1993) zugestellt worden, bevor das Schiedsverfahren am folgenden Montag begann.[1060] Das Gutachten wurde am 26.März 1993 als Beweismittel zugelassen, wogegen der Berufungskläger Einspruch erhoben hatte.[1061] Unter Hinweis auf das bewußt flexibel gestaltete Schiedsverfahrensrecht folgerte das Gericht: „[A]rbitration proceedings 'need not follow all the 'niceties' of the federal courts; [they] need provide only fundamentally fair hearing'....[A]n arbitrator enjoys wide latitude in conduction an arbitration hearing. Arbitration proceedings are not constrained by formal rules of procedure or evidence."[1062] Das Gericht sah *AAA's Rule 3*[1063] als ein Beispiel dafür an: die Vorschrift verfügt über keine Fristende (*deadline*), kein besonderes Zustellungserfordernis (*notice*), läßt also de Schiedsrichtern einen breiten Gestaltungsspielraum. Damit hatten sich die Schiedsrichter im Rahmen des vereinbarten Recht gehalten.[1064]

[1057] Sesostris, 727 F.Supp. 737, 739.

[1058] Im Hinblick auf den klaren Wortlaut konnte es nicht darauf ankommen, daß *BCI* die Schiedsabrede nicht mitunterschrieben hatte (Fußnote 7).

[1059] Sesostris, 727 F.Supp. 737, 742.

[1060] Industrial Risk Ins. v. M.A.N. Gutehoffnungshüte GmbH, 141 F.3d 1434, 1443 (11th Cir. 1998). Das Gericht erörterte diese Frage unter Bezugnahme auf Art. V(1)(d), wohl vor allem, weil *Industrial* eine Verletzung anwendbaren Verfahrensrechtes rügte. Hier zeigen sich also anschaulich die Überschneidungen zu Art. V(1)(d).

[1061] 141 F.3d 1434, 1443.

[1062] 141 F.3d 1434, 1443-1444.

[1063] Im entscheidenden Teil lautet *Rule 3*: „[A]t the request of any party, the AAA will make arrangements for the exchange of documentary evidence or lists of witnesses between the parties" (zitiert nach 141 F.3d 1434, 1443).

[1064] 141 F.3d 1434, 1444.

In der Entscheidung *Compagnie des Bauxites v. Hammermills*[1065] wandte die Beklagte ein, nicht gehörig auf die Absicht der Schiedsrichter hingewiesen worden zu sein, auch über die Rechtskosten zu entscheiden. Das *District Court* war anderer Ansicht, denn das anwendbare Verfahrensrecht (die *ICC-Rules*) sah eine Kostenentscheidung der Schiedsrichter ausdrücklich vor; auch die von beiden Parteien unterzeichneten *Terms of Reference*[1066] definierten den Umfang des Schiedsverfahrens als Entscheidung über die Klageansprüche sowie die Kosten. Schließlich stellte die Antragsgegnerin – ein ganzes Jahr vor Erlaß des Schiedsspruches – einen Kostenantrag und die Parteien waren aufgefordert worden, ihre Kosten der Rechtsverfolgung darzulegen. Dennoch hatte *CBG* zu keinem Zeitpunkt, den Einwand erhoben, die Schiedsrichter seien nicht zu einer Kostenentscheidung befugt gewesen, da die Kosten von *Hammermills* durch eine Versicherung abgedeckt waren. Deshalb ging das Gericht sowohl von gehöriger Kenntnis aus wie der Möglichkeit, Verteidigungsmittel geltend zu machen.[1067]

- **Kausalität:** Mit der Frage der Kausalität eines Verfahrensmangels beschäftigte sich dagegen ein *District Court* in *Fitzroy Engineering v. Flame Engineering*. Nach dem Fernbleiben von *Flame* im Schiedsverfahren hatten die Schiedsrichter einen Spruch zugunsten der Klägerin erlassen. Die Rechtsgrundlage des Schiedsspruchs war eine Säumnisvorschrift nach anwendbarem neuseeländischen Recht.[1068] Als die Klägerin in den USA um die Vollstreckbarkeitserklärung nachsuchte, berief sich die Beklagte auf Art. V(1)(b). Sie hatte zwischenzeitlich dem Jahresbericht der Klägerin entnommen, daß ihre Anwaltsfirma – entgegen deren Beteuerung – gleichzeitig für ein Unternehmen arbeitete, das mit der Klägerin in einem *Joint Venture* verbunden war. Deshalb vertrat sie die Ansicht, sie sei „aus einem anderen Grund nicht in der Lage gewesen, ihre Angriffs- oder Verteidigungsmittel" geltend zu machen, nämlich dem Interessenkonflikt ihres Anwaltes. Das Gericht folgte dieser Argumentation aus zwei Gründen nicht: die Beklagte konnte nicht den Beweis führen, daß tatsächlich ein Interessenkonflikt ihres Anwaltes bestanden hatte und dieser dann auch kausal für das Ergebnis des Schiedsverfahrens gewesen war. Das wäre z. B. der Fall gewesen, wenn ihr Anwalt sie zum Fernbleiben gedrängt oder irgendwie sonst das Fernbleiben beinflußt hätte. Knapp faßt das Gericht zusammen:

[1065] Compagnie des Bauxites de Guinee v. Hammermills Inc., XVIII Y.B. COM. ARB. 566 (D.D.C. 1992).

[1066] Schiedsauftrag, z. B. nach der Schiedsgerichtsordnung der *ICC* muß der Schiedsrichter einen Bericht über den Streitfall verfassen (Schütze/Tscherning/Wais, Rnr. 843).

[1067] Compagnie des Bauxites, XVIII Y.B. COM. ARB. 566, 568-570 [3-9].

[1068] Fitzroy Eng´g, Ltd. v. Flame Eng´g, XXI Y.B. COM. ARB. 744 (D. N.D. Ill. 1994) (no. 196).

> A party cannot fail to appear at a proceeding, offer no satisfactory explanation for its absence, and then expect to prevent enforcement of the resulting award on the grounds that it was unable to present its case.[1069]

Die Säumnis eines Anwaltes im Verfahren reichte nicht, um schon die einer Verletzung grundlegender Prozeßrechte auszugehen.

(3) Zusammenfassung

In erster Linie fragen die US-Gerichte im Vollstreckungsverfahren danach, ob es den Parteien im Schiedsverfahren tatsächlich, also vom äußeren Verfahrensablauf, möglich war, sich rechtliches Gehör zu verschaffen (wie in *Parsons*, *Biotronik* und *Ferrara*). Bejahen die Gerichte wie zumeist diese Frage, stehen die Chancen einer Versagung der Vollstreckung äußerst schlecht: taktische Erwägungen der Parteien (wie in *International Standard*), Argumente im Schiedsverfahren zurückzuhalten, sollen nicht im Vollstreckungsverfahren „belohnt" werden. Schweigen, Unterlassen der Rüge von Verfahrensmängeln, kurz selbstverschuldetes Versäumen, sich rechtliches Gehör zu verschaffen (wie *Biotronik*), führen zum Verlust des Rügerechtes.[1070] Haben die Schiedsrichter aber über die im Schiedsverfahren vorgebrachten Bedenken entschieden (wie in *National Oil*), verweigern die US-Gerichte eine erneute, materielle Überprüfung des Schiedsrichterentscheids. Die Urteile lassen das Bemühen erkennen, den Prüfungsumfang gering zu halten, um nicht in eine erneute Sachentscheidung verwickelt zu werden.[1071] Die Parteien sollen dazu angehalten werden, ihren vertraglichen Verpflichtungen gemäß aktiv am Schiedsverfahren teilzunehmen. Es würde dem vertraglich fixierten Parteiwillen zuwiderlaufen, wenn das Vollstreckungsverfahren regelmäßig eine langwierige Berufungsinstanz eröffnen würde.

Dementsprechend verspricht die Berufung auf Art. V(1)(b) nur dann Erfolg, wenn die unterlegene Partei beweisen kann, daß sie ihrerseits alles Zumutbare getan hat (wie *AVCO* und *BCI*), um sich rechtliches Gehör zu verschaffen.

Den Schiedsgerichten wird ein weiter Spielraum bei der Gestaltung des Schiedsverfahrens (Fristen, mündliche Verhandlung) eingeräumt und auf diese Weise gleichzeitig den Parteien die Berufung auf stärker formalisierte Standards für ordentliche Gerichtsverfahren verweigert. Insgesamt nehmen die US-Gerichte nur eine Gesamtschau vor und stellen darauf ab, ob der Beklagte ein faires Verfahren bekam oder ob der Spruch ernsthaft von Ungerechtigkeit behaftet ist.[1072] Nur sehr ernsthafte Verletzungen von *due process* führen zur Versagung der Voll-

---

[1069] Fitzroy, XXI Y.B. COM. ARB. 744, 750 [14].

[1070] VAN DEN BERG, NEW YORK CONVENTION 306. Oder wie Wheeless, 7 EMORY INT'L L. REV. 805, 820 es ausdrückt: „A party cannot use its own negligence as a means of escaping an unsatisfactory result, as this would undermine the value of international arbitration awards."

[1071] West, 5 N.Y.L. SCH. J. INT'L & COMP. L. 103, 114.

[1072] McClendon, *Foreign Arbitral Awards*, 4 NW. J. INT'L L. & BUS. 58, 64.

streckung.[1073] Das ist sicher – bei entsprechender Rüge – anzunehmen, wenn das Schiedsgericht die Parteien irreleitete oder die Namen der Verfahrensbeteiligten (auch der Sachverständigen) nicht offengelegt werden.

d. Art. V (1)(c) – Kompetenzüberschreitung

Ähnlich 9 U.S.C. § 10(d) stellt Art. V(1)(c) auf eine mögliche Inkongruenz zwischen Schiedsspruch und seiner Grundlage, der Schiedsvereinbarung, ab.[1074] Kann die unterlegene Partei beweisen,

> (c) daß der Schiedsspruch eine Streitigkeit betrifft, die in der Schiedsabrede nicht erwähnt ist oder nicht unter die Bestimmungen der Schiedsklausel fällt, oder daß er Entscheidungen enthält, welche die Grenzen der Schiedsabrede oder der Schiedsklausel überschreiten; kann jedoch der Teil des Schiedsspruches, der sich auf Streitpunkte bezieht, die dem schiedsrichterlichen Verfahren unterworfen waren, getrennt werden, so kann der erstgenannte Teil des Schiedsspruches anerkannt und vollstreckt werden,...

(1) Einführung

Wie Unterabsatz (b) macht auch Art. V(1)(c) keine Aussage zum anwendbaren Recht. Da Art. V(1)(c) wie (d) die Übereinstimmung des Schiedsspruches mit dem vereinbarten Verfahren sicherstellen muß, bietet es sich an, dessen Regelung des anwendbaren Verfahrensrechtes auf Art. V(1)(c) zu übertragen: Unterabsatz (d) verweist wie Art. V(1)(a) zunächst auf die Parteivereinbarung und subsidiär auf das Recht des Schiedsortes.[1075] In Anbetracht des Art. V(1)(d) sehr ähnlichen Regelungsbereiches bietet sich die gleiche Abstufung auch für Art. V(1)(c) an.
Thematisch bildet der dritte Versagungsgrund nur eine Wiederholung des ersten, daß nämlich ein Schiedsspruch nicht vollstreckt werden sollte, wenn er nicht auch durch eine entsprechende Schiedsvereinbarung abgedeckt ist.[1076] Beide Unterabsätze betreffen die Problematik fehlender sachlicher Zuständigkeit der Schiedsrichter. Art. V(1)(c) ist aber insoweit von Unterabsatz (a) zu unterscheiden, als dieser den Fall des völligen Fehlens einer (gültigen) Schiedsabrede und deren Wirksamkeit betrifft; diese setzt Unterabsatz (c) dagegen schon voraus und regelt den Fall, daß der Spruch materiell nicht (mehr) durch die Schiedsvereinbarung abge-

---

[1073] VAN DEN BERG, NEW YORK CONVENTION 310; vgl. auch Wheeless, 7 EMORY INT'L L. REV. 805, 820-821.
[1074] Parsons, 508 F.2d 969, 976; McClendon, *Foreign Arbitral Awards*, 4 NW. J. INT'L L. & BUS. 58, 64.
[1075] MünchKomm-Gottwald, IZPR, Art. V Rnr. 21; VAN DEN BERG, NEW YORK CONVENTION 312-313, nach dessen Ansicht die Überschreitung der schiedsrichterlichen Befugnisse typischerweise mehr eine Frage der Tatsachen als des anwendbaren Rechts ist.
[1076] Quigley, *Accession to United Nations Convention*, 70 YALE L.J. 1049, 1068.

deckt ist.[1077] Kurz: das Vorhandensein einer Schiedsvereinbarung (*existence*) und deren Gültigkeit (*validity*) sind an Art. V(1)(a) zu messen, die Übereinstimmung des Schiedsspruches mit der Ermächtigung durch die Schiedsvereinbarung (*scope*) an Art. V(1)(c).

- **Kompetenz-Kompetenz:** Im Zusammenhang mit der Entscheidungskompetenz stellt sich die Frage, inwieweit es das UNÜ den Schiedsrichtern ermöglicht, selbst abschließend ihre Zuständigkeit zu bestimmen, ohne daß den staatlichen Gerichten eine Überprüfung dieser Entscheidung möglich wäre. Von der Möglichkeit einer solchen „Kompetenz-Kompetenz-Klausel" war der Bundesgerichtshof (nach altem deutschen Recht) ausgegangen.[1078] Mit geltendem deutschen (Schieds)Recht ist die abschließende Kompetenz-Kompetenz jedoch nicht mehr vereinbar, §§ 1040 Abs. 3 S. 2, 1062 Abs. 1 Nr. 2 ZPO.[1079] International hatte sich diese Idee nie durchgesetzt, sie fand insoweit auch nicht Eingang in das UNÜ.[1080]
Dagegen wird allgemein davon ausgegangen, daß ein Schiedrichter grundsätzlich immer vorläufig über seine Zuständigkeit entscheiden kann.[1081] Diese vorläufige Entscheidung wird von dem staatlichen Gericht im Vollstreckungsverfahren geprüft.[1082] Hier muß streng zwischen zwei Doktrinen unterschieden werden, nämlich der *competence de la competence*[1083], also der vorläufigen(!) Kompetenz-Kompetenz, und der sogenannten *separability* (auch: *severability*) *doctrine*.[1084] Diese er-

---

[1077] van den Berg, *Commentary*, XXI Y. B. COM ARB. 394, 490 ¶512; Schlosser, Internationale Schiedsgerichtsbarkeit, Rnr. 546.

[1078] Lachmann, Rnr. 205.

[1079] Lachmann, Rnr. 206.

[1080] VAN DEN BERG, NEW YORK CONVENTION 312. Der Begriff der „Kompetenz-Kompetenz" wird durchaus auch im Ausland verwendet, vielfach allerdings ohne das Bewußtsein, daß er im deutschen Recht etwas anderes meinte. Hier ist regelmäßig nur die vorläufige Entscheidung der Schiedsrichter gemeint (Schlosser, Internationale Schiedsgerichtsbarkeit, Rnr. 546; auch 550, 553).

[1081] Schlosser, Internationale Schiedsgerichtsbarkeit, Rnr. 546; vgl. auch VAN DEN BERG, NEW YORK CONVENTION 312. Etwas anderes läßt sich auch nicht unter Hinweis auf die US-Rechtsprechung begründen (so aber Rosen, 17 FORDHAM INT'L L.J. 599, 627). Sicherlich gehen die US-Gerichte nicht von einer endgültigen Entscheidungskompetenz der Schiedsrichter aus (in diesem Sinne scheint *Rosen* die *Competence de la competence* aber auszulegen), legen aber den Entscheidungsspielraum der Schiedsrichter sehr weit aus und beschränken sich damit nur auf eine äußerst marginale Kontrolle.

[1082] Schlosser, Internationale Schiedsgerichtsbarkeit, Rnr. 552.

[1083] „The competence de la competence doctrine provides that the arbitral tribunal has the competence to be judge of its own jurisdiction. Under the competence de la competence doctrine, the arbitrator or arbitrators may determine the existence of the arbitration clause, the validity of the arbitration clause, or the scope of the arbitration clause, and the parties need not invoke the jurisdiction of a national court to determine these issues" (Rosen, 17 FORDHAM INT'L L.J. 599, 608). *Rosen* geht offensichtlich von der abschließenden Zuständigkeit des Schiedsgerichts aus, die aber in der Praxis keine Bedeutung erlangt hat.

[1084] Die *separability doctrine* bezeichnet die juristische Fiktion, wonach die Schiedsklausel von dem übrigen Vertrag abtrennbar ist. Damit verbleibt Schiedsrichtern die Möglichkeit auch Fragen nach der Gültigkeit des (Haupt)Vertrages zu entscheiden (Park, *The Arbitrability Dicta in First Options v. Kaplan*, 12.2 ARB. INT'L 137, 153).

möglicht den Schiedsrichtern eine endgültige Entscheidung über die Gültigkeit der Schiedsabrede – ob die Klärung dieser Frage aber auch den Schiedsrichtern übertragen war, können sie nur vorläufig klären und diese Entscheidung ist von den Gerichten überprüfbar. Im Hinblick auf Vorhandensein (und Gültigkeit) einer solchen Schiedsvereinbarung hat die US-Rechtsprechung sich ihre Kompetenz vorbehalten, solange die Parteivereinbarung nicht ausdrücklich etwas anderes ergibt. Im Hinblick auf die Reichweite dieser Schiedsvereinbarung erkennt die Rechtsprechung dagegen einen sehr weitgehenden Entscheidungsspielraum der Schiedsrichter an. Der Unterschied zu einer abschließenden Kompetenz-Kompetenz ist nur noch marginal.

In *AT&T Technologies, Inc. v. Communications Workers of America* legte das Gericht seine Prinzipien offen:

1. „[A]rbitration is a matter of contract and a party cannot be required to submit to arbitration and dispute which he has not agreed so to submit."
2. „Unless the parties clearly and unmistakably provide otherwise, the question of whether the parties agreed to arbitrate is to be decided by the court, not the arbitrator."
3. „[A] court is not to rule the potential merits of the underlying claims."[1085]

Ausgangspunkt ist also der vertragliche Charakter des Schiedsverfahrens (Prinzip Nr. 1). Nur eindeutig dem Schiedsverfahren unterstellte Streitfragen sind deshalb der Beurteilung des staatlichen Gerichts entzogen (Nr. 2). Einschränkend stellte das Gericht aber fest, daß ihm die Prüfung der Gründe zur Entscheidung über den eigentlichen Streitgegenstand versagt ist (Nr. 3).

Im Rahmen von von Art. V(1)(a) interessiert besonders das zweite Prinzip. Die Frage, ob Parteien eine Streitigkeit dem Schiedsgericht überhaupt unterstellt haben, ist danach den staatlichen Gerichten vorbehalten.

Seine Rechtsprechung zur *competence de la competence* hat der *Supreme Court* in *First Options of Chicago v. Kaplan*[1086] bestätigt. Das Gericht betonte, daß die Parteien – dem vertraglichen Charakter der Schiedsgerichtsbarkeit entsprechend – grundsätzlich möglich ist, zu vereinbaren, die Frage „who has the primary power to decide arbitrability" den Schiedsrichtern zu überlassen.[1087] Wurde die *arbitrability question* aber nicht (vertraglich) den Schiedsrichtern übertragen, ist dieses Problem genau wie auch alle anderen Fragen der Vertragsauslegung von einem ordentlichen Gericht zu beurteilen.[1088] Anders als sonst spricht bei der Frage, ob Parteien

---

[1085] AT&T Technologies, v. Communications Workers of America et al., 475 U.S. 643, 648-649 (1986).

[1086] 115 S.Ct. 1920 (1995).

[1087] First Options, 115 S.Ct. 1920, 1923.

[1088] Und zwar nach einzelstaatlichem Vertragsrecht. First Options, 115 S.Ct. 1920, 1924: „If ... the parties did not agree to submit the arbitrability question itself to arbitration, then the court should decide

Schiedsgerichtsbarkeit vereinbart haben, keine Vermutung für die Schiedsgerichtsbarkeit, sondern es ist ein „klarer und unmißverständlicher" Nachweis erforderlich. Das ist wohl die wichtigste Feststellung des Gerichts.[1089] Im Unterschied zu der Frage, wie weitgehend eine Schiedsvereinbarung die Streitigkeiten erfaßt, reicht bloßes Schweigen nicht zur Annahme einer Schiedsvereinbarung aus.[1090] Dafür berief sich das oberste Gericht auf das Prinzip, daß Parteien in das Schiedsverfahren nur gezwungen werden können, wenn sie vorher zugestimmt hatten, ihren Streit durch Schiedsrichter entscheiden zu lassen. Deshalb zögern die Gerichte hier in *arbitrability*-Fragen, diese den Schiedsrichtern zu überantworten, denn sie würde zu häufig schiedsunwillige Parteien zu einem Schiedsverfahren zwingen.[1091]

Die *ICC* löst diese Problematik, indem sie *prima facie* das Vorliegen einer Schiedsvereinbarung prüft.[1092] Bei den *arbitrability*[1093]-Problemen ergibt sich der seltene Fall, daß hier das Gericht nicht von einer Präklusion des ordentlichen Gerichtsverfahrens ausgeht. So konnten *Kaplan* sich in der mündlichen Verhandlung vor den Schiedsrichtern zur Sache, also zur Frage nach der Schiedsfähigkeit ihrer Streitigkeit, einlassen, ohne ihr Recht auf eine Kontrolle durch das ordentliche Gericht zu verlieren. Von *Kaplans* Auftreten vor den Schiedsrichtern konnte nicht auf den Willen, am Schiedsverfahren teilnehmen zu wollen, geschlossen werden. *Kaplan* hatte heftig der Zuständigkeit der Schiedsrichter widersprochen.[1094]

Die ersten (negativen) Auswirkungen der starken Betonung des vertraglichen Charakters der Schiedsgerichtsbarkeit lassen sich an *LaPine Technology Corp. v. Kyocera Corporation* ablesen, wo die Parteien recht ungewöhnlich folgendes vereinbart hatten:

---

that question just as it would decide any other question that the parties did not submit to arbitration, namely independently. [A]rbitration is simply a matter of contract...."

[1089] Rau, *Arbitration As Constract*, 12.3 MEALY'S INT'L ARB. REP. 21, 22.

[1090] First Options, 115 S.Ct. 1920, 1924-1925. Den Unterschied erklärt das Gericht so: wurde ein Streit teilweise der Schiedsgerichtsbarkeit unterstellt, verschwendeten die Parteien wenigstens einige Gedanken an die Reichweite einer Schiedsabrede.

[1091] First Options, 115 S.Ct. 1920, 1925. In diesem Sinne hatte schon vorher unter Art. V(1)(c) das New Yorker Bundesgericht entschieden: Fiat v. Ministry of Finance and Planning of the Republic of Suriname, No. 88 CIV. 6639 (SWK), 1989 WL 122891, at *5, (S.D.N.Y. Oct. 12, 1989).

[1092] Rau, Arbitration as Contract, 12.3 MEALY'S INTERNATIONAL ARBITRATION REPORT 21, 23.

[1093] „Substantive arbitrability refers to whether the dispute involves a subject matter which the parties have contracted to submit to arbitration" (DOMKE ON COMMERCIAL ARBITRATION § 12:03). Dieser Auslegung folgt auch der *Supreme Court*: *Arbitrability* umfaßt also nicht nur die Frage nach der objektiven Schiedsfähigkeit eines Streitgegenstandes, sondern auch die, inwieweit eine Streitigkeit überhaupt der Schiedsgerichtsbarkeit unterstellt war (vgl. First Options of Chicago, 115 S.Ct. 1920, 1923).

[1094] First Options, 115 S.Ct. 1920, 1925. Siehe auch schon Goldberg v. Bear, Stearns & Co. (912 F.2d 1418, 1419-1420 (1990)), wo der *Second Circuit* klarstellte, daß die Vermutung zugunsten der Schiedsgerichtsbarkeit nicht den vertraglich zugesicherten Weg zu den ordentlichen Gerichten überspielen kann.

> [T]he United States District Court for the Northern District of California may enter judgment upon any award, either by confirming the award or by vacating, modifying or correctiong the award. The Court shall vacate, modify or correct any award: (i) based upon any of the grounds referred to in the Federal Arbitration Act, (ii) *where the arbitrator's findings of fact are not supported by substantial evidence, or (iii) where the arbitrators' conclusions of law are erroneous.*[1095]

Damit wurde vertraglich der Prüfungsumfang der Vollstreckungsgerichte ganz erheblich erweitert. Der *Ninth Circuit* sah sich an die Vertragsabrede gebunden und ließ eine weitgehende Prüfung des Schiedsspruches durch die Gerichte entsprechend der zitierten Vertragsklausel zu.[1096] Es bestehen erhebliche Bedenken gegen diese Entscheidung, denn Schiedsverfahren würden zweifellos verlängert.[1097] Eine so ausgedehnte Überprüfung durch das Vollstreckungsgericht widerspricht eigentlich dem Charakter der Schiedsgerichtsbarkeit wie auch der bisherigen Praxis der US-Gerichte, die immer wieder den äußerst beschränkten Überprüfungsmaßstab betonten. Schiedsgerichtsbarkeit wäre nur noch der Form nach gegeben. Hier kollidieren also zwei Prinzipien des Schiedsverfahrens, das der vertraglichen Grundlage und das der zügigen Streitbeilegung in einer Instanz. Die *Volt*-Entscheidung, auf die sich das Gericht berief, wäre auch einer entgegengesetzten Interpretation zugänglich gewesen, schließlich unterminiert eine solche Klausel eindeutig die Zielsetzung des *Federal Arbitration Acts* einer zügigen und abschließenden Streitbeilegung.[1098] Auf die internationale Schiedsgerichtsbarkeit ist die Entscheidung kaum zu übertragen, denn die Versagungsgründe in Art. V sind abschließend und sehen eine materiell-rechtliche Überprüfung nicht vor.[1099]

Im internationalen Zusammenhang haben die Berufungsgerichte für den *Seventh Circuit* und den *Ninth Circuit* Stellung genommen – allerdings noch vor der *First Options*-Entscheidung. Beide Gerichte verwiesen die Parteien für die Entscheidung über die Gültigkeit einer Schiedsvereinbarung an die Schiedsrichter. So ist nach Ansicht des *Seventh Circuit* in *Sauer-Getriebe KG v. White Hydraulics, Inc.*[1100] die folgende Schiedsklausel Ausdruck der Absicht der Parteien, sämtliche Streitigkeiten den Schiedsrichtern zu unterstellen: „Any and all disputes arising out of and in connection with this Agreement shall be finally settled by arbitration... ." An diesen Wortlaut knüpfte das Gericht seine Auslegung, daß die Schiedsrichter auch

---

[1095] 130 F.3d 884, 887 (9th Cir. 1997) (Hervorhebung vom Autor).

[1096] 130 F.3d 884, 889.

[1097] Lowenfeld, *Can Arbitration Coexist with Judicial Review?*, 1998 (9) ADR CURRENTS 1, 15.

[1098] Vgl. Volt Information Sciences v. Stanford. Univ., 489 U.S. 468, 477-478.

[1099] Lowenfeld, *Can Arbitration Coexist with Judicial Review?*, 1998 (9) ADR CURRENTS 1, 16. Z. B. M & C Corp. v. Behr GmbH & Co, 87 F.3d 844, 848 (6th Cir. 1996): „[J]udicial review of such an award is extremely limited and extends only to procedural aspects of the determination."

[1100] 715 F.2d 348 (1983).

über die Anfechtung des Vertrages als ungültig entscheiden können.[1101] Richtig stellte das Gericht fest: „The arbitration clause could not be broader." Es ergaben sich überhaupt keine Anhaltspunkte, daß die Parteien eine Beschränkung in der Zuständigkeit der Schiedsrichter beabsichtigten.[1102] Ist also die Schiedsvereinbarung ihrem Wortlaut nach weit genug gefaßt, kann sogar die Frage nach der Gültigkeit der Entscheidung der Schiedsrichter überantwortet werden.
In *Republic of Nicaragua v. Standard Fruit Co.*[1103] entschied der *Ninth Circuit* im gleichen Sinne. Ausgangspunkt war das Problem, ob ein sogenanntes „Memorandum of Intent" mit einer (etwas nebulösen) Schiedsklausel[1104] die Streitigkeit der Schiedsgerichtsbarkeit unterstellt hatte. Auch der *Ninth Circuit* nimmt seinem Ausgangspunkt in der Parteiabrede. Da keine entgegenstehende Parteiabsicht erkennbar war, folgerte das Gericht:

> The scope of the clause must also be interpreted liberally: ... any doubts concerning the scope of arbitrable issues should be resolved in favor of arbitration, whether the problem at hand is the construction of the contract language itself or an allegation of waiver, delay, or a like defense to arbitrability.[1105]

Diese Aussage ist in ihrer Allgemeinheit aber kaum mit *First Options* zu vereinbaren, denn die Vermutung gilt zwar dem Umfang der Schiedsabrede. Davon ausgenommen ist aber die Frage, ob die Parteien überhaupt Schiedsgerichtsbarkeit vereinbart hatten.[1106] Mit Blick auf die grundsätzlich schiedsfreundlichere internationale Schiedsgerichtsbarkeit kann davon ausgegangen werden, daß die Gerichte im Zweifel der *Sauer-Getriebe*-Entscheidung folgen werden und die Schiedsabrede sehr weit auslegen werden.

Art. V(1)(c) läßt sich in zwei Teile untergliedern, wovon der erste die Überschreitung der schiedsrichterlichen Entscheidungsbefugnisse regelt und der zweite die Möglichkeit eines Teilschiedsspruches regelt.[1107]

[1101] Sauer-Getriebe KG, 715 F.2d 348, 350. Die typische Formulierung von „any dispute" wird verstärkt durch „all" und weitergehend werden nicht nur die Streitigkeiten, die sich unmittelbar auch („arising out"), sondern auch mittelbar („in connection with") mit dem Vertrag ergeben, der Schiedsgerichtsbarkeit unterstellt.

[1102] Sauer-Getriebe KG, 715 F.2d 348, 350.

[1103] 937 F.2d 469 (1991).

[1104] „Any and all disputes arising under the agreements contemplated hereunder... will be referred to mutually agreed mechanisms or procedures of international arbitration, such as rules of the London Arbitration Association." Offensichtlich beabsichtigen die Parteien eine Bindungswirkung. Die Ungenauigkeit der Bezeichnung der Schiedsinstitution beruhte darauf, daß die Parteien sich nicht an den genauen Namen erinnern konnten (Republic of Nicaragua, 937 F.2d 469, 473).

[1105] Damit dehnte der *Ninth Circuit* die für das nationale Schiedsrecht vertretene Doktrin nach *Moses H. Cone Memorial Hosp. v. Mercury Constr. Corp.*, 460 U.S. 1, 24-25, auf die internationale Schiedsgerichtsbarkeit aus.

[1106] First Options of Chicago v. Kaplan, 115 S.Ct. 1920, 1924.

[1107] van den Berg, *Commentary*, XXI Y. B. COM ARB. 394, 490 ¶512.

- **Submission to arbitration:** Bei genauem Lesen der Vorschrift fällt die alternative Formulierung von Art. V(1)(c) auf. So ist die Rede von einer Streitigkeit, „die in der Schiedsabrede nicht erwähnt ist oder nicht unter die Bestimmungen der Schiedsklausel fällt.“ In der deutschen Übersetzung macht diese Formulierung kaum Sinn.[1108] Die Differenzierung erklärt sich aus dem in anderen Rechtsordnungen anzutreffenden Brauch, eine Streitigkeit nach deren Entstehen (nochmals) durch einen gesonderten Schiedsvertrag (*submission to arbitration*) der Entscheidung der Schiedsrichter zu unterstellen, der dann auch enger gefaßt sein kann als die ursprüngliche Schiedsklausel.[1109] Liegt eine erneute Schiedsabrede (*submission to arbitration*) vor, so bestimmt sich der Kompetenzrahmen der Schiedsrichter hiernach.[1110] In der Rechtsprechung ist diese Formulierung (noch) nicht erörtert worden.

- **Teilweise Vollstreckung:** Sollte ein Schiedsgericht anerkanntermaßen seine Kompetenz überschritten haben, so ermöglicht Art. V(1)(c) die Vollstreckung des Teiles eines Schiedsspruches, der korrekt erlassen worden war. Hier muß zwischen zwei Formen teilweiser Vollstreckbarkeit unterschieden werden, nämlich den Schiedssprüchen *ultra/extra* und denen *infra petita.* Im ersten Fall müssen die der Schiedsgerichtsbarkeit unterworfenen von den nicht unterworfenen Streitgegenständen, im zweiten die entschiedenen von den nicht entschiedenen Streitgegenständen unterschieden werden. Im Unterschied zum Genfer Abkommen von 1927 regelt Art. V(1)(c) nur den ersten Fall; nicht geregelt ist der Fall des „weniger entscheidenden“ Schiedsspruches (*infra petita*).[1111] Wird weniger entschieden als den Schiedsrichtern zur Entscheidung zugewiesen, wird üblicherweise von einer Klageabweisung im übrigen auszugehen sein.[1112]
Ein US-Gericht hat von der Möglichkeit teilweiser Vollstreckung Gebrauch gemacht. In *Fiat v. Republic of Suriname* unterschied das *District Court* den Schiedsspruch nach Parteien, die die Schiedsabrede unterzeichnet hatten und denen, die nicht unterschrieben hatten. Die Entscheidung, ob eine Schiedsabrede vorliege, sei

---

[1108] In der englischen Fassung heißt es dagegen nur: „[A] difference not contemplated by or not falling within the terms of submission to arbitration... .“
[1109] Stein/Jonas/Schlosser, Anhang zu § 1044 III Rnr. 66; VAN DEN BERG, NEW YORK CONVENTION 314.
[1110] VAN DEN BERG, NEW YORK CONVENTION 314-316: er weist darauf hin, daß sich der englische Text nur auf die *submission to arbitration* bezieht, während die französische Version sich auf Schiedsklausel und die weitere Schiedsabrede bei Entstehung der Streitigkeit bezieht. Vernünftigerweise kann die Auslegung unter Einbeziehung beider gleichermaßen maßgebender Versionen also nur ergeben, daß sich die Kompetenz sowohl aus dem *submission agreement*, als auch der Schiedsklausel ergibt.
[1111] VAN DEN BERG, NEW YORK CONVENTION 320.
[1112] Stein/Jonas/Schlosser, Anhang zu § 1044 III Rnr. 68. Die enge Auslegung der Versagungsgründe läßt außerdem keine Ausdehnung der Versagungsgründe auf nicht geregelte Mangeltatbestände, wie hier die Unvollständigkeit eines Schiedsspruches zu (VAN DEN BERG, NEW YORK CONVENTION 320).

Sache der Gerichte. Den (Teil)Schiedsspruch gegen die Schiedspartei, die auch eine entsprechende Abrede unterzeichnet hatte, wurde vollstreckt.[1113] Das entspricht der durchgehend vollstreckungsfreundlichen Rechtsprechung.
Die Gerichte werden nicht lange zögern, eine teilweise Vollstreckung vorzunehmen, wenn damit nicht ein offensichtlich ungerechtes Ergebnis erzielt wird.[1114] Will der Vollstreckungsgegner die Vollstreckung des Schiedsspruches insgesamt verhindern, sollte er im Herkunftsstaat des Schiedsspruches die Aufhebung betreiben und sich in den USA zunächst auf Art. V(1)(e) – die noch nicht bestehende Verbindlichkeit des Spruches – berufen.[1115]

(2) Rechtsprechung

Art. V(1)(c) ist schwierig für ein Gericht zu handhaben. Bei der Beurteilung, inwieweit der Schiedsspruch noch durch die Schiedsabrede abgedeckt ist, bewegt sich ein Vollstreckungsgericht ständig in der Gefahr, durch die Kontrolle der Entscheidungsgründe die Sachentscheidung der Schiedsrichter durch eine eigene zu ersetzen.

Auch Art. V(1)(c) war mehrfach Gegenstand von Gerichtsverfahren in den USA; bislang ist aber noch kein Verfahren bekanntgeworden, in dem ein Vollstreckungsgegner erfolgreich den Versagungsgrund einwenden konnte.[1116]

- **Schadensersatz:** *Leading case* ist auch im Rahmen des Art. V(1)(c) das schon zitierte Urteil des *Second Circuit* in *Parsons & Whittemore Overseas*[1117] von 1974. Das rechtfertigt eine ausführlichere Besprechung: Grund für die Rüge von *Overseas* war die Tatsache, daß die Schiedsrichter in ihrem Spruch *RAKTA* einen Schadensersatz von $ 185.000 zuerkannt hatten, obwohl der Vertrag einen Haftungsausschluß für Produktionsausfälle vorsah.[1118] Bevor es zur eigentlichen Sachentscheidung kam, verdeutlichte das Berufungsgericht die Grundlagen seiner Entschei-

---

[1113] Fiat v. Ministry of Finance and Planning of the Republic of Suriname, No. 88 CIV. 6639 (SWK), 1989 WL 122891, at *5 (S.D.N.Y. Oct. 12, 1989).

[1114] Das wäre z. B. der Fall, wenn ein Teil des Spruches erst nach Ablauf der Zeitrahmens für das Schiedsgericht erlassen wurde (Stein/Jonas/Schlosser, Anhang zu § 1044 III Rnr. 68; auch Rnr. 72). Hier wird ein Vollstreckungsgericht im Zweifelsfall keine teilweise Vollstreckung vornehmen, sondern trotz Zeitablaufs weiterhin von der Zuständigkeit des Schiedsrichters ausgehen. Umgekehrt meint *van den Berg* (NEW YORK CONVENTION 319), daß die Möglichkeit der teilweisen Vollstreckbarkeit gerade dazu diene, Ungerechtigkeiten zu verhindern, wenn zufällig ein Aspekt des Schiedsspruches nicht von der Zuständigkeit der Schiedsrichter gedeckt ist.

[1115] VAN DEN BERG, NEW YORK CONVENTION 321.

[1116] Mit Ausnahme der erwähnten Teilvollstreckung unter Art. V(1)(c) in Fiat v. Ministry of Finance and Planning, No. 88 CIV. 6639 (SWK), 1989 WL 122891, at *5 (S.D.N.Y. Oct. 12, 1989).

[1117] 508 F.2d 969.

[1118] Parsons, 508 F.2d. 969, 976: „[N]either party shall have any liability for loss of production."

dung, indem es auf die Einheitlichkeit in der Auslegung der Versagungsgründe abhob:

> This defense to enforcement of a foreign award, like the others already discussed, should be construed narrowly. Once again a narrow construction would comport with the enforcement-facilitating thrust of the Convention.[1119]

Daraus folgerte es für die unterliegende Partei: „[O]verseas must overcome a powerful presumption that the arbitral body acted within its powers."[1120] Es ist nicht sonderlich überraschend, daß es *Overseas* nicht gelang, diese hohe Hürde einer sehr engen Auslegung der Versagungsgründe zu nehmen: so führte das Gericht weiter aus, daß dem Schiedsgericht nicht ohne weiteres, eine Überschreitung seiner Zuständigkeit vorgeworfen werden könne. Es habe vielmehr die Haftungsklausel so interpretiert (also nicht ignoriert), daß seine sachliche Zuständigkeit nicht[1121] ausgeschlossen war. Damit war es dann auch keineswegs mehr so offensichtlich, daß die Schiedsrichter ihre Entscheidungskompetenz überschritten hätten, denn Grundlage des Schadensersatzanspruches konnte die Vertragskonstruktion durch die Schiedsrichter sein.[1122]

Schlüsselbegriff für die Kontrolltiefe ist das Wort „apparent". Nur eine „offensichtliche" Überschreitung der Zuständigkeit soll anscheinend zur Versagung der Vollstreckung führen.[1123] Damit bekennt sich der *Second Circuit* zu einem sehr niedrigen, oberflächlichen Standard für die Kontrolle der Schiedsrichterentscheidung vor.

Den Grund für seine Zurückhaltung offenbarte das Gericht im darauffolgenden Absatz:

> [O]verseas is again attempting to secure a reconstruction in this court of the contract-- an activity wholly inconsistent with the deference due arbitral decisions on law and fact.[1124]

Etwas später heißt es dann:

> Although the Convention recognizes that an award may not be enforced where predicated on a subject matter outside the arbitrator's jurisdiction, it does not sanction second-guessing the arbitrator's construction of the parties' agreement. The appellant's attempt to invoke this defense,

---

[1119] Parsons, 508 F.2d. 969, 976.
[1120] 508 F.2d 969, 976.
[1121] Hier ist der Leser versucht zu ergänzen:' „mehr".
[1122] Parsons, 508 F.2d 969, 976: „Rather, the arbitration court interpreted the provision not to preclude jurisdiction on this matter. As in United Steelworkers ..., the court may be satisfied that the arbitrator premised the award on a construction of the contract and that it is 'not apparent' ..., that the scope of the submission to arbitration has been exceeded."
[1123] Zu Recht wird kritisiert, daß der Wortlaut eine Anerkennungsversagung nicht auf „offensichtliche" Kompetenzübertretungen beschränkt hat (Stein/Jonas/Schlosser, Anhang zu § 1044 III Rnr. 70).
[1124] Parsons, 508 F.2d 969, 976.

however, calls upon the court to ignore this limitation on its decision-making powers and ursurp the arbitrator's role.[1125]

Das Gericht wollte also erkennbar eine materielle Überprüfung der Vertragsauslegung durch die Schiedsrichter vermeiden. Zwar ist der Hintergrund für die Annahme einer geringen Prüfungsdichte nachvollziehbar, die Logik der Entscheidung ist es nicht. So bleibt es ziemlich offen, welchen Prüfungsmaßstab das Gericht denn nun anlegen will. Um (irgend)eine Auslegung von Schiedsabrede und –spruch wird ein Gericht dabei aus der Natur der Sache kaum herumkommen. Der Maßstab des Gerichts erscheint aber so eng zu sein, daß er gegen Null tendiert. Denn hätte sich das Gericht auf seinen eigene Definition in der Entscheidung bezogen und nur auf den klaren Wortlaut abgestellt, hätte es vergleichsweise unproblematisch die Vollstreckung versagen können, ohne dabei nennenswert in eine Revision der Entscheidungsgründe einsteigen zu müssen: der Vertrag sah ausdrücklich keinen Schadensersatz für einen Produktionsausfall vor; der Schiedsspruch anerkannte dagegen einen Schadensersatz (ausdrücklich) wegen Produktionsausfalls. Der *Second Circuit* beließ den Schiedsrichtern einen so weiten Spielraum, daß sie beinahe jede Beschränkung „hinweginterpretieren" können.

In einem ganz ähnlichen Zusammenhang erging das Urteil *Fertilizer Corporation of India v. IDI Management*. Die *Terms of Reference* hatten – unstreitig – den Ersatz mittelbarer Schäden (*consequential damages*) ausgeschlossen; die Schiedsrichter erkannten *FCI* in ihrem Schiedsspruch jedoch einen Schadensersatz zu, der sich im wesentlichen aus mittelbaren Schäden ergab.[1126] Auf den ersten Blick erstaunt dieses Ergebnis. Die Schiedsrichter hatten sich jedoch unter Anwendung der sogenannten *Fundamental Breach*-Theorie, einer lediglich vereinzelt gebliebenen Literaturansicht im englischen Recht, nicht an die sachliche Beschränkung ihrer Kompetenzen gebunden gesehen. Das Gericht hielt diese Mindermeinung nach eingehender Analyse für hinreichend brauchbar.[1127] An den Beginn seiner Ausführungen stellte das Ohioer *District Court* jedoch wie der *Second Circuit* den Hinweis auf seine äußerst beschränkte Prüfungskompetenz: es stellte fest, daß der Schiedsspruch auf einem gründlichen Verfahren wie einer plausiblen rechtlichen Grundlage beruhte.[1128]

Im Unterschied zu dem *Parsons & Whittemore*-Urteil konnten sich die Schiedsrichter hier immerhin auf eine Rechtsansicht berufen. In Anbetracht des klaren Wortlauts der Parteivereinbarung, die nun einmal Grundlage und Rechtfertigung eines Schiedsverfahrens darstellt und damit dessen höchste Autorität ist, erscheint das Ergebnis doch zweifelhaft. Allein die Brauchbarkeit irgendeiner rechtlichen

---

[1125] Parsons, 508 F.2d 969, 977.

[1126] Fertilizer Corp. of India v. IDI Management, 517 F.Supp. 948, 958 (D.S.D. Ohio 1981).

[1127] Fertilizer, 517 F.Supp. 948, 959: „We find, therefore, that this is a viable theory of law, at least in the English system."

[1128] Fertilizer, 517 F.Supp. 948, 960.

Theorie gibt den Schiedsrichtern keine weitergehende Vollmacht. Außerdem kann nur die korrekte Anwendung einer solchen Theorie den Schiedsrichtern die Zuständigkeit verschaffen. Dieser Prüfung verweigerte sich das Gericht aber verständlicherweise, denn sie würde eine Überprüfung der Entscheidungsgründe bedeuten.[1129] Deshalb zog sich das Gericht auf die Feststellung zurück, die Theorie biete eine plausible rechtliche Grundlage. Es verwundert dann aber, wie das Gericht die Möglichkeit betonte, daß den Parteien grundsätzlich doch die Möglichkeit einer Kontrolle des Schiedsspruches in dessen Ursprungsland offensteht.[1130]

Auch in dem Urteil *Management & Technical Consultants S.A. v. Parsons-Jurden International Corporation (P-J)* wehrte sich der Vollstreckungsgegner *P-J* gegen die Vollstreckung einer zusätzlichen Abfindung. Die Schiedsrichter hätten nur eine Entscheidung dem Grunde, aber nicht der Höhe nach treffen dürfen.[1131] Dem widersprach der *Ninth Circuit* unter Hinweis auf den Wortlaut der Schiedsklausel: „Any dispute ... which cannot be settled amicably, shall be resolved by arbitration... ." Diese verstand das Berufungsgericht sehr weitgehend, denn irgendwelche Einschränkungen zu Lasten der Schiedsgerichtsbarkeit waren nicht vorgesehen. „An agreement to arbitrate 'any dispute' without strong limitation or excepting language immediately following it logically includes not only the dispute, but the consequences naturally flowing from it--here, the amount of additional compensation."[1132] Ein anderes Ergebnis hätte im Zweifel auch nur einer Obstruktionstaktik Vorschub geleistet.
Gleichzeitig klärte das Urteil das immer wieder genutzte Argument der Verteidigung, eine Ermächtigung für eine Kostenentscheidung sei nicht erteilt gewesen.[1133] Nach Überzeugung des Gerichts schloß die Zuständigkeit der Schiedsrichter in der Hauptsache auch die über die Kosten und Gebühren ein, die notwendigerweise entstehen, um diese Entscheidung in der Hauptsache zu erhalten.[1134] Das bestätigte auch ein New Yorker Gericht für ein Schiedsverfahren nach New Yorker Verfahrensrecht, denn beide Parteien hatten in ihren Schiedsklagen einen Antrag auf Ersatz angemessener Anwaltskosten gestellt.[1135]

[1129] Stein/Jonas/Schlosser, Anhang zu § 1044 III Rnr. 70.
[1130] Fertilizer, 517 F.Supp. 948, 960. Schließlich setzte das *District Court* die Entscheidung über den Vollstreckungsantrag bis zum Ende des indischen Anfechtungsverfahrens nach Art. VI aus.
[1131] 820 F.2d 1531, 1533 (9th Cir. 1987). Bei Überschreiten einer bestimmten Bruttobuchungssumme sollte *MTC* eine zusätzliche Abfindung erhalten, die dann zwischen den Parteien verhandelt werden sollte. Die Parteien vereinbarten gleichzeitig eine Schiedsklausel: „Any dispute arising between us concerning this Letter of Agreement... ."
[1132] Management & Technical Consultants S.A., 820 F.2d 1531, 1534-1535.
[1133] Davon will Garvey & Heffelfinger, 25 INT'L LAW. 209, 220, als Grundsatz ausgehen, wenn zwei ausländische Parteien US-Recht vereinbart haben.
[1134] Management & Technical Consultants S.A., 820 F.2d 1531, 1535.
[1135] Spector v. Torenberg, 852 F.Supp. 201, 210 (D.S.D.N.Y. 1994): Erst nachdem dem Antragsteller eine Kostenerstattung versagt blieb, beanstandete er die Zuständigkeit der Schiedsrichter für die Kostenentscheidung.

Auch die Möglichkeit eines pauschalierten doppelten Schadensersatzes für Handelsvertreter wird noch von weitgefaßten *Terms of Reference* erfaßt. Dieser Ausgleichsanspruch hat keinen Strafcharakter, sondern stellt eine Entschädigung für *goodwill* und andere Vermögenswerte dar, die sonst schwer zu spezifizieren wären.[1136]

- ***Punitive Damages***: Zu den Auswirkungen des *Mastrobuono*-Urteils auf die internationale Schiedsgerichtsbarkeit hat die US-Rechtsprechung sich bislang noch nicht geäußert. *Mastrobuono v. Shearson Lehman Hutton*[1137] war ein nationales Schiedsverfahren zwischen einem Investor und seinem Wertpapierhändler. In dem Vertrag kollidierte die Rechtswahl- mit der Schiedsklausel im Hinblick auf die Möglichkeit der Schiedsrichter, einer Partei *punitive damages* zuzuerkennen. Der *Supreme Court* löste den Widerspruch zugunsten einer weitgehenden Entscheidungskompetenz der Schiedsrichter.
Es ergeben sich aber berechtigte Zweifel, ob das *Mastrobuono holding* auf die internationale Ebene übertragbar ist. Denn in im Unterschied zu den USA ist das Instrument der *punitive damages* in den meisten *civil law countries* unbekannt[1138] und wird in diesen Jurisdiktionen z. T. auch als dem *ordre public* widersprechend angesehen. *Punitive damages* spielen dementsprechend in der internationalen Schiedspraxis keine Rolle;[1139] die Schiedsregeln der großen Schiedsinstitutionen sprechen die Problematik der *punitive damages* nicht an.[1140] Würde *Mastrobuono* ohne weiteres auf internationale Verfahren übertragen, wären gegensätzliche Ergebnisse unvermeidbar – jeweils abhängig vom Ort des Schiedsverfahrens.[1141] Hier würde auch der systematische Hintergrund der Entscheidung fehlen: die Abgrenzung einer *choice-of-law clause* in die Wahl von materiellem und Prozeßrecht ist in der internationalen Schiedsgerichtsbarkeit unbekannt, denn in internationalen Verträgen bezieht sich die Rechtswahl gewöhnlich nur auf das materielle Recht.[1142] Ebenso fehlen für internationale Verfahren typischerweise die Verbraucherschutzerwägungen, von denen sich der *Supreme Court* in *Mastrobuono* (mit)leiten ließ: aufgrund der wirtschaftlichen Bedeutung der meisten internationalen Transaktionen werden die Verträge – im Unterschied zu den formulierten Ver-

---

[1136] M & C Corp. v. Erwin Behr GmbH & Co., 87 F.3d 844,850 (6th Cir. 1996) für § 600.2961 der *Michigan Compiled Laws*.
[1137] 514 U.S. 52 (1995).
[1138] Farnsworth, *Punitive Damages in Arbitration*, 20 STETSON L. REV. 395, 406; Gotanda, *Awarding Punitive Damages*, 38 HARV. INT'L L.J. 59, 62.
[1139] International Disp. Resol. Committee Int'l Law & Practice Sec. N. Y. State Bar Ass., 5 N.Y. INT'L L. REV. 103, 105. 110.
[1140] Gleiches gilt auch für die modernen Schiedsgesetze der Staaten (International Disp. Resol. Committee Int'l Law & Practice Sec. N. Y. State Bar Ass., 5 N.Y. INT'L L. REV. 103, 103-104).
[1141] Gotanda, *Awarding Punitive Damages*, 38 HARV. INT'L L.J. 59, 79-82.
[1142] Gotanda, *Awarding Punitive Damages*, 38 HARV. INT'L L.J. 59, 83.

tragsbedingungen der Wertpapierhändler – in langwierigen Verhandlungen unter Beteiligung von Juristen ausgehandelt.[1143]
Haben die Parteien in internationalen Schiedsverfahren *punitive damages* ausgeschlossen oder ausdrücklich vereinbart, muß dieser Vereinbarung mit Blick auf die vertragsrechtliche Grundlage des Schiedsverfahrens Folge geleistet werden. Diese (spezielle) Parteivereinbarung würde im Sinne von *Mastrobuono* eine möglicherweise widersprechende (allgemeine) Rechtswahl grundsätzlich verdrängen.[1144] Da in der internationalen Schiedsgerichtsbarkeit aber traditionell auf das Verfahrensrecht des Schiedsortes zurückgegriffen wird, wird sich auch die US-Rechtsprechung kaum dessen Wertungen entziehen können: das am Schiedsort geltende Recht kann insoweit die Parteiautonomie beschränken.[1145]
Fehlt eine ausdrückliche Vereinbarung – wie zumeist – werden im Regelfall in internationalen Schiedsverfahren keine *punitive damages* vereinbart sein.[1146] Die Vermutung spricht gegen eine so weitgehende Zuständigkeit der Schiedsrichter.[1147] Entscheidend ist aber auch hier der Parteiwille, zu dessen Bestimmung der Schiedsrichter die Rechtswahlklausel, Handelsbräuche und andere Vertragsabreden (wie z. B. eine weite oder enge Schiedsklausel, den Erfüllungsort) und –umstände in die Beurteilung miteinbeziehen kann.[1148]

- **Allgemein:** Für eine sog. *split arbitration clause* respektierte ein *District Court* in New York auf Grundlage von *Parsons & Whittemore* das Votum der Schiedsrichter, die von ihrer Zuständigkeit ausgegangen waren: „Andersen's decision as to the scope of its arbitral authority is entitled to deference."[1149] Damit nuancierte das *District Court* seinen Ausgangspunkt etwas anders als der *Second Circuit*, der ja – ohne weiteres – von einer starken Vermutung zugunsten einer weiten Zuständigkeit der Schiedsrichter ausgeht. Denn logischerweise setzt die Unterordnung der eigenen Auffassung des Gerichts unter die der Schiedsrichter überhaupt ersteinmal

---

1143 Gotanda, *Awarding Punitive Damages*, 38 HARV. INT'L L.J. 59, 85. *Gotanda* weist gleichzeitig auf die Notwendigkeit von *punitive damages* im betrugsanfälligen Wertpapierhandel hin.
1144 Gotanda, *Awarding Punitive Damages*, 38 HARV. INT'L L.J. 59, 89-91.
1145 Gotanda, *Awarding Punitive Damages*, 38 HARV. INT'L L.J. 59, 93-94: verstoßen *punitive damages* also gegen den *ordre public* des Verfahrensortes, bleibt es dem Schiedsrichter versagt, Strafschadensersatz zuzuerkennen. Sonst schafft der Schiedsrichter einen Aufhebungsgrund.
1146 International Disp. Resol. Committee Int'l Law & Practice Sec. N. Y. State Bar Ass., 5 N.Y. INT'L L. REV. 103, 106.
1147 International Disp. Resol. Committee Int'l Law & Practice Sec. N. Y. State Bar Ass., 5 N.Y. INT'L L. REV. 103, 106.
1148 Gotanda, *Awarding Punitive Damages*, 38 HARV. INT'L L.J. 59, 96-98. Schließlich darf der Schiedsrichter auch durch die Anerkennung von *punitive damages* die Vollstreckbarkeit des Schiedsspruches gefährden (aaO, 100-101) – dieser Aspekt wird sich bei einer Vollstreckung in den USA aber kaum ergeben.
1149 Whirlpool Corp. v. Philips Electronics, N.V., 848 F.Supp. 474, 480 (S.D.N.Y. 1994). *Arthur Andersen* war als Schiedsrichter für die Streitigkeiten, die den Jahresabschluß betrafen, vereinbart worden.

eine Entscheidung der Schiedsrichter voraus, eine solche Entscheidung wiederum eine Erörterung der Zuständigkeitsfrage. Daran hatte es aber nach Ansicht der Beklagten gemangelt.[1150] Dem trat das Gericht entgegen und verwies auf die langen Ausführungen der Schiedsrichter zu diesem Thema, die sich ihrer beschränkten Zuständigkeit durchaus bewußt waren. Diese Entscheidung erkannte das Gericht an.[1151]

- **Functus officio:** In internationalem Zusammenhang bewegte sich auch die Entscheidung *Spector v. Torenberg.*[1152] Im Rahmen eines Aufhebungsverfahrens vor dem New Yorker *District Court* stellte sich die Frage, ob nicht der Schiedsspruch mangels Zuständigkeit der Schiedsrichter ungültig war. Denn die Schiedsrichter hatten den ursprünglichen Spruch auf Antrag geändert, allerdings erst nach Ablauf der Fristen im New Yorker Recht. Die Frage, ob die Schiedsrichter mit Ablauf der gesetzlichen Änderungsfrist *functus officio* waren, also nicht mehr kompetent, verneinte das Gericht. Es sah sich nicht gehindert, den Schiedsspruch für vollstreckbar zu erklären – trotz der Verfristung. Dazu verwies das Gericht auf das komplexe Zusammenspiel zwischen Schiedsgericht und staatlicher Gerichtsbarkeit hin, die einige Flexibilität in der Anwendung der Gesetze erfordert. Es folgerte: „This Court believes a rigid refusal to recognize the ... Award would be contrary to both the demonstrable flexibility of New York law in this area and the judicial interest in promoting the arbitral goals of efficiency and parsimony."[1153] Das Gericht lehnte es danach mit der bezeichenden Begründug ab, eine erneute Verhandlung vor den Schiedsrichtern anzuordnen, um den Formmangel der versäumten Frist zu beheben:

> Moreover, since the arbitrators have already indicated the result they will reach, such a rehearing would merely serve to exalt form over substance at the cost of needless expense and delay.[1154]

Die Wahrung der Form um den Preis von weiteren Verzögerungen, Kosten und schließlich einer weiteren Runde vor Gericht erschien dem *District Court* nicht angemessen.[1155] Das Gericht stützte seine Entscheidung auf 9 U.S.C. §§ 10(e), 11: wenn es dem Gericht schon möglich sei eine erneute Verhandlung vor den Schiedsrichtern anzuordnen bzw. einen Spruch um der Gerechtigkeit willen zu ändern, schließe das logischerweise auch die Möglichkeit ein – wie im vorliegenden Fall – einen Schiedsspruch für vollstreckbar zu erklären.[1156]

[1150] Whirlpool Corp., 848 F.Supp. 474, 480.
[1151] Whirlpool Corp., 848 F.Supp. 474, 481.
[1152] Spector v. Torenberg, 852 F.Supp. 201 (D.S.D.N.Y. 1994).
[1153] Spector, 852 F.Supp. 201, 207.
[1154] Spector, 852 F.Supp. 201, 207.
[1155] Spector, 852 F.Supp. 201, 207.
[1156] Spector, 852 F.Supp. 201, 208.

- Amiable compositeur: In *National Oil v. Libyan Sun Oil* begründete die Vollstreckungsgegnerin ihre Art. V(1)(c)-Verteidigung mit der Behauptung, das Schiedsgericht habe seinen Spruch nicht auf Grundlage der vorgelegten Beweise gefällt, sondern als *amiable compositeur* auf Billigkeits- und nicht unbedingt rechtliche Erwägungen.[1157] Ausgehend von der engen Auslegung der Versagungsvorschriften konkretisierte das Gericht den Prüfungsablauf folgendermaßen:

> In conducting our review we must examine both the form of relief awarded by the arbitrator as well as the terms of that relief. We must determine if that form of the arbitrators′ award can be rationally derived either from the agreement between the parties or from the parties submissions [sic] to the arbitrators. In addition, the terms of the arbitral award will not be subject to judicial revision unless they are 'completely irrational'.[1158]

Das Gericht nahm infolgedessen eine zweistufige Prüfung vor, die erstens die Zuständigkeit des Schiedsgerichts und zweitens dessen Gründe für die Zuerkennung des Schadensersatzes umfaßt. In Anbetracht einer breiten Schiedsklausel[1159] konnte das Gericht den ersten Punkt unschwer bejahen. Schwieriger zu handhaben war dann die zweite Stufe: die *ratio decidendi.* Das Gericht ging hier Punkt für Punkt in der Entscheidung der Schiedsrichter durch und kam zu dem Schluß, daß sie sorgfältig das anwendbare Recht erwogen und konnte insgesamt nichts „völlig Irrationales" in dem Spruch des Schiedsrichter finden.[1160]

Mit genau der gleichen Begründung versuchte auch *ISEC* in *International Standard Electric v. Bridas* die Vollstreckung zu verhindern – ebenfalls erfolglos. Denn nicht die *submission to arbitration*, sondern das gewählte Recht räumte den Schiedsrichtern die Möglichkeit einer Billigkeitsentscheidung ein, wovon diese ausdrücklich Gebrauch machten.[1161] Dabei konnten sie sich auf eine fundierte Literaturansicht stützen. Hinter der Argumentation von *ISEC* vermutete das Gericht aber etwas anderes, nämlich den Versuch eine Revision der Tatsachenentscheidung des Schiedsgerichtes im Hinblick auf die Höhe des Schadensersatzes zu erreichen. Diesen wies das *District Court* entschieden zurück: „This amiable compositeur argument is a not especially elegant masque that seeks to conceal the fatal

---

[1157] National Oil Corp. v. Libyan Sun Oil Co., 733 F.Supp. 800, 816 (D. Del. 1990).

[1158] National Oil, 733 F.Supp. 800, 816 (unter Berufung auf: Mutual Fire, Marine & Inland Ins. Co. v. Norad Reins. Co., 868 F.2d 52, 56 (3d Cir. 1989)).

[1159] „[A]ny controversy ... arising out of or relating to this Agreement,..." – gleichzeitig war der Schadensersatz ausdrücklich in den *terms of reference* angesprochen worden (National Oil, 733 F.Supp. 800, 817).

[1160] National Oil, 733 F.Supp. 800, 818.

[1161] International Standard Electric Corporation v. Bridas Sociedad Anonima Petrolera, Industrial y Comercial, 745 F.Supp. 172, 181 (D.S.D.N.Y. 1990): es handelte sich also gleichsam über eine indirekte Ermächtigung der Schiedsrichter.

weekness of ISEC's defense: we are forbidden under the Convention to reconsider factual findings of the arbitral panel."[1162]

- **Zusammenfassung:** Auch für Art. V(1)(c) haben die US-Gerichte insgesamt ihre vollstreckungsfreundliche Einstellung bewiesen.[1163] Viele der Urteile lassen jedoch erkennen, daß es der unterlegenen Partei wohl eher auf die Verschleppung des Verfahrens ankam. Die Entscheidungen verdeutlichen, daß die Gerichte auch den Schiedsrichtern auch für ihre Zuständigkeit eine Art Entscheidungsprärogative einräumen, wenngleich der *Supreme Court* diese in *First Options v. Kaplan* spürbar für das Vorliegen einer Schiedsabrede zurückgeschraubt hat. Dabei lag vor allem die Idee zugrunde, daß Parteien, die nie ein Schiedsverfahren wollten, nicht in Schiedsverfahren verwickelt werden sollen. Vollstreckungsgegner werden also versucht sein, im Vollstreckungsverfahren gerade Zweifel am Vorliegen einer Schiedsabrede („We never agreed to arbitrate.") zu streuen. Hat es tatsächlich nie eine Schiedsabrede gegeben oder war nur ein Teil einer Streitigkeit der Schiedsgerichtsbarkeit unterworfen (*extra petita*), wird sich das Ergebnis des *Supreme Court* auch international durchsetzen: die Entscheidung, ob eine Schiedsabrede vorlag, ist grundsätzlich den Gerichten vorbehalten.[1164]
Vielfach wird aber eine allenfalls unklare Schiedsabrede vorliegen, deren Gültigkeit der Vollstreckungsgegner anzweifeln wird. Hier ist zu erwarten, daß sich die Gerichte mit Blick auf weit formulierte Schiedsklauseln den Schiedsrichter regelmäßig auch die (vorläufige) Entscheidung über ihre Kompetenz zubilligen werden.[1165]
Die Entscheidungen verdeutlichen eine Art Offensichtlichkeitskontrolle der Gerichte: nur absolut vernunftswidrigen Sprüchen soll die Anerkennung versagt bleiben. Sind irgendwelche vernünftigen Erwägungen der Schiedsrichter erkennbar, ergeben sich keine Probleme in der Vollstreckung. Gleichzeitig wehren sich die Gerichte nur wegen Formmängeln Schiedssprüche die Vollstreckung zu versagen, ohne daß der Sache nach ein anderes Ergebnis zu erwarten wäre.
Am besten läßt sich die Rechtsprechung mit den vielzitierten Worten des *Second Circuit* zusammenfassen: „[O]verseas must therefore overcome a powerful presumption that the arbitral body acted within its powers."[1166] Das gilt auch für die

---

[1162] International Standard Electric, 745 F.Supp. 172, 181.
[1163] Der Vollständigkeit halber sei noch auf die Urteile *Corcoran v. Ardra Ins. Co* (553 N.Y.S.2d 695, 698, aff'd on other grounds 566 N.Y.S.2d 575) (das erstinstanzliche Gerichte betonte, daß eine Streitigkeit mit konkursrechtlichem Inhalt nicht unter die Bestimmungen der Schiedsvereinbarung fällt) und *Ministry of Defense of the Islamic Republic of Iran v. Gould* (887 F.2d 1357, 1363) (die *Algier Accords* ersetzten die Schiedsklausel).
[1164] Siehe aber die *Whirlpool*-Entscheidung: an die Eindeutigkeit einer solchen Teilkompetenz werden die Gerichte sehr hohe Anforderungen stellen.
[1165] Stein/Jonas/Schlosser, Anhang zu § 1044 III Rnr. 70.
[1166] Parsons, 508 F.2d 969, 976; Management & Technical Consultants S.A., 820 F.2d 1531, 1534; Whirlpool, 848 F.Supp. 474, 480.

internationale Schiedsgerichtsbarkeit. Anders aber sollte hier die Vermutung gelten, wonach die Zuerkennung von *punitive damages* Schiedsrichtern grundsätzlich versagt ist.

e. Art. V (1)(d) – Mängel im Schiedsverfahren

Der vierte Unterabsatz erlaubt schließlich die Versagung der Vollstreckung, wenn bewiesen ist,

> (d) daß die Bildung des Schiedsgerichtes oder das schiedsrichterliche Verfahren der Vereinbarung der Parteien oder, mangels einer solchen Vereinbarung, dem Recht des Landes, in dem das schiedsrichterliche Verfahren stattfand, nicht entsprochen hat...

(1) Einführung

Wie die vorangehenden Vorschriften ist auch Art. V(1)(d) nicht unproblematisch im Hinblick auf das anwendbare Recht. Knackpunkt ist der Grad an Autonomie der Parteien in der Ausgestaltung des Verfahrens zur Bildung des Schiedsgerichtes und Ablauf des Schiedsverfahrens, auf das – dem Wortlaut zufolge – primär zurückzugreifen ist. Art. V(1)(d) ist das Ergebnis zweier, konträrer Ansätze zum internationalen Schiedsrecht, nämlich dem der *ICC*, die eine weitgehende Autonomie der Parteien und damit auch des Schiedverfahrens von einer nationalen Rechtsordnung propagierte, wohingegen vor allem die USA das Schiedsverfahren dem Recht des Schiedsortes unterordnen wollten.[1167]
Der Wortlaut scheint zunächst die erste Theorie zu stützen: es ergeben sich keine Schranken für die privatautonome Gestaltung eines Schiedsverfahrens. Den Parteien bleibt es damit (grundsätzlich) unbenommen, ihr Schiedsverfahren völlig frei und unabhängig von einen nationalen Verfahrensrecht zu gestalten, dabei werden sie allerdings typischerweise auf die umfassenden Verfahrensordnungen der internationalen Schiedsorganisationen zurückgreifen.[1168] Die Beschränkung in der Privatautonomie ergibt sich in der Praxis vielmehr aus den zwingenden gesetzlichen Vorschriften am Ort des Schiedsverfahrens.[1169] Schließlich gilt hier nicht das UNÜ. Über dem Verfahren schwebt ständig das Damoklesschwert einer Aufhebung im Heimatstaat, wenn zwingende Normen des Verfahrensrechtes mißachtet

---

[1167] Ausführlich dazu: VAN DEN BERG, NEW YORK CONVENTION 323; Contini, 8 AM. J. COMP. L. 283, 301-303 (zum Hintergrund der Vorschrift); West, 5 N.Y.L. SCH. J. INT'L & COMP. L. 103, 116, der das Ergebnis sarkastisch kommentiert: „The result is in full accord with neither position and is capable of two interpretations.“

[1168] MünchKomm-Gottwald, IZPR, Art. V Rnr. 29, der neben dem Wortlaut auch auf die Systematik des UNÜ verweist: anders als Art. V(1)(a), der auf ein bestimmtes Recht verweist, bezieht sich Unterabsatz (d) nur auf die Vereinbarung der Parteien.

[1169] Das scheinen auch die Schiedsparteien typischerweise zu berücksichtigen (VAN DEN BERG, NEW YORK CONVENTION 325).

werden.[1170] Gleichzeitig strahlen auch zwingende Vorschriften des Vollstreckungsstaates über Art. V(1)(b), (2)(a), (b) UNÜ auf das Schiedsverfahren aus und grenzen so praktisch die Vereinbarungsfreiheit ein.[1171]

Damit lassen sich zwei Funktionen des lokalen Rechts unterscheiden: eine komplementäre und eine subsidiäre. Denn selbst wenn die Parteien weitreichende Vereinbarungen zum Ablauf der Schiedsrichterwahl und des Verfahrens geschlossen haben, können sich immer wieder Situationen ergeben, die bei Vertragsabschluß nicht bedacht worden waren. Typisches Beispiel ist die mangelnde Mitwirkung der beklagten Partei bei der Konstituierung des Schiedsgerichts.[1172] Hier kann das staatliche Schiedsverfahrensrecht am Schiedsort ergänzend herangezogen werden, um den Ablauf des Schiedsverfahrens sicherzustellen.
Subsidiär findet schließlich das Recht des Sitzstaates immer Anwendung, wenn die Parteien überhaupt keine Vereinbarung zur Ausgestaltung von Schiedsgerichtsverfassungs- und Schiedsverfahrensrecht getroffen haben.[1173]

Der Verfahrensbegriff sollte weit ausgelegt werden um zu gewährleisten, daß das Schiedsgericht die verfahrensrechtlichen Vorgaben der Parteien auch umfassend beachtet: das Verfahren beginnt also mit Einreichung der Klageschrift und endet mit dem Erlaß des Schiedsspruches.[1174] Gleichzeitig kann – im Sinne der vollstreckungsfreundlichen Grundeinstellung des UNÜ – nicht jeder Fehler im Verfahren schon die Versagung der Vollstreckung rechtfertigen. Die Relevanz eines Verfahrensmangels sollte sich insoweit an dem anwendbaren Verfahrensrecht orientieren: er ist wesentlich, wenn er einen Aufhebungsgrund darstellt. An die Kausalität eines solchen Verfahrensmangels sollten die gleichen Anforderungen gestellt werden; er bleibt unbeachtlich, wenn er das Ergebnis nicht beeinflußt hat.[1175]

[1170] So erscheint es zwar dem Wortlaut nach theoretisch möglich, völlig autonom das Schiedsverfahren zu gestalten, für die Praxis wird das kaum ratsam sein. Die unterlegene Partei wird sich bei einer Nichtbeachtung zwingender schiedsverfahrensrechtlicher Vorschriften kaum die Möglichkeit einer Aufhebungsklage entgehen lassen (Stein/Jonas/Schlosser, Anhang zu § 1044 III Rnr. 74). Zu weitgehend erscheint allerdings Quigley, *Accession to United Nations Convention*, 70 YALE L.J. 1049, 1069, der den Parteien nur die Wahl eines nationalen Rechts zugesteht. Das ist aber kaum mit dem unbeschränkten Wortlaut vereinbar, weshalb grundsätzlich von einer Gestaltungsfreiheit der Parteien im Rahmen zwingender nationaler Rechtsvorschriften ausgegangen werden muß. Die Frage, ob die Parteien weitergehend eine völlige Autonomie genießen (so Stein/Jonas/Schlosser, aaO), ist mit Hinblick auf die praktischen Bedenken wohl kaum mehr als eine theoretische Spielerei.

[1171] MünchKomm-Gottwald, IZPR, Art. V Rnr. 30.

[1172] MünchKomm-Gottwald, IZPR, Art. V Rnr. 31f.; Stein/Jonas/Schlosser, Anhang zu § 1044 III Rnr. 75; dazu siehe unten die Entscheidung *Al Haddad Bros. v. M/S Agapi.*

[1173] VAN DEN BERG, NEW YORK CONVENTION 325. Z. B. Intercarbon Bermuda Ltd. v. Caltex Trading and Transport Corp., 146 F.R.D. 64, 72 (S.D.N.Y. 1993).

[1174] MünchKomm-Gottwald, IZPR, Art. V Rnr. 33.

[1175] McClendon, *Foreign Arbitral Awards*, 4 NW. J. INT'L L. & BUS. 58, 65; MünchKomm-Gottwald, IZPR, Art. V Rnr. 34; a. A. Stein/Jonas/Schlosser, Anhang zu § 1044 III Rnr. 73, der eine Versagung schon bejaht, wenn der Fehler möglicherweise Einfluß auf das Ergebnis gehabt hat.

Probleme bereiten immer wieder Entscheidungsfristen, wie sie z. B. in der *ICC*-Schiedsgerichtsordnung vorgesehen sind.[1176]

(2) Rechtsprechung

Die Gerichte legten auch hier wieder einen strengen Standard an: in keinem der berichteten Fälle konnte sich eine Partei erfolgreich auf Art. V(1)(d) berufen.

- Widerspruch zum Verfahren: Die erste bekanntgewordene Entscheidung in den USA zu Art. V(1)(d) ist *Imperial Ethiopian Government v. Baruch-Foster Corp.*[1177] des *Fifth Circuit*. Die Schiedsklausel sah vor, daß der dritte, vorsitzende Schiedsrichter weder eine direkte noch eine indirekte Verbindung zur Regierung Äthiopiens oder zu *BFC* haben sollte.[1178] Sechs Monate nach Erlaß des Schiedsspruches entdeckte die unterlegene *BFC*, daß der Vorsitzende, der französische *Professor René David*, von 1954-1958 unstreitig der (damaligen) Regierung Äthiopiens als Verfasser des Zivilgesetzbuches gedient hatte. *BFC* stellte darauf im Vollstreckungsverfahren weitgehende *discovery*-Anträge, um seine Behauptung, *Prof. David* sei nicht als Vorsitzender benennbar gewesen, belegen zu können. Das Berufungsgericht bestätigte die Vollstreckbarkeitserklärung der ersten Instanz und berief sich dazu auf zwei Gründe: erstens hatte *BFC* seine Einwände gegen die Anerkennung viel zu spät erhoben, nämlich erst sechs Monate nach Erlaß und drei nach Beginn des Vollstreckungsverfahrens.[1179] Zweitens konnte *BFC* überhaupt keinen vernünftigen Grund dafür vorbringen, warum eine *Prof. David* tatsächlich als Schiedsrichter disqualifizierende Verbindung zur Klägerin vorliegen sollte:

> Despite having been given time to do so, BFC has brought forward nothing to show that its claim of a disqualifying connection between Professor David and the Ethiopian government had any semblance of substance or that it was even asserted in good faith. The claim never achieved any more dignity than that of a conclusory statement in an unverified answer.[1180]

[1176] MünchKomm-Gottwald, IZPR, Art. V Rnr. 34 nimmt keinen Mangel an, wenn dadurch nicht das Mandat erloschen sei. Nach Ansicht von *Schlosser* (Internationale Schiedsgerichtsbarkeit, Rnr. 72) handelt es sich bei den Amtszeitsbegrenzungen der Schiedsordnungen häufig nur um Ordnungsvorschriften. Etwas anderes könnte sich aber immer dann ergeben, wenn die Parteien ausdrücklich in dem Schiedsauftrag eine Entscheidungsfrist festgelegt haben oder sich aus der Schiedsvereinbarung ein besonderes Interesse der Parteien an einer fristgemäßen Entscheidung ergibt.

[1177] 535 F.2d 334 (1976).

[1178] Imperial Ethiopian Govt., 535 F.2d 334, 335 n. 1. Weitergehend durfte der dritte Schiedsrichter auch nicht Mitglied in einer Organisation sein, der eine der Parteien angehörte.

[1179] Imperial Ethiopian, 535 F.2d 334, 336.

[1180] Imperial Ethiopian, 535 F.2d 334, 337.

Allein die Behauptung eines fehlerhaften Verfahrens verschaffte *BFC* noch kein Recht zu umfangreicher *discovery*, zumal sich der Verdacht einer Verzögerungstaktik aufdrängte.[1181]

Interessanterweise verwendete das Berufungsgericht eine andere Argumentation als das erstinstanzliche Gericht und stützte sich nicht (allein) auf das Verspätungsargument (*waiver*) des *District Court*: Mit seiner *semblance of substance*-Argumentation hält sich das Gericht die Möglichkeit einer genaueren Prüfung einer Schiedsrichter-Partei-Verbindung offen, anders als das allein mit der rigiden Berufung auf den Zeitablauf möglich wäre. *Discovery proceedings* erscheinen deshalb auch noch Monate nach Erlaß des Schiedsspruches möglich, wenn die unterlegene Partei tatsächlich die mangelnde Unabhängigkeit des Schiedsrichters glaubhaft machen kann. Kann sie aber keine Gründe vorbringen, die eine Befangenheit wahrscheinlich erscheinen lassen, wird ein Gericht nur Bösgläubigkeit und die Absicht, das Verfahren verzögern zu wollen, unterstellen und damit wahrscheinlich Anträge auf *discovery* ablehnen.

In *Al Haddad Bros. Enterprises v. M/S Agapi and Diakan*[1182] war als Teil eines Chartervertrages der Klägerin und *Diakan* eine Schiedsklausel vereinbart worden, die Schiedsgerichtsbarkeit in London mit zwei, jeweils von den Parteien benannten, Schiedsrichtern vorsah. Ein *umpire*[1183], also ein unabhängiger Dritter, sollte entscheiden, wenn die Schiedsrichter sich nicht auf ein Ergebnis einigen konnten.[1184] Es kam zu Streitigkeiten über Schadensersatz und Chartergebühren, worauf *Diakan* ein Schiedsverfahren anstrengte. Obwohl von dem Schiedsverfahren voll in Kenntnis gesetzt zog *Al Haddad* es vor dem Verfahren fernzubleiben.[1185] Infolgedessen hatte *Diakan* seinen Schiedsrichter gebeten, das Verfahren als Einzelschiedsrichter zu entscheiden. Er erließ einen Schiedsspruch zugunsten von *Diakan*, dessen Durchsetzung *Al Haddad* dann – unter Berufung auf Art. V(1)(d) – vor dem *District Court* zu verhindern suchte.[1186] Das Gericht stimmte zwar mit der Klägerin überein, daß der Spruch nicht mit dem vertraglich vereinbarten Verfahren

---

[1181] Imperial Ethiopian, 535 F.2d 334, 337. So ganz ohne Einfluß auf die Entscheidung des Gerichts scheint auch nicht die Tatsache gewesen zu sein, daß der Schiedsrichter ein anerkannter, integrer Experte war, der auf Vorschlag des *BFC*-Schiedsrichter ernannt worden war.

[1182] 635 F.Supp. 205 (D.Del. 1986).

[1183] „When matters in dispute are submitted to two or more arbitrators, and they do not agree in their decision, it is usual for another person to be called in as 'umpire,' to whose sole judgment it is then referred. An umpire, strictly speaking, makes his award independently of that of the arbitrators" (BLACK'S LAW DICTIONARY 1522-1523).

[1184] Al Haddad Bros. Enter., 635 F.Supp. 205, 207.

[1185] Die Klägerin benannte weder einen Schiedsrichter, noch brachte sie irgendetwas zu ihrer Verteidigung vor oder nahm anderweitig irgendwie am Verfahren teil (Al Haddad Bros. Enter., 635 F.Supp. 205, 207).

[1186] Al Haddad, 635 F.Supp. 205, 209: schließlich war das Verfahren von einem Einzelschiedsrichter und nicht – wie vereinbart – von einem neutralen Dritten.

übereinstimmte, schloß daraus aber nicht auf dessen Ungültigkeit.[1187] Stattdessen maß das Gericht das Verfahren am Recht des Schiedsortes und argumentierte: „The Convention allows recognition of an award which, although not in accord with the parties′ agreement, complied with the laws of the country where the arbitration occurred.“[1188] Da das Vorgehen von *Diakan* den Vorgaben des britischen *Arbitration Act* entsprach, hielt das Gericht den Spruch für vollstreckbar.[1189]

Ohne weiteres zog das Vollstreckungsgericht also alternativ das Recht am Ort des Schiedsverfahrens heran, um die Vollstreckung sicherstellen zu können. Die Begründung der im Ergebnis richtigen Entscheidung kann aber nicht überzeugen, denn der Wortlaut von Art. V(1)(d) ist insoweit eindeutig: das lokale Schiedsrecht ist anwendbar – aber nur dann, wenn keine Parteivereinbarung getroffen wurde. Das britische Schiedsrecht kommt also nur subsidiär, nicht aber alternativ zur Anwendung. Das *District Court* ging von einer abschließenden Regelung zur Bildung des Schiedsgerichts durch Parteivereinbarung aus. Damit war ihm eigentlich der Rückgriff auf den britischen *Arbitration Act* verwehrt. Dabei übersah das Gericht die Möglichkeit einer ergänzenden Funktion lokalen Rechts. Schließlich hatten die Parteien keinerlei Regelungen für die Säumnis einer Partei getroffen. Hier läßt es sich gut rechtfertigen, ergänzend die Vorschriften lokalen Rechts heranzuziehen, um der ursprünglichen Absicht der Parteien, ihre Streitigkeit durch Schiedsgerichtsbarkeit beilegen zu lassen, Geltung zu verschaffen.

Insgesamt folgte das Gericht, wenn auch mit zweifelhafter Argumentation, dem einhellig in der US-Rechtsprechung vertretenen Prinzip, eine Obstruktionstaktik von Schiedsparteien zu verhindern; sie sollen im Gegenteil dazu gezwungen werden, voll am Schiedsverfahren teilzunehmen und keinerlei Beweise oder Einwendungen zurückzuhalten, um sie erst im Vollstreckungsverfahren vor ordentlichen Gerichten geltend zu machen. Schiedsparteien sind deshalb gut beraten, voll an einem Schiedsverfahren teilzunehmen und sich nicht auf mögliche Mängel bei der Bildung des Schiedsgerichtes zu verlassen.

- Schwere der Verfahrensmängel: Schließlich war auch die Frage, wann Verfahrensmängel so schwer sind, daß sie eine Verfahrensverletzung nach Art. V(1)(d) bedeuten, Gegenstand von Verfahren vor zwei US-Bundesgerichten. In *Compagnie*

[1187] Al Haddad, 635 F.Supp. 205, 210.

[1188] 635 F.Supp. 205, 210.

[1189] 635 F.Supp. 205, 208. Nach § 7(b) des britischen *Arbitration Acts* kann eine Streitigkeit auf Antrag durch einen Einzelschiedsrichter entschieden werden, wenn die andere Partei ihren Schiedsrichter nicht ernennt. Genau in diesem Sinne entschied bei gleicher Sachlage auch einer New Yorker Bundesgericht: Associated Bulk Carriers of Bermuda v. Mineral Export of Bucharest, IX Y.B. COM. ARB. 462, 464-465 [U.S. no. 46].

des Bauxites v. Hammermills[1190] wurde die Verletzung der *ICC*-, in *P.T. Reasuransi Umum Indonesia v. Evanston*[1191] die der *AAA*-Verfahrensordnung gerügt.
In *Compagnie des Bauxites* konnte der Schiedsspruch nach Meinung der Klägerin deshalb nicht vollstreckt werden, weil der Schiedsrichter erst, nachdem bereits der Spruch vom *ICC*-Gerichtshof geprüft worden war, die Kosten des Verfahrens eingesetzt hatte. Da die Parteien ein Verfahren nach der Schiedsgerichtsordnung der *ICC* vereinbart hatten, käme jede Verletzung dieser Verfahrensordnung einer Verletzung der Parteivereinbarung im Sinne von Art. V(1)(d) gleich.[1192] Dem widersprach das *District Court* unter Hinweis auf die vollstreckungsfreundliche Grundeinstellung des UNÜ und folgerte eine Aufhebung eines Schiedsspruches käme nur in Frage, „[i]f such violation worked substantial prejudice to the complaining party."[1193] Das Gericht läßt also nicht jeden Mangel, sondern nur einen solchen ausreichen, der zu einer schweren Benachteiligung der belasteten Partei führt.[1194]
Die gleiche Argumentationslinie schlug ein Bundesgericht der *P.T. Reasuransi* ein. Unstreitig war verschiedenen Verfahrensvorschriften nicht genügt worden, so war die Klage nicht bei der *American Arbitration Association* eingereicht, die erforderlichen Gebühren nicht gezahlt worden und die *AAA* hatte die Klägerin nicht ordnungsgemäß in Kenntnis gesetzt; die Klägerin hatte allerdings rechtzeitig Kenntnis von der Schiedsklage wie der Benennung des Schiedsrichters der Beklagten erhalten.[1195] Trotz der eindeutigen Verfahrensmängel konnte das *District Court* insgesamt keine so nennenswerte Benachteiligung der Klägerin erkennen, die eine Vollstreckungsversagung nach Art. V(1)(d), also wegen der Nichtübereinstimmung mit dem vereinbarten Verfahrensrecht, hätte rechtfertigen können.[1196]

- **Fristen:** In *Société Nationale v. Shaheen*[1197] wehrte sich *Shaheen* gegen die Vollstreckung mit der Begründung, die Besetzung des Schiedsgerichtes sei in Wider-

---

1190 Compagnie des Bauxites de Guinee v. Hammermills, Inc., No. 90-0169 (JGP), 1992 U.S. Dist. LEXIS 8046 (D.D.C. May 29, 1992).

1191 P.T. Reasuransi Umum Indonesia v. Evanston Ins. Co., No. 92 Civ. 4623 (MGC), 1992 WL 400733 (D.S.D.N.Y. Dec. 23, 1992).

1192 Compagnie des Bauxites, No. 90-0169 (JGP), 1992 U.S. Dist. LEXIS 8046, at *16.

1193 Compagnie des Bauxites, No. 90-0169 (JGP), 1992 U.S. Dist. LEXIS 8046, at *16, unter Berufung auf Parsons & Whittemore Overseas Co., 508 F.2d 969, 973.

1194 Diese Aussage ist aber (wohl) nur als *obiter dictum* zu verstehen. Das Gericht stellt im folgenden nämlich fest, daß nach seiner Überzeugung überhaupt keine Verletzung von Verfahrensvorschriften vorgelegen haben könne, denn die *ICC*-Schiedsgerichtsordnung sehe überhaupt kein formalisiertes Verfahren zur Kostenentscheidung vor (aaO, at * 21).

1195 P.T. Reasuransi, No. 92 Civ. 4623 (MGC), 1992 WL 400733, at *1-2.

1196 P.T. Reasuransi, No. 92 Civ. 4623 (MGC), 1992 WL 400733, at *2.

1197 La Société Nationale pour la Recherche, la Production, le Transport et la Commercialisation des Hydrocarbures [Sonatrach] v. Shaheen Natural Resources Co., 585 F.Supp. 57 (S.D.N.Y. 1983).

spruch zur Parteivereinbarung und der *ICC*-Schiedsgerichtsordnung erfolgt.[1198] Nach Ansicht von *Shaheen* hätte das Schiedsgericht – entgegen Art. 2 V *ICC*-Schiedsgerichtsordnung (alt)[1199] – nicht mit drei Schiedsrichtern besetzt werden dürfen. Die Regeln der *ICC* legen es aber in das Ermessen des Gerichtshofs zu entscheiden, ob die Bedeutung des Falles ein Drei-Personen-Schiedsgericht erfordert. Nach Ansicht hätte diese Einwendung dem Schiedsgericht vorgelegt werden müssen. Im übrigen entsprach die Entscheidung des Gerichtshofs sowohl Schiedsvereinbarung wie Schiedsgerichtsordnung.[1200] Von größerem Interesse ist der zweite Einwand: Art. 18 der alten Schiedsgerichtsordnung sah eine Frist von sechs Monaten für den Endschiedsspruch vor.[1201] Dieser Frist war nach Ansicht von *Shaheen* nicht entsprochen worden. Auch diese Frage hätte *Shaheen* vor das Schiedsgericht bringen müssen, weshalb das *District Court* wiederum von einem Rügeverlust ausging.[1202] In diesem Sinne hatte auch schon ein *District Court* in Georgia in *Laminoirs v. Southwire*[1203] entschieden: Auch hier war das Gericht zunächst von einer Fristverlängerung ausgegangen.[1204] Gleichzeitig wies das Gericht

---

[1198] „The contract provides that any dispute arising between the parties 'shall be permanently settled according to the Rules of Conciliation and Arbitration of the International Chamber of Commerce by one or more arbiters named in accordance with those rules'" (Sonatrach, 585 F.Supp. 57, 65). Dazu auch American Constr. Mach. & Equip. Corp. Ltd. v. Mechanised Constr. of PakistanLtd., 659 F.Supp. 426, 429 (S.D.N.Y. 1987), wo das *District court* genau den gleichen Einwand der Verteidigung ablehnte, da die Beklagte erstens der Schiedsrichterauswahl durch die *ICC* zugestimmt hatte ebenso wie sie dem Schiedsauftrag und –ort, wie dem Verfahrensrecht zugestimmt hatte. Damit ging das Gericht anscheinend von einem konkludenten Rügeverzicht aus.

[1199] Art. 2 V der alten Schiedsgerichtsordnung lautete:

Haben die Parteien die Zahl der Schiedsrichter nicht vereinbart, ernennt der Schiedsgerichtshof einen Einzelschiedsrichter, sofern er nicht der Ansicht ist, daß die Bedeutung des Streitfalles die Ernennung von drei Schiedsrichtern rechtfertigt. In diesem Fall steht den Parteien eine Frist von 30 Tagen zur Verfügung, innerhalb derer sie die Schiedsrichter benennen können.

Artikel 8 der neuen, seit 1.1.1998 gültigen Schiedsgerichtsordnung der *ICC* sieht vor:

(1) Die Streitigkeiten werden durch einen Einzelschiedsrichter oder durch drei Schiedsrichter entschieden.

(2) Haben die Parteien die Anzahl der Schiedsrichter nicht vereinbart, ernennt der Gerichtshof einen Einzelschiedsrichter, sofern er nicht angesichts der Bedeutung der Streitigkeit die Ernennung von drei Schiedsrichtern für gerechtfertigt hält....

Zur neuen Schiedordnung der Internationalen Handelskammer: Kronke, RIW 98, 257, und Habscheid, RIW 98, 421.

[1200] Sonatrach, 585 F.Supp. 57, 64-65.

[1201] Jetzt Art. 24, der ebenfalls eine Frist von sechs Monaten vorsieht.

[1202] Sonatrach, 585 F.Supp. 57, 65: „Shaheen has not raised this objection before the panel or prior to the instant motion and is therefore estopped from raising it now." Gleichzeitig war die Entscheidungsfrist aber auch nach Ansicht des Gerichts mehrfach durch den Gerichtshof in Übereinstimmung mit Art. 18(2) verlängert worden.

[1203] Laminoirs-Trefileries-Cableries de Lens S.A. v. Southwire Co., 484 F.Supp.1063 (D. N.D. Ga. 1980).

[1204] Laminoirs, 484 F.Supp. 1063, 1066: Es bleibt allerdings im Dunkeln, ob die Frist wirklich verfahrensrechtlich korrekt von Schiedsgerichtshof verlängert worden war. Das *District court* spricht allgemein nur von „court" und dessen Sitzungen, was vermuten läßt, daß es (formell fehlerhaft) eine Fristverlängerung durch die Schiedsrichter, und nicht den Schiedsgerichtshof annahm.

nachdrücklich darauf hin, daß *Southwire* den Fristablauf vor dem Schiedsgericht hätte rügen müssen, um sein Rügerecht nicht zu verlieren: „[T]here is nothing to indicate that Southwire lodged any protest once the initial six-month period had elapsed. In order to preserve one's rights, it is *essential to protest against continuance* of the arbitration proceedings after the stipulated time has elapsed."[1205] Damit bleibt die Frage letztlich unentschieden, ob die US-Gerichte einen Schiedsspruch auch dann vollstrecken würden, wenn er erst nach Ablauf der Amtszeit der Schiedsrichter zustandegekommen wäre.

- **Zusammenfassung:** Die US-Gerichte bestätigten im wesentlichen die anfänglich erörterten Richtlinien. So scheinen sie – wie das Bundesgericht in *Al Haddad Bros.* ohne weiteres (auch mit zweifelhafter Begründung) – auf das Recht am Schiedsort zurückgreifen, um so entgegen der Verzögerungstaktik einer Partei die Schiedsabrede durchzusetzen und die Vollstreckung der Schiedsspruches zugunsten der „schiedstreuen" Partei zu gewährleisten. Die mangelnde Stringenz in der Begründung mag als ein weiteres Indiz dafür gewertet werden, wie ernst es den Gerichten mit ihrer *pro-enforcement policy* ist.
Einen weiten Verfahrenbegriff wendet implizit z. B. das *District Court* in *Compagnie des Bauxites* an. Es faßt richtigerweise unter den Verfahrensbegriff auch noch den Kostenentscheid, selbst wenn er erst nach Prüfung des eigentlichen Schiedsspruches durch die *ICC* ergangen war. Gleichzeitig bestätigten die Bundesgerichte für den *D.C.* wie für den *Southern District of New York* den engen Fehlerbegriff und lassen durchblicken, daß sich dieser Fehler auch nachhaltig auf das Schiedsverfahren ausgewirkt haben muß („substantial prejudice"), also kausal sein muß.[1206]
Insgesamt honorierten die Gerichte auch im Rahmen von Art. V(1)(d) keine Obstruktionstaktik und versuchten so die Parteien zu einer aktiven Teilnahme am Schiedsverfahren anzuhalten, so wie die Parteien es ursprünglich vereinbart hatten. Hätten Einwände schon im Schiedsverfahren vorgebracht werden können, können sie im Vollstreckungsverfahren nicht mehr berücksichtigt werden.

f. Art. V (1)(e) – Noch nicht verbindlicher Schiedsspruch

Der letzte Versagungsgrund, den ein Gericht nur auf Antrag berücksichtigen kann, ist Art. V(1)(e). Für Art. V(1)(e) muß bewiesen sein,

> (e) daß der Schiedsspruch für die Parteien noch nicht verbindlich geworden ist oder daß er von einer zuständigen Behörde des Landes, in dem oder nach dessen Recht er ergangen ist, aufgehoben oder in seinen Wirkungen einstweilen gehemmt worden ist.

[1205] Laminoirs, 484 F.Supp. 1063, 1066 (Hervorhebung vom Autor). Gleichzeitig mag es von Bedeutung gewesen sein, daß die Beklagte anscheinend keinen Schaden durch die Fristversäumung erlitten hatte.
[1206] Kritisch dazu: Stein/Jonas/Schlosser, Anhang zu § 1044 III Rnr. 73.

(1) Einführung

Es sind also zwei Alternativen der Vollstreckungsversagung, die Buchstabe (e) regelt:
- die mangelnde Verbindlichkeit und
- die Aufhebung oder Hemmung eines Schiedsspruches.

Vielfach wird Art. V(1)(e) seine Bedeutung besonders im Zusammenspiel mit Art. VI entfalten.[1207] Denn Art. VI legt es in das Ermessen des Vollstreckungsgerichts, die Vollstreckung auf Antrag schon dann auszusetzen, wenn nur Aufhebung oder Hemmung, also die Voraussetzungen von Art. V(1)(e), beantragt wurden. Damit wird der (vorläufig) unterlegenen Partei ein Instrumentarium an die Hand gegeben, sich vor der endgültigen Klärung der Rechtslage den Status Quo zu sichern. Gleichzeitig birgt aber auch Buchst. (e) wieder das Risiko, daß eine unterlegene Partei versucht sein wird, über diesen Versagungsgrund eine Verschleppung der Vollstreckung zu erreichen.

Dagegen ist es für die obsiegende Partei naturgemäß von großer praktischer Bedeutung, von welchem Zeitpunkt an sie die Vollstreckung betreiben kann, ab wann also ein Schiedsspruch als (hinreichend) verbindlich (*binding*) im Sinne des UNÜ angesehen wird. Genau diese Frage gehörte zu den meistdiskutierten Problemen während der Verhandlungen über das Abkommen. Denn allgemein wurde davon ausgegangen, daß die Regelung dieses Problems in der Genfer Konvention von 1927 entscheidend zu deren Scheitern in der Praxis beigetragen hatte. Die Genfer Konvention[1208] sah in ihrem Art. I(d) hierzu vor, „[t]hat the award has become final in the country in which it has been made...", daß also der Schiedsspruch in seinem Heimatstaat eine endgültige Entscheidung darstellen müsse. Das zu beweisen war Sache der vollstreckenden Partei. Damit lief das Tatbestandsmerkmal *final* in der Praxis letztlich auf ein aufwendiges zweifaches Vollstreckungsverfahren hinaus. Dieses aufwendige und umständliche Verfahren hat zum Scheitern der Genfer Konvention entscheidend beigetragen;[1209] deshalb wird allgemein davon aus-

---

[1207] Artikel VI: „Ist bei der Behörde, die im Sinne des Artikels V Absatz 1 Buchstabe e zuständig ist, ein Antrag gestellt worden, den Schiedsspruch aufzuheben oder ihn in seinen Wirkungen einstweilen zu hemmen, so kann die Behörde, vor welcher der Schiedsspruch geltend gemacht wird, sofern sie es für angebracht hält, die Entscheidung über den Antrag, die Vollstreckung zuzulassen, aussetzen; sie kann aber auch auf Antrag der Partei, welche die Vollstreckung des Schiedsspruches begehrt, der anderen Partei auferlegen, angemessene Sicherheit zu leisten."

[1208] Abgedruckt bei: Schütze/Tscherning/Wais, S. 492 ff.

[1209] Aus dem Wort *final* wurde allgemein so ausgelegt, daß keine Rechtsmittel mehr gegen den Schiedsspruch in seinem Herkunftsstaat geltend gemacht werden konnten (VAN DEN BERG, NEW YORKCONVENTION 333). Ausführlich zum historischen Hintergrund: Bertheau, Das New Yorker Abkommen, S. 90 ff.

gegangen, daß es eines der Hauptziele der Verfasser des UNÜ war, ein solches *double exequatur* zu vermeiden.[1210]

(a) Eintritt der Verbindlichkeit

Im weiteren lassen sich aber bei der Bestimmung der Verbindlichkeit zwei Ansatzpunkte unterscheiden, die entweder auf das anwendbare Verfahrensrecht abstellen oder – dem entgegengesetzt – eine autonome Bestimmung der Verbindlichkeit des Schiedsspruches vornehmen wollen.[1211] Die Entstehungsgeschichte gibt hier keinen Aufschluß.[1212]
Wird auf das anwendbare Verfahrensrecht abgestellt, so liegt die Verbindlichkeit eines Schiedsspruches dann vor, wenn er nach dem ihm zugrundeliegenden Verfahrensrecht für vollstreckbar erklärt werden kann.[1213] Auf einen anderen Aspekt stellt die die „autonome Interpretation" ab, nämlich inwieweit ordentliche[1214] oder außerordentliche[1215] Rechtsmittel gegen den Schiedsspruch möglich sind.[1216] Können noch ordentliche Rechtsmittel eingelegt werden (Fristen!) und ist damit auch noch die Abänderung der Entscheidungsgründe möglich, ist der Schiedsspruch danach noch nicht verbindlich. Ohne einen Rückgriff auf das anwendbare Recht kommt damit auch die autonome Auslegung nicht aus. Insoweit ist der Begriff irreführend. Die US-Literatur nimmt eine so prononcierte Unterscheidung meist nicht vor und geht im Sinne der „autonomen Interpretation" davon aus, daß ein Schiedsspruch verbindlich ist, wenn Berufung zu einer zweiten schiedsrichterlichen Instanz nicht möglich ist.[1217]

Unterschiede zwischen beiden Ansätzen ergeben sich, wenn das anwendbare Recht an die Vollstreckung im Heimatstaat noch bestimmte formale Voraussetzungen knüpft (wie das Niederlegungserfordernis nach der ZPO (a.F.)), und bei der Frage,

---

[1210] Quigley, *Accession to United Nations Convention*, 70 YALE L.J. 1049, 1069; Contini, 8 AM. J. COMP. L. 283, 303-304.

[1211] Zu einem internationalen Ansatz siehe schon oben c zu Art. V(1)(b). Ein sehr differenzierter Überblick findet sich bei Freyer & Gharavi, *Enforceability of Foreign Arbitral Awards*, 104-110.

[1212] Contini, 8 AM. J. COMP. L. 283, 303-304, der hervorhebt, daß Einigkeit über die Vermeidung eines *double exequatur* herrschte, aber gleichzeitig die Uneinigkeit über den Begriff der „Verbindlichkeit" aufzeigt; Quigley, *Accession to United Nations Convention*, 70 YALE L.J. 1049, 1069.

[1213] Stein/Jonas/Schlosser, Anhang zu § 1044 III Rnr. 78 (*Schlosser* bietet auch eine alternative Formulierung: „Verbindlich ist ein Schiedsspruch daher von dem Augenblick an, zu dem nach seinem Heimatrecht die Parteien an ihn gebunden sind" (Rnr. 79); MünchKomm-Gottwald, IZPR, Art. V Rnr. 35; Schwab/Walter, Kap. 57 Rnr. 19. Diese Ansicht sei im folgenden als „weite Auslegung" bezeichnet.

[1214] Also die Berufung zu einer zweiten Schiedsinstanz, einer zweiten Tatsacheninstanz.

[1215] Also die Rechtsmittelgegen andere Unregelmäßigkeiten, vor allem Verfahrensunregelmäßigkeiten.

[1216] VAN DEN BERG, NEW YORKCONVENTION 342-343; Sanders, 13 INT'L LAW. 269, 276. Ähnlich Bertheau, Das New Yorker Abkommen, S. 94-95, der aber davon ausgeht, daß auch außerordentliche Rechtsmittel den Eintritt der Verbindlichkeit hindern, wenn im Heimatstaat des Schiedsspruches nur außerordentliche Rechtsmittel möglich sind.

[1217] Aksen, *Foreign Arbitral Awards*, 3 S.W. U. L. REV. 1, 11; Harnik, 31 AM. J. COMP. L. 703, 708-709; Strub, 68 TEX. L. REV. 1031, 1059; Tupman, 3 ARB. INT'L 209, 219.

ob eine im anwendbaren Recht vorgesehene Suspensivwirkung von Aufhebungsklage oder vergleichbarer Rechtsbehelfe auch im Vollstreckungsverfahren Berücksichtigung finden muß. In den meisten Fällen stellen sich die beiden Ansichten letztlich nur als die verschiedenen Seiten der gleichen Medaille dar.[1218]
Gegen die unabhängige(re) Anknüpfung wird allgemein die damit verbundene Unsicherheit bei der Bestimmung der Verbindlichkeit vorgebracht.[1219] Typischerweise werden die Vollstreckungsgerichte ihre Rechtsausführungen aber an irgendeiner Rechtsordnung „festmachen“ wollen und insoweit auf das anwendbare Recht zurückgreifen, es gegebenenfalls im Geiste des UNÜ auslegen und modifizieren. Diese Möglichkeit erlaubt ihnen aber auch die „autonome Auslegung“. Für die engere Anbindung wird vorgebracht, daß diese Ansicht eher die Interessen der unterlegenen Partei wahrt, denn ihr wäre leichter vorhersehbar, wann mit Vollstreckungshandlungen zu rechnen ist.[1220] Auch dieses Argument ist bei näherem Hinsehen kaum haltbar, denn die Ansicht kommt auch nicht mit Modifikationen des lokalen Recht aus wie die Formulierung „ ...nach dem ihm zugrundeliegenden Verfahrensrecht für vollstreckbar werden *kann*“ (Hervorhebung vom Autor) schon andeutet. Es obliegt also demVollstreckungsrichter nach dem – ihm regelmäßig fremden – Recht des Schiedsverfahrens zu beurteilen, welche Anforderungen möglicherweise entbehrlich sind (wie das schon erwähnte Niederlegungserfordernis).[1221] Die größere Vorhersehbarkeit der richterlichen Entscheidung für den Vollstreckungsgegner mag insoweit bezweifelt werden.[1222]
Problematisch ist auch ein weiterer Aspekt, der sich aus der engen Anbindung der weiten Auslegung an das nationale Recht ergibt: sie faßt den Verbindlichkeitsbegriff so weit, daß hierunter z. B. auch die Hemmung eines Schiedsspruches fallen würde. Denn nach der von ihr gebrauchten Formel („Verbindlich ist ein Schiedsspruch daher von dem Augenblick an, zu dem nach seinem Heimatrecht die Parteien an ihn gebunden sind.“) kann ein Schiedsspruch dann noch keine Wirkung entfalten. Damit wäre aber die gesonderte Erwähnung von Aufhebung und Hemmung in Art. V(1)(e) überflüssig. Die vor allem von *Schlosser* vertretene Auffassung führt dagegen an, Art. V(1)(e) verpflichte erst die Vollstreckungsgerichte zur Anerkennung von Aufhebung und Suspendierung im Heimatstaat. Denn zur

---

[1218] Stein/Jonas/Schlosser, Anhang zu § 1044 III Rnr. 78. Allgemein wird jedoch betont, daß eine Vollstreckbarkeitserklärung, also ein Exequaturrteil keine Voraussetzung sein könne (Stein/Jonas/Schlosser, aaO).
[1219] Stein/Jonas/Schlosser, Anhang zu § 1044 III Rnr. 79; MünchKomm-Gottwald, IZPR, Art. V Rnr. 35.
[1220] MünchKomm-Gottwald, IZPR, Art. V Rnr. 35.
[1221] Stein/Jonas/Schlosser, Anhang zu § 1044 III Rnr. 78. Die dort (Fn. 365) zitierten konträren Gerichtsentscheidungen verdeutlichen die schwierige Handhabung der Formel. Sanders, 13 INT'L LAW. 269, 275.
[1222] Ähnlich auch VAN DEN BERG, NEW YORK CONVENTION 341. Ein Vollstreckungsrichter müßte also nach dem anwendbaren Recht die Vollstreckungsvoraussetzungen abklären, um sie dann möglicherweise in einem weiteren Schritt wieder für unbeachtlich zu erklären.

Anerkennung eines solchen Gerichtsurteils sei der Vollstreckungsstaat ja überhaupt nicht verpflichtet.[1223] Das ist sicher richtig. Es fragt sich aber, ob eine Anerkennung von einem Gerichtsurteil überhaupt noch erforderlich ist. Denn ein Schiedsspruch war ja nie bindend geworden. Die gerichtliche Entscheidung zementiert jetzt gleichsam nur noch die Unverbindlichkeit des Schiedsspruches, wonach schon die Vollstreckbarkeit ausgeschlossen ist. Es gibt letztlich gar nichts, was gehemmt oder aufgehoben werden könnte.[1224]

Schließlich widerspricht auch der gedankliche Ansatz der internationalen Schiedsgerichtsbarkeit grundsätzlich einer engen Anbindung an das nationale Recht: wieso sollte sich der Vollstreckungsrichter an den Anforderungen für die nationale Vollstreckung orientieren, wenn für ihn doch Grundlage seiner Entscheidung nur die Parteiabrede und internationale Abkommen sein kann? Als ein Vorteil der internationalen Schiedsgerichtsbarkeit wird doch gerade eine möglichst weitgehende Unabhängigkeit von einem nationalen Verfahrensrecht angenommen. Insoweit sollte im Zweifel ausgehend von der – das Schiedsverfahren konstituierenden – Parteiabrede eine Bindungswirkung eines erlassenen Schiedsspruchs angenommen werden. Das gilt insbesondere, wenn die Parteien eine Schiedsordnung vereinbarten, die – wie diejenigen von *ICC* und *AAA* – eine bindende Wirkung des Schiedsspruchs vorsehen,[1225] aber auch wenn nur allgemein angefochten wird, überhaupt eine bindende Schiedsrichterentscheidung vereinbart zu haben.[1226] Denn typischerweise wird im internationalen Wirtschaftsverkehr eine bindende Schiedsrichterentscheidung vereinbart, um die Entscheidungskompetenz nationaler Gerichte möglichst gering zu halten. Wollten die Parteien keine bindende Entscheidung, so hätten sie ein Schlichtungsverfahren gewählt.[1227]

Insgesamt bietet die autonome Auslegung sicherlich ein einfacher handhabbares Kriterium: die Prüfung, ob noch ordentliche Rechtsmittel möglich sind, und damit einen sehr eingeschränkten Blick in das anwendbare Recht. Möglichen Anforderungen des anwendbaren Rechts nach einem Exequaturutreils als Voraussetzung für die Bindungswirkung und damit einem *Double Exequatur* wird so eindeutig ausgewichen.[1228] Da den meisten Schiedsordnungen eine zweite

---

[1223] Stein/Jonas/Schlosser, Anhang zu § 1044 III Rnr. 79.

[1224] „[B]ecause if an award is not yet 'binding' there is nothing for a court in the country of origin to set aside" (Tupman, 3 ARB. INT'L 209, 219).

[1225] Strub, 68 TEX. L. REV. 1031, 1059; Freyer & Gharavi, *Enforceability of Foreign Arbitral Awards*, 109; in diesem Sinne auch Seetransport Wiking Trader v. Navimpex Centrala, 989 F.2d 572, 581 (2nd Cir. 1993); (wohl) zweifelnd: Stein/Jonas/Schlosser, Anhang zu § 1044 III Rnr. 78.

[1226] Dazu sogleich die Entscheidung *Spier v. Calzuturificio Tecnica.*

[1227] Strub, 68 TEX. L. REV. 1031, 1059.

[1228] VAN DEN BERG, NEW YORK CONVENTION 341. Sanders, 13 INT'L LAW. 269, 275-276. A. A. Schlosser, Internationale Schiedsgerichtsbarkeit, Rnr. 79, der auch einem Exequaturerfordernis Rechnung tragen will.

Instanz unbekannt ist, kann der Schiedsspruch in den meisten Fällen mit seinem Erlaß als verbindlich angesehen werden.[1229] Unstreitig hindert nach allgemeiner Ansicht allein die Möglichkeit einer Aufhebungsklage nicht die den Eintritt der Verbindlichkeit.[1230]

(b) Wegfall der Verbindlichkeit

Aus den verschiedensten Gründen kann die Verbindlichkeit eines Schiedsspruches nachträglich weggefallen sein, was natürlich auch nicht ohne Einfluß auf die Vollstreckbarkeit bleiben kann.

- **Merger doctrine:** Die Verbindlichkeit im Sinne des UNÜ könnte zum Beispiel dann entfallen sein, wenn man mit der z. T. in *common law*-Rechtsordnungen vertretenen *doctrine of merger* davon ausgeht, daß ein Schiedsspruch durch die Vollstreckbarkeitserklärung eines Gerichtes in seinem Herkunftsstaat in diesem Urteil aufgeht. Verliert er aber seinen eigenständigen Rechtscharakter als Schiedsspruch könnte das der Vollstreckung nach dem UNÜ, das sich nicht auf Gerichtsurteile bezieht, entgegenstehen. Mit dem historischen Hintergrund der Konvention läßt sich eine solche Befürchtung aber zerstreuen. Schließlich sollte das UNÜ das Vollstreckungsverfahren entscheidend vereinfachen, indem gerade auf das in der Praxis der Genfer Konvention erforderliche *double exequatur* verzichtet wurde. Das heißt aber nicht im Gegenschluß, daß eine Vollstreckbarkeitserklärung jetzt die Vollstreckung verhindern würde, denn das hätte ja zur Folge, daß ein Schiedsspruch, der noch nach den Genfer Abkommen vollstreckbar war, nach dem UNÜ nicht mehr durchsetzbar wäre. Fordert aber das anwendbare Recht eine Vollstreckbarkeitserklärung, würde das – bei Anwendung der *merger doctrine* – das UNÜ unanwendbar machen. Ein absurdes Ergebnis.[1231]

- **Aufhebung:** Für das Vollstreckungsgericht ist nur die Aufhebung beachtlich, die durch die zuständige Behörde erfolgte. Sachlich zuständig, wie sich aus Art. V(1)(e) ergibt, ist „die Behörde des Landes, in dem oder nach dessen Recht" der Schiedsspruch gefällt wurde. In der Praxis ist das fast immer ein Gericht, in dem Staat, wo das Schiedsverfahren stattfand.[1232] Wichtigste Konsequenz aus dieser Zu-

---

[1229] VAN DEN BERG, NEW YORK CONVENTION 345; Mulyana, 6 Am. Rev. Int'l Arb. 89, 99; Tupman, 3 ARB. INT'L 209, 211-212.

[1230] Bertheau, Das New Yorker Abkommen, S. 96; MünchKomm-Gottwald, IZPR, Art. V Rnr. 35; Harnik, 31 AM. J. COMP. L. 703, 709.

[1231] VAN DEN BERG, NEW YORK CONVENTION 348; in diesem Sinne auch Stein/Jonas/Schlosser, Anhang zu § 1044 III Rnr. 36. Zweifelnd: Harnik, 31 AM. J. COMP. L. 703, 709-711.

[1232] VAN DEN BERG, NEW YORK CONVENTION 350. Nachdrücklich weist *Strub* (68 TEX. L. REV. 1031, 1048-1049) darauf hin, daß nicht nur die Gerichte des Schiedsortes, sondern parallel auch die Gerichte des Staates, nach dessen Recht verfahren wurde, die Aufhebungszuständigkeit haben. Obwohl das Auseinanderfallen von Schiedort und anwendbarem Recht in der Praxis eher ungewöhnlich ist, ermöglicht Art. V(1)(e) die konkurrierende Zuständigkeit zweier Gerichte. Das kann gegegebenfalls zu

ständigkeitsvorschrift ist, daß die Aufhebung des Schiedsspruches durch Gerichte anderer Staaten nicht von dem Vollstreckungsgericht berücksichtigt werden muß.[1233] In Abgrenzung zu Art. VI bedeutet Aufhebung im Sinne von Art. V(1)(e) nur die endgültige Aufhebung der verbindlichen Wirkung des Schiedsspruches durch ein staatliches Gericht. Hat der Vollstreckungsgegner bisher dagegen nur einen Antrag auf Aufhebung gestellt, kann er nur die Aussetzung des Verfahrens nach Art. VI erreichen.[1234]

Nicht geregelt hat das UNÜ den Fall, daß das zuständige Gericht den Schiedsspruch erst nach seiner Vollstreckung aufhebt. Damit wäre erst nachträglich die Grundlage der Vollstreckung entfallen. Hier bleibt der unterlegenen Partei nur der Weg zu den Gerichten des Vollstreckungsstaates, denn Art. III verweist für die Vollstreckung grundsätzlich auf die Verfahrensvorschriften des Vollstreckungsstaates und grenzt das lokale Verfahrensrecht nur durch die Vorschriften des UNÜ ein.[1235] Alternativ wird für möglich gehalten, daß das zuständige Gericht in seinem Aufhebungsurteil gleichzeitig die Rückzahlung möglicherweise schon gezahlter Beträge verfügt. Dieses Urteil müßte dann im Wege internationaler Anerkennung von Gerichtsurteilen nach der *Hilton v. Guyot* Doktrin vollstreckt werden.[1236] Fällt aus anderen Gründen die Verbindlichkeit zwischen den Parteien weg, bietet sich eine analoge Anwendung von Art. V(1)(e) an. [1237] Ein solcher Fall könnte sich z. B. bei einem Vergleich der Parteien nach dem Erlaß des Spruches ergeben.

- **Hemmung:** Diese zweite Hälfte ist im System der Artikel V(1)(e) und VI nur schwer einzuordnen. Es bleibt auch mit Blick auf die Entstehungsgeschichte der Konvention im Dunkeln, was genau die Verfasser mit der „einstweiligen Hemmung der Wirkungen des Schiedsspruches“ gemeint haben könnten.
Ausgehend von deutschem Verständnis gilt: „Der Schiedsspruch hat unter den Parteien die Wirkung eines rechtskräftigen gerichtlichen Urteils“ (§ 1055 ZPO). Seine Wirkung kann ein Schiedsspruch – wie ein Urteil – insbesondere dann entfalten, wenn die unterlegene Partei sich weigert, ihren im Spruch festgestellten Verpflichtungen nachzukommen und dann auf seiner Grundlage die (Zwangs)Vollstreckung betrieben werden kann. Das ist Sinn und Zweck des Schiedsverfahrens.

---

divergierenden Entscheidungen der Gerichte führen. Hier erlaubt Art. III den Rückgriff auf das nationale Recht des Vollstreckungsstaates, um diesen Konflikt aufzulösen. Das amerikanische Recht ginge bei einem Fall divergierender Entscheidungen von zwei verschiedenen, zuständigen Gerichten von der Gültigkeit des zeitlich letzten Urteils aus (Strub, aaO, Fn. 137).

[1233] Bertheau, Das New Yorker Abkommen, S. 97; MünchKomm-Gottwald, IZPR, Art. V Rnr. 40.

[1234] VAN DEN BERG, NEW YORK CONVENTION 350; Freyer & Gharavi, *Enforceability of Foreign Arbitral Awards*, 106.

[1235] VAN DEN BERG, NEW YORK CONVENTION 351.

[1236] Tupman, 3 ARB. INT'L 209, 220; Strub, 68 TEX. L. REV. 1031, 1063; Paulsson, *Disregarding LSAS under the NY Convention*, 7 AM. REV. INT'L ARB. 99, 111.

[1237] MünchKomm-Gottwald, IZPR, Art. V Rnr. 44.

Insoweit muß davon ausgegangen werden, daß sich die Hemmung der Wirkungen auf die Vollstreckbarkeit und die Vollstreckung des Schiedsspruches bezieht.[1238] Daraus ergibt sich als logische Konsequenz, daß auch die Einstellung der Zwangsvollstreckung im Heimatstaat des Schiedsspruches als Hemmung im Sinne von Art. V(1)(e) gewertet werden muß.[1239] Schließlich beruht die Einstellung der Zwangsvollstreckung doch gerade auf materiellen Einwendungen gegen deren Rechtsgrundlage, also gegen den Schiedsspruch als solchen.[1240] Etwas anderes ergibt sich nur, wenn sich die Einstellung des Zwangsvollstreckung auf verfahrensrechtlichen Mängeln im Vollstreckungsverfahren beruhen würde. Dann nämlich würde sich die Hemmung der Wirkungen ja nicht auf den Schiedsspruch selbst beziehen.

Entscheidend ist für die Aufhebung wie die Hemmung der Wirkung, daß eine Entscheidung der zuständigen Behörde vorliegt. Das ergibt sich aus dem insoweit eindeutigen (englischen) Wortlaut: „[o]r has been set aside or suspended by a competent authority". Hemmende Wirkung hat eine Berufung also nur, wenn sie z. B. auf einer richterlichen Entscheidung beruht oder ermöglicht wird, nicht aber wenn ein Suspensiveffekt sich als automatische Folge eines Rechtsbehelfes ergibt.[1241] Ein richterliches *leave to appeal* nach englischem Recht wäre eine solche richterliche Entscheidung, weil sie erst den Antragsteller zur Einlegung einer Berufung ermächtigt.[1242]

Für einen deutschen Schiedsspruch gilt folgendes: unter den Voraussetzungen von § 1054 ZPO wird ein deutscher Schiedsspruch (formell) rechtskräftig und damit für die Parteien verbindlich. Das schließt die Zustellung mit ein.[1243] Im Ausland könnte er dann auf der Grundlage des UNÜ vollstreckt werden, denn das Erfordernis einer Vollstreckbarkeitserklärung nach § 1060 Abs. 1 ZPO durch das zuständige Ge-

---

[1238] VAN DEN BERG, NEW YORK CONVENTION 351.

[1239] Schwab/Walter, Kap. 57 Rnr. 21. A. A. ohne Begründung: Stein/Jonas/Schlosser, Anhang zu § 1044 III Rnr. 81; MünchKomm-Gottwald, IZPR, Art. V Rnr. 45.

[1240] A. A. MünchKomm-Gottwald, IZPR, Art. V Rnr. 45.

[1241] van den Berg, *Commentary*, XXI Y. B. COM ARB. 394, 501 ¶ 517; Paulsson, *Disregarding LSAS under the NY Convention*, 7 AM. REV. INT'L ARB. 99, 112-112; Tupman, 3 ARB. INT'L 209, 220: „Suspension by operation of law, without any formal consideration by a 'competent authority,' simply cannot be a basis for refusing to recognize and enforce a foreign arbitral award." Stein/Jonas/Schlosser, Anhang zu § 1044 III Rnr. 79 hält diese Unterscheidung für nicht gerechtfertigt. Es erscheint auch beinahe zufällig, ob nun das anwendbare Recht oder erst eine (möglicherweise regelmäßig gewährte) richterliche Zulassung einer Berufung eine Suspensivwirkung ermöglicht. Diese Unterscheidung läßt sich aber gut mit dem Wortlaut rechtfertigen. Gleichzeitig mag sie aus dem Gedanken herrühren, daß eine Zulassungsberufung aufgrund einer richterlichen Entscheidung schwieriger zu erreichen ist als eine „normale" Berufung, die von per se eine Suspensivwirkung entfaltet. So wäre dem Ziel der Erleichterung der Vollstreckung besser genügt.

[1242] Stein/Jonas/Schlosser, Anhang zu § 1044 III Rnr. 81.

[1243] Lachmann, Rnr. 473; zum Zustellungserfordernis auch: Stein/Jonas/Schlosser, Anhang zu § 1044 III Rnr. 78).

richt gilt nur für die inländische Zwangsvollstreckung, hat also auf die Vollstreckung nach dem UNÜ keinen Einfluß.[1244]
Ebenso hemmt auch ein Vollstreckungs- (§ 1060) oder Aufhebungsverfahren (§ 1059) zunächst nicht die Wirkung eines Schiedsspruches, es hindert nur dessen zwangsweise Durchsetzung im Inland. In dieser Rechtslage kann ein Vollstreckungsgegner auf die Möglichkeit nach Art. VI UNÜ einer Aussetzung des Vollstreckungsverfahrens verwiesen werden. Ist die Aufhebungsklage erfolgreich, wird der Schiedsspruch nicht bloß gehemmt, sondern weitergehend im Sinne des ersten Teils aufgehoben. Die gleiche Situation ergibt sich für einen zurückgewiesenen Antrag auf Vollstreckbarkeitserklärung, denn nach § 1060 Abs. 2 ZPO wird nicht nur die Vollstreckung versagt, sondern gleichzeitig der Schiedsspruch aufgehoben.[1245] Eine Hemmung der Wirkungen könnte angenommen werden, wenn die Zurückweisung des Vollstreckbarkeitsantrages nicht auch die Aufhebung des Schiedsspruches implizieren würde, denn Aufhebung und Wirkungshemmung haben aber die gleiche Ursache, nämlich das Vorliegen eines Aufhebungsgrundes, und verursachen die gleiche Rechtsfolge, nämlich die Untersagung der Vollstreckung. Für die Praxis bleibt die „Hemmungs-Alternative" also bedeutunglos.

(2) Rechtsprechung

Eine Vielzahl von Gerichtsurteilen haben sich inzwischen mit der Problematik um die Art. V(1)(e) und VI beschäftigt. Sie lassen sich sinnvollerweise anhand der gerade erörterten Stichworte einordnen:

- Bindungswirkung: Die Problematik der Bindungswirkung wird das erste Mal in *Fertilizer v. IDI*[1246] diskutiert, wo *IDI* unter Berufung auf Art. V(1)(e) der Vollstreckung zu entgehen suchte. Zeitgleich zu dem Vollstreckungsverfahren betrieb *IDI* nämlich ein Aufhebungsverfahren vor indischen Gerichten, die bei begründeten Schiedssprüchen – so behauptete *IDI* – den Schiedsspruch auch auf mögliche Rechtsfehler untersuchten. Damit würde im Ergebnis eine Überprüfung der Entscheidungsgründe vorgenommen, eine Bindungswirkung des Schiedsspruchs wäre damit sinnvollerweise ausgeschlossen.[1247] Dem widersprach die Vollstreckungsklägerin: der Schiedsspruch sei nach indischem Recht, *ICC*-Schiedsgerichtsordnung und Parteivereinbarung als verbindlich anzusehen. Die Situation sei vergleichbar mit jedem Urteil eines *District Courts*, das trotz seiner Anfechtbarkeit für die Prozeßparteien verbindlich sei.[1248] Das *District Court* kam nach ausführlicher Erörterung der Grundlagen des Schiedsverfahrens (Schiedsklausel, indisches

[1244] Bertheau, Das New Yorker Abkommen, S. 94; MünchKomm-Gottwald, IZPR, Art. V Rnr. 35.
[1245] Siehe auch Lachmann, Rnr. 608.
[1246] Fertilizer Corp. of India v. IDI Management, 517 F.Supp. 948 (D.S.D. Ohio 1981).
[1247] Fertilizer, 517 F.Supp. 948, 956.
[1248] Fertilizer, 517 F.Supp. 948, 956. Zustimmend Stein/Jonas/Schlosser, Anhang zu § 1044 III Rnr. 79.

Schiedsgesetz, Schiedsauftrag) und der Rechtsprechung indischer Gerichte zu dem Schluß, daß der Schiedsspruch verbindlich war, eine Versagung der Vollstreckung damit ausschied.[1249] Dabei berief sich das Gericht zusätzlich auf einen Aufsatz des damaligen *General Counsels* der *American Arbitration Association.*
Diese Ansicht stützte zwar das Ergebnis, ließ aber dessen langwierige Diskussion als überflüssig erscheinen. Wäre das entscheidende Kriterium allein die Frage nach einer zweiten schiedsrichterlichen Instanz gewesen, wonach die Verbindlichkeit eines Schiedsspruches zu messen ist, wäre der ausufernde Rückgriff auf das indische Recht überhaupt nicht erforderlich gewesen.[1250]
Einerseits könnte die Bezugnahme auf den Aufsatz von *Professor Aksen* als Schlußfolgerung verstanden werden: dann wäre das entscheidende Kriterium für die Verbindlichkeit eines Schiedsspruches, ob Rechtsmittel zu einer weiteren Schiedsinstanz eröffnet sind. Zwar findet sich diese Ansicht am Schluß der Rechtsausführungen und könnte insoweit Schlußfolgerung sein; etwas unvermittelt – beinahe ohne Überleitung – ist sie jedoch angefügt („We note the comment...“), so daß sich gleichermaßen vertreten läßt, das Gericht habe seine Entscheidung nur weitergehend absichern wollen.
Dagegen wird in der US-Literatur vertreten, die Entscheidung sei ganz im Lichte von Art. VI zu sehen.[1251] Anstatt nach dem vergleichsweise statischen Buchstaben (e) die Vollstreckung endgültig zu versagen, griff das Gericht zum Instrument des flexibleren Art. VI und setzte das Verfahren aus, regte gleichzeitig aber *FCI* an, eine Sicherheitsleistung zu beantragen.
Die Konsequenzen dieses Urteils sind nicht ganz klar auszumachen. Wahrscheinlich würde sich ein Gericht auf die Frage beschränken können, ob eine zweite schiedsrichterliche Instanz in der Parteivereinbarung vorgesehen war.[1252] Zu weitgehend erscheint die Untersuchung des Gerichts von Schiedsklausel, indischer Schiedsgesetzgebung und der höchstrichterlichen Rechtsprechung, nur um festzustellen, ob nach indischem Recht eine Überprüfung der materiellen Entscheidung möglich ist. Hier zeigt sich deutlich die Problematik der Bestimmung der Verbindlichkeit nach nationalem Recht.

In *Spier v. Calzaturificio Tecnica, S.p.A.* wandte *Tecnica* ein, der Schiedsspruch zwischen sei nur ein *arbitrato irrituale*,[1253] eine besondere Form von Schieds-

---

[1249] Fertilizer, 517 F.Supp. 948, 957.
[1250] Strub, 68 TEX. L. REV. 1031, 1052-1053.
[1251] Schließlich setzte das Gericht das Verfahren nach Art. VI aus (dazu unten g). Martinez, 24 INT'L LAW. 487, 506; West, 5 N.Y.L. SCH. J. INT'L & COMP. L. 103, 119. Ähnliches gilt für sogleich erörterte Entscheidung *Spier v. Tecnica* (Strub, 68 TEX. L. REV. 1031, 1059).
[1252] Davon gehen auch Tupman, 3 ARB. INT'L 209, 216, und Freyer & Gharavi, *Enforceability of Foreign Arbitral Awards*, 108 aus.
[1253] Das *District court* definierte den *Arbitrato irrituale* als *Contractual arbitration* im Gegensatz zur *Procedural arbitration* (= *arbitrato rituale*). Letzterer entspricht dem üblichen Verständnis eines Schiedsspruches und kann vor italienischen Gerichten nur aus einer sehr beschränkten Anzahl von

spruch im italienischen Recht, der nicht als verbindlich im Sinne des UNÜ angesehen werden könne.[1254] Das Gericht wies diesen Einwand zurück und verwies u. a. auf eine einschlägige Entscheidung des obersten Gerichts Italiens, wonach auch der *arbitrato irrituale* in den Anwendungsbereich des UNÜ falle.[1255] Weniger das Ergebnis als vielmehr Weg dahin ist Bedenken ausgesetzt, denn das Gericht ließ offen, nach welchen Kriterien es die Verbindlichkeit im Sinne des UNÜ bestimmen will. Die Systematik des italienischen Rechts bewegt sich insoweit an einer problematischen Schnittstelle.[1256] Es besteht die Gefahr, daß bei der Bestimmung der Verbindlichkeit zu sehr auf das anwendbare Recht abgestellt wird, eine ausführliche Analyse des Heimatrechts vorgenommen werden müßte. Das würde ein Vollstreckungsgericht regelmäßig überfordern und könnte ein *double exequatur* nach sich ziehen, wenn das lokale Recht das vorsieht.[1257] Andererseits verkennt eine solche Kritik, daß mit mit der Vereinbarung eines bloß schiedsgerichtsähnlichen Streitbeilegungsmechanismus' womöglich – wie hier von *Tecnica* eingewandt – der Bindungswille an das Ergebnis eines solchen Verfahrens von Anfang an fehlte. Damit wäre der Vollstreckung eines solchen „Schiedsspruches" aber der Boden entzogen. Insoweit kommt ein Gericht also nicht von der Beurteilung des anwendbaren Rechts los.[1258]

Kurz und knapp faßte in *Iran Aircraft Industries v. AVCO* der *Second Circuit* den Begriff Verbindlichkeit wie folgt:

Gründen angefochten werden. Der arbitrato irrituale entspricht eher einem Vertrag und ist daher im Gerichtsverfahren einer wesentlich größeren Zahl von Einwendungen ausgesetzt (Spier v. Calzaturificio Tecnica, S.p.A., 663 F.Supp. 871, 874). Ausführlich zu *Arbitrato rituale* und *Arbitrato irrituale*: Schlosser, Internationale Schiedsgerichtsbarkeit, Rnr. 26-27; Schwab/Walter, Kap. 42 Rnr. 4.

[1254] Spier v. Calzaturificio Tecnica, S.p.A., 663 F.Supp. 871, 874 (D. S.D.N.Y. 1987).

[1255] Spier, 663 F.Supp. 871, 874.

[1256] Daß sich *Judge Haight* dieser Problematik sehr wohl bewußt war, zeigt seine folgende Feststellung: „I do not conceive the Italian courts to be presented with the question of whether this 'arbitrato irrituale' falls within and is enforceable under the Convention. That question, although it arises here, would not seem to arise in Italy, since the award was rendered in Italy and is challenged in the Italian courts. But clearly the Italian courts must consider under Italian law the nature of the award, and the permissible scope of the challenges Tecnica may assert against it, including the alleged invalidity of the entire contract" (Spier, 875).

[1257] Strub, 68 TEX. L. REV. 1031, 1051-1052.

[1258] *Judge Haight* hätte diesem Problem möglicherweise unter Zuhilfenahme einer autonomeren Auslegung entgehen können. Schließlich führte er selbst als Maßstab den der „frivolous litigation" ein. Unter Zuhilfenahme seines eigenen Maßstabes hätte er durchaus unter Auslegung der Parteiabrede zu einem Bindungswillen der Parteien kommen können. Typisch für die internationale Schiedsgerichtsbarkeit ist doch gerade der Ausschluß der nationalen Gerichte. Welchen Sinn hätte es für den (ausländischen) Kläger gemacht nur ein vergleichsweise unverbindliches Schiedsverfahren zu vereinbaren, um dann doch vor den lokalen Gerichten zu enden? Vgl. dazu auch Strub, 68 TEX. L. REV. 1031, 1059. Bei einer solchen Auslegung geht es nicht darum aus einem *Lodo irrituale* (der sich aus einem „unverbindlichen" Schiedsverfahren, *arbitrato irrituale*, ergibt) ein „Mehr" an Geltung im Ausland zu verschaffen, sondern darum daß mit einiger Wahrscheinlichkeit die Parteien im internationalen Wirtschaftsverkehr bindende Schiedsgerichtsbarkeit (*arbitrato rituale*) vereinbart haben.

> The terms 'final' and 'binding' arbitral merely reflect a contractual intent that the issues joined and resolved in the arbitration may not be tried de novo in any court.[1259]

Das Gericht hob also zwei Aspekte des Verbindlichkeitsbegriffs hervor: die vertragliche fixierte Parteiabrede (1), die auf eine endgültige Entscheidung (2) des Schiedsgerichts hinauslaufen. Eine erneute materielle Erörterung vor einem ordentlichen Gericht ist damit ausgeschlossen.

Waren bisher nur eher die materiellen Anforderungen an die Verbindlichkeit erörtert worden, so stellt sich in *Dworkin-Cosell v. Avraham*[1260] diese Problematik von einem eher formalen Gesichtspunkt: kann ein zweideutiger Schiedsspruch vollstreckt werden?[1261] Es war unklar, ob und inwieweit die Schiedsrichter über den Streitgegenstand entschieden hatten. Und damit stellte sich natürlich auch die Frage nach der Bindungswirkung eines solchen Spruches. Das Bundesgericht griff auf US-amerikanisches Recht zurück und verwies zur Begründung u. a. auf das *Fertilizer*-Urteil und den Wortlaut von Art. V(1)(e), wonach die Verbindlichkeit eines Schiedsspruches nach dem Recht des Schiedsortes zu bestimmen sei. Da das Schiedsverfahren in New York stattgefunden hatte, konnte auf US-Recht abgestellt werden. Danach war ein Schiedsspruch an die Schiedsrichter zurückzuverweisen, wenn er unvollständig, doppeldeutig oder widersprüchlich ist.[1262] Das Gericht kombinierte die Rückverweisung mit der Versagung der Vollstreckung nach Art. V(1)(e).[1263]

- **Teilschiedsspruch:** Die Frage nach der Reichweite der Bindungswirkung muß klar unterschieden werden von der Frage nach der Vollstreckung eines Teilschiedsspruches. Eine eindeutige Stellungnahme eines US-amerikanischen Gerichtes fehlt auch hier. Ein Bundesgericht in *Island Territory* hielt eine Vollstreckung für möglich: „That at some time in the future another arbitration and another award are possibilities does not mean that the present award at the present time is not 'final' and 'definite'".[1264] Dieses Urteil wurde allerdings nur mit Hinblick auf die

---

[1259] Iran Aircraft Indus. v. AVCO Corp., 980 F.2d 141, 145 (2d Cir. 1992).

[1260] Dworkin-Cosell Interair Courier Serv., v. Avraham, 728 F.Supp. 156 (D. S.D.N.Y. 1989).

[1261] Ein vergleichbares Problem hatte sich auch schon unter § 10(d) des FAA in dem internationalen Fall *Island Territory of Curaçao v. Solitron Devices,* 356 F.Supp. 1, 11-12 (D. S.D.N.Y. 1973) ergeben: hier bezweifelte *Solitron* die Endgültigkeit des Schiedsspruches, weil die Schiedsrichter nicht den gesamten Schadensersatz berechnet hätten. Anders als in für nicht endgültig gehaltenen Schiedssprüchen, wo z. B. die endgültige Summe war offengelassen worden war oder von einem Wirtschaftsprüfer festgelegt werden sollte, war hier ein Gesamtbetrag bestimmt worden. Lediglich ließen die Schiedsrichter die Möglichkeit eines weiteren Schiedsverfahrens zu weitergehenden Schäden offen.

[1262] Dworkin-Cosell, 728 F.Supp. 156, 161-162.

[1263] Dworkin-Cosell, 728 F.Supp. 156, 162.

[1264] Island Territory of Curaçao v. Solitron Devices, 356 F.Supp. 1, 12 (D. S.D.N.Y. 1973). Die Streitigkeit wurde zwar unter nationalem Schiedsrecht entschieden, bewegte sich aber in einem internationalen Zusammenhang.

Vollstreckung des Exequaturrurteils durch den *Second Circuit* bestätigt, der aber – in Bezug auf das Urteil – eine vergleichbare Linie wie das *District Court* einschlug.[1265]

- ***Merger doctrine***: Zur Problematik der *merger doctrine* – wie oben beschrieben – haben die US-Gerichte sich bislang noch nicht eindeutig geäußert.[1266] So vollstreckte der *Second Circuit* in *Island Territory of Curaçao v. Solitron Devices, Inc.* einen durch ein Exequaturrurteil in Curaçao bestätigten Schiedsrichterspruch nach New Yorker Recht als Gerichtsurteil,[1267] in *Waterside v. International Navigation* dagegen einen durch ein englisches Gerichtsurteil bestätigten Schiedsspruch auf Grundlage des UNÜ.[1268]

Dabei hatte sich schon 1975 der *Second Circuit* im Zusammenhang mit einem Konkursverfahren Gedanken über den Rechtscharakter eines Schiedsspruches in Abgrenzung zu einem Gerichtsurteil gemacht. Das Gericht hatte herausgearbeitet: einerseits könne ein Schiedsspruch (noch) nicht als Gerichtsurteil angesehen werden, denn er beinhalte noch nicht die durch das Vollstreckungsverfahren gewährleisteten Verfahrensgrundsätze; andererseits sei ein Schiedsspruch schon eine abschließende und nicht nachprüfbare bindende Entscheidung über den Streitgegenstand. Erst durch sein Aufgehen in einem Gerichtsurteil (*merger*) könne ein Schiedsspruch in gleicher Weise wie ein Urteil im Konkursverfahren berücksichtigt werden.[1269] Ohne sich weitergehend festzulegen, erkannte dasselbe Gericht in *Victrix Steamship Co. v. Salen Dry Cargo A.B.*: das UNÜ findet nicht auf Gerichtsurteile Anwendung, womit die Vollstreckung eines Urteils nur auf Grundlage von *comity* nach *Hilton v. Guyot* möglich ist.[1270] Es wich aber eine klaren Stellungnahme zur *merger doctrine* aus, indem es immer von dem ausländischem Schiedsspruch und dem Gerichtsurteil sprach, schien es aber eine Wahlmöglichkeit

---

[1265] 489 F.2d 1313, 1323: „What Solitron asks us to do here is ... to resolve in its favor the question whether Curaçao will be entitled to recognition of a hypothetical judgment for future damages; the time time is simply not ripe for such a determination." Davon abzugrenzen ist auch die teilweise Vollstreckung eines Schiedsspruches: Fiat S.p.A. v. Republic of Suriname, No. 88 CIV 6639 (SWK), 1989 WL 122891, at *5 (S.D.N.Y. Oct. 12, 1989).

[1266] Die einzelstaatlichen Schiedsgesetze treffen hier z. T. eindeutige Regelungen, wie z. B. § 684.24(6) des *Florida International Arbitration Acts*.

[1267] 489 F.2d. 1313, 1323 (2d Cir. 1973). Das Gericht sprach zwar die *merger doctrine* an, folgerte aber lediglich, daß mit Sicherheit ein vollstreckbares Urteil vorliege. Damit blieb es auch bedeutungslos, ob der Streitgegenstand eine Handelssache war oder nicht, die Beschränkung des Anwendungsbereiches des UNÜ konnte so unproblematisch umgangen werden; vgl. Fotochrome, Inc. v. Copal Co., Ltd., 517 F.2d 512, 518, wo diese Feststellung bestätigt wurde. Siehe auch Harnik, 31 AM. J. COMP. L. 703, 710-712.

[1268] Waterside Ocean Navigation Co. v. Int'l Navigation Ltd., 737 F.2d 150, 154 (2d Cir. 1984).

[1269] Fotochrome, Inc. v. Copal Co. Ltd., 517 F.2d 512, 517 (2d Cir. 1975).

[1270] Victrix Steamship Co., S.A. v. Salen Dry Cargo A.B., 825 F.2d 709, 713 (2d Cir. 1987).

zwischen der Vollstreckung als Schiedsspruch und Urteil für möglich zu halten.[1271] Da das Problem hier die Wirkung ausländischer Konkursverfahren auf die Vollstreckung in den USA war, konnte es offenbleiben, ob eine Vollstreckung als Schiedsspruch oder Urteil erfolgt wäre. Denn das Gericht verwies *Victrix* an die schwedischen Gerichte.[1272]

Eindeutig äußerte sich insoweit nur ein Untergericht in *Oriental Commercial & Shipping Co. v. Rosseel, N.V.* über einen in London durch das *High Court* bestätigten englischen Schiedsspruch:

> [E]ven after an award had been confirmed in the foreign jurisdiction--making it enforceable as a foreign judgment--it was still enforceable as a foreign award under the Convention; the foreign confirmation had simply increased the options available to the enforcing party.[1273]

Die besondere Bedeutung dieser Entscheidung liegt in der Tatsache, daß die *merger doctrine* eine Erfindung des *common law* ist. Sie gilt in England für nationale Schiedssprüche, unerklärlicherweise aber nicht bei internationalen Schiedssprüchen.[1274]
Mit der klaren Stellungnahme des Gericht scheint die Rechtsprechung damit eher gegen die *merger doctrine* zu optieren.[1275] Der Mangel an einer klaren obergerichtlichen Stellungnahme erklärt sich möglicherweise daraus, daß bisher nie die Vollstreckung eines Schiedsspruches gefährdet war, nur weil er vorher durch ein Exequaturурteil bestätigt worden war.

- Aufgehobener Schiedsspruch –zuständige Behörde: Die einzige Entscheidung, die sich mit der Aufhebung eines Schiedsspruches beschäftigt, ist *American Construction Machinery & Equip. Corp. Ltd. v. Mechanised Construction of Pakistan Ltd.*[1276] In dem Schiedsauftrag hatten sich die Parteien auf ein Schiedsverfahren in Genf nach Genfer Prozeßrecht geeinigt. Im Rahmen des Verfahrens sollte u. a. geklärt werden, inwieweit ein Zusatzabkommen, das pakistanisches Recht als

---

[1271] Victrix Steamship Co., 825 F.2d 709, 714, insbes. Fn. 3, wo das Gericht bestätigend(?) auf seine frühere Entscheidung in *Waterside* verwies, gleichzeitig aber auch die *merger doctrine* für vertretbar hielt.
[1272] Victrix Steamship Co., 825 F.2d 709, 715.
[1273] Oriental Comm. & Shipping Co., (U.K.), Ltd. v. Rosseel, N.V., 769 F.Supp. 514, 517 (D. S.D.N.Y. 1991) (unter Berufung auf die keineswegs so eindeutigen vorzitierten Urteile). Ablehnend zu einen solchen Wahlrecht: Schwab/Walter, Kap. 57 Rnr. 21 Fn. 45.
[1274] Harnik, 31 AM. J. COMP. L. 703, 712.
[1275] Diese Linie bestätigte auch Daihatsu Motor Co. v. Terrain Vehicles, Inc., N. 92 C 1589, 1992 U.S. Dist. LEXIS 7804, at *10 (D. N.D. Ill. 1992). Ein Schiedsspruch war weiterhin als Schiedsspruch vollstreckbar, obwohl er schon in Japan gerichtlich für vollstreckbar erklärt worden war. Damit haben sich (bisher) nicht die Befürchtungen von Harnik, aaO, bestätigt. Er hatte einer vollstreckenden Partei angeraten „to do their best to keep awards pure and untainted by local judgments."
[1276] 659 F.Supp. 426 (D. S.D.N.Y. 1987).

anwendbares Recht vorsah, Anwendung auf den Vertrag finden könnte.[1277] *MCP* blieb im weiteren Verlauf dem Schiedsverfahren fern und erreichte, daß Schiedsklausel und –verfahren in Pakistan für ungültig erklärt wurden. Das *District Court* hielt – ganz im Sinne der oben erörterten Ansicht – das pakistanische Gericht aber für unzuständig. Denn die Entscheidung, ob die pakistanisches Recht Anwendung finden würde, war dem Schiedsrichter überantwortet worden. Der hatte den Streit aber nach Genfer Verfahrensrecht entschieden. Damit schied das pakistanische Gericht als „zuständige Behörde" aus.[1278]

Ausgiebiger wurde die gleiche Problematik in *International Standard v. Bridas* diskutiert – mit demselben Ergebnis. *ISEC* suchte hier vor dem New Yorker Bundesgericht um Aufhebung eines Schiedsspruches nach, der in der Mexiko-Stadt gefällt worden war. *ISEC* meinte, das New Yorker Gericht sei deshalb zuständig, weil die Schiedsrichter New Yorker (materielles) Recht angewandt hatten.[1279] Dem widersprach das Gericht ganz entschieden und stützte sich dabei zunächst auf die Entstehungsgeschichte, wonach die Formulierung „nach dessen Recht er ergangen ist" die – schon in Art. V(1)(a) verwendete – Möglichkeit erfaßt, daß ein Schiedsverfahren nicht durch das Recht des Schiedsortes geregelt ist. Diese These wurde durch die internationale Rechtsprechung bestätigt.[1280] Weitergehend erkannte das Gericht hinter der Argumentation von *ISEC* den Gedanken, ein Staat müsse ein (Überwachungs)Interesse an der Anwendung seines materiellen Rechts haben. Das würde aber völlig dem Konzept der Schiedsgerichtsbarkeit zuwiderlaufen. Folge wäre nämlich, daß den Gerichten eine Überprüfung der Entscheidungsgründe, also der Anwendung des materiellen Recht durch die Schiedsrichter, ermöglicht würde. Gerade eine langwierige Überprüfung der materiellen Entscheidung schneidet aber das Schiedsverfahren immer ab. In diesem Sinne ermöglicht das UNÜ nur die Kontrolle eines ordentlichen Verfahrensablaufes. Es handelte sich also um einen mexikanischen Schiedsspruch, der nur von mexikanischen Gerichten aufgehoben werden kann.[1281]

- Vollstreckung trotz Aufhebung: In jüngster Zeit wird vermehrt auch die Vollstreckung von Schiedssprüchen diskutiert, die in ihrem Heimatstaat aufgehoben wurden – trotz Art. V(1)(e), wonach die Versagung der Vollstreckung eines solchen, nach überkommener Vorstellung gar nicht mehr existierenden Schiedsspruches möglich ist. Art. V(1)(e) räumt dabei allerdings dem Vollstreckungsgericht

[1277] American Constr., 659 F.Supp. 426, 427.
[1278] American Constr., 659 F.Supp. 426, 429.
[1279] 745 F.Supp. 172, 176 (D. S.D.N.Y. 1990).
[1280] ISEC, 745 F.Supp. 172, 177.
[1281] ISEC, 745 F.Supp. 172, 178. Die Rechtsprechung, daß nur die Behörde der Landes zuständig ist, wo wird bestätigt in Reynolds v. IAAF, XXI Y.B. COM. ARB. 715, 717 (D. S.D. Ohio 1993).

Ermessen ein.[1282] Eine Alternative bietet Art. VII(1), der eine Vollstreckung auf Grundlage nationaler Vorschriften erlaubt. Art. VII(1) lautet:

> Die Bestimmungen dieses Übereinkommens lassen die Gültigkeit mehrseitiger oder zweiseitiger Verträge, welche die Vertragsstaaten über die Anerkennung und Vollstreckung von Schiedssprüchen geschlossen haben, unberührt und nehmen keiner beteiligten Partei das Recht, sich auf einen Schiedsspruch nach Maßgabe des innerstaatlichen Rechts oder der Verträge des Landes, in dem er geltend gemacht wird, zu berufen.

Hinter dieser Entwicklung steht die Sorge, daß die Besonderheiten einer lokalen Rechtsordnung die Aufhebung eines Schiedsspruchs begünstigen können. Wird ein Schiedsspruch ungerechtfertigterweise aufgehoben, hat das – ebenso ungerechtfertigterweise – zur Folge, daß dieser Schiedsspruch weltweit nicht mehr durchsetzbar ist. Die Gefahr ungerechtfertigter Aufhebung ist insbesondere gegeben, wenn Gerichte mit Schiedssprüchen gegen Angehörige ihres Staates, insbesondere Staatsunternehmen, befaßt sind.[1283]

Rechtsprechung: Aus den USA ist bislang eine Gerichtsentscheidung zu diesem Bereich bekanntgeworden: *Chromalloy Aeroservices v. The Arab Republic of Egypt.*[1284] Die Klägerin hatte 1988 einen Servicevertrag mit der ägyptischen Luftwaffe abgeschlossen, der 1991 von dieser gekündigt wurde. Gegen diese Kündigung wehrte sich *Chromalloy* im Rahmen eines Schiedsverfahrens in Kairo und bekam mit Schiedsspruch vom 24.Aug.1994 Schadensersatz zugesprochen. Am 28.Okt.1994 beantragte *Chromalloy* die Vollstreckbarkeitserklärung vor dem Bundesgericht für den *District of Columbia.* Gleichzeitig hatte am 13.Nov.1994 Ägypten vor dem Berufungsgericht in Kairo die Aufhebung des Schiedsspruches beantragt, das – gut ein Jahr später – dem Antrag stattgab und den Schiedsspruch aufhob. Das hinderte jedoch das *District Court* nicht, eben diesen Schiedsspruch mit Urteil vom 31.Juli 1996 nach Kapitel 1 des *FAA*, also den nationalen amerikanischen Schiedsvorschriften, zu vollstrecken.

Entscheidend war dabei für das Gericht die Feststellung, daß die Formulierung des Art. V(1)(e) mit dem Wort „may" den Gerichten Ermessen einräumt, wohingegen

---

[1282] Mulyana, 6 Am. Rev. Int'l Arb. 89, 100. „May" = (in der nicht verbindlichen deutschen Übersetzung:) „darf".

[1283] Freyer & Gharavi, *Enforceability of Foreign Arbitral Awards*, 112. Siehe dazu schon: American Const. Mach. & Equip. Corp. Ltd. v. Mechanised Constr. of Pakistan Ltd., 659 F.Supp. 426 (S.D.N.Y. 1987): trotz des Schiedsverfahrens in Genf erreichte das pakistanische Staatsunternehmen eine Aufhebung des Schiedsspruches in Pakistan.

[1284] 939 F.Supp. 907 (D.D.C. 1996). Zustimmend: Rivkin, The Enforcement of Awards Nullified in the Country of Origin, 19 et seq.; Paulsson, *Disregarding LSAS under the NY Convention*, 7 AM. REV. INT'L ARB. 99, 100 et seq.; Sampliner, *Enforcement after Annulment*, 11.9 MEALY'S INT'L ARB. REP. 22 und *Chromally Revisited*, 14 J. INT'L ARB. 141. Kritisch: Gharavi, *Chromalloy: Another View*, 12.1 MEALY'S INT'L ARB. REP. 21; Ostrowski & Shany, 73 N.Y.U. L. REV. 1650; Schwartz, 14 J. INT'L ARB. 125.

Art. VII mit der Formulierung „*shall not...* deprive any interested party of any right..." (Hervorhebung im Original) zwingenden Charakter hat. Wäre also die Vollstreckung nach nationalem Recht möglich, so darf sie nicht durch das internationale UNÜ behindert werden.[1285]

Konsequenterweise prüfte das Gericht die Vollstreckbarkeit des *Chromalloy*-Schiedsspruches dann am Maßstab von Kapitel 1 des *FAA*: Das US-Recht erkennt Schiedssprüche als bindend an und sieht eine Versagung der Vollstreckung nur in den Fällen von § 10 sowie bei dem richterrechtlich entwickelten *manifest disregard of the law*, der eng auszulegen ist, um nicht zu einer *de novo* Prüfung der Entscheidungsgründe zu gelangen.[1286] Diese Versagungsgründe nach US-Recht waren jedoch nicht einschlägig.[1287] Daß ägyptische Gerichte möglicherweise eine weitergehende, auch materiell-rechtliche Prüfung von Schiedssprüchen vornehmen, blieb unbeachtlich. Nach amerikanischem Verständnis war der Schiedsspruch gültig, also auch vollstreckbar nach nationalem Recht. Die grundsätzliche Frage aber, ob nach einer Aufhebung durch ein zuständiges Gericht überhaupt noch ein Schiedsspruch existierte, sparte das Gericht aus; es vermutete das einfach.[1288]

Damit war aber noch nicht geklärt, ob nicht dann, wenn das ägyptische Aufhebungsurteil anerkannt werden müßte, dieses die Vollstreckung des Schiedsspruches hindern würde (*res judicata effect*). Schon die Zuständigkeit dieses Gerichtes mußte aber in Anbetracht der Schiedsklausel zweifelhaft erscheinen. Die Parteien hatten eine Schiedsklausel vereinbart, deren entscheidende Passagen lauteten:

> It is ... understood that both parties have irrevocably agreed to apply Egypt (sic) Laws and to choose Cairo as seat of the court of arbitration.
>
> ....
>
> The decision of the said court shall be final and binding and cannot be made subject to any appeal or other recourse.[1289]

Ägypten meinte, der erste Teil der Klausel überspiele den zweiten. Eine Berufung zu einem ägyptischen Gericht wäre dann möglich. Dem widersprach das *District Court* und führte aus: „This court may not assume that the parties intended these two sentences to contradict one another, and must preserve the meaning of both if

---

[1285] 939 F.Supp. 907, 909-910.

[1286](939 F.Supp. 907, 911. Dabei kann die Anwendbarkeit von Kapitel 1 in der internationalen Schiedsgerichtsbarkeit durchaus problematisch sein (Ostrowski & Shany, 73 N.Y.U. L. REV. 1650, 1670) – siehe oben 2. Teil/C/I/7.

[1287] Die Schiedsrichter hatten entschieden, es sei irrelevant, ob die Entscheidung auf ägyptischem Privat- oder Verwaltungsrecht beruhe. Das Gericht vermochte darin allenfalls einen – gerichtlich nicht überprüfbaren – Rechtsfehler erkennen (939 F.Supp. 907, 911).

[1288] Schwartz, 14 J INT'L ARB. 125, 131.

[1289] 939 F.Supp. 907, 912.

possible."[1290] Auf dieser Grundlage folgerte es, daß die Auslegung der Beklagten, die zweite Hälfte der Schiedsklausel überflüssig machen würde und gleichzeitig den Wortlaut der Vereinbarung mißachte. Der erste Absatz der Schiedsklausel legte somit das anwendbare Recht sowie den Schiedsort fest; der zweite Teil ist Ausdruck der Absicht der Parteien, daß keine Rechtsmittel zu ordentlichen Gerichten möglich sind. Damit war die Schiedsgerichtsbarkeit mit Erlaß des Schiedsspruches beendet, eine Berufung zu den ägyptischen Gerichten ausgeschlossen. Eine Vollstreckung nach *comity*-Grundsätzen wäre also nur noch dann möglich, wenn amerikanische Gerichte aufgrunddessen auf jeden Fall zur Anerkennung ausländischer Urteile verpflichtet wären. *Comity* ist jedoch begrenzt durch die *public policy* des Vollstreckungsstaates.[1291] Im Hinblick auf die Vollstreckung von Schiedsabreden ist die US-amerikanische *public policy* eindeutig: „The US public policy in favor of arbitration of final and binding arbitration of commercial disputes is unmistakable, and supported by treaty, by statute, and by case law."[1292] Da die ägyptische Entscheidung nach der vorangehenden Subsumtion eindeutig die Bindungswirkung der Vereinbarung mißachtete, hätte deren Vollstreckung folglich US-amerikanischen *ordre public* verletzt.[1293] Im Ergebnis mußte das *District Court* so den Schiedsspruch vollstrecken.

Kommentar: Die *Chromalloy*-Entscheidung fällt zwar eindeutig in den Regelungsbereich von Art. V(1)(e), genaugenommen ist sie aber eine Entscheidung zu Art. VII(1). Damit umging das Gericht zwei Schwierigkeiten: erstens, die Frage nach den Kriterien, die für das Ermessen nach Art. V(1)(e) bestimmend wären.[1294] Zweitens konnte es die Bedeutung des ägyptischen Aufhebungsurteils dahingestellt sein lassen.[1295] So konnte das *District Court* eine Brüskierung der ägyptischen Justiz zumindest der Form nach vermeiden. Hätte das Gericht sein Ermessen nach Art. V(1)(e) ausgeübt, wäre die Nichtbeachtung des ägyptischen Aufhebungsurteils offensichtlich gewesen. Mit Art. VII betonte das Gericht dagegen seine Verpflichtung zur Vollstreckung nach US-Recht: „Our laws require us to enforce this award even though your courts annulled it."[1296] Hier beschränkt sich das

---

[1290] 939 F.Supp. 907, 912.

[1291] „[C]omity never obligates a national forum to ignore the rights of its own citizens or of other persons who are under the protection of its laws" (939 F.Supp. 907, 913).

[1292] 913 F.Supp. 907, 913.

[1293] 913 F.Supp. 907, 913.

[1294] „[H]ow should that discretion be exercised? Should it depend on the apparent bona fides of the annulment? If so, does the concept of bona fides allow the enforcement judge to apply subjective perceptions of the integrity of foreign legal systems, and thus give effect to annulments pronounced by 'good' foreign countries but disregard them when they emanate from 'bad' ones?" (Paulsson, *Disregarding LSAS under the NY Convention*, 7 AM. REV. INT'L ARB. 99, 103).

[1295] In der Tat ging das Gericht sogar von der Korrektheit des Urteils nach ägyptischem Recht aus (939 F.Supp. 907, 914 n. 6).

[1296] Zustimmend: Paulsson, *Disregarding LSAS under the NY Convention*, 7 AM. REV. INT'L ARB. 99, 108. Sampliner, *Enforcement after Annulment*, 11.9 MEALY'S INT'L ARB. REP. 22, 28. Kritisch:

Gericht jedoch logisch nicht ganz stringent nur auf die Untersuchung der Versagungsgründe.[1297]
Es wird auch eingewandt, die Parteien hätten sich doch mit der Wahl des Schiedsortes Kairo auch der ägyptischen Rechtsprechung unterworfen.[1298] Das vermag nicht zu überzeugen. Genauso wichtig wie für Ägypten der Schiedsort Kairo gewesen sein kann, war für *Chromalloy* sicherlich die Möglichkeit, Streitigkeiten über die Schiedsgerichtsbarkeit den lokalen Gerichten vorzuenthalten.[1299]
Unzweifelhaft wird das Urteil der *pro-enforcement philosophy* der Konvention gerecht, die sich eindeutig aus dem kontrastierendem Wortlaut von Art. II, III und VII einerseits und Art. V und VI andererseits ergibt.[1300] Grundsätzlich kann die Vollstreckung eines Schiedsspruches nie die *New York Convention* verletzen.[1301]

***Local standard annulment*:** Das Urteil wird als ein „major victory for ... binding international arbitration“[1302] gefeiert. Ganz ohne gerichtliche Kontrolle kommt aber auch die internationale Schiedsgerichtsbarkeit nicht aus.[1303] Das Problem, wann ein Aufhebungsurteil in der Vollstreckung berücksichtigt werden muß, löst das *Chromalloy*-Urteil nicht.
Als Anknüpfungspunkt bieten sich die Aufhebungsgründe an. Annulliert das Gericht am Ort des Schiedsverfahrens den Schiedsspruch wegen eines nur im lokalen Schiedsrecht bekannten Aufhebungsgrundes (*local standard annulment*), wäre dieses Urteil für die Vollstreckung unbeachtlich. Beruft sich das Gericht jedoch auf international in den Übereinkommen anerkannte Aufhebungsgründe (*international standard annulment*), wäre dem Urteil auch in der Vollstreckung Folge zu leisten.

Gharavi, *Chromalloy: Another View*, 12.1 MEALY'S INT'L ARB. REP. 21, 23. Er befürchtet, daß nach *Chromalloy* und *AVCO* in den arabischen Staaten der Eindruck der Befangenheit entstehen könnte, übersieht dabei aber den *Leading case Parsons*. Gleichzeitig weist *Gharavi* darauf hin, daß die Versagungsgründe nach Kapitel 1 nur auf nationale Schiedsverfahren zugeschnitten sind (siehe auch: Ostrowski & Shany, 73 N.Y.U. L. REV. 1650, 1677-1697) – anders als die *International Arbitration Acts* der Einzelstaaten.

[1297] Schwartz, 14 J. INT'L ARB. 125, 132. Dagegen: Sampliner, *Chromalloy Revisited*, 14 J. INT'L ARB. 141, 151-156.

[1298] Gharavi, *Chromalloy: Another View*, 12.1 MEALY'S INT'L ARB. REP. 21, 23; Schwartz, 14 J. INT'L ARB. 125, 134.

[1299] Zu der schwierigen Beziehung zu den lokalen Gerichten: Paulsson, *Disregarding LSAS under the NY Convention*, 7 AM. REV. INT'L ARB. 99, 109-110. Grundsätzlich kann das Schiedsverfahren überall stattfinden. Die Gleichsetzung von *choice of venue* mit *choice of jurisdiction* erscheint doch etwas überdehnt.

[1300] Paulsson, *Disregarding LSAS under the NY Convention*, 7 AM. REV. INT'L ARB. 99, 106-107. Anerkennung und Vollstreckung sind zwingend, deren Versagung liegt im Ermessen der Gerichte. Das wird in der englischen Fassung mit den Formulierungen „shall“ (Art. II, III, VII) und „may“ (Art. V, VI) besonders deutlich.

[1301] Paulsson, *Disregarding LSAS under the NY Convention*, 7 AM. REV. INT'L ARB. 99, 104.

[1302] Sampliner, *Enforcement after Annulment*, 11.9 MEALY'S INT'L ARB. REP. 22, 28.

[1303] Paulsson, *Disregarding LSAS under the NY Convention*, 7 AM. REV. INT'L ARB. 99, 110.

Mit Blick auf die z. T. jahrzehntelange Praxis sind diese Aufhebungsgründe auch hinreichend konkretisiert.[1304]

Einen vergleichbaren Weg gingen z. B. die Gesetzgeber in Florida und Georgia, die in ihren internationalen Schiedsgesetzen grundsätzlich von der Unbeachtlichkeit ausländischer Gerichtsurteile ausgehen.[1305] Insoweit bietet *Chromalloy* ein gutes Beispiel dafür, wie die Gesetze der Einzelstaaten auch in der Vollstreckung sinnvoll den lückenhaften *Federal Arbitration Act* ergänzen können, um den „holprigen Weg" über Kapitel 1 zu vermeiden.[1306]

- ***Suspensive effect*:** Etwas aus der Reihe fällt die Entscheidung des *District Court* für den *District of Columbia* in der Sache *Creighton Limited v. Govt. of the State of Qatar*. Hier hatte die Beklagte rechtzeitig Rechtsmittel gegen einen Schiedsspruch vor dem Pariser Berufungsgericht eingelegt. Mit Blick auf das französische Recht, das bei einer Berufung gegen ein Anerkennungs- oder Vollstreckungsurteil, eine Hemmung des Schiedsspruches für die Zeit des Berufungsverfahrens vorsieht, hatte das Gericht eine Hemmung im Sinne von Art. V(1)(e) angenommen.[1307] Dabei argumentierte es, daß für das Vollstreckungsgericht allein das für die zur Aufhebung zuständige Behörde maßgebliche Recht ausschlaggebend sei.[1308] Das Gericht unterschied im weiteren Art. V von Art. VI: „[O]ne distinction between Art. V(1)(e) and Art. VI deals with the status of the award. Art. V(1)(e) applies to those situations where the award has been suspended. On the other hand, Art. VI applies to those situations where the application to suspend an award is pending before a court."[1309] Unzweifelhaft war die Wirkung des Schiedsspruchs nach französischem Recht gehemmt; für die Anwendbarkeit bleibt eine solche, automatische Rechtsfolge der Einlegung eines Rechtsmittels aber – wie bereits erörtert – unbeachtlich.

1304 Paulsson, *Disregarding LSAS under the NY Convention*, 7 AM. REV. INT'L ARB. 99, 113-114. Ähnlich *Sampliner* (*Chromalloy Revisited*, 14 J. INT'L ARB. 141, 162) der auf nur Aufhebungsgründe wie Willkür, offensichtlichen Irrtum, Bestechung, Befangenheit, Verletzung des *ordre public* des Vollstreckungsstaates oder Verwirkung berücksichtigen will. *Sampliner* weist darauf hin, daß Art. V(1)(e) seinem Wortlaut nach nicht auf die international anerkannten Aufhebungsgründe beschränkt ist (aaO). In den weitaus meisten Fällen werden beide Ansichten jedoch zum gleichen Ergebnis gelangen.

1305 Der *FIAA* sieht eine Versagung der Vollstreckung z. B. nur vor, wenn die Aufhebungsgründe nach lokalem Recht vorliegen, § 684.24(6). Noch deutlicher geht der *Georgia Code*, § 9-9-41, grundsätzlich von der Unbeachtlichkeit ausländischer Gerichtsentscheidungen aus. Das hindert natürlich nicht, daß Versagungsgründe nach dem Recht Georgias mit den Aufhebungsgründen übereinstimmen und insoweit ein Gerichtsurteil implizit berücksichtigt wird.

1306 Vgl. Gharavi, *The Legal Inconsistencies of Chromalloy*, 12.5 MEALY'S INT'L ARB. REP. 21, 23: die Versagungsgründe nach Kapitel 1 sind nur auf nationale Schiedsverfahren zugeschnitten.

1307 Creighton Ltd. v. Govt. of the State of Qatar, XXI Y.B. COM. ARB. 751, 756 (D. D.C. 1995) (US no. 197).

1308 „[T]he court must look to the laws of the competent authority of the country under which the award was made" (Creighton, XXI Y.B. COM. ARB. 751, 756).

1309 Creighton, XXI Y.B. COM. ARB. 751, 758.

Der Wortlaut von Art. V(1)(e) fordert eindeutig ein Tätigwerden der zuständigen Behörde.[1310] Dieses Merkmal von Art. V(1)(e) unterschlug das Gericht.
Creighton v. Qatar kann ein (zweifelhafter) Ansatzpunkt sein, unter Berufung auf dieses Urteil und ein paralleles Aufhebungsverfahren mit seiner Suspensivwirkung die Versagung der Vollstreckung zu erreichen.

- **Zusammenfassung:** Die Rechtsprechung setzt auch im Rahmen von Art. V(1)(e) ihre vollstreckungsfreundliche Politik fort. Die Entscheidungen müssen z. T. aber – wie erläutert – im Lichte von Art. VI gesehen werden.
Im Ergebnis beurteilten die US-Gerichte einheitlich die Verbindlichkeit danach, ob noch eine schiedsrichterliche Berufungsinstanz möglich war. Z. T. spiegeln die Urteile aber auch eine Unsicherheit im Umgang mit der Problematik der parallellaufenden Verfahren wider, insbesondere inwieweit auf das lokale Recht abzustellen ist (*Fertilizer v. IDI* und *Spier v. Calzaturificio Tecnica*). Problematisch für die vollstreckende Partei kann insoweit sein, wenn der Vollstreckungsgegner glaubhaft ausführen kann, daß schon keine Abrede bindender Schiedsgerichtsbarkeit getroffen worden sei. Eigentlich sollte eine solche Fragestellung im Zweifel zugunsten der Schiedsgerichtsbarkeit entschieden werden.
Insgesamt sollte inzwischen gelten:

> As demonstrated by the case law, losing parties to an arbitration repeatedly, but unsuccessfully, have tried to argue that a pending petition to set aside an award in the country of origin was a basis for refusing to enforce an arbitral award in another State party to the New York Convention. Given the unanimous decisions rejecting this argument, it should finally be laid to rest.[1311]

Im Sinne der *pro-enforcement policy* wird die Vollstreckung eines Teilschiedsspruchs regelmäßig unproblematisch sein, wenn der Schiedsspruch eindeutig als solcher erkennbar und vollstreckbar ist.
Obwohl noch nicht obergerichtlich entschieden, ist es unwahrscheinlich, daß sich aus der *merger doctrine* ernsthafte Probleme für die Vollstreckung ergeben. Die Untergerichte tendieren hier – wenn auch unter durchaus zweifelhafter Berufung auf die *Circuit*-Rechtsprechung – zu der Meinung, ein Exequaturverfahren eröffne nur eine weitere Vollstreckungsgrundlage. Der vollstreckenden Partei verbleibt danach eine Wahlmöglichkeit zwischen der Vollstreckung des Urteils oder des Schiedsspruchs.[1312]

[1310] Zur Kritik an dem Urteil: van den Berg, *Commentary*, XXI Y. B. COM ARB. 394, 501 ¶517, der eine griffige Formel vorschlägt: „[T]o determine whether an award has been suspended (or set aside), an enforcement court must look to what the *courts* of the country in which the award was made *have done* ... and *not the laws* of that country...." (Hervorhebung vom Autor).
[1311] Tupman, 3 ARB. INT'L 209, 219.
[1312] Insoweit scheinen sich die noch 1983 von *Harnik* (31 AM. J. COMP. L. 703, 712) geäußerten Bedenken keineswegs zu bestätigen. Schließlich handelte es sich in *Oriental Commercial & Shipping*

Die Gerichte bestätigten übereinstimmend ganz im Sinne der Vorschrift, daß für sie als Vollstreckungsgerichte nur Entscheidungen von Gerichten des Herkunftsstaats des Schiedsspruchs von Bedeutung sein können. Sie sollen aber dann bedeutungslos bleiben, wenn die Aufhebungsentscheidung auf nicht im US-Recht bekannten Versagungsgründen beruht. Die US-Gerichte gehen hier einheitlich davon aus, daß allein das anwendbare Verfahrensrecht entscheidend zur Bestimmung des zuständigen Gerichts ist. Das anwendbare materielle Recht bleibt unbeachtlich.
Der hier vertretenen Auslegung, daß eine Hemmung der Wirkungen nur auf Grundlage einer Handlung der zuständigen Behörde erfolgen kann, widerspricht jedoch die Entscheidung *Creighton Limited*: entgegen den Vorgaben von Art. V(1)(e) ging diese Entscheidung schon von einer Hemmung der Wirkungen des Schiedsspruchs aus, nur weil das anwendbare Gesetz einen Suspensiveffekt (automatisch) bei einem Aufhebungsverfahren vorsieht.

g. Art. VI – Aussetzung des Verfahrens

Sinnvollerweise wird Art. VI bereits an dieser Stelle im Zusammenhang mit Art. V(1)(e) erörtert. Schon seinem Wortlaut nach bezieht sich Art. VI auf Art. V(1)(e):

> Ist bei der Behörde, die im Sinne des Artikels V Absatz 1 Buchstabe e zuständig ist, ein Antrag gestellt worden, den Schiedsspruch aufzuheben oder ihn in seinen Wirkungen einstweilen zu hemmen, so kann die Behörde, vor welcher der Schiedsspruch geltend gemacht wird, sofern sie es für angebracht hält, die Entscheidung über den Antrag, die Vollstreckung zuzulassen, aussetzen; sie kann aber auch auf Antrag der Partei, welche die Vollstreckung des Schiedsspruches begehrt, der anderen Partei auferlegen, angemessene Sicherheit zu leisten.

(1) Einführung

Die beiden Vorschriften haben einen parallelen Regelungsbereich, den Art. VI im Hinblick auf die Rechtsfolgen sinnvoll ergänzt: sie haben die Problematik von zwei parallelen Gerichtsverfahren, dem Aufhebungsverfahren im Herkunfts- und dem Vollstreckungsverfahren im Vollstreckungsstaat, zum Inhalt. Im Gegensatz zu den vergleichsweise statischen Rechtsfolgen nach Art. V (Versagung der Vollstreckung), erlaubt Art. VI eine flexiblere Handhabung der Problematik, nämlich die Aussetzung des Verfahrens und Anordnung einer Sicherheitsleistung.

Art. VI ist – eigentlich überraschend – nicht sonderlich häufig Thema in Vollstreckungsverfahren gewesen. Das mag damit zu erklären sein, daß die Rechtsfolge

---

Co. v. Rosseel, N.V. um einen englischen Schiedsspruch, der durch ein englisches Exequaturuteil bestätigt worden war.

nach Art. VI einem Vollstreckungsgegner weniger attraktiv erscheint. Mit Art. VI läßt sich eben nur die vorläufige Aussetzung des Verfahrens erreichen. Ein endgültiger Schutz vor der Vollstreckung, an der der unterlegenen Partei natürlich gelegen sein muß, läßt sich damit nicht erreichen. Gerade in Anbetracht dessen erscheint die Bereitschaft der Gerichte aber größer, einem Antrag nach Art. VI stattzugeben. Vielleicht wäre insoweit einer unterlegenen Partei manchmal mehr gedient, eine (wenn auch nur vorläufige) Aussetzung zu erreichen als durch eine Stattgabe des Vollstreckungsantrages völlig zu unterliegen. Wirtschaftlich kann das durchaus interessant sein. Umgekehrt bedeutet die Aussetzung des Verfahrens für die obsiegende Partei regelmäßig, daß ihr wirtschaftliche Mittel, die ihr schon seit dem Entstehen der Rechtsgrundlage für den Schiedsspruch zustehen, weiter entzogen werden. Damit wird in den weitaus meisten Fällen eine Unrechtslage – wenn auch nur vorübergehend – weiter zementiert und das möglicherweise über Jahre. Durch die Möglichkeit einer Sicherleistung ist der Vollstreckungskläger zwar in Höhe seines Grundanspruches gesichert. Eine gleichwertige wirtschaftliche Nutzung wird in vielen Fällen aber kaum möglich sein: der gesetzliche, möglicherweise auch ein vertraglich ausgehandelter Zinssatz werden häufig geringer sein als die sonst mögliche Rendite; bei *Cash-flow*-Problemen ist dem Gläubiger nicht mit dem Geld in einigen Jahren geholfen.[1313]

Die Voraussetzungen von Art. VI sind mit der Einleitung eines Aufhebungsverfahrens relativ gering; eine Aussetzung hätte zumindest einen teilweise aufschiebenden Effekt.[1314] Art. VI räumt dem Vollstreckungsgericht in mehrfacher Hinsicht einen weiten Ermessensspielraum ein, ob das Verfahren ausgesetzt werden soll und das gegebenenfalls mit oder ohne Sicherheitsleistung geschehen soll.[1315] Gravierendstes Problem bei der Anwendung von Art. VI ist eine Richtlinie für das richterliche Ermessen zu finden.

Theoretisch sind zwei Extrempositionen denkbar: eine grundsätzliche Vermutung für oder gegen die Aussetzung der Vollstreckung. Im ersten Fall wären die Anforderungen an die Darlegungen des Vollstreckungsgegners ausgesprochen niedrig, im zweiten Fall ausgesprochen hoch. Beide Theorien lassen sich aber kaum in Einklang mit den Vorgaben des UNÜ bringen.

Im Rahmen der ersten Ansicht würde schon ein Verfahren schon dann ausgesetzt, wenn eine Aufhebung des Schiedsspruches nicht ausgeschlossen werden könnte. Das liefe letztlich auf die Wiedereinführung des langwierigen *double exequatur* hinaus, denn irgendeine Wahrscheinlichkeit der Aufhebung des Schiedsspruchs im Parallelverfahren läßt sich fast immer finden. Mit der *pro-enforcement policy* des

---

[1313] Tupman, 3 ARB. INT´L 209, 222; Strub, 68 TEX. L. REV. 1031, 1063.

[1314] Strub, 68 TEX. L. REV. 1031, 1047. Dabei ist allerdings zu beachten, daß Art. VI das Aussetzen eines Vollstreckungsverfahrens in das Ermessens des Gerichts stellt.

[1315] Stein/Jonas/Schlosser, Anhang zu § 1044 III Rnr. 87.

UNÜ und dem Wortlaut ist das nicht zu vereinbaren.[1316] Umgekehrt würde die Gegenposition das durch den Wortlaut vorgegebene gerichtliche Ermessen zur Makulatur werden lassen. Das Gericht käme aber auch hier nicht um die Beurteilung der Erfolgschancen im Aufhebungsverfahren (und damit die eingehende Auseinandersetzung mit ausländischem Recht) herum, denn die Vollstreckung eines eindeutig ungültigen Schiedsspruches ließe sich wohl kaum mit der *public policy* eines Vollstreckungsstaates vereinbaren. Die Wahrscheinlichkeit einer Aussetzung mag damit reduziert sein – allerdings um den Preis einer zeit- und kostenaufwendigen Untersuchung des Heimatrechts des Schiedsspruches. Sondersituationen wie der drohende Konkurs des Vollstreckungsgläubigers würden aber keine Berücksichtigung finden können.[1317]

Die Bestimmung einer „angemessenen Sicherheitsleistung" ist Sache des anwendbaren Verfahrensrechtes und das ist für die Vollstreckung – in den hier erörterten Fällen – US-Recht.[1318]

(2) Rechtsprechung

Diese geschilderte Problemlage bestätigte ein Bundesgericht in der schon mehrfach zitierten *Fertilizer*-Entscheidung.[1319] Der Vollstreckungsgegner *IDI* hatte sich wegen des parallellaufenden Aufhebungsverfahrens in Indien zunächst (erfolglos) auf Art. V(1)(e) berufen,[1320] gleichzeitig aber auch eine Aussetzung des Verfahrens nach Art. VI beantragt. Dem entsprach das Gericht. Angesichts fehlender Präzedenzfälle bemühte sich das Gericht, einen Maßstab für die Aussetzung eines Vollstreckungsverfahrens zu entwickeln. Ausgangspunkt seiner Überlegungen bildete der Wortlaut, der anscheinend der zuständigen Behörde unbeschränktes Ermessen einräumt.[1321] Das Gericht sah dieses Ermessen aber insoweit nur durch die Zielset-

---

[1316] Strub, 68 TEX. L. REV. 1031, 1062-1063. Die gerechtfertigten Interessen der unterlegenen Partei (und Aufhebungsklägers) sind gewahrt durch die Möglichkeit, Schadensersatz im Falle eines (äußerst selten erfolgreichen) Aufhebungsverfahrens geltend zu machen.

[1317] Strub, 68 TEX. L. REV. 1031, 1069. Professor *Tupman* (3 ARB. INT'L 209, 222-223) will eine Abwägung der Beeinträchtigungen der Parteien vornehmen und dabei vor vor allem auf solche äußeren Faktoren wie den drohenden Konkurs einer der Parteien abstellen – bei einer grundsätzlichen Vermutung gegen die Aussetzung des Verfahrens. Der Vollstreckungsgläubiger kann in einer solchen Situation nach Art. VI Sicherheitsleistung beantragen. Für den Vollstreckungsschuldner besteht eine solche Möglichkeit dem Wortlaut nach nicht, obwohl die Interessenlage dieselbe ist. *Tupman* will deshalb auch eine Vollstreckung des Gläubigers nur gegen Sicherheitsleistung zulassen und greift dazu auf das Recht des Vollstreckungsstaates zurück. Problematisch ist allerdings, daß *Tupman* keinerlei abstrakte Formel vorgeben kann, nach der die Bedeutsamkeit der externen Faktoren bestimmt werden soll (so kritisch: Strub, 68 TEX. L. REV. 1031, 1068).

[1318] Strub, 68 TEX. L. REV. 1031, 1063. Siehe Skandia Am. Reins. Corp. v. Caja Nacional de Ahorro y Seguro, No. 96 CIV. 2301 (KMW), 1997 WL 278054 (S.D.N.Y. 1997), wo die Sicherheitsleistung nach lokalem New Yorker Recht bestimmt wird.

[1319] Fertilizer Corp. of India v. IDI Managment, 517 F.Supp. 948 (D. S.D. Ohio 1981).

[1320] Siehe oben f/(2).

[1321] „This appears to be an unfettered grant of discretion..." (Fertilizer, 517 F.Supp. 948, 961).

zung des UNÜ eingegrenzt, das die Vollstreckung von Schiedssprüchen erleichtern sollte. Letztlich setzte das Gericht seine Entscheidung aus, um die Möglichkeit zweier sich widersprechender Urteile zu vermeiden: „[I]n order to avoid the *possibility of an inconsistent result*, this Court has determined to adjourn its decision on enforcement... ." Es sah die Interessen der Vollstreckungsklägerin, *FCI*, durch die Sicherheitsleistung hinreichend gewahrt.[1322]
Damit legte das Gericht den Maßstab für die Aussetzung ausgesprochen gering an. Die bloße Möglichkeit von zwei einander widersprechenden Urteilen wird sich fast immer ergeben, ein Verfahren wäre danach fast immer aussetzbar. Das kann die UN-Konvention nicht gemeint haben.[1323]

Auch in der zweiten berichteten Entscheidung, *Spier v. Calzaturificio Tecnica S.p.A.*,[1324] wurde das Verfahren vorläufig ausgesetzt. *Tecnica* behauptete, es habe sich bei dem zu vollstreckenden Schiedsspruch nur um einen nicht bindenden *Arbitrato irrituale* im Sinne des UNÜ gehandelt und betrieb zeitgleich die Aufhebung des Schiedsspruches vor einem italienischen Gericht. Wie in *Fertilizer* sah das *District Court* es in seinem Ermessen, das Verfahren nach Art. VI auszusetzen.[1325] Es erkannte dabei die Gefahr, daß sinnlose Aufhebungsklagen allzu leicht die Vollstreckung hindern könnten. Um nicht der grundsätzlich vollstreckungsfreundlichen Einstellung der Konvention zuwiderzuhandeln, war das Gericht gleichsam gezwungen höherrangige Erwägungen ins Feld zu führen. So stellte es fest: „[O]ne must recognize that the Convention, itself is a compromise between national interests and international aspirations... ."[1326] Darauf aufbauend hob es – mit einem Blick auf die Entstehungsgeschichte – die Bedeutung hervor, die die Verfasser dem Versagungsgrund nach Art. V(1)(e) zugemessen hatten. Die Versagung der Vollstreckung wegen der Aufhebung des Schiedsspruches hätte aber umgegangen werden können, wenn nicht – wie in Art. VI vorgesehen – das Vollstreckungsverfahren bis zur endgültigen Entscheidung im Heimatstaat ausgesetzt werden könnte. Nur ein offensichtlich allein taktisch motiviertes Aufhebungsverfahren (*transparently frivolous litigation*) würde einer Verfahrensaussetzung entgegenstehen.[1327] Damit widersprach das Gericht aber eindeutig den Vorgaben des UNÜ. Indem es den Maßstab des allein taktisch motivierten Aufhebungsverfahrens anlegte, verschob es die Beweislast von dem Vollstreckungsgegner – entgegen dem Wortlaut von Art. V(1) – auf die um Vollstreckung nachsuchende

[1322] Fertilizer, 517 F.Supp. 948, 961-962 (Hervorhebung vom Autor).
[1323] Tupman, 3 ARB. INT'L 209, 221.
[1324] 663 F.Supp. 871 (S.D.N.Y. 1987).
[1325] Spier, 663 F.Supp. 871, 874-875. Siehe auch Europcar Italia, S.p.A. v. Maiellano Tours, Inc., 156 F.3d 310 (2d Cir. 1998).
[1326] Spier, 663 F.Supp. 871, 875.
[1327] Spier, 663 F.Supp. 871, 875: „I would deny Article VI adjournment of the enforcement proceedings here only if I were satisfied that Tecnica's litigation position in Italy was transparently frivolous."

Partei.[1328] Nach der Systematik des UNÜ hätte also *Tecnica* den Beweis erbringen müssen, daß das Aufhebungsverfahren in Italien erfolgversprechend war.

Beide Urteile offenbaren systematische Schwächen und die Schwierigkeiten, einen Maßstab für die Anwendung des Aussetzungsermessens zu finden: der *possibility of inconsistent result*-Standard des *Fertilizer*-Urteils wie der der *frivolous litigation* in *Spier* erscheinen als zu weitgehend im System der so vollstreckungsfreundlichen UN-Konvention, denn der eine Maßstab würde nahezu immer einen Vollstreckungsgericht die Aussetzung des Verfahrens ermöglichen, dagegen verschiebt der andere die Beweislast ungerechtfertigterweise auf den Vollstreckungsgläubiger.
Die Problematik sich widersprechender Gerichtsurteile wird in beiden Aussetzungsentscheidungen überschätzt. Insoweit kann den Gerichten zugute gehalten werden, daß sie sich noch nicht einer gefestigten Rechtsprechung bedienen konnte, denn eine erfolgreiche Aufhebungsklage ist äußerst selten.[1329] Mit dem Risiko eines Aufhebungsurteils bei gleichzeitiger Vollstreckung des Schiedsspruchs in den USA läßt sich die Aussetzung also kaum rechtfertigen.

Eine so weitgehende Verlagerung der Beweislast, wie sie in *Spier* zu Lasten des Vollstreckungsklägers vorgenommen wurde, scheint kaum mit der den Vorgaben der Konvention vereinbar zu sein, denn diese legt die Beweislast grundsätzlich dem Vollstreckungsgegner auf. Eine klare Formel, welche Anforderungen an die Darstellung des beweispflichtigen Vollstreckungsgegners zu stellen sind, läßt sich nicht finden. Die oben angesprochenen Vermutungen zugunsten oder zu Lasten der Vollstreckbarkeit können nicht überzeugen; sie beachten nicht hinreichend den den Gerichten eingeräumten Ermessensspielraum. Der Ausgangspunkt der Überlegungen befindet sich den beiden Extrempositionen: so kann einerseits von einer Vermutung zugunsten der Vollstreckung ausgegangen werden, was aber nicht dazu führen darf, daß auch ein offensichtlich ungültiger Schiedsspruch vollstreckt würde. Überwiegend wird deshalb eine Parallele des Regelungsbereichs von Art. VI zur Situation im einstweiligen Rechtsschutz gezogen: Damit wird dem Vollstreckungsgegner aufgegeben, seine Behauptung, der Schiedsspruch werde in dem Parallelverfahren aufgehoben, hinreichend glaubhaft zu machen: „[T]he party... must show a likelihood or probability of success on the merits.“[1330] Gleichzeitig

---

[1328] Strub, 68 TEX. L. REV. 1031, 1055.
[1329] van den Berg, *Commentary*, XI Y. B. COM ARB. 399, 458 (bis 1986 nur eine von 288 veröffentlichten Entscheidungen).
[1330] Strub, 68 TEX. L. REV. 1031, 1064, orientiert sich dabei am Bundesrecht und zwar der FED. R. CIV. P. 62(c), der die Möglichkeit der einstweiliger Maßnahmen bei der Berufung gegen eine einstweilige Verfügung regelt. Zur Abwägung stützt sich die US-Rechtsprechung auf vier Kriterien: „whether the stay applicant has made a strong showing that he is likely to succeed on the merits; (2) whether the applicant will be irreparably injured absent a stay; (3) whether issuance of the stay will

kann das Gericht eine Folgenabwägung vornehmen unter Berücksichtigung der Frage, ob eine Verfahrensaussetzung die Rechte des Vollstreckungsgläubiger mehr beeinträchtigen würde als die Vollstreckung die Rechte des Schuldners.[1331] Vorteil dieses Ansatzes ist, daß die Gerichte wegen der Parallelität zum Verfahren im einstweiligen Rechtsschutz mit der Anwendung einer solchen summarischen Prüfung einige Übung haben.[1332] Dennoch ist auch mit dieser Formel die richtige Akzentuierung der Beweisanforderungen nicht einfach in den Griff zu bekommen. Denn wird dem Vollstreckungsgegner auferlegt, mehr oder weniger detalliert die Erfolgschancen seiner Aufhebungsklage nachzuweisen,[1333] ist die Schwäche dieses Ansatzes unschwer vorhersehbar. Der Vollstreckungsgegner wird versucht sein, sämtliche möglichen Verfahrensmängel, die er nach fremdem Recht im Aufhebungsverfahren geltend macht, nun auch im Vollstreckungsverfahren einzuführen. Damit muß sich das Gericht (mehr oder weniger eingehend) mit fremdem Recht beschäftigen. So sind die gleichen Einwendungen Gegenstand beider Verfahren mit der Folge weiterer Verzögerungen.[1334] Die voranstehend erörterten Entscheidungen scheinen einer ähnlichen Formel zu folgen, wenn auch mit den erörterten Schwierigkeiten.

Den ersten Ansatz zu einer umfassenden Klärung unternahm der *Second Circuit* in *Europcar Italia v. Maiellano Tours, Inc.*[1335] Dabei stellte das Gericht die folgenden Abwägungskriterien auf:

> (1) the general objectives of arbitration -- the expeditious resolution of disputes and the avoidance of protracted and expensive litigation;
> (2) the status of the foreign proceedings and the estimated time for those proceedings to be resolved;
> (3) whether the award sought to be enforced will receive greater scrutiny in the foreign proceedings under a less deferential standard of review;
> (4) the characteristics of the foreign proceedings including (i) whether they were brought to enforce an award (which would tend to weigh in favor of a stay) or to set the award aside (which would tend to weigh in favor of enforcement); (ii) whether they were initiated before the

---

substantially injure the other parties interested in the proceeding; and (4) where the public interest lies." Ganz ähnlich, wenn auch in allgemeinerer Form fordert VAN DEN BERG, NEW YORK CONVENTION 353-354: „[I]t implies that the respondent has the burden of giving some summary proof that the award by a defect which is likely to cause its setting aside in the country of origin." Tupman, 3 ARB. INT'L 209, 221 n. 71 (m. w. N. zu dem Standard der US-Gerichte).

1331 Strub, 68 TEX. L. REV. 1031, 1064-1065.

1332 Strub, 68 TEX. L. REV. 1031, 1065.

1333 VAN DEN BERG, NEW YORK CONVENTION 353-354: „[I]t implies that the respondent has the burden of giving some summary proof that the award is tainted by a defect which is likely to cause its setting aside in the country of origin."

1334 Tupman, 3 ARB. INT'L 209, 221-222.

1335 156 F.3d 310 (1998).

> underlying enforcement proceeding so as to raise concerns of international comity; (iii) whether they were initiated by the party now seeking to enforce the award in federal court; and (iv) whether they were iniated under circumstances indicating an intent to hinder or delay resolution of the dispute;
> (5) a balance of the possible hardships to each of the parties, keeping in mind that if enforcement is postponed under Article VI of the Convention, the party seeking enforcement may receive „suitable security" and that, under Article V of the Convention, an award should not be enforced if it set aside or suspended in the originating country,...;
> (6) any other circumstances that could tend to shift the balance in favor of or against adjournment.[1336]

Angesichts mangelnder Richtlinien in der Rechtsprechung muß davon ausgegangen werden, daß sich die US-Gerichte an diesen Kriterien des *Second Circuits* als einer *leading jurisdiction* orientieren werden. Auf die Bewertung des Parallelverfahrens im Herkunftsstaates will aber auch der *Second Circuit* nicht verzichten. Summarisch wird das Vollstreckungsgericht die Erfolgschancen des Aufhebungsverfahrens prüfen müssen.

Die US-Gerichte scheinen aber nur bedingt bereit zu sein, die Problematik der parallellaufenden (und möglicherweise sinnlosen) Verfahren zu honorieren. Die prozessuale Absurdität ist gut mit der Argumentation der sowohl Schieds- wie im französischen Aufhebungsverfahren erfolgreichen Vollstreckungsklägerin *Seetransport* beschrieben:

> [S]eetransport would have been put to the task of filing suit in the United States district court to enforce the arbitral award, even though an appeal was pending in the Court of Appeals of Paris that could have vacated the award, and even though Navimpex probably would have moved in the district court for a stay of the judgment pending the determination of the French judicial proceedings.[1337]

Seetransport hatte deshalb kein Vollstreckungsverfahren vor US-Gerichten angestrengt und war jetzt mit dem Ablauf der Frist zur Vollstreckung nach 9 U.S.C. § 207 (drei Jahre) konfrontiert. Die Argumentation von *Seetransport* überzeugt: ein Vollstreckungsverfahren macht überhaupt keinen Sinn, wenn der gut beratene Vollstreckungsgegner mit Hinweis auf ein gleichzeitig stattfindendes Aufhebungs-

---

[1336] 156 F.3d 310, 317-318: Dabei sollte das Gericht besonderes Gewicht auf den ersten und zweiten Punkt der Aufzählung legen. Für einen italienischen *arbitrato irrituale* deutete das Gericht die Aussetzung an, denn es könne immer noch die italienische Vollstreckbarkeitserklärung als Urteil in den USA vollstreckt werden.

[1337] Seetransport Wiking Trader Schiffahrtsgesellschaft mbH & Co., Kommanditgesellschaft v. Navimpex Centrala Navala, 989 F.2d 572, 581 (2d Cir. 1993).

verfahren sofort die Aussetzung des Vollstreckungsverfahrens erreicht. Der *Second Circuit* ließ diese Argumentation aber unter Hinweis auf das US-Transformationsgesetz (§ 207) nicht zu. Die Fristbestimmung ist eindeutig: „Within three years after an arbitral award falling under the Convention is *made*..." (Hervorhebung vom Autor). Sonst müßte es heißen – wie das Gericht ausführte – „after an award is made *or becomes final*."[1338] Die Fristbestimmung würde dann in der Tat weitgehend leerlaufen. Gleichzeitig verwies das Gericht auf die Schiedsgerichtsordnung der *ICC*, wonach ein Schiedsspruch mit der Unterzeichnung durch die Schiedsrichter *final*, also endgültig oder abschließend, ist.[1339]
Das Ergebnis des Urteils erscheint auf den ersten Blick unbefriedigend, stellt sich aber schließlich als Teil der konsequenten *pro-enforcement policy* des UNÜ dar. Es zwingt die Parteien – auch die obsiegende Partei – das Verfahren zügig weiterzubetreiben. Bei der Bewertung des Urteils sollte berücksichtigt werden, daß das Gericht gleichzeitig dem erstinstanzlichen Gericht vorgab, die Vollstreckung des französischen Exequaturürteils vorzunehmen[1340] und die Chance eines Aufhebungsurteils ausgesprochen gering sind.[1341]
Gilt doch gerade die Schnelligkeit als einer der Vorzüge des Schiedsverfahrens. *Seetransport* verkürzte insoweit auch seine Argumentation, als die Konvention nicht zwingend die Aussetzung des Verfahrens nach Art. VI vorsieht, sondern sie in das Ermessen des Vollstreckungsgerichts stellt.[1342]

Entgegen der allgemeinen Ansicht, die Versagungsgründe des UNÜ seien abschließend aufgezählt, ließ der *First Circuit* in der Entscheidung *Hewlett-Packard v. Berg* eine Aussetzung des Vollstreckungsverfahrens bewußt auch außerhalb des Wortlauts von Art. VI zu.[1343] In dem vorliegenden Fall waren *Berg* im Rahmen eines *ICC*-Schiedsverfahrens knapp $ 700.000 zuerkannt worden. Dagegen hatte es der Schiedsrichter – überraschenderweise – abgelehnt, über die Widerklage des Antragstellers in Höhe von $ 207.000 zu entscheiden, weil diese sich außerhalb seines Schiedsauftrages befinde. Vor dem *District Court* in Massachusetts hatte *Berg* die Vollstreckbarkeitserklärung beantragt. Dem Antrag hatte das *District*

1338 Seetransport, 989 F.2d 572, 581 (Hervorhebung im Original).
1339 Seetransport, 989 F.2d 572, 581.
1340 Seetransport, 989 F.2d 572, 583. Die praktischen Auswirkungen blieben damit für die im Schiedsverfahren erfolgreiche Partei minimal.
1341 Strub, 68 TEX. L. REV. 1031, 1054.
1342 Das scheint auch der *Second Circuit* zu erkennen, der Art. VI zitiert und dabei die Passage zum Ermessen typografisch hervorhebt (Seetransport, 989 F.2d 572, 583). Siehe auch: Creighton Ltd. v. Govt. of the State of Qatar, XXI Y.B. COM. ARB. 751, 758 (US. no 197) (D.D.C. 1995). Das Gericht kam nach der zweifelhaften Vollstreckungsversagung logischerweise nicht mehr zur Erörterung seines Ermessens nach Art. VI.
1343 Hewlett-Packard Co. v. Berg, 61 F.3d 101, 106 (1st Cir. 1995). Kritisch auch im Hinblick auf die gefährdete Einheitlichkeit in der internationalen Anwendung der Konvention: Freyer & Gharavi, *Enforceability of Foreign Arbitral Awards*, 119.

Court stattgegeben, gleichzeitig aber Schiedsgerichtsbarkeit für die Widerklage von *Hewlett-Packard* angeordnet. Eine Aufrechnung von *Hewlett-Packard* hatte es als unzulässige Änderung des Schiedsspruchs für nicht möglich gehalten.[1344] Das Berufungsgericht hob die Vollstreckbarkeitserklärung auf und verwies an das *District Court* zurück. Dazu berief sich das Gericht auf Präzedenzfälle zum nationalen Schiedsrecht, wonach Gerichte regelmäßig Verfahren auch aus – nicht geregelten – Gründen der Vorsicht („prudential reasons") aussetzen.[1345] Gleichermaßen hatte der *First Circuit* schon Schiedsverfahren entgegen den gesetzlichen Vorgaben ausgesetzt, um das Ergebnis parallellaufender Gerichtsverfahren abzuwarten. Die UN-Konvention habe nicht die Regel geändert, wonach ein Bundesgericht ein Verfahren bis zur Entscheidung eines Parallelverfahrens durch ein anderes Gericht (hier wohl des Schiedsspruches über die Widerklage) aussetzen könne. Das Gericht stellte aber klar, daß die Aussetzung des Vollstreckungsverfahrens nicht leichtfertig ohne weiteres gewährt werden sollte: eine vorsichtige Anwendung sei aber besser als die völlige Aufgabe der Verfahrensaussetzung.[1346]
Mit Hinblick auf die *pro-enforcement policy* des UNÜ und die positiv begrenzte Zahl von dessen Versagungsgründen ist die Entscheidung problematisch. Eine Erklärung bietet die Tatsache, daß *Berg* das Verfahren als Konkursverwalter betrieben hatte. Würde damit *Hewlett-Packard* die Möglichkeit versagt gleich im Wege der Aufrechnung einen berechtigten Gegenanspruch geltend zu machen, bestünde die Gefahr immerhin $ 207.000 zu verlieren.[1347] Daß Billigkeitserwägungen eine wesentliche Rolle spielten, läßt das Gericht durchblicken: „Still, we think it would require some explanation if, *in the face of the equities of this case*, the district court concluded that the full award should be confirmed and collected now."[1348] Insgesamt läßt das Gericht also erkennen, daß es in (engen) Ausnahmefällen eine Abwägung der beiderseitigen Interessen vornimmt und sich dabei auch an den Erfolgschancen des anderen Schiedsverfahrens orientierte. Ist dann eine gravierende Benachteiligung des Vollstreckungsgegners zu befürchten, kann das Verfahren nach (dem nicht geregelten) Ermessen des Gerichts auch über den Wortlaut des Art. VI hinaus ausgesetzt werden. So richtig wie das Ergebnis erscheint, so gefährlich ist es für eine international einheitliche Anwendung des UNÜ.[1349]

[1344] Hewlett-Packard, 61 F.3d 101, 103.
[1345] Hewlett-Packard, 61 F.3d 101, 106. Die gesetzlich geregelten Gründe sind die nach 9 U.S.C. §§ 10, 11.
[1346] Hewlett-Packard, 61 F.3d 101, 106.
[1347] „[B]ankruptcy gives Hewlett-Packard a very substantial prudential argument" (61F.3d 101, 105).
[1348] Hewlett-Packard, 61 F.3d 101, 105 (Hervorhebung vom Autor). Ebenso: „Under these circumstances, the seemingly fair solution would be to confirm the award in its uncontested part, reserving confirmation of the balance until the 1982 contract dispute is arbitrated" (aaO, 105).
[1349] Freyer & Gharavi, *Enforceability of Foreign Arbitral Awards*, 119.

- Nicht anwendbar dagegen ist Art. VI, wenn das Vollstreckungsgericht gleichzeitig zuständig für die Aufhebung eines Schiedsspruches ist. Das ist dann der Fall, wenn im Sinne der Entscheidung *Bergesen v. Joseph Muller Corp.* ein hinreichender Auslandsbezug bei einem in den USA stattfindenden Schiedsverfahren gegeben ist. In *Spector v. Torenberg* hatte das Schiedsverfahren zwischen einer israelischen und einer US-amerikanischen Partei in New York stattgefunden.[1350] Damit ergab sich für *Torenberg* die Wahlmöglichkeit, den Schiedsspruch nach dem ersten oder zweiten Kapitel des *Federal Arbitration Acts* zu vollstrecken. Die von *Torenberg* beantragte Vollstreckung nach UNÜ (also Kapitel 2 des *FAA*) schloß nicht die Zuständigkeit des gleichen Gericht im Aufhebungsverfahren aus. Schließlich war der Spruch nach New Yorker Recht ergangen.[1351] Aufhebungs- und Vollstreckungsverfahren konnten also vor dem gleichen Gericht in einem Verfahren verhandelt werden. Auf diese Konstellation ist der Regelungsbereich von Art. VI, der zwei parallele Verfahren in verschiedenen Staaten vorsieht, nicht zugeschnitten. Die Anwendbarkeit von Art. VI und damit auch die Möglichkeit, eine Sicherheitsleistung zu beantragen, schieden so aus.[1352]

(3) Auswirkungen auf die Vollstreckung - Zusammenfassung

Im Vergleich zu den Versagungsgründen nach Art. V bietet Art. VI dem Vollstreckungsgegner eine vergleichsweise vielversprechende Grundlage, die Vollstreckung eines Schiedsspruches herauszuzögern. Das zeigen die Entscheidungen *Fertilizer*, *Spier*, *Gesco*,[1353] wohl auch *Europcar* und *Hewlett-Packard.*

Einheitlich gingen die Gerichte davon aus, daß die Entscheidung über die Aussetzung eines Verfahrens in ihrem Ermessen liegt. Bei der Anwendung dieses Ermessens zeigen die Gerichte – wie erörtert – aber einige Unsicherheit. Eindeutige Vorgaben können der Rechtsprechung nicht gemacht werden, sie würden das Ermessen unzulässig einschränken. Insoweit muß es bei der oben erörterten Richtschnur belassen werden. Die Gerichte scheinen insgesamt eine Folgenabwägung vorzunehmen, die naturgemäß auch eine Beurteilung der Erfolgschancen im parallelen Aufhebungsverfahren miteinschließen muß.

[1350] Spector v. Torenberg, 852 F.Supp. 201, 204 (S.D.N.Y. 1994).

[1351] Spector, 852 F.Supp. 201, 205.

[1352] Spector, 852 F.Supp. 201, 204 n. 2. Die Möglichkeit nach Art. VI eine Sicherheitsleistung zu beantragen, ist nicht gleichzusetzen mit dem Arrest zur Sicherung der Vollstreckung aus einem künftigen Urteil, der bei einem Gericht eigener Wahl beantragt wird: „That section [Art. VI] provides that a defendant must post a bond when it makes an application to set aside an arbitration award. This provision, however, concerns a situation in which the party against whom an award has been entered seeks affirmative relief from the court. That situation is not at all the same as that here, in which the party that obtained an award seeks prejudgment security in a court of its own choosing“ (Concord Reins. Co. Ltd. v. Caja Nacional de Ahorro y Seguro, XX Y.B. COM. ARB. 932, 934 (S.D.N.Y. 1994) (US no. 180)).

[1353] Gesco Ltd. v. Han Yang Corp, XV Y.B. COM. ARB. 575, 577 (D. N.J. 1986) (US. no. 94).

Legt dabei ein Vollstreckungsgericht den in *Fertilizer* benutzten Maßstab („possibility of an inconsistent result") an, stehen die Chancen für eine Aussetzung des Verfahrens ausgesprochen gut. Die bloße Möglichkeit der Aufhebung eines Schiedsspruches besteht fast immer. Damit könnte ein Verfahren ungebührlich in die Länge gezogen werden. Schließlich ist kaum vorhersehbar, wie lange ein Aufhebungsverfahren dauern wird.[1354] Das kann weder im Sinne der Schiedsgerichtsbarkeit allgemein noch der auf eine Erleichterung der Vollstreckung angelegten Konvention sein. Insoweit sollte das Gericht – wie beim Erlaß von einstweiligen Maßnahmen – eine summarische Prüfung der Erfolgsaussichten des Aufhebungsverfahrens vornehmen. Kann danach der Vollstreckungsgegner nicht glaubhaft machen, daß nach einem international anerkannten Standard die Aufhebung wahrscheinlich ist, sollte die Vollstreckung nicht ausgesetzt werden.[1355]
Zu beachten ist, daß der *Federal Arbitration Act* eine Frist zur Vollstreckung von drei Jahren vorsieht. Daraus ergibt sich implizit die Verpflichtung, wie vom *Second Circuit* in *Seetransport* ausgeführt, zügig die Vollstreckung zu betreiben ungeachtet paralleler Aufhebungverfahren, die das Vollstreckungsverfahren zunächst sinnlos erscheinen lassen.[1356] Sonst kann das Gerichtsurteil „nur" noch nach den gesetzlich geregelten *comity*-Grundsätzen vollstreckt werden.

Schließlich kann eine Aussetzung des Verfahrens – und wichtiger die Stellung einer Sicherheitsleistung – nicht in Betracht kommen, wenn das Vollstreckungsgericht gleichzeitig auch die zuständige Behörde zur Aufhebung eines Schiedsspruchs im Sinne von Art. V(1)(e), also doppelt zuständig ist. Das ist immer dann der Fall, wenn ein Schiedsverfahren mit erheblichem Auslandsbezug im Sinne von 9 U.S.C. § 207 nach dem Recht des Vollstreckungsgericht stattgefunden hat. Die Entscheidung *Spektor v. Torenberg* bietet ein anschauliches Beispiel für eine solche Situation.

4. Versagungsgründe nach Absatz 2

Die verbleibenden Versagungsgründe nach Abs. 2 lauten wie folgt:

> (2) Die Anerkennung und Vollstreckung eines Schiedsspruches darf auch versagt werden, wenn die zuständige Behörde des Landes, in dem die Anerkennung und Vollstreckung nachgesucht wird, feststellt,
> (a) daß der Gegenstand des Streites nach dem Recht dieses Landes nicht auf schiedsrichterlichem Wege geregelt werden kann oder

---

[1354] Tupman, 3 ARB. INT'L 209, 221.

[1355] Paulsson, *Disregarding LSAS under the NY Convention*, 7 AM. REV. INT'L ARB. 99, 114.

[1356] Weitergehend mag man der typographischen Hervorhebung der Passage über das Ermessen des Gerichts in Art. VI die Bedeutung zumessen, daß das Gericht zum Ausdruck bringen wollte, seine Ermessensausübung bedeute nicht zwingend die Aussetzung des Verfahrens, sondern wenn es dies für angemessen erachte, könne das Verfahren durchaus auch –trotz eines parallelen Verfahrens – fortgeführt werden.

(b) daß die Anerkennung oder Vollstreckung des Schiedsspruches der öffentlichen Ordnung dieses Landes widersprechen würde.

Anders als die Versagungsgründe nach Abs. 1 muß das Gericht die Versagungsgründe nach Abs. 2 also von Amts wegen berücksichtigen.[1357] Ein entsprechender Antrag ist nicht erforderlich, wird aber in der Praxis fast immer gestellt werden. Besondere Beachtung bei der Anwendung von Abs. 2 muß die Tatsache finden, daß sowohl die Schiedsfähigkeit des Streitgegenstandes wie auch der *ordre public* allein nach dem Recht des Vollstreckungsstaates zu bestimmen sind.[1358] Auch insoweit unterscheidet sich Abs. 2 von Abs. 1. Dabei birgt die Bezugnahme auf das nationale Recht des Vollstreckungsstaates immer auch die Gefahr der Umgehung der Zielrichtung des UNÜ. Andererseits weisen vor allem im Rahmen von Abs. 2 die US-Gerichte darauf hin, daß der Maßstäbe der öffentlichen Ordnung im internationalen Wirtschaftsverkehr anders, d. h. zurückhaltender, zu bestimmen ist als im Inland. Diese Unterscheidung entspricht der ständigen höchstrichterlichen Rechtsprechung.[1359]

a. Art. V (2)(a) – Fehlende Schiedsfähigkeit

(1) Einführung

Mit Blick auf den unmittelbar folgenden *public policy*-Versagungsgrund erscheint die sogenannte *nonarbitrability defense* nach Art. V(2)(a) eigentlich als überflüssig.[1360] Es waren wohl überwiegend historische Gründe, die zu der Differenzierung zwischen Schiedsfähigkeit und öffentlicher Ordnung führten.[1361] Kapitel 2 des *FAA* enthält keine eigene Definition international schiedsfähiger Streitgegenstände, sondern verweist nur auf das erste (nationale) Kapitel. Ist also die Schiedsfähigkeit schon für die nationalen Verfahren gegeben, sind für internationale Verfahren insoweit keine Probleme zu befürchten. Das gilt insbesondere – a majore ad minus – mit Blick auf den gerade erörterten weniger strengen Maßstab, den die Gerichte für die internationale Schiedsgerichtsbarkeit anlegen.[1362]

[1357] Allgemeine Meinung: Contini, 8 AM. J. COMP. L. 283, 304; McClendon, *Foreign Arbitral Awards*, 4 NW. J. INT'L L. & BUS. 58, 67.

[1358] Stein/Jonas/Schlosser, Anhang zu § 1044 III Rnr. 82.

[1359] Siehe oben 2. Teil/A/III/5/b.

[1360] West, 5 N.Y.L. SCH. J. INT'L & COMP. L. 103, 120; Aksen, *Foreign Arbitral Awards*, 3 S.W. U. L. REV. 1, 13. Allerdings gilt die *public policy* anders als *die nonarbitrabilitydefense* nur für die Vollstreckung von Schiedssprüchen, nicht von –abreden (Carbonneau, *Mitsubishi: the folly of quixotic internationalism*, 2 ARB. INT'L 116, 118).

[1361] VAN DEN BERG, NEW YORK CONVENTION 368: in der Genfer Konvention von 1927, sowie den Entwürfen zum UNÜ war die (fehlende) Schiedsfähigkeit immer als Versagungsgrund angeführt worden.

[1362] Es kann also auf die Darstellung schiedsfähiger Streitgegenstände nach Kapitel 1 verwiesen werden.

Art. V(2)(a) kann einen außerordentlich unglücklichen Effekt auf ein Schiedsverfahren haben, wenn sich erst in der Vollstreckung herausstellt, daß ein Schiedsspruch wegen mangelnder Schiedsfähigkeit des Streitgegenstandes überhaupt nicht durchsetzbar ist, das ganze Verfahren damit umsonst war. Denn bis dahin findet das Recht des Vollstreckungsstaates keine
Anwendung, sondern nur das auf das Schiedsverfahren anwendbare [1363]

Allgemein gilt die Schiedsfähigkeit des Streitgegenstandes nur als ein Element der weiter gefaßten – durch Art. V(2)(b) abgesicherten – öffentlichen Ordnung; insoweit erscheint der Versagungsgrund nach Buchst. (a) sicherlich als überflüssig.[1364] Als Element dieser öffentlichen Ordnung ist sie Ausdruck einer nationalstaatlichen Politik, bestimmte Streitigkeiten der staatlichen Gerichtsbarkeit vorzubehalten. Typische Beispiele nicht-arbitrabler Streitgegenstände waren Kartellstreitigkeiten,[1365] Auseinandersetzungen über geistiges Eigentum wie Patente, Warenzeichen, Konkursrecht, Arbeits- und Familienrecht, also Streitigkeiten, die durch ein starkes öffentliches Regelungs- bzw. Schutzinteresse gekennzeichnet sind.[1366]
Art. V(2)(a) ist also immer dann anwendbar, wenn ein Gesetz oder Gerichtsurteil ausdrücklich die Schiedsgerichtsbarkeit als Streitbeilegungsmechanismus untersagt.[1367] Diese sachlichen Beschränkungen der Schiedsgerichtsbarkeit sind aber schon im nationalen Schiedsrecht weitestgehend aufgehoben worden.[1368] Für den Bereich der Patente hat der Gesetzgeber inzwischen durch eine Gesetzesnovelle Abhilfe geschaffen. (Freiwillige) Schiedsverfahren über Patentstreitigkeiten sind danach möglich.[1369]

[1363] Praktische Auswirkung ist, daß die Schiedsfähigkeit doppelt geprüft wird, nämlich nach anwendbarem Recht wie dem Recht des Vollstreckungsstaates (MünchKomm-Gottwald, IZPR, Art. V Rnr. 84). Eine Ausnahme bieten hier nur die schon mehrfach erörterten Verfahren nach US-Recht, die jedoch einen ausreichenden Auslandsbezug haben. Dann findet US-Recht schon auf das Schiedsverfahren selbst ebenso wie in der Vollstreckung des Schiedsspruches Anwendung. Für eine Aufgabe dieses Versagungsgrundes vor US-Gerichten plädiert *Evans* (21 N.Y.U. J. INT'L L & POL. 329, 333).

[1364] VAN DEN BERG, NEW YORK CONVENTION 360; Bertheau, Das New Yorker Abkommen, S. 60.

[1365] Kartellstreitigkeiten können sich beispielsweise zwischen Vertragsparteien von Franchiseverträgen, Vertriebsvereinbarungen, *Joint Ventures* ergeben ebenso wie bei Patent-, Betriebs- oder anderen Technologielizenzen (Allison, *Arbitration of Private Antitrust Claims*, 18 N.Y.U. J. INT'L L. & POL. 361, 365).

[1366] Goodman, 23 COLUM. J. TRANSNAT'L. L. 655, 659-662; Evans, 21 N.Y.U. J. INT'L L & POL. 329, 332. Darüberhinaus nennt Goodmann (S. 671) auch noch *real estate title disputes* (Streitigkeiten über Grundbucheinträge). Selbst im Familienrecht sind aber Aufweichungen der bisherigen Doktrin zugunsten der Schiedsgerichtsbarkeit zu verzeichnen (Carbonneau, *Mitsubishi: the folly of quixotic internationalism*, 2 ARB. INT'L 116, 119).

[1367] Evans, 21 N.Y.U. J. INT'L L & POL. 329, 334.

[1368] Dazu siehe schon oben 2. Teil/C/V/1.

[1369] 35 U.S.C. § 294(a): „A contract involving a patent or any right under a patent may contain a provision requiring arbitration of any dispute relating to patent validity or infringement arising under the contract. In absence of such a provision, the parties to an existing patent validity or infringement dispute may agree in writing to settle such dispute by arbitration. ... ."

Für die Rechtsanwendung bietet die gesonderte Erwähnung von *nonarbitrability* die Chance größerer Überschaubarkeit und damit besserer Handhabbarkeit der sonst so breiten *public policy defense*.

(2) Rechtsprechung

Art. V(2)(a) ist wahrscheinlich wegen seiner sachlichen Nähe zu Art. V(2)(b) relativ selten Gegenstand von Gerichtsentscheidungen in den USA geworden.[1370] Vollstreckungsgegner scheinen meist den vermeintlichen „Hammer" von *public policy* gegenüber der engeren Schiedsfähigkeit zu bevorzugen.

Trotz der systematischen Trennung von Art. V(2)(a) und (b) haben die Gerichte die Trennlinie häufig nicht gezogen und die Begriffe von Schiedsfähigkeit und öffentlicher Ordnung miteinander vermischt.[1371] Die bekanntgewordenen Entscheidungen bekunden sämtlich die ausgesprochen schiedsfreundliche Einstellung der Gerichte, insbesondere im internationalen Wirtschaftsverkehr, wo die Gerichte auch bereit scheinen, traditionell anerkannte Wälle gegen die Schiedsgerichtsbarkeit einzureißen:

Noch 1953 hatte der *Supreme Court* in der Entscheidung *Wilko v. Swan*[1372] eine Schiedsabrede wegen der US-Wertpapiergesetze für nicht vollstreckbar gehalten. Während der erste Teil der Begründung heute kaum noch nachvollziehbar erscheint, reflektiert der zweite Teil einen typischen Grund für den Vorbehalt der ordentlichen Gerichtsbarkeit: das Gericht sprach den Schiedsrichtern die notwendige Befähigung für den Umgang mit einer schwierigen Rechtsmaterie ab. Deshalb sah es aufgrund der nur beschränkten Rechtskontrolle durch ordentliche Gerichte die Rechte des durch die Gesetzgebung gerade geschützten Investors gefährdet.[1373] Diese wenig schiedsfreundliche Einstellung des obersten US-Gerichtes erlebte – wie dargestellt – einen fundamentalen Wandel im Laufe der 70er Jahre. Ausgehend von den Erfordernissen des wachsenden internationalen Handels führte das in *Scherk v. Alberto-Culver* zur Vollstreckung einer Schiedsklausel, obwohl das Gericht an der *Wilko*-Doktrin im nationalen Rahmen festhielt.[1374] Eine parallele Entwicklung vollzog sich im Hinblick auf die Schiedsgerichtsbarkeit allgemein oder zumindest auf internationale Verfahren auch in anderen Bereichen.

- **Außen-, Sicherheitspolitik:** Konkret auf das UNÜ bezogen wurde Art. V(2)(a) vor US-Gerichten zum ersten Mal in der bereits vielzitierten *Parsons & Whittemore Overseas*-Entscheidung eingewandt. Kernargument des Vollstreckungsgegners war, daß Elemente der US-Außenpolitik kaum in die Hand von Schiedsrichtern gelegt werden könnten, die ja keine öffentliche Funktion bekleide-

---

[1370] van den Berg, *Commentary*, XXI Y. B. COM ARB. 394, 505 ¶ 519.
[1371] Evans, 21 N.Y.U. J. INT'L L & POL. 329, 334.
[1372] 346 U.S. 427.
[1373] Wilko, 346 U.S. 427, 435-436.
[1374] Scherk v. Alberto-Culver Co., 417 U.S. 506, 519-520.

ten und auch nicht der US-Politik verpflichtet seien.[1375] Das Gericht hielt dagegen: „The mere fact that an issue of national interest may incidentally figure into the resolution of a breach of contract claim does not make the dispute not arbitrable.“[1376] Im vorliegenden Fall hielt das Gericht die von *Overseas* angeführten nationalen Interessen für überbewertet, bestätigte aber gleichzeitig dem Grundsatz nach, daß bestimmte Kategorien von Streitgegenständen von der Schiedsgerichtsbarkeit ausgenommen sein können.[1377]
Eine Versagung nach Art. V(2)(a) schied damit aus. Das Gericht wählte also eine enge Auslegung, vermied allerdings eine klare Differenzierung zwischen Art. V(2)(a) und (b).[1378]

Einen politischen Hintergrund hat auch die Entscheidung des *District Courts* in *Libyan American Oil Co.[LIAMCO]*,[1379] in dem *LIAMCO* um die Vollstreckbarkeitserklärung eines Schiedsspruches gegen den libyschen Staat nachsuchte. In dem vorangegangenen Schiedsverfahren war über die Höhe der Entschädigung wegen der Verstaatlichung von Ölkonzessionen entschieden worden.
Das Bundesgericht wies diesen Antrag jedoch zurück und stützte seine Begründung auf Art. V(2)(a). Als Streitgegenstand machte das Gericht die Verstaatlichungen und die Höhe der Entschädigung aus.[1380] Verstaatlichungen in anderen Staaten sind aber nach ständiger höchstrichterlicher Rechtsprechung als klassisches Beispiel eines *Act of State* der Beurteilung durch US-Gerichte entzogen.[1381] Auch das *Hickenlooper Amendment*[1382] hielt das Gericht für nicht anwendbar, denn die Klägerin habe es versäumt, eine Verletzung internationalen Rechts darzulegen. Die Höhe der Entschädigung sei keine solche Verletzung.[1383]

[1375] Parsons & Whittemore Overseas Co. v. Société Générale de l'Industrie du Papier (Rakta), 508 F.2d 969, 975. Die Bezugnahme auf die US-Außenpolitik ergab sich aus der Tatsache, daß das US-Unternehmen *Parsons* eine Papierfabrik in Ägypten aufbauen sollte, jedoch aufgrund wachsender Spannungen im Vorfeld des Sechs-Tage-Krieges und Abbruch der diplomatischen Beziehungen sämtliche Mitarbeiter das Projekt aufgegeben hatten.

[1376] Parsons, 508 F.2d 969, 975. Oder mit anderen Worten: „Simply because acts of the United States are somehow implicated in a case one cannot conclude that the United States is vitally interested in its outcome.“

[1377] Parsons, 508 F.2d 969, 975. Als Beispiel für eine Ausnahme nannte das Gericht die *American Safety*-Entscheidung, auf die noch zurückzukommen sein wird.

[1378] Evans, 21 N.Y.U. J. INT'L L & POL. 329, 344.

[1379] Libyan Am. Oil Co. v. Socialist People's Libyan Arab Jamahirya, 482 F.Supp. 1175 (D.D.C. 1980). Siehe auch in diesem Zusammenhang: National Oil Corp. v. Libyan Sun Oil Co., 733 F.Supp. 800, 818-820 (zu Art. V(2)(b)).

[1380] 482 F.Supp. 1175, 1178.

[1381] Zur Problematik der Staatenimmunität und Verstaatlichungen siehe schon oben unter 2. Teil/B. Ständige Rechtsprechung seit 1897 (Underhill v. Hernandez, 168 U.S. 250).

[1382] Danach muß der Präsident jedem Staat die (wirtschaftliche) Unterstützung (*foreign assistance*) versagen, der US-Investitionen verstaatlicht, ohne dafür zügig und angemessen zu entschädigen (Vandevelde, 29 VA. J. INT'L L. 115).

[1383] 482 F.Supp. 1175, 1179.

Der Präzedenzwert dieser Entscheidung ist jedoch zweifelhaft: zum einen wurde das Urteil von dem Berufungsgericht aufgehoben, nachdem die Parteien sich verglichen hatten;[1384] zum anderen ist durch die Novellierung des *FAA* die *Act of State Doctrine* bei der Vollstreckung von Schiedssprüchen nicht mehr anwendbar, 9 U.S.C. § 15.[1385]

- Wie ernst es der US-Rechtsprechung mit der Durchsetzung der internationalen Schiedsgerichtsbarkeit ist, zeigt wohl am deutlichsten das vielbeachtete *Mitsubishi*-Urteil des *Supreme Courts* von 1985.[1386] Dieser Entscheidung wird deshalb so viel Bedeutung beigemessen, weil gerade das hier streitgegenständliche Kartellrecht als einer der Grundpfeiler der US-Wirtschaftsordnung, die „Magna Charta of Free Enterprise“,[1387] galt. Dementsprechend war immer von einem besonderen öffentlichen Interesse und einem Vorbehalt zugunsten der staatlichen Gerichtsbarkeit ausgegangen worden. Seit der Entscheidung des *Second Circuit* in *American Safety Co. v. J.P. Maguire & Co.*[1388] von 1968 schien das gefestigte Rechtsprechung zu sein.[1389] Im wesentlichen vier Gründe führte der *Second Circuit* für seine Entscheidung an: (1) das nationale Interesse an einer auf Wettbewerb beruhenden Wirtschaft; (2) die geringe Wahrscheinlichkeit, daß der Gesetzgeber einem vorgeblichen Monopolisten über allgemeine Geschäftsbedingungen eine Gerichtsstandswahl ermöglichen wollte; (3) die Komplexität von Kartellverfahren; (4) mögliche Befangenheit von Schiedsrichtern, die gerade aus den geregelten

---

[1384] McClendon, *Foreign Arbitral Awards*, 4 NW. J. INT'L L. & BUS. 58, 69.

[1385] Außerdem schien das Gericht das Recht eines Staates zu Verstaatlichungen mit einem Streitbeilegungsmechanismus zu verwechseln: das Recht auf Verstaatlichung ist nicht schiedsfähig. Das Gericht ging aber einerseits davon aus, daß Libyen mit dem Abschluß der Schiedsvereinbarung auf seine Souveränitätseinrede verzichtet hatte, hielt dann aber andererseits Libyen der Sache nach nicht dem Schiedsspruch unterworfen. Damit würde einem Staat einseitig erlaubt, sich von der vertraglichen Verpflichtung zur Schiedsgerichtsbarkeit zu entziehen (VAN DEN BERG, NEW YORK CONVENTION 372; Evans, 21 N.Y.U. J. INT'L L & POL. 329, 346). Schließlich war hier nicht die Verstaatlichung, sondern nur die Modalitäten der Verstaatlichung Gegenstand des Schiedsverfahrens.

[1386] Mitsubishi Motors Corp. v. Soler-Chrysler-Plymouth, Inc., 473 U.S. 614, 629. Besprechungen bei: Allison, *Arbitration of Private Antitrust Claims*, 18 N.Y.U. J. INT'L L. & POL. 361, 422-435; Lowenfeld, *The Mitsubishi case: another view*, 2 ARB. INT'L 178 (zustimmend); Newton, 25 WASHBURN L.J. 536 (zustimmend); Goodman, 23 COLUM. J. TRANSNAT'L. L. 655 (zur Entscheidung des *First Circuits* – i. E. zustimmend zur *Supreme Court*-Entscheidung); Carbonneau, *Mitsubishi: the folly of quixotic internationalism*, 2 ARB. INT'L 116; Sopata, 7 NW. J.INT'L L. & BUS. 595 (ablehnend); Cloud, 18 LAW & POL'Y INT'L BUS. 341; Pietrowski, 36 AM. U.L.REV. 57 (zweifelnd).

[1387] United States v. Topco Assoc., 405 U.S. 596, 610 (1972).

[1388] 391 F.2d 821, 827-828 (1968): „We conclude only that the pervasive public interest in enforcement of the antitrust laws, and the nature of the claims... make the outcome here clear... . In short, we conclude that the antitrust claims raised there are inappropriate for arbitration.“

[1389] So hatten die Obergerichte es in ständiger Rechtsprechung abgelehnt die *Scherk*-Doktrin auf die (internationale) Schiedsfähigkeit von Kartellstreitigkeiten zu übertragen (Goodman, 23 COLUM. J. TRANSNAT'L. L. 655, 665 und Newton, *Arbitration and Antitrust*, 25 Washburn L.J. 536, 540 m.w.N. aus der Rechtsprechung).

Wirtschaftsbereichen kommen.[1390] In *Mitsubishi* kollidierte diese vor allem an nationalen Interessen orientierte Rechtsprechung zum ersten Mal mit der ebenfalls lang etablierten Rechtsprechung zugunsten der (internationalen) Schiedsgerichtsbarkeit.

Der Hintergrund der Entscheidung war folgender: *Mitsubishi Motors*, ein *Joint Venture* zwischen der japanischen *Mitsubishi Heavy Industries* und einer Schweizer Tochter von *Chrysler [CISA]*, war für den Vertrieb von *Mitsubishi*-Fahrzeugen außerhalb des US-Festlandes zuständig. Das beklagte Unternehmen, *Soler*, hatte mit *CISA* einen Generalvertretervertrag (*Distributor Agreement*) für einen bestimmten Absatzmarkt, mit *Mitsubishi* und *CISA* jeweils einen Rahmenvertrag über die Verkaufsbedingungen (*Sales Procedure Agreement*), der eine Schiedsklausel enthielt. Um seinen Verkaufsverpflichtungen nachkommen zu können, bat *Soler* die nicht-verkauften Autos weiterexportieren zu dürfen, was *Mitsubishi* untersagte. Wegen dieser Meinungsverschiedenheit beantragte *Mitsubishi* kurz darauf vor dem *District Court* die Anordnung des Schiedsverfahrens. Widerklagend berief *Soler* sich auf den *Sherman Act*.[1391]

Der *Supreme Court* fegte die Bedenken von *American Safety* hinweg, wenn auch nur für den internationalen Wirtschaftsverkehr.[1392] Er ging in zwei Schritten vor und bestimmte erstens, ob eine gültige Schiedsklausel vorlag, und zweitens, ob irgendwelche äußeren Umstände die Vollstreckung dieser Klausel verhinderten. Dabei stellte das Gericht fest, daß durchaus nicht alle gesetzlichen Ansprüche schiedsfähig sein müssen, solche Ausnahmen sich aber auch dem Wortlaut der Vorschrift bzw. der Gesetzgebungsgeschichte ergeben müssen.[1393]
Unter Rückgriff auf die Entscheidungen in *M/S Bremen* and *Scherk* ging das Gericht von einer starken Vermutung zugunsten der Durchsetzung vertraglich ausgehandelter Gerichtsstandsvereinbarungen aus, insbesondere im internationalen Han-

---

[1390] American Safety, 391 F.2d 821, 826-827; vgl. auch Mitsubishi, 473 U.S. 614, 632.

[1391] Mitsubishi, 473 U.S. 614, 616-620.

[1392] Mitsubishi, 473 U.S. 614, 629. Zu dem unterschiedlichen Maßstab für den nationalen und internationalen Wirtschaftsverkehr siehe schon oben 2. Teil/A/III/5/b. Der *Supreme Court* teilte die Bedenken von *Soler* nicht, gesetzliche Ansprüche (*statutory claims*) seien der Schiedsgerichtsbarkeit entzogen. Diese Bedenken hatte *Soler* damit begründet, es sei von dem Schutzzweck der kartellrechtlichen Bestimmungen erfaßt und seine daraus resultierenden Ansprüche seien deshalb nicht arbitrabel, solange es nicht ausdrücklich dem Schiedsverfahren zugestimmt habe (aaO, 625). Die Rechtsprechung hat die *Mitsubishi*-Doktrin inzwischen auch auf rein nationale Verfahren angewandt: GKB Caribe v. Nokia Mobira, XVI Y.B.COM.ARB. 635, 640 (D. P.R. 1989). Siehe oben 2. Teil/C/V/1/b.

[1393] „That is not to say that all controversies implicating statutory rights are suitable for arbitration... . We must assume that if Congress intended the substantive protection afforded by a given statute to include protection against waiver of the right to a judicial forum, that intention will be deducible from text or legislative history“ (Mitsubishi, 473 U.S. 614, 627-628).

del.[1394] Gegen diese Vermutung wog das Gericht die genannten Bedenken ab. Eine mögliche Benachteiligung des Verbrauchers durch die Schiedsklauseln in allgemeinen Geschäftsbedingungen sah es nicht: „A party resisting arbitration of course may attack directly the validity of the agreement to arbitrate." Es sah die Rechte dieser Partei ausreichend durch die allgemeinen Anfechtungsmöglichkeiten wie „fraud, undue influence, or overweening bargaining power" gewahrt.[1395] Auch das Komplexitäts- und Befangenheitsargument vermochte den *Supreme Court* nicht zu überzeugen, denn die typischerweise vor Schiedsgerichten verhandelten vertikalen Bindungen, also meist die zwischen Herstellern und Händlern, bedürfen keiner ausgesprochen ausgedehnten Verfahren;[1396] außerdem ermöglicht gerade der vertragliche Charakter der Schiedsgerichtsbarkeit, durch die Ernennung von Experten den Anforderungen eines schwierigen Kartellverfahrens gerecht zu werden.[1397]

Im letzten Schritt wandte sich das Gericht dem Kern der *American Safety*-Doktrin zu, nämlich der „fundamentalen Bedeutung der Kartellgesetze für den demokratischen Kapitalismus in Amerika". Das besondere staatliche Interesse und der Strafcharakter der Kartellgesetze lassen deren Anwendung durch Private wie Schiedsrichter zweifelhaft erscheinen.[1398] Diese Unstimmigkeit ergibt sich aber aus der Konstruktion der Kartellvorschriften selbst.

Bei der Durchsetzung der US-amerikanischen Kartellgesetze spielen Privatpersonen eine wichtige (Doppel)Rolle: in einem Verfahren setzt der Kläger nicht nur eigene (private) Rechte durch, sondern als *private attorney-general*[1399] schützt er auch Interessen der Öffentlichkeit.[1400] Dabei sollen die *treble damages* (dreifacher Schadensersatz) als Ansporn für den Kläger dienen in öffentlichem Interesse zu klagen, vor allem aber ihn für seine Schäden entschädigen; sie haben also weniger den Charakter einer Strafvorschrift als eines Rechtsmittels. Der privatrechtliche Charakter wird unterstrichen durch die Tatsache, daß der Rechtsstreit allein dem Willen des Klägers unterstellt ist.[1401] Mit dieser Charakterisierung konnte das Gericht die Unterstellung kartellrechtlicher gleich anderen privatrechtlichen Streitig-

---

[1394] Mitsubishi, 473 U.S. 614, 631.

[1395] Mitsubishi, 473 U.S. 614, 632. Gerade der letzte Anfechtungsgrund der überlegenen Verhandlungsmacht berücksichtigt die Interessen des Verbrauchers.

[1396] 473 U.S. 614, 633.

[1397] Mitsubishi, 473 U.S. 614, 633-634. Das Gericht wollte sich dabei nicht der Befürchtung anschließen, ein ausländisches Schiedsgericht gefährde die sich aus dem Kartellrecht ergebenden Beschränkungen: „We decline to indulge the presumption that the parties and arbitral body conducting a proceeding will be unable or unwilling to retain competent, conscientious, and impartial arbitrators."

[1398] Ausführlich zur Durchsetzung des US-Kartellrechts durch Privatpersonen: Allison, *Arbitration of Private Antitrust Claims*, 18 N.Y.U. J. INT'L L. & POL. 361,393-395.

[1399] Unvollkommen übersetzt: „privater Justizminister und Generalbundesanwalt". BLACK'S LAW DICTIONARY 129: „The 'private attorney general' concept holds that a successful private party plaintiff is entitled to recovery of his legal expenses, including attorney fees, if he has public interest legislation on behalf of a significant class of persons."

[1400] Mitsubishi, 473 U.S. 614, 635 unter Berufung auf American Safety, 391 F.2d 821, 826.

[1401] 473 U.S. 614, 636.

keiten unter die Schiedsgerichtsbarkeit zulassen, vor allem um von vorneherein Unsicherheiten im internationalen Rechtsverkehr zu vermeiden.[1402] Haben die Parteien US-Recht vereinbart, wird die Schiedsklage nach US-Recht entschieden, die Abschreckungsfunktion bleibt gewahrt. Bei dieser Gelegenheit zeigte das Gericht – wenn auch nur in einer Fußnote – die Grenze von Parteivereinbarungen auf: wenn eine Partei aufgrund von Gerichtsstandsvereinbarungen in Verbindung mit einer Rechtswahlklausel auf ihre kartellrechtlich verankerten Ansprüche verzichten würde, verstieße eine solche Abmachung gegen den *ordre public* der USA.[1403] Das Gericht geht also davon aus, daß US-Kartellrecht selbst dann Anwendung findet, wenn die Parteien ein anderes materielles Recht vereinbart hatten. Hier war von den Parteien Schweizer Recht vereinbart worden, die Schiedsrichter behandelten dennoch die Ansprüche des Beklagten aus US-Kartellrecht.[1404] Die US-Interessen an der Durchsetzung seines Kartellrechtes sah es durch die Kontrolle im Vollstreckungsverfahren hinreichend gesichert, selbst bei minimaler Überprüfung: „While the efficacy of the arbitral process requires that substantive review at the award-enforcement stage remain minimal, it would not require intrusive inquiry to ascertain that the tribunal took cognizance of the antitrust claims and actually decided them" – *second look doctrine.*[1405]

In einer abschließenden Fußnote legte das Gericht dar, was als seine allgemeine Ansicht zur Schiedsfähigkeit verstanden werden kann. Der Kongreß hatte zwar zum Beitritt der USA die Vorbehalte nach Art. I(3) erklärt, gleichzeitig aber darauf verzichtet, irgendwelche sachlichen Einschränkungen bei der Umsetzung der Konvention in nationales Recht vorzunehmen. Daraus folgerten die Richter der Mehrheitsentscheidung: „[C]ongress may specify categories of claims it wishes to reserve for decision by our own courts without contravening this Nation′s obligations under the Convention. But we decline to subvert the spirit of the United States′ accession to the Convention by recognizing subject-matter exceptions

[1402] 473 U.S. 614, 636.

[1403] 473 U.S. 614, 637 n. 19. Gleichzeitig wies der *Supreme Court* darauf hin, daß als „letzter Notanker" einem Gericht immer noch die Möglichkeit verbleibt, die Vollstreckung nach Art. V(2)(b) zu versagen (aaO, 638). Anscheinend versuchte das Gericht auf diese Bedenken zu zerstreuen, die schon in dem bereits zitierten *Parsons*-Urteil geäußert worden waren, wonach die Schiedsrichter nicht mit besonderem öffentlichem Vertrauen ausgestattet sind und sich möglicherweise mehr an ausländischen Interessen orientieren. Gleichzeitig betonte es aber nochmals am Ende seiner Entscheidungsgründe die Bedeutung der internationalen Schiedsgerichtsbarkeit für den Handel, die eine Zurückstellung nationaler Vorstellungen von Schiedsfähigkeit erfordere (aaO, 639). Dem folgt: Fischer Foundry Sys. v. Hottinger Maschinenbau GmbH, 55 F.3d 1206, 1209-1210 (6th Cir. 1995). Vgl. auch Schlosser, Internationale Schiedsgerichtsbarkeit, Rnr. 874.

[1404] „This Agreement is made in, and will be governed by and construed in all respects according to the laws of the Swiss Confederation as if entirely performed therein." Die Parteivertreter gingen jedoch ebenfalls von der Anwendbarkeit US-Kartellrechts aus (Mitsubishi, 473 U.S. 614, 637 n. 19).

[1405] Mitsubishi, 473 U.S. 614, 638. Vgl. Park, *Safeguarding Procedural Integrity*, 63 TUL. L. REV. 647, 669.

where Congress has not expressly directed the courts to do so."[1406] Weder Wortlaut noch Gesetzgebungsgeschichte ließen die Kartellgesetze als von der Schiedsgerichtsbarkeit ausgeschlossen erscheinen.

Bewertung: Mit dieser beinahe beiläufigen Stellungnahme grenzte der *Supreme Court* den Anwendungsbereich der *nonarbitrability defense* extrem ein. Nach dieser weiten Auslegung muß jeder Streitgegenstand in internationalen Schiedsverfahren als schiedsfähig angesehen werden, selbst wenn gesetzliche Vorschriften (nur) allgemein Schiedsverfahren oder den Verzicht auf bestimmte Verfahrensrechte bzw. Gerichtsstände untersagen. Die Aussage des Gerichts ist insoweit eindeutig: der Gesetzgeber muß den Streitgegenstand ausdrücklich für nicht schiedsfähig erklärt haben und sich dabei ebenso ausdrücklich auf die internationale Streitbeilegung bezogen haben.[1407]

Die *Mitsubishi*-Entscheidung ist in US-Kommentierungen überwiegend mit Zustimmung aufgenommen worden.[1408] Das überrascht zunächst. Zwar lag das Urteil in dem sich seit den 70er Jahren abzeichnenden Trend in der Rechtsprechung, der internationalen Schiedsgerichtsbarkeit im Interesse eines reibungslosen Ablaufes internationaler Transaktionen Streitgegenstände zugänglich zu machen, die bis dahin als der ordentlichen Gerichtsbarkeit vorbehalten galten. Dennoch hätte das Gericht auch ein gegenteiliges Urteil gut begründen können. Schließlich kennen sowohl UNÜ wie *FAA* Beschränkungen in ihren Anwendungsbereichen; gleichzeitig galt das US-Kartellrecht seit langem als einer der Grundpfeiler des US-Wirtschaftsrechts und war damit wie kaum ein Rechtsgebiet Teil der *public policy*.[1409]

Das Urteil ist sicher auch Ausdruck eines gewachsenen Vertrauens der Gerichte in die Schiedsgerichtsbarkeit. Dabei geht das Gericht beinahe selbstverständlich davon aus, daß die Schiedsrichter US-Kartellrecht anwenden werden. Woher es diese Sicherheit nimmt, bleibt unklar. Gerade die US-Rechtsprechung tat bis dahin sich schwer, den Schiedsrichtern die Entscheidung über die *statutory rights*[1410] zu überlassen. Diese Zurückhaltung läßt sich mit der der Konstruktion der

---

[1406] Mitsubishi, 473 U.S. 614, 639 n. 21.
[1407] Allison, *Arbitration of Private Antitrust Claims*, 18 N.Y.U. J. INT'L L. & POL. 361, 435. Ähnlich: Evans, 21 N.Y.U. J. INT'L L & POL. 329, 351. Einen Beispielsfall, wenn auch noch weitergehend für den nationalen Bereich, bietet die Entscheidung *Shearson/American Express, v. McMahon*, 482 U.S. 220. Hier hatte das Gericht eine Schiedsklausel durchgesetzt entgegen einer Vorschrift des einschlägigen Wertpapiergesetzes, die dem Verbraucher eine weitgehende Wahl des Gerichtsstandes einräumt und durchaus Schutzcharakter hat.
[1408] Siehe oben.
[1409] Pietrowski, 36 AM. U.L.REV. 57, 88.
[1410] Im Gegensatz zu den *contractual rights*. Darauf hatte sich auch Soler berufen (Mitsubishi, aaO, 625).

Schiedsgerichtsbarkeit erklären, wonach sich Aufgabe des Schiedsgerichts als Schöpfung der Parteivereinbarung mehr daran orientiert, den Willen der Parteien entsprechend der Schiedsvereinbarung als den der Gesetzgebung umzusetzen.[1411] Damit ist die Annahme ist keineswegs so selbstverständlich, wie der *Supreme Court* es suggeriert.[1412] Haben die Parteien außerdem nicht US-Recht vereinbart, so führt diese Annahme nämlich zu der im Ausland sehr kritisch betrachteten extraterritorialen Anwendung von US-Kartellrecht.[1413] Eine (zwingend) komplementäre Anwendung von US-Kartellrecht erscheint gerechtfertigt, wenn die Abwicklung des streitgegenständlichen Geschäfts in den USA erfolgt. Sonst könnte unschwer über eine Rechtswahl zwingendes öffentliches Recht umgangen werden.[1414] Wenig überzeugend ist dagegen die Anwendung von US-Recht, wenn die USA nur am Rande betroffen sind oder US-Kartellrecht inkompatibel mit dem im übrigen anwendbaren Recht ist.[1415]

Damit ist jedoch nur ein Teil des ersten Kritikpunktes benannt, denn genauso selbstverständlich geht das Gericht von der korrekten Anwendung der Vorschriften durch die Schiedsrichter aus.[1416] Dabei ist völlig unklar, ob Schiedsrichter überhaupt *punitive damages* zusprechen werden. Schließlich ergibt sich deren Kompetenz - wie gerade ausgeführt - aus der Parteivereinbarung und kann dementsprechend auch beschränkt werden.[1417] Es erscheint insoweit fraglich, ob sie von den gesetzlich eingeräumten Möglichkeiten Gebrauch machen werden oder

---

[1411] Mitsubishi, 473 U.S. 614, 648 (Stevens, J., dissenting). Siehe auch Barrentine v. Arkansas-Best Freight System, 450 U.S. 728, 744: „An arbitrator's power is both derived from, and limited by, the ... agreement... He 'has no general authority to invoke public laws that conflict with the bargain between the parties.'"

[1412] Cloud, *Mitsubishi and Arbitrability*, 18 LAW & POL'Y INT'L BUS. 341, 368; Carbonneau, *Mitsubishi: the folly of quixotic internationalism*, 2 ARB. INT'L 116, 126.

[1413] Cloud, *Mitsubishi and Arbitrability*, 18 LAW & POL'Y INT'L BUS. 341, 367; Allison, *Arbitration of Private Antitrust Claims*, 18 N.Y.U. J. INT'L L. & POL. 361, 394, 438: die Anwendung von US-Kartellrecht durch Private mag die Akzeptanz von dessen extraterritorialer Anwendung bei ausländischen Regierungen erhöhen.

[1414] Lowenfeld, *The Mitsubishi case: another view*, 2 ARB. INT'L 178, 186-188: Ist nach anwendbarem Recht aber der Rückgriff auf US-Recht nicht möglich, bliebe US-Gerichten immer noch die Versagungsmöglichkeit nach Art. V(2)(b) (Mitsubishi, 473 U.S. 614, 636 n.19). Schiedsrichter sind insoweit angehalten sehr sensibel mit kartellrechtlichen Problemen umzugehen.

[1415] Brown & Houck, 7.1 J. INT'L ARB. 77, 82-83.

[1416] Carbonneau, *Mitsubishi: the folly of quixotic internationalism*, 2 ARB. INT'L 116, 129; a. A. Lowenfeld, *The Mitsubishi case: another view*, 2 ARB. INT'L 178, 183, hält das Szenario einer fehlerhaften Rechtsanwendung mit Blick auf ein typisches Drei-Personen-Schiedsgericht eine Mißachtung von US-Recht für unwahrscheinlich.

[1417] Davon geht auch der *Supreme Court* an anderer Stelle aus: Mastrobuono v. Shearson Lehman Hutton, 514 U.S. 52, 59-60 (1995). Siehe schon oben 3/d/(2) zu *punitive damages* in der internationalen Schiedsgerichtsbarkeit. In Fischer Foundry Sys. v. Hottinger Maschinenbau GmbH, 55 F.3d 1206, 1208, gingen die Schiedsrichter von einer solchen Kompetenz aus.

sich nur auf den „klassischen“ Schadensersatz beschränken werden.[1418] Klare Richtlinien für die Schiedsrichter läßt das Gericht hier vermissen.[1419]

Eine effiziente Kontrolle der Schiedsrichterentscheidung im Vollstreckungsverfahren ist dann kaum noch möglich.[1420] Zum einen ist der Kontrollmaßstab in diesem Verfahrensabschnitt ausgesprochen gering, zum anderen können die Protokolle wenig vollständig und einheitlich sein.[1421] Es wäre aber sicherlich übertrieben, daraus gleich eine Gefährung der auf Wettbewerb ausgelegten amerikanischen Wirtschaftsordnung zu folgern.[1422] Zwar können falsche Schiedsrichterentscheidungen gerade im Kartellrecht weitreichende Folgen nach sich ziehen. In den meisten Fällen wird es sich aber um vertikale Bindungen handeln,[1423] ohne die außerordentliche Breitenwirkung wie bei horizontalen Bindungen. Außerdem wird das Recht der US-Regierung und betroffener, aber nicht durch eine Schiedsvereinbarung gebundener, Dritter nicht beschränkt, selbst

---

[1418] Pietrowski, 36 AM. U.L.REV. 57, 87-88 unter Hinweis auf *Barrentine v. Arkansas-Best Freight System*, 450 U.S. 728, 744-745.

[1419] Es verliert sich stattdessen allgemein gehalten *comity*-Erwägungen (Pietrowski, 36 AM. U.L.REV. 57, 85-86, 89) und macht keinerlei Angaben darüber, wie die Schiedsrichter mögliche Konflikte zwischen dem anwendbaren Recht und dem (vom *Supreme Court* für anwendbar gehaltenen) US-Kartellrecht entschieden werden können. Die Schiedsrichter bewegen sich hier auf einem schmalen Grat: wollen sie die Vollstreckung nicht gefährden, müssen sie zwingendes US-Recht berücksichtigen; widerspricht das aber dem anwendbaren Recht, riskieren sie gleichzeitig die Aufhebung im Heimatstaat des Schiedsspruches. Eine Auflösung mag in dem vom *Supreme Court* festgestellten Prüfungsmaßstab liegen: „[I]t would not require intrusive inquiry to ascertain that the tribunal took cognizance of the antitrust claims and decided them.“ In der angefügten Fußnote 20 weist das Gericht darauf hin, daß es keine Ansicht zu den Entscheidungsgründen einer Schiedsrichterentscheidung machen wird: „Needless ot say, we intimate no views on the merits of Soler's antitrust claims“ (Mitsubishi, 473 U:S. 614, 638). Damit wäre es ausreichend, wenn ein Schiedsgericht erkennbar von kartellrechtlichen Problemen „Kenntnis nimmt“. Damit müßte den Anforderungen des *Supreme Courts* schon genügt sein, wenn das Schiedsgericht sich mit US-Kartellrecht auseinandersetzt, auch wenn es schließlich dessen Anwendbarkeit verneint.

[1420] Cloud, *Mitsubishi and Arbitrability*, 18 LAW & POL'Y INT'L BUS. 341, 368, nennt das „willful blindness“.

[1421] Carbonneau, *Mitsubishi: the folly of quixotic internationalism*, 2 ARB. INT'L 116, 128, 130 nennt das eine „pro forma inspection of the surface content of awards“ oder „minimal merits review“; Cloud, *Mitsubishi and Arbitrability*, 18 LAW & POL'Y INT'L BUS. 341, 367; Pietrowski, 36 AM. U.L.REV. 57, 86; Sever, 65 TUL. L. REV. 1661, 1677.

[1422] Sopata, 7 NW. J.INT'L L. & BUS. 595, 614.

[1423] Baker & Stabile, 48 BUS. LAW. 395, 398-399: Streitigkeiten (1) zwischen Geschäftspartnern in *Joint Ventures* (horizontale Bindung), zwischen Herstellern und Händlern, Lizenz-(oder Franchise-)gebern und –nehmern über Preise, Exklusivität, Gebietsabsprachen oder Beendigung der Geschäftsverbindung; (2) zwischen Käufern und Wiederverkäufern über Wiederverkaufspreise, -bedingungen... oder andere Mißbräuche einer Monopolstellung. Vgl. auch Mitsubishi, 473 U.S. 614, 633, und die Beispiele bei Allison, 18 N.Y.U. J. INT'L L. & POL. 361, 365.

nach den Kartellgesetzen Klage einzureichen.[1424] Insoweit ist die Durchsetzung des US-Kartellrechts gesichert.

Für die Schiedspraxis ergeben sich zwei bedeutende Folgen: Schiedsrichter werden aufgrund der Feststellungen des *Supreme Courts* kaum um die Anwendung zwingenden US-Rechts herumkommen, wenn ein hinreichender US-Bezug gegeben ist.[1425] Obwohl sie möglicherweise nach der Parteiabrede zur Anwendung eines anderen materiellen Rechts verpflichtet sind, müssen sie auch US-Kartellrecht berücksichtigen (oder zumindest erörtern), wollen sie nicht Probleme bei der Vollstreckung ihres Spruches in den USA riskieren. Das gilt insbesondere, wenn das anwendbare Recht keine dem US-Kartellrecht vergleichbaren Regelungen kennt. Damit werden zwar Vollstreckungsprobleme beseitigt, eines neues Problem aber geschaffen: die Schiedsrichter müssen möglicherweise die Parteivereinbarung mißachten, die Grundlage ihrer sachlichen Zuständigkeit ist und riskieren die Aufhebung vor einem Gericht im Herkunftsstaat.[1426] Auf jeden Fall wird die unterlegene Partei immer im Vollstreckungsverfahren versuchen, selbst wenn sie nur eine minimale Verletzung kartellrechtlicher Vorschriften geltend machen kann, hierüber die Versagung der Vollstreckung des Schiedsspruches zu erreichen.[1427]

Die weite Auslegung des Schiedsfähigkeitsbegriffs räumt mit einer weiteren Problematik der Verknüpfung von Schieds- und Kartellrecht auf: „[T]he nonarbitrability rule is an open invitation to a party opposing arbitration to hinder the process by interposing questionable antitrust claims." Die Rechtsprechung hatte sich vergeblich um Kriterien bemüht, schiedsfähige von nicht-schiedsfähigen Streitgegenständen zu trennen. Hohe Ineffizienz der (parallelen) Verfahren war die Folge. Mit der *Mitsubishi*-Entscheidung werden diese Probleme nicht auf internationale Verfahren übertragen.[1428] Mit seinem Ausgangspunkt in den Entscheidungsgründe, der starken Vermutung zugunsten der Schiedsgerichtsbarkeit, gibt der *Supreme Court* letztlich das Ergebnis schon vor. Dabei wäre auch das Gegenteil durchaus vertretbar gewesen: schließlich galt das Kartellrecht nach ständiger Rechtsprechung als nicht schiedsfähig. Da für die Versagung nach

---

[1424] 15 U.S.C. §§ 15, 16. Goodman, 23 COLUM. J. TRANSNAT'L. L. 655, 676. Von der Bindung unbeteiligter Dritter geht auch Carbonneau, *Mitsubishi: the folly of quixotic internationalism*, 2 ARB. INT'L 116, 126, aus.

[1425] Park, *The Arbitrability Dicta in First Options v. Kaplan*, 12.2 ARB. INT'L 137, 158. In diesem Sinne auch schon Böckstiegel, Amerikanische Wirtschafts-Schiedsgerichtsbarkeit aus deutscher Sicht, in: Böckstiegel (Hrsg.): Schiedsgerichtsbarkeit im deutsch-amerikanischen Wirtschaftsverkehr, 45, 55.

[1426] Park, *Safeguarding Procedural Integrity*, 63 TUL. L. REV. 647, 669-670.
The Arbitrability Dicta in First Options v. Kaplan, 12.2 ARB. INT'L 137, 158.

[1427] Carbonneau, *Mitsubishi: the folly of quixotic internationalism*, 2 ARB. INT'L 116, 130.

[1428] Allison, *Arbitration of Private Antitrust Claims*, 18 N.Y.U. J. INT'L L. & POL. 361, 430-432.

Abs. 2 das Recht des Vollstreckungsstaates ausschlaggebend ist, hätte das Gericht vergleichsweise unproblematisch die Vollstreckung versagen können.

Auswirkungen: Mit der *Mitsubishi*-Entscheidung setzte sich der in den 20er Jahren eingeleitete und mit dem Beitritt der USA zur New Yorker Konvention weiter gefestigte Trend zugunsten der Streitbeilegung durch Schiedsrichter fort. Diese Entscheidung konnte nicht ohne Folgen auf die verbleibenden letzten Bastionen der ordentlichen Gerichte im Wirtschaftsrecht bleiben.

- **Wertpapierrecht:** Neben dem Kartellrecht galt auch das Wertpapierrecht als nicht der Schiedsgerichtsbarkeit unterwerfbar. Dem lag das bereits erwähnte *Wilko v. Swan*-Urteil von 1953 zugrunde, das schon 1974 durch *Scherk v. Alberto-Culver* für internationale Verfahren aufgehoben worden war. Unter dem Eindruck der *Mitsubishi*-Entscheidung hob das oberste Gericht 1989 in *De Quijas* auch die letzten Beschränkungen für das nationale Recht auf.[1429] Wertpapierrechtliche Streitigkeiten sind damit schiedsfähig.

- ***RICO***: Für die sogenannten *RICO [Racketeer Influence and Corrupt Organizations Statute]*-Verfahren bestätigte der *Second Circuit* die schon oben angesprochene höchstrichterliche Rechtsprechung in *Genesco v. T. Kakiuchi & Co.* unter dem erkennbaren Einfluß von *Mitsubishi* in einem internationalen Kontext.[1430]

- **Konkursrecht:** Ein erhebliches öffentliches Interesse besteht auch bei der Abwicklung von Konkursen. Wie das Wertpapier- und das Kartellrecht galt auch das Konkursrecht als grundsätzlich nicht dem Schiedsverfahren zugänglich.[1431] Denn hier gilt die Vermutung zugunsten der Klärung aller Streitigkeiten in einem Verfahren.[1432]
Eine Stellungnahme des *Supreme Court* zum Spannungsfeld von internationaler Schiedsgerichtsbarkeit und den Anforderungen des Konkursrechts steht noch aus.[1433] In Anbetracht des *Scherk*- und des *Mitsubishi*-Urteiles werden sich auch die Konkursgerichte nicht den Vorgaben des obersten Gerichtes entziehen können.[1434] So ist es kaum wahrscheinlich, daß das Gericht einem Schiedsspruch

---

[1429] De Quijas v. Shearson/American Express, 490 U.S. 477, 485 (1989).
[1430] Genesco, Inc. v. T. Kakiuchi & Co., Ltd., 815 F.2d 840, 851 (1987). Kühn, 11 J. INT'L ARB. 37.
[1431] Neufeld, 65 AM. BANKR. L.J. 525, 535.
[1432] McLaughlin, 12 ARB. INT'L 113, 134. Da nicht davon ausgegangen werden kann, daß alle Parteien Schiedsabreden mit dem Gemeinschuldner getroffen haben, spräche die Vermutung zugunsten der staatlichen Gerichte. Siehe auch Societe Nationale Algerienne v. Distrigas Corp., 80 B.R. 606, 610 (D. Mass. 1987).
[1433] Neufeld, 65 AM. BANKR. L.J. 525, 526.
[1434] In re Seawest, 73 B.R. 946, 949 (D. W.D. Wash. 1987). Neufeld, 65 AM. BANKR. L.J. 525, 533.

die Anerkennung verweigern würde, solange sich dieser außerhalb der Kernbereiche des Konkursrechtes bewegt.

Für die gerichtlichen Zuständigkeiten wird nach dem *Bankruptcy Amendments and Federal Judgeships Act of 1984*, der den *Bankruptcy Code*, 11 U.S.C. §§ 101-1330, novellierte, verfassungsrechtlichen Vorgaben folgend zwischen *'core'* und *'non-core' matters* unterschieden.[1435] Dem Kernbereich wird z. B. die *preference action* zugerechnet;[1436] nicht zum Kernbereich gehören alle Verfahren, die sonst auch vor den ordentlichen Gerichten gehört werden könnte, wenn nicht der Konkursantrag gestellt wäre, also typischerweise *Breach of contract*-Fälle. Den Konkursgerichten bleibt nur über die *core matters* zu entscheiden, bei den übrigen Rechts- und Tatsachenfragen bleibt dem Konkursgericht nur die Möglichkeit, dem *District Court* Empfehlungen zu machen, solange die Parteien nicht seine Zuständigkeit vereinbarten.[1437]

Über die Vollstreckung eines ausländischen Schiedsspruches im Zusammenhang mit einem Konkursverfahren gibt es, soweit ersichtlich, noch kein einschlägiges Urteil. Ganz auf der schiedsfreundlichen Linie liegt aber schon die Entscheidung des *Second Circuit* in *Fotochrome v. Copal*. Hier ging es genaugenommen vor allem um die Frage, ob ein Schiedsspruch über den Streitgegenstand eine Entscheidung des Konkursgerichtes präkludierte. Mit Blick auf das UNÜ war die Stellungnahme des Gerichts eindeutig: „[A] foreign arbitral award rendered after

---

[1435] Becker, *Bankruptcy Courts and Arbitration*, 7 AM. REV. INT'L ARB. 259, 260.

[1436] 28 U.S.C. § 157:
(b)(2) Core proceedings include, but are not limited to--
(A) matters concerning the administration of the estate;
(B) allowance or disallowance of claims against the estate or exemptions from property of the estate, and estimation of claims or interests for the purposes of confirming a plan under chapter 11, 12, or 13 of title 11 but not the liquidation or estimation of contigent or unliquidated personal injury tort or wrongful death claims against the estate for purposes of distribution in a case under title 11;
(C) counterclaims by the estate against persons filing claims against the estate;
(D) orders in respect to obtaining credit;
(E) orders to turn over property of the estate;
(F) proceedings to determine, avoid, or recover preferences;
(G) motions to terminate, annul, or modify the automatic stay;
(H) proceedings to determine, avoid, or recover fraudulent conveyances;
(I) determinations as to the dischargeability of particular debts;
(J) objections to discharges;
(K) determinations of the validity, extent, or priority of liens;
(L) confirmation of plans;
(M) orders approving the use or lease of property, including the use of cash collateral;
(N) orders approving the sale of property other than property resulting from claims brought by the estate against persons who have not filed claims against the estate; and
(O) other proceedings affecting the liquidation of the assets of the estate or the adjustment of the debtor-creditor or the equity security holder relationship, except personal injury tort or wrongful death claims.

[1437] Neufeld, 65 AM. BANKR. L.J. 525, 528.

the filing of a Chapter XI petition in a United States Bankruptcy Court in an arbitration proceeding commenced prior to such filing is a valid determination on the merits and is unreviewable by the Bankruptcy Court."[1438] Voraussetzung für die Berücksichtigung war nur das Vollstreckungsurteil des zuständigen US-Gerichts auf Grundlage der UN-Konvention.

Bei der Vollstreckung von Schiedsabreden im internationalen Kontext ist die Rechtsprechung der Untergerichte unmißverständlich: die ganz überwiegende Mehrheit der Gerichte vollstreckte die Schiedsklauseln.[1439] Vollstrecken die Gerichte schon die Schiedsabreden, bleibt ihnen – wollten sie nicht einen unterschiedlichen Maßstab in der Vollstreckung von Schiedsabrede und –spruch anlegen – die Bezugnahme auf den Zusammenhang mit einem Konkursverfahren in der Vollstreckung des Schiedsspruches als Versagungsgrund konsequenterweise verwehrt.[1440] Ist der Schiedsspruch also für vollstreckbar erklärt, muß er – wie in *Fotochrome* dargelegt – vom Konkursgericht als endgültige Sachentscheidung berücksichtigt werden.

Da sich für die Vollstreckung von Schiedsabreden wie –sprüchen im wesentlichen die gleichen Argumente ergeben, soll hier kurz auf die bedeutendsten Urteile eingegangen werden. In *Hart Ski Mfg. Co.v. Maschinenfabrik Hennecke*[1441] hatten die Parteien *ICC*-Schiedsgerichtsbarkeit vereinbart. Kurz nachdem es zu Auseinandersetzungen über die vertraglichen Pflichten und Garantieansprüche bzw. Zahlungsansprüche gekommen war, beantragte *Hart reorganization* nach *Chapter XI*

[1438] Fotochrome, Inc. v. Copal Co., Ltd., 517 F.2d 512, 517 (1975).

[1439] Neufeld, 65 AM. BANKR. L.J. 525, 553. Aus dem Rahmen fällt insoweit das schon erörterte Urteil des *Court of Appeals* in *Corcoran v Ardra Ins. Co., Ltd.* (567 N.E. 2d 969 (1991)). Das oberste Gericht des Staates *New York* hielt Ansprüche zwischen zwei Parteien nicht mehr für arbitrabel im Sinne von Art. II(1) und V(2)(a), denn die ursprünglich vertraglichen Beziehungen hätten sich geändert. Der Konkursverwalter werde treuhänderisch aufgrund von Sonderbestimmungen des Versicherungsrechtes in öffentlichem Interesse tätig. Die Schiedsrichter stünden nicht in der Verantwortung der Öffentlichkeit und sollten nicht über Streitigkeiten entscheiden, die Hunderte von Versicherten als Dritte beträfen. Mit der Rechtsprechung des *Supreme Court* ist das kaum vereinbar. Das Gericht hatte jedoch nachvollziehbar diesen Fall von *Mitsubishi* unterschieden, weil der besondere Maßstab des internationalen Wirtschaftsverkehr hier nicht betroffen sei, denn hinter allen Parteien standen in New York ansässige Personen (aaO, 234). Zu beachten ist hier insbesondere der versicherungsrechtliche Hintergrund. Das Versicherungsrecht ist traditionell dem Recht der Einzelstaaten vorbehalten. Dabei verkennt das Gericht, daß die Geschäftsbeziehung zwischen den Parteien trotz des Eintritt des Konkursverwalters nicht ihren Charakter ändert (Diaconis, 25 J. MARSHALL L. REV. 527, 556).

[1440] Entscheidungen von US-Gerichten ergeben sich immer in der Konstellation, daß US-Parteien sich dem Schiedsverfahren widersetzen und stattdessen ein Verfahren vor ordentlichen Gerichten anstrengen. Hiergegen werden sich die Gegenparteien regelmäßig vefahrensrechtlich mit dem Hinweis auf die Schiedsvereinbarung wehren. Das US-Gericht muß dann über die Vollstreckung der Schiedsklausel entscheiden, wobei es keine Rolle spielt, ob die Parteien US-Recht oder ein anderes Recht vereinbart hatten.

[1441] 711 F.2d 845 (1983).

Bankruptcy Code und weigerte sich unter Hinweis auf die (angeblich) ausschließliche Zuständigkeit des Konkursgerichtes am Schiedsverfahren teilzunehmen. Der *Eigth Circuit* vollstreckte die Schiedsklausel und verwies auf die eindeutige Position des *Supreme Court* zugunsten der Schiedsgerichtsbarkeit.[1442] Allein die Anmeldung der Ansprüche beim Konkursgericht wertete es nicht als einen Verzicht auf die Schiedsgerichtbarkeit. Damit blieb dem Gericht nur die Frage nach einer gültigen Schiedsabrede zur Entscheidung.[1443]

Ein im wesentlichen gleicher Tatbestand lag *In re Mor-Ben Insurance Markets Corp.*[1444] zugrunde, in dem *Mor-Ben* argumentierte allein die Anmeldung der Ansprüche beim Konkursgericht ergebe schon dessen Alleinzuständigkeit. Auch der *Ninth Circuit* vollstreckte die Schiedsklausel unter Anwendung der *leading cases Moses H. Cone, Scherk* und *Mitsubishi*: weder nach dem Wortlaut noch aus der Gesetzgebungsgeschichte ergaben sich Anhaltspunkte, daß Gesetzgeber vertragliche Ansprüche, die vor dem Antrag nach Chapter XI entstanden waren, der Schiedsgerichtsbarkeit vorenthalten wollte: „[T]he fact that these issues arise in the context of a bankruptcy does not invalidate the agreement of the parties to have the dispute heard by an arbitrator... .“[1445] Schließlich waren durch das Schiedsverfahren auch nicht die Rechte der Gläubiger gefährdet.[1446]

Problematischer war dagegen, ob ein ausländischer Gläubiger überhaupt noch ein Schiedsverfahren anstrengen kann, wenn der Gemeinschuldner nach Beantragung des Konkursverfahrens ein Dauerschuldverhältnis, hier einen auf 20 Jahre befristeten Gaslieferungsvertrag, gekündigt hat.[1447] Damit ist nach US-Recht der Schuldner von seinen vertraglichen Verpflichtungen entbunden, der Gläubiger verliert seinen Erfüllungsanspruch, erhält dafür aber einen allgemeinem und nicht nach Konkursrecht zu bestimmenden Schadensersatzanspruch, 11 U.S.C. § 365(a).[1448]
Das *District Court* hielt die Schiedsklausel für weiterhin gültig, sie „überlebte“ also die Aufhebung des Hauptvertrages. Dazu berief sich das Gericht auf die seit *Prima Paint* etablierte *separability doctrine*, also die Abtrennbarkeit der Schiedsklausel von dem übrigen Vertrag.[1449] Im Ergebnis schiene es auch unlogisch, solche vom Konkursverfahren im engeren Sinne ausgenommenen Ansprüche, die als

---

[1442] 711 F.2d 845, 846.
[1443] 711 F.2d 845, 846.
[1444] 73 B.R. 644 (9th Cir. 1987).
[1445] 73 B.R. 644, 648.
[1446] 73 B.R. 644, 649.
[1447] Societe Nationale Algerienne pour la Recherche, la Production, le Transport, la Transformation et la Commercialisation des Hydrocarbures v. Distrigas Corp., 80 B.R. 606, 607 (D. Mass. 1987).
[1448] Neufeld, 65 AM. BANKR. L.J. 525, 555 n. 193.
[1449] 80 B.R. 606, 609.

pure contract claims nach allgemeinen Prinzipien entschieden werden, den Schiedsrichtern entgegen der Parteiabrede vorzuenthalten.
Die von dem *District Court* im weiteren vorgenommene Unterscheidung zwischen den schon angesprochenen *core*[1450] und *noncore issues* entspricht der Systematik des *Bankruptcy Codes*. So wäre kaum nachvollziehbar, wieso die sonst auch vor den ordentlichen Gerichten verhandelbaren *noncore issues*, wie *breach of contract*, der Schiedsgerichtsbarkeit vorenthalten werden sollten. Mit Blick auf die höchstrichterliche Rechtsprechung vollstreckte das Gericht die Schiedsklausel, denn es standen keine konkurstypischen Streigegenstände zur Verhandlung, sondern nur Vertragsstrafen, deren Behandlung kein besonderes Fachwissen der Schiedsrichter erforderte.[1451]

Diese Differenzierung mag als vernünftige Richtlinie gelten bei der Entscheidung, ob Streitigkeiten im Bereich von Konkursverfahrens schiedsfähig sind – getragen auch von der Sorge um die Rechte der Dritter im Konkurs, die durch ein Schiedsverfahren über Konkursrechte ungerechtfertigterweise beeinträchtigt werden könnten.[1452] Außerdem würde es kaum den Vorgaben der höchstrichterlichen Rechtsprechung gerecht, Schiedsverfahren in (nicht von!) Konkursverfahren zu verbieten, sie aber in gleichermaßen von öffentlichen Interessen geprägten Rechtsgebieten wie dem Kartell- und dem Wertpapierrecht zuzulassen. Gleichgelagert waren auch die Rechtfertigungsgründe, mit denen die Rechtsprechung die Durchsetzung von Schiedsverfahren verwehrt hatte: gesetzliche Rechte seien nicht der Schiedsgerichtsbarkeit zugänglich; Schiedsklauseln würden nur dann vollstreckt, wenn die besondere Expertise der Schiedsrichter erforderlich sei... . Die Argumente wurden jedoch – wenn auch für andere Rechtsgebiete – vom *Supreme Court* zurückgewiesen.[1453]
In diese Systematik paßt *In re Braniff Airways*, in dem *British Airways* und die *Deutsche Lufthansa* versuchten ihre Streitigkeiten über *priority rights* (§ 507 des *Bankruptcy Code*) und *setoffs* (§ 553 des *Bankruptcy Code*) von Schiedsrichtern entscheiden zu lassen.[1454] Das Konkursgericht versagte die Vollstreckung der Schiedsklausel. Es sah diese Streitigkeit zwischen Gläubigern über Ansprüche, die allein aus Konkursrecht ergaben, nicht mehr von der Schiedsklausel gedeckt, ob-

---

[1450] 80 B.R. 606, 612: wie die vorrangige Befriedigung eines Gläubigers (*creditor's priorities*), bevorzugte Eigentumsübertragungen (*preferential transfers*) und Aufrechnungen (*setoffs*).
[1451] 80 B.R. 606, 614. A. A. der New Yorker *Court of Appeals* in Corcoran v. Ardra Ins. Co., Ltd., 566 N.Y.S.2d 575, 579.
[1452] Auch Hays and Co. v. Merrill Lynch, Pierce, Fenner & Smith, 885 F.2d 1149, 1156-1157 (1989).
[1453] Deitrick, 40 BUS. LAW. 33, 41; Neufeld, 65 AM. BANKR. L.J. 525, 556; Bedell & Harrison & Grant, *Arbitrability: Current Developments*, 13 J. CONTEMP. L. 1, 24 unterscheiden vier Rechtfertigungsgründe: (1) zügige Beilegung aller Streitigkeiten durch Konkursgerichte; (2) besonderes öffentliches Interesse verdeutlicht durch den Treuhänder; (3) keine Schiedsabrede; (4) selbst weite Schiedsabrede erfaßt keine Konkursstreitigkeiten.
[1454] 33 B.R. 33 (D. N.D. Tex. 1983).

wohl diese Schiedsgerichtsbarkeit bei „any dispute or claim" vorsah.[1455] Insoweit könnte auch auf ein eher technisches Unterscheidungskriterium abgestellt werden: handelt es sich um eine Streitigkeit zwischen zwei Gläubigern über Ansprüche aus Konkursrecht, scheidet die Schiedsgerichtsbarkeit aus. Ist dagegen Streitgegenstand ein vertraglicher Anspruch zwischen Gläubiger und (Gemein)Schuldner kann das Schiedsverfahren durchgeführt werden. Für *setoffs* in einem Verfahren einer bankrotten Versicherungsgesellschaft hat der *Second Circuit* ebenfalls deren Schiedsfähigkeit verneint.[1456]

Obwohl die – sogleich unter Art. V(2)(b) erörterte – Entscheidung *Victrix Steamship*[1457] zur Versagung der Vollstreckung führte, läßt sich das Ergebnis mit der hier gefundenen Abgrenzung vereinbaren. Die Vollstreckung des englischen Schiedsspruches hätte zu einer Bevorrechtigung von *Victrix* gegenüber anderen Gläubigern geführt, die ihre Ansprüche beim schwedischen Konkursgericht angemeldet hatten. Die Liquidation und Verteilung der Masse ist jedoch originär konkursrechtlich und damit dem Konkursgericht vorbehalten.

Die Vollstreckung von Schiedsklauseln zwischen Gläubiger und Gemeinschuldner ist in internationalen Verfahren unproblematisch.[1458] Deshalb sind auch bei der Vollstreckung von Schiedssprüchen aus internationalen Verfahren im – durch das Konkursrecht und das UNÜ – vorgegebenen Rahmen keine Schwierigkeiten zu erwarten. Das Konkursgericht wird die Vollstreckbarkeitserklärung eines Schiedsspruches wie jedes andere Urteil im Konkursverfahren berücksichtigen.

- **Arbeitsrecht:** Bei der zunehmenden internationalen Verflechtung – auch in organisatorisch-personeller Hinsicht – von Wirtschaftsunternehmen wird vermutlich ebenfalls die Arbeitsschiedsgerichtsbarkeit an Bedeutung gewinnen. Wie schon erörtert, deutet der *Supreme Court* an, daß Schiedsklauseln (und in Folge dessen auch die Schiedssprüche) in individuell ausgehandelten Arbeitsverträgen vollstreckt werden.
Der von einer (internationalen) Arbeitsschiedsgerichtsbarkeit betroffene Arbeitnehmer wird typischerweise einerseits nicht den US-Tarifbestimmungen unterfallen und andererseits juristisch vergleichsweise versiert oder zumindest beraten sein. Der *Supreme Court* hat durchaus auch schon Schiedsvereinbarungen durchgesetzt zu Lasten einer (wenn auch nur einzelstaatlichen) Schutzgesetzgebung.[1459] Gleich-

---

[1455] 33 B.R. 33, 35-36. Zustimmend: Bedell & Harrison & Grant, *Arbitrability: Current Developments*, 13 J. CONTEMP. L. 1, 28. Siehe auch Deitrick, 40 BUS. LAW. 33 m. w. N.
[1456] Stephens v. American Int'l Ins. Co., 66 F.3d 41, 46.
[1457] 825 F.2d 709 (2d Cir. 1987).
[1458] Zu diesem Schluß kommt auch Neufeld, 65 AM. BANKR. L.J. 525, 557.
[1459] Perry v. Thomas, 482 U.S. 483, 491 (1987).

zeitig ist zu beachten, daß das Gericht in *Gilmer* auch etwas höhere Maßstäbe für die Schutzbedürftigkeit eines „experienced businessman" ahnen läßt.[1460] Systematisch gilt, daß der sachliche Anwendungsbereich des (internationalen) zweiten Kapitels in 9 U.S.C. § 202 weiter gefaßt ist als der des (nationalen) ersten Kapitels.[1461] Bei einer weiten Auslegung einer *commercial relationship* lassen sich hierunter durchaus auch Arbeitsverträge zwischen US-Amerikanern und ausländischen Unternehmen[1462] oder umgekehrt fassen. Legt das Vollstreckungsgericht gleichzeitig den vielbeschworenen internationalen Maßstab an, ist es nur schwer vorstellbar, daß ein Schiedsspruch mit arbeitsrechtlichem Inhalt nicht vollstreckt würde. Es sei denn er verstieße in eklatanter Weise gegen fundamentale Vorstellungen der Fairness und wäre insoweit nicht mit der *public policy* der USA vereinbar.
In diesen Sinne entschied der *First Circuit* den Fall *Ledee v. Ceramiche Ragno*,[1463] dessen Streitgegenstand die Kündigung eines Generalvertretervertrages war. Das Verfahren besaß also eine gewisse Nähe zum Arbeitsrecht, zumindest aber zu gesetzlichen Schutzrechten. Denn die Berufungskläger wehrten sich gegen die Vollstreckung der Schiedsklausel mit dem Hinweis auf den *Puerto Rico Dealers Act*, der den Schutz lokaler Händler vor ausbeuterischen Praktiken auswärtiger Lieferanten zum Inhalt hat.[1464] Ziemlich knapp verwies das Gericht sie auf Kapitel 2 des *FAA* und betonte, daß die Versagung der Vollstreckung den Zielen des UNÜ widersprechen würden und nur Ausnahme in Frage käme: „[T]he [arbitration] clause must be interpreted to encompass only those situations -- such as fraud, mistake, duress, and waiver -- that can be applied neutrally on an international scale."[1465] Das Gericht hatte also keine großen Bedenken, eine Schiedsklausel gegen eine nationale Schutzgesetzgebung durchzusetzen.[1466]

- ***COGSA*:** Für Ansprüche nach dem *Carriage of Goods by Sea Act [COGSA]* ist die Rechtslage auch nach *Mitsubishi* noch unklar. Grundsätzlich hielt der *Supreme Court* in *Vimar Seguros* ausländische Schiedsforen mit dem *COGSA* vereinbar.[1467] Es behielt sich aber – wie in *Mitsubishi* – die Kontrolle der Schiedsrichterentschei-

---

[1460] Gilmer v. Interstate/Johnson Lane Corp., 500 U.S. 20, 33 (1991).
[1461] § 202 beinhaltet die Rechtsbereiche des § 2, ist aber nach seinem eindeutigen Wortlaut nicht darauf beschränkt.
[1462] Swisher, 47 WASH. L. REV. 441, 456 n. 63; siehe auch McMahon, 26 ARB. J. 65, 71.
[1463] 684 F.2d 184 (1982).
[1464] Ledee, 684 F.2d 184, 185.
[1465] Ledee, 684 F.2d 184, 187.
[1466] Goodman, 23 COLUM. J. TRANSNAT'L. L. 655, 660-661. Für das deutsche Recht vertritt Stein/Jonas/Schlosser, Anhang zu § 1044 III Rnr. 84 über eine teleologische Reduktion der Schiedsfähigkeitsausnahme ebenso die Schiedsfähigkeit international-arbeitsrechtlicher Streitigkeiten.
[1467] Vimar Seguros y Reaseguros, S.A. v. M/V Sky Reefer, 515 U.S. 528, 539.

dung auf der Vollstreckungsebene vor.[1468] Die Untergerichte waren vor *Mitsubishi* unentschieden, ob Ansprüche aus *COGSA* arbitrabel sind oder nicht.[1469]

(3) Zusammenfassung

Die Bedeutung von Art. V(2)(a) kann nach dem klaren Votum des *Supreme Courts* in dem *Mitsubishi*-Urteil als ausgesprochen gering eingestuft werden.[1470] Dabei hält der *Supreme Court* im Grundsatz an der Tatsache fest, daß durchaus nicht alle gesetzlich vorgeschrieben Rechte der Schiedsgerichtsbarkeit zugänglich sind.[1471] Erforderlich ist jedoch ein klarer Hinweis in der Gesetzgebungsgeschichte oder dem Wortlaut der Vorschrift. Einem Vollstreckungsgericht bleibt damit in der Regel nur die Prüfung einer gültigen Schiedsklausel. Die Prüfung einer möglichen Ausnahme aufgrund eines solchen klaren Hinweises erfolgt erst in einer zweiten Stufe.

Die Entscheidungen zeigen, daß die Vollstreckungsgegner vor allem vor einem politischen Hintergrund versucht haben, Art. V(2)(a) ins Feld zu führen. Das entspricht der oben genannten Definition, daß nämlich Schiedsfähigkeit und Politik eng miteinander verbunden sind. „Politisch" kann dabei durchaus weit verstanden werden: es standen Rechtsmaterien mit Bezug zur Außenpolitik, aber zur Wirtschafts- und Sozialpolitik auf dem Prüfstand der Gerichte. Gemeinsam ist allen Bereichen das starke öffentliche Interesse, das in den Gesetzen seinen Ausdruck findet.
Mit der Entwicklung in der Rechtsprechung, aber auch in der Gesetzgebung, lange für nicht schiedsfähig gehaltene Materien nicht weiter den ordentlichen Gerichten vorzubehalten, ist auch der Versagungsgrund nach Art. V(2)(a) wenig erfolgversprechend. Selbst wenn die Schiedsfähigkeit eines Streitgegenstandes in nationalen Verfahren noch zweifelhaft sein mag, erscheint die Erfolglosigkeit der Einwendung nach Art. V(2)(a) mit Blick auf die von den Gerichten konsequent vertretene Unterscheidung zwischen nationalem und internationalem Standard als gewiß.[1472] Damit ist der Anwendungsbereich von Art. V(2)(a) im wesentlichen auf die Problematik von Verstaatlichungen beschränkt. Die Höhe möglicher Entschädigungen soll aber arbitrabel sein. Ebenso sind die Kernbereiche von Konkursver-

---

[1468] 515 U.S. 528, 540.

[1469] BORN, INTERNATIONAL COMMERCIAL ARBITRATION 365 m. w. N. aus der Rechtsprechung. Hayford, 31 WAKE FOREST L. REV. 1, 34-35.

[1470] Kaum vertretbar ist eine Überlegung, mit der engen Interpretation des *Supreme Courts* sei Art. V(2)(a) praktisch seines Sinnes beraubt, wenn eine solche Interpretation das Ziel verfolgt über Ausnahmen von der Schiedsfähigkeit, Art. V(2)(a) einen Sinn zu geben (Sopata, 7 NW. J.INT'L L. & BUS. 595, 611). Denn das Ziel der Konvention ist unstreitig die Erleichterung der Vollstreckung, nicht die Schaffung von Vollstreckungshindernissen. Die Bedeutung von Art. V(2)(a) kann also im Einklang mit dem Zweck der Konvention gering gehalten werden.

[1471] 473 U.S. 614, 627.

[1472] van den Berg, *Commentary*, XXI Y. B. COM ARB. 394, 505 ¶519.

fahren der Schiedsgerichtsbarkeit verschlossen. Problematisch sind immer Streitgegenstände, bei denen durch die Entscheidung der Schiedsrichter auch die Rechte Dritter, die nicht durch die Schiedsabrede gebunden sind, betroffen werden können.

b. Art. V (2)(b) – Ordre Public

(1) Einführung

Aus dem Gedanken, daß es einem Staat kaum zugemutet werden kann, seine Vollstreckungsmechanismen zur Vollstreckung eines Schiedsspruches zur Verfügung zu stellen, wenn gerade dessen Vollstreckung die obersten Rechtsgrundsätze oder das Rechtsempfinden dieses Staates in unerträglicher Weise beeinträchtigten würde, findet sich als eine Art „Sicherheitsventil",[1473] eine *ordre public*-Klausel, in allen Vollstreckungsverträgen.[1474] Schon das Genfer Abkommen von 1927 verfügte über einen ähnlichen Versagungsgrund wie Art. V(2)(b), wonach der Staat, in dem um die Vollstreckung nachgesucht wurde, die Vollstreckung versagen durfte, wenn diese gegen seine öffentliche Ordnung oder die Gründsätze des öffentliche Rechtes verstoßen würde (Art. 1 Abs. 2(e)). Um den Anwendungsbereich dieses Vorbehaltes stärker einzugrenzen, beschränkte die Konferenz den Wortlaut allein auf die öffentliche Ordnung.[1475] Gleichzeitig war es aber in Anbetracht der vielen verschiedenen Konzepte zur Bestimmung der öffentlichen Ordnung unmöglich, diese genauer zu definieren:[1476]

> Public policy is a broad concept, covering manifold subjects, constantly changing and likely to draw the attention of judicial activists. Public policy is subject to shifting interpretations depending upon political trends.[1477]

Damit wird folgendes klar: „This paragraph has the effect of relegation the ultimate decision on the efficacy of the Convention to the *good faith* of the Contracting

---

[1473] Evans, 21 N.Y.U. J. INT'L L & POL. 329, 334.

[1474] Bertheau, Das New Yorker Abkommen, S. 60; VAN DEN BERG, NEW YORK CONVENTION 360; Schlosser, Internationale Schiedsgerichtsbarkeit, Rnr. 865.

[1475] Es war diskutiert worden, ob nicht ergänzend auch ein Verstoß gegen die „fundamental principles of law (*ordre public*)" eingefügt werden sollte. Um zu eine mögliche Erweiterung der Versagungsgründe zu verhindern, war diese Altenative nicht eingefügt worden (Quigley, *Accession to United Nations Convention*, 70 YALE L.J. 1049, 1070-1071). Letztlich wird die engere Fassung des Wortlautes aber kaum einen Unterschied für die Praxis machen, denn die öffentliche Ordnung ist ohnehin begrenzt auf (und umfaßt) die fundamentalen Grundsätze des Rechtes (Bertheau, Das New Yorker Abkommen, S. 60-62).

[1476] Quigley, *Convention on Foreign Arbitral Awards*, 58 A.B.A. J. 821, 825; VAN DEN BERG, NEW YORK CONVENTION 360: „The reason why the concept of public policy is so difficult to grasp is that the degree of fundamentality of moral conviction or policy is conceived differently for every case in the various States."

[1477] Coulson, *enforcement of foreign awards in US courts, in:* COMTEMPORARY PROBLEMS IN INTERNATIONAL ARBITRATION, 353, 357 (Lew ed., 1987).

States.“[1478] Der Erfolg der Konvention steht und fällt also insbesondere mit der Auslegung von Art. V(2)(b) durch die US-Gerichte, der Anwendung durch die Gerichte des Vollstreckungsstaates.[1479] Einigkeit besteht in der Literatur darüber, daß nicht sehr weitläufig jeder Verfahrensfehler gleich als Verstoß gegen die öffentliche Ordnung verstanden werden darf, sondern nur „besonders gravierende Verstöße gegen Prinzipien individueller Gerechtigkeit“.[1480]

Bei der Umsetzung der *New YorkConvention* durch die USA wurde befürchtet, Art. V(2)(b) könne ein „‘catchall’ means“,[1481] das Auffangbecken der Vollstreckungsversagung, werden. Die Befürchtungen haben sich nur teilweise bestätigt. Denn der letzte der Versagungsgründe erfreut sich bei Vollstreckungsgegnern höchster Beliebtheit und ist mit Abstand der am meisten in US-Gerichten erörterte Versagungsgrund. Das überrascht insoweit nicht, als die eher vage Bestimmbarkeit des schillernden *public policy*-Versagungsgrundes geradezu zum Widerstand einlädt.[1482] Dagegen rechtfertigt die minimale Erfolgsquote der *public policy defense* kaum ihre Popularität.[1483]

Obwohl die Gerichte Art. V(2)(b) schon von Amts wegen berücksichtigen können, werden in der Praxis die Vollstreckungsgegner sich sehr häufig auf diesen Versagungsgrund berufen. Selbst dann wenn ein speziellerer Versagungsgrund ebenfalls einschlägig ist, wird dieser oft zugunsten von Art. V(2)(b) vernachlässigt. Anscheinend in der – wie sich sogleich zeigen wird – falschen Annahme, daß der *ordre public*-Einwand ein Gericht mehr beeindrucken werde.[1484]

(2) Rechtsprechung

Die Zahl der zu Art. V(2)(b) ergangenen Gerichtsentscheidungen ist immens. Unterlegene Parteien versuchten unter materiell- wie verfahrensrechtlichen Aspekten die Vollstreckung zu verhindern und offenbarten einige gedankliche Akrobatik, um die Gerichte von einer Versagung der Vollstreckung zu überzeugen. Grob mögen die Urteile in solche zu materiell-rechtlichen und verfahrensrechtlichen Aspekten unterteilt werden.

[1478] Quigley, *Accession to United Nations Convention*, 70 YALE L.J. 1049, 1070 (Hervorhebung vom Autor); Evans, 21 N.Y.U. J. INT'L L & POL. 329, 334.

[1479] Hier kommt es nur auf den *ordre public* des Vollstreckungsstaates an: Ukrvneshprom State Foreign Economic Enter. v. Tradeway, Inc., No. 95 Civ. 10278, 1996 WL 107285, *6 (S.D.N.Y. 1986).

[1480] Schlosser, Internationale Schiedsgerichtsbarkeit, Rnr. 865; Bertheau, Das New Yorker Abkommen, S. 62: „Das ist nicht schon der Fall, wenn zwingende Normen verletzt werden.“

[1481] Carbonneau, *Mitsubishi: the folly of quixotic internationalism*, 2 ARB. INT'L 116, 118; Henderson Bouzari, 30 TEX. INT'L L.J. 205, 208.

[1482] West, 5 N.Y.L. SCH. J. INT'L & COMP. L. 103, 121.

[1483] Henderson Bouzari, 30 TEX. INT'L L.J. 205, 208; Sanders, 13 INT'L LAW. 269, 270.

[1484] VAN DEN BERG, NEW YORK CONVENTION 300; Martinez, 24 INT'L LAW. 487, 509.

(a) Materiell-rechtliche Erwägungen:

- *National policy* – Entscheidungen mit außen- und sicherheitspolitischem Hintergrund:

Parsons & Whittemore Overseas war der erste Fall vor US-Gerichten, in dem der Versagungsgrund der *public policy* erörtert wurde, und gilt nach wie vor als ein *leading case* für deren Auslegung. Prozeßentscheidend war die Frage, ob die Anforderungen der US-Außenpolitik mit der öffentlichen Ordnung im Sinne von Art. V(2)(b) gleichgesetzt werden konnte. Schon unter Art. V(2)(a) war die Versagung der Vollstreckung abgelehnt worden. *Overseas* hatte argumentiert, als loyales US-Unternehmen sei es nach Abbruch der diplomatischen Beziehungen zu Ägypten und der damit verbundenen Maßnahmen (wie die Rücknahme der finanziellen Unterstützung für das Projekt der Parteien) zur Aufgabe des Bauarbeiten verpflichtet gewesen. Die Vollstreckung eines Schiedsspruches, der *Overseas* für die Schäden aus genau diesem Handeln haftbar mache, verstoße also gegen den US-amerikanischen *ordre public.*[1485] Das Gericht folgte dieser Argumentation nicht.

Nachdem es in der Entstehungsgeschichte des UNÜ keine Anhaltspunkte für eine Auslegung hatte finden können, folgerte das Gericht aus dem Gesetzeszweck:

> The general pro-enforcement bias informing the Convention and explaining its supersession of the Geneva Convention points toward a narrow reading of the public policy defense. An expansive construction of this defense would vitiate the Convention's basic effort to remove preexisting obstacles to enforcement.[1486]

Auf Grundlage dieser engen Auslegung der Versagung entwickelte das Gericht die seitdem vielzitierte Formel:

> Enforcement of foreign arbitral awards may be denied on this basis only where enforcement would *violate the forum state's most basic notions of morality and justice.*[1487]

Damit hatte es den Maßstab für die *public policy* sehr hoch angelegt und weigerte sich die *national* mit *public policy* gleichzusetzen, um nicht den Gesetzeszweck zu untergraben: „This provision was not meant to enshrine the vagaries of international politics under the rubric of 'public policy.'"[1488] Dabei ist es aber schwer vorstellbar, wie der Handel mit einem Land, das im Krieg mit einer be-

---

[1485] Parsons & Whittemore Overseas Co. v. Societe Generale de l'Industrie du Papier (RAKTA), 508 F.2d 969, 974 (2d Cir. 1974).

[1486] Parsons, 508 F.2d 969, 973.

[1487] Parsons, 508 F.2d 969, 974 (Hervorhebung vom Autor).

[1488] Parsons, 508 F.2d 969, 974.

freundeten Nation steht, nicht die grundlegendsten Gerechtigkeitsvorstellungen betrifft.[1489]
Mit dieser Entscheidung gab der *Second Circuit* schon 1974 den bis heute gültigen Trend in der Auslegung von Art. V(2)(b) vor.

Wie in *Parsons & Whittemore* spielte eine *force majeure*-Klausel auch in *National Oil Corp. v. Libyan Sun Oil Co.*[1490] eine entscheidende Rolle. Das amerikanische Ölembargo hatte *Sun Oil* als *force majeure* geltend gemacht und war seinen vertraglichen Verpflichtungen nicht mehr nachgekommen. Das Schiedsgericht war dem nicht gefolgt und hatte *Sun Oil* zur Zahlung von 20 Mio. US-Dollar verurteilt.[1491] Obwohl das *District Court* durchaus Sympathien für die Position der Beklagten erkennen ließ, vollstreckte es den Spruch. Dabei betonte auch das *District Court* wieder die fehlende Deckungsgleichheit von *foreign* und *public policy*, selbst wenn berücksichtigt würde, daß umgekehrt *Sun Oil* wohl kaum einen Spruch in Libyen hätte vollstrecken können.[1492] Wesentlich war, daß *Sun Oil* seine Argumente schon im Schiedsverfahren hätte vorbringen können. Eine Revision der Frage, ob die Aussetzung der Vertragspflichten gerechtfertigt war, wäre auf eine grundsätzlich zu vermeidende *review on the merits* der Schiedsrichterentscheidung hinausgelaufen.[1493]

Im Spannungsfeld von US-(Außen)Politik und der Vollstreckung von Schiedssprüchen bewegte sich auch *Antco Shipping Co., Ltd. v. Sidermar, S.p.A.* Der *Export Administration Act of 1969* als „Congressional declaration of policy“ sieht in § 2402(5) vor:

> It is the policy of the United States (A) to oppose restrictive trade practices or boycotts fostered or imposed by foreign countries against other countries friendly to the United States, ...[1494]

Nach einer Ausführungsbestimmung können diesem Gesetzeszweck zuwiderlaufende Vertragsabreden verboten werden. Unter Berufung auf diese gesetzlichen Vorgaben versuchte dann *Antco* die Durchsetzung einer Schiedsabrede aus einem Chartervertrag für Frachter zu verhindern. Dieser schloß nämlich Israel als mögli-

---

[1489] Curtin, 64 DEF. COUNS. J. 271, 276: in der Tat wäre eine Unterscheidung zwischen nationalem und internationalem *ordre public* überzeugender gewesen..
[1490] 733 F.Supp. 800 (D.Del. 1990).
[1491] 733 F.Supp. 800, 804-805.
[1492] Auch der Hinweis auf terroristische Machenschaften und die opportunistische Einstellung Libyens verfing nicht bei dem Gericht. Schließlich hatte ja auch *Libyan Sun Oil* recht opportunistisch mit dem Regime zusammengearbeitet (733 F.Supp. 800, 820 Fn. 33).
[1493] National Oil Corp., 733 F.Supp. 800, 820.
[1494] 50 U.S.C. App. § 2402(5).

chen Beladehafen aus.[1495] Das Gericht folgte der Argumentation des Antragstellers nicht und wich *de minimis* der Problematik aus: zum einen sei der US-Export sei im vorliegenden Vertrag nicht hinreichend betroffen; zum anderen regele der *Export Administration Act* nur die Exportkontrolle und könne nicht weitergehend als Ausdruck der allgemeinen (Handels)Politik der USA verstanden werden.[1496] Mit dem Hinweis „The nation speaks in different tongues and at different times; cases arise where the determination of 'public policy' must be a destillation of several governmental utterances“ verwies das Gericht den Antragsteller seinerseits auf die *public policy*.[1497]

In *Northrop v. Triad* bildete die Grundlage der *public policy*-Einwendung ein saudisches Gesetz, das Kommissionszahlungen bei Waffengeschäften untersagte. Daraufhin setzte *Northrop* die vertraglich vereinbarten Zahlungen an *Triad* aus. In dem sich anschließenden Schiedsverfahren konnte *Triad* teilweise obsiegen.[1498] Jedoch wandte *Northrop* im Vollstreckungsverfahren ein, daß der *California Civil Code* die Erfüllung eines Vertrages verbiete, der nach ausländischem Recht illegal sei. Das Gericht charakterisierte diese Regelung jedoch ausschließlich privatrechtlich als Rechtfertigung für einen Vertragsbruch. Denn sonst würde entgegen der Parteivereinbarung der Vertrag nicht unter kalifornischem Recht, sondern saudischem Recht beurteilt.[1499]
Schwerer wog die Tatsache, daß das US-Verteidigungsministerium seine Politik auf die saudische abstimmen wollte. Um den Rang einer *public policy* zu erreichen, hätte diese Politik aber „well defined and dominant“[1500] sein müssen. Der *Ninth Circuit* hielt dagegen die Ziele des Ministeriums für zwiespältig, nämlich einerseits

---

[1495] 417 F.Supp. 207, 209 (S.D.N.Y. 1976). Gleichzeitig berief sich *Antco* auf das *New York Executive Law*, das diskriminatorische Handlungen verbietet (aaO, 212) – ohne Erfolg, denn das Gesetz wurde auf jeden Fall durch die bundesrechtliche *pro-arbitration policy* verdrängt (aaO, 217).

[1496] Antco, 417 F.Supp. 207, 213: Vertragspartner waren ein bahamaischer Charterer (*Antco*) und ein italienischer Schiffseigner, Vertragsinhalt Transporte aus dem Mittelmeerraum in die Karibik oder die USA. Ein Exportzusammenhang konnte nur über die Absicht *Sidermars* konstruiert werden, mit Dritten Frachtverträge für den Rückweg der Schiffe abzuschließen. Damit ergab sich allenfalls ein mittelbarer Exportbezug des Vertrages.

[1497] Dabei deutete das Gericht an, daß die Zuständigkeit der Schiedsrichter nur durch eine gesetzlich verkörperte *public policy* ausgeschlossen werden könne. Selbst dann aber müsse immer eine enge Auslegung erfolgen (Antco, 417, F.Supp. 207, 216).
In den Bereich der Außen- und Sicherheitspolitik läßt sich auch die Entscheidung *McDonell Douglas Corp. v. Kingdom of Denmark* (607 F.Supp. 1016, 1020 (E.D. Miss. 1985)) einordnen, in der es um die Vollstreckung einer Schiedsklausel ging. Das *District Court* sah sicherheitspolitische Interessen durch eine Beschränkung der Beweismittel hinreichend gewahrt.

[1498] Northrop Corp. v. Triad Int'l Mktg. S.A., 811 F.2d 1265, 1266-1267 (9th Cir. 1987). Zur Behandlung von Bestechungspraktiken in Schiedsverfahren: Smit, *Development of a New Legal Order*, 65 TUL. L. REV. 1309, 1320.

[1499] CAL. CIV. CODE § 1511 (West 1982), 811 F.2d 1265, 1270-1271.

[1500] 811 F.2d 1265, 1271; Industrial Risk Ins. v. M.A.N. Gutehoffnungshütte, 141 F.3d 1434, 1445 (11th Cir. 1998).

saudischen Sensibilitäten gerecht zu werden, andererseits aber auch die Waffenverkäufe nach Saudi-Arabien zu fördern. Von einer klar definierten Politik konnte also nicht die Rede sein.[1501] Können nicht einmal Experten eine vermeintliche *public policy* definieren, erscheint ein Rückgriff hierauf schnell als mißbräuchlich und bloßer Versuch, nachträglich einen Begründung für einen Vertragsbruch zu finden.[1502]

Zwar erscheint es schon aus sprachlichen Gründen verlockend, im Rahmen von *public policy* auf die Außen-, Sicherheitspolitik zu verweisen. Die gerade beschriebenen Entscheidungen verdeutlichen aber, daß die US-Gerichte sich nicht vorschnell von irgendwelchen staatspolitischen Erwägungen in eine Versagung aus *public policy*-Gründen drängen lassen. Es sei nochmals mit den Worten der Gerichte wiederholt: „'[P]ublic policy' and 'foreign policy' are not synonymous." Eine Grenze deutet das *District Court* in der *National Oil*-Entscheidung an: wenn sich die USA im Krieg mit dem anderen Staat befinden oder dessen Regierung nicht von den USA anerkannt wird.[1503]

- *Manifest Disregard*

Die Doktrin von *manifest disregard of the law*[1504] gründet in *Wilko v. Swan*: „[T]he interpretations of the law by the arbitrators in contrast to manifest disregard are not subject, in the federal courts, to judicial review for error in interpretation."[1505] Diesen Satz ließ das Gericht jedoch seitdem unkommentiert. Anscheinend wollte es sich einen letzten Notanker für die Aufhebung schiedsrichterlicher Entscheidungen vorbehalten. Wenig überraschend war dieser mögliche Versagungsgrund seitdem Gegenstand zahlreicher Entscheidungen.

Auch in dem *leading case Parsons & Whittemore* hatte sich der Vollstreckungsgegner auf *manifest disregard of the law* berufen. Ohne weiter auf die Gültigkeit der Theorie an sich einzugehen, wandte sich das Gericht direkt deren Zweck zu, nämlich eine Überprüfung der materiell-rechtlichen Schiedsrichterentscheidung zu ermöglichen. Gerade dieser Zielsetzung widersprach der *Second Circuit* aber ganz entschieden, denn sie wäre konträr zu Sinn und Zweck der Schiedsgerichtsbarkeit, eine zügige und kostengünstige Streitbeilegung zu ermöglichen.[1506]

1501 811 F.2d 1265, 1271.

1502 Craig, *Uses and Abuses of Appeal from Awards*, 4.3 ARB. INT'L 174, 222.

1503 National Oil Corp., 733 F.Supp. 800, 820 – in diesem Fall hatte die US-Regierung aber ausdrücklich die Klage Libyens zugelassen.

1504 In etwa: „grundlegende Mißachtung des Rechts". Dazu umfassend: Varela, 49-JUN DISP. RESOL. 64 (1994).

1505 346 U.S. 427, 436-437 (1953).

1506 Parsons & Whittemore Overseas Co. v. Societe Generale de l'Industrie du Papier, 508 F.2d 969, 977 (1974).

Die eindeutige Stellungnahme des *Second Circuit* bedeutete aber keineswegs das „Aus" für die Doktrin im Bereich der internationalen Schiedsgerichtsbarkeit. Offensichtlich erscheint – wie bei der *public policy*-defense – die vermeintliche Weite und juristische Schwergewichtkeit des *manifest disregard*-Einwandes verlockend für einen Vollstreckungsgegner. Erfolgt die Vollstreckung eines ausländischen Schiedsspruches nach dem Mechanismus des UNÜ muß der *manifest disregard*-Einwand irgendwie in der Systematik des UNÜ eingeordnet werden. Da die Versagungsgründe nach Art. V abschließend sind, müßte der *manifest disregard* also mindestens die Bedeutung einer *public policy*-Verletzung erreichen.[1507]

Schon 1974 hatte der *Second Circuit* in *I/S Stavborg v. National Metal Converters* sich ausgesprochen widerwillig gegenüber der Doktrin geäußert, denn der Gerichtspraxis machte eine einigermaßen klare Definition ausgesprochene Schwierigkeiten. Das Berufungsgericht betonte immer wieder deren ausgesprochen enge Auslegung: die Vertragsauslegung durch die Schiedsrichter ist nicht gerichtlich überprüfbar. Zum Ende der Entscheidung deutete das Gericht aber doch eine äußerste Grenze an: das Überschreiten der sachlichen Zuständigkeit oder ein völlig irrationaler Schiedsspruch.[1508]

Die ständige Praxis der US-Gerichte besonders im internationalen Kontext hat diese Linie bestätigt. Hier treffen die hohen Anforderungen an die *public policy* mit denen an die *manifest disregard*-Einwendung aufeinander: Das bestätigte z. B. auch der *Ninth Circuit* in *Northrop Corp. v. Triad Int'l Mktg.* ein. Eine möglicherweise fehlerhafte Anwendung kalifornischen Rechts bot keine Grundlage für die Vollstreckungsversagung. Die *public policy* ergab dem Gericht zufolge nur dann einen Versagungsgrund, wenn sie „well defined and dominant" ist.[1509] Mit dieser hohe Anforderungen andeutenden Leerformel hob das Gericht seinerseits das Aufhebungsurteil des *District Courts* auf.
Die Gerichte wiederholen immer wieder, daß ein „bloßer Irrtum" der Schiedsrichter nicht ausreichen kann, um einen *manifest disregard of the law* anzunehmen:[1510]

> The error must have been obvious and capable of being readily and instantly perceived by the average person qualified to serve as an arbitrator. Moreover the term 'disregard' implies that the arbitrator

---

[1507] Brandeis Intsel Ltd. v. Calabrian Chemicals Corp., 656 F.Supp. 160, 163 (S.D.N.Y. 1987). Anders Kolkey, *Attacking Arbitral Awards*, 22 INT'L LAW. 693, 701 (1988), der den *manifest disregard* als nicht durch die Konvention abgedeckten, gesonderten Versagungsgrund ansieht (zw.).
[1508] 500 F.2d 424, 431 (2d Cir. 1974).
[1509] 811 F.2d 1265, 1271 (9th Cir. 1987); so auch Industrial Risk Ins. v. M.A.N. Gutehoffnungshütte GmbH, 141 F.3d 1434, 1445 (11th Cir. 1998).
[1510] Nordell Int'l Resources, Ltd. v. Triton Indonesia, Inc., 999 F.2d 544, 1993 WL 280169, **2 (9th Cir. 1993); Merrill Lynch, Pierce, Fenner & Smith, v. Bobker, 808 F.2d 930, 933-934 (2nd Cir. 1986); Exportkhleb v. Maistros Corp., 790 F.Supp. 70, 74 (S.D.N.Y. 1992); Carte Blanche v. Carte Blache Int'l, 888 F.2d 260, 265 (2nd Cir. 1989).

appreciates the existence of a clearly governing legal principle but decides to ignore or pay no attention to it.

Damit ergibt sich ein extrem enger Prüfungsspielraum für die Gerichte.[1511]

In *Brandeis Intsel Ltd. v. Calabrian Chemicals Corp.* schloß das New Yorker *District Court* sogar grundsätzlich die Anwendbarkeit von *manifest disregard* im Anwendungsbereich des UNÜ aus.[1512] Denn um überhaupt eine solche grundsätzliche Mißachtung ausländischen Rechts beurteilen zu können, muß der amerikanische Vollstreckungsrichter zwangsläufig eine Interpretation eines ihm fremden, ausländischen Rechts vornehmen. Das Gericht folgerte überzeugend: „That seems to me a slippery slope upon which American judges should not embark, in clear derogation of the public policy underlying the Convention."[1513]

Der Unwille in internationalen Verfahren, auch nach dem *FAA*, eine Aufhebung mit *manifest disregard of the law* zu begründen, wird auch in *Yusuf Ahmed Alghanim & Sons v. Toys „R" Us* erneut deutlich. Der Schiedsrichter hatte dem Vollstreckungskläger einen Schadensersatz in Höhe von $ 46 Mio. zuerkannt; dabei hatte dieser über zehn Jahre $ 6.65 Mio. Verlust gemacht und (angeblich) angeboten für $ 2 Mio. auf seine Franchiserechte zu verzichten. Die Summe stellte aber nach Überzeugung des Gerichts nur den Wert des Inventars der Geschäfte dar.[1514] Die Kalkulation des Schiedsrichters erschien dem Gericht deshalb nicht „completely irrational", weil *Toys „R" Us* nicht widerlegen konnte, daß die Gewinne nach dem Ende der Geschäftsbeziehung nicht auch Ergebnis gerade dieser Verbindung waren.[1515] Auch der Hinweis, daß der neue Partner von *Toys „R" Us* nur $ 7,5 Millionen gezahlt hatte, verfing nicht. Nach der Überzeugung des Gerichts bot das Gebot eines Dritten in Höhe von $ 15 Mio. eine verläßliche Schätzung des Wertes der Rechte. Es verneinte *manifest disregard.*[1516]

In Anbetracht dieser Entscheidungen kann die *manifest disregard of the law*-Doktrin für die Praxis der internationalen Schiedsgerichtsbarkeit als bedeutunglos an-

---

[1511] Merill Lynch, Pierce, Fenner & Smith, v. Bobker, 808 F.2d 930, 933-934; M & C Corp. v. Erwin Behr GmbH & Co., KG, 87 F.3d 844, 851 (6th Cir. 1996), Yusuf Ahmed Alghanim & Sons, W.L.L. v. Toys „R" Us, Inc., 126 F.3d 15, 24 (2d Cir. 1997) für internationale Schiedsverfahren.

[1512] 656 F.Supp. 160, 167. Yusuf Ahmed Alghanim & Sons, W.L.L. v. Toys „R" Us, Inc., 126 F.3d 15 (2d Cir. 1997). Ähnlich International Standard Elec. Corp. v. Bridas Sociedad Anonima Petrolera, Industrial y Comercial, 745 F.Supp. 172, 181 (S.D.N.Y. 1990); Industrial Risk Ins. v. M.A.N. Gutehoffnungshütte, 141 F.3d 1434, 1443 (11th Cir. 1998); Kolkey, *Attacking Arbitral Awards*, 22 INT'L LAW. 693, 701.

[1513] 656 F.Supp. 160, 167 (S.D.N.Y. 1987). Dieser Argumentation schloß sich das *District Court* in Int'l Standard Elec. Corp. v. Bridas (745 F.Supp. 172, 182; S.D.N.Y. 1990) an: es ging davon aus, daß jede Überprüfung der Entscheidungsgründe der auf Einheitlichkeit angelegten Konvention zuwiderliefe.

[1514] 126 F.3d 15, 24.

[1515] 126 F.3d 15, 25.

[1516] 126 F.3d 15, 25.

gesehen werden.[1517] Die unterlegene Partei müßte nachweisen können, daß die Schiedsrichter vorsätzlich das anwendbare Recht mißachteten, um zu ihrem Spruch zu gelangen.[1518]

- Zwang oder Betrug, widersprüchliche Zeugenaussagen (*Fraud, duress, inconsistent testimony*)

Dem *manifest disregard of the law* nah verwandt ist die *fraud defense*. (Prozeß)Betrug wie auch Zwang sind nicht ausdrücklich als Versagungsgrund in Art. V genannt, finden sich jedoch (ausdrücklich oder implizit) im nationalen Schiedsrecht der USA in § 10(a). Unmittelbar oder über 9 U.S.C. § 208 könnte Prozeßbetrug im Rahmen von Art. V(2)(b) auch bei der Vollstreckung ausländischer Schiedssprüche Berücksichtigung finden. Unter dem Oberbegriff „fraud" wird auch die Problematik von falschen oder widersprüchlichen Aussagen erörtert.

Diese Ansicht vertrat der Vollstreckungsgegner in *Biotronik v. Medford*. Grundlage für den Betrugsvorwurf war die Behauptung, *Biotronik* habe dem Schiedsgericht Beweise vorenthalten, um es bewußt irrezuführen.[1519] Das Gericht folgte dieser Argumentation aus zwei Gründen nicht: erstens entspricht es der Natur der Beibringungsgrundsatzes (*adversary system of justice*), daß das Unterlassen einer Partei den Anspruch der Prozeßgegners zu beweisen, nicht schon einen Betrug darstellt. Zweitens hätte *Medford* diesen Einwand schon im Schiedsverfahren entdecken und vorbringen können.[1520] Damit gelangte das Gericht gar nicht mehr zur Erörterung der Frage, unter welchen Voraussetzungen *fraud* einen möglichen Versagungsgrund im Rahmen von Art. V(2)(b) darstellen könnte.[1521]

In *Nordell v. Triton* sollten die Schiedsrichter einen irrationalen Schiedsspruch erlassen haben, weil sie ihren Spruch auf – behauptetermaßen – betrügerisch falsche Daten gestützt hatten.[1522] Indem die Schiedsrichter diese Daten zur Grundlage ihrer Entscheidung machten, trafen sie gleichzeitig eine Tatsachenentscheidung, an die das Vollstreckungsgericht gebunden ist. Prüfungsmaßstab ist lediglich, ob die Gerichte hierfür irgendeine Grundlage im Protokoll finden. Findet das Gericht eine

---

[1517] Sever, 65 TUL. L. REV. 1661, 1679; Le Pera, *Enforcement of Foreign Arbitral Awards – ISEC v. Bridas*, 2 AM. REV. INT'L ARB. 48, 63.

[1518] Rau, *New York Convention in American Courts*, 7 AM. REV. INT'L ARB. 213, 238. Carter, 17 Can.-U.S. L.J. 481, 488, beschreibt den *manifest disregard* eines Schiedsrichters so: „This is the law, but I do not like it and I'm not going to follow it."

[1519] Biotronik Meß- und Therapiegeräte GmbH & Co. v. Medford Medical Instrument Co., 415 F.Supp. 133, 137 (D. N.J. 1976).

[1520] 415 F.Supp. 133, 138.

[1521] 415 F.Supp. 133, 140.

[1522] Nordell Int'l Resources v. Triton Indonesia, Inc., 999 F.2d 544, 1993 WL 280169, at **3 (9th Cir. 1993). Es handelte sich um einen internationalen Fall, der nach *FAA* entschieden wurde.

Grundlage für die Tatsachenentscheidung, endet damit auch seine Prüfungskompetenz.[1523]

Ähnlich machte *Maiellano Tours* vor dem *Second Circuit* erfolglos geltend, die Schiedsvereinbarung trage eine gefälschte Unterschrift. Für eine Fälschung galt aber nichts anderes als für Betrug: sie hätte vor dem Schiedsgericht geltend gemacht werden müssen. Das hatte *Maiellano* versäumt und konnte deshalb mit seiner Einwendung nicht mehr gehört werden.[1524]

Die Grundlage der übrigen *fraud*-Entscheidungen bilden angeblich falsche oder zumindest widersprüchliche Zeugenaussagen im Schiedsverfahren.
In dem Verfahren *Waterside Ocean Navigation v. International Navigation* hatte ein Zeuge (angeblich) während der Verfahren in einem entscheidenden Punkt seine Aussage geändert. Das Schiedsgericht kannte die ursprüngliche Aussage, stützte jedoch seinen Spruch auf dessen geänderte Aussage. Kernfrage war, inwieweit allein eine widersprüchliche Zeugenaussage schon eine Verletzung der US-amerikanischen *public policy* bedeuten könnte.[1525] Der *Second Circuit* hielt diese These für überzogen: „We believe that the assertion that the policy against inconsistent testimony is one of our nation's 'most basic nations of morality and justice' goes much too far."[1526] Weitergehend stellte das Gericht bei Beurteilung der Frage, ob denn nicht zumindest die Integrität der Rechtsordnung gefährdet sei, entscheidend auf die Zweck des UNÜ ab Vollstreckungsverfahren zu erleichtern. Diesem Ziel würde es nicht gerecht werden, wenn jede Behauptung von Widersprüchlichkeiten in der Zeugenaussage ein Vollstreckungsgericht zwingen würde zu untersuchen, ob erstens überhaupt eine Widersprüchlichkeit vorlag, und zweitens wie bedeutend diese für das Schiedsverfahren waren: „This would render the allegedly simple and speedy remedy of arbitration a mockery."[1527] In diesem Zusammenhang stellte das *District Court* in *National Oil v. Libyan Sun Oil* jedoch klar, daß eine absichtliche Falschaussage in einem Schiedsverfahren auf jeden Fall Betrug wäre.[1528] Folglich war das Gericht gezwungen, eingehend die Aussage vor dem Schiedsgericht zu bewerten. Danach schien das Schiedsgericht einen Teil der korrekten Zeugenaussage mißverstanden zu haben. Offensichtlich schied damit ein „knowing use of false testimony" und Betrug aus.[1529] Ein zweiter Teil der Aussage schien

---

[1523] Nordell, 999 F.2d 544, 1993 WL 280169, at **4.
[1524] Europcar Italia, S.p.A. v. Maiellano Tours, Inc., 156 F.3d 310, 315 (2d Cir. 1998).
[1525] Dabei sollte berücksichtigt werden, daß auch der Vollstreckungsgegner nicht behauptete, *Waterside* habe bewußt eine Falschaussage in das Verfahren eingeführt, 737 F.2d 150, 152 (2nd Cir. 1984).
[1526] Waterside, 737 F.2d 150, 152.
[1527] Waterside, 737 F.2d 150, 153.
[1528] 733 F.Supp. 800, 814 (D.Del. 1990). Weitere Voraussetzung ist, daß der Betrug der dadurch benachteiligten anderen Partei vor dem Schiedsverfahren nicht erkennbar war.
[1529] 733 F.Supp. 800, 815.

tatsächlich falsch gewesen zu sein, aber auch hier hatte der Vollstreckungsgegner keine Absicht nachweisen können.[1530] Zu der Frage, ob mit einer absichtlichen Falschaussage *per se* auch eine Verletzung der *public policy* verbunden ist, konnte das Gericht also gar nicht mehr kommen.
Keine Verletzung der *public policy* ist sicherlich das „side-switching" eines Sachverständigen. Es bleibt einem Sachverständigen also unbenommen auch gegen die Interessen der Partei auszusagen, die ihn ursprünglich beschäftigt hatte.[1531]

Wurde eine Schiedsklausel durch Nötigung erzwungen, kann einem Schiedsspruch dagegen nach Art. V(2)(b) die Vollstreckbarkeitserklärung versagt werden.[1532] Die praktischen Schwierigkeiten für die unterlegene Partei ergeben sich aber aus der Beweislast, bei der die Gerichte ausgesprochen hohe Maßstäbe anlegen. Dabei reicht z. B. die schwierige wirtschaftliche Lage einer Partei nicht aus, vielmehr muß die genötigte Partei ihrer Entscheidungsfreiheit beraubt gewesen sein.[1533] Diesen Beweis konnte die unterlegene Partei im entschiedenen Fall nicht erbringen.[1534]

- Kartellrecht

Die Vereinbarkeit von Schiedsgerichtsbarkeit und Kartellrecht wurde unter Art. V(2)(a) ausführlich erörtert. Die US-Gerichte gehen davon aus, daß Schiedsrichter auch über kartellrechtliche Ansprüche entscheiden können, ohne daß hierdurch ohne weiteres der *ordre public* der USA verletzt wäre. Dennoch deutete auch der *Supreme Court* eine Grenze an, bei deren Überschreitung das Gericht die Vollstreckung versagen würde:

> [I]n the event the choice-of-forum and choice-of-law clauses operated in tandem as a prospective waiver of a party's right to pursue statutory remedies for antitrust violations, we would have little hesitation in condemning the agreement as against public policy.[1535] ...

Das Gericht behält sich eine Prüfung bei der Vollstreckung des Schiedsspruches vor (*second look doctrine*):

[1530] Das Gericht erörterte diese Fragen vor allem im Zusammenhang mit den Verfahrensgrundsätzen (rechtliches Gehör), Art. V(1)(b).
[1531] Industrial Risk Ins. v. M.A.N. Gutehoffnungshütte GmbH, 141 F.3d 1434, 1444 (11th Cir. 1998).
[1532] Transmarine Seaways Corp. of Monrovia v. Marc Rich & Co. A.G., 480 F.Supp. 352, 358 (S.D.N.Y. 1979).
[1533] Transmarine, 480 F.Supp. 352, 358 (unter Bezugnahme auf Hellenic Lines, Ltd. v. Louis Dreyfus Corp., 372 F.2d 753, 757-758 (2d Cir. 1967).
[1534] Transmarine, 480 F.Supp. 352, 361.
[1535] Mitsubishi Motors Corp. v. Soler-Chrysler-Plymouth, 473 U.S. 614, 637 n. 19; Vimar Seguros y Reaseguros, S.A. v. M/V Sky Reefer, 515 U.S. 528, 540. Dazu ausführlich unter Art. V(2)(a). Schon vor der *Mitsubishi*-Entscheidung hatten sich hohe Anforderungen angedeutet, die das Geltendmachen kartellrechtlicher Einwände in Zahlungsklagen erfordert (Sonatrach v. Shaheen Natural Resources Co. 585 F.Supp. 57, 63 (S.D.N.Y. 1983).

> [T]he national courts of the United States will have the opportunity at the award-enforcement stage to ensure that the legitimate interest in the enforcement of the antitrust laws has been addressed.[1536]

- Konkursrecht (*Bankruptcy*)

Wegen des involvierten öffentlichen Interesses birgt ein Schiedsverfahren unter Beteiligung bankrotter Parteien besondere Probleme, die bereits oben ausführlich erörtert wurden.

Im internationalen Zusammenhang sind zwei Entscheidungen berichtet: *Fotochrome v. Copal* und *Victrix Steamship v. Salen Dry Cargo*, eine der seltenen erfolgreichen Art. V(2)(b)-Entscheidungen.
Auf die *Fotochrome*-Entscheidung wurde schon im Zusammenhang mit Art. V(2)(a) hingewiesen. Weder der *FAA* noch der *Bankruptcy Code* machten irgendwelche Vorgaben, so daß das Gericht gezwungen war auf allgemeine Richtlinien zurückzugreifen, wie die allgemeine schiedsfreundliche Einstellung des Bundesrechtes. Um nach dem *Bankruptcy Code* Berücksichtigung im Konkurs finden zu können, muß eine Schuld durch ein Urteil bestätigt sein. Der Schiedsspruch an sich konnte einem Urteil deshalb nicht gleichgesetzt werden, denn damit würde der unterliegenden Partei ihr *due process*-Recht abgeschnitten, den Spruch noch anfechten zu können. Nach Abschluß des Vollstreckungsverfahrens sah das Gericht keine Gründe mehr, dem Spruch als endgültige Entscheidung zu den Gründen die Berücksichtigung im Konkursverfahren zu versagen.[1537]
In *Victrix Steamship* versagte der *Second Circuit* einem englischen Schiedsspruch die Anerkennung. *Victrix* hatte, nachdem *Salen* in Schweden Konkursantrag gestellt hatte, in England einen Schiedsspruch und dessen Vollstreckbarkeitserklärung erwirkt und suchte jetzt um deren Vollstreckung in den USA nach. Das Gericht umging eine direkte Diskussion von Art. V(2)(b), indem es die Konvention für nicht anwendbar hielt, denn Urteile (hier die Vollstreckbarkeitserklärung) seien nicht von ihrem Anwendungsbereich erfaßt. Gleichzeitig könne die Beurteilung von Schiedsspruch und Urteil nicht von einander getrennt werden.[1538] Das Gericht dehnte *comity* auf ausländische Konkursverfahren aus, um auf diese Weise auch der US-*public policy* zu genügen, indem eine ordnungsgemäße und systematische Verteilung der Vermögenswerte zu erleichtern.[1539] Diese *public policy* sah es gefährdet, wenn es den englischen Schiedsspruch (und die Vollstreckbarkeitserklärung) anerkannt hätte.[1540]

[1536] 473 U.S. 614, 638.
[1537] Fotochrome, Inc. v. Copal Co. Ltd., 517 F.2d 512, 516-518 (1975).
[1538] Victrix Steamship Co., S.A. v. Salen Dry Cargo A.B., 825 F.2d 709, 713 n. 2, 714 (2d Cir. 1987).
[1539] 825 F.2d 709, 713-714 unter Bezugnahme auf Cunard Steamship Co., Ltd. v. Salen Reefer Services A.B., 773 F.2d 452, 459 (2d Cir. 1985).
[1540] 825 F.2d 709, 714.

Damit entspricht das Gericht im Ergebnis der hier vertretenen Auffassung, daß die sogenannten *core matters* aus dem Anwendungsbereich der Schiedsgerichtsbarkeit ausgenommen sind. Die *core matters* betreffen die konkurstypischen Aspekte einer Streitigkeit mit einer bankrotten Gegner, um eine möglichst gerechte Verteilung unter den Gläubigern zu erreichen. Wie das Gericht feststellte, hätte die Vollstreckung des Schiedsspruches eine Umgehung des schwedischen Konkursverfahrens zum Nachteil Dritter bedeutet, *Victrix* hätte eine bevorzugte Befriedigung erreichen können. *Victrix* blieb es aber unbenommen, den Schiedsspruch unter der Konvention im schwedischen Konkursverfahren geltend zu machen.[1541] Andererseits steht diese Entscheidung mit ihrer starken Rücksichtnahme auf eine fremde Rechtsordnung in einigem Kontrast zu der bereits erörterten *Northrop*-Entscheidung des *Ninth Circuit*.[1542] Die Rücksichtnahme rechtfertigt sich jedoch mit der Wesensgleichheit der schwedischem und US-Konkursrecht zugrundeliegenden Rechtsgedanken. Zwar bleibt hier der Weg über Art. V(2)(a) verschlossen, denn über nicht-schiedsfähige konkursrechtliche Streitgegenstände war nicht von den Schiedsrichtern entschieden worden. Das Gericht hätte aber durchaus *comity* (also die Rücksichtnahme auf die Entscheidungen des schwedischen Konkursgerichts) gerade wegen der Ähnlichkeit der Regelungen unter die *US public policy* fassen können.

- *Comity*

Ähnlich der *Victrix*-Entscheidung veranlaßten auch in *Sea Dragon v. Gebr. van Weelde*[1543] *comity*-Erwägungen zur Versagung der Vollstreckung auf Grundlage von *public policy*. Die Erfüllung des Schiedsspruches hätte die unterlegene Partei gezwungen, eine Beschlagnahme eines niederländischen Gerichts zu mißachten. Das war den Schiedsrichtern bekannt.[1544] *Sea Dragon* war allerdings kein Fall, der in den Anwendungsbereich des UNÜ fiel, sondern anscheinend ein US-Schiedsspruch in internationalem Zusammenhang.

- Zinsen

Immer wieder waren die Zinsentscheidungen der Schiedsrichter,[1545] aber auch der Gerichte, Gegenstand in den Vollstreckungsverfahren vor US-Gerichten.
Entsprechend der Verfahrensabschnitte, in denen sich Zinsentscheidungen ergeben können, muß unterschieden werden: die Zinsentscheidung (a) der Schiedsrichter im

---

[1541] 825 F.2d 709, 714-715. Gleichzeitig ging das Gericht davon aus, daß das lokales New Yorker Recht ebenfalls die Vollstreckung des englischen Urteils aus *public policy*-Gründen versagen würde (aaO, 715).
[1542] COE, INTERNATIONAL COMMERCIAL ARBITRATION, 344-345.
[1543] 574 F.Supp. 367 (S.D.N.Y. 1983).
[1544] 574 F.Supp. 367, 372-373.
[1545] Gesamtdarstellung der Zinsproblematik: Gotanda, *Interest in International Arbitration*, 90 Am. J. Int'l L. 40.

Schiedsspruch, bei der vor allem der Umfang der schiedsrichterlichen Kompetenz und *public policy*-Fragen von Bedeutung sind, und (b) des Vollstreckungsgerichts, bei der ebenfalls Zuständigkeits- wie Fragen nach dem Zinssatz in den Gerichten erörtert wurden.
Für den Zinsanspruch unterscheiden die amerikanischen Gerichte zwischen vier Zeiträumen: dem bis zum Erlaß des Schiedsspruchs (*pre-award interest*), dem zwischen Schiedsspruch und Einleitung des Vollstreckungsverfahrens (*post-award* oder *pre-judgment interest*), wovon z. T. auch noch die Dauer des Gerichtsverfahrens abgegrenzt wird, und schließlich der Zeitraum nach Erlaß des Urteils bis zur Erfüllung durch den Schuldner (*post-judgment interest*). Die UN-Konvention selbst macht keine Aussage zu Zinsentscheidungen der Vollstreckungsgerichte.

Zinsentscheidungen der Gerichte:

Leading case für die Zinsentscheidungen der Gerichte ist *Waterside Ocean Navigation Co. v. International Navigation Ltd.* Der *Second Circuit* sah nicht hier nicht gehindert, der obsiegenden Partei *post-award, pre-judgment interest* zuzusprechen.[1546] Schließlich gilt nach 9 U.S.C. § 203 für das Vollstreckungsverfahren grundsätzlich US-Recht.[1547] In den USA gibt es kein Bundesgesetz, daß die Verzinsung internationaler Schiedssprüche regelt; es ist aber gefestigte Rechtsprechung, daß US-Gerichte *pre-judgment interest* zuerkennen können. So soll die Partei, der unrechtmäßig wirtschaftliche Mittel vorenthalten wurden, entschädigt werden.[1548] Damit wies das Gericht die Argumentation des Vollstreckungsgegners zurück, das Gericht könne nicht mehr zuerkennen als der Schiedsspruch. Die Schiedsrichter hatten der obsiegenden Partei bereits Zinsen bis zum Erlaß des Schiedsspruches zuerkannt, ihnen fehlte aber die Zuständigkeit für eine *post-award interest*-Entscheidung.[1549] Gleichzeitig sah das Gericht die Gefahr eines *double exequaturs*, würde die obsiegende Partei zunächst im Herkunftsstaat

---

[1546] 737 F.2d 150, 153-154 (2d Cir. 1984). In diesem Sinne auch: Al Haddad Bros. Enter., v. M/S Agapi, 635 F.Supp. 205, 210 (D. Del. 1986); Reefer Express Lines Pty., Ltd. v. Gen. Authority for Supply Commodities, 714 F.Supp. 699, 700 (S.D.N.Y. 1989); Nat. Development Co v. Khashoggi, 781 F.Supp. 959, 963 (S.D.N.Y. 1992); Compagnie des Bauxites de Guinee v. Hammermills, Inc., No. 90-0169, 1992 U.S. Dist. LEXIS 8046, at *26 (D. D.C. 1992). van den Berg, *Commentary*, XXI Y. B. COM ARB. 394, 470 ¶307. Schon früh hatte auch das New Yorker *District Court* Zinsen zuerkannt, auch schon für den Zeitpunkt ab dem *hearing* (das wird aus dem Urteil nicht ganz klar) bis zum Urteilsausspruch (Island Territory of Curaçao v. Solitron Devices, 356 F.Supp. 1, 14 (S.D.N.Y. 1973)).

[1547] Aus § 203 ergibt sich die sachliche Zuständigkeit des *District Courts*. Aufgrunddessen ist das Bundesgericht nicht an *state law* gebunden, sondern kann eine Zinsentscheidung nach seinem Ermessen treffen (Industrial Risk Ins. v. M.A.N. Gutehoffnungshütte GmbH, 141 F.3d 1434, 1447 (11th Cir. 1998)).

[1548] Waterside Ocean Navigation Co. v. Int'l Navigation Ltd., 737 F.2d 150, 153-154 (2d Cir. 1984); Industrial Risk Ins. v. M.A.N. Gutehoffnungshütte GmbH, 141 F.3d 1434, 1446-1447 (11th Cir. 1998). Vgl. auch Tupman, 3 ARB. INT'L 209, 222.

[1549] Waterside, 737 F.2d 150, 154.

des Spruches um eine Vollstreckbarkeitserklärung nachsuchen, um nach lokalem Recht *post-award interest* geltend machen zu können.[1550]

Da eine klare gesetzliche Regelung fehlt, liegt auch die Zinshöhe im Ermessen des Gerichtes, das sich bei seiner Entscheidung typischerweise an allgemeinen Prinzipien wie *reasonableness* und *fairness*, *state law*[1551] bzw. der bundesgesetzlichen Regelung zur Verzinsung von Urteilen in 28 U.S.C. § 1961 orientieren wird.[1552]

Im Sinne dieser Rechtsprechung führte das *District Court* in *National Oil v. Libyan Sun Oil* weiter aus, daß die Versagung einer Verzinsung den Vollstreckungsgegner nur zu einer weiteren Zahlungsverzögerung verleiten würde.[1553] Es verfeinerte die Erwägungen für das Ermessen des *District Courts* wie folgt: (1) die mangelnde Sorgfalt des Vollstreckungsklägers bei der Durchsetzung seines Anspruches; (2) eine ungerechtfertigte Bereicherung des Beklagten; (3) die Ausgleichswirkung von Zinsen; (4) Billigkeitsgründe (*equity*), die gegen die Zuerkennung von Zinsen sprechen.[1554]

National Oil hatte erst nach zweieinhalb Jahren die Klage angestrengt und dafür keine Begründung liefern können. Deshalb ging das Gericht von einer Mitschuld der Vollstreckungsklägerin aus und verneinte für den Zeitraum zwischen Erlaß des Schiedsspruches und Einreichen der Klage einen Zinsanspruch ganz. Vom Einreichen der Klage bis zum Urteilserlaß hielt das Gericht aus Billigkeitsgründen den durchschnittlichen Zinsansatz, der auf eingefrorene Guthaben gezahlt wurde, für angemessen.[1555] Einen anderen Zinssatz[1556] hätte *National Oil* nicht erzielen können.

Die Gründe für den ersten Teil der Zinsentscheidung bleiben schleierhaft. Schließlich hatte *Sun Oil* das Schiedsverfahren verloren und war schon von daher zur Zahlung verpflichtet, hätte also mit Erfüllung seiner Verpflichtung auch dem Zinsanspruch entgehen können. Außerdem räumt das US-Umsetzungsgesetz ein Frist von drei Jahren zur Einleitung des Vollstreckungsverfahrens ein. Allein die Ausnutzung einer gesetzlich eingeräumten Frist vermag kaum eine Nachlässigkeit begründen, die einen vollkommenen Zinsverlust rechtfertigt.

[1550] Waterside, 737 F.2d 150, 154.

[1551] Hier hat z. B. New York eine einschlägige Vorschrift: N.Y. CIV. PRAC. L. & R. § 5001(a) (McKinney 1992 & Supp. 1995). Dabei variieren die Zinssätze zwischen 6 (D.C.)und 12 Prozent (Mass.). New York hat einen gesetzlichen Zinssatz von 9 Prozent (Gotanda, *Interest in International Arbitration*, 90 AM. J. INT'L L. 40, 45 n. 62).

[1552] Industrial Risk Ins., 141 F.3d 1434, 1447.

[1553] National Oil Corp. v. Libyan Sun Oil Co., 733 F.Supp. 800 (D. Del. 1990).

[1554] 733 F.Supp. 800, 821.

[1555] 733 F.Supp. 800, 821-822.

[1556] Für die Bestimmung des Zinssatzes hält sich das *District Court* an 28 U.S.C. § 1961(a), die Vorschrift zur Verzinsung von Geldurteilen (Nat. Development v. Kashoggi, 781 F.Supp. 959, 963 (S.D.N.Y. 1992)).

Insoweit kann mit der gefestigten Rechtsprechung davon ausgegangen werden, daß die US-Gerichte regelmäßig einen Zinsanspruch anerkennen werden, es sei denn es liegen „exceptional circumstances“ vor.[1557] Ein Gericht hatte jedoch Schwierigkeiten *prejudgment interest* zuzusprechen, wenn das auf den Schiedsspruch anwendbare Recht einen solchen Zinsanspruch zunächst ausschließt. Nach indischem Recht entsteht ein Zinsanspruch nämlich erst mit der Vollstreckbarkeitserklärung durch die indischen Gerichte; ist der Spruch aber für vollstreckbar erklärt worden, wird der festgestellte Anspruch ab diesem Zeitpunkt auch verzinst.[1558]

Die gesetzliche Grundlage für das sog. *post-judgment interest*, also die Verzinsung des Anspruches zwischen Vollstreckbarkeitserklärung und Erfüllung, bildet der bundesgesetzliche 28 U.S.C. § 1961.[1559] Die Höhe des Zinssatzes bestimmt sich zwingend nach *federal law*, ohne daß den Gerichten Ermessen eingeräumt wäre.[1560] Dementsprechend bestätigte der *Second Circuit* eine *District Court*-Entscheidung, die einen Zinssatz von 10% bis zur Erfüllung für den Zeitraum nach der Vollstreckbarkeitserklärung entsprechend 28 U.S.C. § 1961 auf den gesetzlichen Satz von 7% gekürzt hatte.[1561] Gleichermaßen auf Grundlage von 28 U.S.C. § 1961 verurteilte das *District Court* in *National Oil v. Libyan Sun Oil* die Beklagte zur Zahlung von *post-judgment interest*.[1562] Schwierigkeiten kann jedoch die Bestim-

---

[1557] Reefer Express Lines Pty., Ltd. v. Gen. Authority for Supply Commodities, 714 F.Supp. 699 (S.D.N.Y. 1989): Verzögerung des Verfahrens, bösgläubig falsche Schadensschätzung. Ähnlich dazu die gerade aus der *National Oil*-Entscheidung zitierten vier Kriterien.

[1558] Art. 29 des indischen *Arbitration Act*, Fertilizer Corp. of India v. IDI Management, 517 F.Supp. 948, 962 (D. S. D. Ohio 1981).

[1559] „(a) Interest shall be allowed on any money judgment in a civil case recovered in a district court. Execution therefor may be levied by the marshal, in any case where, by the law of the State in which such court is held, execution may be levied for interest on judgments recovered in the courts of the State. Such interest shall be calculated from the date of the entry of the judgment, at a rate equal to the coupon issue yield equivalent (as determined by the Secretary of Treasury) of the average accepted auction price for the last auction of fifty-two week United States Treasury bills settled immediately prior to the date of the judgment....“

[1560] Northrop Corp. v. Triad Int'l Mark. S.A., 842 F.2d 1154, 1155 (9th Cir. 1988); Carte Blanche (Singapore) Pte., Ltd. v. Carte Blanche Int'l, Ltd., 888 F.2d 260, 269 (2nd Cir. 1989). Laminoirs-Trefileries-Cableries de Lens, S.A. v. Southwire Co., 484 F.Supp. 1063, 1071 (D. N.D. Ga. 1980) hatte sich noch nach altem, bis 1982 gültigen Recht auf die übliche Verzinsung in den Bundesstaaten (sie betrug in Georgia 7%) bezogen. Bei entsprechender Vereinbarung ließ sie höhere Zinsen zu. Um den „vertraglichen Vereinbarungen“ gerecht zu werden, hatte das Gericht den nicht mit der *public policy* vereinbaren, wesentlich höheren Zinsausspruch der Schiedsrichter auf den damals gesetzlich höchsten Zinssatz in Georgia (8%) gekürzt. Anscheinend begriff das Gericht die Schiedsrichterentscheidung als Ausfluß der vertraglichen Vereinbarung, der es nach Möglichkeit gerecht werden wollte. Bei der Beurteilung dieser Entscheidung sollte genau das beachtet werden und nicht nur einseitig die teilweise Vollstreckungsversagung.

[1561] Carte Blanche (Singapore) Pte., Ltd. v. Carte Blanche International, Ltd., 888 F.2d 260, 269-270 (2nd Cir. 1989).

[1562] National Oil Corp. v. Libyan Sun Oil Co., 733 F.Supp. 800, 822. In diesem Sonderfall richtete sich der Zinssatz nach den Bedingungen für die von der US-Regierung eingefrorenen Konten.

mung des Zeitpunkts bereiten, ab dem das *post-judgment interest* entsteht. So hatte der *Ninth Circuit* in *Northrop Corp. v. Triad International* zu entscheiden, ob die Verzinsung schon mit dem ursprünglichen Aufhebungsurteil des *District Courts* einsetzt oder erst mit der – nach Zurückverweisung durch das Berufungsgericht erfolgten – Vollstreckbarkeitserklärung durch dieses Gericht.[1563] Der *Ninth Circuit* hielt die Situation für vergleichbar mit der eines wiedereingesetzten *jury verdicts*: die Verzinsung beginnt schon mit dem ursprünglichen Urteil, obwohl es die Juryentscheidung nicht berücksichtigt. Denn die Verzögerung bei der Bestimmung des Schadens der obsiegenden Partei, der die wirtschaftlichen Mittel entzogen waren, solle nicht zu einem anderen Ergebnis führen als bei einer ursprünglich korrekten Entscheidung des erstinstanzlichen Gerichts.[1564]

Zinsentscheidungen der Schiedsrichter (*pre-award interest*)

Vereinzelt wurde auch die Höhe von Verzinsungen zum Gegenstand der *public policy defense* gemacht. Dabei ist der Vollstreckungsrichter auch für die Zinsentscheidung an den äußerst beschränkten Überprüfungsmaßstab gebunden.[1565]
Die *Laminoirs*-Entscheidung ist eine der wenigen erfolgreichen Urteile unter Art. V(2)(b). Die Parteien hatten eine ungewöhnliche Rechtswahlklausel vereinbart, wonach das Recht des Staates Georgia Anwendung finden sollte, solange es mit französischem Recht übereinstimmte.[1566] Die Schiedsrichter hatten nach französischem Recht einen Zinssatz von 10½ und 9½ Prozent bestimmt, je nach Fälligkeit der zugrundeliegenden Rechnungen, der sich – entsprechend französischem Recht – zwei Monate nach Zustellung des Schiedsspruches auf 15½ bzw. 14½ Prozent erhöhen sollte. Der gesetzliche Zinssatz in Georgia betrug dagegen nur 7 Prozent; bei entsprechender schriftlicher Vereinbarung sind bis zu 10½ Prozent möglich. Insoweit hatte das Gericht keine Probleme, die ursprünglichen Zinssätze von 10½ bzw. 9½ Prozent als mit der *public policy* vereinbar zu betrachten und zu vollstrecken.
Dagegen versagte das Gericht die Vollstreckung der weitergehenden fünf Prozent Zinsen. Es unterschied zwischen einer Schadensersatz- und einer Straffunktion von Zinsen und stellte klar, daß ausländische Gesetze mit Strafcharakter nicht vollstreckt würden: „A foreign law will not be enforced if it is penal only and relates to the punishing of public wrongs as contradistinguished from the redressing of pri-

---

1563 Northrop Corp. v. Triad Int'l Mktg. S.A., 842 F.2d 1154, 1156 (9th Cir. 1988).

1564 842 F.2d 1154, 1156. Gleichzeitig wollte das Gericht damit der „national policy in favor of arbitration" entsprechen, denn sonst wäre die Schiedsparteien im Vergleich zu einem Jury-Verfahren durch die Vereinbarung von Schiedsgerichtsbarkeit benachteiligt worden (aaO, 1157).

1565 Smit, *International Arbitration in the U.S.*, 1 AM. REV. INT'L ARB. 64, 74, der als einzige Ausnahme die bewußte Mißachtung anwendbaren Recht sieht.

1566 Laminoirs-Trefilieries-Cableries de Lens S.A. v. Southwire Co., 484 F.Supp. 1063, 1067 (D. N.D. Ga. 1980).

vate injuries."[1567] Entscheidendes Abgrenzungskriterium bildete dabei die Frage, ob vorher festgelegte Schadensersatzbeträge in einer vernünftigen Beziehung zu einem wahrscheinlichen Schaden standen.[1568] Da das französische Gesetz, auf das die Schiedsrichter ihren Spruch gestützt hatten, ohne weiteres, also ohne besonderen Bezug zum (Verzugs)Schaden, nach zwei Monaten Verzug den erhöhten Zinssatz vorsah, nahm das Gericht einen Strafcharakter an. Auf Grundlage von Art. V(2)(b) versagte es die Vollstreckung der weitergehenden 5%-Zinsen.
Die Entscheidung wird in der Literatur weitestgehend als unglücklich oder „minor aberration" bezeichnet.[1569] Die *Laminoirs*-Entscheidung taugt kaum, zum „Fels (der Vollstreckungsversagung) in der Brandung (der Vollstreckbarkeitserklärungen)" hochstilisiert zu werden. Zu sehr erscheint auch dieses Bundesgericht bemüht, dem Schiedsspruch die – nach seiner Auffassung weitestmögliche – Geltung zu verschaffen. Schließlich versagte das Gericht auch nur einem Teilaspekt des Spruches die Anerkennung. Andererseits sah es sich (wohl) aufgrund der ziemlich strikten obergerichtlichen Entscheidungen in Georgia zum strafrechtlichen Charakter ausländischer Gesetze[1570] zu der gewählten Auslegung gezwungen.

In Folge der *Laminoirs*-Entscheidung mußten sich die US-Gerichte noch mehrfach mit der Vereinbarkeit von Zinsentscheidungen und *public policy* beschäftigen. In allen Fällen wurde der Schiedsspruch vollstreckt, allerdings erst nach Erörterung eines möglichen Strafcharakters (*penal character*) der Zinsentscheidung: In *Brandeis v. Calabrian Chemicals* vollstreckte das *District Court* einen Schiedsspruch, der eine Verzinsung bis zum Erlaß des Spruches (*pre-award interest*) in Höhe von 11,25% vorsah mit der Begründung, daß die Vollstreckungsgegnerin es versäumt habe, den Strafcharakter dieser Schiedsrichterentscheidung nach anwendbaren (ausländischen) Recht darzulegen.[1571] Indem das Gericht sich auf das anwendbare ausländische Recht bezog, umging es die Frage nach der Anwendbarkeit von 28 U.S.C. § 1961(a).
Auch das *District Court* in *International Standard v. Bridas* vollstreckte einen Schiedsspruch, der eine Verzinsung von 12% (*pre-award interest*) vorsah.[1572] Das

---

[1567] Dabei verwandte das *District Court* die folgenden Definitionen: „An *award of interest* is made so that a person wrongfully deprived of the use of his money should be made whole for his loss [citations omitted]. A *penalty*, on the other hand, is a sum of money which the law exacts by way of punishment for doing something that is prohibited or omitting to do something that is required to be done" (484 F.Supp. 1063, 1069) (Hervorhebung vom Autor).
[1568] „Agreements to pay fixed sums as damages plainly without reasonable relation to any probable damage which may follow will not be enforced" (484 F.Supp. 1063, 1069).
[1569] Henderson Bouzari, 30 TEX. INT'L L.J. 205, 216.
[1570] Laminoirs, 484 F.Supp. 1063, 1069.
[1571] Brandeis Intsel Ltd. v. Calabrian Chemicals Corp., 656 F.Supp. 160, 170 (S.D.N.Y. 1987).
[1572] International Standard Electric Corp. v. Bridas Sociedad Anonima Petrolera, Industrial y Comercial, 745 F.Supp. 172, 182 (S.D.N.Y. 1990) unter Berufung auf American Constr. Mach. v. Mechanised Constr. of Pakistan Ltd., 659 F.Supp. 426 (Zinssatz in Höhe von 17%).

Gericht konnte keinen *penal character* feststellen. Es widersprach gleichzeitig der Rechtsauffassung von *Bridas*, daß bei der Vollstreckung von Schiedssprüchen der (bundes)gesetzlich festgelegte Zinssatz gemäß 28 U.S.C. § 1961(a) Anwendung finde. Schließlich sei das Vollstreckungsverfahren nicht mit einer (erstinstanzlichen) Klage vergleichbar, sondern eher mit der Vollstreckung eines Urteils.[1573]

(b) Verfahrensrechtliche Mängel:

- Unabhängkeit der Schiedsrichter (*impartiality*)

Immer wieder behaupteten unterlegene Schiedsparteien erfolglos, einer der Schiedsrichter sei nicht unabhängig gewesen. Befangenheit eines Schiedsrichters als *public policy*-Versagungsgrund erschien deshalb als so vielversprechend, weil der *Supreme Court* 1969 in *Commonwealth Coatings v. Continental Casualty* eine anscheinend sehr weite Auslegung der Befangenheit gewählt hatte:

> [A]ny tribunal permitted by law to try cases and controversies not only must be unbiased but also must avoid even the appearance of bias. We cannot believe that it was the purpose of Congress to authorize litigants to submit their cases and controversies to arbitration boards that might reasonably be thought biased against one litigant and favorable to another.[1574]

Dagegen setzte schon die *concurring opinion* einen einschränkenden Akzent:

> But it is enough for the present purposes to hold, as the Court does, that where the arbitrator has a substantial interest in a firm which has done more than trivial business with a party, that fact must be disclosed.[1575]

Drei Richter gingen in ihrem *dissent* weiter:

> The court sets aside the arbitration award despite the fact that the award is unanimous and no claim is made of actual partiality, unfairness, bias, or fraud.... [The court] uses this ... case to announce a per se rule...: [r]egardless of the agreement with the parties, if an arbitrator has any prior business relationship with one of the parties of which he fails to inform the other party, innocently, the arbitration award is always subject to being set aside. This is so even where the award is unanimous; where there is no suggestion that the nondisclosure indicates partiality or bias; and where it is conceded that there was in fact no irregularity, unfairness, bias, or partiality.[1576]

[1573] International Standard, 745 F.Supp. 172, 182.
[1574] 393 U.S. 145, 150 (1969).
[1575] Commonwealth Coating, 393 U.S. 145, 151-152 (White, J., & Marshall, J., concurring).
[1576] Commonwealth Coating, 393 U.S. 145, 152-153 (Fortan, J., & Harlan, J., & Stewart, J., dissenting).

In Anbetracht der *per se rule* verwundert es kaum, daß unterlegene Schiedsparteien mit dem Hinweis auf eine „appearance of bias“, also den Anschein von Befangenheit, einer Vollstreckung zu verhindern suchten.

So in *Transmarine Seaways v. Marc Rich*: einer der Schiedsrichter war Präsident einer Gesellschaft, die als Generalagent für einen Prozeßgegner von *Marc Rich* in einem anderen Verfahren arbeitete. Die persönliche Integrität des Schiedsrichters war nicht in Frage gestellt worden.[1577] Das Gericht arbeitete heraus, daß die Präzedenzfälle alle darauf abstellten, ob der Schiedsrichter eine „incoming-producing relationsship between an arbitrator and a party“, eine direkte finanzielle oder berufliche Beziehung zu einer der Parteien, nicht offengelegt hatte.[1578] Die vom Vollstreckungsgegner gerügte „Beziehung“ qualifizierte das Gericht als „viel zu dürftig“, um einen erfahrenen Schiedrichter zu disqualifizieren, dessen persönliche Integrität ja nicht bezweifelt wurde. Schließlich war kein wirtschaftliches Interesse des Schiedsrichters an *Transmarine* ersichtlich, ebensowenig erhielten weder er noch sein Unternehmen irgendwelche Gelder von *Transmarine*.[1579] Hintergrund der Argumentation von *Marc Rich* war die ausgesprochen weite Definition von Befangenheit in *Commonwealth Coatings*. Würde aber ein so strenger Maßstab angelegt, hätte das in hochspezialisierten, relativ kleinen Geschäftskreisen – und dem damit verbundenen ständigen Kontakt untereinander – den wenig erstrebenswerten Effekt, daß viele erfahrene Schiedsrichter als befangen gelten würden. Weitergehend stützte das *District Court* seine Entscheidung auf die Formulierung „reasonably“ in der Mehrheitsentscheidung. Ein Rechtsstreit ohne Beziehung zum vorliegenden Verfahren und keinerlei finanzielle Beziehung zwischen dem Schiedsrichter und einer Partei könnten vernünftigerweise nicht auf eine Befangenheit des Schiedsrichters schließen lassen.[1580]

Die Problematik kleiner, eng miteinander verbundener Geschäftskreise ergab sich erneut in *International Produce*, einem internationalen Verfahren, auf das die *New York Convention* keine Anwendung fand.[1581] Auch der *Second Circuit* konzentrierte sich zunächst auf die Frage nach einer finanziellen Beziehung, bezog dann die

---

[1577] Transmarine Seaways Corp. of Monrovia v. Marc Rich & Co. A.G., 480 F.Supp. 352, 356 (S.D.N.Y. 1979).

[1578] 480 F.Supp. 352, 357.

[1579] 480 F.Supp. 352, 358.

[1580] 480 F.Supp, 352, 358. Damit bestätigte sich die Befürchtung des *Dissent* nicht, daß allein und ohne Rücksicht auf die Umstände die fehlende Offenlegung von möglichen Interessenkonflikten schon zur Aufhebung eines Schiedsspruches führt (393 U.S. 145, 153).

[1581] Ein Klient des dritten Schiedsrichters wurde in einem anderen Verfahren von *International's* Prozeßbevollmächtigtem vertreten. In einem zweiten Verfahren unter Beteiligung genau der gleichen Anwaltskanzleien war dieser Schiedsrichter als Zeuge befragt worden. Die Schiedsrichterkollegen befürworteten einen Verbleib im Schiedskollegium, Int'l Produce, Inc. v. A/S Rosshavet, 638 F.2d 548, 549-550 (2d Cir. 1981).

einschränkende *concurring opinion* in die Untersuchung mit ein. Die Richter vermochten keine *appearance of bias* entdecken.[1582] Sie hielten es gerade für den Bereich der Seeschiedsgerichtsbarkeit (*maritime arbitration*) für nicht ungewöhnlich, daß die Schiedsrichter schon vorher miteinander zu tun hatten:[1583] „Since [the arbitrators] are chosen precisely because of their involvement in that community, some degree of overlapping reprensentation and interest inevitably results."[1584] Würde zur Annahme von Befangenheit allein ihr Anschein ausreichen, würden Schiedsverfahren in Bereichen mit relativ wenigen Fachleuten unmöglich. Die Schiedsrichter wären allein aufgrund des bloßen Anscheins von Befangenheit automatisch disqualifiziert.[1585]
Die Problematik relativ kleiner Geschäftskreise war auch in *Brandeis Intsel v. Calabrian*[1586] Gegenstand des Vollstreckungsverfahrens. Nur *Brandeis* war Mitglied des *London Metal Exchange (LME)*,[1587] ebenso wie der Arbeitgeber einer der Schiedsrichter. Deshalb wendete *Calabrian* unter dem Stichwort „old boy network" den Anschein von Befangenheit eines Schiedsrichters ein. Eine unmittelbare finanzielle oder berufliche Verknüpfung lag also gar nicht vor. Das Gericht betonte die Vorteile solcher Organisationen, erfahrene Schiedsrichter in einem speziellen Geschäftsfeld stellen zu können[1588] und folgerte: „[N]o appearance of bias arises form the fact that, in such a community, 'the wakes of the members often cross.'"[1589]

Dagegen hatte in *Fertilizer v. IDI* eine finanzielle Beziehung zwischen *Fertilizer* und dem vom ihr ernannten Schiedsrichter bestanden, die *IDI* nicht offengelegt worden war.[1590] Dennoch konnte sich das *District Court* nicht zu einer Versagung der Vollstreckung durchringen, obwohl es grundsätzlich die umfassende Offenlegung möglicher Interessenkonflikte für die bessere Regel hielt. Es unterschied *Commonwealth Coatings* insoweit, als hier nur eine mögliche Befangenheit des parteiernannten und nicht – wie in *Commonwealth Coatings* – des dritten Schiedsrichters in Frage stand. Mitentscheidend scheint für das Gericht die Tatsache gewesen zu sein, daß sich in Anbetracht eines einstimmigen Schiedsspruches keine

---

1582 638 F.2d 548, 551.
1583 Dazu gebraucht das Gericht das schöne Bild des „busy harbor, where the wakes of the members often cross" (638 F.2d 548, 552).
1584 638 F.2d 548, 552.
1585 638 F.2d 548, 552 unter Bezugnahme auf die zitierte *concurring opinion* in *Commonwealth Coatings*.
1586 656 F.Supp. 160 (S.D.N.Y. 1987).
1587 *LME* ist eine Warenbörse mit vielfältigen Funktionen im Metallhandel (vgl. Brandeis, 656 F.Supp. 160, 162).
1588 656 F.Supp. 160, 169.
1589 Brandeis, 65 F.Supp. 160, 169, unter Bezugnahme auf *International Produce*.
1590 Fertilizer Corp. of India v. IDI Management, 517 F.Supp. 948, 953 (D. S.D. Ohio 1981). Der Schiedsrichter hatte in mindestens zwei weiteren Verfahren *Fertilizer* schon als Rechtsbeistand gedient.

Anhaltspunkte für eine Befangenheit des Schiedsrichters ergaben.[1591] Mit einem abschließenden Hinweis auf die einerseits eng gefaßte *public policy defense* und die andererseits starke *public policy* zugunsten der Schiedsgerichtsbarkeit vollstreckte das Gericht den Schiedsspruch.[1592]

In *P.T. Reasuransi*, einen Aufhebungsverfahren, waren es eher verfahrensrechtliche Aspekte,[1593] die die Antragstellerin zur Begründung der von ihr behaupteten Befangenheit vorbrachte. Das Gericht stellte auch hier in erster Linie auf eine finanzielle Beziehung, ein persönliches Interesse ab, hielt im übrigen die vermeintlichen Verfahrensfehler für unbeachtlich. Insbesondere kann nicht auf eine Befangenheit geschlossen werden, nur weil Ähnlichkeiten zwischen einem von einer Partei vorgeschlagenen und dem endgültigen Schiedsspruch bestehen.[1594] Auch der Eindruck, ein Schiedsrichter habe den Fall schon vorentschieden, habe die Zeugen der Gegenseite instruiert oder sei anti-israelisch eingestellt, vermochte ein *District Court* nicht zur Aufhebung eines Schiedsspruches veranlassen: ein Schiedsrichter sei nicht gehindert schon frühzeitig im Verfahren seine Meinung zu den Gründen zu entwickeln.[1595]

Eine ganze Salve von Gründen, die die Befangenheit der Schiedsrichter beweisen sollte, ließ *Nordell* in dem schon zitierten Aufhebungsverfahren los: (1) Annahme eine Klagebegehrens am vorletzten Tag der mündlichen Verhandlung; (2) Beweisentscheidungen zugunsten des Verfahrensgegners; (3) das Versiegeln einer Zeugenaussage; (4) die frühere Tätigkeit eines Schiedsrichters als *General Counsel* von *ARCO* (wird nicht ausgeführt); (5) die Strenge des Schiedsspruches.[1596] Das Gericht ließ nur den letzten Einwand gelten, denn die übrigen hätte die Klägerin schon im Schiedsverfahren geltend machen können. Damit hatte sie konkludent auf diese Einwendungen verzichtet. Das galt nicht für den Einwand der (besonderen)

[1591] Fertilizer, 517 F.Supp. 948, 954. Damit bezog das Gericht den starken *dissent* von *Commonwealth Coatings* (393 U.S. 145, 153-154 (Fortas, J., dissenting)) in die Beurteilung mit ein, der zumindest Anhaltspunkte für eine Parteilichkeit oder Befangenheit forderte.

[1592] Fertilizer, 517 F.Supp. 948, 954.

[1593] P.T. Reasuransi Umum Indonesia v. Evanston Ins. Co., No. 92 Civ. 4623, 1992 WL 400733 (S.D.N.Y. 1992). Die Antragstellerin bezog sich auf eine Ablehnung einer Fristverlängerung, mangelnde Information ihres Prozeßvertreters und Übernahme des von der Antragsgegnerin vorgeschlagenen Schiedsspruches (aaO, at *2). Das Gericht startete seine Beurteilung mit der Formel: „Partiality will be found where 'a resonable person would have to conclude that an arbitrator was partial to one party to the arbitration.'"

[1594] P.T. Resuransi, No 92. Civ. 4623, 1992 WL 400733, at *2.

[1595] Das angebliche *coaching* eines Zeugen erklärte das Gericht mit der Formlosigkeit von Schiedsverfahren; die vermeintliche Israelfeindlichkeit (der Schiedsrichter hatte angeblich die Währungsbestimmungen Israels als lächerlich bezeichnet) blieb unbeachtet, da beide Parteien starke Bezüge nach Israel hatten (Spector v. Torenberg, 852 F.Supp. 201, 209 (S.D.N.Y. 1994).

[1596] Nordell Int'l Resources, Ltd. v. Triton Indonesia, Inc., 999 F.2d 544, 1993 WL 280169, **6 (9th Cir. 1993).

Strenge des Schiedsspruchs, den *Nordell* naturgemäß nicht im Schiedsverfahren vorbringen konnte. Dabei oblag *Nordell* jedoch die volle Beweislast; der bloße Anschein reichte nicht. Ohne sich auf einen genauen Maßstab festzulegen, wies der *Ninth Circuit* auch den Einwand der Befangenheit zurück: „Regardless whether there could ever be an award so disproportionate as to give rise to an inference of partiality, however, this award does not fall into that category."[1597]

- Nicht nur die Unabhängigkeit der Schiedsrichter, sondern auch die Prozeßvertreter wurde als Versagungsgrund in Betracht gezogen. Grundsätzlich erkannte das *District Court* in *Fitzroy Engineering v. Flame Engineering* einen Interessenkonflikt der Prozeßvertreter durchaus als eine mögliche Verletzung der *public policy* an.[1598] Das muß der Vollstreckungsgegner beweisen:

> [T]he respondent must convincingly show that a clear, direct conflict existed that could have affected the outcome of the proceeding.[1599]

Vorliegend war die Anwaltskanzlei der unterlegenen Partei auch in dem Jahresbericht von *Waste Management* als deren Anwalt zum Zeitpunkt des Schiedsverfahrens aufgeführt. Dieses Unternehmen wiederum war nur ein Partner in einem *Joint Venture*, für das die Schiedsparteien tätig gewesen waren, und nicht einmal deren Vertragspartner oder sonstwie beteiligt gewesen. *Flame* konnte seinerseits nicht nachweisen, daß die Kanzlei auch *Waste Management* auch für das streitige Projekt beraten hatte.[1600] Ebensowenig konnte *Flame* den Beweis erbringen, wie die behauptete Befangenheit ihre Säumnis, nicht vor dem Schiedsgericht zu erscheinen, beeinflußt hatte. Damit schied eine Verletzung von Art. V(2)(b) aus.[1601]

Zusammenfassung: Die Entscheidungen verdeutlichen, daß die Gerichte auch im Zusammenhang mit der Befangenheit ihre enge *public policy*-Rechtsprechung durchhalten. Sie bezweifeln doch grundsätzlich nicht, daß Befangenheit grundsätzlich einen Versagungsgrund nach Art. V(2)(b) darstellt.[1602] Das gilt auch für die Parteivertreter im Schiedsverfahren. Entgegen der *Supreme Court*-Entscheidung, die zunächst mit ihrem *appearance-of-bias test* eine sehr weitgehende Ausdehnung des Befangenheitsbegriffs vermuten ließ, stellen die Gerichte in der Praxis darauf ab, ob eine unmittelbare Beziehung zwischen einem Schiedsrichter und einer Partei bestand. Die Entscheidungen bewegen sich damit ständig im Grenzbereich, die

---

[1597] Nordell, 999 F.2d 544, 1993 WL 280169, at **7. In diese Kategorie fällt auch der Einwand, der Schiedsspruch sei „willkürlich und launisch" („arbitrary and capricious"), der vom *Eleventh Circuit* unter Hinweis auf die abschließende Regelung der Versagungsgründe abgelehnt wurde (Industrial Risk Ins. v. M.A.N. Gutehoffnungshütte GmbH, 141 F.3d 1434, 1446 (1998)).

[1598] Fitzroy Eng'g v. Flame Eng'g, No. 94 C 2029, 1994 WL 700173, at *4 (N.D. Ill. Dec. 13, 1994).

[1599] Fitzroy, No. 94 C 2029, 1994 WL 700173, at *4.

[1600] Fitzroy, No. 94 C 2029, 1994 WL 700173, at *5.

[1601] Fitzroy, No. 94 C 2029, 1994 WL 700173, at *5.

[1602] Transmarine, 480 F.Supp. 352, 357; Fertilizer, 517 F.Supp. 948, 955; Brandeis, 656 F.Supp. 160, 169.

Entscheidung des obersten Gerichts zu unterlaufen. Gerade in den diskutierten relativ überschaubaren Geschäftskreisen würde aber – wie die Gerichte ausführten – jeder bloße Anschein von Befangenheit die Schiedsgerichtsbarkeit als anerkannten und propagierten Streitbeilegungsmechanismus unmöglich machen. Im Hinblick auf die immer wieder betonte *strong presumption in favor of arbitration* ein absurdes Ergebnis.
Andererseits boten die entschiedenen Fälle auch kaum einen ernsthaften Test für die Befangenheit, zu entfernt und mittelbar waren die vermeintlich die Unabhängigkeit gefährdenden Beziehungen. In keinem Fälle konnte eine unterliegende Partei nachweisen, daß die von ihr behauptete Befangenheit einen Einfluß auf das Schiedsverfahren und vor allem auf dessen Ergebnis, den Schiedsspruch, hatte. Ist fehlende Unabhängigkeit und Befangenheit der Schiedsrichter ein Versagungsgrund nach Art. V(2)(b) und wird die *public policy* – wie in ständiger Rechtsprechung – im Bereich der Versagungsgründe eng ausgelegt, folgt: die Gerichte werden einen ausländischen Schiedsspruch nur dann nicht vollstrecken, wenn konkret das Ergebnis beeinflußt war. Wirkte sich dagegen die Stimme eines Schiedsrichters[1603] nicht in der Endabstimmung aus, erscheint eine Versagung der Vollstreckung vor dem Hintergrund eben dieser *public policy* wenig wahrscheinlich.

- Eigene Sachentscheidung

Die Entscheidung *Jamaica Commodity Trading [JCTC] v. Connell Rice* bewegt sich im Grenzbereich zwischen (behaupteten) materiell- und verfahrensrechtlichen Mängeln. *JCTC* hatte von *Connell Rice* Reis gekauft und mit einem Dritten dessen Transport nach Jamaika vereinbart; beide Verträge enthielten Schiedsklauseln. Wegen Verzögerungen bei der Lieferung des Reis hatte dieser Dritte erhöhte Liegekosten. In einem Schiedsverfahren nach den Regeln der *Society of Maritime Arbitrators [SMA]* machte der Dritte seine Kosten erfolgreich gegen *JCTC* geltend. *JCTC* seinerseits nahm in einem *AAA*-Schiedsspruch Rückgriff auf *Connell Rice.*[1604] Im Vollstreckungsverfahren des *AAA*-Spruchs lag die Schwierigkeit dieser Konstellation in der Tatsache, daß das Ergebnis des *AAA*-Verfahrens durch den den Ausgang des *SMA*-Verfahrens schon vorbestimmt schien. *Connell* behauptete, die Schiedsrichter hätten nicht unabhängig von diesem Schiedsspruch die vertraglichen zwischen den Parteien beachtet[1605] Die Entscheidungsgründe spiegelten aber das

[1603] Das wäre typischerweise einer der parteiernannten Schiedsrichter – vgl. dazu den erörterten *Laminoirs*-Fall, in dem sich die Stimme des angeblich befangenen Schiedsrichters in einer einstimmig ergangen Entscheidung nicht ausgewirkt hatte.
[1604] Jamaica Commodity Trading Co., Ltd. v. Connell Rice & Sugar Co., No. 87 Civ. 6369, 1991 U.S. Dist. LEXIS 8976, at *3-4 (S.D.N.Y. July 2, 1991).
[1605] Jamaica Commodity, No. 87 Civ. 6369, 1991 U.S. Dist. LEXIS 8976, at *10-11. Ganz ähnlich die Konstellation in Saudi Iron and Steel Co. v. Stemcor USA Inc., No. 97 Civ. 5976, 1997 WL 642566, at *2-3 (S.D.N.Y. 1997). Hier hatte der Schiedsrichter ebenfalls im Rahmen eines Regresses auf den

Gegenteil wider: das Schiedsgericht hatte es lediglich versäumt, auf die einschlägigen Vertragsklauseln Bezug zu nehmen. Unter Bezugnahme stellte es fest: „[A] mere ambiguity in the opinion accompanying an award, which permits the inference that the arbitrator may have exceeded his authority, is not a reason for refusing to enforce the award."[1606]

- Sonstige

Unter Art. V(2)(b) wurde von dem *District Court* ein Schiedsverfahren beurteilt zwischen *American Construction Machinery v. Mechanised Construction of Pakistan [MCP]*, die der *Chromalloy*-Entscheidung sehr nahe kommt: Die Parteien hatten zunächst *ICC*-Schiedsgerichtsbarkeit, später eine Zusatzabrede über das anwendbare Recht (pakistanisches Recht) vereinbart. Obwohl die *Terms of Reference* für das Schiedsverfahren bereits von beiden Parteien unterschrieben waren und die Frage nach der Wirksamkeit der Zusatzabrede einschlossen, erreichte *MCP* kurz darauf, daß ein pakistanisches Gericht Schiedsklausel und –verfahren für ungültig erklärte.[1607]

Deshalb argumentierte *MCP*, in Anbetracht dieses Urteils würde die Vollstreckung des Schiedsspruches gegen die amerikanische *public policy* verstoßen. Das Gericht drehte diese Argumentation um und führte aus:

> [P]ublic policy would be violated if the Court declined to confirm the award. The Pakistani proceeding was, according to the Arbitrator, marked by MCP's 'omissions and positive misstatements'. Respondent had agreed to arbitrate, appeared in the proceeding, and then sought to circumvent the process. In light of this strategy, enforcing the award in no way violates this forum's notions of justice."[1608]

Das Gericht war also nicht bereit, das widersprüchliche Verhalten von *MCP* zu honorieren; der Vertragsabrede wurde insoweit Geltung verschafft.

- Zusammenfassung

Die *public policy defense* ist entgegen der Befürchtung des *Parsons*-Gerichtes nicht zu einem „major loophole"[1609] in der Anwendung des UNÜ durch die US-Gerichte geworden. Die *Parsons*-Entscheidung gibt mit ihrer Formel der „most

---

ersten Schiedsspruch Bezug genommen, gleichzeitig aber ausdrücklich darauf hingewiesen, daß er unabhängig von dem ersten Schiedsspruch die gleichen Schlußfolgerungen gezogen habe. Das *District Court* sah die *public policy* ebenfalls nicht als verletzt.

1606 Jamaica Commodity, No. 87 Civ. 6369, 1991 U.S. Dist. LEXIS 8976, at *14 (unter Bezugnahme auf United Steelworkers of America v. Enter. Wheel and Car Corp., 363 U.S. 593, 598 (1960).

1607 American Constr. Mach. & Equip. Corp. Ltd. v. Mechanised Const. of Pakistan, 659 F.Supp. 426, 427-428 (S.D.N.Y. 1987).

1608 American Constr. Mach., 659 F.Supp. 426, 429.

1609 Parsons & Whittemore Overseas Co. v. Societe Generale de l'Industrie du Papier, 508 F.2d 969, 974.

basic notions of morality and justice“ eine bis heute geltende Richtlinie vor, mit deren Anwendung die US-Gerichte auch im Rahmen von Art. V(2)(b) konsequent ihre *pro-enforcement policy* fortsetzten. Gemeinsam ist allen Entscheidungen die enge Auslegung von *public policy*. Dem Grundsatz nach bejahen die Gerichte eine Verletzung der *public policy*, wenn die Schiedsrichter aber auch die Parteivertreter nicht unabhängig oder sogar betrügerisch handelten. Gleiches würde bei eklanten *due process*-Verletzungen gelten.[1610] Damit wird der unterlegenen Schiedspartei in Anbetracht der Beweislast selten geholfen sein. Regelmäßig stellten die Gerichte hier hohe Anforderungen. Hätten verfahrens- oder materiell-rechtliche Einwendungen schon vor den Schiedsrichtern geltend gemacht werden können, fingieren die Gerichte normalerweise einen konkludenten Verzicht. Im übrigen führt auch nicht jeder Mangel gleich zur Versagung der Vollstreckung, er muß sich irgendwie im Schiedsspruch niedergeschlagen haben.
Der Kontrolltiefe der Gerichte ist gering. Ergeben sich bei oberflächlichlicher Prüfung des Schiedsspruches irgendwelche Anhaltspunkte für die Begründbarkeit des Schiedsspruches, wird dieser auch für vollstreckbar erklärt werden. Ein Beispiel für den „completely irrational“-Standard gibt es bislang nicht.

Im Einzelfall entsteht jedoch der Eindruck, daß die Gerichte, ohne sonderlich Rücksicht auf die Besonderheiten des Einzelfalles zu nehmen, sich auf die langetablierte Formel des *Second Circuit* stürzen. Nicht grundlos wird bemerkt: „The courts seem to be locked into a pattern of blanket rejection of article V(2)(b).“[1611] Damit versäumen die Gerichte es aber, vernünftige Richtlinien aufzustellen. Die Entscheidungen z. B. in *Parsons* oder *Fertilizer* hätten sicherlich auch zugunsten des Vollstreckungsgegners entschieden werden können.

Vor der inhaltlichen Vielfalt der *public policy defense* hat sich bis heute als einzige Richtlinie deren enge Auslegung herausgebildet. Im übrigen bleiben die Maßstäbe vage.[1612] Zu wichtigen Aspekten wie der Verteidigungspolitik und Umweltkontrollen fehlen gerichtliche Stellungnahmen.[1613] Allgemein kann also davon ausgegangen werden, daß der Versagungsgrund von den US-Gerichten eng ausgelegt wird und damit kaum sonderlich erfolgversprechend für einen Vollstreckungsgegner ist.[1614]

[1610] Coulson, *enforcement of foreign awards in US courts, in:* COMTEMPORARY PROBLEMS IN INTERNATIONAL ARBITRATION, 353, 358 (Lew ed., 1987). Diese könnten natürlich auch schon von Art. V(1)(b) erfaßt sein.
[1611] Henderson Bouzari, 30 TEX. INT'L L.J. 205, 216.
[1612] Martinez, 24 INT'L LAW. 487, 516; Curtin, 64 DEF. COUNS. J. 271, 283.
[1613] Coulson, *enforcement of foreign awards in US courts, in:* COMTEMPORARY PROBLEMS IN INTERNATIONAL ARBITRATION, 353, 358 (Lew ed., 1987).
[1614] Sever, 65 TUL. L. REV. 1661, 1679-1680.

III. Abschließende Betrachtung zum UNÜ

Die *New York Convention* findet in den USA einen breiten Anwendungsbereich und wird beinahe alle ausländischen Schiedssprüche abdecken. Grundsätzlich bleibt aber die Anwendung günstigerer Vollstreckungsgrundlagen weiter möglich. Die Anzahl von Vollstreckungsversagungen ist minimal und beschränkt sich auf krasse Ausnahmefälle. Damit wird die US-Rechtsprechung der Zielsetzung, die Vollstreckung ausländischer Schiedssprüche in den USA sicherzustellen, gerecht. Sie hat insbesondere der Versuchung widerstanden, über das Einfallstor der *public policy* breite Ausnahmetatbestände zu schaffen.

- Eine erfolgreiche Vollstreckungsversagung unter Art. V(1)(a) wurde nicht berichtet. Hier ist zu berücksichtigen, daß den Schiedsrichtern aufgrund der *separability doctrine* eine sehr weitgehende Kompetenz zukommt. Die Schiedsricher können weitgehend auch über die Ungültigkeit der Schiedsabrede entscheiden.
- Dagegen wurde Art. V(1)(b) zweimal erfolgreich eingewandt. Grundlage der Vollstreckungsversagung waren extreme *due process*-Verletzungen.
- Art. V(1)(c) ist bislang nicht Grundlage einer Vollstreckungsversagung gewesen. Der *Supreme Court* deutet hier in seiner neueren Rechtsprechung eine Beschränkung der schiedsrichterlichen Kompetenzen an. Liegt überhaupt keine Schiedsabrede vor, gibt es keine Vermutung zugunsten der schiedsrichterlichen Zuständigkeit.
- Art. V(1)(d) ist auch nie erfolgreich eingewandt worden.
- Art. V(1)(e) war einmal Grundlage für eine zweifelhafte Versagunsentscheidung. Im übrigen war die Berufung auf Art. V(1)(e) jedes Mal erfolglos. Im Zusammenhang von Art. V(1)(e) wird die Vollstreckung von aufgehobenen Schiedssprüchen erörtert.
- Dagegen konnten sich Vollstreckungsgegner mit einigem Erfolg in den USA auf Art. VI berufen. Insgesamt drei Entscheidungen sind berichtet, in denen die US-Gerichte die Vollstreckungsverfahren mit Blick auf parallele Aufhebungsverfahren aussetzten. Angesichts der Vorläufigkeit ihrer Entscheidung ist hier eine Einstellung erkennbar, die etwas der sonst sehr vollstreckungsfreundliche Rechtsprechung zuwiderläuft.
- Genau diese bewies die Rechtsprechung erneut unter Art. V(2)(a). In der Praxis sind beinahe alle Streitgegenstände schiedsfähig. Das wird wohl am deutlichsten an der *Mitsubishi*-Entscheidung, mit der der *Supreme Court* sich von einer der letzten wirtschaftlich bedeutenen Ausnahmen von der Schiedsgerichtsbarkeit verabschiedete.
- Art. V(2)(b) ist nur einmal unmittelbar erfolgreich gewesen. Für die Bereiche des Kartell- und Konkursrechts betont die Rechtsprechung aber deutlich das öffentliche Interesse. Mit Rücksicht auf ein ausländisches Konkursverfahren verweigerte ein US-Gericht einem Schiedsspruch die Anerkennung.

Dieser Überblick deutet an, daß die Gerichte vor allem bei extremen verfahrensrechtlichen Verletzungen die Vollstreckung eines Schiedsspruches ablehnen. Geht es dagegen mehr um die materiell-rechtlichen Aspekte eines Verfahrens, lassen sie mehr als nur Zurückhaltung erkennen. Solche Einwände sind beinahe aussichtslos, insbesondere wenn sie schon im Schiedsverfahren selbst vorgebracht werden konnten.

C. *Inter-American Convention*

I. Vollstreckungsverfahren

Das Verfahren zur Vollstreckung eines Schiedsspruchs findet sich in Artikel 4 der *Panama Convention*:

> An arbitral decision or award that is not appealable under the applicable law or procedural rules shall have the force of a final judicial judgment. Its execution or recognition may be ordered in the same manner as that of decisions handed down by national or foreign ordinary courts, in accordance with the procedural laws in the country where it is to be executed and the provisions of international treaties.

Genaugenommen ergibt sich aus der *Panama Convention* also kein eigenes Vollstreckungsverfahren, sondern nur die Gleichstellung mit nationalen Gerichtsurteilen. Anders als die *New York Convention* unterscheidet Artikel 4 nicht zwischen in- und ausländischen Schiedssprüchen.[1615]

II. Vollstreckungsabwehr

Die Versagungsgründe der *Inter-American Convention* sind in Artikel 5 aufgeführt:

> 1. The recognition and execution of the decision may be refused, at the request of the party against which it is made, only if such party is able to prove to the competent authority of the State in which recognition and execution is requested:
> a. That the parties to the agreement were subject to some incapacity under the applicable law or that the agreement is not valid under the law to which the parties have submitted it, or, if such law is not specified, under the law of the State in which the decision was made; or
> b. That the party against which the arbitral decision has been made was not duly notified of the appointment of the arbitrator or of the arbitration procedure to be followed, or was unable, for any other reason, to present his defense; or

---

[1615] BORN, INTERNATIONAL COMMERCIAL ARBITRATION 321.

c. That the decision concerns a dispute not envisaged in the agreement between the parties to submit to arbitration; nevertheless, if the provisions of the decision that refer to issues submitted to arbitration can be separated from those not submitted to arbitration, the former may be recognized and executed; or
d. That the constitution of the arbitral tribunal or the arbitration procedure has not been carried out in accordance with the terms of the agreement signed by the parties or, in the absence of such agreement, that the constitution of the arbitral tribunal or the arbitration procedure had not been carried out in accordance with the law of the State where the arbitration took place; or
e. That the decision is not yet binding on the parties or has been annulled or suspended by a competent authority of the State in which, or according ot the law of which, the decision has been made.

2. The recognition and execution of an arbitral decision may also be refused if the competent authority of the State in which the recognition and execution is requested finds:
a. That the subject of the dispute cannot be settled by arbitration under the law of that State; or
b. That the recognition or execution of the decision would be contrary to the public policy („ordre public“ [sic]) of that State.

Damit entsprechen die Versagungsgründe der *Panama Convention* fast wörtlich denen der *New York Convention.*[1616] Gleichzeitig bietet schon die gesetzestechnische Umsetzung einen Anhaltspunkt dafür, daß der US-Gesetzgeber von einer weitestgehend gleichen Anwendung der Abkommen ausging. Darauf deuten auch die zahlreichen Verweise auf Vorschriften des 2. Kapitels (9 U.S.C. § 302) hin.[1617]

In Anbetracht der beinahe wörtlichen Übereinstimmung mit dem UNÜ wird in der US-Literatur davon ausgegangen, daß sich die Gerichte in der Auslegung der gerade zitierten Versagungsgründe an ihrer Rechtsprechung zum UNÜ orientieren werden.[1618] Mit der Entscheidung in *Productos Mercantiles e Industriales v. Faberge* deutete der *Second Circuit* unter Berufung auf die Gesetzgebungsgeschichte genau dieses Vorgehen an:

[1616] Levin, 10 SYR. J. INT'L L. & COM. 169, 197; Norberg, *U.S. Ratification of the Inter-American Convention*, 1 AM. REV. INT'L ARB. 588, 589.

[1617] § 302: „Sections 202, 203, 204, 205, and 207 of this title shall apply to this chapter as if specifically set forth herein, except that for the purpose of this chapter 'the Convention' shall mean the Inter-American Convention."

[1618] BORN, INTERNATIONAL COMMERCIAL ARBITRATION 321-322; Levin, 10 SYR. J. INT'L L. & COM. 169, 198-199.

> The legislative history of the Inter-American Convention's implementing statute, however, clearly demonstrates that Congress intended the Inter-American Convention to reach the same results as those reached under the New York Convention... .[1619]

III. Gerichtsentscheidungen

Zwar wird der *Panama Convention* eine wachsende Bedeutung zugemessen, die Zahl der bisher zu ihr ergangenen Gerichtsentscheidungen ist aber gering.[1620] In der Auslegung dieses Abkommens werden sich die US-Gerichte an den Präzedenzfällen zum UN-Übereinkommen orientieren werden, wie die gerade zitierte *Productos Mercantiles*-Entscheidung des *Second Circuit* veranschaulicht.

Es kann davon ausgegangen werden, daß sich Parteien in der Abwehr einer Vollstreckung besonders auf 9 U.S.C. § 305, also das Verhältnis zwischen den beiden Abkommen, konzentrieren werden.[1621] Sie werden die sprachlichen Unterschiede zwischen den beiden Abkommen bemühen, um auf diese Weise materielle Unterschiede zu ihren Gunsten begründen zu können; z. B. könnte für Art. V(1)(b) UNÜ und Art. 5(1)(b) *Panama Convention* argumentiert werden, daß der Versagungsgrund der *Panama Convention* aufgrund ihres Wortlautes („arbitration procedure to be followed") weiter gefaßt ist als der des UNÜ („arbitral proceedings").[1622] Vor dem Hintergrund der eindeutigen Rechtsprechung zur *New York Convention*, die nach dem zitierten Urteil als Leitlinie dienen werden, um Homogenität zwischen den Vollstreckungsabkommen sicherzustellen, sind aber kaum andere Ergebnisse in der Rechtsprechung zu erwarten.[1623] Ein anschauliches Beispiel für die Unwilligkeit der Gerichte ist die (später aufgehobene) Entscheidung in *Progressive Casualty*, in der das Gericht die Versuche der Klägerin, aus dem unterschiedlichen Wortlaut des UNÜ und der *Inter-American Convention* materielle Unterschiede zwischen den beiden Konventionen herzuleiten versucht, mit den Worten kommentierte:

> I am not inclined to build a brick of substantive difference from such frail straws, particularly where Congress has recognized that the more recent convention was „modeled after" the earlier one.[1624]

[1619] Productos Mercantiles e Industriales, S.A., v. Faberge USA, Inc., 23 F.3d 41, 45.

[1620] COE, INTERNATIONAL COMMERCIAL ARBITRATION 345. Nach dem *Yearbook of Commercial Arbitration* sind bislang erst drei Entscheidungen bekanntgeworden: Progressive Cas. Ins. Co. v. Reaseguradora Nacional de Venezuela, 991 F.2d 42 (2d Cir. 1993); Productos Mercantiles e Industriales, S.A. v. Fabergé USA, Inc., 23 F.3d 41 (2d Cir. 1994); Anderra Energy Corp. v. Sapeat Development Corp., XXII Y.B. COM. ARB. 1077 (D. N.D. Tex. 1995).

[1621] BORN, INTERNATIONAL COMMERCIAL ARBITRATION 321.

[1622] Kolkey, *Reflections on Statutory Framework*, 1 AM. REV. INT'L ARB. 491, 500.

[1623] BORN, INTERNATIONAL COMMERCIAL ARBITRATION 672.

[1624] 802 F.Supp. 1069, 1074-1075, rev'd on other grounds, 991 F.2d 42. Die Klägerin hatte versucht aus der unterschiedlichen Formulierung von Art. II(2) UNÜ („contract or an arbitration agreement") und

Haarspalterischen Interpretationen der Wortlaute wird damit eine Absage erteilt.

D. *ICSID*

Die Vollstreckung von *ICSID*-Schiedssprüchen ist abschließend in 6. Abschnitt von Kapitel IV geregelt. Die Systematik des *ICSID*-Vollstreckungsverfahrens wird insbesondere durch drei Aspekte gekennzeichnet: (1) die Endgültigkeit des Schiedsspruches, (2) die Bindung der Parteien an diesen Schiedsspruch, (3) die Rolle der lokalen Gerichte bei der Vollstreckung.[1625]

I. Vollstreckungsverfahren

Im Grunde verbietet es sich von einem eigenen Vollstreckungsverfahren zu sprechen, so einfach wurde das Verfahren gehalten. Das Übereinkommen selbst schreibt kein spezielles Vollstreckungsverfahren vor, denn Art. 54(1) sieht nur die Gleichstellung des *ICSID*-Spruches mit einem innerstaatlichen Gerichtsurteil vor:

> Jeder Vertragsstaat erkennt jeden im Rahmen dieses Übereinkommens erlassenen Schiedsspruch als bindend an und sorgt für die Vollstreckung der darin auferlegten finanziellen Verpflichtungen in seinem Hoheitsgebiet, als handle es sich um ein rechtskräftiges Urteil eines seiner innerstaatlichen Gerichte.

Ergänzend führt Art. 53(3) aus:

> Auf die Vollstreckung des Schiedsspruchs sind die Rechtsvorschriften für die Vollstreckung von Urteilen anzuwenden, die in dem Staat gelten, in dessen Hoheitsgebiet die Vollstreckung begehrt wird.

Gleichzeitig gibt das Übereinkommen mit Art. 54(2) die einzige (formale Vollstreckungs)Voraussetzung vor, nämlich die Vorlage einer vom Generalsekretär beglaubigten Abschrift des Schiedsspruchs bei der zuständigen Stelle.

Auf diese Weise wird ein aufwendiges Doppel-Exequatur verhindert.[1626] Mit der Anerkennung durch das innerstaatliche Gericht wird der *ICSID*-Schiedsspruch ein vollstreckbarer Titel und kann nun gegen den Investor und sein Vermögen durchgesetzt werden.[1627]
Problematischer ist die Vollstreckung gegen den verfahrensbeteiligten Staat, denn Art. 55 sieht ausdrücklich vor, daß die Vorschriften zur Immunität in der Zwangsvollstreckung nicht durch das Übereinkommen geändert werden. Ein Staat hat also nicht automatisch mit der Unterzeichnung der Konvention auf seine Voll-

---

Artikel 1 *Inter-American Convention* („instrument") versucht materielle Unterschiede zwischen den Abkommen herzuleiten.

[1625] Coll, 17 HARV. INT'L L.J. 401, 403.

[1626] Coll, 17 HARV. INT'L L.J. 401, 404.

[1627] Delaume, *ICSID arbitration, in:* CONTEMPORARY PROBLEMS IN INTERNATIONAL ARBITRATION 23, 35 (Lew ed., 1987).

streckungsimmunität verzichtet, eine Berufung auf die Vollstreckungsimmunität kommt aber der Sache nach eine Verletzung der vertraglichen Verpflichtung unter *ICSID*.[1628]
In der Praxis hängt die Effizienz des Vollstreckungsverfahrens also von der Immunitätsgesetzgebung des Staates ab, in dem um Vollstreckung nachgesucht wird.[1629] Das erscheint zunächst als einer fataler Mangel in dem Verfahren, denn es kann davon ausgegangen werden, daß ein Staat, der die Erfüllung seiner schiedsgerichtlich festgestellten Verpflichtungen verweigert, seine Gerichte insoweit kontrolliert, daß eine Vollstreckung aussichtslos erscheint.[1630] Der Vollstreckungsstaat muß jedoch keineswegs mit dem am Verfahren beteiligten Staat identisch sein. Auf diese Weise kann die um Vollstreckung nachsuchende Partei nach Art. 53(3) dem Recht des im Schiedsverfahren unterlegenen Staates ausweichen und sich so z. B. den Grundsatz der eingeschränkten Vollstreckungsimmunität in einem anderen Staat zunutze machen und dort in dessen Bankguthaben oder andere Vermögenswerte vollstrecken.[1631] Derselbe Schiedsspruch kann in den Mitgliedsstaaten also durchaus unterschiedliche Wirkung entfalten, denn – wie angesprochen – bestimmt sich die Vollstreckung nach dem Recht des Vertragsstaates, in dem um Vollstreckung nachgesucht wird.[1632] Die unterschiedlichen Immunitätsmaßstäbe kann sich die obsiegende Partei mit Hilfe des *forum shoppings* zunutze machen, indem sie sich den ihrer Vollstreckung günstigsten Mitgliedsstaat aussucht.[1633]

II. Zuständiges Gericht

In Umsetzung von Art. 54(2) des *ICSID*-Übereinkommens bestimmt 22 U.S.C. § 1650a(b):

> The district courts of the United States (including the courts enumerated in section 460 of Title 28) shall have exclusive jurisdiction over actions and proceedings under subsection (a) of this section, regardless of the amount in controversy.

Es ergibt sich also eine erstinstanzliche Zuständigkeit der Bundesgerichte.

[1628] Lelewer, 21 N.Y.U. J. INT'L L & POL. 379, 398. Dann bleibt der privaten Partei wieder nur der Ausweg, um den „diplomatischen Schutz" nachzusuchen.

[1629] Delaume, *ICSID arbitration, in:* CONTEMPORARY PROBLEMS IN INTERNATIONAL ARBITRATION 23, 35 (Lew ed., 1987).

[1630] Schlosser, Internationale Schiedsgerichtsbarkeit, Rnr. 102.

[1631] Schlosser, Internationale Schiedsgerichtsbarkeit, Rnr. 102.

[1632] Coll, 17 HARV. INT'L L.J. 401, 404.

[1633] Delaume, *ICSID Arbitration and the Courts*, 77 AM. J. INT'L L. 784, 800.

III. Vollstreckungsabwehr

Mit Art. 55 ist die einzige „externe Anfälligkeit von *ICSID*-Schiedssprüchen", der einzige Versagungsgrund außerhalb des *ICSID*-Mechanismus benannt worden.[1634] Denn anders als die beiden schon erörterten internationalen Abkommen, das UNÜ und die *Inter-American Convention*, kennt das *ICSID*-Übereinkommen keine Versagungsgründe. Den Gerichten ist – anders als sonst üblich – nicht einmal mehr eine äußerste *ordre public*-Kontrolle überlassen, sie handeln nur noch als Vollstreckungsorgane.[1635] Mißverständlich ist insoweit der Wortlaut des US-amerikanischen Transformationsgesetzes, das die vertraute Formel des „full faith and credit" benutzt. Das ist deshalb mißverständlich, weil die *full faith and credit*-Formel es den Gerichten in den Schwesterstaaten ermöglicht, eine Prüfung von *due process* und *jurisdiction* vorzunehmen. Beides scheidet nach *ICSID* aus.[1636] Die US-Gerichte sind jedoch an die Einführungsgesetzgebung gebunden, was ihnen – entgegen den eindeutigen Vorgaben von *ICSID* – den genannten Prüfungsrahmen eröffnen würde.[1637]

Will der Investor sicher auch die Immunitätsausnahme des Art. 55 verhindern, sollte er eine entsprechende Verzichtsklausel in den Vertrag aufnehmen.[1638]

Eine Abwehr der Vollstreckung ist damit auf der eigentlichen Vollstreckungsebene ausgeschlossen. Das zwingt die unterlegene Partei, ihre Verteidigungsmittel im Schiedsverfahren geltend zu machen. Einen solchen Kontrollmechanismus, den die beiden genannten Übereinkommen auf der Vollstreckungsebene vorsehen, bilden im Rahmen des *ICSID*-Übereinkommens die Art. 50-52: Art. 50 behandelt die Auslegung eines Schiedsspruches, Art. 51 das Wiederaufnahmeverfahren. Art. 52 mit seinen fünf Aufhebungsgründen entspricht am ehesten den von UNÜ und *Inter-American Convention* bekannten Versagungsgründen. Art. 52 findet aber nur – das muß noch einmal betont werden – innerhalb des *ICSID*-Schiedsverfahrens Anwendung und muß bei der Vollstreckung ohne Beachtung bleiben. Eine Anfechtung des Schiedsspruchs bzw. Überprüfung prozessualer oder materiellrechtlicher Aspekte des Schiedsverfahrens außerhalb dieses Verfahrens ist ausgeschlossen.[1639]

[1634] Coll, 17 HARV. INT'L L.J. 401, 404; Schlosser, Internationale Schiedsgerichtsbarkeit, Rnr. 102.

[1635] Delaume, *ICSID Arbitration and the Courts*, 77 AM. J. INT'L L. 784, 785; Schlosser, Internationale Schiedsgerichtsbarkeit, Rnr. 102.

[1636] Schlosser, Internationale Schiedsgerichtsbarkeit, Rnr. 102; Coll, 17 HARV. INT'L L.J. 401, 412.

[1637] Coll, 17 HARV. INT'L L.J. 401, 412.

[1638] „The [name of Contracting State] hereby irrevocably waives any claim to immunity in regard to any proceeding to enforce any arbitral award rendered by a Tribunal constituted pursuant to this Agreement, including, without limitation, immunity from service of process, immunity from jurisdiction of any court, and immunity of any of its property from execution" (ICSID-Modellklausel nach van den Berg, *Recent Enforcement Problems*, 5 ARB. INT'L 2, 14).

[1639] Coll, 17 HARV. INT'L L.J. 401, 403-404.

IV. Rechtsprechung

Das *ICSID*-Übereinkommen war nur selten Gegenstand von Verfahren in den USA.

- Die bisher einzigen Verfahren vor US-Gerichten sind die zur Anerkennung und Vollstreckung des *ICSID*-Schiedsspruches zu *Liberian Eastern Timber Corp. [LETCO] v. Government of the Republic of Liberia* vor den *District Courts* in New York und Washington:[1640] In dem Schiedsverfahren hatte *LETCO* Schadensersatz geltend gemacht, weil die liberianische Regierung eine Konzession zum Schlagen von Bauholz zunächst eingeschränkt und später ganz gekündigt hatte. Die Schiedsrichter sprachen *LETCO* über acht Millionen US-Dollar an Schadensersatz zu.[1641] Daraufhin suchte *LETCO* zunächst vor dem New Yorker, als dies erfolglos geblieben war, vor dem *District Court* in Washington D.C. um Anerkennung und Vollstreckung dieses Schiedsspruches nach. In den Urteilen nahmen die Gerichte vor allem zu drei Aspekten in dem Spannungsfeld von Vollstreckung und Vollstreckungsimmunität Stellung. Dabei unterscheiden sie genau zwischen der Vollstreckbarkeitserklärung (*enforcement*) und der eigentlichen Zwangsvollstreckung (*execution*), sowie zwischen Jurisdiktions- (*immunity from jurisdiction*) und Vollstreckungsimmunität (*immunity from execution*).[1642]

Liberia versuchte schon das Verfahren vor dem New Yorker Gericht unter Hinweis auf seine Immunität zu verhindern. Das Gericht bejahte dagegen seine *subject matter jurisdiction* unter Berufung auf Art. 54.[1643] Denn schließlich habe *Liberia* mit seinem Beitritt zu dem Übereinkommen ausdrücklich auf seine Immunität verzichtet und mußte mit der Einbeziehung von Gerichten der Mitgliedsstaaten rechnen.[1644] Ohne große weitere Diskussion vollstreckte das Gericht den Schiedsspruch: „[T]his court had jurisdiction to direct the entry of judgment

---

[1640] Hier sollte auf die Entscheidung des *D.C. Circuits* in *Maritime Int'l Nominees Establishment [MINE] v. Republic of Guinea* von 1982 hingewiesen werden. Hier ging es allerdings um die Frage, ob ein *AAA*-Schiedsspruch, den *MINE* erwirkt hatte, trotz einer *ICSID*-Schiedsklausel vollstreckt werden konnte. Im Vollstreckungsverfahren verwies Guinea u. a. auf seine Immunität. Das Gericht folgte dieser Argumentation unter Hinweis auf die besondere Natur der *ICSID*-Schiedsgerichtsbarkeit. Sie sei nicht mit konventionellen Schiedsverfahren gleichzusetzen, denn *ICSID* sollte ein zusätzliches Verfahren neben den vorhandenen nationalen schaffen und gerade zur Umgehung der nationalen Gerichte dienen. Die Zustimmung zu einem *ICSID*-Schiedsverfahren bedeutete deshalb keinen Verzicht auf die Immunität wie sonst bei der Vereinbarung von Schiedsverfahren (683 F.2d 1094, 1102-1104).

[1641] Liberian Eastern Timber Corp. v. Gov't of the Republic of Liberia, 650 F.Supp. 73, 74 (S.D.N.Y. 1986).

[1642] van den Berg, *Recent Enforcement Problems*, 5 ARB. INT'L 2, 11.

[1643] „[R]eference has already been made to Article 54 of the Convention, which obligates the United States, as a signatory thereto, to recognize and enforce the pecuniary obligation of the award as if it were a finaljudgment of a court of the United States" (LETCO, 650 F.Supp. 73, 76).

[1644] LETCO, 650 F.Supp. 73, 76.

against Liberia to enforce the pecuniary obligations of the arbitration award in favor of LETCO."[1645]

Das offenbart die Unsicherheit des Gerichts im Umgang mit Art. 54. Denn Art. 54 beschreibt einen Automatismus der Anerkennung, Jurisdiktionsimmunität (anders als die Vollstreckungsimmunität nach Art. 55) ist überhaupt nicht als Versagungsgrund vorgesehen. Auf der Anerkennungsebene findet überhaupt keine Prüfung der Immunität statt; eine Immunitätsprüfung ist auf die Zwangsvollstreckungsebene beschränkt.[1646]

In einem zweiten Schritt versagte dann aber es *LETCO* aber die Zwangsvollstreckung in Gebühren und Steuern, die Liberia für Schiffe unter liberianischer Flagge in den USA durch US-Unternehmen einziehen ließ. Weil sich die Regierung dazu privater Unternehmen bediente, sollte es sich nach Meinung von *LETCO* um eine *commercial activity* handeln, der Zwangsvollstreckungsimmunität versagt bleiben müsse. Das Gericht folgte dem nicht und verwies auf den steuerlichen Charakter der Gelder, der nicht von der Art der Eintreibung abhänge.[1647] Indem das Gericht die Vollstreckungsimmunität aufrechterhielt, stützte es seine Entscheidung auf Art. 55, den einzigen „Versagungsgrund" des *ICSID*-Übereinkommens.[1648]

Nach dem erfolglosen Vorgehen in New York ließ *LETCO* in Washington D.C. Botschaftskonten beschlagnahmen. Das *District Court* hob diese Beschlagnahme jedoch ebenfalls wieder auf, weil die Botschaftskonten sowohl nach der Wiener Übereinkommen für diplomatische Beziehungen wie dem *Foreign Sovereign Immunities Act* von der Beschlagnahme ausgenommen seien.[1649] Das Gericht sah zum einen im Sinne des Wiener Übereinkommens das Funktionieren einer diplomatischen Mission gefährdet, wenn deren lokale Konten beschlagnahmt würden; zum anderen billigte das Gericht Liberia *foreign souvereign immunity* zu. Dazu griff es auf den (öffentlichen-rechtlichen) Charakter der Nutzung des Kontos zurück, denn über das Konto wurden die laufenden Kosten des Botschaftsbetriebes abgewickelt.[1650]

[1645] LETCO, 650 F.Supp. 73, 77 (*Entry-of-Judgment* bedeutet *Judicial Confirmation of an Arbitral Award*, also die Anerkennung des Schiedsspruches).

[1646] Choi, 28 N.Y.U. J. INT'L L. & POL. 175, 185-186.

[1647] LETCO, 650 F.Supp. 73, 77.

[1648] Joyce, 29 Harv. Int'l L.J. 135, 138-139.

[1649] Liberian Eastern Timber Corp. v. Gov't of the Republic of Liberia, 659 F.Supp. 606, 611 (D.D.C. 1987).

[1650] LETCO, 659 F.Supp. 606, 608-610. Das Gericht weigerte im Sinne von Birch Shipping (507 F.Supp. 311 (D.D.C. 1980)) zwischen Teilbeträgen, die zu *commercial activities* genutzt werden, und anderen zu unterscheiden. Es hielt eine solche Unterscheidung für nicht durchführbar und erkannte die Gefahr, daß dann selbst bei bloß gelegentlichen, zufälligen Handelsgeschäften, die über dieses Konto abgewickelt würden, dem Konto schon der Schutz der *sovereign immunity* entzogen wäre. Mit dem Einfrieren eines Kontos wäre die Arbeit einer diplomatische Vertretung für unbestimmte Zeit stark behindert.

- **Bewertung:** Obwohl Streitgegenstand beider Gerichtsurteile die Vollstreckung eines *ICSID*-Schiedsspruches ist, bleibt die Frage letztlich unentschieden, ob sie tatsächlich durch US-Gerichte vollstreckt werden.[1651] In Anbetracht der Versagung der Zwangsvollstreckung blieb die Vollstreckbarkeitserklärung des New Yorker Gerichts letztlich wirkungslos. Die Kürze der eigentlichen Vollstreckbarkeitserklärung ist zweideutig: sie kann Ausdruck der Überzeugung des Gerichts sein, *ICSID*-Schiedssprüche seien auf jeden Fall unproblematisch zu vollstrecken; die Kürze mag aber auch durch die Folgenlosigkeit der Vollstreckbarkeitserklärung bedingt sein. Problematisch ist die Tatsache, daß das Gericht entgegen den Vorgaben von Art. 54 *ICSID* schon im Anerkennungsverfahren eine mögliche Immunität des Staates prüfte. Denn damit schuf das Gericht einen möglichen Präzedenzfall für US-Gerichte, einem *ICSID*-Schiedsspruch auf Grundlage der Staatenimmunität die Anerkennung zu versagen.[1652] Das *District Court* schien dem Anerkennungsautomatismus zu mißtrauen, weshalb es zunächst bemüht war, die Übereinstimmung mit nationalem Recht (*Foreign Sovereign Immunities Act*) sicherzustellen.[1653]

Die sich anschließende Bewertung der Steuern als von der *sovereign immunity* umfaßt ist aber bedenklich. Schließlich handelt es bei diesen Steuern Liberias um die eines ausländischen Staates. Konstitutiv für den Steuerbegriff ist der Zwangscharakter. Der besondere hoheitliche (oder öffentlich-rechtliche) Charakter entfällt aber gerade dann, wenn die Steuerschuld im Ausland – vergleichbar jeder privatrechtlich begründeten Schuld – durch private Inkassounternehmen eingetrieben wird. Hier handelt ein ausländischer Staat im Sinne des *private person test* wie jede andere Privatperson, die ihre Forderungen einziehen läßt. Schließlich ist es doch mehr als fraglich, ob Liberia ohne weiteres aufgrund hoheitlicher Mittel in den USA wie die US-Steuerbehörden seine Steuern eintreiben könnte. Traditionell sind die Gerichte bei der Vollstreckung von Gesetzen, die Ausfluß der Souveränität eines ausländischen Staats sind, zum Schutz der eigenen Souveränität sehr zurückhaltend. Das verdeutlicht auch die ausdrückliche Ausnahme von Steuern im *Uniform Foreign Money-Judgments Recognition Act*.[1654] Als sogenannte *revenue rule* ist das auch schon sehr lange richterrechtlich für ausländische Finanzgerichtsurteile anerkannt.[1655] Insoweit verwundert es nur, daß das Gericht selbst feststellt: „The levy and collection of taxes intended to serve as revenues for the support and maintenance of governmental functions are an exercise of powers particular to a sovereign."[1656] Die Staatsgewalt ist aber auf das Staatsterritorium beschränkt; der

[1651] Joyce, 29 Harv. Int'l L.J. 135, 141.
[1652] Choi, 28 N.Y.U. J. INT'L L. & POL. 175, 186.
[1653] Choi, 28 N.Y.U. J. INT'L L. & POL. 175, 187.
[1654] UNIF. FOR. MONEY-JUDGMENTS RECOG. ACT § 1, 13 U.L.A. 261.
[1655] The Queen v. Gilbertson, 597 F.2d 1161, 1166 (9th Cir. 1979).
[1656] LETCO, 650 F.Supp. 73, 77-78.

besondere Charakter der Steuern ist danach ebenfalls nur in den Grenzen des die Steuer erhebenden Staates gegeben. Mit seiner allgemeinen Feststellung trifft das Gericht schlicht nicht den Punkt. Es ist also kein Grund ersichtlich, warum die Zwangsvollstreckung versagt werden mußte.

Die *LETCO*-Entscheidungen sind insoweit mehr Entscheidungen zur *foreign sovereign immunity.* Sicherlich sind Zweifel erlaubt, ob diese Entscheidungen wirklich im Geiste des *ICSID*-Übereinkommens stehen, mit dessen Wortlaut sind sie vereinbar. Die Entscheidungen führen anschaulich die Problematik vor Augen, die *ICSID* eigentlich verhindern sollte: ein Staat entzieht sich über den Souveränitätseinwand seinen Verpflichtungen. Ein frustrierendes Ergebnis für die private Partei, auf der letzten Ebene nach jahrelangen Verfahren ihren Anspruch nicht durchsetzen zu können.[1657]

Danach verbleiben *LETCO* noch folgende Alternativen: (1) ein *forum shopping* in anderen US-Gerichten oder anderen *ICSID*-Vertragsstaaten; (2) Ersuchen um diplomatischen Schutz seines Heimatlandes, Art. 27(1) 2. Hs.; (3) das Heimatland könnte die Frage von den Internationalen Gerichtshof bringen – unter der Voraussetzung, daß die Weigerung Liberias eine „Streitigkeit über die Auslegung oder Anwendung dieses Übereinkommens“ ist, Art. 64.[1658] Die erste Variante ist wohl der praktikabelste Ausweg, wenn *LETCO* in einem anderen Vertragsstaat nicht weiter hoheitlich genutzte Vermögensgegenstände ausmachen kann.

Vor diesem Hintergrund wird zum Teil eine engere Auslegung des Immunitätsbegriffes befürwortet.[1659] So paßt die Einbeziehung der lokalen Immunitätsgesetze über Art. 55 systematisch auch gar nicht in das sonst so auf Autonomie ausgelegte Übereinkommen.[1660] Art. 55 spiegelt die Unfähigkeit der Verfasser wider, sich auf eine klare (autonome) Definition der Immunität zu einigen.[1661] Ziel der Konvention war „Waffengleichheit“ zwischen Investor und dem Empfängerstaat herzustellen. Davon kann aber kaum die Rede sein, wenn sich der Staat über den Souveränitätseinwand der Vollstreckung entziehen kann. Eine relativ weite Auslegung der Immunität widerspricht insoweit der Zielsetzung von *ICSID*, die Investitionen in den Entwicklungsländern zu fördern.[1662]
Gleichermaßen über *case law* wie über allgemeine juristische Prinzipien hätte sich eine Zwangsvollstreckung rechtfertigen lassen. In *Birch Shipping* hatte das *District*

[1657] van den Berg, *Recent Enforcement Problems*, 5 ARB. INT'L 2, 13.
[1658] Joyce, 29 Harv. Int'l L.J. 135, 139-140.
[1659] Vor allem van den Berg, *Recent Enforcement Problems*, 5 ARB. INT'L 2, 13.
[1660] Coll, 17 HARV. INT'L L.J. 401, 414.
[1661] Joyce, 29 Harv. Int'l L.J. 135, 140.
[1662] Joyce, 29 Harv. Int'l L.J. 135, 141.

Court für Washington D.C. die Vollstreckung in ein Botschaftskonto für möglich gehalten und seine Entscheidungsgründe auf die folgende Begründung gestützt:

> [A] reading of the Act which exempted mixed accounts would create a major loophole, for any property could be made immune by using it, at one time or another, for some minor public purpose. Defendant asserts, however, that failure to find this property immune will make it impossible for foreign countries to maintain embassies. Even if it could be shown this was actually a problem, the solution would not be the broad immunity defendant asks, but segregation of public purpose funds from commercial activity funds.[1663]

Dieses *argumentum e contrario* wäre gerade im Lichte von *ICSID* gut vertretbar gewesen. Problematisch ist jedoch die Trennung öffentlich-rechtlicher von privatrechtlichen Geldern auf einem solchen Konto, zu der sich das D.C. *District Court* offensichtlich außerstande[1664] und das *Birch*-Urteil keine Vorgaben gemacht hatte. Die Immunität nach der Wiener Konvention wäre damit auch noch nicht aufgehoben.

Schließlich entspräche eine starke Einschränkung der Immunität auch allgemeinen Rechtsprinzipien wie *pacta sunt servanda*: die Zustimmung zu einem Schiedsverfahren impliziert auch die Verpflichtung, einem ungünstigen Schiedsspruch Folge zu leisten. Der Verzicht auf die Jurisdiktionsimmunität würde gleichzeitig den Verzicht auf Vollstreckungsimmunität bedeuten.[1665]

E. Freundschaftsverträge

I. Zuständiges Gericht

Die Bestimmung des zuständigen Gerichts bereitet für die Vollstreckung eines Schiedsspruches nach den bilateralen Abkommen Schwierigkeiten. Die *FCN* enthalten regelmäßig keine Bestimmungen über das zuständige Gericht. Kapitel 2 und 3 des *FAA* finden typischerweise in einem Vollstreckungsverfahren nach den *FCN* keine Anwendung, denn sonst erscheinen sie wegen ihres umfassenden Verfahrens als vorzugswürdig. Die Anwendbarkeit von Kapitel 1 des *FAA* erscheint aber durchaus nicht sicher, wenn es sich um einen ausländischen Schiedsspruch handelt. Die ganz überwiegende Mehrheit der US-Literatur geht davon aus, daß der *FAA*, insbesondere der für die Vollstreckbarkeitserklärung einschlägige § 9, nicht allein

---

[1663] Birch Shipping Corp. v. Embassy of the United Republic of Tanzania, 507 F.Supp. 311, 313 (D.D.C. 1980).

[1664] LETCO, 659 F.Supp. 606, 610.

[1665] van den Berg, *Recent Enforcement Problems*, 5 ARB. INT'L 2, 13: „Once a state has accepted arbitration, it must be deemed to have waived immunity, including immunity from execution (with the possible exception of military and similar objects)."

ausreicht, die Zuständigkeit der Bundesgerichte zu begründen.[1666] Vollstreckten die Bundesgerichte dennoch ausländische Schiedssprüche, so mußten sie eine weitergehende Grundlage als § 9 heranziehen.[1667] Findet allerdings ein *FCN* Anwendung, nicht aber Kapitel 2 und 3 des *FAA*, muß davon ausgegangen werden, daß der *FCN* nur allgemein eine Vollstreckungsgrundlage bietet. Schließlich haben sich die Vertragsstaaten durch den *FCN* verpflichtet, die dort definierten Schiedssprüche wie inländische zu vollstrecken.[1668] Ein *FCN* begründet aber noch nicht *eo ipso* die Zuständigkeit der Bundesgerichte.[1669] Es wären also die *State Courts* zuständig.

II. Verfahren

Anders als die wesentlich umfangreicheren bilateralen Abkommen sehen die *FCN* kein eigenes Verfahren zur Vollstreckung von Schiedssprüchen vor. Das ist ihre eigentliche Schwäche, denn eine Vollstreckung nach den inländischen Vollstreckungsvorschriften, 9 U.S.C. §§ 9-11, scheint kaum mit deren Wortlaut vereinbar.[1670]

III. Vollstreckungsabwehr

Den einzigen Versagungsgrund, der in den *FCN* als negatives Tatbestandsmerkmal formuliert ist, bildet die *public policy*. Die *public policy* umfaßt als Oberbegriff die Prozeßgrundrechte (*due process*) wie auch Fragen nach der Schiedsfähigkeit des Streitgegenstandes.[1671]

IV. Gerichtsentscheidungen

Die Rechtsprechung zur Vollstreckung nach den bilateralen Abkommen ist sehr überschaubar. Die in der Literatur am häufigsten genannten Entscheidungen sind *von Engelbrechten v. Galvanoni & Nevy Bros., Inc., Landegger v. Bayerische Hypotheken und Wechsel Bank, Audi NSU Auto Union AG v. Overseas* und *Fotochrome, Inc. v. Copal Co., Ltd.*[1672] Kernproblem der ersten drei Entscheidungen war das „final and enforceable"-Tatbestandsmerkmal, das bereits oben erörtert wurde. Alle Gerichte vollstreckten die Schiedssprüche.[1673] Die *Fotochrome*-Entscheidung nahm kurz zum Verhältnis der beiden Vollstreckungsmechanismen Stellung.

[1666] Swisher, 47 WASH. L. REV. 441, 479. Siehe unten F/I/2.
[1667] Swisher, 47 WASH. L. REV. 441, 479.
[1668] Swisher, 47 WASH. L. REV. 441, 481.
[1669] Kennedy, *Enforcing Arbitration Awards*, 23 VA. J. INT'L L. 75, 93.
[1670] Swisher, 47 WASH. L. REV. 441, 482.
[1671] Sandrock & Hentzen, 2 TRANSNAT'L L. 49, 70.
[1672] 59 Misc.2d 721 (Civ. Ct. NY 1969); 357 F.Supp. 692 (S.D.N.Y. 1972); 418 F.Supp. 982 (E.D. Mich. 1976); 517 F.2d 512 (2d Cir. 1975).
[1673] Siehe auch Borris, Internationale Handelsschiedsgerichtsbarkeit in den USA, S. 126-127.

F. *Federal Arbitration Act*

Das Verfahren zur Anerkennung und Vollstreckung Schiedsspruches bestimmt sich nach 9 U.S.C. § 9.

I. Zuständiges Gericht

1. Allgemeines

Für die internationale Schiedsgerichtsbarkeit könnte das nationale Schiedsrecht der USA Bedeutung haben, wenn ein Schiedsspruch nicht von den Anwendungsbereichen der bereits erörterten Vollstreckungsgrundlagen erfaßt ist. Das ist zwar wenig wahrscheinlich, aber denkbar. In der internationalen Schiedsgerichtsbarkeit ist der *FAA* von 1925, 9 U.S.C. § 1-15, vor allem bei der erwähnten Doppelzuständigkeit der US-Gerichte von Bedeutung. Das ist der Fall, wenn sie als Gericht des Herkunftsstaates nach lokalem Recht auch für dessen Aufhebung zuständig sind.[1674]

2. Sachlich zuständiges Gericht

Das besondere Problem der Anwendung des *FAA* (Kapitel 1) in der internationalen Schiedsgerichtsbarkeit ergibt sich aus einem ungeschriebenen Tatbestandsmerkmal. Es war lange Zeit unklar, ob der *FAA* allein aus sich schon die Zuständigkeit der Bundesgerichte (*federal question jurisdiction*) begründete oder zusätzlich nur *diversity of citizenship* erforderlich war.
Diese Frage ist inzwischen höchstrichterlich entschieden worden in *Moses H. Cone Memorial Hospital*, zumindest für die Durchsetzung von Schiedsklauseln: „The Arbitration Act is something of an anomaly in the field of federal-court jurisdiction. It creates a body of federal substantive law establishing and regulating the duty to honor an agreement to arbitrate, yet it does not create any independent federal-question jurisdiction under *28 U.S.C. § 1331* (1976 ed., Supp. V) or otherwise."[1675] Es ergibt sich also aus dem *FAA* anders als in vielen anderen Gesetzen keine *independent federal question jurisdiction.* Für die Zuständigkeit der Bundesgerichte müssen deshalb nach 28 U.S.C. § 1332 ein Streitwert von 75.000 US-Dollar und *diversity of citizenship* oder andere unabhängige Gründe für ihre Zuständigkeit vorliegen.[1676] Die *diversity of citizenship* ergibt sich aus Art. III § 2 der US-Verfassung und bezieht sich auf Streitigkeiten zwischen Angehörigen zwi-

---

[1674] Unter Berufung auf Art. VII UNÜ hatte das *D.C. District Court* in Chromalloy die Vollstreckung nach Kapitel 1 vorgenommen.

[1675] Moses H. Cone Memorial Hospital v. Mercury Construction Corp. 460 U.S. 1, 25 n. 32 (1983) (Hervorhebung im Original). Kritisch: Atwood, *Federal-State Relations under FAA*, 37 U. FLA. L. REV. 61, 93-96.

[1676] Strickland, 21 HOFSTRA L. REV. 385, 387; Hirshman, 71 VA. L. REV. 1305, 1341. Siehe auch oben B/I/2.

schen US-Staaten oder einem US-Bürger und einem Ausländer,[1677] nicht aber zwei Ausländern.[1678] Nur wenn die Tatbestandsmerkmale des Anwendungsbereiches nach 9 U.S.C. § 2 eröffnet sind, ist ein *District Court* zuständig.
Das *diversity*-Erfordernis ist nicht erfüllt, wenn es sich um eine Streitigkeit zwischen zwei Ausländern handelt. Sie wären dann auf eine Vollstreckung in den *State Courts* angewiesen. Sind im übrigen die Voraussetzungen des *FAA* erfüllt, müssen auch die *State Courts* dieses Bundesgesetz anwenden.[1679]

3. Örtlich zuständiges Gericht

§ 9 läßt – anders als § 204 – den Parteien auch ein Wahlrecht im Hinblick auf das für die Vollstreckung örtlich zuständige Gericht. Das kann auch ein Gericht ohne Bezug zum (Wohn)Sitz einer der Parteien sein.[1680] Probleme ergeben sich aber immer dann, wenn die Parteien kein Vollstreckungsgericht vereinbart haben (*Entry-of-Judgment clause*). Eine solche Vereinbarung ist in internationalen Schiedsverfahren nicht üblich. Damit verbleibt nach § 9 nur das *District Court* am Ort des Schiedsverfahrens. Aber auch diese Bestimmung des örtlich zuständigen Gerichts wird in der internationalen Schiedsgerichtsbarkeit regelmäßig fehlgehen. Damit wird für internationale Schiedsverfahren die Anwendbarkeit von Kapitel 1 typischerweise ausgeschlossen sein.[1681] Die US-Gerichte haben hier keine einheitliche Linie gefunden.[1682]

4. Umfang der Bindungswirkung des *FAA*

Wird von der Zuständigkeit eines *District Courts* bei der Vollstreckung eines ausländischen Schiedsspruchs ausgegangen, gilt in Bundesgerichten unzweifelhaft der *FAA*. Über die Anwendbarkeit dieser Vorschriften in *State Courts* hat der *Supreme Court* noch nicht entschieden. Sie erscheint im Lichte der bisherigen höchstrichterlichen Rechtsprechung nur konsequent.[1683] Ein *removal* zu den Bundesgerichten nach 9 U.S.C. § 205 scheidet aus.[1684]

[1677] BLACK'S LAW DICTIONARY 477 („Diversity of citizenship").
[1678] McMahon, 26 ARB. J. 65, 77.
[1679] McClendon, *State International Arbitration Laws*, 1 AM. REV. INT'L ARB. 244, 247.
[1680] McMahon, 26 ARB. J. 65, 75-76. Siehe auch: Lander Co. v. MMP Inv., 107 F.3d 476, 480-481 (auch zum Verhältnis zu den besonderen Vorschriften des Kapitels 2).
[1681] Springer, 3 INT'L LAW. 320, 328. Anders: MCCLENDON & GOODMAN, INTERNATIONAL ARBITRATION IN NEW YORK 154, die davon ausgehen, daß eine fehlende *Entry-of-Judgment Clause* kaum zu Schwierigkeiten in der Vollstreckung eines ausländischen Schiedsspruches führen wird.
[1682] Rau, *New York Convention in American Courts*, 7 AM. REV. INT'L ARB. 215, 217 m. w. N. BORN, INTERNATIONAL COMMERCIAL ARBITRATION 668 m. w. N.
[1683] Siehe oben B/I/2.
[1684] BORN, INTERNATIONAL COMMERCIAL ARBITRATION 670.

II. Vollstreckungsverfahren

1. Formelle Anforderungen

Die formellen Anforderungen bestimmen sich nach 9 U.S.C. § 13. Der Antragsteller muß Nachweis erbringen für:

(a) die Schiedsvereinbarung; Auswahl oder Ernennung jedes zusätzlichen Schiedsrichters; jede Verlängerung der Frist zum Erlaß des Schiedsspruchs;

(b) den Schiedsspruch;

(c) Bescheide, *affidavits* und andere Papiere, die für den Antrag zur Vollstreckbarkeitserklärung benutzt werden und eine Kopie jedes Gerichtsbeschlusses zu diesem Antrag.

2. Frist

9 U.S.C. § 9 legt eine Frist für den Antrag auf Vollstreckbarkeitserklärung von einem Jahr fest.[1685] Der Antrag auf Aufhebung muß aber schon innerhalb von drei Monaten gestellt werden, 9 U.S.C. § 12. Mit Ablauf dieser Frist können die Aufhebungsgründe (§ 10) auch nicht mehr in einem Vollstreckungsverfahren nach § 9 als Verteidigungsvorbringen geltend gemacht werden.[1686]

III. Vollstreckungsabwehr

Die Ausnahmen von der Regel der Vollstreckbarkeitserklärung sind in 9 U.S.C. § 10 geregelt. Sie entsprechen nach allgemeiner Ansicht im wesentlichen den Versagungsgründen nach Art. V UNÜ,[1687] auf die verwiesen wird. Die Vollstreckung nach Kapitel 1 hat für die internationale Schiedsgerichtsbarkeit keine nennenswerte Bedeutung entwickelt – Kapitel 1 ist auch nicht hierauf zugeschnitten.[1688] Gleichzeitig würde die eingehende Darstellung der Rechtsprechung zum nationalen Schiedsrecht den Rahmen dieser Darstellung sprengen.

9 U.S.C. § 10 lautet:

> In either of the following cases the United States court in and for the district wherein the award was made may make an order vacating the award upon the application of any party to the arbitration –
>
> (a) Where the award was procured by corruption, fraud, or undue means.
>
> (b) Where there was evident partiality or corruption in the arbitrators, or either of them.

[1685] Siehe auch BORN, INTERNATIONAL COMMERCIAL ARBITRATION 665-666.

[1686] Kolkey, *Attacking Arbitral Awards*, 22 INT'L LAW. 693, 695.

[1687] Management & Technical Consultants S.A. v. Parsons-Jurden Int'l Corp., 820 F.2d 1531, 1534. BORN, INTERNATIONAL COMMERCIAL ARBITRATION 502-503 m. w. N. aus der Rechtsprechung; Kolkey, *Attacking Arbitral Awards*, 22 INT'L LAW. 693, 697, der die Gründe nach § 10 jedoch für enger hält; Rau, *New York Convention in American Courts*, 7 AM. REV. INT'L ARB. 215, 236.

[1688] Vgl. Ostrowski & Shany, 73 N.Y.U. L. REV. 1650, 1676-1677.

(c) Where the arbitrators were guilty of misconduct in refusing to postpone the hearing, upon sufficient cause shown, or in refusing to hear evidence pertinent and material to the controversy; or of any other misbehavior by which the rights of any party have been prejudiced.
(d) Where the arbitrators exceeded their powers, or so imperfectly executed them that a mutual, final, and definite award upon the subject matter submitted was not made.
(e) Where an award is vacated and the time within which the agreement required the award to be made has not expired the court may, in its discretion, direct a rehearing by the arbitrators.

Es ist weiterhin richterrechtlich anerkannt, daß einem Schiedsspruch auch wegen eines *ordre public*-Verstoßes die Anerkennung versagt werden kann.[1689] Grundsätzlich für möglich gehalten wird auch der *manifest disregard of the law*-Einwand, der aber mit Blick auf die ständige Rechtsprechung der US-Gerichte kaum Erfolg verheißt.[1690]

G. *International Arbitration Acts* der Bundesstaaten

I. Allgemeines

Nur ein Teil der US-Staaten hat in ihren internationalen Schiedsgesetzen auch Vorschriften zur Vollstreckung ausländischer Schiedssprüche erlassen, nämlich Florida, Georgia, Connecticut, Maryland, North Carolina, Oregon und Ohio. Die anderen Staaten gingen vorwiegend davon aus, daß eigene Vorschriften zur Vollstreckung ausländischer Schiedssprüche durch Bundesrecht verdrängt würden.

II. Verfahren

1. New York

Das New Yorker Schiedsgesetz ist Teil der *Civil Practice Law and Rules* nimmt in den Schiedsgesetzen der Einzelstaaten eine Sonderstellung ein, denn es trat vor dem Bundesrecht in Kraft. Das New Yorker Gesetz kennt kein besonderes internationales Schiedsrecht. Es wird schlicht nicht zwischen in- und ausländischen Schiedsverfahren unterschieden.

[1689] BORN, INTERNATIONAL COMMERCIAL ARBITRATION 502; Kolkey, *Attacking Arbitral Awards*, 22 INT'L LAW. 693, 697.
[1690] Kolkey, *Attacking Arbitral Awards*, 22 INT'L LAW. 693, 698-699.

a. Zuständiges Gericht

Nach § 7502(a) bestimmt sich das zuständige Gericht nach der Parteivereinbarung. Subsidiär ist das Gericht am Wohnort oder Geschäftsort der Parteien, sonst jedes Gericht zuständig.

b. Formelle Voraussetzungen

Der New Yorker CPLR stellt keine besonderen Formerfordernisse. Das Vollstreckbarkeitsverfahren muß innerhalb eines Jahres angestrengt werden, § 7510. Die Aufhebungs- und Versagungsgründe können aber 90 Tage nach Zustellung geltend gemacht werden, § 7511(a).

c. Vollstreckungsverfahren

Aufhebungs- wie Vollstreckungsversagungsgründe finden sich in § 7511(b). Etwas ungewöhnlich unterscheidet der New Yorker *CPLR* zwei Gruppen von Versagungsgründen danach, ob die Partei Kenntnis von dem Schiedsverfahren hatte oder daran teilnahm. War die Partei gehörig von dem Verfahren in Kenntnis gesetzt worden, prüft das Gericht nach Nr. 1 die folgenden Versagungsgründe:

(i) corruption, fraud or misconduct in procuring the award; or

(ii) partiality of an arbitrator appointed as a neutral; except where the award was by confession; or

(iii) an arbitrator, an agency or person making the award exceeding his power or so imperfectly executed it that a final and definite award upon the subject matter submitted was not made; or

(iv) failure to follow the procedure of this article, unless the party applying to vacate the award continued with the arbitration with notice of the defect and without objection.

Nahm eine Partei nicht am Verfahren teil oder hatte sie keine Kenntnis vom dem Schiedsverfahren, prüft das Gericht nach Nr. 2:

(i) the rights of that party were prejudiced by one of the grounds specified in paragraph one;[1691] or

(ii) a valid agreement to arbitrate was not made; or

(iii) the agreement to arbitrate had not been complied with; or

(iv) the arbitrated claim was barred by limitation under subdivision (b) of section 7502.[1692]

[1691] Das sind die gerade zitierten Versagungsgründe.

[1692] § 7502(b) betrifft Fristen, die die Durchsetzung des Anspruchs in den *State Courts* hemmen würden. Nach Sec. 7502(b) die Fristeinrede hemmt die Fristeinrede ebenfalls schon die Anordnung des Schiedsverfahrens, wie auch die Vollstreckung des Schiedsspruchs unter den Voraussetzungen von Sec. 7511(b)(2).

Sachlich entsprechen die Gründe weitestgehend den bundesgesetzlichen. Anders als sonst üblich findet sich in dem New Yorker Gesetz kein *ordre public*-Vorbehalt. Gleichzeitig faßt das Gesetz auch den Versagungsgrund der Parteilichkeit enger und beschränkt ihn ausdrücklich aus den neutralen (Einzel- oder vorsitzenden) Schiedsrichter.

Beachtung verdient in diesem Zusammenhang § 7513, der es dem Vollstreckungsgericht erlaubt, die Kostenentscheidung der Schiedsrichter materiell-rechtlich zu korrigieren: „The court, on application, may reduce or disallow any fee or expense it finds excessive or allocate it as justice requires."

2. Florida

Der *Florida International Arbitration Act [FIAA]* regelt die Vollstreckbarkeitserklärung in §§ 684.24, 684.25. Die Zuständigkeit eines *Circuit Courts* ist unabhängig von dem im Schiedsverfahren angewandten Recht.
Als Regelfall legt § 684.24(1)(a) die Vollstreckung eines Schiedsspruches fest, ungeachtet des Ortes an dem das Schiedsverfahren stattfand.[1693] Damit folgt das Recht Floridas wie das Bundesrecht der Vermutung zugunsten der Vollstreckbarkeit.[1694]

a. Zuständiges Gericht

Die örtliche Zuständigkeit richtet sich nach dem Sitz einer der Schiedsparteien, dem Ort des Schiedsverfahrens in Florida; sonst ist jedes *Florida Circuit Court* zuständig, § 684.31.

b. Formelle Voraussetzungen

Der *FIAA* stellt keine besonderen formellen Voraussetzungen. Der Antrag auf Anerkennung ist fristgebunden, § 684.24(3)(a): es gilt die für die Urteile entsprechende Frist von 20 Jahren ab Erlaß des Schiedsspruches, FL STAT. § 95.11(1).[1695] Ein Aufhebungsverfahren muß innerhalb von 90 Tagen nach Erhalt des Schiedsspruches bzw. Kenntnis des Mangels beantragt werden, § 684.24(3)(b).

c. Vollstreckungsverfahren

Ein interessanter Aspekt des *FIAA* ergibt sich gerade vor dem Hintergrund des *Chromalloy*-Verfahrens. § 684.24(2) und (6) schreiben den Vollstreckungsgerich-

---

[1693] Damit ist der Anwendungsbereich des *FIAA* auch auf Schiedssprüche aus Staaten anwendbar, die nicht der *New York* oder der *Panama Convention* beigetreten sind (Zeft, 22 N.C. J. INT'L L. & COM. REG. 705, 732).

[1694] Mellman, 19 U. MIAMI INTER-AM. L. REV. 363, 388.

[1695] Loumiet & O'Naghten & Swan, *Proposed Florida International Arbitration Act*, 16 U. MIAMI INTER-AM. L. REV. 593, 645. § 95.051 regelt Fristhemmungen.

ten als Regelfall die Nicht-Beachtung ausländischer Gerichtsurteile zu einem Schiedsspruch vor. Nur wenn das ausländische Gericht (nicht das Gericht eines US-Schwesterstaates) einen Mangel des Schiedsverfahrens im Sinne der Versagungsgründe nach § 684.25 festgestellt hat, soll diesem Urteil nach den allgemeinen Regeln Anerkennung in Florida gewährt werden. Damit wird einerseits die allgemeine Unsicherheit in der Behandlung ausländischer Aufhebungs- oder Exequaturteile (wie auch die *merger doctrine*) vermieden; andererseits kommt das Verfahren zu einem Ende, wenn über die Versagungsgründe schon im Sinne des Rechtsordnung Floridas verhandelt wurde (keine Verfahrensdoppelung).[1696] Insgesamt sollen diese Vorschriften jedoch eine weitgehende Zuständigkeit der Gerichte Floridas und damit die Anwendung lokaler Anerkennungskriterien sicherstellen.[1697]

Für das weitere Verfahren unterscheidet das Gesetz zwischen der Aufhebung und der Versagung der Vollstreckung, wobei Aufhebungs- und Versagungsgründe (§ 684.25) identisch sind. Entscheidendes Abgrenzungskriterium des *FIAA* ist, ob das Schiedsverfahren in Florida oder nach den Schiedsregeln von Kapitel 2 des *FIAA* stattgefunden hat. War das nicht der Fall, kommt nur die Versagung der Vollstreckung in Betracht (§ 684.24(1)(b), (c)). In den sieben Aufhebungs- und Versagungsgründen nach § 684.25[1698] spiegeln sich im wesentlichen die schon aus dem UNÜ bekannten Gründe wider, sie sind aber nicht identisch.[1699] Sie regeln die Versagungsgründe abschließend.[1700] Dabei erscheinen die Versagungsgründe nach dem Recht Floridas eher enger gefaßt als nach dem UNÜ. Ist der Anwendungsbereich des *FAA* eröffnet, bestehen die ausführlich erörterten *preemption*-Bedenken. Ob eine Vorschrift verdrängt wird oder nicht, hängt entscheidend von der Auslegung durch die Gerichte ab.[1701]

[1696] Loumiet & O'Naghten & Swan, *Proposed Florida International Arbitration Act*, 16 U. MIAMI INTER-AM. L. REV. 593, 644-645, 647.

[1697] Loumiet & O'Naghten & Swan, *Proposed Florida International Arbitration Act*, 16 U. MIAMI INTER-AM. L. REV. 593, 647.

[1698] § 684.25.(1)(a): kein *written undertaking to arbitrate*; Betrug bei Vertragsabschluß; Schiedsgericht hat die Streitigkeit bereits für nicht schiedsfähig erklärt; *undertaking* war ungültig oder nicht vollstreckbar, solange nicht die die Vollstreckung abwehrende Partei rügelos zu den Gründen verhandelt hat; (b) keine Ankündigung der Schiedsrichterbenennung oder des Schiedsverfahrens, es sei denn Rügeverlust; (c) extreme Parteilichkeit der Schiedsrichter; (d) Bestechlichkeit, Betrug, unzulässige Beeinflussung, ordre public; (e) Interessenkonflikt des neutralen Schiedsrichters; (f) Unzuständigkeit des Schiedsgerichts; (g) verfahrensfehlerhafte Bestellung des Schiedsgerichts. Dabei müssen unbedingt auch die Gründe, die zum Verlust des Rügerechtes führen, beachtet werden.

[1699] McClendon, *State International Arbitration Laws*, 1 AM. REV. INT'L ARB. 244, 256: schon Unterschiede in den Formulierungen führen schnell zu gerichtlichen Auseinandersetzungen verbunden mit zeitlichen Verzögerungen.

[1700] Loumiet & O'Naghten & Swan, *Proposed Florida International Arbitration Act*, 16 U. MIAMI INTER-AM. L. REV. 593, 648.

[1701] Zeft, 22 N.C. J. INT'L L. & COM. REG. 705, 748-750.

Das Gesetz setzt die aus dem bundesrechtlichen *case law* bekannten Rügeverluste positivrechtlich um: Hat die unterlegene Partei ihre Einwände nicht schon während des Schiedsverfahrens geltend gemacht, bleibt ihr die Rüge angeblicher Mängel auch im Vollstreckungsverfahren vorenthalten. Das gilt jedoch nicht für *fraud* und *public policy*.[1702]

Neben den bekannten Versagungsgründen von *corruption* und *fraud* soll auch *unfairness* nach § 684.25(1) der Vollstreckung entgegenstehen. Wann genau eine *unfairness* vorliegen soll, wird nicht präzise definiert. Die *unfairness* muß sich aber ursächlich auf das Ergebnis des Schiedsverfahrens ausgewirkt haben.[1703] Eine Revision der materiell-rechtlichen Entscheidungen soll nicht ermöglicht werden.[1704]

Auch für die *fraud*-Einrede gilt das Kausalitätserfordernis. Ein Betrugsvorwurf kann sich im Schiedsverfahren aus drei Kostellationen ergeben, dem Betrug gegenüber dem Schiedsgericht, gegenüber der anderen Schiedspartei und innerhalb des Schiedsgerichts.[1705]

Wie auch in den meisten anderen Staatengesetzen vorgesehen kann auch in Florida das Vollstreckungsgericht nicht nur wegen Verstoßes des Schiedsspruches gegen den bundesrechtlichen *ordre public*, sondern auch gegen den des Staates Florida dessen Anerkennung verweigern, § 684.25(1)(d).[1706]

Nach § 684.25(1)(e) kann die Vollstreckung auch bei einem Interessenkonflikt jedes „neutralen" Schiedsrichters versagt werden. Der Terminus des „neutralen Schiedsrichters" läßt vermuten, daß die Verfasser des Gesetzentwurfes von einem Drei-Personen-Schiedsgericht ausgingen. Die Formulierung spiegelt zugleich die amerikanische Vorstellung wider, daß die beiden parteiernannten Schiedsrichter Vertreter ihrer Parteien sind, nur der von ihnen gewählte Vorsitzende neutral sein muß.[1707] Gleichzeitig bringt diese Vorschrift eine Partei in die schwierige Situation bei rechtzeitiger Kenntnis, ihre Bedenken gegen den Schiedsrichter auch im Verfahren geltend machen zu müssen; damit riskiert sie aber gleichzeitig die Feindse-

---

[1702] Loumiet & O'Naghten & Swan, *Proposed Florida International Arbitration Act*, 16 U. MIAMI INTER-AM. L. REV. 593, 649.

[1703] Loumiet & O'Naghten & Swan, *Proposed Florida International Arbitration Act*, 16 U. MIAMI INTER-AM. L. REV. 593, 650.

[1704] Loumiet & O'Naghten & Swan, *Proposed Florida International Arbitration Act*, 16 U. MIAMI INTER-AM. L. REV. 593, 693. Die Formulierung („substantially prejudice the rights of the party") läßt hohe Anforderungen erkennen.

[1705] Klassisches Beispiel für die erste Variante ist die Vorlage falscher Dokumente. Die betrügerische Veranlassung der Gegenseite einen kritischen Punkt im Schiedsverfahren fallen zu lassen, wäre ein Beispiel für die zweite Variante. Die Irreführung des Schiedsgerichts durch einen Schiedsrichter wäre schließlich ein Beispiel für die dritte Variante (Loumiet & O'Naghten & Swan, *Proposed Florida International Arbitration Act*, 16 U. MIAMI INTER-AM. L. REV. 593, 651).

[1706] Auch auf die bekannte Formel von „basic principles of justice and morality" oder Bedrohung besonders bedeutender öffentlicher Ziele verwiesen (Loumiet & O'Naghten & Swan, *Proposed Florida International Arbitration Act*, 16 U. MIAMI INTER-AM. L. REV. 593, 651).

[1707] Loumiet & O'Naghten & Swan, *Proposed Florida International Arbitration Act*, 16 U. MIAMI INTER-AM. L. REV. 593, 651; Mellman, 19 U. MIAMI INTER-AM. L. REV. 363, 389.

ligkeit des angegriffenen Schiedsrichters herauszufordern.[1708] Die Befangenheit muß sich irgendwie im Schiedsspruch niedergeschlagen haben. Ihr bloßer Anschein reicht auch nach dem Recht Floridas nicht aus. Kann jedoch eine Partei beweisen, daß ein Schiedsspruch zu ihren Gunsten, den eigenen Interessen des Schiedsrichters zuwiderlaufen würde, könnte ein Gericht die Vollstreckung versagen.[1709]

3. Georgia

a. Zuständiges Gericht

Das örtlich zuständige Gericht ergibt sich aus § 9-9-4(b): das *Superior Court* am Ort der mündlichen Schiedsverhandlung, Sitz einer der Parteien, sonst jedes *Superior Court.*

b. Formelle Voraussetzungen

Besondere formelle Voraussetzungen gibt es nicht. Eine besondere Frist ist nur für das Aufhebungsverfahren vorgesehen (drei Monate), § 9-9-13. Sonst sind keine besonderen Fristen vorgesehen.

c. Vollstreckungsverfahren

Der *Georgia Code* regelt die Anerkennung bzw. Aufhebung eines Schiedsspruches in § 9-9-40. Eine Vollstreckungsbarkeitserklärung ist in ausländischer Währung möglich; ein Umrechnungsmodus ist jedoch nicht vorgesehen.[1710] Im folgenden Paragraph findet sich eine ausdrückliche Regelung für die schon angesprochene *merger doctrine*: die ausländische Gerichtsentscheidung bleibt für die Vollstreckung des Schiedsspruchs (als Schiedsspruch) unbeachtlich, § 9-9-41.
Weitere Voraussetzungen finden sich in § 9-9-42. Auch in Georgia gilt, daß die Anerkennung unabhängig vom Schiedsort erfolgt, also nicht an die *New York* oder die *Panama Convention* anknüpft.[1711] Einschränkend macht der *Georgia Code* anders als andere Staatengesetze aber Gegenseitigkeit zur Anerkennungsvoraussetzung. Für die Aufhebungs- und Versagungsgründe verweist 9-9-42 auf den nationalen Teil des *Georgia Codes*. Das ist für die Handhabung gerade für einen ausländischen Praktiker unglücklich. Aufhebungs- und Versagungsgründe ähneln denen des *FAA* und unterscheiden zwischen Gründen für Verfahrensbeteiligte und Unbeteiligte, § 9-9-13(b), (c).[1712] Insgesamt sind sie eng gefaßt. Interessanterweise

---

[1708] Mellman, 19 U. MIAMI INTER-AM. L. REV. 363, 389-390.
[1709] Loumiet & O'Naghten & Swan, *Proposed Florida International Arbitration Act*, 16 U. MIAMI INTER-AM. L. REV. 593, 651.
[1710] Siehe auch oben A/IV.
[1711] Zeft, 22 N.C. J. INT'L L. & COM. REG. 705, 732.
[1712] (b)(1) Corruption, fraud, or misconduct in procuring the award;

beschränkt sich der *Georgia Code* auf die Unbefangenheit des neutralen Schiedsrichters und spiegelt damit die schon erwähnte Vorstellung des amerikanischen Rechts von einem Drei-Personen-Schiedsgericht wider. Typisch für die Einzelstaatengesetze erlaubt auch der *Georgia Code* die Vollstreckungsversagung wegen Verstoßes gegen den *ordre public* von Georgia.

4. Kalifornien

Der *California International Arbitration and Conciliation Act* enthält keine Vorschriften zur Anerkennung und Vollstreckung internationaler Schiedssprüche.

5. Texas

Wie das kalifornische Gesetz, das weitestgehend als Vorbild für das internationale Schiedsgesetz von Texas diente, sieht auch der *Texas General Arbitration Act* keine gesonderten Vorschriften zur Vollstreckung internationaler Schiedssprüche vor.

6. Connecticut

Die Vollstreckung eines Schiedsspruches, der in den Anwendungsbereich des *Act Concerning the UNCITRAL Model Law on International Commercial Arbitration* fällt, wird durch § 35 und § 36 geregelt.

a. Zuständiges Gericht

Nur allgemein spricht das Gesetz vom zuständigen Gericht, ohne dazu genauere Vorgaben zu machen.

b. Formelle Voraussetzungen

§ 35(2) macht die formalen Vorgaben für die Anerkennung eines Schiedsspruches. Die Parteien müssen das Original (oder eine gehörig beglaubigte Abschrift) des Schiedsspruches und die Schiedsabrede im Original oder einer gehörig beglaubigten Kopie vorlegen. Eine besondere Fristbestimmung wird dabei nicht getroffen.

---

(2) Partiality of an arbitrator appointed as a neutral;
(3) An overstepping by the arbitrators of their authority or such imperfect execution of it that a final and definite award upon subject matter submitted was not made; or
(4) A failure to follow the procedure of this part, unless the party applying to vacate the award continued with the arbitration with notice of this failure and without objection.
(c)(1) The rights of the party were prejudiced by one of the grounds specified in subsection (b) of this Code section;
(2) A valid agreement to arbitrate was not made;
(3) The agreement to arbitrate has not been complied with; or
(4) The arbitrated claim was barred by limitation of time, as provided by this part.

c. Vollstreckungsverfahren

Die Versagungsgründe (einschließlich der Aussetzung des Verfahrens) entsprechen – abgesehen von allenfalls sprachlichen Modifikationen – denen der *New York Convention*.[1713] Lediglich zwei Differenzen fallen auf: erstens stellt der Wortlaut von § 36 klar, daß Anerkennung und Vollstreckung Schiedssprüchen ungeachtet ihres Herkunftsstaates gewährt werden kann – unbeachtlich bleibt also, ob der Herkunftsstaat dem UNÜ oder der *Inter-American Convention* beigetreten ist.[1714]. Zweitens bezieht sich die sog. *public policy defense* in § 31(1)(b)(ii) auf den *ordre public* des Staates Connecticut. Ob damit jedoch gleich ein Verstoß gegen Bundesrecht verbunden sein wird, erscheint doch mehr als zweifelhaft. Schließlich wird die Bezugnahme auf das Recht des Staates Connecticut häufig erst dann erfolgen, wenn eine Vollstreckung nach Bundesrecht nicht möglich ist. Von einer Beschränkung weitergehenden Bundesrechts kann dann nicht mehr die Rede sein. Haben sich die Parteien allerdings geeinigt, das Verfahren vollständig nach dem Recht von Connecticut durchzuführen, ist auch auf der Vollstreckungsebene kein Grund ersichtlich, warum nicht diesem Parteiwillen Folge geleistet werden sollte – möglicherweise auch um den Preis, daß die Vollstreckung aus Gründen der lokalen *public policy* versagt werden muß.

7. Hawaii

Die Vollstreckung ausländischer Schiedssprüche in Hawaii ist ausdrücklich in § 685D-9 geregelt. Dabei verzichtet der *Hawaii International Arbitration, Mediation, and Conciliation Act [HIAMCA]* jedoch auf eine eigenständige Regelung und ist nur auf juristische Klarstellung bedacht: auf die Vollstreckung durch die lokalen *Circuit Courts* von solchen Schiedssprüchen, auf die der *HIAMCA* Anwendung findet, gilt Kapitel 2 des *FAA*. Damit vermied der hawaiianische Gesetzgeber die *preemption*-Problematik. Gleichzeitig dehnte der Gesetzgeber jedoch die Anerkennungsmöglichkeit auch auf Schiedssprüche aus Nicht-UNÜ-Vertragsstaaten aus. Bei der Vollstreckung solcher Schiedssprüche kann das Vollstreckungsorgan jedoch Sicherheitsleistung verlangen, § 685D-9(b).

8. Maryland

Der *Maryland International Commercial Arbitration Act [MICAA]* erklärt – wie dargestellt – den bundesgesetzlichen *FAA* für das internationale Schiedsgesetz von Maryland, § 3-2B-03(a). Dementsprechend erfolgt die Vollstreckung von Schiedssprüchen, die dem *MICAA* unterfallen, dennoch eindeutig den Vollstreckungsvorschriften nach Kapitel 2 und 3 des *Federal Arbitration Acts*. Zustän-

[1713] Shifman, 1 AM. REV. INT'L ARB. 281, 294.
[1714] Zeft, 22 N.C. J. INT'L L. & COM. REG. 705, 732.

dig sind in erster Linie die *Circuit Courts*, die nach Parteivereinbarung zuständig sein sollen oder die, in deren Bezirk die mündliche Verhandlung stattgefunden hat. Sonst sind die Gerichte am Wohnsitz der jeweiligen Gegenseite, deren Geschäftssitz oder am Ort von deren Grundvermögen. Eine Auffangzuständigkeit hat das *Circuit Court* von Baltimore City, § 3-2b-05.

9. North Carolina

a. Zuständiges Gericht

Die örtliche Zuständigkeit des *Superior Court* bestimmt sich nach § 1-567.36: das Gericht am Ort des Schiedsverfahrens oder wo dieses vereinbart wurde, sonst das am Wohnort oder Geschäftssitz einer der Parteien, schließlich jedes Gericht in North Carolina.

b. Formelle Voraussetzungen

Formell sieht das Gesetz keine Besonderheiten vor. § 1-567.65 sieht eine besondere Frist vor:

> An award shall not be confirmed unless the time for correction and interpretation of awards prescribed by G.S. 1-567.63 shall have expired or been waived by all the parties.

§ 1-567.63 regelt die Berichtigung und Auslegung von Schiedssprüchen. Für die Vollstreckung hat das zur Folge, daß eine Vollstreckbarkeitserklärung nicht erfolgen kann, solange die Fristen von § 1-567.63 nicht abgelaufen sind: Haben die Parteien nichts anderes vereinbart oder ihren Verzicht erklärt, bleibt ihnen nach Erhalt des Schiedsspruchs 30 Tage lang die Möglichkeit, einen Antrag auf Berichtigung oder Auslegung des Schiedsspruchs zu stellen.[1715] Hält das Schiedsgericht den Antrag für berechtigt, bleiben ihm nach Erhalt des Antrages 30 Tage zur Berichtigung bzw. Auslegung des Schiedsspruchs. Im äußersten Falle ergibt das eine Verzögerung von 60 Tagen für die Anerkennung eines Schiedsspruchs.

c. Vollstreckungsverfahren

Der *North Carolina International Commercial Arbitration Act [NCICAA]* regelt die Anerkennung und Vollstreckung in § 1-567.65:

> Subject to the relevant provisions of federal law or any applicable international agreement in force between the United States of America and any other nation or nations, upon application of a party, the superior court shall confirm an arbitral award, unless it finds grounds for modifying or vacating the award under G.S. 1-567.64.

[1715] Ebenso kann das Schiedsgericht auch von Amts wegen innerhalb von 30 Tagen nach Erlaß des Spruchs Berichtigungen oder Auslegungen vornehmen.

§ 1-567.64 erlaubt die Aufhebung eines Schiedsspruchs bei „illegality, or substantial unfairness". Damit ist ein lokales *Superior Court* grundsätzlich zur Vollstreckung eines Schiedsspruches nach bundesgesetzlichen Vorgaben angehalten. Der Verweis auf die Versagungsgründe nach § 1-567.64 ist eigentlich überflüssig und läßt nur weitere Unsicherheiten für die Praxis befürchten. Schließlich werden *illegality* und *substantial unfairness* eindeutig auch von den bundesgesetzlichen Versagungsgründen erfaßt. Die ausdrückliche Nennung nur dieser zwei Versagungsgründe mag als Hinweis auf eine enge Auslegung der Versagungsgründe verstanden werden. Ein *ordre public*-Vorbehalt findet sich nicht.

10. Oregon

Auch der *Oregon International Commercial Arbitration and Conciliation Act [OICACA]* sieht ein eigenes Verfahren zur Vollstreckung von Schiedssprüche vor, §§ 36.522 und 36.524. Das zuständige Gericht (*Circuit Court*), § 36.464, bestimmt sich wie in North Carolina. Formell setzt der *OICACA* nur ein beglaubigtes Original oder eine beglaubigte Kopie von Schiedsvereinbarung und –spruch voraus, sowie gegebenfalls eine gehörig beglaubigte Übersetzung, § 36.522(2).

§ 36.522 gibt als Grundsatz die Vollstreckung vor unabhängig von der Herkunft des Schiedsspruches. Auch in Oregon können also Schiedssprüche aus Staaten vollstreckt werden, die weder dem UNÜ noch der *Inter-American Convention* beigetreten sind.[1716]

Die Vollstreckungsversagungsgründe in § 36.524 entsprechen den Vorgaben des UNCITRAL-MG, das beinahe wortgetreu die Gründe der Vollstreckungsversagung aus Art. V UNÜ übernommen hat. Der Gesetzgeber fügte lediglich eine Kostenvorschrift ein.

11. Colorado

Der *Colorado International Dispute Resolution Act* enthält keine Regelung zur Anerkennung und Vollstreckung ausländischer Schiedssprüche.

12. Ohio

Zuständig für die Vollstreckung von Schiedssprüchen ist das *Court of Common Pleas* am Ort des Schiedsverfahrens, § 2712.11(B). Besondere Form- und Fristbestimmungen gibt es nicht. Die Frist zur Vollstreckung eines Schiedsspruches entspricht der für Urteile, § 2712.69(D)(1). Das Vollstreckungsverfahren für Schiedssprüche, die in den Anwendungsbereich des *Ohio International Commercial Arbitration Act* fallen, ist in § 2712.69 und § 2712.70 geregelt. Den Grundsatz beschreibt § 2712.69(B)(1):

[1716] Zeft, 22 N.C. J. INT'L L. & COM. REG. 705, 732.

> The court of common pleas shall grant an application to confirm the award without regard to the place of arbitration unless one of the grounds set forth in section 2712.70 of the Revised Code is established as an affirmative defense.

Die Versagungsgründe sind in § 2712.70 aufgeführt. Sie entsprechen – abgesehen von kleinen sprachlichen Modifikationen – denen des *Florida International Arbitration Acts*, auf die insoweit verwiesen werden kann. Materiell entsprechen die Versagungsgründe denen des UNÜ. Wie auch in Florida kann die Vollstreckung unter anderem bei Verstößen gegen den US- wie den Ohio *ordre public* versagt werden, § 2712.70(A)(4).

H. *Double Exequatur*

Mit Blick auf den Untersuchungsgegenstand dieser Arbeit wird das Verfahren zur Vollstreckung eines ausländischen Urteils hier nur rudimentär behandelt, ohne auf die Besonderheiten in den Bundesstaaten eingehen zu können.

Für die Zuständigkeit der Gerichte gilt die allgemeine Regel nach 28 U.S.C. § 1332: Bundesgerichte sind also nur zuständig bei einem Streitwert ab 75.000 US-Dollar und *diversity of citizenship.*

Das eigentliche Vollstreckungsverfahren unterscheidet sich danach, ob der Staat, in dem um Vollstreckung nachgesucht wird, den *Uniform Foreign Money-Judgments Act* in lokales Recht umgesetzt hat. Das ist nur 22 Staaten der Fall. Die übrigen Staaten verfahren nach der *Hilton v. Guyot*-Doktrin. Die entscheidenden Elemente für eine Anerkennung nach *Hilton v. Guyot* ist die

> [o]pportunity for a full and fair trial before a foreign court of competent jurisdiction, conduction for the trial on regular proceedings, after due citation of voluntary appearance of the defendant, and under a system of jurisprudence likely to secure an impartial administration of justice between the citizens of that country and those of other countries, and there is nothing to show either prejudice in the court, or in the system of laws under which it was sitting, or fraud in the procuring the judgment,...[1717]

Ein Urteil, auf das der *Uniform Foreign Money-Judgments Recognition Act* Anwendung findet, wird die Urteile der anderen Bundesstaaten nach *full faith and credit* vollstreckt, § 3. Ähnlich dem UNÜ sieht auch der *Uniform Act* Vollstreckungsversagungsgründe vor. Die *Hilton*-Doktrin gibt nicht so viele Versagungsgründe vor – sinngemäß hatte der *Supreme Court* aber schon 1895 die Aner-

---

[1717] 159 U.S. 113, 123. Siehe auch LOWENFELD, INTERNATIONAL LITIGATION AND ARBITRATION 388.

kennungsvoraussetzungen und Versagungsgründe im Sinne von Absatz (a) angeführt.[1718]

Die Gründe sind nach § 4:

> (a) A foreign judgment is not conclusive if
>
> (1) the judgment was rendered under a system which does not provide impartial tribunals or procedures compatible with the requirements of due process of law;
>
> (2) the foreign court did not have personal jurisdiction over the defendant; or
>
> (3) the foreign court did not have jurisdiction over the subject matter.
>
> (b) A foreign judgment need not be recognized if
>
> (1) the defendant in the proceedings in the foreign court did not receive notice of the proceedings in sufficient time to enable him to defend;
>
> (2) the judgment was obtained by fraud;
>
> (3) the [cause of action][claim for relief] on which the judgment is based is repugnant to the public policy of this state;
>
> (4) the judgment conflicts with another final and conclusive judgment;
>
> (5) the proceeding in the foreign court was contrary to an agreement between the parties under which the dispute in question was to be settled otherwise than by proceedings in that court; or
>
> (6) in the case of jurisdiction based only on personal service, the foreign court was a seriously inconvenient forum for the trial of action.

Diese Gründe sind abschließend.[1719] Im Hinblick auf die Verfahrensgrundrechte (*due process*) verlangen die US-Gerichte keine Identität, sondern nur die Vereinbarkeit mit US-amerikanischen Vorstellungen.[1720] Mangelnde *in personam* oder *in rem jurisdiction*, § 5,[1721] ist der häufigste Grund, aus dem die Vollstreckung in den USA versagt wird – hier werden US-Maßstäbe angelegt.[1722] Bei der Vollstreckung eines Urteils sollte beachtet werden, daß in der Regel keine Erstattung der Anwaltskosten erfolgt.[1723]

[1718] 159 U.S. 113, 205-206.

[1719] LOWENFELD, INTERNATIONAL LITIGATION AND ARBITRATION 391.

[1720] Brand, *Enforcement of Foreign Money-Judgments in the United States*, 67 NOTRE DAME L. REV. 253, 271.

[1721] Zu den Definitionen: Schack, S. 23.

[1722] Brand, *Enforcement of Foreign Money-Judgments in the United States*, 67 NOTRE DAME L. REV. 253, 271-272; LOWENFELD, INTERNATIONAL LITIGATION AND ARBITRATION 392.

[1723] Rassmann, RIW 96, 817, 825.

4. Teil: Schlußfolgerungen

A. Zusammenfassung

Ein zusammenfassender Blick auf die Entwicklung der letzten Jahre macht deutlich: Die Gerichte betrachten die Schiedsgerichtsbarkeit immer mehr als einen parallelen Spruchkörper zur ordentlichen Gerichtsbarkeit.[1724] Sie verstehen den *Federal Arbitration Act* als „almost untouchable and separate, decisionsmaking institution."[1725] Die Schiedsgerichtsbarkeit soll trotz ihres materiell- und verfahrensrechtlichen Doppelcharakters auf die gleiche Stufe mit anderen Verträgen gestellt werden. An ihrer vertraglichen Bindung sollen die Parteien dann auch in der Vollstreckung festgehalten werden; das Vollstreckungsverfahren soll also nicht dazu dienen eine unvorteilhafte Vertragsbindung wieder rückgängig zu machen: „[O]nce one has agreed to arbitrate, he has made his bed and must lie in it."[1726]

Die vorliegende Untersuchung der Rechtsprechung macht das auch für die internationale Schiedsgerichtsbarkeit deutlich. Die Gerichte sind mehr als nur zurückhaltend in der Beurteilung von Schiedssprüchen und erteilen einem *second-guessing* oder der *Révision au fond* eine ganz klare Absage. In die Gefahr, einer Kontrolle der materiell-rechtlichen Entscheidung gerät das Gericht insbesondere, wenn nicht rein verfahrensrechtliche Mängel gerügt werden, wie die Zuständigkeit der Schiedsrichter, Fristen, Schiedsfähigkeit des Streitgegenstandes. Mit ihrem „completely irrational"-Standard geben die Gerichte eine kaum zu erfüllende Mangelhaftigkeit des Schiedsspruches vor. Gleichzeitig weisen die Gerichte immer wieder auf ihren sehr geringen Kontrollmaßstab bei der Überprüfung von Schiedssprüchen hin.

Dagegen verspricht die Rüge von Mängeln im Schiedsverfahren selbst mehr Aussicht auf Erfolg. Aber auch hier machen die Gerichte deutlich, daß die Schiedsverfahren weit weniger formalistisch sind als ordentliche Gerichtsverfahren. Nur eklatante Verfahrensmängel (*due process*) werden zum Erfolg führen, vor allem wenn sie sich auch im Schiedsspruch niedergeschlagen haben. Hätten die Parteien die Mängel im Schiedsverfahren vorbringen können werden, haben sie konkludent auf ihre Einwendungen verzichtet. Hatten die Schiedsrichter dagegen Gelegenheit darüber zu entscheiden, erkennen die Gerichte regelmäßig diese Entscheidungen an.

Die Problematik der beschriebenen Entwicklung liegt auf der Hand: schrauben die Gerichte ihren Prüfungsmaßstab zurück, ergibt sich in gleicher Maße das Risiko,

---

[1724] Sullivan, 62 TUL. L. REV. 1113, 1138.
[1725] Sever, 65 TUL. L. REV. 1661, 1678.
[1726] Lord, 9 MAR. LAW. 227, 244.

daß auch Schiedssprüche durchgesetzt werden können, die auf unfairen Verfahren beruhen.[1727] So wird auch in US-Kommentierungen geltend gemacht, daß gerade die konstante Gefahr der Aufhebung eines Schiedsspruches durch die Gerichte, die Schiedsrichter zu sorgfältiger Arbeit anhält.[1728] Umgekehrt würde jede Ausdehnung der gerichtlichen Kontrolle Vollstreckungsgegner nur ermuntern, Vollstreckungsverfahren in die Länge zu ziehen.[1729]

> Recent domestic arbitration decisions also illustrate a trend towards enforcement. The Supreme Court has been strongly supportive of commercial arbitration, setting aside state statutes that stood in the way. The pro-enforcement policy of United States courts under the New York Convention is consistent with its support of domestic arbitration.[1730]

B. Hinweise für die Vollstreckung

Die Partei, die die Vollstreckung ihres Schiedsspruches in den USA betreibt, hat grundsätzlich die Wahl eines Vollstreckungmechanismus. Sie wird dabei in weitaus meisten Fällen die Vollstreckung nach Kapitel 2 des *FAA*, also der *New York Convention*, wählen. Die *New York Convention* hat sich in den letzten Jahrzehnten als Vollstreckungsgrundlage bewährt. Das bestätigt die Rechtsprechung der US-Gerichte. Die internationalen Schiedsgesetze einiger US-Staaten haben daran nichts geändert. Diese können aber durchaus dann von Bedeutung werden, wenn eine Vollstreckung nach den etablierten Grundlagen nicht möglich erscheint. Ihre Verfahren sind wesentlich umfassender als das des *Federal Arbitration Act* und an der Schiedsfreundlichkeit dieser Gesetze bestehen keine Zweifel. Die *New York Convention* hindert im Grundsatz nicht ihre Anwendbarkeit. Vorsicht ist dann geboten, wenn über eine *choice-of-law clause* das Recht eines bestimmten Staates gewählt wurde. Je eindeutiger diese Rechtswahl in Bezug auf das anwendbare Verfahrensrecht formuliert ist, je eher ist auch von der Anwendung des Schiedsrechtes dieses Staates (auch in der Vollstreckung) auszugehen. Insgesamt gilt aber, daß die zunehmende Zersplitterung des US-amerikanischen Schiedsrechts zur Kenntnis genommen werden sollte, in der Vollstreckung ausländischer Schiedssprüche aber – soweit ersichtlich – keine Probleme bereitet hat.

Für die Wahl zwischen den Gerichtszweigen gilt folgendes: grundsätzlich finden die gleichen Rechtsordnungen Anwendung. Aus Praktikabilitätsgründen kann ein Verfahren vor den *State Courts* sinnvoll erscheinen. Dabei sollte aber immer bedacht werden, daß eine auf Obstruktion bedachte Gegenseite mit ziemlicher Si-

---

[1727] Sever, 65 TUL. L. REV. 1661, 1692.

[1728] Sever, 65 TUL. L. REV. 1661, 1696-1697.

[1729] Carter, 17 Can.-U.S. L.J. 481, 487.

[1730] Coulson, *enforcement of foreign awards in US courts, in:* COMTEMPORARY PROBLEMS IN INTERNATIONAL ARBITRATION, 353, 358 (Lew ed., 1987).

cherheit den Verweis an ein Bundesgericht beantragen wird, um eine Verzögerung des Verfahrens zu erreichen.
Unbedingt sollte möglichst bald nach Erlaß des Schiedsspruches auch dessen Vollstreckung in den USA betrieben werden, denn sonst droht die Vollstreckbarkeitserklärung an der Drei-Jahres-Frist nach 9 U.S.C. § 207 zu scheitern. Das gilt auch dann, wenn im Vollstreckungsverfahren sofort die Aussetzung drohte, weil der Prozeßgegner seinerseits parallel das Aufhebungsverfahren betreibt. Zwar wird im Regelfall auch noch die Vollstreckung eines den Schiedsspruch bestätigenden Urteils möglich sein; jedoch kann hier nicht auf eine internationale Konvention zurückgegriffen werden.
Keine Aussicht auf Erfolg hat die Taktik, über einen Schiedsverfahren schnell an einen Titel gegen eine insolvente Partei zu gelangen, um so ein im Ausland schwebendes Konkursverfahren umgehen zu können. Hier verweigert die US-Rechtsprechung dem Schiedsspruch die Anerkennung, gerade um diese Umgehung zu verhindern. Im übrigen sind die Gerichte sehr vollstreckungsfreundlich. Grenzen hat die Rechtsprechung eher angedeutet als durchgesetzt, so bei der Umgehung zwingender amerikanischer Gesetze oder bei gänzlich fehlender Schiedsabrede.

C. Hinweise für die Vollstreckungsabwehr

Die Vollstreckungsabwehr ist ausgesprochen schwierig und wenig aussichtsreich. Hier sollte sich die unterlegene Partei vor Augen führen, daß in nur zehn Entscheidungen (von allein im *Yearbook of Commercial Arbitration* berichteten 238 Fällen)[1731] die Vollstreckung eines Schiedsspruches versagt wurde.[1732]

Von vorneherein sollte deshalb die unterlegene Partei eine zweigleisige Strategie verfolgen, nämlich die Aufhebung des Schiedsspruches am Ort des Schiedsverfah-

---

[1731] XXII Y.B. COM. ARB. (1997).

[1732] Transatlantic Bulk Shipping v. Saudi Chartering (622 F.Supp. 25): fehlende sachliche Zuständigkeit; B.V. Wijsmuller v. United States (III Y.B. COM. ARB. 290): Bergung eines Kriegsschiffes kein Handelsgeschäft; Iran Aircraft v. AVCO (980 F.2d 731), Sesostris v. Transportes Navales (727 F.Supp. 731): Unvereinbarkeit der Vollstreckung mit Art. V(1)(b); Dworkin-Cosell v. Avraham (728 F.Supp. 156), Creighton Ltd. v. Qatar (XXI Y.B. COM. ARB. 751): mangelnde Verbindlichkeit nach Art. V(1)(e). Viermal versagten die Gerichte auch die Vollstreckung auch aus *public policy*-Gründen, jedoch nur die *Laminoirs v. Southwire*-Entscheidung (484 F.Supp. 1963) unter Art. V(2)(b). Die übrigen Entscheidungen verneinten den Anwendungsbereich des UNÜ oder ergingen nur im internationalen Rahmen: Victrix Steamship Co. v. Salen Dry Cargo (825 F.2d 709 – wegen *comity* für ausländisches Konkursverfahren), Sea Dragon v. Gebr. van Weelde (574 F.Supp. 367 – wegen *comity* für Beschlagenahme eines ausländischen Gerichts) und Corcoran v. Ardra Ins. (77 N.Y.2d 225 – Streitgegenstand vom New Yorker Konkursrecht überlagert).
Hier sollte auch noch auf die vorläufigen Vollstreckungsversagungen nach Art. VI hingwiesen werden: Fertilizer v. IDI (517 F.Supp. 948); Spier v. Tecnica (663 F.Supp. 871); Gesco Ltd. v. Hang Yang (XV Y.B. COM. ARB. 575); Hewlett Packard v. Berg (61 F.3d 101); Europcar Italia v. Maiellano Tours (156 F.3d 310 – eine Aussetzung nahelegend). Sowohl die *Spier*- wie die *Europcar*-Entscheidung drehten sich um das italienische Recht (*arbitrato irrituale*).

rens sowie die Versagung der Vollstreckung in den USA. Schließlich können die Aufhebungsgründe im Herkunftsstaat weiter gefaßt sein.[1733] Dabei kann es auf Grundlage von 9 U.S.C. § 202 durchaus vorkommen, daß ein und dasselbe US-Gericht sowohl für die Aufhebung wie die Vollstreckung und deren Versagung zuständig sind. Dennoch handelt es weiterhin um zwei von einander unabhängige Verfahren, die jedoch in der Praxis schon zusammengefaßt wurden.

Zu warnen ist allerdings, vor einer allzu leichtfertigen Aufhebungsklage. Hier haben die Gerichte vereinzelt die Regel aufgehoben, daß sie keine Kostenentscheidung treffen:

> A court has discretion to award attorney's fees where the losing party has acted in bad faith, vexatiously, wantonly or for oppressive reason. ... In the arbitration context, attorney's fees are warranted where a party's refusal to comply with the arbitrator's decision was in bad faith or frivolous.[1734]

Noch weitergehend griff das New Yorker *District Court* zu der höchst ungewöhnlichen Maßnahme und legte dem Vollstreckungsgegner eine Geldstrafe auf (Anwaltskosten der Gegenseite in Höhe von 1000 US-Dollar). Zur Begründung führte das Gericht aus, daß der Vollstreckungsgegner weder die jüngste Rechtsprechung des Gerichts erörtert, noch die Stellungnahmen des Berufungsgerichts berücksichtigt habe. Es wertete die Verteidigungsvorbringen nur als einen letzten Versuch, der Vollstreckung des Schiedsspruches zu entgehen.[1735] Schließlich sollte gerade bei den auf Schnelligkeit und Effizienz angelegten Schiedsverfahren das gerichtliche Tätigwerden auf die irgendwie erfolgversprechenden Fälle beschränkt werden.[1736]

Es erscheint vergleichsweise aussichtsreich in der Vollstreckung, eine Aussetzung des Verfahrens nach Art. VI UNÜ zu erreichen. Damit mag der unterlegenen Partei im Einzelfall mehr geholfen sein, als die endgültige Versagung der Vollstreckung zu verfehlen. Letzteres erscheint mit Blick auf die Gerichtsurteile beinahe sicher. Hier muß allerdings betont werden, daß viele Sachverhalte kaum einen ernsthaften Test der Versagungsgründe darstellten.[1737]

Einen Ansatzpunkt für eine Verteidigung bietet sicherlich die Gesetzgebungstechnik, die bei der Umsetzung von UN-Übereinkommen und *Inter-American Con-*

[1733] Lamm, 36 FED. B. NEWS & J. 276, 278.

[1734] Jamaica Commodity Trading Co. v. Rice, No. 87 Civ. 6369, 1991 U.S. Dist. LEXIS 8976, at *15-16 (S.D.N.Y. July 2, 1991); Dreis & Krump Mfg. v. Int'l Ass. of Machinists and Aerospace Workers, 802 F.2d 247, 254-255 (7th Cir. 1986).

[1735] Jardine Matheson & Co. v. Saita Shipping, 712 F.Supp. 423, 428-429 (S.D.N.Y. 1989).

[1736] Jardine Matheson, 712 F.Supp. 423, 429.

[1737] VAN DEN BERG, NEW YORK CONVENTION 368.

vention gewählt wurde. Mit den Verweisen auf Kapitel 1[1738] wird die unterlegene Partei geradezu herausgefordert, gerichtlich die Unterschiede und Unstimmigkeiten zwischen den Kapiteln auszutesten. Für das Verhältnis zwischen UNÜ und *Inter-American Convention* ist diese Taktik jedoch wenig erfolgversprechend. Es kann davon ausgegangen werden, daß sich die Vollstreckungsgerichte an den Präzedenzfällen zum UNÜ orientieren werden. Ebenso macht es natürlich nur Sinn, auf die Unterschiede zwischen Kapitel 1 und 2 abzustellen, wenn materielle Unterschiede auszumachen sind. Die Unterschiede sind aber minimal, schließlich hat die Rechtsprechung auch im nationalen Schiedsrecht der USA lang anerkannte Ausnahmen nicht-schiedsfähiger Streitgegenstände inzwischen für arbitrabel erklärt. Sollte sich tatsächlich ein Unterschied ergeben, der im nationalen Recht eine Versagung der Vollstreckung rechtfertigen würde, muß der Vollstreckungsgegner aber in internationalen Verfahren mit einer noch stärkeren Vermutung zugunsten der Vollstreckbarkeit rechnen. Allgemein werden für internationale Verfahren weniger strenge Maßstäbe angelegt.

Im Einzelfall mögen die internationalen Schiedsgesetze durchaus einen Ansatzpunkt für die Verteidigung bieten. Schließlich sind sie bei weitem ausgefeilter als der *Federal Arbitration Act*, können aber zumeist nur als Definitionsgeber fungieren in den engen Grenzen, die das Bundesrecht vorgibt. In Anbetracht der angesprochenen starken *preemption*-Bedenken wird sich entgegenstehendes Einzelstaatenrecht kaum durchsetzen, sondern nur als Ausformung geltenden Bundesrechtes dienen können. Eine Ausnahme gilt – neben den erwähnten anderen Möglichkeiten – vor allem dann, wenn die Parteien ausdrücklich das internationale Schiedsrecht eines Bundesstaates gewählt haben.

Insgesamt scheinen Verteidigungsvorbringen nur dann Aussicht auf Erfolg zu haben, wenn das Schiedsverfahren durch eklatante Verfahrensmängel (*due process*) gekennzeichnet ist, die sich kausal auf dessen Ergebnis ausgewirkt haben; ganz vereinzelt auch, wenn gravierende, ungerechtfertigte Nachteile durch die Vollstreckung selbst zu befürchten waren.[1739] Wendet sich die Verteidigung gegen die materielle Entscheidung, so ist klar, daß nicht jede falsche Rechtsanwendung zur Vollstreckungsversagung führen kann. Mit dem „completely irrational"-Standard legen die Gerichte einen so hohen Maßstab, der kaum jemals erfüllt sein wird. Aussicht auf Erfolg hat die Einrede, wenn die unterlegene Partei nachweisen kann, gar keine Schiedsabrede getroffen zu haben oder dieser Streitgegenstand (*extra petita*) nicht mehr der Entscheidung der Schiedsrichter unterstellt worden war.

[1738] Insbesondere 9 U.S.C. § 208, wonach die Vorschriften von Kapitel 1 Anwendung finden, solange sie nicht Kapitel 2 widersprechen.

[1739] Victrix Steamship Co. v. Salen Dry Cargo A.B., 825 F.2d 709; Hewlett-Packard Co. v. Berg 61 F.3d 101.

D. Ausblick

Die US-Gerichte haben über mehr als zwei Jahrzehnte ihren Willen dokumentiert, der Schiedsgerichtsbarkeit als alternativem Streitbeilegungsmechanismus die Bahn zu brechen. Tatsächlich könnte die Rechtsprechung mit der Bewegung eines Pendels verglichen werden.[1740] Im Augenblick scheint sich das Pendel immer noch weiter zugunsten der Schiedsgerichtsbarkeit zu bewegen. Anzeichen dafür, daß das Pendel irgendwie zurückschwingt in Richtung einer weniger schiedsfreundlichen Rechtsprechung ergeben sich noch nicht.[1741] Der *Supreme Court* hat bislang Begrenzungen wie in *First Options v. Kaplan* oder auch in *Mitsubishi* eher angedeutet. Auch die *Volt*-Entscheidung war im Ergebnis nur der Beginn einer anders akzentuierten *pro-arbitration policy*. Die Beschränkungen durch *state law*, die zunächst möglich erschienen, wurden schließlich de facto wieder revidiert.[1742] Immer wieder betonte das Gericht den sehr geringen Prüfungsumfang bei der Vollstreckung. Dahinter steht natürlich der Gedanke, unterlegene Parteien nicht zu ermutigen, über das Vollstreckungsverfahren der Zielsetzung eines Schiedsverfahrens zuwiderzuhandeln. Nachteil dieser Entwicklung ist, daß der *Supreme Court* es versäumte, klare Richtlinien aufzustellen, wie die traditionellen, dem nationalen Recht entspringenden Einwendungen von *fraud, duress* und *mistake* in der internationalen Schiedsgerichtsbarkeit anzuwenden sind.[1743]

Die Rechtsprechung sollte jedoch nicht verkennen, daß das Vertrauen in die Schiedsgerichtsbarkeit sich auch auf das Vertrauen stützt, völlig ungerechtfertigte Ergebnisse des Schiedsverfahrens noch auf der Vollstreckungsebene korrigieren zu können. Kritisch muß hier jedoch bemerkt werden, daß die Rechtsprechung in den USA es in ihrer guten Willen der Schiedsgerichtsbarkeit Anerkennung zu verschaffen, doch gelegentlich übertrieben hat. Zum Teil erscheinen ihre Begründungen bei der Vollstreckung ausländischer Schiedssprüche doch etwas zweifelhaft. Eine einigermaßen klare Systematik der Vollstreckungsversagung hat sich nicht herausgebildet. Sicherlich ist die Rechtsprechung von dem Gedanken getragen, die Parteien nicht zu ausgedehnten Rechtsstreitigkeiten zu anzuregen; es besteht aber auch die Gefahr, daß sie der Schiedsgerichtsbarkeit auch einen Teil ihrer Attraktivität nimmt, der sich gerade aus der Sicherheit und der Überzeugung der Parteien ergibt, zur Not (allerdings auch nur dann!) könnte die Vollstreckung eines völlig unbilligen Spruches noch im Vollstreckungsverfahren verhindert werden.[1744] Es bietet sich die Formel an: „Vertrauen ist gut, etwas Kontrolle sollte aber

---

[1740] VAN DEN BERG, NEW YORK CONVENTION 368. Carter, 17 Can.-U.S. L.J. 481.

[1741] Anders: Carter, 17 Can.-U.S. L.J. 481.

[1742] Anders: Carter, 17 Can.-U.S. L.J. 481, 483.

[1743] Allison, *Arbitration of Private Antitrust Claims*, 18 N.Y.U. J. INT'L L. & POL. 361, 437.

[1744] Ähnlich: Lord, 9 Mar. Law. 227, 243; Park, *Safeguarding Procedural Integrity*, 63 TUL. L. REV. 647, 707.

sein."[1745] Die Zeit ist vorbei, der Schiedsgerichtsbarkeit im internationalen Geschäft den Rücken stärken zu müssen.[1746] Sie ist international wie national akzeptiert. Die Rechtsprechung kann es sich nach Jahrzehnten beinahe rückhaltloser Vollstreckung jetzt erlauben, ein vernünftiges System von Mängeln zu entwickeln, die eine Vollstreckung eines Schiedsspruches unmöglich macht. Das würde gleichzeitig als Warnung für die Schiedsrichter gelten, nicht allzu unbekümmert das Verfahren zu betreiben, sondern sich genau an die rechtlich gemachten Vorgaben zu halten.

Problematisch könnte sich in Zukunft die starke Betonung der Parteiautonomie auswirken. Hier läßt sich die Entwicklung noch nicht vorherbestimmen. Es ist zu befürchten, daß über die Parteivereinbarung anerkannte Elemente der Schiedsgerichtsbarkeit, wie das Fehlen einer Berufungsinstanz, unterlaufen werden könnten. Parteivereinbarungen, die traditionellen Prinzipien der Schiedsgerichtsbarkeit widersprechen, fordern gerichtliche Auseinandersetzungen geradezu heraus.

Insgesamt gilt aber:

> „[T]he United States is most hospitable to arbitration and arbitral awards."[1747]

[1745] Ähnlich: Carter, 17 Can.-U.S. L.J. 481, 489.
[1746] Ähnlich: Henderson Bouzari, 30 TEX. INT'L L.J. 205, 211.
[1747] Smit, *International Arbitration in the U.S.*, 1 Am. Rev. Int'l Arb. 64, 76.

Enforcement of Foreign Arbitral Awards in the United States:

Decisions of United States Courts

English Language Summary

I – Introduction

"Going global" is one of the current trends in international commerce. International commerce requires a dispute resolution that fits its specific needs since a foreign businessman typically prefers to avoid local courts. The advantages of international arbitration as a mechanism for dispute resolution are widely recognized in the world of international business.

This study focuses on one major advantage of international arbitration, the enforceability of the arbitral award which is, unlike the enforcement of a foreign judgment, governed by various legal structures. Enforcement of the award is a critical interface between the private arbitration and the enforcement procedure through (public) state courts. This means that the courts at the very last stage of the procedure define the framework of arbitration. By analyzing court decisions this study searches to give useful hints for the party applying for the enforcement of an arbitral award well as the party opposing enforcement.
This study is also intended as a practical guideline, or manual, of how to enforce an arbitral award in the United States.

II - Background

In the United States the courts were traditionally not receptive towards arbitration (ousting doctrine). It was the State of New York that first introduced its Arbitration Law in 1920, soon to be followed by the Federal Arbitration Act in 1925. Again, in the field of international business the United States was originally reluctant to implement international conventions on arbitration and preferred to include a provision on arbitration in bilateral Treaties of Friendship, Commerce and Navigation. Although, the Convention on the Settlement between States and Nationals of other States (ICSID) came into force on Oct. 14, 1966, the most important mechanism for the enforcement of foreign awards, the United Nations Convention on the Enforcement of Foreign Arbitral Awards (New York Convention of 1958), was not implemented into US law before Dec. 29, 1970 – for reasons that can hardly be traced today. It was followed by the Inter-American Convention on International Commercial Arbitration in 1990 (Panama Convention).

In contrast to the foregoing, the US Supreme Court rather early supported arbitration; in international transactions even more strongly as evidenced by the decisions in *M/S Bremen v. Zapata Off-Shore Co., Scherk v. Alberto-Culver Co.* and *Mitsubishi Motors Corp. v. Soler-Chrysler-Plymouth.*

Following a trend in the late 80′s, eleven US states enacted specific international arbitration acts: Florida, California, Hawaii, Georgia, Texas, Connecticut, Maryland, North Carolina, Oregon, Ohio and Colorado. Those arbitration acts can be roughly divided into three groups: (1) acts that complement the local arbitration act; (2) acts that incorporate the UNCITRAL model law; (3) acts that only partially refer to the UNCITRAL model law.

III – Applicable law for the enforcement of a foreign arbitral award

In the vast majority of cases the New York Convention will apply. Only when an award is not made in a signatory state or the dispute is not considered commercial is its application excluded. Therefore, most US court decisions on the enforcement of foreign awards deal with the New York Convention. They reflect the tendency of the courts to decide in favor of the applicability of the Convention. Courts may deny applicability of the Convention only when a dispute has no reasonable relation with a foreign country, especially when they have the impression that mandatory US laws shall be circumvented.

Obviously, such a broad scope of application may conflict with the application of the other above-mentioned enforcement mechanisms. For the relation between New York and Panama Conventions such conflict is governed by 9 U.S.C. § 305; for ICSID such conflict is unlikely because ICSID provides for an autonomous enforcement proceeding which does not entitle an enforcing court to a review comparable to the refusal provisions of Art. V of the UN Convention. In case of conflicts between the Friendship treaties and the Conventions the more recent and typically more homogenous system of the international conventions should be applied.

Confusion, however, arises in the relation between the FAA and the international arbitration acts of the US states. This is due to the fact that chapter 2 and 3 of the FAA implementing the international conventions into US law also refer to chapter 1 of the FAA, the national US arbitration law. Chapter 1, however, is not a comprehensive legislation on arbitration. It leaves – in theory – enough room for the application of the more detailed international arbitration acts of the US states.
Contract law is the subject of state legislation and, therefore, arbitration as a creation of the parties′ will is theoretically governed by state law. Enactment of a federal law like the FAA requires a (constitutional) justification, which is the competence of the federal legislator.

This study concludes that according to the Supreme Court the starting point for the interpretation of an arbitration clause must be the will of the parties as expressed in the arbitration clause.

In explaining the scope of application of the US state international arbitration acts the following situations must be distinguished:
(1) Arbitration clause explicitly provides for the application of for a state law: If the parties′ agreement provides for a particular (international arbitration) state law this is the same as agreeing to particular arbitration rules. The role of the FAA would be limited to the enforcement of such clause.
(2) International conventions are not applicable: State arbitration laws may apply when the international conventions do not apply; or the FAA does not apply due to lack of a US nexus.
(3) Choice of law clauses: The more imprecise and general choice-of-law clauses are, the more problems their interpretation may cause. Three scenarios appear possible: 1) the parties want to determine only the applicable material law; 2) they want to determine the applicable material and procedural law; or 3) a combination of state and federal law. For international legal transactions an interpretation of the arbitration clause should consider the following: since foreign parties typically are not familiar with the particular of a federal state′s laws it can be assumed that they wanted to rely on the well-known, long established *Federal Arbitration Act*.
(4) No choice of law clause: If the parties only provide for arbitration without determining the applicable law it is the duty of the arbitrators to find the applicable law. Usually, they will refer to the seat of the arbitration panel as an indication for the applicable law.
(5) Reference to state law: State law may apply whenever federal or case law refers to state law. Also, the more-favorable-right provision of Art. VII(1) of the New York Convention leaves room for more favorable provision of state arbitration laws.
(6) Complementary function: State law may also apply to fill the gaps of federal law when the parties assumed that their contractual relation is governed by local law.

Summarizing the foregoing, it appears that the international state arbitration acts have a subordinate but still noticeable role in international arbitration. The more precisely the parties provided for a state law in their contract, the more likely a state court will refer to state law. Accordingly, this means for the enforcement procedure in case of:
(1) An explicit parties′ agreement: It would be inconsistent if on the one hand the arbitration procedure would be governed by a state arbitration law, but on the other hand the enforcement of the award then would be governed by federal law. However, this is only half way towards a solution because not every state has

enacted an international arbitration act and not all of them have provisions on the enforcement:
(a) State acts providing for an enforcement procedure such as the Florida, New York, Connecticut, Georgia, North Carolina, Ohio and Oregon Acts can be made the basis for enforcement if enforcement is planned for the respective state territories. Otherwise, enforcement by the rules of a sister state could be considered a violation of the respective state's sovereignty. This problem can be avoided by seeking an exequatur ruling at the place of arbitration which can then be enforced in a sister state according to full faith and credit.
(b) When a state enacts an international arbitration act without provisions for enforcement those acts can be complemented by the Federal Arbitration Act because it can be assumed that the states' legislators assumed that their enforcement provisions would be preempted by federal law.
(c) If the parties had agreed on the law of a particular state without an international arbitration act, the enforcing court could use the Federal Arbitration Act. If the court rejects a party's application for enforcement this would clearly contravene the strong pro-arbitration policy.

(2) Non-applicability of federal law: If federal law is not applicable, state law may serve as ground for enforcement. One may argue that even after expiration of the 3-year-time limit for the enforcement (9 U.S.C. § 207) a prevailing party may refer to the state acts for enforcement. In such a situation a removal according to 9 U.S.C. § 205 might be excluded since an award whose enforcement is time-barred is no longer be covered by the Conventions. Then, the choice of a State Court against a Federal Court would be determinative for the outcome of a dispute and, as such, unconstitutional. In practice this question can be easily avoided by the enforcement of the foreign exequatur judgment.

(3) Complementary function: A complementary function of state law requires two necessary preconditions: (1) state law is not per se (e. g. by choice of law of the parties) applicable; (2) the applicable law has gaps. Such complementary application may, however, not be used to disregard the parties' choice of law by introducing a state law through the backdoor: if the parties provided for example for ICC rules questions on procedural issues such as the bias of an arbitrator must be determined according to those rules and not according to the state law. Only if those rules do need complementary interpretation a judge may refer to state law for definitions/interpretation. Conflicts between state law and the chosen law must solved in favor of the latter.

At the enforcement stage such problem will typically not arise since the parties usually do not provide for the applicable law for the enforcement of the award. The enforcing judge must, therefore, attempt to not introduce additional defenses/requirements for enforcement by the complimentary use of state law. The grounds for refusal are exhaustive.

It can be concluded that usually the International Arbitration Acts have no relevance in international arbitration. This is underlined by the fact that there are no court decisions on those acts.

State law may only apply if the parties agreed explicitly on this International Arbitration State Law. An enforcing judge may also refer to state law to complement the gaps in federal law. A potential defense to enforcement could be to use the specific refusal provisions of those state laws.

IV – The enforcement procedures and the defense mechanisms

1. General

Although the courts of both jurisdictions (state or federal courts) are trial courts of general jurisdiction and as such competent courts for the enforcement of arbitral awards, the vast majority of arbitration cases are decided by the federal courts. In cases of international arbitration proceedings in the United States the same court can be the competent court for vacation of an award as well as for its enforcement. However, the court has to deal with two independent, parallel proceedings. The grounds for vacation according to national law are not narrowed by such a simultaneous competence.

2. United Nations Convention on the Recognition and Enforcement of Foreign Arbitral Awards

a. Formal requirements

The formal requirements of the New York Convention did not present problems for the US courts. These courts generally chose a flexible definition of the writing requirement in favor of the New York Convention and even accept arbitration agreements by conduct. However, they appear to be rather strict on the time-limit for enforcement (three years). The US courts assume their jurisdiction even when it could be doubted because of the lack of a US nexus.

b. Refusal of enforcement

If the prevailing party has fulfilled the formal requirements of Art. IV, a court can only refuse enforcement if the respondent proves one of the refusal grounds of Art. V. Here, courts have to distinguish precisely between the enforcement proceedings and the confirmation (or vacation) of an award according to US law in an international arbitration proceeding. This is important against the background that the refusal grounds of Art. V are exhaustive and shall not be complemented by refusal grounds according to national law.

- The refusal grounds of Art. V (1)
The refusal grounds can be classified into two groups: the grounds that have to be invoked by a party and the grounds that can be applied by the court on its own motion.

- Art. V(1)(a) refers to problems with the validity of the arbitration agreement and was especially discussed against the background of bankruptcy. Presumably due to the Supreme Court decision in *Prima Paint*, which drastically limited the scope of review of the arbitrators′ decision to the validity of the arbitration clause itself (separability doctrine), Art. V(1)(a) was not very often invoked. The Circuit Courts also stressed that particularly in international proceedings the parties′ intent to arbitrate must be fully respected. Only in extreme cases such as manifest disregard of the law may courts overturn the arbitrators′ award but the decision whether there was an agreement to arbitrate must be reserved for the courts. After a review of the court decisions Art. V(1)(a) is not very promising from the respondent's point of view. In any case, a party should invoke its doubts on the validity in the arbitration proceeding itself to avoid the argument that it has waived its defense in the arbitration proceeding.

- Art. V(1)(b) could be titled the "due process refusal ground". The enforcement courts usually look at the arbitration itself and ask whether the parties had opportunity to present their case. Tactical considerations withholding arguments during arbitration shall not be awarded at the enforcement stage. If the arbitrators decided on the objections the courts will not review this decision. Generally, the courts follow a narrow review standard. Hence, the parties are encouraged to participate actively in the arbitration.
Art. V(1)(b) is only promising when the party opposing enforcement can prove that it has made all efforts to present its case. The courts rely on a synopsis leaving the arbitrators a broad discretion and ask whether the losing party got a fair arbitration that is not affected by a serious due process violation.

- Also under Art. V(1)(c) the US courts proved their pro-enforcement policy. Many of the reviewed court decision reflect that the respondents were apparently following dilatory tactics. The courts acknowledge the arbitrators′ right of a preliminary, first decision on their competence. Since parties cannot be forced into arbitration a loosing party will try to establish doubts on the arbitration agreement. The final decision on the competence of the arbitrators, however, is reserved to the courts.
The decisions reflect a low review standard: only absolutely irrational awards are not enforced. Even if the award only provides for minimal reasoning the award will

be enforced. A court will not deny enforcement only for formal inconsistencies and faults if a different outcome is not likely. The courts repeat that the respondent has to overcome a strong presumption that the panel did not act within its competence.

- Under Art. V(1)(d) enforcement can be refused in case of irregularity of the composition of the arbitral tribunal or the arbitral procedures. The courts follow the same guidelines under this refusal provision. They look at the law of the place of arbitration to enforce an arbitration clause and award in favor of the "arbitration-conform" party. The courts implicitly use a broad definition of the arbitration procedure, which may include the decision on the cost as well as a narrow standard for the determination of the irregularity of the procedure having an impact on the result of the arbitration. If objection could have been raised in the arbitration a party has waived this objection for the enforcement procedure.

- Also under Art. V(1)(e) (award not binding, suspended or set aside) the courts continue their pro-enforcement policy. However, the decisions reflect some uncertainty with the handling of a parallel court proceeding in the country of origin of the award. There is also the question in how far they have to rely on the local law for the definition of "binding" or "suspended".
Usually the enforcement of partial award will not experience problems; also an award merged into an exequatur judgment still can be enforced as an award.

- Art. VI offers the possibility to adjourn enforcement if an application to set aside the award has been made in its country of origin. In the practice of the courts it is a relatively promising defense. The courts unanimously consider the adjournment of the enforcement in their discretion; they include in their balance the likelihood of an inconsistent result between the proceedings for vacation and those for enforcement. The standard to meet such likelihood sometimes only requires a relatively low probability.
Despite a parallel proceeding for vacation a prevailing party should not disregard the three-year-time limit for enforcement because otherwise it might be referred to the double exequatur procedure.

- Art. V(2)

- Art. V(2)(a) deals with the lack of subject matter arbitrability. After the Supreme Court's decision in *Mitsubishi* its importance as a defense in the enforcement proceedings can be assessed low, although in principle the Supreme Court upheld the idea that there are non-arbitrable subject matters. However, non-arbitrability requires a clear indication in legislative history or wording. The decisions show that the parties often invoked Art. V(2)(a) against a political background or a strong public interest. The courts were not open for their arguments.

In the light of the court decisions the scope of application of Art. V(2)(a) is limited to nationalizations and core matters of a bankruptcy proceeding. Problems may also arise when rights of third parties are touched by the arbitration.

- Art. V(2)(b) is the well-known ordre public refusal ground which is typically found in all treaties on enforcement. It is the most popular defense and appears – at first sight – to be a loophole for introducing inspirations of national law into the enforcement proceeding. The courts resisted such temptation and interpreted "public policy" very narrowly. Guideline for the courts is the "most basic notions of morality and justice" standard as found by the Second Circuit in *Parsons & Whittemore v. Société Générale*. The courts strictly follow their pro-enforcement policy leaving the burden of proof to the respondent, thus requiring a causal connection between a public policy violation and the award or a completely irrational award. Sometimes the courts seem to "jump" very fast on the *Parsons* standard without really considering the facts of the individual case. The only guideline, if any, that has been developed is the narrow definition of public policy.

3. Other mechanism for enforcement

- Panama Convention: Although the Panama Convention is gaining importance the number of court decision on its application is very small. For the interpretation of the Panama Convention the courts will rely on their interpretation with regard to the New York Convention. Also, 9 U.S.C. § 305 explicitly refers to chapter 2 of the FAA which is the enactment of the New York Convention. A respondent will, therefore, try to establish differences in interpretation between the two Conventions. However, as evidenced by one of the three reported decisions it is unlikely that the courts will be open to this argument.

- ICSID does not provide for a particular enforcement proceeding. Under ICSID a signatory state is bound to recognize an award made under ICSID rules, which does not encompass grounds for refusal. Among the reported cases it is surprising that a court analyzed the immunity of a state party contrary to Art. 54, thereby creating a precedent to deny enforcement on grounds of state sovereign immunity. Within the ratio of ICSID the courts should refrain from such sovereign immunity analysis.

- The FCN treaties have lost their importance in recent years. The few reported decisions mainly deal with the "final and enforceable" requirement for enforcement of a foreign award.

- Only under very narrow circumstances will the Federal Arbitration Act apply to the enforcement of a foreign award. The application of chapter 1 of the FAA does not imply that the refusal of enforcement is more likely than under the international conventions.

- The same is true for the international arbitration acts of the US states. However, one has to draw the attention on their sometimes more sophisticated procedure for enforcement. For example in the Chromalloy case a court in Florida could have relied on the local Florida International Arbitration Act for enforcement of the award. The FIAA specifically allows enforcement of a vacated award if the grounds for vacation do not find an equivalent under Florida law.

Finally, a party is always free to apply for enforcement of a foreign judgment if it has obtained an exequatur decision on the award before in its country of origin.

IV. Conclusion

The courts seem to understand arbitration more and more as a parallel and separate jurisdiction as agreed by the parties. They are not willing to let a party escape from its contractually agreed obligation to arbitrate.

In proceedings with an international background the courts are even less open to review arbitrators′ awards and set a very high standard for the denial of an enforcement.

It is not very promising to hold back objections to raise in the enforcement proceedings – a court will likely argue that such objection could have been brought before the arbitrators.

Remarks for the enforcing party: a party applying for enforcement will typically rely on the UN Convention. However, they should not completely leave out the international state arbitration acts which provide for a more comprehensive proceedings. In any case, after obtaining the award a party should apply for enforcement without undue delay since otherwise such application might be time-barred under 9 U.S.C. § 207, even if it is simultaneously involved in court proceedings in the country of origin of the award. The tactics to obtain an enforcement decision against a party currently involved in a bankruptcy proceeding is not very promising. Generally speaking, the courts are very pro-enforcement; limits to enforcement have been indicated but not very often enforced.

Remarks for the respondent: The defense against enforcement is quite difficult and unlikely to be successful. From the beginning a party should follow a two-prong strategy: apply for both the vacation of the award locally and for denial of enforcement in the US. The grounds for vacation in the country of origin might be wider than the refusal provisions. In such a case (and different from most defenses), an adjournment of the enforcement under Art. VI of the New York Convention can be successful. A defending party might also attempt – though not very promising – to establish differences in the interpretation of the various enforcement mechanisms. The international arbitration acts of the states may also offer a basis to ground an objection to enforcement. However, typically a defense will lead to the refusal of enforcement if an award is influenced by very serious violations of due process rights.

V. Outlook

For more than 20 years US courts have evidenced their willingness to accept arbitration as an alternative means of dispute resolution. The Supreme Court has indicated restrictions more than that is has enforced restrictions in practice. The possible restriction of arbitration by state law which seemed possible after *First Options*, *Mitsubishi* or *Volt* were de facto reversed.
Except for the strong pro-enforcement policy the jurisdiction did not develop clear guidelines when the enforcement of an award will be refused. Sometimes the enforcement, in particular in international cases, grounds on doubtful reasonings. The courts often fail to take into account that part of the parties′ confidence in arbitration also rests on the control through courts at the enforcement stage.

It is not yet clear how the stressed importance of the parties′ agreement for the arbitration procedure will influence the court decisions in the future. By stressing the importance of the parties overly broad traditional elements of arbitration might be evaded.

Despite that critics it is true that the United States is very hospitable to arbitration.

Literaturverzeichnis*

Aksen, Gerald — „American Arbitration Accession arrives in the Age of Aquarius: United States Convention on Recognition and Enforcement of Foreign Arbitral Awards"
in: 3 Southwestern University Law Review 1 (1971)
(zit.: Aksen, *Foreign Arbitral Awards*, 3 SW. U. L. REV. 1)

Aksen, Gerald & Dorman, Wendy S. — „Application of the New York Convention by United States Courts:
A Twenty-Year Review (1970-1990)"
in: 2 American Review of International Arbitration 65 (1991)
(zit: Aksen & Dorman, *The New York Convention in U.S. Courts*, 2 AM. REV. INT'L ARB. 65)

Allison, John R. — „Arbitration of Private Antitrust Claims in International Trade: A Study in the Subordination of National Interests to the Demands of a World Market"
in: 18 New York University Journal of International Law & Politics 361 (1986)
(zit.: Allison, 18 N.Y.U. J. INT'L L. & POL. 361)

Atwood, Barbara Ann — „Issues in Federal-State Relations under the Federal Arbitration Act"
in: 27 University of Florida Law Review 61 (1985)
(zit.: Atwood, 27 U. FLA. L. REV. 61)

* Die Zitierweise der US-Literatur orientiert sich an den Vorgaben des „Bluebook – A Uniform System of Citation", 15. Auflage. Dabei wurde jedoch mehr Wert auf Eindeutigkeit als auf Ausführlichkeit gelegt.

Baker, Donald I. & Stabile, Mark R.	„Arbitration and Antitrust Claims: Opportunities and Hazards for Corporate Counsel“ in: 48 Business Lawyer 395 (1992) (zit.: Baker & Stabile, 48 BUS. LAW. 395)
Becker, Joseph D.	„Bankruptcy Courts and Arbitration: A Question of Competence“ in: 7 American Review of International Arbitration 259 (1996) (zit.: Becker, *Bankruptcy Courts and Arbitration*, 7 AM. REV. INT'L ARB. 259)
ders.	„Choice of Law and the Federal Arbitration Act: The Shock of Volt“ in: 45.2 Arbitration Journal 32 (1990) (zit.: Becker, *The Shock of Volt*, 45.2 ARB. J. 32)
Bedell, Stephen P. & Harrison, Lolla & Grant, Brian	„Arbitrability: Current Developments in the Interpretation and Enforceability of Arbitration Agreements“ in: 13 Journal of Contemporary Law 1 (1987) (zit.: Bedell & Harrison & Grant, 13 J. CONTEMP. L. 1)
Berg, Albert Jan van den	„The New York Arbitration Convention of 1958“ Antwerp – Boston – London – Frankfurt 1981 (zit.: VAN DEN BERG, NEW YORK CONVENTION)
ders.	„New York Convention of 1958 – Consolidated Commentary Cases Reported in Volumes XX (1995) – XXI (1996)“ in: XXI Yearbook of Commercial Arbitration 394 (1996) (zit: van den Berg, *Commentary*, XXI Y.B. COM. ARB. 394)

Berg, Albert Jan van den

„New York Convention of 1958 – Commentary Cases Reported in Volume XII“ in: XII Yearbook of Commercial Arbitration 409(1987) (zit.: van den Berg, *Commentary*, XII Y.B. COM. ARB. 409)

ders.

„New York Convention of 1958 – Commentary Cases Reported in Volume XI (1986)“ in: XI Yearbook of Commercial Arbitration 399 (1986) (zit.: van den Berg, *Commentary*, XI Y.B. COM. ARB. 399)

ders.

„Recent Enforcement Problems under the New York and ICSID Conventions“ in: 5 Arbitration International 2 (1989) (zit.: van den Berg, *Recent Enforcement Problems*, 5 ARB. INT´L 2)

ders.

„When is an Arbitral Award Nondomestic under the New York Convention of 1958?“ in: 6 Pace Law Review 25 (1985/86) (zit.: van den Berg, *Nondomestic Arbitral Awards*, 6 PACE L. REV. 25)

Berge, Peter H.

„The Uniform Arbitration Act: A Retrospective on its Thirty-Five Anniversary“ in: 14 Hamline Law Review 301 (1991) (zit.: Berge, 14 HAMLINE L. REV. 301)

Bernini, Georgio & Berg, Albert Jan van den

„The enforcement of arbitral awards against a state: the problem of immunity from execution“ in: Contemporary Problems in International Arbitration 359 (Julian D. M. Lew, editor) Dordrecht – Boston – Lancaster 1987 (zit.: Bernini & van den Berg, *The problem of immunity from execution, in:* COMTEMPORARY PROBLEMS IN INTERNATIONAL ARBITRATION (Lew, ed.), 359)

Bertheau, Theodor Richard	„Das New Yorker Abkommen vom 10.Juni 1958 über die Anerkennung und Vollstreckung ausländischer Schiedssprüche“ Zürich 1965 (zit.: Bertheau, Das New Yorker Abkommen, S.)
Black's Law Dictionary	6. Auflage St. Paul (Minn.) 1990 (zit.: BLACK'S LAW DICTIONARY)
Böckstiegel, Karl-Heinz (Hrsg.)	„Acts of State and Arbitration“ Köln- Berlin – Bonn – München 1997 (zit. Böckstiegel (Hrsg.), Acts of State and Arbitration)
Böckstiegel, Karl-Heinz	„Amerikanische Wirtschaftsschiedsgerichts barkeit aus deutscher Sicht“ in: Böckstiegel, Schiedssgerichtsbarkeit im deutschen-amerikanischen Wirtschaftsverkehr 45 Köln – Berlin – Bonn – München 1985 (zit.: Böckstiegel, Amerikanische Wirtschafts-Schiedsgerichtsbarkeit aus deutscher Sicht, in: Böckstiegel (Hrsg.), Schiedsgerichtsbarkeit im deutsch-amerikanischen Wirtschaftsverkehr)
Born, Gary B.	„International Commercial Arbitration in the United States“ Deventer – Boston 1994 (zit.: BORN, INTERNATIONAL COMMERCIAL ARBITRATION)
Borris, Christian	„Die internationale Handelsschieds gerichtsbarkeit in den USA“ Köln – Berlin – Bonn – München 1987 (zit.: Borris, Internationale Handelsschieds gerichtsbarkeit in den USA)

Brand, Ronald A. „Enforcement of Foreign Money-Judgments in the United States: in Search of Uniformity and International Acceptance“
in: 67 Notre Dame Law Review 253
(zit.: Brand, *Enforcement of Foreign Money-Judgments in the United States*, 67 NOTRE DAME L. REV. 253)

Branson, David J./ Wallace, Richard E., Jr. „Neuere Entwicklungen auf dem Gebiet der Schiedsgerichtsbarkeit in den USA“
in: Jahrbuch der Schiedsgerichtsbarkeit, Band 2, S. 268
Heidelberg 1988
(zit.: Branson/Wallace, Jahrbuch der Schiedsgerichtsbarkeit, Bd. 2, 268)

Branson, David J. „Arbitrability and Preemption: More Litigation in the United States“
in: 12.2 Arbitration International 161 (1996)
(zit.: Branson, *Arbitrability and Preemption*, 12.2 ARB. INT'L 161)

Brower, Charles N. & Tupman, W. Michael „Court-ordered Provisional Measures under the New York Convention“
in: 80 American Journal of International Law 24 (1986)
(zit.: Brower & Tupman, *Court ordered Provisional Measures under the New York Convention*, 80 AM. J. INT'L L. 24)

Brown, William J. T. & Houck, Stephen D. „Arbitrating International Antitrust Disputes“
in: 7.1 Jounal of International Arbitration 77 (1990)
(zit.: Brown & Houck, 7.1 J. INT'L ARB. 77)

Brunel, André J. „A Proposal to adopt UNCITRAL's Model Law on International Commercial Arbitration as Federal Law“
in: 25 Texas International Law Journal 43 (1990)
(zit.: Brunel, 25 Tex. Int'l L.J. 43)

Bühring-Uhle, Christian — „Arbitration and Mediation in International Business“
The Hague – London – Boston 1996
(zit.: Bühring-Uhle)

Bülow/Böckstiegel/Geimer/Schütze (Hrsg.) — „Der Internationale Rechtsverkehr in Zivil- und Handelssachen“
Stand: 27. Ergänzungslieferung / 1998
(zit.: Bülow/Böckstiegel/Geimer/Schütze, Internationaler Rechtverkehr)

Carbonneau, Thomas E. — „Mitsubishi: the folly of quixotic internationalism“
in: 2 Arbitration International 116 (1986)
(zit.: Carbonneau, *Mitsubishi: the folly of quixotic internationalism*, 2 ARB. INT'L 116)

ders. — „Le Tournoi of Academic Commentary on Kaplan: A Replay to Professor Rau“
in: 12.4 Mealy's International Arbitration Report 35 (1997)
(zit.: Carbonneau, *Le Tournoi of Academic Commentary on Kaplan*, 12.4 MEALY'S INT'L ARB. REP. 35)

Carrier, Alain — „Challenges to Interim Jurisdictional Awards in Local Courts: the Power of Arbitral Tribunals over Proceedings“
in: 4 American Review of International Arbitration 67 (1993)
(zit.: Carrier, 4 AM. REV. INT'L ARB. 67)

Carter, James H. — „The Enforcement of Agreements to Arbitrate and Arbitral Awards in Canada and the United States: Domestic and International“
in: 17 Canadian-U.S. Law Journal 481 (1991)
(zit.: Carter, 17 CAN.-U.S. L.J. 481)

Choi, Susan — „Judicial Enforcement of Arbitration Awards under the ICSID and the New York Conventions"
in: 28 New York University Journal of International Law & Politics 175 (1996)
(zit.: Choi, 28 N.Y.U. J. INT'L L. & POL. 175)

Cleary, Sean J. — „Case Comment"
in: 17 Suffolk Transnational Law Review 566 (1994)
(zit.: Cleary, 17 SUFFOLK TRANSNAT'L L. REV. 566)

Cloud, Sharon L. — „Mitsubishi and the Arbitrability of Antitrust Claims: Did the Supreme Court throw the Baby out with the Bathwater?"
in: 18 Law & Policy in International Business 341 (1986)
(zit.: Cloud, 18 L. & POL'Y INT'L BUS. 341)

Coe, Jack J. — „International Commercial Arbitration, American Principles and Practices in a Global Context"
Irvington-on-Hudson, New York 1997
(zit.: COE, INTERNATIONAL COMMERCIAL ARBITRATION)

Coll, Richard J. — „United States Enforcement of Arbitral Awards against Sovereign States: Implications of the ICSID Convention"
in: 17 Harvard International Law Journal 401 (1976)
(Coll, 17 HARV. INT'L L.J. 401)

Committee on Commerce, Trade and Commercial Law — „The United States Arbitration Law and its Application"
in: 1925 A.B.A. J. 153 (1925)
(COMMITTEE ON COMMERCE, TRADE AND COMMERCIAL LAW, 1925 A.B.A. J. 153)

Connell, Raymond A. „The Federal Arbitration Act: The Expanding Impact of State Law upon Rigorous Enforcement“
in: 20 Journal of Maritime Law & Commerce 327 (1989)
(zit.: Connell, 20 J. MAR. L. & COM. 327)

Contini, Paolo „The United Nations Convention on the Recognition and Enforcement of Foreign Arbitral Awards“
in: 8 American Journal of Comparative Law 283 (1959)
(zit.: Contini, 8 AM. J. COMP. L. 283)

Coulson, Robert „So far, so good: enforcement of foreign commercial arbitration awards in US courts“
in: Contemporary Problems in International Arbitration 353 (Julian D. M. Lew, editor)
Dordrecht – Boston – Lancaster 1987
(zit.: Coulson, *enforcement of foreign awards in US courts, in:* CONTEMPORARY PROBLEMS IN INTERNATIONAL ARBITRATION 353 (Lew ed., 1987))

Craig, W. Lawrence & Park, William W. & Paulsson, Jan „International Chamber of Commerce Arbitration“
2. Auflage
New York – London – Rome – Paris 1990
(zit.: CRAIG & PARK & PAULSSON, ICC ARBITRATION)

Craig, W. Lawrence „Some Trends and Developments in the Laws and Practice of International Commercial Arbitration“
in: 30 Texas International Law Journal 1 (1995)
(zit.: Craig, *Trends in International Arbitration,* 30 TEX. INT´L L.J. 1)

ders.	„Uses and Abuses of Appeal from Awards" in: 4.3 Arbitration International 174 (1988) (zit.: Craig, *Uses and Abuses of Appeal from Awards*, 4.3 ARB. INT'L 174)
Curtin, Kenneth-Michael	„Redefining Public Policy in International Arbitration of Mandatory National Law" in: 64 Defense Counsel Journal 271 (1997) (zit.: Curtin, 64 DEF. COUNS. J. 271)
David, René	„Arbitration in International Trade" Antwerp – Boston – London – Frankfurt 1985 (zit.: DAVID, ARBITRATION IN INTERNATIONAL TRADE)
Deitrick, William E.	„The Conflicting Policies between Arbitration and Bankruptcy" in: 40 Business Lawyer 33 (1984) (zit.: Deitrick, 40 BUS. LAW. 33)
Delaume, Georges R.	„ICSID arbitration" in: Contemporary Problems in International Arbitration 23 (Julian D. M. Lew, editor) Dordrecht – Boston – Lancaster 1987 (zit.: Delaume, *ICSID arbitration, in:* CONTEMPORARY PROBLEMS IN INTERNATIONAL ARBITRATION 23 (Lew ed., 1987))
ders.	„ICSID Arbitrations and the Courts" in: 77 American Journal International Law 476 (1997) (zit.: Delaume, *ICSID arbitration and the Courts*, 77 AM. J. INT'L L. 476)
ders.	„The Souvereign Immunities Act and Public Debt Litigation: Some Fifteen Years Later" in: 88 American Journal of International Law 257 (1994) (zit.: Delaume, *Foreign Sovereign Immunities Act*, 88 AM. J. INT'L L. 257)

Diamond, Thomas	„Choice of Law Clauses and their Preemptive Effect upon the Federal Arbitration Act: Reconciling the Supreme Court with itself" in: 39 Arizona Law Review 35 (1997) (zit.: Diamond, 39 ARIZ. L. REV. 35)
Diaconis, John S.	„Corcoran v. Ardra: The Impact of Insolvency on International Reinsurance Arbitration" in: 25 John Marshal Law Review 527 (1992) (zit.: Diaconis, 25 J. MARSHALL L. REV. 527)
Domke, Martin	„The United States Implementation of the United Nations Arbitral Convention" in: 13 Arbitration Journal 91 (1958) (zit.: Domke, *Enforcement of Foreign Awards in USA*, 13 ARB. J. 91)
Donoghue, Joan E.	„Taking the 'Sovereign' out of the Foreign Sovereign Immunities Act: A functional approach to the commercial activity exception" in: 17 Yale Journal of International Law 491 (1992) (zit.: Donoghue, 17 YALE J. INT'L L. 491)
Dorsey, Bruce & Schreiber, Martin	„Survey Developments in Maryland, 1989-90" in: 50 Maryland Law Review 1230 (1991) (zit.: Dorsey & Schreiber, 50 MD. L. REV. 1230)
Evans, Heather	„The Nonarbitrability of Subject Matter Defense to Enforcement of Foreign Arbitral Awards in United States Federal Courts" in: 21 New York University Journal of International Law & Politics 329 (1989) (zit.: Evans, 21 N.Y.U. J. INT'L L. & POL. 329)

Farnsworth, Allen E. — „An Introduction to the Legal System of the United States"
2. Auflage
London – Rome – New York 1983
(zit.: FARNSWORTH, INTRODUCTION TO THE LEGAL SYSTEM OF THE UNITED STATES)

ders. — „Punitive Damages in Arbitration"
in: 20 Stetson Law Review 395 (1991)
(zit.: Farnsworth, *Punitive Damages in Arbitration*, 20 STETSON L. REV. 395)

Feldman, Arthur S. — „Volt Information Sciences, Inc. v. Board of Trustees of Leland Stanford Junior University: Confusing Federalism with Policy under the FAA"
in: 69 Texas Law Review 691 (1991)
(zit.: Feldman, *Federalism under the FAA*, 69 TEX. L. REV. 691)

Feldman, Mark B. — „Waiver of Sovereign Immunity by Agreement to Arbitrate: Legislation Proposed by the American Bar Association"
in: 40 Arbitration Journal 24 (1985)
(zit.: Feldman, *Waiver of Sovereign Immunity by Agreement to Arbitrate*, 40 *Arb. J.* 24)

Fox, Douglas M. — „Preemption of State Law under the Federal Arbitration Act"
in: 15 Baltimore Law Review 129 (1985)
(zit.: Fox, 15 BALTIMORE L. REV. 129)

Freyer, Dana H. & Gharavi, Hamid G. — „Finality and Enforceability of Foreign Arbitral Awards: From 'Double Exequatur' to the Enforcement of Annulled Awards: A Suggested Path to Uniformity amidst Diversity"
in: 13 ICSID Review 101 (1998)
(zit.: Freyer & Gharavi, Enforceability of Foreign Arbitral Awards, 13 ICSID Rev. 101)

Gaffreau, Stuart C. — „Foreign Arbitration Clauses in Maritime Bills of Lading: The Supreme Court´s Decision in Vimar Seguros y Reaseguros v. M/V Sky Reefer“
in: 21 North Carolina Journal of International Law & Commercial Regulation 395 (1996)
(zit.: Gaffreau, 21 N.C. J. INT´L L. & COM. REG. 395)

Gaja, Georgio — „International Commercial Arbitration“
Dobbs Ferry, New York 1979
(zit.: GAJA, INTERNATIONAL COMMERCIAL ARBITRATION)

Garvey, Jack & Heffelfinger, Totton — „Towards Federalizing U.S. International Commercial Arbitration Law“
in: 25 International Lawyer 209 (1991)
(zit.: Garvey & Heffelfinger, 25 INT´L LAW. 209)

Gharavi, Hamid — „Chromalloy: Another View“
in: 12.1 MEALY´S International Arbitration Report 21 (1997)
(zit.: Gharavi, *Chromalloy: Another View*, 12.1 MEALY´S INT´L ARB. REP. 21)

ders. — „The Legal Inconsistencies of Chromalloy“
in: 12.5 MEALY´S International Arbitration Report 21 (1997)
(zit.: Gharavi, *The Legal Inconsistencies of Chromalloy*, 12.5 MEALY´S INT´L ARB. REP. 21)

Goodman, Ronald E. M. — „Arbitrability and Antitrust: Mitsubishi Motors Corp. v. Soler-Chrysler-Plymouth“
in: 23 Columbia Journal of Transnational Law 655 (1985)
(zit.: Goodman, 23 COLUM. J. TRANSNAT´L L. 655)

Gorman, Francis J. & Shirodkar, Sanjay M. „The Maryland International Commercial Arbitration Act: The Proper State Response until Congress enacts a comprehensive Federal Statute"
in: 16 Maryland Journal of International Law & Trade 183 (1992)
(zit: Gorman & Shirodkar, 16 MD. J. INT'L L. & TRADE 183)

Gotanda, John Y. „Interest in International Arbitration"
in: 90 American Journal of International Law 40 (1996)
(zit.: Gotanda, *Interest in International Arbitration*, 90 AM. J. INT'L L. 40)

ders. „Awarding Punitive Damages in International Commercial Arbitration in the Wake of Mastrobuono v. Shearson Lehmann Hutton, Inc."
in: 38 Harvard International Law Journal 59 (1997)
(zit.: Gotanda, *Awarding Punitive Damages*, 38 HARV. INT'L L.J. 59)

Habscheid, Walter J. „Die sogenannte Schiedsgerichtsbarkeit der Internationalen Handelskammer"
in: Recht der Internationalen Wirtschaft 1998, S. 421
(zit.: Habscheid, RIW 98, 421)

Harnik, Hans „Recognition and Enforcement of Foreign Arbitral Awards"
in: 31 American Journal of Comparative Law 703 (1983)
(zit.: Harnik, 31 AM. J. COMP. L. 703)

Hay, Peter „Einführung in das Amerikanische Recht"
Darmstadt 1995
(zit.: Hay)

Hayford, Stephen L. „Commercial Arbitration in the Supreme Court 1983-1995: A Sea Change“
in: 31 Wake Forrest Law Review 1 (1996)
(zit.: Hayford, 31 WAKE FORREST L. REV. 1)

Henderson Bouzari, Eloise „The Public Policy Exception to Enforcement of International Arbitral Awards: Implications for Post-Nafta Jurisprudence“
in: 30 Texas International Law Journal 205 (1995)
(zit.: Henderson Bouzari, 30 TEX. INT'L L.J. 205)

Hirshman, Linda R. „The Second ArbitrationTrilogy: The Federalization of Arbitration Law“
in: 71 Virginia Law Review 1305 (1985)
(zit.: Hirshman, 71 VA. L. REV. 1305)

Hoellering, Michael F. „International Commercial Arbitration in the United States“
in: 1 American Review of International Arbitration 14 (1990)
(zit.: Hoellering, *Arbitration in the United States*, 1 AM. REV. INT'L ARB. 14)

ders. „The mini-trial“
in: New Trends in the Development of International Commercial Arbitration and the Role of Arbitral and Other Institutions 221 (Pieter Sanders ed., 1983)
Antwerpen – Boston – London – Frankfurt 1983
(zit.: Hoellering, *The mini-trial, in* NEW TRENDS IN THE DEVELOPMENT OF INTERNATIONAL COMMERCIAL ARBITRATION AND THE ROLE OF ARBITRAL AND OTHER INSTITUTIONS 221 (Sanders ed., 1983)

Hoffmann, Bernd von/ Hau, Wolfgang — „Zur internationalen Anerkennungs zuständigkeit US-amerikanischer Zivilgerichte in: Recht der Internationalen Wirtschaft 1998, S. 344
(zit.: von Hoffmann/Hau, RIW 98, 344)

Honey, William C. & Hall, Marc — „Bases for Recognition of Foreign Nation Money Judgments in the U.S. and Need for Federal Intervention“
in: 16 Suffolk Transnational Law Review 405 (1993)
(zit.: Honey & Hall, 16 SUFFOLK TRANSNAT´L L. REV. 405)

Hunnicutt, Charles A. et al. — „Report to the Washington Foreign Law Society on The Uncitral Model Law on International Commercial Arbitration“
in: 3 Ohio State Journal on Dispute Resolution 303 (1988)
(zit.: Hunnicutt et al., 3 OHIO ST. J. ON DISP. RESOL. 303)

International Dispute Resolution Committe International Law & Practice Section New York State Bar Association — „Report on Punitive Damages in International Commercial Arbitration“
in: 5 New York International Law Review 103 (1992)
(zit.: International Disp. Resol. Committee Int´l L. & Practice Sec., N.Y. State Bar Ass., 5 N.Y. INT´L L. REV. 103)

Joyce, Anne — „Arbitration: United States Recognition of ICSID Arbitral Award – Liberian Easter Timber Corp. v. Republic of Liberia“
in: 29 Harvard International Law Journal 135 (1988)
(zit.: Joyce, 29 HARV. INT´L L.J. 135)

Kaminsky, Faith A. „Arbitration Law: Choice-of-Law Clauses and the Power to choose between State and Federal Law“
in: 1991 Annual Survey of American Law 527 (1992)
(zit.: Kaminsky, 1991 ANN. SURV. AM. L. 527)

Kennedy, Kevin C. „The Model Law on International Commercial Arbitration: It's Time for Michigan to Adopt it“
in: 72 Michigan Bar Journal 192 (1993)
(zit.: Kennedy, *The Model Law on International Commercial Arbitration*, 72 MICH. B.J. 192)

Kennedy, Lionel „Enforcing International Commercial Arbitration Agreements and Awards Not Subject to the New York Convention“
in: 23 Virginia Journal of International Law 75 (1982)
(zit.: Kennedy, 23 VA. J. INT'L L. 75)

Kolkey, Daniel „Reflections on the U.S. statutory framework for international Commercial Arbitrations: its scope, its shortcomings, and the advantages of U.S. adoption of the UNCITRAL model law“
in: 1 American Review of International Arbitration 491 (1990)
(zit.: Kolkey, *Reflections on Statutory Framework*, 1 AM. REV. INT'L ARB. 491)

ders. „International Arbitration and Conciliation in California“
in: 10 Whittier Law Review 181 (1988)
(zit.: Kolkey, *International Arbitration in California*, 10 WHITTIER L. REV. 181)

ders. „Attacking Arbitral Awards: Rights of Appeal and Review in International Arbitrations“
in: 22 International Lawyer 693 (1988)
(zit.: Kolkey, *Attacking Arbitral Awards*, 22 INT'L LAW. 693)

Klingsberg, David — „New Methods of Dispute Settlement in the United States, especially Mini-Trials“ in: Böckstiegel (Hrsg.), Schiedsgerichtsbarkeit im deutsch-amerikanischen Wirtschafts verkehr, 73 (zit.: Klingsberg, New Methods of Dispute Settlement in the United States, especially Mini-Trial, in: Böckstiegel (Hrsg.), Schiedsgerichtsbarkeit im deutsch-amerikanischen Wirtschaftsverkehr, 73)

Kronke, Herbert — „Internationale Schiedsverfahren nach der Reform“ in: Recht der Internationalen Wirtschaft 1998, S. 257 (zit.: Kronke, RIW 98, 257)

Kühn, Wolfgang — „RICO Claims in International Arbitration and their Recognition in Germany“ in: 11 Journal of International Arbitration 37 (1994) (zit.: Kühn, 11 J. INT'L ARB. 37)

Kuner, Christopher — „Die neuen internationalen Handels schiedsgesetze der U.S.-amerikanischen Einzelstaaten“ in: Recht der Internationalen Wirtschaft 1994, S. 368 (zit.: Kuner, RIW 94, 368)

Lachmann, Jens-Peter — „Handbuch für die Schiedsgerichtspraxis“ Köln 1998 (zit.: Lachmann, Rnr.)

Lamm, Carolyn B. — „Recent Developments in International Arbitration“ in: 36 Federal Bar News & Journal 276 (1989) (zit.: Lamm, 36 FED. B. NEWS & J. 276)

Leigh, Monroe	„Bergesen v. Joseph Muller Corp.“ in: 78 American Jounal of International Law 219 (1984) (zit.: Leigh, 78 AM. J. INT'L L. 219)
Lelewer, Joanne K.	„International Commercial Arbitration as a Model for Resolving Treaty Disputes“ in: 21 New York University Journal of International Law & Politics. 379 (1989) (zit.: Lelewer, 21 N.Y.U. J. INT'L L. & POL. 379)
Levin, Chaim Alexander	„International Commercial Arbitration: Domestic Recognition and Enforcement of the Inter-American Convention on International Commercial Arbitration“ in: 10 Syracuse Journal of International Law & Commerce 169 (1983) (zit.: Levin, 10 SYR. J. INT'L L. & COM. 169)
Le Pera, Sergio	„Where to vacate and how to resist enforcement of foreign arbitral awards: International Standard Electric Corporation v. Bridas Sociedad Anonima Petrolera, Industrial y Comercial“ in: 2 American Review of International Arbitration 48 (1991) (zit.: Le Pera, 2 AM. REV. INT'L ARB. 48)
Link, Troland S.	„Foreign Sovereign Immunity, Expropriation, Act of State and Comity“ in: International Commercial Agreements 1994, at 183 (PLI Commercial Law & Practice Course Handbook Series PLI Order No A4-4463, 1994) (zit.: Link, *Foreign Sovereign Immunity, Expropriation, Act of State and Comity, in* INTERNATIONAL COMMERCIAL AGREEMENTS 1994, at 183)

Lord, Herbert M. — „Arbitration in the United States"
in: 9 Maritime Lawyer 227 (1984)
(zit.: Lord, 9 MAR. LAW. 227)

Loumiet, Carlos E. — „Unites States: Florida International Arbitration Act"
in: 26 International Legal Material 949 (1987)
(zit.: Loumiet, *FIAA*, 26 I.L.M. 949)

Loumiet, Carlos E. & O'Naghten, Juan T. & Swan Alan C. — „Proposed Florida International Arbitration Act"
in: 16 University of Miami Inter-American Law Review 593 (1985)
(zit.: Loumiet & O'Naghten & Swan, Proposed International Arbitration Act, 16 U. MIAMI INTER-AM. L. REV. 593)

Love, John P. — „ARBITRATION:... Bergesen v. Joseph Muller Corp., 710 F.2d 928 (2d Cir. 1983)"
in: 15 Journal of Maritime Law and Commerce 134 (1984)
(zit.: Love, 15 J. Mar. L. & Com. 134)

Lowenfeld, Andreas — „International Litigation and Arbitration"
St. Paul (Minn.) 1993
(zit.: LOWENFELD, INTERNATIONAL LITIGATION AND ARBITRATION)

ders. — „Can Arbitration Coexist with Judicial Review? A Critique of LaPine v. Kyocera"
in: 1998 (9) ADR Currents 1 (1998)
(zit.: Lowenfeld, *Can Arbitration Coexist with Judicial Review*, 1998 (9) ADR CURRENTS 1)

ders. — „The Mitsubishi case: another view"
in: 2 Arbitration International 178 (1986)
(zit.: Lowenfeld, *The Mitsubishi case: another view*, 2 ARB. INT'L 178)

Lüke, Gerhard/ Walchshöfer, Alfred (Hrsg.) „Münchner Kommentar zur Zivilprozeßordnung“
Band 3 (§§ 803-1048)
München 1992
(zit.: MünchKomm-Bearbeiter)

Martinez, Ramona „Recognition and Enforcement of International Arbitral Awards under the United Nations Convention of 1958: The ‘Refusal’ Provisions“
in: 24 International Lawyer 487 (1990)
(zit.: Martinez, 24 INT'L LAW. 487)

McClendon, J. Stewart „Enforcement of Foreign Arbitral Awards in the United States“
in: 4 Northwestern Journal of International Law & Business 58 (1982)
(zit.: McClendon, *Foreign Arbitral Awards*, 4 NW. J. INT'L L. & BUS. 58)

ders. „State International Arbitration Laws: Are they needed or desirable?“
in: 1 American Review of International Arbitration 244 (1990)
(zit.: McClendon, State International Arbitration Laws, 1 AM. REV. INT'L Arb. 244)

McLaughlin, Joseph T. „Arbitrability: Current Trends in the United States“
in: 12.2 Arbitration International 113 (1996)
(zit.: McLaughlin, 12.2 ARB. INT'L 113)

McMahon, John P. „Implementation of the UN Convention on Foreign Arbitral Awards in the U.S.“
in: 26 Arbitration Journal 65 (1971)
(zit.: McMahon, 26 ARB. J. 65)

Mellmann, Judith A. „Seeking its Place in the Sun: Florida's Emerging Role in International Commercial Arbitration"
in: 19 University of Miami Inter-American Law Review 363 (1987)
(zit.: Mellmann, 19 U. MIAMI INTER-AM. L. REV. 363)

Mills, William P. III „State International Arbitration Statutes and the U.S. Arbitration Act: Unifying the Availability of Interim Relief"
in: 13 Fordham International Law Journal 604 (1989/90)
(zit.: Mills, 13 Fordham Int'l L.J. 604)

Montaré, Ariadne „Circumvention of New York Convention Requirements through Application of Domestic Standards: the Case of Outhwaite v. Hiscox"
in: 4 American Review of International Arbitration 311 (1993)
(zit.: Montaré, 4 AM. REV. INT'L ARB. 311)

Morris, Douglas G. „Schiedsgerichtsbarkeit in den USA"
in: Recht der Internationalen Wirtschaft 1989, S. 857
(zit.: Morris, RIW 89, 857)

Mulyana „Attacking Arbitral Awards under the New York Convention of 1958"
in: 6 American Review of International Arbitration 89 (1995)
(zit.: Mulyana, 6 AM. REV. INT'L ARB. 89)

Neufeld, Fred „Enforcement of Contractual Arbitration Agreements under the Bankruptcy Code"
in: 65 American Bankruptcy Law Jounal 525 (1991)
(zit.: Neufeld, 65 AM. BANKR. L.J. 525)

Newton, Lauri	„Arbitration and Antitrust: A Leg up for International Arbitration [Mitsubishi Motors Corp. v. Soler Chrysler-Plymouth, Inc., 105 S.Ct. 3346 (1985)] in: 25 Washburn Law Journal 536 (1986) (zit.: Newton 25 WASHBURN L.J. 536)
Norberg, Charles R.	„United States implements Inter-American Convention on Commercial Arbitration" in: 45.4 Arbitration Journal 23 (1990) (zit.: Norberg, *United States implements Inter-American Convention*, 45.4 ARB. J. 23)
ders.	„U.S. Ratification and Implementation of the Inter-American Convention: A Commentary" in: 1 American Review of International Arbitration 588 (1990) (zit.: Norberg, *U.S. Ratification of the Inter-American Convention*, 1 AM. REV. INT´L ARB. 588)
Ostrowski, Stephen T. & Shany, Yuval	„Chromalloy: United States Law and International Arbitration at the Crossroads" in: 73 New York University Law Review 1650 (1998) (zit.: Ostrowski & Shany, 73 N.Y.U. L. REV. 1650)
Park, William W.	„The Arbitrability Dicta in First Options v. Kaplan: What Sort of Kompetenz-Kompetenz has crossed the Atlantic" in: 12.2 Arbitration International 137 (1996) (zit.: Park, 12.2 ARB. INT´L 137)

ders. „National Law and Commercial Justice: Safeguarding Procedural Integrity in International Arbitration"
in: 63 Tulane Law Review 647 (1989)
(zit.: Park, *Safeguarding Procedural Integrity*, 63 TUL. L. REV. 647)

Paulsson, Jan „The Case for Disregarding LSAS (Local Standard Annulments) under the New York Convention"
in: 7 Am. Rev. Int'l Arb. 99 (1996)
(zit.: Paulsson, *Disregarding LSAS under the NY Convention*, 7 AM. REV. INT'L ARB. 99)

Perloff, Saul „The Ties that Bind: The Limits of Autonomy and Uniformity in International Commercial Arbitration"
in: 13 University of Pennsylvania Journal of International Business Law 323 (1992)
(zit.: Perloff, 13 U. PA. J. INT'L BUS. L. 323)

Pierce, David P. „The Federal Arbitration Act: Conflicting Interpretations of its Scope"
in: 61 University of Cincinnati Law Review 623 (1992)
(zit.: Pierce, 61 U. CIN. L. REV. 623)

Pietrowski, Jill A. „Enforcing International Commercial Arbitration Agreements – Post-Mitsubishi Motors Corp. v. Soler Chrysler-Plymouth, Inc."
in: 36 American University Law Review 57 (1986)
(zit.: Pietrowski, 36 Am. U. L. Rev. 57)

Purcell, Heather A. „State International Arbitration Statutes: Why they matter"
in: 32 Texas International Law Journal 525 (1997)
(zit.: Purcell, 32 TEX. INT'L L.J. 525)

Quigley, Leonard V. — „Accession by the United States to the United Nations Convention on the Recognition and Enforcement of Foreign Arbitral Awards“
in: 70 Yale Law Journal 1049 (1961)
(zit.: Quigley, *Accession to United Nations Convention*, 70 YALE L.J. 1049)

ders. — „Convention on Foreign Arbitral Awards“
in: 58 American Bar Association Journal 821 (1972)
(zit.: Quigley, *Convention on Foreign Arbitral Awards*, 58 A.B.A. J. 821)

Ramsey, Michael D. — „Acts of State and Foreign Sovereign Obligations“
in: 39 Harvard International Law Journal 1 (1998)
(zit.: Ramsey, 39 HARV. INT´L L.J. 1)

Rassmann, Christian — „Anerkennung und Vollstreckung ausländischer Titel in den USA“
in: Recht der Internationalen Wirtschaft 1996, S. 817
(zit.: Rassmann, RIW 98, S. 817)

Rau, Scott — „The New York Convention in American Courts“
in: 7 American Review of International Arbitration 213 (1997)
(zit.: Rau, *New York Convention in American Courts*, 7 AM. REV. INT´L ARB. 213)

ders. — „Arbitration as Contract: One More Word About First Options v. Kaplan“
in: 12.3 MEALY´S Arbitration Report 21 (1997)
(zit.: Rau, *Arbitration as Contract*, 12.3 MEALY´S ARB. REP. 21)

Reisman, W. Michael — „The Breakdown of the Control Mechanisms in ICSID Arbitration“
in: 1989 Duke Law Journal 739 (1990)
(zit.: Reisman, 1989 DUKE L.J. 739)

Rhodes, James M. & Sloan, Lisa — „The Pitfalls of International Commercial Arbitration“
in: 17 Vanderbilt Journal of Transnational Law 19 (1984)
(zit.: Rhodes & Sloan, 17 VAND. J. TRANSNAT'L L. 19)

Rivkin, David W. & Kellner, Frances L. — „In support of the FAA: an argument against U.S. adoption of the UNCITRAL model law“
in: 1 American Review of International Arbitration 535 (1990)
(zit.: Rivkin & Kellner, *In Support of the FAA*, 1 AM. REV. INT'L ARB. 535)

Rivkin, David W. — „The Enforcement of Awards Nullified in the Country of Orgin: The American Approach“ (bisher unveröffentlicht)
14th ICCA Congress
Paris, France
May 4-6, 1998
(zit.: Rivkin, The Enforcement of Award Nullified in the Country of Origin)

Romeu-Matta, Xavier E. — „New Developments in international commercial arbitration: a comparative survey of new state statutes and the UNCITRAL model law“
in: 1 American Review of International Arbitration 140 (1990)
(zit.: Romeu-Matta, 1 AM. REV. INT'L ARB. 140)

Rosen, Janet A.	„Arbitration under Private International Law: The Doctrines of Separability and Competence de la Competence" in: 17 Fordham International Law Journal 599 (1994) (zit.: Rosen, 17 FORDHAM INT'L L.J. 599)
Sampliner, Gary H.	„Enforcement of Foreign Arbitral Awards after Annulment in their Country of Origin" in: 11.9 MEALY'S International Arbitration Report 22 (1996) (zit.: Sampliner, *Enforcement after Annulment*, 11.9 MEALY'S INT'L ARB. REP. 22)
ders.	„Enforcement of Nullified Foreign Arbitral Awards Chromalloy Revisited" in: 14 Journal of International Arbitration 141 (1997) (zit.: Sampliner, *Chromalloy Revisited*, 14 J. INT'L ARB. 141)
Sanders, Pieter	„A Twenty Year's Review of the Convention on the Recognition and Enforcement of Foreign Arbitral Awards" in: 13 International Lawyer 269 (1979) (zit.: Sanders, 13 INT'L LAW. 269)
Sandrock, Otto & Hentzen, Matthias K.	„Arbitration between U.S. and West German Companies: an Example of Effective and Dispute Resolution in International Transactions" in: 9 University of Pennsylvania Journal of International Business Law 27 (1987) (zit.: Sandrock & Hentzen, 13 INT'L LAW. 269)
Schack, Haimo	„Einführung in das US-amerikanische Zivilprozeßrecht" München 1988 (zit.: Schack, S.)

Schlosser, Peter
„Das Recht der internationalen privaten Schiedsgerichtsbarkeit"
2. Auflage
München 1989
(zit.: Schlosser, Internationale Schieds gerichtsbarkeit, Rnr.)

Schütze, Rolf A. & Tscherning, Dieter & Wais, Walter
„Handbuch des Schiedsverfahrens"
2. Auflage
Berlin – New York 1990
(zit.: Schütze/Tscherning/Wais, Rnr.)

Schwab, Karl-Heinz & Walter, Gerhard
„Schiedsgerichtsbarkeit"
5. Auflage
München 1995
(Schwab/Walter, Kap.)

Schwartz, Eric A.
„Hilmarton, à l'américaine"
in: 14 Journal of International Arbitration 125 (1997)
(zit.: Schwartz, 14 J. INT'L ARB. 125)

Seferi, Edmond
„FAA and Arbitration Clauses -- How far can it reach? The Effect of Allied-Bruce Terminix, Inc. v. Dobson
in: 19 Campbell Law Review 607 (1997)
(zit.: Seferi, 19 CAMPBELL L. REV. 607)

Sever, Jay R.
„The Relaxation of Inarbitrability and Public Policy Checks on U.S. and Foreign Arbitration: Arbitration out of Control?"
in: 65 Tulane Law Review 1661 (1991)
(zit.: Sever, 65 TUL. L. REV. 1661)

Shifman, Bette E.
„Developments in Adoption of the 1985 UNCITRAL model law on International Commercial Arbitration"
in: 1 American Review of International Arbitration 281 (1990)
(zit.: Shifman, 1 AM. REV. INT'L ARB. 281)

Smit, Hans & Pechota, Vratislav — „World Arbitration Reporter, Volume B („United States")"
New York 1995
(zit: SMIT & PECHOTA, WORLD ARBITRATION REPORTER)

Smit, Hans — „Judgments and Arbitral Awards in a Foreign Currency: A Means of Dealing with Currency Fluctuations in International Adjudication"
in: 7 American Review of International Arbitration 21 (1996)
(zit.: Smit, *Judgments and Awards in a Foreign Currency*, 7 AM. REV. INT'L ARB. 21)

ders. — „Elements of International Arbitration in the United States
in: 1 American Review of International Arbitration 64 (1990)
(zit.: Smit, *International Arbitration in the U.S.*, 1 AM. REV. INT'L ARB. 64)

ders. — „Substance and Procedure in International Arbitration: Development of a New Legal Order"
in: 65 Tulane Law Review 1309 (1991)
(zit.: Smit, *Development of a New Legal Order*, 65 TUL. L. REV. 1309)

Smith, Laura — „Legislative Report"
in: 4-SUM International Legal Perspectives 127 (1992)
(zit.: Smith, 4-SUM INT'L LEGAL PERSP. 127)

Sopata, Lisa — „Mitsubishi Motors Corp. v. Soler Chrysler-Plymouth, Inc.: International Arbitration and Antitrust Claims"
in: 7 Northwestern Journal of International Law & Business 595 (1986)
(zit.: Sopata, 7 NW. J. INT'L L. & BUS. 595)

Springer, James van Roven „The United Nations Convention on the Recognition and Enforcement of Foreign Arbitral Awards“
in: 3 International Lawyer 320 (1969)
(zit.: Springer, 3 INT'L LAW. 320)

Stein/Jonas „Kommentar zur Zivilprozeßordnung“
Band 7 Teilband 2
21. Auflage
Tübingen 1994
(zit.: Stein/Jonas/Bearbeiter)

Stempel, W. Jeffrey „Pitfalls of Public Policy: The Case of Arbitration Agreements“
in: 22 St. Mary's Law Journal 259 (1990)
(zit.: Stempel, 22 ST. MARY'S L.J. 259)

Sternlight, Jean R. „Panacea or Corporate Tool?: Debunking the Supreme Court's Preference for Binding Arbitration“
in: 74 Washington University Law Quarterly 637 (1996)
(zit.: Sternlight, 74 WASH. U. L.Q. 637)

Strickland, Henry C. „The Federal Arbitration Act's Interstate Commerce Requirement: What's left for State Arbitration Law?“
in: 21 Hofstra Law Review 385 (1992)
(zit.: Strickland, 21 HOFSTRA L. REV. 385)

Strub, Michael H. „Resisting Enforcement of Foreign Arbitral Awards under Article V(1)(e) and Article VI of the New York Convention: a Proposal for Effective Guidelines“
in: 68 Texas Law Review 1031 (1990)
(zit.: Strub, 68 Tex. L. Rev. 1031)

Sullivan, Margaret Pedrick „Comment: The Scope of Modern Arbitral Awards“
in: 62 Tulane Law Review 1113 (1988)
(zit.: Sullivan, 62 Tul. L. Rev. 1113)

Swisher, Donald P. — „Comment: International Commercial Arbitration under the United Nations Convention and the Amended Federal Arbitration Statute“
in: 47 Washington Law Review 441 (1971-1972)
(zit: Swisher, 47 WASH. L. REV. 441)

Trooboff, Peter D. & Bederman, David J. — „Jurisdiction – 1958 New York Convention – Enforcement of Award by Iran U.S. Claims Tribunal in United States Courts Ministry of Defense of the Islamic Republic of Iran v. Gould Inc.“
in: 84 Am. J. Int'l L. 556 (1990)
(zit.: Trooboff & Bederman, 84 AM. J. INT'L L. 556)

Tupman, W. Michael — „Staying Enforcement of Arbitral Awards under the New York Convention“
in: 3 Arbitration International 209 (1987)
(zit.: Tupman, 3 ARB. INT'L 209)

Ungar, Kenneth T. — „The Enforcement of Arbitral Awards under UNCITRAL's Model Law on International Commercial Arbitration“
in: 25 Columbia Journal Transnational Law 717 (1987)
(zit.: Ungar, 25 COLUM J. TRANSNAT'L L. 717)

Vandevelde, Kenneth J. — „Reassessing the Hickenlooper Amendment“
in: 29 Virginia Journal of International Law 115 (1988)
(zit.: Vandevelde, 29 VA. J. INT'L L. 115)

Varela, Marta B. „Arbitration and the Doctrine of Manifest Disregard“ in: 49-JUN Dispute Resolution Journal 64 (1994) (zit.: Varela, 49 JUN-DISP. RESOL. J. 64)

Volz, Jane L. & Haydock, Roger S. „Foreign Arbitral Awards: Enforcing the Award against the recalcitrant Loser“ in: 21 William Mitchell Law Review 867 (1996) (zit.: Volz, 21 WM. MITCHELL L. REV. 867)

Walker, George K. „Trends in State Legislation Governing International Arbitrations“ in: 17 North Carolina Journal of International Law & Commercial Regulation 419 (1992) (zit.: Walker, 17 N.C. J. INT'L L. & COM. REG. 419)

West, Philipp R. „The Express Defenses of N.Y. Convention on Foreign Arbitral Awards“ in: 5 New York Law School Journal of International and Comparative Law 103 (1983) (zit: West, 5 N.Y.L. SCH. J. INT'L & COMP. L. 103)

Westbrook, Jay Lawrence „The Coming Encounter: International Arbitration and Bankruptcy“ in: 67 Minnesota Law Review 595 (1983) (zit.: Westbrook, 67 MINN. L. REV. 595)

Wheeless, Elise P. „Article V(1)(b) of the New York Convention“ in: 7 Emory International Law Review 805 (zit.: Wheeless, 7 EMORY INT'L L. REV. 805)

Wilner, Gabriel M. (ed.) „Domke on Commercial Arbitration“
Stand: August 1996
Deerfield, IL – New York, NY – Rochester, NY
(zit.: DOMKE ON COMMERCIAL ARBITRATION)

Wright, Kenneth B. „California's International Commercial Arbitration Act
New Procedures for the Arbitration and Conciliation of International Commercial Disputes“
in: 17 International Business Lawyer 45 (1989)
(zit.: Wright, 17 INT'L BUS. LAW. 45)

Zeft, Daniel A. „The Applicability of State international Statutes and the Absence of Preemption Concerns“
in: 22 North Carolina Journal of International Law & Commercial Regulation 705 (1997)
(zit.: Zeft, 22 N.C.J. INT'L L. & COM. REG. 705)

Schriftenreihe der August Maria Berges Stiftung für Arbitrales Recht

Herausgegeben von Dr. Hubertus W. Labes

Band 1 August Maria Berges – Ausgewählte Schriften zum Schiedsrecht. Herausgegeben von der August Maria Berges Stiftung für Arbitrales Recht. 1998

Band 2 Iris Koch: Außergerichtliche Streitbeilegung im japanischen Wirtschaftsverkehr unter besonderer Berücksichtigung der Schiedsgerichtsbarkeit. 2000.

Band 3 Hans-Claudius Scheef: Der einstweilige Rechtsschutz und die Stellung der Schiedsrichter bei dem Abschluß von Schiedsvergleichen nach dem deutschen und englischen Schiedsverfahrensrecht. Eine rechtsvergleichende Untersuchung. 2000.

Band 4 Dominik Lentz: Die internationale Wirtschaftsschiedsgerichtsbarkeit in der Russischen Föderation. Darstellung und Analyse anhand der Praxis des internationalen Handelsschiedsgerichts bei der Handels- und Industriekammer der Russischen Föderation. 2000.

Band 5 Torsten Lörcher: Neue Verfahren der internationalen Streiterledigung in Wirtschaftssachen. Verfahren vor dem Internationalen Seegerichtshof, WTO-Panelverfahren, ICSID-und WIPO-Schiedsverfahren. 2001.

Band 6 Julia Tief: Discovery und Informationspflichten der Parteien in der Internationalen Schiedsgerichtsbarkeit. Ein deutsch-amerikanischer Vergleich. 2000.

Band 7 Richard Happ: Schiedsverfahren zwischen Staaten und Investoren nach Artikel 26 Energiechartavertrag. Eine Studie zum Wandel der Streitbeilegung im Investitionsschutzrecht unter den Bedingungen einer globalen Weltwirtschaft. 2000.

Band 8 Jörn Schämann: Schiedsgerichte unter staatlicher Kontrolle. Das englische Recht und das UNCITRAL-Modellgesetz. 2001.

Band 9 Jana Dominique Jaeger: Die Umsetzung des UNCITRAL-Modellgesetzes über die internationale Handelsschiedsgerichtsbarkeit im Zuge der nationalen Reformen. 2001.

Band 10 Michael Kronenburg: Vollstreckung ausländischer Schiedssprüche in den USA. Die Rechtsprechung US-amerikanischer Gerichte. 2001.

Band 11 Jan-Michael Ahrens: Die subjektive Reichweite internationaler Schiedsvereinbarungen und ihre Erstreckung in der Unternehmensgruppe. 2001.

Peter Lang · Europäischer Verlag der Wissenschaften

Richard Happ

Schiedsverfahren zwischen Staaten und Investoren nach Artikel 26 Energiechartavertrag

Eine Studie zum Wandel der Streitbeilegung im Investitionsschutzrecht unter den Bedingungen einer globalen Weltwirtschaft

Frankfurt/M., Berlin, Bern, Bruxelles, New York, Oxford, Wien, 2000. 220 S.
Schriftenreihe der August Maria Berges Stiftung für Arbitrales Recht.
Herausgegeben von Hubertus W. Labes. Bd. 7
ISBN 3-631-36734-1 · Geb. DM 69.–*

Unternehmen, die im Ausland investiert haben, benötigen effektiven Rechtsschutz gegenüber völkerrechtswidrigen Maßnahmen des ausländischen Staates. Der diplomatische Schutz und „klassische" Wirtschaftsschiedsverfahren tragen aber weder den Interessen der Investoren noch der beteiligten Staaten hinreichend Rechnung.
Demgegenüber weisen völkervertragsrechtlich verankerte Schiedsverfahren wesentliche Vorzüge auf. Beispielhaft zeigt sich das an Artikel 26 des 1998 in Kraft getretenen Energiechartavertrages, der es ermöglicht, einen Vertragsstaat wegen der Verletzung des Vertrages direkt vor einem Schiedsgericht zu verklagen. Die Analyse des Verfahrens und der Rechtsposition des Investors zeigt, daß solche völkerrechtlichen Vorgaben eine effektive Streitbeilegung ermöglichen. Gleichzeitig ist der Vertrag mit seinen 50 Vertragsparteien Beleg für einen grundlegenden Wandel des Völkerrechts.

Aus dem Inhalt: Auslandsinvestitionen · Investitionsstreitigkeiten · Investitionsschutz · Diplomatischer Schutz · Schiedsverfahren · ICSID · Schiedsverfahren im Energiechartavertrag · Völkerrechtliche Rechte der Investoren · Rechtliche Einordnung von Staat-Investor-Schiedsverfahren · Staat-Investor-Schiedsverfahren im internationalen System

Frankfurt/M · Berlin · Bern · Bruxelles · New York · Oxford · Wien
Auslieferung: Verlag Peter Lang AG
Jupiterstr. 15, CH-3000 Bern 15
Telefax (004131) 9402131

*inklusive Mehrwertsteuer
Preisänderungen vorbehalten

Homepage http://www.peterlang.de

FSC
www.fsc.org
MIX
Papier | Fördert
gute Waldnutzung
FSC® C083411

Kolibri 360 GmbH
Ferdinand-Jühlke-Straße 7
99095 Erfurt, Deutschland
produktsicherheit@kolibri360.de

Druck:
CPI Druckdienstleistungen GmbH
im Auftrag der
Kolibri 360 GmbH
Ferdinand-Jühlke-Str. 7
99095 Erfurt